***ACCESO GRATIS** a la Lectura en la Nube*

Para visualizar el libro electrónico en la nube de lectura envíe junto a su nombre y apellidos una fotografía del código de barras situado en la contraportada del libro y otra del ticket de compra a la dirección:

ebooktirant@tirant.com

En un máximo de 72 horas laborables le enviaremos el código de acceso con sus instrucciones.

CUMPLIMIENTO COOPERATIVO Y *TAX COMPLIANCE*

Un análisis comparativo con especial referencia al ordenamiento español

Procedimiento de selección de originales, ver página web:
www.tirant.net/index.php/editorial/procedimiento-de-seleccion-de-originales

CUMPLIMIENTO COOPERATIVO Y *TAX COMPLIANCE*

Un análisis comparativo con especial referencia al ordenamiento español

ARTURO ALDEA GAMARRA

tirant lo blanch
Valencia, 2026

En caso de erratas y actualizaciones, la Editorial Tirant lo Blanch publicará la pertinente corrección en la página web www.tirant.com.

La aceptación de la presente obra ha tenido en consideración la evaluación y calificación otorgada por los expertos componentes del tribunal calificador de la tesis doctoral en la que se basa, cumpliendo con el criterio correspondiente de los revisores externos y ofreciendo la calidad debida a la presente edición.

Esta publicación se enmarca en el Proyecto de investigación "El Derecho tributario en la era del compliance", con nº de referencia PID2020-118261RB-I00, financiado por el Ministerio de Ciencia e Innovación/ Agencia Estatal de Investigación (10.13039/501100011033) y en el Grupo de Investigación Reconocido de la UVa sobre "Haciendas Públicas Territoriales".

EDITA: TIRANT LO BLANCH
C/ Artes Gráficas, 14 - 46010 - Valencia
TELFS.: 96/361 00 48 - 50
FAX: 96/369 41 51
Email: tlb@tirant.com
www.tirant.com
Librería virtual: https://editorial.tirant.com
DEPÓSITO LEGAL: V-5096-2025
ISBN: 979-13-7021-134-9
MAQUETA: Tink Factoría de Color

Si tiene alguna queja o sugerencia, envíenos un mail a: *atencioncliente@tirant.com*. En caso de no ser atendida su sugerencia, por favor, lea en *www.tirant.net/index.php/empresa/politicas-de-empresa* nuestro procedimiento de quejas.

Responsabilidad Social Corporativa: http://www.tirant.net/Docs/RSCTirant.pdf

ÍNDICE

LISTADO DE ABREVIATURAS EMPLEADAS

ADR	*Alternative Dispute Resolution*
AEAT	Agencia Estatal de Administración Tributaria
AN	Audiencia Nacional
AP	Audiencia Provincial
APA	*Advance Pricing Agreement*
APV	Acuerdo Previo de Valoración
ATO	*Australian Taxation Office*
BEPS	*Base Erosion and Profit Shifting*
BIAC	*Business and Industry Advisory Committee*
BOE	Boletín Oficial del Estado
CBPACPT	Código de Buenas Prácticas de Asociaciones y Colegios de Profesionales Tributarios
CBPPT	Código de Buenas Prácticas de Profesionales Tributarios
CBPT	Código de Buenas Prácticas Tributarias
CDI	Convenio para evitar la Doble Imposición
CE	Constitución Española
CIAT	Centro Interamericano de Administraciones Tributarias
CNMV	Comisión Nacional del Mercado de Valores
COSO	*Committee of Sponsoring Organizations of the Tradeway Commission*
CRS	*Common Reporting Standard*
CTP	*Certificate Tax Payer*

DCGC	Delegación Central de Grandes Contribuyentes
DGT	Dirección General de Tributos
DOUE	Diario Oficial de la Unión Europea
ECOFIN	El Consejo de Asuntos Económicos y Financieros
EEMM	Estados Miembros
EP	Establecimiento permanente
FACPT	Foro de Asociaciones y Colegios de Profesionales Tributarios
FACTA	*The Foreign Account Tax Compliance Act*
FGE	Foro de Grandes Empresas
FJ	Fundamento jurídico
FMI	Fondo Monetario Internacional
FTA	*Forum on Tax Administrations*
GAAR	*General Anti-Abuse Rule*
HMRC	*Her Majesty's Revenue and Customs*
HNWI	*High Net Worth Individual*
ICAP	*International Compliance Assurance Programme*
IFA	*International Fiscal Association*
IFRS	*International Financial Reporting Standards*
IRPF	Impuesto sobre la Renta de las Personas Físicas
IRNR	Impuesto sobre la Renta de los No Residentes
IRS	*Internal Revenue Service*
IS	Impuesto sobre Sociedades
ISO	Organización Internacional de Normalización
IVA	Impuesto sobre el Valor Añadido
JP	Juzgado de lo Penal
LDGC	Ley de Derechos y Garantías del Contribuyente
LEC	Ley de Enjuiciamiento Civil
LECrim.	Ley de Enjuiciamiento Criminal
LGT	Ley General Tributaria
LIS	Texto Refundido de la Ley del Impuesto sobre Sociedades
LJCA	Ley de la Jurisdicción Contencioso-Administrativa
LMV	Ley del Mercado de Valores

LOPD	Ley Orgánica de Protección de Datos
LRJPAC	Ley de Régimen Jurídico de las Administraciones Públicas y Procedimiento Administrativo Común.
LVD	Liquidación Vinculada a Delito
NTCA	*The Netherlands Tax and Customs Administration*
MC	Modelo de Convenio
MCF	Marco de Control Fiscal
MCI	Marco de Control Interno
OCDE	Organización para la Cooperación y el Desarrollo Económicos
OEA	Operador Económico Autorizado
OIT	Organización Internacional del Trabajo
ONU	Organización de las Naciones Unidas
PES	Plan Estratégico de Supervisión
PFA	Planificación Fiscal Agresiva
PSI	Plan de Supervisión Individual
RA	Recurso de apelación
RD	Real Decreto
RGAT	Reglamento General de las actuaciones y los procedimientos de gestión e inspección tributaria
RIRPF	Reglamento del Impuesto sobre la Renta de las Personas Físicas
RIS	Reglamento del Impuesto sobre Sociedades
RJ	Número de repertorio Aranzadi (si no se conoce el número de recurso)
RPPJ	Responsabilidad Penal de las Personas Jurídicas
S	Sentencia (anejo al acrónimo del Tribunal correspondiente).
SII	Suministro Inmediato de Información
TC	Tribunal Constitucional
TCF	*Tax Control Framework*
TEAC	Tribunal Económico-Administrativo Central
TEDH	Tribunal Europeo de Derechos Humanos
TICs	Tecnologías de la Información y las Comunicaciones
TJUE	Tribunal de Justicia de la Unión Europea

TRLSC	Texto Refundido de la Ley de Sociedades de Capital
TS	Tribunal Supremo
TSP	*Tax Service Provider*
TSJ	Tribunal Superior de Justicia
UE	Unión Europea
UNE	Una Norma Española

INTRODUCCIÓN

La distinción entre, por un lado, el cumplimiento cooperativo de las obligaciones fiscales (*co-operative tax compliance*) y, por otro, los programas de cumplimiento normativo en el ámbito tributario (*tax compliance programs*), aparentemente, no es una cuestión especialmente compleja. Sin embargo, cuando uno se sumerge en la literatura jurídica que analiza estos dos fenómenos, es habitual observar cómo se producen referencias indiscriminadas y unitarias, siendo pocos los autores que han sentado una diferenciación clara en lo que a su concepción, postulados y fines se refiere. Precisamente, tales circunstancias son las que determinan el objeto principal que ha inspirado la elaboración de este estudio: tratar de establecer una categorización inequívoca en cuanto a su formulación teórica y, siendo contingente a lo anterior, vislumbrar los numerosos puntos de encuentro que se producen en la instrumentación material de ambas realidades.

El cumplimiento cooperativo o, si se prefiere, las relaciones cooperativas tienen su origen en los trabajos que a nivel global la OCDE comenzó a desarrollar durante los primeros años del presente siglo. En muy sucintos términos se puede definir como un nuevo modo de afrontar el cumplimiento de las obligaciones fiscales a través de un esquema relacional entre las Administraciones tributarias y los contribuyentes basado en la transparencia y la confianza mutua y no en la confrontación y la exigibilidad en sentido estricto. Cooperar significa, según la RAE, «obrar juntamente con otro u otros para la consecución de un fin común», lo que va a implicar numerosas concesiones recíprocas para obtener una adecuada observancia de la normativa fiscal que satisfaga a todos los intervinientes.

Los programas de cumplimiento normativo, por su parte, hunden sus raíces en el sentimiento de preocupación por la gestión de los riesgos corporativos que se empezó a fraguar en las últimas décadas del siglo pasado. De este modo, en puridad, no son más que sistemas internos de gestión y control de riesgos diseñados usualmente conforme a estándares normalizados con el fin de prevenir y evitar incumplimientos. Con el paso del tiempo, su virtualidad y utilidad se ha ido exportando a casi todos los enclaves del entorno empresarial, cómo no, llegando a la materia fiscal.

Se anticipa, a modo de bosquejo inicial, que la diferencia fundamental entre ambos fenómenos no radica tanto en su composición o articulación material, más bien similar, como sí en la impresión que induce a considerar la percepción u orientación de sus finalidades últimas. En España, siendo lo que sigue matizable, los programas de *tax compliance* se orientan hacia la modulación de la responsabilidad penal de las personas jurídicas y no estarían pensados para entablar una relación cooperativa con la Administración; mientras que en la OCDE no se menciona la función de los modelos de cumplimiento cooperativo como instrumentos para depurar una eventual responsabilidad del contribuyente en casos de incumplimiento, y el énfasis se pone en el adecuado desempeño de las obligaciones tributarias *per se*.

La mayor acentuación y relevancia que los fenómenos aquí analizados están teniendo en la época reciente trae causa en una serie de circunstancias, comunes a ambos en muchos casos, que vienen caracterizando la realidad fiscal de hoy en día. De esta forma, los modelos tradicionales de cumplimiento tributario, organizados con arreglo a jurisdicciones y fronteras nacionales, se han mostrado un tanto ineficaces en el nuevo contexto fiscal. Las Administraciones tributarias no pueden por sí solas tratar de hacer frente a los desafíos que plantean los actuales movimientos de capital e inversiones a partir de unas reglas fiscales configuradas para un entorno económico mucho más limitado. Para determinar el encaje de los modelos de cumplimiento cooperativo y de los sistemas de *tax compliance* se hace preciso considerar las transformaciones económicas producidas en la segunda mitad del siglo XX y principios del siglo XXI, así como los distintos factores presentes en la realidad social actual que han inspirado las mismas.

En primer lugar, es imperativo destacar cómo el fenómeno de la globalización ha transformado por completo el entramado internacional, propiciando la creación de economías supranacionales y el desarrollo de mercados financieros interdependientes. Se ha producido un incremento más que considerable del comercio y de las operaciones económicas transfronterizas, auspiciado por la movilidad de los factores de producción, los sujetos pasivos y el capital. En el ámbito comunitario, el mercado interior y las consiguientes libertades de circulación y establecimiento no han hecho sino acelerar esta liberalización económica y comercial, así como la internalización de los instrumentos financieros. En esta tesitura, las empresas han tendido a ampliar sus áreas de negocio más allá de los mercados nacionales, buscando nuevas estrategias de producción y organización que elevasen sus niveles de rentabilidad y competitividad. En algunos casos estas nuevas necesidades que han ido aflorando se han tratado de atender por los propios operadores económicos al margen de los Estados, de tal manera que el recorrido de las relaciones cooperativas no podría llegar a entenderse sin conocer los cambios experimentados en el ámbito de la gobernanza y la autorregulación corporativa, que en igual medida se encuentran presentes en la base del *compliance*.

La aparición de los nuevos modelos de negocio y de la economía digital también han contribuido enormemente a la conformación de este proceso. El significativo desarrollo tecnológico que se ha experimentado a lo largo de los últimos años ha determinado cambios en el modelo de organización y producción empresarial, llevándose a cabo actividades desconocidas y, en muchas ocasiones, con repercusiones difíciles de comprender para las autoridades públicas. El comercio electrónico y el perfeccionamiento de las técnicas de información y comunicación han provocado igualmente un aumento y la mejora de las transacciones y las relaciones comerciales, posibilitando la realización de operaciones sin necesidad de presencia física y desplazando los centros de gravedad del comercio internacional. Se ha producido una evolución de las estructuras laborales que trae consigo la deslocalización de las actividades productivas y la dispersión de los empleadores y empleados en una división internacional del trabajo. Y, todo ello, sin perjuicio de las nuevas formas de autoempleo y teletrabajo, más extendidas ahora si cabe tras la reciente pandemia que se deja atrás.

Todo este proceso de expansión y desarrollo empresarial, como no podía ser de otro modo, tiene su correlato en el ámbito fiscal. El nuevo marco establecido constituye el ecosistema idóneo para que las empresas puedan desplegar con cierta facilidad una planificación fiscal internacional tendente a la desmaterialización de buena parte de sus activos y a la deslocalización de sus ingresos y bases imponibles hacia territorios con una presión fiscal más favorable. La mundialización corporativa posibilita en muchos casos que las empresas se encuentren legitimadas tanto para escoger la sede fiscal desde la que organizar sus negocios como para tener residencia a efectos tributarios en diferentes jurisdicciones. El proceso globalizador ha supuesto una serie de ventajas nada desdeñables desde el punto de vista económico; no obstante, en igual medida se ha traducido en mayores dificultades para las Administraciones tributarias a la hora de garantizar el adecuado cumplimiento de las obligaciones fiscales por parte de aquellos contribuyentes que actúan a escala global. La configuración actual del sistema de fiscalidad internacional comporta no pocas situaciones potencialmente perjudiciales para las Haciendas nacionales. Algunas de ellas son provocadas simplemente por la mera interrelación entre los distintos ordenamientos nacionales, lo que en ocasiones da lugar a vacíos legales o inconsistencias entre los mismos; otras en cambio traen su causa en conductas que, no siendo necesariamente proscritas, se valen de un uso ilícito o ilegítimo de los márgenes de la regulación para obtener ventajas no concebidas de ese modo por los legisladores. Estas prácticas, que poco a poco están más extendidas y se traman en torno a mecanismos cada vez más sofisticados, en ocasiones se ven favorecidas por las propias circunstancias inherentes a la realidad fiscal actual —como la dificultad para valorar determinados activos intangibles o el incremento de las operaciones desarrolladas en formato online— e, incluso en otros casos, por la propia competencia exacerbada entre los Estados por ofrecer condiciones fiscales más atractivas.

Otro factor determinante a la hora de tomar en consideración el desarrollo de estos fenómenos ha sido la crisis económica y financiera mundial que se produjo en torno al año 2007. La pérdida generalizada de ingresos, consustancial a la reducción de la actividad económica y a las nuevas fórmulas de planificación fiscal, así como la subida generalizada del gasto público por mor de la situación económica y financiera atravesada, son circunstancias que han hecho a las Administraciones replantearse los términos del esquema clásico de relación tributaria. La crisis económica se tradujo en una crisis fiscal acentuando el problema que supone la erosión de bases imponibles y el traslado de beneficios a regímenes con una situación fiscal más favorable. Así, se demandaba un nuevo sistema de gestión y control fiscal que, de una manera más eficiente y eficaz, pudiera procurar la correcta observancia de las obligaciones fiscales y unos niveles de cumplimiento adecuados.

Como broche de todo lo anterior, también es preciso hacer referencia al clima de moral fiscal y tolerancia cero al fraude que poco a poco se ha ido instalando en el debate público y en la sociedad en general. Determinados valores como la equidad, la legitimidad o la justicia fiscal, unidos a la repercusión que hoy en día tienen los diversos medios de comunicación e información, se han convertido en un elemento de considerable presión para las empresas en lo referido a la forma de llevar a cabo su planificación fiscal y el cumplimiento de sus obligaciones tributarias. Hasta fechas bastante recientes, la fiscalidad era considerada una materia excesivamente técnica cuyo conocimiento y discusión se relegaba al ámbito de los expertos en este campo, al menos en lo que se refería a los grandes contribuyentes. Esta circunstancia ha cambiado. Hoy en día los asuntos fiscales y la cantidad de impuestos que pagan (sobre todo) las grandes multinacionales han adquirido una notoria relevancia en la opinión pública. Los contribuyentes de a pie se han vuelto conscientes de que, si unos pagan menos, otros tendrán que soportar imposiciones de mayor calado para compensar ese déficit. La presión mediática y el enfoque moralista con el que ahora se enjuician las operaciones de planificación fiscal desarrolladas por las empresas constituyen una exigencia de considerable importancia que debe ser tenida muy en cuenta. Es más, este pensamiento se extiende incluso abstrayéndose de la concreta calificación que pueda recibir una operación, de tal manera que la identificación de ciertos comportamientos llevados a cabo por las grandes empresas contribuyentes, aunque no sean constitutivos de una infracción normativa, sí pueden despertar un debate social indignado por la reprochabilidad ética que puedan entrañar. Las grandes multinacionales contribuyentes poseen ahora una dimensión reputacional que se incrusta como parte esencial de su responsabilidad social corporativa. En el ámbito fiscal, este aspecto se concreta en una exigencia reforzada que «no significa solamente cumplir plenamente las obligaciones jurídicas, sino también ir más allá de su cumplimiento» demostrando una actitud ejemplar para con la sociedad en su conjunto[1]. Este mayor activismo o proselitismo fiscal impulsado desde diversos sectores provoca cambios en la política fiscal corporativa de las empresas —mayores niveles de transparencia, marcos de control de riesgos e implicación de los altos órganos directivos en la función tributaria— y, al mismo tiempo, incide como una fuerza relevante en

---

[1] Comisión de las Comunidades Europeas (2001). *LIBRO VERDE-Fomentar un marco europeo para la responsabilidad social de las empresas*. Diario Oficial de las Comunidades Europeas <https://www.europarl.europa.eu/meetdocs/committees/deve/20020122/com(2001)366_es.pdf>, pág. 7.

la ordenación del nuevo modelo de relaciones entre la Administración y los contribuyentes[2].

Teniendo todo lo anterior en cuenta, el nuevo escenario fiscal resultante quedaría configurado de una manera o en unos términos un tanto heterodoxos. El modelo clásico de cumplimiento tributario muestra claros síntomas de agotamiento y evidencia la necesidad de cambios para adaptarse a las nuevas reglas de juego dispuestas por el contexto actual y los operadores de mercado. En un entorno tan globalizado, la complejidad de las relaciones sociales y económicas dificulta enormemente el control del adecuado cumplimiento de las obligaciones tributarias y exige una refundación o reconfiguración de los principios de fiscalidad internacional. Más si cabe, si se tienen en cuenta los ambiciosos objetivos de reducción de costes y exigencias de recaudación, manteniendo los niveles de calidad y efectividad en el servicio, que se marcan muchas Administraciones. Los Estados por sí mismos, y sin cuestionar que se hayan adoptado medidas a nivel interno que resulten interesantes, no pueden tratar de dar respuesta a todas estas eventualidades de una manera plenamente eficaz. Las medidas unilaterales siguen siendo necesarias, pero insuficientes por sí solas. Se hace necesario una aproximación global trabajando conjuntamente hacia mayores cotas de colaboración y entendimiento entre las diferentes Administraciones nacionales, los contribuyentes y los intermediarios fiscales. Con ello no se quiere hacer referencia a concretos programas que puedan resultar de aplicación general a los contribuyentes de distintos Estados, sino más bien a una nueva manera de entender y enfocar el cumplimiento de la normativa fiscal, tanto desde el punto de vista de los poderes públicos como desde los propios obligados tributarios.

Todo ello no hace sino abrir un espacio a los modelos de cumplimiento cooperativo y a los programas de *tax compliance*, acrecentando la progresiva transformación de las relaciones tributarias. El contexto donde se desarrolla el cumplimiento de las obligaciones fiscales ha cambiado por completo y poco tiene que ver con el de épocas pasadas. «El llamado poder financiero ya no es tanto poder y [...], para conservar su identidad, es preciso reformularlo en

---

2 CALDERÓN CARRERO, J.M. y QUINTAS SEARA, A.: «Una aproximación al concepto de ‹Planificación Fiscal Agresiva› utilizado en los trabajos de la OCDE (segunda parte)». *Análisis Tributario*, núm. 338, 2016, pág. 15.

términos cooperativos»[3]. Lo que se pudiera percibir como un riesgo de afección a la integridad de los sistemas tributarios, se debe aprovechar para avanzar hacia un modelo de organización fiscal, basado en la cooperación y la confianza mutua entre las partes, que permita una gestión mejor y más eficiente. Se ha de interiorizar una manera distinta de concebir la relación de la Administración con los contribuyentes, siendo conscientes de que en la fiscalidad actual son dos caras de la misma moneda y el enfoque que se le da desde ambos lados de la ecuación es altamente complementario: por un lado, las autoridades necesitan garantizar el adecuado cumplimiento de las obligaciones tributarias; y, por otro, los contribuyentes necesitan demostrar que son adecuados cumplidores con respecto al conjunto de la sociedad y a los mismos poderes públicos[4].

El cumplimiento cooperativo y los sistemas de *tax compliance* se presentan como el cauce adecuado para responder a las dificultades presentes en el escenario actual de prevención y lucha contra el fraude y el incumplimiento fiscal. A través de un planteamiento coordinado se pretenden abordar los distintos planos de cooperación e interdependencia que modelan la aplicación del derecho tributario global: a nivel económico, la internalización de las relaciones de negocios y los intercambios de mercancías y servicios que desbordan las soberanías fiscales nacionales; a nivel institucional, la coordinación requerida entre todos los poderes de los Estados para atender a la complejidad y sofisticación de las operaciones y estructuras que se desarrollan en el entorno actual; y a nivel social, la debida participación de entes no públicos en la elaboración, interpretación y aplicación de las normas, demandando un justo equilibrio entre las obligaciones y los derechos que recaen sobre los contribuyentes, así como la integración de sus representantes (intermediarios fiscales) en los procesos que a estos les afecten[5].

---

3 ROZAS VALDÉS, J.A.: «El cumplimiento cooperativo». En BOSCH CHOLBI, J.L. (coord.) et. al.: *Comentarios a la Ley General Tributaria al hilo de su reforma*, Madrid, España: Wolters Kluwer, 2016, pág. 514.

4 CÓRDOBA OCAÑA, E.: «Las relaciones cooperativas en el marco internacional». En CARMONA FERNÁNDEZ, N. (coord.) et al.: *Manual de fiscalidad internacional*, director Ignacio Corral Guadaño. Madrid, España: Instituto de Estudios Fiscales, 2016, pág. 1549.

5 ROZAS VALDÉS, J.A.: «Hacia una metodología cooperativa en la realización del derecho financiero», *TranJus Working Papers Publications*, núm. 2, 2019, pág. 8.

Otra circunstancia que merecer ser destacada es el incremento del fenómeno de autorregulación empresarial. Muchos de los cambios ocurridos que se vienen mencionando no han estado acompañados por el correspondiente sustento normativo, de ahí que se hayan sucedido diversas iniciativas de autorregulación privada que en algunos casos también han arrastrado a los poderes públicos. En determinados ámbitos como la organización interna de las empresas (materia contable y de gestión de riesgos), la interacción con otras entidades (*lex mercatoria*) o la relación misma con el conjunto de la sociedad (responsabilidad social corporativa) se ha producido una convergencia entre el desarrollo de principios en el sector privado y su reconocimiento más o menos jurídicamente vinculante por parte de los Estados.

La articulación de los fenómenos aquí analizados puede verse como una forma de aproximación de las autoridades fiscales a estas iniciativas de autorregulación corporativa, en lo que constituye un intento de reorientar el control impuesto hacia un control más colaborativo[6]. Tradicionalmente, las Administraciones tributarias venían aplicando un método de orden y control más bien coercitivo; en las épocas más recientes, las actuaciones fiscalizadoras se han tratado de anticipar hacia una gestión de los riesgos en tiempo real (aunque todavía diste mucho de ser así). Los métodos de cumplimiento cooperativo, y la disposición estructurada de control que propone el *tax compliance*, se adecúan perfectamente a esta nueva estrategia, premiándose la conducta cumplidora y sancionándose la conducta incumplidora. El (in)cumplimiento de las obligaciones fiscales no puede afrontarse solamente a través de medidas coercitivas de control *a posteriori*, sino que las Administraciones habrán de impulsar actuaciones preventivas que les permitan conocer de antemano los riesgos fiscales y abordarlos de forma temprana[7]. Se debe avanzar en la dirección de un derecho tributario más razonable que se fundamente o cuente con la aceptación de todos los actores del sistema, más allá de «la imposición maximalista y forzada de

---

6 SANZ GÓMEZ, R.J. (2014). *La «relación cooperativa» entre la administración tributaria y las grandes empresas: análisis de la experiencia española* (Tesis doctoral). Universidad de Sevilla, págs. 34 y 35.

7 MARTÍNEZ MUÑOZ, Y.: *La declaración obligatoria de mecanismos de planificación fiscal agresiva en el marco de la protección de los derechos fundamentales*, Valencia, España: Tirant lo blanch, 2019, pág. 23.

los puntos de vista de quienes son responsables de la ordenación y administración de los recursos tributarios»[8]. Sobre el papel, un planteamiento así definido beneficia a todas las partes. A las Administraciones porque a través de los métodos tradicionales no pueden llegar a controlar todo. A los contribuyentes porque de este modo ganan en seguridad jurídica a la vez que reducen la conflictividad y los costes de cumplimiento. Todo ello, asimismo, teniendo en cuenta que los recursos de los que se dispone no son ni mucho menos ilimitados[9].

Así pues, el desarrollo de las relaciones cooperativas y el *tax compliance* ha de considerarse en un contexto más amplio de cambios en el modelo de negocio empresarial y de aplicación de normas de intercambio de información más severas. Paulatinamente, se ha dado un nuevo planteamiento a elementos como la transparencia, la confianza o la colaboración que implican una reconfiguración de los límites de la planificación fiscal lícita o legítima de las empresas; a su vez, determinando una mejora de los servicios administrativos que permita alcanzar mayores niveles de eficiencia y eficacia en el cumplimiento de las obligaciones tributarias. Se ha de tratar de encontrar un justo equilibrio entre un ordenamiento tributario sencillo basado en principios fundamentales de materia fiscal y el adecuado control de su cumplimiento.

En lo que respecta a la distinción o asimilación de los fenómenos aquí analizados, puede resultar apropiado comenzar indicando que es evidente, cuando menos, que gran parte de la confusión apuntada entre el cumplimiento cooperativo de las obligaciones fiscales (*co-operative tax compliance*) y los programas de cumplimiento normativo en el ámbito tributario (*tax compliance programs*) se debe a cuestiones meramente terminológicas o, más concretamente, a su traducción al idioma castellano.

El significado del término *compliance*, como tal, etimológicamente hablando, se identifica o describe un cumplimiento legal adecuado [*com-*

8 ROZAS VALDÉS, J.A.: «Hacia una metodología cooperativa en la realización del derecho financiero», *Ob. Cit.*, pág. 5.

9 CORRAL GUADAÑO, I.: «La gestión del IRPF, ¿es hora de una revisión basada en la relación cooperativa?, *Revista de Contabilidad y Tributación CEF*, núms. 449-450, 2020, pág. 5.

pliance with the law][10]. En el derecho angloamericano se distingue, por un lado, *compliance*, como aceptación voluntaria por parte de los ciudadanos de lo preceptuado en las normas; y, por otro, *enforcement*, como exigencia de las autoridades requiriendo la observancia de lo previsto en las leyes. En consecuencia, la expresión «*tax compliance*» simple y llanamente vendría a designar un cumplimiento adecuado de las obligaciones tributarias o de la normativa fiscal en general[11]. En un sentido similar, la norma UNE-ISO 37301 y su predecesora la norma UNE-ISO 19600 indican que «*compliance* es un proceso continuado y el resultado de que una organización cumpla con sus obligaciones», esto es, el cumplimiento de las normas jurídicas que una corporación esté obligada a acatar y de las disposiciones de otra índole que decida aceptar libremente. Ocurre, sin embargo, que en España este vocablo ha adquirido un cariz particular. Se ha llevado a cabo una sustantivación o nominalización del término, refiriéndose con él a los programas de cumplimiento legal implementados por las empresas en vez de al cumplimiento en sí de la normativa. En el argot jurídico español esta denominación viene utilizándose para referirse al instrumento responsable que ha de velar porque se alcance dicho resultado, es decir, a los sistemas de gestión y control de riesgos corporativos. Particularmente en el ámbito fiscal, esta conceptualización puede llevar a equívoco y, como se ha planteado, generar confusión en lo que al cumplimiento cooperativo se refiere.

---

10 GIMENO BEVIÁ, J.: *Compliance y proceso penal. El proceso penal de las personas jurídicas*, Madrid, España: Thomson Reuters-Civitas, 2016, pág. 248; y GARCÍA CAVERO, P.: «Cuestiones básicas sobre la prueba del criminal Compliance en el proceso penal», *La Ley compliance penal*, núm. 3, 2020, pág. 9.

11 «Así pues, el cumplimiento tributario (o *compliance tributario*, si se utiliza la terminología anglosajona) es sobre lo que versa la norma UNE 19602. En realidad dicho término, tal y como se indicará en su momento, está haciendo referencia a un cumplimiento tributario adecuado, y no es algo equiparable a otro concepto que también ha tenido gran auge en los últimos tiempos, cual es el cumplimiento cooperativo de las obligaciones fiscales. La diferencia entre ambos términos radica en que mientras el cumplimiento tributario tiene como único sujeto el contribuyente, el cumplimiento cooperativo o relación cooperativa implica necesariamente a los dos extremos subjetivos que conlleva toda aplicación de normas tributarias: el contribuyente y la Administración». LUCAS DURÁN, M.: «Tax compliance en el Impuesto sobre Sociedades y en el IVA (1)», *Forum fiscal: la revista tributaria de Álava, Bizkaia y Gipuzkoa*, núm. 268, 2020, pág. 16.

Es cierto que ambas realidades presentan numerosos puntos coincidentes y se complementan recíprocamente en la consecución de una serie de objetivos comunes. Ahora bien, no lo es menos que si se atiende a la realidad española del *compliance* fuera de la esfera fiscal, esta denominación únicamente se utiliza para referirse a los programas de cumplimiento normativo implementados por las empresas. Por esta razón, no se entiende el porqué de la confusión o el deseo de equipararlo en el ámbito tributario con el cumplimiento cooperativo, que constituye un modelo más amplio de relaciones entre los contribuyentes y la AEAT. Más si cabe, por cuanto hasta el momento al habar de cumplimiento cooperativo con los intermediarios fiscales rara vez la palabra *compliance* sale a relucir.

Sea como fuere, el término *compliance* está siendo objeto de un extenso desarrollo regulatorio y aplicativo que dispone un concepto extremadamente amplio. Como señala NIETO MARTÍN, «el término compliance normativo (compliance) es uno de los más vagos e inexpresivos que se haya acuñado jamás. Por sí solo no dice apenas nada, salvo lo evidente: actuar conforme a la legalidad, entendiendo legalidad en un sentido amplio, que abarcaría el cumplimiento de obligaciones procedentes de la ley (civil, penal, administrativa, laboral, del mercado de valores, etc.), pero también las directrices internas de la empresa y en especial su Código Ético»[12]. Por todo lo cual, y especialmente referido al espectro tributario, convendrá tener muy en cuenta todas las precisiones y contextualizaciones que se van a ir apuntando.

Así pues, lo que en España se ha denominado *compliance* tributario o *tax compliance* vendría a constituir, en esencia, un sistema interno de gestión y control de los riesgos fiscales diseñado conforme a estándares normalizados con el fin de prevenir y evitar incumplimientos de esta naturaleza. Se trata de un conjunto de mecanismos de detección, vigilancia y corrección de los riesgos asociados al cumplimiento de la normativa tributaria, así como de técnicas de aprendizaje y neutralización para el caso de que estos se llegaran a materializar. Un sistema de *compliance* fiscal se podrá aplicar simultáneamente tanto para evitar la comisión de delitos en el ámbito penal como para prevenir ilícitos administrativos que puedan acarrear liquidaciones de deu-

---

12 NIETO MARTÍN, A. (dir.) et al.: *Manual de cumplimiento penal en la empresa*, Valencia, España: Tirant lo Blanch, 2015, pág. 25.

da o sanciones de esta índole. Si tales incumplimientos se llegasen a hacer efectivos en la práctica, las organizaciones que hayan implantado protocolos de este tipo podrían quedar exentas o ver atenuada su responsabilidad penal (quién sabe si administrativa incluso), si se consigue certificar o demostrar la efectividad de los mismos. Por un lado, representan el conjunto organizativo que debe adoptar una sociedad para tratar de asegurar o garantizar un correcto cumplimiento de sus obligaciones para con el Fisco; y, por otro lado, plantean una solución eficiente e innovadora, al menos en la realidad española, para resolver los problemas de incertidumbre jurídico-tributaria y contribuir a la mejora del cumplimiento fiscal en las empresas.

Capítulo I

EL MODELO DE CUMPLIMIENTO COOPERATIVO DE LAS OBLIGACIONES TRIBUTARIAS: GESTACIÓN Y ELEMENTOS CONFIGURADORES

Este capítulo proporciona una revisión completa y en profundidad de las bases que conforman los modelos cooperativos de cumplimiento de las obligaciones fiscales. Se analizan los antecedentes, el concepto, la fundamentación jurídica, los elementos configuradores y las repercusiones propias de este sistema de gestión y control tributario. Asimismo, se pretende ofrecer una visión global sobre la manera en que estos modelos se articulan en torno a los distintos sujetos intervinientes en el tráfico fiscal, describiendo el papel que cada uno de ellos va a desempeñar en esta nueva forma de relación jurídico-tributaria.

1. LOS TRABAJOS DE LA OCDE EN MATERIA DE CUMPLIMIENTO COOPERATIVO TRIBUTARIO

La génesis de este fenómeno cooperativo se puede situar en el seno de la Organización para la Cooperación y el Desarrollo Económicos, más concretamente, en los trabajos que desde su creación en el año 2002 viene realizando el *Forum on Tax Administration* (FTA). Este órgano, dependiente del Comité de Asuntos Fiscales de la antedicha Organización, agrupa a representantes de diferentes Administraciones tributarias nacionales y se puso en marcha con el fin de constituir un espacio idóneo donde poder analizar, debatir e influir en las tendencias globales más relevantes del sector. El objetivo último del FTA es mejorar los niveles de cumplimiento tributario y los servicios prestados a los contribuyentes a través de la cooperación entre las distintas Administraciones de cada país, por un lado, incrementando la eficiencia y la equidad en la asignación de los recursos fiscales y, por otro, reduciendo los costes que supone la observancia de la legislación fiscal para los obligados tributarios[13].

De otro modo, también es preciso mencionar que, a finales de la década de los noventa, el Comité de Asuntos Fiscales de la OCDE publicó una nota titulada «*Risk Management*»[14], donde se definía de forma muy sucinta el concepto de gestión de riesgos en el ámbito de la planificación fiscal de las Administraciones Tributarias. En este documento se reconocía que varias autoridades domésticas ya habían comenzado a utilizar los principios de la gestión de riesgos para asignar los limitados recursos disponibles y tratar de lograr una óptima estrategia de cumplimiento de las obligaciones tributarias. La nota también proporcionaba una breve descripción de un modelo denominado *Revenue Risk Management Cycle* para la aplicación de la gestión de riesgos en un contexto cooperativo. Así, en cierta medida, se puede considerar este como el germen inicial de todos los trabajos sobre *co-operative tax compliance* que se han sucedido en el pasado y se están desarrollando en la actualidad.

---

13 OCDE (2009). *Foro sobre la Administración Tributaria: Subgrupo de Servicios a los Contribuyentes. Encuesta sobre tendencias y evolución del uso de servicios electrónicos para la prestación de servicios al contribuyente.* Publicaciones OCDE. <*https://www.oecd.org/ctp/administration/45404730.pdf*>

14 OCDE (1997). *Risk Management – Practice Note.* OECD Publishing. <*http://www.oecd.org/ctp/administration/1908440.pdf*>

1.1. COMPLIANCE RISK MANAGEMENT: MANAGING AND IMPROVING TAX COMPLIANCE

El primer informe que se puede calificar como relevante en este contexto fue publicado por la OCDE en octubre del año 2004 bajo el título de «*Compliance Risk Mangement: Managing and Improving Tax Compliance*»[15]. Esta nota de carácter informativo, aprobada por el mencionado Comité de Asuntos Fiscales, fue el resultado de la colaboración entre el *Compliance Sub-group* del FTA y numerosos funcionarios pertenecientes a Administraciones tributarias de Estados en los que por aquel entonces ya se habían empezado a aplicar este tipo de técnicas de gestión de riesgos en el ámbito de la planificación tributaria.

El estudio buscaba demostrar la validez de estos métodos como instrumentos apropiados para mejorar los índices de cumplimiento tributario de las empresas, particularmente referido a las medianas y pequeñas. Se parte de un planteamiento que pretende extrapolar al ámbito de la planificación pública las técnicas gerenciales de riesgos empleadas en el mundo corporativo, con el objetivo de maximizar la ecuación coste/beneficio en relación con los recursos disponibles y el cumplimiento efectivo de las obligaciones fiscales. La nota consideraba que la gestión de los riesgos fiscales había de estar integrada por cinco elementos secuenciados: (1) Identificación de los principales riesgos de incumplimiento; (2) Conocimiento de los factores que influyen en la conducta de los contribuyentes; (3) Evaluación de las estrategias necesarias para abordar los principales riesgos y determinar las asignaciones de recursos; (4) Implementación de las estrategias acordadas; y (5) Revisión de los resultados a través de indicadores fiables y evaluaciones externas[16].

Así, el punto de partida pasaba por identificar aquellos sectores donde el riesgo de incumplimiento fuera más elevado, analizando para ello el registro censal, las declaraciones presentadas, la comunicación de datos relevantes y, en último

---

15 OCDE (2004). *Compliance Risk Management: Managing and Improving Tax Compliance (Guidance Note)*. OECD Publishing. <*https://www.oecd.org/tax/administration/33818656.pdf*>

16 ROZAS VALDÉS, J.A.: «Los sistemas de relaciones cooperativas: una perspectiva de derecho comparado desde el sistema tributario español», *Documentos-Instituto de Estudios Fiscales*, núm. 6, 2016, págs. 23-24.

término, el pago de las deudas tributarias. Discriminar a los contribuyentes en función de su tipología posibilita la distinción de las áreas en las que los riesgos de incumplimiento son más previsibles y, en consecuencia, permite concentrar los esfuerzos de la Administración en las mismas con el fin de obtener una mayor eficiencia en su actuación. Una máxima invariable en lo que a la gestión cooperativa de los riesgos fiscales se refiere reza que, cuanto más precisa sea la sectorización de los contribuyentes, la actividad de la Administración va a adquirir un mayor grado de especialización en los riesgos que se pretenden evitar y, por ende, una mayor efectividad en su dimensión práctica. La planificación de la actividad investigadora de las autoridades estará directamente relacionada con la fiabilidad de los marcos de control internos implementados en cada empresa y se adecuará a lo que previsiblemente quepa esperar en términos de cumplimiento adecuado de las obligaciones fiscales. Es precisamente en este contexto donde emerge la pirámide de cumplimiento de la *Australian Taxation Office* en la que, como se verá más adelante, se agrupa a los obligados tributarios en distintos segmentos en función de su perfil de riesgo, aplicándose diferentes estrategias para cada uno de ellos.

Para configurar estos análisis de riesgos se incluyen diferentes variables atendiendo a diversas perspectivas. Se integran factores que tienen que ver con los contribuyentes como «la actividad desarrollada, los niveles formativos, las oportunidades de defraudar o la percepción de los costes derivados de la detección del incumplimiento», entre otros. Es frecuente que los elementos conductuales incluidos en estos análisis se examinen desde el prisma de la *Behavioral Economics* o Economía Conductual, disciplina que estudia las reacciones del ser humano ante estímulos externos, como puede ser el cumplimiento o incumplimiento de las obligaciones fiscales. Por otro lado, también se tienen en cuenta factores relacionados con la propia Administración o, mejor dicho, con los poderes públicos en general, como el grado de dificultad de la normativa tributaria o los costes que implique el control de su adecuado cumplimiento. En este documento tan embrionario ya se atisba el preponderante papel del factor confianza como fundamento esencial de todo el movimiento de gestión tributaria cooperativa. A medida que se incrementa la confianza del contribuyente en su Administración tributaria y viceversa, los riesgos de incumplimiento se reducen, y al contrario[17]. Como

---

[17] MURPHY, K.: «Trust me, I'm the taxman: The role of trust in nurturing compliance», *Centre for Tax System Integrity, The Australian National University*, Canberra, 2002, pág. 6.

se verá al analizar los siguientes trabajos de la OCDE, esta confianza se debe cimentar sobre la base de políticas fiscales que sean percibidas por los contribuyentes como una actitud proclive a la colaboración y tendentes a facilitar el cumplimiento tributario[18].

1.2. OCDE SEOUL DECLARATION: UNRELENTING RIGIDITY

En septiembre del año 2006, se celebró en Seúl la tercera reunión del FTA, al término de la cual se esbozó una declaración que contenía las líneas maestras de trabajo a desarrollar en los años venideros en el marco del cumplimiento cooperativo tributario: «*Ocde Seoul Declaration: Unrelenting Rigidity*»[19]. El transcurso del tiempo ha demostrado que las consignas adoptadas en esta reunión han sido exitosamente desarrolladas. En la mencionada declaración se puso de relieve que el cambio en el clima fiscal ocasionado por la globalización económica y todo lo que ella implicaba suponía un complejo reto para las Administraciones tributarias de cada país. En particular, se apuntó que el incremento de los intercambios comerciales, la liberalización de capitales y el desarrollo de las tecnologías de la información estaban provocando un resentimiento de los criterios clásicos de sujeción a gravamen basados en la residencia y en la fuente de origen, lo que inevitablemente amenazaba la armonía de los sistemas fiscales nacionales. Asimismo, se alertó de la cada vez más nítida sensación de desbordamiento que experimentaban los funcionarios públicos de las Administraciones, a quienes en un entorno infinitamente más complejo se les exigían más resultados con los mismos o menos medios.

Se constató así que el incumplimiento en el contexto internacional suponía un problema acuciante y de importancia creciente que, a pesar de la distinta configuración de los ordenamientos tributarios nacionales, exigía una respuesta global. Por ello, se advirtió la necesidad de formular modificaciones «coherentes, globales y realizables» tendentes a configurar un entorno

---

18 ROZAS VALDÉS, J.A.: «Los sistemas de relaciones cooperativas: una perspectiva de derecho comparado desde el sistema tributario español», *Ob. Cit.*, pág. 24.

19 OCDE (2006). *Tercera Reunión del Foro OCDE sobre Administración Tributaria: Declaración Final de Seúl.* Publicaciones OCDE. <*https://www.oecd.org/korea/37417459.pdf*>

de colaboración entre las grandes multinacionales y las Administraciones tributarias, donde se desarrollasen técnicas reforzadas y universales de gestión de riesgos de forma conjunta con el resto de los intermediarios fiscales intervinientes. En este contexto, se acordó abordar cuatro campos de actuación: (1) Profundización en los mecanismos de control de la planificación fiscal agresiva (PFA); (2) Análisis del papel de los intermediarios fiscales en materia de incumplimiento; (3) Ampliación de las Directrices sobre Buen Gobierno Corporativo en el campo tributario; y (4) Mejora de la formación del personal de las Administraciones tributarias en el ámbito del cumplimiento internacional.

1.3. CAPE TOWN COMMUNIQUÉ & STUDY INTO THE ROLE OF TAX INTERMEDIARIES

Las iniciativas adoptadas en la declaración de Seúl fueron objeto de análisis y tuvieron continuidad en el *Cape Town Communiqué*[20] publicado al término de la cuarta reunión del FTA, celebrada en la misma ciudad, en enero del año 2008. El foco principal de atención se centró en el análisis del papel de los intermediarios fiscales dentro del nuevo modelo cooperativo, presentándose un estudio sobre esta novedosa cuestión que sería publicado meses más tarde. Asimismo, se valoraron positivamente los progresos realizados en el resto de las iniciativas emprendidas en la Declaración de Seúl relativas a la mejora de la formación del personal tributario en el campo de la fiscalidad internacional, la redacción de un directorio sobre planificación fiscal agresiva y la progresiva implantación de los Principios de Buen Gobierno Corporativo en materia fiscal.

Así, en marzo del año 2008, se publicó el informe sobre el papel de los intermediarios fiscales con el título de «*Study into the Role of Tax Intermediaries*»[21]. Este informe fue elaborado bajo la dirección de un grupo de estudio (*Study Team* o «Equipo de Análisis») compuesto por personal

---

20 OCDE (2008). *Cuarta Reunión del Foro OCDE de Administración Tributaria: Comunicado del Cabo*. Publicaciones OCDE. <*https://www.oecd.org/ctp/administration/39887435.pdf*>

21 OCDE (2008). *Study into the Role of Tax Intermediaries*. OECD Publishing. <*http://www.oecd.org/tax/administration/39882938.pdf*>

del *HM Revenue and Customs* de Reino Unido y de la Secretaria Técnica de la OCDE, y contó con la participación de numerosos países miembros del FAT entre los que se encontraba España. Del mismo modo, es reseñable que en el curso de su elaboración se desarrolló un vasto proceso de consultas con importantes firmas contables y jurídicas del sector privado, así como con asociaciones empresariales que incluyeron al Comité Consultivo Empresarial e Industrial de la OCDE (BIAC, por sus siglas en inglés).

Este estudio, junto con el que se analizará posteriormente del año 2013, constituye la piedra angular sobre la que pivota todo el movimiento cooperativo impulsado por la OCDE. Prueba de ello es que por primera vez aparece de forma explícita el concepto de *enhanced relationship* o «relación mejorada»[22] —reformulándose a la postre como «cumplimiento cooperativo»— como elemento basilar sobre el que articular el nuevo modelo. El informe aborda el problema de la planificación fiscal agresiva desde la perspectiva o papel que juegan los diferentes intermediarios fiscales en su diseño y promoción, planteando la necesidad de poner en marcha técnicas de evaluación de riesgos que permitan gestionar los limitados recursos de las Administraciones de un modo más eficiente y efectivo para mejorar los niveles generales de cumplimiento. Al mismo tiempo, sitúa el modelo de relaciones cooperativas entre las grandes empresas multinacionales (MNE, por sus siglas en inglés) y las Administraciones tributarias nacionales como el camino a seguir para logar aumentar los niveles de cumplimiento de las obligaciones fiscales. A pesar de su título, se verá, el estudio acaba centrándose, sobre todo, en la figura de los contribuyentes.

1.3.1. Concepto de intermediario fiscal

El concepto de intermediario fiscal que maneja la OCDE es más amplio que el de asesor fiscal, pues incluye a un muy variado género de profesionales que se sitúan a medio camino entre los contribuyentes y las Administraciones

---

22 En la traducción al castellano de la literatura de la OCDE se utiliza directamente la expresión «relación cooperativa», sin embargo, parece más correcto matenerse en unos términos más literales, sobre todo, para diferenciar los cambios terminológicos que se darán en una etapa posterior.

tributarias. Entre otros, además de a aquellos sujetos mencionados, se refiere a contables, auditores de cuentas, consultores o entidades financieras. El estudio considera el papel fundamental que juegan estos intermediarios fiscales en los distintos sistemas tributarios, pues al mismo tiempo que ayudan a los contribuyentes a comprender y cumplir con sus obligaciones fiscales, algunos de ellos también participan activamente en el diseño y promoción de esquemas de planificación fiscal agresiva. Así, los intermediarios fiscales representan el lado de la oferta, mientras que los contribuyentes se sitúan en el lado de la demanda de esta PFA.

Se analizaron los diferentes enfoques que los países habían adoptado para responder a la participación de esta clase de sujetos en los instrumentos de PFA, advirtiendo que para comprender y, lo que es más importante, influir en su comportamiento, se necesitaba una visión más amplia a nivel internacional. Al considerar la relación tripartita entre las Administraciones tributarias, los contribuyentes y los intermediarios fiscales, el equipo de análisis llegó a la conclusión de que existe un margen significativo para influir en el lado de la demanda, al menos, en relación con los grandes contribuyentes corporativos, ya que son estos quienes realmente deciden su propia estrategia fiscal y, por ende, el grado de riesgo que quieren asumir. De esta forma, queda delimitado el ámbito subjetivo de aplicación del informe que, a diferencia del sistema de gestión de riesgos definido en el *Compliance Risk Mangement: Managing and Improving Tax Compliance,* el cual iba orientado a las medianas y pequeñas empresas, aquí se centra en las grandes multinacionales y, en cierta medida, en los intermediarios fiscales. Las recomendaciones contenidas en el informe tienen el potencial suficiente para reducir la demanda de PFA y proporcionar a las Administraciones tributarias mejor información sobre esta cuestión, brindándoles la oportunidad de idear respuestas más efectivas y la posibilidad de reaccionar mejor a los cambios. Si se puede reducir la demanda, la oferta de PFA también disminuirá.

1.3.2. La gestión de riesgos

Al abordar el lado de la demanda, la gestión de riesgos (*risk management*) se presenta como un instrumento esencial para las Administraciones tributarias, puesto que permite evaluar y clasificar a los obligados tributarios en función del riesgo que presenten para luego adoptar las estrategias que sean oportunas en cada segmento. El sistema de gestión de riesgos definido en este estudio no difiere mucho del que aparece en el *Compliance Risk Mangement: Managing and Improving Tax Compliance* del año 2004, eso sí, como se ha dicho, con la salvedad de que en este caso se orienta a los grandes contribuyentes corporativos. Existe un elevado número de situaciones que potencialmente pueden ser revisadas en relación con la PFA, sin embargo, las Administraciones tributarias no pueden revisarlas todas y los recursos se deben utilizar prioritariamente en aquellas que representen un riesgo más significativo. La gestión del riesgo de incumplimiento funciona como una herramienta de prevención y, a la vez, de lucha contra las políticas de PFA, posibilitando una asignación más eficiente de los limitados recursos de que disponen las Administraciones tributarias.

La gestión de riesgos contribuye tanto a la identificación de los mismos como a su posterior tratamiento. En el estudio se distinguen dos elementos esenciales que de alguna manera «integran» este concepto: (1) Por un lado, la evaluación de riesgos (*risk assessment*), que posibilita la identificación, análisis y priorización de los riesgos que pueden perturbar el correcto funcionamiento del sistema tributario; y (2) Por otro lado, la asignación de recursos basada en el riesgo (*risk-led resource allocation*), ya que un análisis cualificado permite tomar decisiones informadas y saber de antemano, con ciertas expectativas de éxito, ante qué riesgos responder y cuál es la mejor forma de hacerlo. El equipo de análisis resalta la idea de que tan importante es saber qué contribuyentes presentan un riesgo más elevado como cuáles de ellos no merecen especial atención. Tener claro qué operaciones no entrañan un riesgo significativo ayuda a las Administraciones tributarias a priorizar las que de verdad sí lo hacen.

Se plantea en términos ideales que los contribuyentes que presten total divulgación y transparencia obtendrán un incremento de la certeza en el cumplimiento de sus obligaciones fiscales y, al mismo tiempo, reducirán los costes indirectos que puedan derivarse de ello. Esto no significa que la actividad de los «contribuyentes transparentes» no deba ser revisada, ya que en ningún caso la divulgación y la transparencia son una ruta hacia un resultado fiscal preferencial. Sin embargo, parece razonable que los obligados tributarios que presenten un riesgo fiscal más bajo sufran una actividad inspectora de menor intensidad por parte de las autoridades. El equipo de análisis identificó una serie de factores a tener en cuenta a la hora de llevar a cabo la gestión de los riesgos fiscales. Estos indicadores en absoluto constituyen una lista cerrada de las variables que pueden considerarse para formar un juicio objetivo sobre el riesgo. En síntesis, son los siguientes: (1) La estructura comercial, el tamaño y la actividad desarrollada por el contribuyente; (2) La calidad de los mecanismos internos de gestión contable; (3) La actitud de los obligados tributarios respecto de la comunicación de información relevante; y (4) El grado de conformidad sobre la interpretación de la normativa fiscal.

1.3.3. *La necesidad de información*

Para que las Administraciones tributarias realicen una gestión eficaz del riesgo es necesario que dispongan de información «actualizada, pertinente y fiable», además de las capacidades adecuadas para recopilar y procesar dicha información. Un sistema de recopilación de información efectivo puede actuar como elemento disuasorio para los contribuyentes que pretendan llevar a cabo políticas de PFA, puesto que se detectarán rápidamente las oportunidades de elusión y habrá una respuesta más temprana.

El equipo de análisis señaló cuatro capacidades fundamentales que las Administraciones tributarias debían integrar para recopilar y procesar la información de tal forma que redunde en una gestión eficaz del riesgo: (1) Una cultura de organización sensible o impregnada por los fines de la gestión de riesgos, sobre todo, en los procesos de toma de decisiones y en la gobernanza interna; (2) Una estructura organizativa capaz de reflejar los riesgos detectados y de responder a los mismos; (3) Una infraestructura tecnológica apta para recibir y procesar una gran cantidad de información; y (4) Una adecuada capacitación del personal técnico funcionarial.

El estudio considera dos métodos para obtener información de los contribuyentes e intermediarios fiscales: uno, a través de la coerción legal y, otro, de forma voluntaria, yendo las partes más allá de sus estrictas obligaciones legales. Precisamente en este segundo punto es donde se sitúan los postulados del cumplimiento cooperativo, ya que lo que se pretende a través de las relaciones basadas en la cooperación y en la transparencia es generar un clima de confianza recíproca que posibilite el intercambio voluntario y espontáneo de información entre ambas partes a cambio de certeza temprana en el cumplimiento de las obligaciones tributarias. Todo ello sin perjuicio de que el cumplimiento cooperativo también contribuirá a reformular la operatividad de ciertos mecanismos tradicionales de intercambio de información.

1.3.4. The Enhanced Relationship o relación mejorada

Para canalizar el intercambio de información voluntario al que se ha hecho referencia, el estudio aboga por hacer prosperar una *enhanced relationship* o «relación mejorada o reforzada». El informe se refiere a esta como «una relación del contribuyente con las administraciones tributarias basada en la cooperación y en la confianza entre ambas partes que supone una voluntad de ir más allá del mero cumplimiento de sus obligaciones legales», y también como «una relación que favorece la colaboración frente a la confrontación y que se fundamenta más sobre la confianza mutua que sobre la exigibilidad de las obligaciones»[23]. Esta relación será efectiva y cumplirá su cometido si la Administración, al tratar con los obligados tributarios, orienta su actuación siguiendo los atributos que se detallan a continuación:

- **«Comprensión basada en la conciencia comercial».** Vendría a constituir un entendimiento del negocio y del entorno empresarial que va mucho más allá del mero conocimiento de las obligaciones fiscales y contables a las que esté sujeta la empresa contribuyente en cuestión. Tal comprensión se propone instrumentar a través del concepto de conciencia comercial, el cual pretende encarnar toda esa retahíla de cuestiones que determinan el contexto de la actividad corporativa, entre otras: las características particulares del sector industrial donde opere cada contribuyente, las singularidades únicas de cada negocio, sus necesidades y lo que se ha denominado «*business of how to do business*». En esencia, lo que se pide de las Administraciones es que no partan de la premisa errónea de querer pensar que las empresas deciden sus operaciones con el propósito de eludir impuestos. Pueden existir motivos estrictamente económicos, reales y lícitos, que son los que guían la motivación de las corporaciones a la hora de llevar a cabo sus operaciones comerciales. Asimismo, conviene tener presente que lo anterior en ningún caso puede estar reñido con la articulación de

---

23 OCDE (2008). *Study into the Role of Tax Intermediaries. Ob. Cit.*, pág. 39.

estructuras de negocio diseñadas con el objetivo de tributar lo menos posible dentro de la más estricta y absoluta legalidad[24].

- «**Imparcialidad**». Las autoridades fiscales deben ser objetivas y coherentes en el tratamiento de las diferencias de criterio que puedan surgir en la aplicación de los tributos. No debe perderse de vista que el enfoque adecuado tiene que ver con la cantidad correcta de tributos de acuerdo con la normativa vigente y no con un afán desmedido por maximizar la actividad recaudatoria. En este sentido, se incluyen distintas propuestas de métodos alternativos de resolución de conflictos (ADR, por sus siglas en inglés) que pueden ayudar a subsanar las eventuales discrepancias existentes.
- «**Proporcionalidad**». La actuación de la Administración tributaria en general, y la actividad revisora en particular, tienen que estar informadas por los principios de razonabilidad, equilibrio y proporcionalidad. La labor de información y documentación habrá de realizarse atendiendo a los criterios de necesidad, idoneidad y ponderando la relación coste/beneficio. En este contexto, tendrán una gran importancia las técnicas de gestión de los riesgos fiscales.
- «**Divulgación y transparencia**». La confianza mutua que sustenta el modelo cooperativo ineludiblemente debe basarse en la transparencia y en el flujo recíproco de información veraz. En este punto el equipo de análisis no se aventura a dar soluciones detalladas y concretas, sino que más bien realiza algunas consideraciones de aplicación general. Así, se advierte a los Estados sobre la importancia de articular «mecanismos consultivos de decisión anticipada» que proporcionen seguridad jurídica a los contribuyentes en una etapa más temprana sobre las consecuencias fiscales de situaciones u operaciones en particular. Del mismo modo, se deja constancia del deseo de los contribuyentes de querer saber más sobre cómo las Administraciones abordan la gestión de riesgos. Respecto a ello, el equipo de análisis recomienda adoptar una postura transparente, eso sí, sin revelar detalles completos que puedan desencadenar comportamientos inapropiados por parte de algunos obligados tributarios.

---

24 GONZÁLEZ DE FRUTOS, U.: «La relación cooperativa: un nuevo horizonte en el diálogo entre las grandes empresas y la Agencia Tributaria», *Ob. Cit.*, pág. 86.

- ***«Responsiveness»***. En la versión en castellano del Comunicado de Ciudad del Cabo este término fue transcrito como «agilidad», entendida como el deseo primordial de los contribuyentes de obtener certeza en el cumplimiento de sus obligaciones tributarias lo más rápido posible. Para que ello pueda ser posible las autoridades fiscales deben adoptar una actitud «proactiva» y ser capaces de dar una respuesta rápida a las solicitudes o consultas que formulen los administrados. Otros autores, desde un punto de vista diferente, han optado por una traducción más literal del término refiriéndose a la «sensibilidad» o «receptividad» que podría identificarse con una cierta empatía de los poderes públicos ante las necesidades y particularidades específicas de cada empresa. Una predisposición a escuchar y comprender frente a una actitud absorta y de confrontación[25]. No está clara la postura que parece reflejar el *Study into the Role of Tax Intermediaries*, no obstante, una actitud empática por parte de las Administraciones tributarias hacia las necesidades y preocupaciones de los contribuyentes es imprescindible en un modelo cooperativo que pretende construirse desde la confianza.

El informe considera que, si las Administraciones tributarias consiguen seguir estos cinco atributos, podrán configurar un entorno fiscal idóneo que alentará a las grandes multinacionales contribuyentes a entablar una relación basada en la cooperación y la confianza, con ambas partes yendo más allá de sus obligaciones legales. Los beneficios que se destilarían para las autoridades fiscales son significativos, pues el incremento de la transparencia y del intercambio de información veraz permitirá desarrollar una evaluación de riesgos más efectiva y, por ende, una asignación más eficiente de los limitados recursos fiscales. Por su parte, los contribuyentes, en la medida en que se comporten de manera transparente representando menores riesgos, pueden esperar razonablemente un mayor grado de certeza tributaria en una etapa más temprana, una actividad inspectora de menor intensidad y una reducción de los costes indirectos de cumplimiento y de las disputas fiscales, así como su pronta resolución, preferiblemente en tiempo real.

---

25 ROZAS VALDÉS, J.A.: «Los sistemas de relaciones cooperativas: una perspectiva de derecho comparado desde el sistema tributario español», *Ob. Cit.*, pág. 26.

Con todo, se reconoce que la demanda de planificación fiscal agresiva no desaparecerá por completo y que algunos grandes contribuyentes se negarán a adoptar la «relación mejorada». Para estos sujetos el Equipo de Análisis recomienda determinar su perfil de riesgo en función de la información que obre en manos de las autoridades fiscales, dejando claro que esta actitud no es la adecuada y generará repercusiones en términos de mayor atención sobre los mismos[26].

1.3.5. Entidades financieras y personas físicas con alto patrimonio

El Capítulo IX del «*Study into the Role of Tax Intermediaries*» se dedica a una categoría muy particular de intermediarios fiscales: las entidades financieras, especialmente, los denominados bancos de inversión. Se dice que estos sujetos juegan un papel fundamental en la formulación y puesta en práctica de los sistemas de PFA, tanto para sus clientes como en sus propias operaciones interbancarias y patrimoniales, lo que les distingue del resto de intermediarios fiscales. El Equipo de Análisis reconoce que no profundizó lo suficiente en la comprensión del funcionamiento de este sector y anima a continuar el diálogo para diseñar estrategias apropiadas. Por último, es preciso mencionar que el Equipo de Análisis también hace referencia a las personas físicas con alto patrimonio (HNWI, por sus siglas en inglés). Estos sujetos se señalan como el segundo mercado principal de PFA. Debido a limitaciones de tiempo y recursos tampoco se pudo considerar en profundidad este grupo de contribuyentes, recomendándose la realización de un trabajo adicional para analizar si la «relación mejorada» u otras estrategias son necesarias para abordar los riesgos que implican sus operaciones de PFA[27].

---

26 MENÉNDEZ FERNÁNDEZ, J.: «El Compliance Tributario: un escalón más hacia la transparencia fiscal», *Carta tributaria. Revista de opinión*, núm. 48, 2019, pág. 5.

27 Tales cuestiones serían abordadas posteriormente por la OCDE con la publicación de dos informes en el año 2009. El informe «*Building Transparent Tax Compliance by Banks*» (The Banks study) y el informe «*Engaging with High Net Worth Individuals on Tax*» (The HNWIs study).

1.4. OECD GUIDELINES FOR MULTINATIONAL ENTERPRISES

En el año 2011, se publicó una revisión de las «Líneas Directrices de la OCDE para Empresas Multinacionales»[28] (en lo sucesivo, Directrices) elaborada por los gobiernos de 42 países en el marco de una intensa ronda de consultas. Las Directrices forman parte de la «Declaración de la OCDE sobre Inversión Internacional y Empresas Multinacionales»[29] y no se revisaban desde el año 2000, de modo que se hacía necesaria una actualización para adaptarse a los profundos cambios estructurales que la actividad empresarial internacional había experimentado. Estas Directrices conforman una serie de recomendaciones dirigidas por los gobiernos de los países a las empresas multinacionales que operan en algunos de los estados adherentes o que tengan su sede en ellos. Contienen principios y normas no vinculantes que representan el principal instrumento internacional para la promoción de una conducta empresarial responsable. En sí, se trata de un código de conducta que los gobiernos nacionales se comprometen a promover.

En lo que atañe a este estudio, su Capítulo XI está dedicado a «Cuestiones tributarias». En él se afirma que una conducta responsable en materia fiscal «implica que las empresas deben cumplir tanto con la letra como con el espíritu de las leyes y regulaciones impositivas de los países en los que operan, cooperar con las autoridades y facilitarles la información que sea pertinente o exigida por la ley». A tales efectos, se afirma que una empresa cumplirá con el espíritu de la ley cuando adopte las medidas adecuadas para entender y respetar la intención del legislador. Algunos autores se han planteado si es de recibo exigir a las empresas que sean ellas mismas las que deban averiguar cuál es dicha intención o, por el contrario, si deberían ser los Estados y sus legislaciones los encargados de clarificar la normativa fiscal[30]. En cualquier caso, lo que parece claro es que, para evitar incurrir en PFA, ya no solo vale

---

28 OCDE (2013). *Líneas Directrices de la OCDE para Empresas Multinacionales: Revisión 2011.* Publicaciones OCDE. <*https://www.oecd.org/daf/inv/mne/MNEguidelinesESPANOL.pdf*>

29 OCDE (2000). *Líneas Directrices de la OCDE para Empresas Multinacionales.* Publicaciones OCDE. <*https://www.oecd.org/investment/mne/16975360.pdf*>

30 GARCÍA-HERRERA BLANCO, C.: «Buen gobierno fiscal y cumplimiento cooperativo con las grandes compañías», *Quincena fiscal*, núm. 1-2, 2017, pág. 120.

con respetar o seguir el dictado literal de las normas, sino que ahora se exige un esfuerzo adicional por comprender la intención del legislador al materializar las mismas.

En la misma línea que lo anterior, el cumplimiento en materia tributaria exige de las empresas una comunicación puntual de la información que sea relevante para la correcta aplicación de la normativa fiscal. Este compromiso tiene sus limitaciones, pues las propias Directrices disponen la necesidad de establecer un vínculo entre la información que debe entregarse y su grado de pertinencia, de modo que se hace indispensable encontrar un punto de equilibrio entre las cargas que han de soportar las empresas y las exigencias de las autoridades fiscales.

Finalmente, las Directrices también tendrán incidencia en lo que al gobierno corporativo de las empresas se refiere. En este sentido, habida cuenta de la responsabilidad que asumen, se invita a los consejos de administración a desarrollar estrategias globales de gestión de riesgos, basadas en principios adecuados de política tributaria y mecanismos de control fiscal internos, que permitan evaluar plenamente los riesgos financieros, reputacionales y de regulación ligados a las cuestiones tributarias.

1.5. CO-OPERATIVE COMPLIANCE: A FRAMEWORK FROM ENHANCED RELATIONSHIP TO CO-OPERATIVE COMPLIANCE

En el año 2013, el FAT decidió que, habiendo transcurrido ya cinco años desde la publicación del «Estudio sobre el papel de los intermediarios fiscales», era un buen momento para analizar los avances producidos en la aplicación del modelo de relaciones cooperativas, así como los cambios sucedidos en el tejido económico y empresarial. De esta manera, se publicó el informe titulado «La relación cooperativa: Un marco de referencia. De la relación cooperativa al cumplimiento cooperativo» o, en inglés, «*Co-operative Compliance: A Framework. From Enhanced Relationship to Co-operative Compliance*»[31], que pretendía hacer balance de las experiencias prácticas de

[31] OCDE (2013). *La relación cooperativa: Un marco de referencia: De la relación cooperativa al cumplimiento cooperativo*. Publicaciones OCDE. <*http://dx.doi.org/10.1787/9789264207547-es*>

aquellos países que habían comenzado a implementar estos programas, a la vez que recogía expectativas sobre su evolución futura desde distintas perspectivas. Este informe, al igual que el señalado de 2008, será una pieza ideológica fundamental para el análisis del concepto de relación cooperativa, ya que supone una revisión en profundidad y una actualización de los fundamentos básicos de este modelo. Para su elaboración se llevó a cabo una macroencuesta dirigida a veintiún países miembros del FAT que habían comenzado a desarrollar programas de esta índole, así como numerosas consultas con el BIAC[32].

El informe parte de la situación en la que se encontraban los pilares claves definidos en el estudio de 2008 conformadores de la relación cooperativa, y analiza cómo ha sido su desarrollo práctico en las diferentes experiencias nacionales. La percepción general fue de un resultado notablemente satisfactorio, destacando los avances producidos en las funciones llevadas a cabo por el personal de las Administraciones tributarias y en los mecanismos de control de riesgos implementados por las empresas. Asimismo, se constató que existía un elevado número de países que trataron de hacer prosperar la relación cooperativa con algunas grandes multinacionales e intermediarios fiscales, poniendo de relieve que en la mayoría de los casos no resultó necesario elaborar nuevas leyes o modificar drásticamente las existentes, sino que su articulación se llevó a cabo mediante la publicación de marcos generales donde se explicitan los acuerdos y las condiciones particulares de cada caso[33].

1.5.1. Cumplimiento cooperativo e igualdad ante la ley

Una de las primeras cuestiones que se abordan en el informe es la compatibilidad del concepto *enhanced relationship* con el principio de igualdad ante la ley, ya que se habían suscitado importantes dudas al respecto a raíz

32 Aunque la publicación del Plan BEPS sea anterior a este informe, lo cierto es que sus acciones no se empezaron a desarrollar hasta el año 2014, de ahí que se haya considerado más oportuno abordar el análisis de este estudio en primer lugar.

33 En concreto, se identificaron 25 Estados que, de un modo u otro, habían desarrollado o comenzado a desarrollar programas o instrumentos de cooperación entre las Administraciones tributarias y las grandes empresas contribuyentes, previendo que tal cifra aumentaría en el futuro, como así ha sucedido.

de la publicación del estudio de 2008 y de la progresiva implantación de los modelos de relaciones cooperativas. El principio de igualdad ante la ley es un fundamento constitucional básico que, sin perjuicio de la diversidad de ordenamientos jurídicos, se concibe de manera homogénea en la mayoría de los Estados, ya sean países de tradición jurídica anglosajona o cuenten con un Código Civil al estilo continental. En materia fiscal esto implica que las diferencias de trato dispensadas a los contribuyentes por parte de las Administraciones tributarias no pueden obedecer a decisiones puramente arbitrarias, sino que deben ser el fruto de un proceso objetivo y racional. En particular, el asunto que más debate había generado era la limitación del modelo de relaciones cooperativas a un determinado segmento de contribuyentes, las grandes empresas multinacionales. Es más, se había cuestionado incluso por qué dentro de este tipo de obligados tributarios no todos iban a tener acceso al mismo. El informe recuerda y parte de la premisa de que este nuevo modelo relacional no entraña un resultado fiscal diferente ni mucho menos más favorable para los contribuyentes, tan solo se trata de un sistema más efectivo y eficiente para lograr el cumplimiento de las mismas obligaciones fiscales. No obstante, sí es cierto, y se ha mencionado en el epígrafe anterior, que para los contribuyentes adscritos a este nuevo modelo se van a derivar una serie de beneficios importantes (mayor grado de seguridad jurídico-tributaria, actividad inspectora menos intensa, reducción de los costes de cumplimiento y de la litigiosidad fiscal, etc.) al que el resto de los obligados tributarios, por el momento, no tendrían acceso.

En el informe se justifica esta decisión atendiendo a las diferentes necesidades que presentan, por un lado, las grandes multinacionales y, por otro, las pequeñas y medianas empresas. En concreto, se indica que la complejidad y la escala de negocios de las primeras exigen un método organizativo distinto en lo que a la gestión de los riesgos de incumplimiento se refiere. La presencia y dimensión internacional de las grandes empresas dificulta enormemente la compresión de sus modelos de negocio y presupone la ineficacia de los métodos clásicos de control e inspección[34]. Otra razón de peso tendría que ver con el factor cuantitativo, pues el elevado número de pequeñas y medianas em-

---

[34] Javier Martín Fernández (2020). El principio de cumplimiento cooperativo y las infracciones y sanciones tributarias. https://elderecho.com/principio-cumplimiento-cooperativo-las-infracciones-sanciones-tributarias

presas, al menos en una etapa inicial, dificultaría enormemente la implantación del modelo y desbordaría los limitados recursos de las Administraciones tributarias. De este modo, las grandes multinacionales, menos abundantes en el tejido empresarial, constituyen un sector prototípico idóneo para testar inicialmente el modelo de relaciones cooperativas de un modo más sencillo y controlado. Este planteamiento apenas se desarrolla de forma muy tímida en el informe, no obstante, sí se deja constancia de la intención de extender los principios básicos de la relación cooperativa a las pequeñas y medianas empresas y se alude de forma específica a un informe publicado de manera paralela al que ahora se analiza con el título de «*Together for Better Outcomes: Engaging and Insolving SME Taxpayers and Stakeholders*», que precisamente versa sobre esta cuestión. Este planteamiento resulta perfectamente lógico y racional, ya que además de ser la forma más sencilla de llevar a cabo la implantación progresiva de un nuevo modelo, permite evaluar los resultados en un grupo reducido y corregir los desajustes que se vayan observando en su funcionamiento sin perturbar gravemente la armonía del sistema tributario. Por lo tanto, no tiene cabida la idea de que se trate de «un modelo de gestión exclusivo y preferente para unos pocos escogidos que pueda generar desigualdades o agravios comparativos», pues de otro modo podrían incluso comprometerse las expectativas de éxito del programa[35].

En el mismo sentido, se pone de manifiesto que las razones por las que no todos los grandes contribuyentes tienen acceso o no son invitados a participar en el programa y, de igual modo, no todos son tratados de la misma manera una vez incluidos en el mismo, responden a criterios o decisiones objetivas fruto de las técnicas gerenciales de gestión de riesgos. Parece lógico, y más aún si se tiene en cuenta su bisoñez, que estos programas y los beneficios que de ellos se deriven solo se ofrezcan a aquellos contribuyentes que presenten un bajo riego y se muestren dispuestos a colaborar y ser transparentes. Según se indica en las conclusiones del propio informe, «el cumplimiento cooperativo es totalmente congruente con las estrategias modernas de gestión de riegos de incumplimiento» y, por tanto, perfectamente coherente con el principio de igualdad ante la ley.

---

35 ROZAS VALDÉS, J.A.: «Los sistemas de relaciones cooperativas: una perspectiva de derecho comparado desde el sistema tributario español», *Ob. Cit.*, pág. 28.

Con todo, y para evitar interpretaciones equívocas fruto del lenguaje, se decide realizar un cambio teminológico sustituyendo la expresión «*Enhanced relationship*» («Relación Mejorada») por ***«Co-operative Compliance»*** (**«Cumplimiento Cooperativo»**)[36]. Aquella expresión se hacía difícil de traducir a ciertos idiomas y, como se ha visto, en numerosas ocasiones había sido sacada de contexto dando la impresión de que la relación mejorada implicaba beneficios en términos de cuantía impositiva para los contribuyentes adscritos a este tipo programa. Sobre el papel, se trata de un término más neutral y acertado que «no solo denota el proceso de cooperación (la relación), sino que demuestra también su finalidad (el cumplimiento) como componente integral de la estrategia general de gestión de riesgos de las administraciones tributarias». No obstante, no se puede pasar por alto que, en puridad, sendos términos no significan lo mismo. «Cumplimiento», entendido como la acción y efecto de cumplir, parece hacer referencia a una obligación; mientras que «relación» se trata más bien de una conexión o correspondencia entre iguales[37]. En este sentido, CALDERÓN CARRERO y QUINTAS SEARA consideran que «estamos ante un marco regulatorio fiscal más intrusivo, dinámico y complejo, que dificulta el cumplimiento de las obligaciones tributarias por parte de los contribuyentes y los intermediarios fiscales que deben operar a escala global afrontando distintas legislaciones y enfoques nacionales, sin que se hayan establecido nuevos mecanismos de asistencia e información tributaria o de resolución eficaz de controversias a escala nacional e internacional»[38].

---

36 La mayoría de países ha adoptado una terminología propia en sus fueros internos para referirse al fenómeno del cumplimiento cooperativo. Así es el caso de Países Bajos, «*Horizontal Monitoring*»; Inglaterra, «*Tax Risk Management*»; Australia, «*Annual Compliance Arrangements*»; Estados Unidos, «*Compliance Assurance Process o Program*»; Irlanda, «*The Cooperative Approach to Tax Compliance*»; Francia, «*Relation de Confiance*»; Rusia, «*Tax Monitoring*»; o Suecia, «*Deeper Colaboration*»; entre otros.

37 MENÉNDEZ FERNÁNDEZ, J.: *La relación cooperativa como modelo de administración tributaria: su aplicación en la administración tributaria española*, Madrid, España: REAF asesores fiscales, 2018, págs. 39 y 40.

38 CALDERÓN CARRERO, J. M. y QUINTAS SEARA, A.: *Cumplimiento tributario cooperativo y Buena gobernanza fiscal en la era BEPS, Ob. Cit.*, págs. 270 y ss.

1.5.2. Cumplimiento cooperativo y espíritu de la ley

Al hilo de la revisión de las «Líneas Directrices de la OCDE para Empresas Multinacionales» analizadas en el epígrafe anterior, se realiza en este informe una reflexión clarificadora sobre el alcance del concepto «espíritu de la ley». Dicha revisión del año 2011 había despertado una gran preocupación en las empresas, puesto que además de temer un cumplimiento excesivo, la complejidad del tráfico comercial y de la normativa fiscal posibilita un margen legítimo de «opinabilidad» lo suficientemente amplio para que existan diferencias de criterio respecto de lo que puede o no constituir una práctica de PFA. Algunos autores consideran que «a través de este estándar de cumplimiento reforzado» se pretendía incrementar «el nivel de diligencia en relación con los esquemas de planificación fiscal agresiva» y, en consecuencia, «alterar el concepto de planificación legítima». No obstante lo cual, tales propósitos solo podrían acometerse a través de reformas normativas expresas y de una política fiscal desarrollada de forma conjunta por el legislador y las autoridades tributarias, ello porque la labor de los contribuyentes orientada a interpretar el espíritu de ley, sin un mínimo sustento orientativo, se antoja complicada[39].

A este respecto, el informe pone de manifiesto que la existencia de un modelo de cumplimiento cooperativo no impide que los contribuyentes puedan discrepar de las autoridades tributarias acerca de si el resultado fiscal es o no conforme con la finalidad de la norma, es más, constituye el deber de los consejos de administración procurar que no se paguen más tributos de los que debidamente correspondan. La declaración de una posición contraria al criterio de la Administración, por sí sola, no es constitutiva de planificación fiscal agresiva o incompatible con una relación cooperativa, sin embargo, su ocultación sí lo es, de ahí que sea imprescindible su comunicación.

Del mismo modo, se indica que la existencia de una relación de cooperación en ningún caso debe suponer una «posición ventajosa» para las Administraciones tributarias en lo que a la interpretación de la ley se refiere, pues

---

[39] CALDERÓN CARRERO, J.M. y QUINTAS SEARA, A.: «Introducción al modelo de cumplimiento tributario cooperativo: estudio de los trabajos de la OCDE y principales experiencias internacionales», *Revista española de Derecho Financiero. Civitas*, núm. 167, 2015, págs. 90-91.

de este modo se correría el riesgo de que la doctrina administrativa sustituyera a las normas tributarias promulgadas por el legislador y/o a la jurisprudencia emanada de los Tribunales. Las autoridades fiscales deben interpretar la ley siguiendo las mismas orientaciones ya sea en el contexto de una relación de cooperación o en el marco de la actividad inspectora clásica. Por esta razón, se recomienda publicar las decisiones e interpretaciones llevadas a cabo en los asuntos más relevantes o cuya solución se antoje más compleja[40].

1.5.3. Los mecanismos de resolución de conflictos en el marco del cumplimiento cooperativo

Lo anterior se conecta irremediablemente con el siguiente punto de análisis que aborda el informe: los mecanismos de resolución de conflictos. En este sentido, en primer lugar, se pone de relieve que uno de los principales objetivos perseguidos por los sistemas de cumplimiento cooperativo es la reducción y, sobre todo, la mejor resolución de los litigios fiscales que puedan surgir en el curso de las actuaciones tributarias. Eso sí, en cualquier caso, la existencia de una relación cooperativa no puede suponer diferencias de trato a la hora de resolver conflictos, de modo que no tienen cabida acuerdos especiales u otras medidas similares que no fueran aplicables al resto de contribuyentes fuera de este nuevo modelo relacional.

El informe destaca la «voluntad de resolver el conflicto» como el elemento clave que posibilita la más rápida y expeditiva resolución del mismo dentro de la relación cooperativa, y distingue de manera importante dos momentos en los que se pueden suscitar las controversias: (1) Los litigios existentes antes de entablarse la relación de cooperación; y (2) Las disputas que surgen una vez establecida la misma. Respecto del primer tipo, lo habitual es que los programas de cumplimiento cooperativo llevados a cabo por los diferentes Estados incluyan una primera fase o una fase preliminar destinada a resolver estos conflictos, ya sea mediante acuerdos o a través de la vía contenciosa. Por el contrario, se recomienda utilizar métodos alternativos de resolución de conflictos (en particular, la mediación y el arbitraje) para solucionar aquellas disputas que surjan en el

---

40 OCDE (2013). *La relación cooperativa: Un marco de referencia: De la relación cooperativa al cumplimiento cooperativo. Ob. Cit.*, pág. 55.

seno de una relación cooperativa, sin perjuicio de la posibilidad de acudir a la vía judicial. Las técnicas alternativas de resolución de conflictos son herramientas coherentes con la idiosincrasia de la relación de cumplimiento cooperativo, ya que evidencian la buena predisposición de las partes a colaborar para solucionar el conflicto y agilizan el procedimiento de resolución.

Los sistemas de cumplimiento cooperativo no son una garantía absoluta de que no vayan a suscitare conflictos, sin embargo, cuando estos se originen pueden favorecer una resolución más eficiente de los mismos. La transparencia y el intercambio de información posibilitan una discusión más efectiva sobre la interpretación de las normas, ya que los hechos se encuentran expuestos y, normalmente, aceptados por las partes. Lo habitual es que se llegue a un consenso sobre los hechos y se reduzca la discusión a la mera interpretación del derecho, consiguiendo de este modo una resolución más acelerada de las disputas. Esto es lo que se conoce como «*agree to disagree*» o, en castellano, «acuerdo en desacuerdo»[41]. Podría llegar a pensarse que la existencia de conflictos en el contexto de una relación cooperativa puede resentir o erosionar los pilares de la

[41] Con este pseudo principio o consigna conocido como «*agree to disagree*» se pretenden ilustrar aquellas situaciones en las que las partes colaborarán activamente en el esclarecimiento de los hechos para agilizar la ulterior resolución sobre la aplicación de los elementos de derecho. Dicho de otro modo, las partes acuerdan discrepar sobre unos determinados puntos, pero a su vez coinciden y llegan a un acuerdo respecto a otros, transmitiéndoselo de esta forma al juzgador para simplificar la solución del caso en su conjunto. La existencia de programas de cumplimiento cooperativo no excluye la posibilidad de que puedan producirse disputas o desavenencias, siendo perfectamente lícito y admisible adoptar o defender posiciones diferentes respecto de la interpretación o aplicación de las normas. El hecho de que las partes discrepen con respecto a determinadas cuestiones o, incluso, lleguen a plantearse litigios no supone o implica por sí solo un mal funcionamiento del modelo o un quebranto de la confianza que debe caracterizar una relación de este tipo. Es más, hasta cierto punto esto es lo natural y habitual, pues sería una ingenuidad pensar que los contribuyentes y las Administraciones tributarias siempre van a estar de acuerdo, por mucha colaboración y buena fe que se fomente entre ellos. Parafraseando lo dicho por la OCDE, siempre tiene que haber «un margen para que los contribuyentes y las autoridades tributarias tengan auténticas diferencias de opinión sobre el tratamiento fiscal adecuado de algunas operaciones, incluso en el marco de una relación cooperativa». Cuestión distinta sería que tales episodios de conflicto se sucedieran de forma reiterada o sistemática, ya que este comportamiento sí podría conllevar una erosión de las bases de la confianza y provocar la revocación del acuerdo alcanzado entre las partes.

misma, pero lo cierto es que el número de disputas se autolimitará de forma natural. Así, un contribuyente que observe una desestimación sistemática de sus posiciones fiscales procederá rápidamente a modificar su estrategia fiscal. De la misma forma, una Administración que repetidamente recurra las posiciones adoptadas por sus obligados tributarios y no obtenga éxito en los tribunales se replanteará su opinión de la ley. De este modo, se producirá una rápida adaptación a lo que se considera el espíritu de la ley, que fuera de la relación cooperativa se antoja más complicada o menos inmediata.

1.5.4. Los marcos de control fiscal

El Capítulo IV del informe se dedica a realizar un desarrollo concreto de las previsiones sobre el buen gobierno corporativo señaladas en la revisión de las «Líneas Directrices de la OCDE para Empresas Multinacionales». Se parte de la constatación de que, en la mayoría de los países, las previsiones relativas al gobierno societario se encontraban recogidas en la ley y/o en códigos específicos y, por aquel entonces, tan solo había tres Estados (Países Bajos, Australia y Reino Unido) que incluían explícitamente la materia fiscal como objeto de las normas sobre gobierno corporativo. A tales efectos se indica que, si bien la normativa de los diferentes Estados sobre el buen gobierno societario pueda disentir o no ser idénticamente coincidente, la transparencia y el intercambio de información solo serán materialmente posibles dentro un sistema solvente de control interno.

Los consejos de administración son los responsables de la gestión de riesgos y de los sistemas de control internos de las empresas. En este sentido, el informe señala que es obligación de los mismos diseñar y aplicar «Marcos de Control Internos» que incluyan **«Marcos de Control Fiscal»** o **«Tax Control Frameworks»** orientados a garantizar la veracidad de las declaraciones fiscales presentadas y la exactitud de la información tributaria proporcionada a las autoridades[42]. El buen gobierno fiscal se incardina como un elemento

[42] «La efectividad de un Marco de Control Interno empieza con los valores éticos y morales de los directivos de una organización y por la forma en que la dirección vela por la aplicación de esos valores en la práctica diaria». OCDE (2010). *FTA Information Note Tax Compliance and Tax Accounting Systems*. OECD Publishing. <*http://www.oecd.org/tax/administration/45045662.pdf*>, pág. 8.

esencial e imprescindible del buen gobierno corporativo. No se puede aspirar a lograr un buen gobierno societario si no se tienen en cuenta las cuestiones de índole fiscal. En cualquier caso, no se debe olvidar que tal y como señalan CALDERÓN CARRERO y QUINTAS SEARA, «las exigencias del buen gobierno corporativo ni tienen que coincidir exactamente con la articulación de un sistema de TCF establecido a efectos de participar en un programa de cumplimiento tributario cooperativo, ni la puesta en marcha de un TCF o de mecanismos de gestión y riesgos fiscales requiere la participación en uno de estos programas de cumplimiento tributario cooperativo»[43].

Para calibrar el grado de adecuación de estos mecanismos, los consejos de administración deben emitir una declaración de control interno evaluando la efectividad de los marcos de control de riesgos fiscales implantados en las empresas. A este respecto, se pone de manifiesto una cierta preocupación por parte de las mismas demandando orientaciones más concretas y precisas para la evaluación de la información sobre los riegos fiscales. En cuanto a su alcance, se explicita que los Marcos de Control Fiscal no deben comprender únicamente los procesos exclusivamente tributarios, sino todas aquellas consecuencias fiscales que se deriven de las distintas transacciones llevadas a cabo por la empresa. En este sentido, el informe define el Marco de Control Fiscal como «el control interno de todos los procesos y transacciones con posibles consecuencias fiscales» y asegura que todas estas previsiones son conformes o compatibles con la legislación interna de los Estados sobre gobierno corporativo.

1.5.5. El gobierno interno de las administraciones tributarias

Por último, de forma análoga al gobierno corporativo de las empresas, la existencia de una relación de cooperación también tiene repercusiones en lo que respecta a la gobernanza interna de las Administraciones tributarias. En este sentido, el informe pone el acento en la necesidad de confeccionar mecanismos de gobierno efectivos que garanticen, por un lado, la imparcialidad y profesionalidad de los funcionarios, adoptando las medidas que fueran

---

43 CALDERÓN CARRERO, J.M. y QUINTAS SEARA, A.: «Introducción al modelo de cumplimiento tributario cooperativo: estudio de los trabajos de la OCDE y principales experiencias internacionales», *Ob. Cit.*, pág. 89.

necesarias para mantener una actitud crítica respecto al contribuyente y a la información sobre riesgos que sea declarada[44]; y, por otro, una postura abierta y proclive al diálogo a la hora de entablar la relación cooperativa, teniendo en cuenta que la buena predisposición es vital para generar la confianza que cimenta el modelo.

Asimismo, se pretende salir al paso de un cierto grado de incertidumbre que se hallaba instalado en este contexto de cooperación. Por una parte, se venía temiendo que el personal administrativo pudiera mostrarse más reticente a cuestionar las posiciones adoptadas por los contribuyentes si creían que ello podría resquebrajar las bases de la relación de cooperación. Del mismo modo, existía cierta preocupación de que las empresas, por el mismo temor, se privaran de adoptar ciertas estrategias de planificación fiscal que sus competidores sí pudieran llevar a cabo con éxito fuera de la relación cooperativa, situándoles en una posición de desventaja competitiva. Por tales razones, se apunta que lo deseable, y no menos necesario, es encontrar un justo equilibrio que garantice la igualdad de trato entre los contribuyentes que se encuentren tanto incluidos como al margen del modelo de cumplimiento cooperativo, solo pudiendo lograrse a través de una buena gobernanza administrativa.

El informe enuncia seis categorías de medidas que las Administraciones tributarias deberán observar a la hora configurar sus políticas de gobierno interno: reglas sobre integridad y valores fundamentales, diseño de sistemas de trabajo estandarizados y predefinidos, supervisión de las decisiones adoptadas por los funcionarios que actúen como intermediarios en las relaciones cooperativas, garantías de imparcialidad e independencia de los mismos, programas de formación y mecanismos de evaluación de los resultados y los trabajos desarrollados.

---

44 El Comité Stevens de los Países Bajos se ha referido a esta cuestión como «riesgo de apego» o «captura del regulador».

1.6. CO-OPERATIVE TAX COMPLIANCE. BUILDING BETTER TAX CONTROL FRAMEWORKS

En el año 2016, la OCDE publicó un informe guía titulado «*Co-Operative Tax Compliance. Building Better Tax Control Frameworks*»[45] como resultado de una serie de reuniones celebradas en las ciudades de París y Den Bosch en los meses de febrero y noviembre, respectivamente, del año 2014. Esta guía fue confeccionada en el seno del *Large Business Programme* del FTA por expertos en fiscalidad de las grandes empresas pertenecientes a diferentes Administraciones tributarias nacionales (entre ellas, España). Asimismo, en su elaboración participaron de manera activa miembros del comité fiscal del BIAC y expertos de grandes firmas de auditoría contable.

Este informe pretendía ser la continuación del «*Co-operative Compliance: A Framework. From Enhanced Relationship to Co-operative Compliance*», sobre todo, en lo referido a los *Tax Control Frameworks* o Marcos de Control Fiscal, puesto que desde su publicación en el año 2013 el panorama fiscal internacional había experimentado un cambio significativo con el desarrollo y la adopción de las medidas derivadas del Proyecto BEPS[46]. Se había vuelto

---

45 OCDE (2016). *Co-operative Tax Compliance. Building Better Tax Control Frameworks*. OECD Publishing. <*https://www.oecd.org/publications/co-operative-tax-compliance-9789264253384-en.htm*>

46 Con anterioridad a este informe, la OCDE, respaldada por el G20, puso en marcha en el año 2013 el Proyecto BEPS contra la erosión de las bases imponibles y el traslado de beneficios (*Base Erosion and Profit Shifting Project*), por todos conocido en el espectro tributario. Como resultado de los trabajos se publicaron dos documentos: uno, sobre la «Lucha contra la erosión de la base imponible y el traslado de beneficios» y, otro, denominado «Plan de acción contra la erosión de la base imponible y el traslado de beneficios». Este segundo documento integraba un plan de actuación concreto compuesto por 15 acciones, pudiendo identificarse una cierta coincidencia entre las finalidades perseguidas por ciertas de ellas con los trabajos realizados por la OCDE en materia de cumplimiento cooperativo. En particular, con la «Acción 12.- Exigir a los contribuyentes que revelen sus mecanismos de planificación fiscal agresiva» se pretendía hacer hincapié en la necesidad de incrementar la transparencia, el intercambio de información veraz, la evaluación de los riesgos fiscales y, en general, un mejor cumplimiento del ordenamiento tributario. Ello se deja patente en el propio Plan de Acción cuando se señala que las actuaciones se coordinarían con el trabajo sobre cumplimiento cooperativo, haciendo mención específica al

aún más crucial para las grandes multinacionales tener bajo control sus asuntos fiscales, lo que incrementaba la importancia de disponer de marcos de control fiscal efectivos como componente esencial de un sistema global de

---

«*Co-operative Compliance: A Framework from Enhanced Relationship to Co-operative Compliance*» del año 2013. Se pone de manifiesto que «las Administraciones tributarias no disponen a menudo de información completa y relevante sobre las estrategias de planificación fiscal» y se hace hincapié en que esta cuestión es determinante para la rápida identificación de los sectores de riesgo. De esta forma, se justifica la necesidad de desarrollar normas de declaración obligatoria y anticipada para operaciones y estructuras agresivas que permitan a las autoridades tributarias responder rápidamente a los eventuales riesgos fiscales que se identifiquen, ya sea a través de una adecuada evaluación de los mismos, las pertinentes inspecciones tributarias o, en último término, modificando la normativa aplicable. El objetivo principal que se persigue, por tanto, es aumentar los niveles de transparencia para tratar de proporcionar de forma anticipada a las Administraciones tributarias la información que fuere relevante y necesaria para identificar y actuar contra los promotores y usuarios de las estructuras de PFA. Tales previsiones se corresponden con lo indicado en el «*Study into the Role of Tax Intermediaries*» y con lo que finalmente se materializó en derecho positivo a través de la DAC 6. Con la «Acción 13.- Reexaminar la documentación sobre precios de transferencia», por su parte, se proponía llevar a cabo una revisión de los estándares en esta materia con el propósito de desarrollar un modelo estandarizado de normas que contribuyeran también a incrementar los niveles de transparencia. El Informe Final sobre la Acción 13 abordó este ambicioso objetivo haciendo referencia a tres niveles de documentación (*three tiered approach*) que las empresas contribuyentes debían consignar: el Archivo maestro o *Masterfile*, el Archivo local o *Local File* y el Informe país por país o *Country by Country Report*. Estos tres documentos constituyen el estímulo perfecto para procurar que las empresas adopten posiciones fiscales más transparentes, produciéndose así un aumento de la exigencia y calidad del contenido de la información sobre precios de transferencia que deban suministrar. Todo ello, como no podía ser de otra manera, provocará un impacto inmediato en la evaluación y gestión del riesgo en materia de precios de transferencia, ya que la información proporcionada por el *three tiered approach* (y, en especial, por el *CBCR*) tiene el potencial para constituir una base más sólida en el desarrollo de los procedimientos de control tributario y, en consecuencia, una mejora considerable de los mismos. El «Manual sobre el uso efectivo para la evaluación del riesgo fiscal» describe una serie de indicadores de potencial riesgo con el fin de identificar patrones que se repitan y que ayuden a distinguir las operaciones o estructuras que entrañen un mayor o menor nivel de riesgo. Se observan en este punto paralelismos con los programas ICAP y ETACA desarrollados por la OCDE y la UE, respectivamente, en este contexto cooperativo.

gestión de riesgos. En particular, el objetivo que se perseguía con este informe era proporcionar unas directrices útiles que sirvieran como referencia, por un lado, a las empresas, en el diseño y funcionamiento de sus Marcos de Control Fiscal; y, por otro, a las Administraciones tributarias, para facilitar la adaptación de sus estrategias de gestión de riesgos respecto de cada contribuyente en el seno de las relaciones cooperativas.

En cuanto al alcance de esta guía, es tan solo eso, una guía, no tiene ni mucho menos carácter prescriptivo. Los Estados que han implementado el concepto de cumplimiento cooperativo lo han adaptado al funcionamiento operativo de su sistema tributario particular, a su práctica administrativa y, en general, a su propia cultura jurídica. Del mismo modo, las empresas multinacionales, por propia definición, pueden operar, y es lo habitual, en varias jurisdicciones diferentes, precisando por ello adaptar sus estrategias y posiciones fiscales a los requisitos específicos de cada país. Por lo tanto, no es posible articular un modelo de TCF homogéneo para todo tipo de empresas y Administraciones, y lo que hizo la OCDE, consciente de ello, es elaborar una guía que asume las características o principios esenciales que deben estar presentes en todo marco de control fiscal que se precie a ser efectivo. Ello se ha tratado de materializar dejando un amplio margen de libertad para adaptarse a las especificidades de los diferentes ordenamientos jurídicos de cada Estado, así como a las particulares circunstancias de cada negocio e industria[47].

1.6.1. Características esenciales de los MCFs

Los marcos de control fiscal son un engranaje fundamental en todo el movimiento tributario cooperativo, ya que aportan rigor al concepto de cumplimiento y son instrumentos adecuados para la realización de sus más importantes fines. A través de una gestión efectiva del riesgo se proporciona una garantía verificable de que la información y las declaraciones enviadas por los contribuyentes son precisas y completas y, por ende, se logra un reforzamiento de las bases del modelo. La idiosincrasia de estos sistemas de ges-

47 CALDERÓN CARRERO, J.M.: «Los marcos de control de riesgos fiscales en un contexto post-BEPS», *Estudios financieros. Revista de contabilidad y tributación: Comentarios, casos prácticos. CEF*, núm. 436, 2019, pág. 34.

tión de riesgos comulga extraordinariamente con el énfasis en la divulgación y la transparencia que el concepto de cumplimiento cooperativo implica. La constatación de la integridad y efectividad de un MCF supondrá una evidencia que respalda la confianza depositada en un contribuyente y, a cambio, la Administración tributaria podrá proporcionar seguridad jurídica sobre las posiciones fiscales reveladas. En el Capítulo II del informe se describen de forma genérica seis características fundamentales que deben estar presentes en los marcos de control fiscal de las empresas y que deberán ser complementadas con las particularidades propias de cada sector para reflejar los riesgos específicos asociados a cada tipo de industria[48]:

- «*Tax Strategy Established*»: se debe recoger la estrategia fiscal definida por la empresa, habiendo de estar claramente documentada y aprobada a nivel del consejo de administración[49].
- «*Applied Comprehensively*»: su aplicación tiene que ser integral y exhaustiva, ya que la mayoría de las transacciones realizadas por una empresa, de algún modo u otro, tienen relevancia fiscal. Ello necesariamente implica que deban presidir el rango completo de las actividades de la empresa e integrarse en la gestión diaria de las operaciones comerciales.
- «*Responsibility Assigned*»: el consejo de administración es responsable del diseño, implementación y efectividad de estos instrumentos. Del mismo modo, el departamento fiscal también tendrá una gran responsabilidad en lo que a su desarrollo práctico se refiere, precisando para ello una adecuada provisión de medios y recursos técnicos.
- «*Governance Documented*»: se han de incluir reglas de gobierno corporativo que garanticen la correspondencia entre las transacciones comerciales y las normas que resulten de aplicación para que los potenciales riesgos de incumplimiento sean identificados y gestionados adecuadamente. Este proceso de gobernanza debe documentarse explícitamente y contar recursos suficientes para logar una implementación exitosa de los MCF, debiendo revisarse su eficacia de manera regular.

---

48 OCDE (2016). *Co-operative Tax Compliance. Building Better Tax Control Frameworks. Ob. Cit.*, pág. 15.

49 GARCÍA-HERRERA BLANCO, C.: «Buen gobierno fiscal y cumplimiento cooperativo con las grandes compañías», *Ob. Cit.*, pág. 128.

- «*Testing Performed*»: será necesario realizar evaluaciones periódicas del cumplimiento de las políticas y procesos internos que formen parte del MCF. Esta cuestión fue desarrollada de forma extensa en el Capítulo III del informe, «*Assessing and testing Tax Control Frameworks*», que se analizará a continuación.
- «*Assurance Provided*»: los MCFs implementados en cada empresa deben ser capaces de garantizar a todas las partes interesadas, tanto a las propias Administraciones tributarias como al resto de *stakeholders*, que los riesgos fiscales están sujetos a un control adecuado y que se puede confiar en la fiabilidad de las declaraciones tributarias presentadas. Tal objetivo se alcanza determinando el «*risk appetite*» de la empresa y articulando mecanismos adecuados dentro de estos instrumentos que sirvan para identificar y mitigar posibles desviaciones. Esta «garantía de aseguramiento» puede verse como el resultado global de haber implementado exitosamente los otros cinco principios enunciados[50].

1.6.2. Evaluación y examen de los TCFs

En el Capítulo III de la guía se establecen una serie de directrices orientadas al diseño de mecanismos de evaluación (*assessing the TCF)* y comprobación práctica (*testing the TCF)* de los MCFs. A través del «*Assessing and testing TCF*» se busca que las Administraciones tributarias puedan obtener garantías de fiabilidad sobre el contenido de las declaraciones fiscales presentadas y seguridad sobre el buen funcionamiento de estos sistemas de gestión de los riesgos fiscales.

A. Assessing the TCF

Se pretende que las autoridades fiscales obtengan garantías sobre la solidez y adecuada aplicación de los marcos de control fiscal y, para ello, es imperativo conocer los controles destinados a tal fin que se hallen implementa-

---

50 CALDERÓN CARRERO, J.M.: «Los marcos de control de riesgos fiscales en un contexto post-BEPS», *Ob. Cit.*, pág. 38.

dos en cada empresa. El informe tiene a bien considerar distintos enfoques que las Administraciones tributarias podrán adoptar para evaluar los MCFs: (1) Dirigirse directamente a la gerencia de la empresa a fin de conocer los controles implementados, las operaciones más relevantes llevadas a cabo o el proceso de toma de decisiones en materia fiscal; (2) Tomar en consideración la capacidad de adaptación de los MCFs ante los cambios legislativos o reestructuraciones del tejido comercial que pudieran suceder, y comprobar si los mismos son capaces de identificar errores o desajustes que puedan surgir en este proceso; o (3) Revisar los informes periódicos y las declaraciones presentadas evaluando la capacitación, la conciencia comercial y las herramientas existentes para valorar la efectividad del MCF.

B. *Testing the TCF*

En segundo lugar, se tiene en cuenta la comprobación de la aplicación de los marcos de control fiscal en un contexto mucho más pragmático o funcional. Con ello se pretenden testar los resultados prácticos de los MCFs, teniendo en cuenta las variables de evaluación citadas en el punto anterior, para conocer el grado de eficacia de estos sistemas y determinar con seguridad si los riesgos se gestionan o no adecuadamente. Las empresas deben contar con un diseño apropiado y operativamente efectivo de sus marcos de control fiscal para justificar la confianza depositada en ellos por parte de las autoridades tributarias. En la otra cara de la moneda, las autoridades tributarias deberán dejar claro cuál va a ser la extensión o el nivel de su evaluación de riesgos atendiendo al alcance y a la calidad de los diferentes MCFs que puedan presentarse.

Las verificaciones pueden tener carácter general o estar enfocadas a determinados aspectos particulares. A este respecto, la guía señala algunos elementos o características que las Administraciones tributarias pueden considerar para calibrar el grado de adecuación de los marcos de control fiscal de las empresas. De entre todas ellas se destacan las siguientes:

- «*Controls should be in place*»: verificar que existen controles en la fuente de origen, tanto dentro de la propia empresa como fuera de la misma (auditores externos o autoridades competentes).

- «*Managing execution risks*»: pueden surgir riesgos fiscales significativos en el proceso de ejecución que deben ser detectados y atajados por los marcos de control fiscal.
- La aplicación de regímenes de revelación obligatoria puede ser una herramienta extraordinariamente adecuada para la gestión eficaz del riesgo fiscal, ya sea a través de la mejora de la transparencia o mediante la identificación de los esquemas de planificación fiscal potencialmente agresivos.

1.6.3. *Efectos potenciales*

Finalmente, la conclusión general que a grandes rasgos se esboza en el informe es que, cuando un marco de control fiscal es efectivo y la empresa lleva a cabo una revelación completa de toda la información que fuere relevante acerca de sus riesgos fiscales —adoptando, por tanto, una posición transparente—, el alcance y la intensidad de la actividad inspectora de la Administración se habrían de ver reducidos significativamente. Si se dan estas circunstancias, las autoridades fiscales pueden fiarse de las declaraciones tributarias presentadas por los contribuyentes cooperativos y confiar en que se les informará de las posiciones fiscales inciertas o problemáticas en que se pudiera incurrir, quedando estas a su vez enmarcadas en los referidos sistemas de control fiscal.

1.7. INTERNATIONAL COMPLIANCE ASSURANCE PROGRAMME (ICAP)

En el mes junio del año 2017, tras varias versiones preliminares, el Comité de Asuntos Fiscales de la OCDE dio a conocer el «*ICAP Operating Manual*». Meses más tarde, el FTA publicaría un documento titulado «*International Compliance Assurance Programme: Pilot Handbook*»[51] cuyo contenido, si bien no coincidía íntegramente con lo recogido en aquel dossier,

---

[51] OCDE (2018). *International Compliance Assurance Programme: Pilot Handbook. Working Document*. OECD Publishing. <*http://www.oecd.org/tax/forum-on-tax-administration/publications-and-products/international-compliance-assurance-programme-pilot-handbook.pdf*>

era prácticamente idéntico. Se trata de un manual operativo que establece las líneas generales para llevar a cabo un programa de cumplimiento cooperativo multilateral entre un grupo multinacional contribuyente y dos o más Administraciones tributarias nacionales. Estos trabajos fueron el resultado de diversas reuniones mantenidas con representantes de varias Administraciones tributarias, en concreto, fueron ocho las Administraciones nacionales impulsoras que en enero de 2018 pusieron en marcha este primer programa piloto (Australia, Canadá, Italia, Japón, Países Bajos, Reino Unido, Estados Unidos y España). Asimismo, en marzo del año 2019, una vez concluido el primer programa piloto ICAP, se puso en marcha una versión 2.0 del mismo, el «*International Compliance Assurance Programe: Pilot Handbook 2.0*»[52], con el propósito de perfeccionar el proceso multilateral de análisis de riesgos y reforzar el objetivo de proporcionar mayor seguridad fiscal a nivel internacional. Esta nueva fase del proyecto incorporó a nueve Administraciones tributarias más (Alemania, Austria, Bélgica, Dinamarca, Finlandia, Irlanda, Luxemburgo, Noruega y Polonia), además de mantener a todas las anteriores.

Con el ICAP se pretende dar un paso más en materia de cumplimiento cooperativo tributario, evolucionando desde los postulados internos y bilaterales que se desarrollaban hasta ese momento para transitar hacia un enfoque internacional y multilateral. Es un mecanismo avanzado de control coordinado del «riesgo fiscal internacional» motivado por la expansión de los acuerdos de cooperación entre las distintas Administraciones tributarias nacionales y el deseo común de mitigar la incertidumbre fiscal a nivel internacional. Si bien los programas de cumplimiento cooperativo llevados a cabo por cada Estado no son idénticos, tienen en común el afán por entablar una relación de cooperación transparente y enfoques más proactivos a la hora de abordar la gestión de los riesgos de incumplimiento.

El primer programa piloto tenía como finalidad el análisis y la valoración de los riesgos fiscales transnacionales a través de un enfoque coordinado a nivel internacional con el objetivo de procurar un mayor grado de seguridad jurídica. En este punto conviene mencionar que ya en el informe «*Co-opera-*

---

52 OECD (2019). *International Compliance Assurance Programme: Pilot Handbook 2.0*. OECD Publishing. <*www.oecd.org/www.oecd.org/tax/forum-on-tax-administration/publications-and-products/internationalcompliance-assurance-programme-pilot-handbook-2.0.htm*>

tive Compliance: A Framework. From Enhanced Relationship to Co-operative Compliance» del año 2013 se formulaba la posibilidad de comenzar a desarrollar una relación cooperativa de carácter multilateral basada en el acuerdo entre un contribuyente y dos o más Administraciones tributarias nacionales para aplicar los principios propios de este modelo a las cuestiones de índole fiscal que fueran de interés común para todas las partes implicadas. Aunque esta idea tuvo una gran acogida y fue favorablemente valorada por los distintos Estados, tan solo Países Bajos y Reino Unido la llevaron a la práctica, más si cabe, con excelentes resultados.

1.7.1. Principios impulsores del ICAP

El manual del ICAP señala seis factores clave (*key drivers*) como impulsores del desarrollo del programa[53]:

- Información mejor y más estandarizada para la evaluación del riesgo. En particular, se toma en consideración la Acción 13 del Plan BEPS y su obligación derivada para los grupos multinacionales de presentar un informe País por País. Las Administraciones tributarias pueden trabajar con dicha información a escala global para efectuar los análisis de riesgos, de ahí que surja el interés de adoptar un enfoque coordinado y multilateral en la valoración tanto de la información contenida en los *CbC Reports* como en la documentación sobre precios de transferencia.
- Revisión global de los Procedimientos Amistosos o *Mutual Agreement Procedure* (MAP). A consecuencia de la Acción 14 del Plan BEPS, se han implementado procedimientos MAP cada vez más efectivos y eficientes a través de medidas destinadas a reducir los riesgos de incertidumbre y de doble imposición. Este tipo de iniciativas pueden verse complementadas y beneficiadas por un modelo de cumplimiento cooperativo multilateral que sea capaz de prevenir los conflictos innecesarios y, de forma consecuente, evitar que surjan nuevos procedi-

53 GONZÁLEZ MARTÍNEZ, E. y MANRIQUE LÓPEZ, E.: «Programa internacional de cumplimiento cooperativo (ICAP): desarrollo y evolución». En GUERVÓS MAÍLLO, M. A. et al.: *Practicum Compliance Tributario 2020, Ob. Cit.*, pág. 665.

mientos amistosos. En este parecer, algunos autores han considerado el ICAP como un mecanismo de prevención de controversias fiscales sin precedentes[54].

- El establecimiento de marcos adecuados de cumplimiento. El FTA a lo largo de los años ha identificado y desarrollado numerosas herramientas para la gestión de los riesgos de incumplimiento. El propósito principal es capacitar y dotar a las Administraciones tributarias de los conocimientos y habilidades necesarios que les permiten adoptar un nuevo enfoque común y analizar los riesgos fiscales a nivel multilateral.
- Avances en materia de cooperación internacional. En la época reciente, la colaboración entre las Administraciones que forman parte del FTA se ha intensificado de manera considerable y ello se manifiesta tanto en la profundidad de los estudios llevados a cabo como en la frecuencia de las reuniones y contactos mantenidos. Asimismo, se han desarrollado un gran número de foros, como el *Joint International Taskforce on Shared Intelligence and Collaboration* (JITSIC) y el *Large Business International Programme of the FTA* (LBIP), que favorecen el intercambio de información y respaldan las interacciones conjuntas y multilaterales.
- La búsqueda de instrumentos que puedan incrementar la seguridad jurídica tributaria de los grupos multinacionales. Los programas como ICAP, basados en una mayor transparencia y cooperación multilateral, pueden constituir el medio idóneo para otorgar una mayor seguridad fiscal internacional tanto a los grupos multinacionales como a los poderes públicos. A través de este tipo de instrumentos se pretenden reducir los costes de cumplimiento que deban soportar los obligados tributarios de menor riesgo e intensificar la actividad inspectora sobre aquellos que por el contrario evidencien una situación de riesgo fiscal más preocupante.

---

54 CALDERÓN CARRERO, J.M.: «El International (Tax) Compliance Assurance Programme (ICAP) desarrollado por la OCDE: ¿Hacia nuevos modelos multilaterales y cooperativos de control fiscal de grandes contribuyentes?, *Estudios financieros. Revista de contabilidad y tributación: Comentarios, casos prácticos. CEF*, núm. 423, 2018, pág. 8.

- El contexto multilateral como medio para proporcionar mayores garantías a las Administraciones tributarias. A consecuencia del BEPS y todas sus medidas implementadas en la práctica, las autoridades nacionales disponen de una gran cantidad de información que puede ser utilizada para identificar y reaccionar ante los riesgos de incumplimiento de una forma más efectiva y eficiente. Los programas internacionales de cumplimiento pueden proporcionar garantías adicionales a las Administraciones participantes al constituir una base más sólida para la evaluación de riesgos, permitiendo que la toma de decisiones se realice en consulta con las autoridades de otros Estados en lugar de unilateralmente.

1.7.2. Alcance del ICAP

El alcance del primer programa piloto de cumplimiento cooperativo multilateral se determinó atendiendo a tres factores:

- Administraciones tributarias incluidas: por cuestiones operativas y de capacidad las ocho Administraciones tributarias participantes no intervinieron en todas las evaluaciones de riesgos llevadas a cabo en cada jurisdicción en relación con cada grupo multinacional, sino que ello se hizo depender de los acuerdos particulares que se suscribieron en cada caso. Normalmente, la participación de una determinada Administración tributaria se supedita a factores como el nivel de actividad del grupo multinacional llevado a cabo en cada territorio, la cantidad de ingresos percibidos y los recursos que fueran necesarios. En general, se valora la presencia de la multinacional en cada jurisdicción en cuestión.
- Riesgos objeto de análisis: el ICAP podría haber cubierto un amplio espectro de riesgos internacionales y transfronterizos, pero para que realmente fuera efectivo, y más en una etapa tan temprana, se consideró necesario delimitar su perímetro de actuación a los riesgos fiscales internacionales que preocupaban y eran comunes a todas las Administraciones tributarias involucradas. Por esta razón, inicialmente se decidió que su objeto de análisis fueran los *riesgos en materia de precios de transferencia* y los *riesgos en materia de establecimientos permanentes*. Es importante destacar que ya en la redacción inicial del ICAP se

mencionaba la posibilidad de incluir en el futuro otros riesgos fiscales internacionales relevantes a través de acuerdos suscritos entre los grupos multinacionales y las Administraciones tributarias participantes.

- Periodos comprendidos: en el primer manual del ICAP se preveía que los periodos cubiertos por el programa fueran aquellos que comenzaran a partir del 1 de enero de 2016, coincidiendo así con el período impositivo del grupo multinacional para presentar el *CbC Report*. El ICAP se diseñó con carácter prospectivo, previendo la posibilidad de extender la garantía fiscal, además del período objeto de análisis, a los dos períodos impositivos sucesivos, eso sí, siempre que no ocurrieran cambios determinantes durante este tiempo. Para ello, los grupos multinacionales tuvieron que comprometerse a notificar cualquier cambio o eventualidad que pudiera afectar a los riesgos cubiertos o a los resultados de la evaluación. Esta comunicación debía producirse en el menor tiempo posible, tanto si la circunstancia determinante ya se hubiera producido como si se tenía conocimiento de que la misma se iba a producir[55].

1.7.3. Desarrollo del programa: el procedimiento cooperativo de análisis multilateral de riesgos

El desarrollo práctico del ICAP se compone de varias fases sucesivas que a su vez se descomponen en distintas secuencias. Resulta necesario poner de manifiesto que, siendo una cualidad casi inherente al carácter piloto del programa, el proyecto se diseñó de una forma considerablemente flexible y capaz de adaptarse a las necesidades tanto de las Administraciones tributarias participantes como de los grupos multinacionales. A este respecto, se puede indicar que en el curso de su desarrollo inicial no se siguieron de manera absolutamente estricta todas las directrices contenidas en el manual, ya que en algunas ocasiones se advirtieron dificultades prácticas que no pudieron preverse en el momento de su redacción y que obligaron a modificar algunos

[55] GONZÁLEZ MARTÍNEZ, E. y MANRIQUE LÓPEZ, E.: «Programa internacional de cumplimiento cooperativo (ICAP): desarrollo y evolución». En GUERVÓS MAÍLLO, M. A. et al.: *Practicum Compliance Tributario 2020, Ob. Cit.*, pág. 670.

procederes. Muchas de estas cuestiones, como se verá, fueron subsanadas en la versión 2.0 del Manual.

A. Selección de grupos multinacionales participantes

En cuanto a la delimitación del ámbito subjetivo del programa, se comenzó por identificar a un número reducido de grupos empresariales cuyas matrices residían en el territorio de alguna de las ocho Administraciones tributarias participantes, y se llevó a cabo un primer contacto, más o menos formal, en algunos casos en forma de invitación a participar en el mismo. A este respecto, CALDERÓN CARRERO sostiene que «sin perjuicio de que una administración [...] pueda 'invitar' al grupo MNE a participar en el ICAP, le corresponde al contribuyente solicitar a la autoridad fiscal competente del estado de residencia de la matriz (*Lead Country*) su interés y candidatura para participar en el ICAP», señalando como elementos mínimos que deben incluir dichas solicitudes los siguientes: (1) Una valoración sobre el cumplimiento de los criterios de elegibilidad; (2) Cualquier otro riesgo fiscal adicional que meritase valoración; (3) La propuesta de entidades del grupo que quedarían comprendidas en el programa; y (4) Los períodos impositivos potencialmente cubiertos por el programa[56].

En cualquier caso, una vez establecido el contacto entre ambas partes, se procedió a analizar la información proporcionada por los grupos multinacionales y se seleccionó a los candidatos que se consideraron más idóneos. Posteriormente, cada Administración tributaria manifestó su interés en participar o no en los distintos análisis de riesgos que serían llevados a cabo para con cada grupo multinacional. Como regla general, la Administración tributaria de la jurisdicción a la que perteneciera la matriz del grupo actuaría como Administración principal y las demás Administraciones que manifestaran interés en participar en su análisis intervendrían como Administraciones colaboradoras. Los factores más habituales que llevaron a las Administraciones tributarias a declinar la participación en alguno de los análisis de riesgos pro-

---

56 CALDERÓN CARRERO, J.M.: «El International (Tax) Compliance Assurance Programme (ICAP) desarrollado por la OCDE: ¿Hacia nuevos modelos multilaterales y cooperativos de control fiscal de grandes contribuyentes?, *Ob. Cit.*, pág. 15.

puestos fueron, entre otros, la poca presencia del grupo en su territorio, la disposición de recursos limitados o que el grupo MNE no formara parte de los programas de cumplimiento cooperativo llevados a cabo en su jurisdicción. Finalmente, se llegó a un acuerdo para determinar qué jurisdicciones participarían en el análisis y evaluación de riesgos de cada grupo multinacional y se comunicó a la matriz de los mismas[57].

B. ICAP Documentation Package

Como parte del acuerdo suscrito, los distintos grupos multinacionales se comprometieron a proporcionar a las Administraciones tributarias participantes en su análisis de riesgos un amplio paquete de documentación cuyo contenido se detallaba en el Anexo 1 del «*ICAP: Pilot Handbook*». Dependiendo de lo previsto en cada acuerdo suscrito, se contemplaron dos formas de entregar la información requerida: bien el grupo multinacional podía ser el que directamente proporcionase los datos a la Administración tributaria donde radicase su matriz y esta se los hiciera llegar al resto de Administraciones participantes; bien directamente el propio grupo multinacional se encargaría de coordinar el envío a cada una de las Administraciones tributarias participantes en su análisis. Aproximadamente seis semanas después de que la documentación fuese entregada, estaba previsto que se celebrara una reunión inicial (*kick-off meeting*) con la finalidad de que la multinacional explicase el contenido básico del paquete de documentación suministrado. Las explicaciones se centraron, entre otras cuestiones, en la actividad desarrollada por el grupo, las operaciones de reestructuración que se hubieran llevado a cabo en

---

57 En el caso de España, se concibió únicamente la posibilidad de trabajar con grupos multinacionales adscritos al Código de Buenas Prácticas y se cursó una invitación a seis multinacionales con matriz española y presencia en las jurisdicciones de los demás Estados participantes, de las que finalmente resultaría seleccionada una. De este modo, la AEAT intervino como Administración principal o coordinadora en un único caso y como Administración satélite o colaboradora en dos más. Por su parte, la multinacional española seleccionada, además de por la AEAT, fue evaluada por las Administraciones tributarias de otros cuatro Estados. GONZÁLEZ MARTÍNEZ, E. y MANRIQUE LÓPEZ, E.: «Programa internacional de cumplimiento cooperativo (ICAP): desarrollo y evolución». En GUERVÓS MAÍLLO, M. A. et al.: *Practicum Compliance Tributario 2020*, *Ob. Cit.*, pág. 667.

los últimos tres años, la descripción general de la cadena de valor del grupo, el marco de control fiscal establecido o la explicación del archivo maestro y del informe País por País[58].

C. Evaluación de riesgos sensu stricto

Inicialmente, el proceso de evaluación de riesgos diseñado en el programa piloto ICAP estaba integrado por dos fases:

- *«Level 1 risk assessment»:* El nivel 1 tenía como finalidad realizar una evaluación de riesgos muy general desde una perspectiva *«high level»*. Se preveía un plazo de duración aproximado de ocho semanas, prorrogable por otras ocho. Esta primera subfase pretendía desarrollar una colaboración entre todas las Administraciones participantes en el análisis de riesgos y el grupo MNE que resultaba analizado, para así compartir y contrastar valoraciones a fin de determinar el grado de riesgo. Para ello, se requería un contacto continuo entre todas las partes que se llevó a cabo, sobre todo, a través de conferencias telefónicas y reuniones presenciales. El *«pilot handbook»* del ICAP preveía dos posibles formas de finalizar este nivel 1 de análisis de riesgos: (a) La constatación de que el grupo multinacional presentaba un riesgo bajo o nulo, pasando directamente a la última fase que se verá a continuación (*Outcome letters»*); y (b) No poderse concluir en el plazo previsto, y teniendo en cuenta las posibles prórrogas, que el grupo multinacional presentaba un bajo riesgo y, por ello, debiera darse paso al nivel 2 de la fase de análisis.
- *«Level 2 risk assessment»:* El nivel 2 del análisis de riesgos no tenía carácter preceptivo, sino que se trataba de una subfase potestativa o facultativa. La duración prevista para este análisis se fijó, aproximadamente, en cinco meses, ampliables por tres semanas más. Se utilizó en aquellos casos en los que no fue posible determinar en el nivel 1 que el grupo MNE presentaba un riesgo bajo o nulo y, por ello, era necesario realizar un análisis más profundo y exhaustivo. No obstante, esta evaluación no se centraba tanto en la detección y valoración de

58 Ibíd., pág. 669.

los riesgos, sino que se orientaba más hacía el control («*assurance*») de los mismos a través de diversas medidas enfocadas a su eliminación o, al menos, su reducción a un nivel aceptable (bajo riesgo). Como se verá más adelante, este segundo nivel de evaluación de riesgos fue suprimido en la versión 2.0 del *pilot handbook*.

D. Outcome Letters

El proceso concluye con la emisión de una *outcome letter* o nota de evaluación por parte de cada Administración tributaria participante. Su función es proporcionar seguridad jurídica respecto de los riesgos cubiertos que han sido objeto de valoración[59]. Estas notas contienen los resultados de los análisis de riesgos señalando tanto aquellos que se consideran asegurados en relación con los periodos cubiertos como las operaciones que no se estiman aceptables. En este último caso, la nota de resultados podrá indicar las medidas que fueran necesarias para solventar esos riesgos, dando la posibilidad al grupo MNE de garantizarlos a través de una declaración complementaria[60].

Por su parte, en aquellos casos en los que no se pueda concluir que el grupo MNE presenta un bajo riesgo y, por tanto, no se obtenga una evaluación positiva, el «*ICAP Pilot Handbook*» se limita a señalar que el tratamiento de dichos riesgos pasará a ser objeto de los programas internos de cumplimiento cooperativo llevados a cabo por cada Estado.

---

59 La Administración tributaria principal, además de la nota de evaluación, emitirá una nota de finalización («*completion letter*») donde pondrá de manifiesto que el análisis de riesgos ha concluido.

60 Tal y como sostienen GONZÁLEZ MARTÍNEZ y MANRIQUE LÓPEZ, la referida carta de resultados «no es un acto administrativo convencional, pero constituye un parecer administrativo sobre la situación tributaria de la entidad y podrá tener algún efecto, ya que constituye un pronunciamiento de la Administración tributaria que está poniendo de relieve una valoración de la entidad o del grupo económico». GONZÁLEZ MARTÍNEZ, E. y MANRIQUE LÓPEZ, E.: «Programa internacional de cumplimiento cooperativo (ICAP): desarrollo y evolución». En GUERVÓS MAÍLLO, M. A. et al.: *Practicum Compliance Tributario 2020, Ob. Cit.*, pág. 689.

La elaboración de las notas deberá realizarse con arreglo a la normativa y procedimiento internos de cada país, no obstante, con la finalidad de que todas las evaluaciones de riesgos sean más o menos homogéneas, el «*ICAP Pilot Handbook*» establece una serie de orientaciones sobre el contenido mínimo que estas notas pueden incluir:

- Los pasos llevados a cabo durante la fase de evaluación, así como las recomendaciones y conclusiones alcanzadas.
- Las actuaciones que el grupo MNE se ha comprometido a realizar para garantizar la seguridad jurídica respecto de sus posiciones fiscales analizadas.
- Una enumeración y calificación de los riesgos objeto de análisis, detallando los que se consideran de nulo o bajo riesgo.
- Por último, se prevé la posibilidad de incluir limitaciones o advertencias específicas en relación con determinados riesgos o actuaciones del grupo.

Puede ocurrir que la valoración otorgada por una Administración tributaria respecto a determinados riesgos u operaciones concretas sea distinta de la emitida por otra. En estos casos se prevé la posibilidad de entablar procedimientos amistosos entre las Administraciones tributarias participantes para armonizar los puntos en desacuerdo.

1.7.4. «ICAP Pilot Handbook 2.0»

El «*ICAP Pilot Handbook 2.0*» constituye un manual revisado que, habida cuenta de la experiencia adquirida, pretende mejorar el rendimiento de su versión original incorporando nuevas cuestiones y modificando otras ya existentes cuyo funcionamiento no fue plenamente satisfactorio. De forma muy sucinta se van a tratar de exponer las cuestiones más relevantes que se incluyen en esta versión revisada del ICAP:

- En primer lugar, se suprime la distinción entre los niveles 1 y 2 de la fase de evaluación de riesgos al considerarse la misma inoperante. El análisis más detallado y profundo que se supone era el nivel 2, en la práctica, ya se estaba llevando a cabo en el nivel 1. De este modo, habrá una única fase en el proceso de evaluación de riesgos.

- Dentro del Capítulo III de este manual revisado se incluye un apartado específico («*suitability*») dedicado a la idoneidad de los grupos multinacionales, donde se detallan una serie de factores o requisitos que estos deben tener en cuenta para poder valorar su participación en el programa. En síntesis: la residencia de la matriz del grupo en alguna de las Administraciones tributarias participantes en ICAP; la presencia, el volumen y la entidad de los riesgos presentes en el territorio de las mismas; la obligación de presentar el *CbC Report* en la jurisdicción donde se encuentre la matriz del grupo; la documentación y aprobación a nivel del consejo de administración de la estrategia fiscal; los MCFs implementados; o el compromiso de cooperar y actuar de manera transparente durante todo el desarrollo del programa.

  Del mismo modo, en el epígrafe siguiente («*scope*»), el *ICAP 2.0* alude a una serie de criterios orientativos que las Administraciones tributarias deberán considerar a la hora de decidir si participar o no en los análisis de riesgos que se propongan en el marco del programa[61]: la presencia del grupo en su jurisdicción, así como el volumen y la entidad de los riesgos existentes; la predisposición de la Administración tributaria de la jurisdicción donde resida la matriz del grupo MNE para actuar como Administración principal, así como la voluntad de las demás Administraciones en cuyo territorio el grupo realice actividades u operaciones significativamente relevantes para intervenir como Administraciones colaboradoras; el grado de riesgo que impliquen las posiciones fiscales adoptadas por el grupo MNE y la percepción del mismo que se tenga; la existencia de herramientas alternativas que proporcionen seguridad jurídica tributaria; o la disponibilidad de recursos para llevar a cabo los análisis de riesgos en el marco del ICAP.

---

61 Sobre este particular, la versión original del «*ICAP Pilot Handbook*» no contenía ninguna referencia explícita relativa a qué condiciones o criterios debían considerar los grupos MNE y las Administraciones tributarias para establecer su grado de adecuación a fin de participar en el programa. No obstante lo anterior, resulta necesario mencionar que el *ICAP Operating Manual*, aunque fuera de forma muy discreta, sí establecía una serie de indicadores orientativos de buenas prácticas fiscales que las Administraciones tributarias debían tener en cuenta para valorar la participación de los grupos multinacionales en el ICAP, en particular, el perfil de bajo riesgo que se buscaba en estas entidades participantes.

- Se aumenta el nivel de flexibilidad tanto en los períodos objeto de análisis, que ahora deberán ser acordados por las partes intervinientes, como en la organización y forma de llevar a cabo las reuniones que tienen lugar al inicio de los procedimientos de análisis de riesgos (*kick-off meetings*).
- Dentro del procedimiento de análisis se ha incorporado una nueva fase («*Stage II: Scoping*») orientada a la determinación del alcance de las evaluaciones de riesgos, así como la posibilidad de llevar a cabo otra destinada a la resolución de los eventuales conflictos que pudieran surgir.
- Se han realizado cambios en el paquete de documentación que deben aportar los grupos multinacionales con el objetivo de reducir las cargas soportadas, sobre todo, en las fases iniciales del programa.
- Finalmente, se ha incluido un capítulo específico («*The role of participants in an ICAP risk assessment*») que describe con detalle el papel que desempeñan cada una de las partes intervinientes en el proceso de análisis de riesgos.

1.7.5. Beneficios derivados del programa ICAP

Tanto el manual ICAP original como su versión 2.0 destinan un epígrafe específico a tratar de exponer los beneficios potenciales que tiene el programa. Habida cuenta del desarrollo práctico del mismo y de la experiencia adquirida, se puede confirmar que tales beneficios esperados se han materializado en ventajas reales y efectivas. En particular, se pueden identificar los siguientes:

- El ICAP ofrece a las autoridades tributarias la posibilidad de realizar un análisis cualificado y en profundidad de la información que los grupos multinacionales deben proporcionar al inicio del programa, en especial, del contenido de los Informes País por País, los cuáles serán detallados por las empresas.
- En consonancia con los fines generales del cumplimiento cooperativo, el ICAP propicia una organización más eficiente de los recursos tanto para los grupos multinacionales, que en un único procedimiento podrán explicar sus posiciones fiscales a las autoridades de varias

jurisdicciones, como para las Administraciones tributarias, que obtendrán de forma voluntaria acceso a un volumen de información significativamente relevante, además de la posibilidad de obtener aclaraciones sobre la misma por parte de las empresas contribuyentes.

- El programa ICAP es la vía más ágil y rápida para lograr seguridad jurídica tributaria a nivel multilateral, eso sí, debe matizarse que el grado de certeza que se puede obtener a través de este método es inferior respecto del que se deriva de otras herramientas como pueden ser las APAs bilaterales o multilaterales.
- A consecuencia de la relación de confianza recíproca establecida entre las Administraciones tributarias y los grupos multinacionales, se presume que el número de conflictos se verá reducido notablemente y, con ello, el planteamiento de los Procedimientos Amistosos (MAP) destinados a su resolución.

1.7.6. Versión permanente del programa: ICAP Handbook 2021

En diciembre del año 2020, dada la valoración satisfactoria expresada por las partes y su deseo de continuar con esta iniciativa internacional, se anunció el establecimiento permanente y continuado del programa ICAP, sin estar sometido a ninguna limitación temporal concreta de cara a futuro. El inicio de esta nueva etapa se produjo en febrero de 2021 con la publicación de una versión actualizada del Manual (*ICAP Handbook 2021)*, incluyéndose ciertas modificaciones a la vista de la experiencia acumulada con las versiones precedentes[62]. Si bien es cierto que no parece que los cambios o novedades introducidos tengan un calado o una importancia determinante, no lo es menos que sí se derivan algunos avances de provecho. Entre los más relevantes cabrían destacarse los siguientes[63]:

---

62 OECD (2021). International Compliance Assurance Programme Handbook for Tax Administrations and MNE groups. OECD Publishing. <https://www.oecd.org/content/dam/oecd/en/publications/reports/2021/02/international-compliance-assurance-programme_adf0be32/a44d51e2-en.pdf>

63 RIBES RIBES, A. (2022): «Retos del International Compliance Assurance Programme (ICAP) permanente de la OCDE como modelo de cumplimiento cooperativo multilateral», *Crónica tributaria*, núm. 182, págs. 112 y ss.

- Se amplia de tres a seis meses el margen temporal concedido a las empresas interesadas para deliberar, ponderar y tomar la decisión de participar en el programa.
- Se atribuye a las multinacionales la iniciativa de dirigirse a la Administración tributaria del país donde se encuentre ubicada su matriz a fin de valorar su eventual participación en el programa. De esta forma, se invierte la dinámica precedente en la que eran las autoridades públicas quienes contactaban directamente con las empresas para invitarlas al programa. Esta primera comunicación supone un contacto informal que, con anterioridad a la solicitud de entrada y la primera entrega de documentación, se lleva a cabo con el propósito de determinar *a priori* la idoneidad del candidato, sus expectativas, el posible alcance de las evaluaciones de riesgos o el nivel información que deberá ser suministrado. En el Manual se hace referencia a esta etapa preliminar como *pre-entry stage*.
- Dentro del mismo orden, se simplifica y se comprime la estructura del proceso de evaluación multilateral de riesgos identificándose únicamente tres fases: Fase 1 - Selección; Fase 2 - Análisis de riesgos y resolución de cuestiones.; y Fase 3 - Resultados. Asimismo, dentro del apartado *suitability*, se incluye un nuevo criterio de idoneidad para las empresas que ya hubieran participado en el programa: el valor de una nueva evaluación de riesgos por parte de las mismas Administraciones, por otras Administraciones distintas o una combinación de las dos.
- En cuanto a los periodos impositivos susceptibles de ser analizados, se arbitra la posibilidad de que ahora puedan ser dos periodos consecutivos, frente a la situación anterior en la que únicamente se contemplaba uno.
- Se dispensa a las empresas participantes de la obligación de presentar una autoevaluación de riesgos junto con el paquete de documentación inicial, relegándose esta exigencia a un momento posterior.

2. CUMPLIMIENTO COOPERATIVO EN LA UNIÓN EUROPEA (UE): PROGRAMA ETACA

2.1. INICIOS Y CARCATERÍSTICAS ESENCIALES

En julio del año 2020, con la publicación del «Plan de acción para una fiscalidad equitativa y sencilla que apoye la estrategia de recuperación», la Comisión Europea declaró su intención de poner en marcha un marco de cumplimiento cooperativo a escala de la UE. Se describía como una propuesta complementaria a las experiencias nacionales e internacionales ya existentes con el propósito de «facilitar y promover el cumplimiento de las obligaciones tributarias por parte de las empresas». En dicho documento se hacía referencia a los principios y valores fundamentales que inspiran los modelos de relaciones cooperativas (colaboración, confianza, transparencia, etc.), poniéndose especial énfasis en la necesidad de confeccionar un «marco claro para un diálogo preventivo» a través del que abordar «la resolución común de los problemas fiscales transfronterizos». Llama la atención que en esta concepción inicial no se reseña a las grandes empresas como destinatarios exclusivos, sino que también se manifiesta el deseo de englobar o incorporar a las pymes[64]. Prácticamente un año después, la Comisión Europea publicó las «*Guidelines European Trust and Cooperation Approach (ETACA)*», planteando como una iniciativa no legislativa la aplicación del programa cooperativo europeo para grandes multinacionales, que recibiría el mismo nombre. A comienzos de 2022, con el objetivo de testar inicialmente la viabilidad y eficacia de tales Directrices, se inició una fase o prueba piloto con la participación de catorce Administraciones tributarias nacionales (incluida la española) y tres grupos de empresas multinacionales voluntarios.

El objetivo principal declarado era la mejora de los niveles de seguridad jurídica en materia de precios de transferencia, evitando interpretaciones divergentes y situaciones de doble imposición entre los Estados participantes. Ello se pretendió llevar a cabo por medio de evaluaciones *ex ante* de los riesgos asociados a este tipo de operaciones en el mercado interior, sobre la

---

64 Comisión Europea (2020). *Plan de acción para una fiscalidad equitativa y sencilla que apoye la estrategia de recuperación*. Diario Oficial de la Unión Europea <https://eur-lex.europa.eu/legal-content/ES/TXT/HTML/?uri=CELEX:52020DC0312>

base de la comunicación y el diálogo previo en un entorno cooperativo. El programa definía en unos términos muy superficiales una serie de beneficios potenciales para todas las partes intervinientes. A los contribuyentes se les daría la oportunidad de explicar los parámetros básicos de su estrategia fiscal y política de precios de transferencia, conociendo los criterios aplicables por cada Administración y los riesgos en que se pudiera incurrir en cada jurisdicción. Las Administraciones disfrutarían de un acceso más fácil y rápido a toda esa documentación, así como de una mejor comprensión de los modelos de negocio de las empresas. En general, un ahorro significativo de tiempo y recursos, posibilitando una mejor asignación de los mismos[65].

El Programa ETACA, como se comprobará al analizar su instrumentación, se inspira en gran medida en el Programa ICAP desarrollado por la OCDE, que ha sido objeto de análisis en el epígrafe inmediatamente anterior. En el Plan Anual de Control Tributario y Aduanero aprobado por la AEAT para el año 2024 se hace expresa referencia a esta circunstancia afirmando que «se continuará con la participación en el programa de valoración multilateral del riesgo realizada en el marco del programa ICAP (*International Compliance Assurance Programme*) y de la iniciativa europea equivalente (*European Trust and Cooperation Approach*-ETACA)»[66].

2.2. ALCANCE APLICATIVO

2.2.1. *Subjetivo*

Se admite la participación de grupos multinacionales con ingresos totales consolidados superiores a 750 millones de euros y cuya matriz se ubique en la UE. Sin embargo, teniendo en cuenta que el programa se configura como

---

65 Comisión Europea (2021). *Guidelines European Trust and Cooperation Approach (ETACA).* <https://taxation-customs.ec.europa.eu/document/download/1e2d7158-f083-4e68-9ece-b96ce02668c9_en?filename=Guidelines%20of%20MNEs%20programme%20EU%20Cooperative%20Compliance%20Programme.pdf>

66 Ministerio de Hacienda (2024). Resolución de 21 de febrero de 2024, de la Dirección General de la Agencia Estatal de Administración Tributaria, por la que se aprueban las directrices generales del Plan Anual de Control Tributario y Aduanero de 2024. <https://www.boe.es/diario_boe/txt.php?id=BOE-A-2024-3876>

una herramienta flexible de cooperación, las multinacionales que no alcancen dicho umbral cuantitativo también podrán ser aceptadas bajo la condición de que aporten la misma información que se contiene en los informes país por país. Una vez concluida la fase piloto, se estudiará la posibilidad de extender ETACA a grupos multinacionales con matrices radicadas fuera del territorio comunitario. La participación es voluntaria, pero la aceptación en ningún momento está garantizada. Las Administraciones tributarias involucradas serán las encargadas de tomar esta decisión caso por caso, sobre la base de la predisposición a trabajar de manera activa y transparente que muestren los contribuyentes en sus solicitudes. Ello se testará con arreglo a una serie de requisitos o criterios de admisión/idoneidad que se reseñan, sin perjuicio de que también podrán tenerse en cuenta otras circunstancias o factores distintos. A saber[67]: la presencia del grupo a nivel europeo, así como el volumen y la relevancia de las operaciones que lleve a cabo en dicho ámbito; el historial de cumplimiento fiscal del contribuyente, siendo especialmente importante no haber incurrido reiteradamente en una sanción grave por fraude, incumplimiento doloso o negligencia grave; un compromiso firme de transparencia y cooperación a lo largo de todo el proceso; o la implementación de un MCF efectivo.

2.2.2. *Material*

Se someterán a evaluación bajo ETACA únicamente aquellas operaciones intragrupo en materia de precios de transferencia que puedan calificarse como rutinarias, aun cuando los contribuyentes deban revelar información acerca de todas las que lleven a cabo, sin restricción alguna. Así pues, a efectos del programa, serán valoradas las transacciones donde se realicen funciones simples y que no supongan contribuciones únicas o valiosas. A título ejemplificativo se citan actividades de distribución con bajo riesgo, de fabricación por encargo o servicios intragrupo de escaso valor añadido. Se considera que este tipo de actuaciones, aun cuando son menos complejas y más fáciles de valorar, pueden generar un número considerable de litigios fácilmente evitables

---

67 RUSS, R.: «Etaca and the relevance of governance». En PEDROSA LÓPEZ, J.C. (dir.): *El cumplimiento tributario nacional e internacional*. Valencia, España: Tirant lo Blanch, 2023, pág. 212.

a través del diálogo preventivo. La decisión de su elección es también consecuente con las notas de celeridad y no exhaustividad que se establecen en el análisis, haciendo que el programa resulte menos apropiado para operaciones complejas. Con todo, en pro de la flexibilidad, se contempla la posibilidad de que las Administraciones participantes decidan examinar ciertas transacciones no calificables como rutinarias.

A priori, partiendo del enfoque común de alto nivel que disciplina el programa, las transacciones que se incluirán en el mismo serán aquellas que revistan un interés común para los Estados participantes y presenten características homogéneas en todos ellos. A nivel territorial, los efectos de las evaluaciones de riesgos no se van a circunscribir en exclusiva al territorio de los países participantes, sino que igualmente podrán proyectarse sobre operaciones efectuadas con empresas localizadas en el resto de Estados miembros o terceros países, siempre que resulten de interés para los primeros. La virtualidad del programa en estos casos se limitará a los Estados que hayan participado en el análisis de riesgos en cuestión[68].

2.3. PAPEL Y FUNCIONES DE LOS SUJETOS INTERVINIENTES

La evaluación multilateral de riesgos en materia de precios de transferencia que propone ETACA, para su correcta ejecución, va a requerir un alto grado de coordinación, sobre todo, entre las distintas Administraciones tributarias participantes. Se habrá de designar un Estado Miembro Coordinador, que normalmente será en el que se localice la sociedad matriz del grupo. Este coordinador desempeñará un papel central en todas las fases del programa. Entre las funciones que tiene atribuidas se reseñan las siguientes: garantizar una cooperación fluida entre los distintos intervinientes en cada análisis, favorecer la coordinación y comunicación con el contribuyente, fomentar la comunicación entre todos los Estados participantes en el programa, ejercer como interlocutor único de contacto y procurar que todos las Administraciones reciban un nivel homogéneo de información. Asimismo,

---

68 CALDERÓN CARRERO, J.M. y QUINTAS SEARA, A.: «El Programa Europeo de Cumplimiento Cooperativo para Grandes Empresas Multinacionales (ETACA)», *Revista de Contabilidad y Tributación. CDE*, núm. 476, 2022, págs. 46-47.

se mencionan otros cometidos como participar en la evaluación de la aptitud de las empresas que deseen ser admitidas; velar por que los contribuyentes comprendan de forma plena el alcance y las consecuencias del programa; mantener a los mismos al corriente de los distintos avances y acontecimientos que se vayan produciendo; o diseñar un plan de acción tratando de que las distintas actuaciones se lleven a cabo de forma eficaz y dentro de los plazos establecidos.

En caso de que el Estado de residencia de la matriz no forme parte del programa o rehúse asumir las labores de coordinación por razones debidamente justificadas, se dará la oportunidad de ejercer dicho cargo a aquel donde se encuentre la entidad principal del grupo o donde se tenga una actividad significativa. En las Directrices de ETACA, pudiendo admitirse otras causas siempre y cuando estén adecuadamente explicadas y fundadas, se consignan las siguientes circunstancias como motivos justificados: carecer de recursos suficientes en tanto se actúa ya como coordinador en otros análisis, la poca presencia de la matriz en su jurisdicción o la escasa relevancia de las transacciones llevadas a cabo en su territorio.

Una de las funciones del coordinador es poner en contacto a los distintos Estados que formen parte del programa donde la matriz desarrolle o lleve a cabo operaciones relevantes, a fin de valorar su eventual participación en los análisis multilaterales de riesgos que les resulten pertinentes. Para ello dichos países habrán de considerar los siguientes factores: la presencia del grupo en su territorio, así como el volumen y la relevancia de las operaciones susceptibles de ser cubiertas por el programa que se realicen en el mismo; la participación en el análisis de otros Estados donde se llevan a cabo transacciones significativas por parte del grupo; el nivel de recursos disponible y requerido; la existencia de APAs u otros instrumentos que proporcionen garantías similares; inspecciones en curso sobre las transacciones potencialmente incluidas en el programa; o la eficacia del MCF implementado por la empresa.

Los países que decidan participar en el análisis pasarán a ser referidos como Estados Miembros Participantes. Al igual que sucedía con el coordinador, si deciden rechazar su participación habrán de justificarlo debidamente. El Estado Miembro Coordinador y los Estados Miembros Participantes conformarán lo que se ha denominado *Transfer Pricing Assurance Project group* (TRAP grupo). Normalmente, habrá de estar integrado por un mínimo de cinco miembros, pero podrá variar dependiendo de las circunstancias concretas de cada caso. En cuanto al papel de los grupos multinacionales, simplemente se ha de mencionar que podrán postular su candidatura a participar en el programa de forma voluntaria. Para ello se habrán de comprometer a tener una actitud transparente y colaborativa, participar en discusiones abiertas y sinceras, proporcionar en tiempo y forma la documentación e información requeridas, responder de manera sincera a las cuestiones que adicionalmente puedan plantear los Estados miembros participantes y favorecer la resolución de los problemas que puedan ocasionarse.

La Comisión Europea, por su parte, desempeñará un rol eminentemente administrativo, teniendo los Estados competencia exclusiva sobre las evaluaciones multilaterales de riesgos. Se podría considerar, en cierto sentido, que ejercerá una función de liderazgo en el Grupo Directivo, donde se encontrarán representados todos los países que formen parte de ETACA. Este grupo será el encargado de supervisar el programa y garantizar la mayor coherencia posible entre los participantes, así como de evaluar los resultados y analizar las observaciones que se realicen. En abril de 2024, la Comisión organizó un encuentro entre las multinacionales y Administraciones que forman parte del programa con el fin de recabar conclusiones y comentarios acerca del primer proyecto piloto y debatir las futuras líneas de actuación. En este sentido, se apuntó al lanzamiento de un segundo proyecto piloto para comienzos del año 2025.

2.4. FASES O ETAPAS DEL PROGRAMA

2.4.1. *Fase de admisión*

El propósito de esta fase es triple: seleccionar los grupos multinacionales potencialmente admisibles, los Estados Miembros Participantes y las transacciones y periodos susceptibles de quedar bajo el amparo del Programa. Lo habitual es que se inicie a través de un contacto o reunión informal entre la sociedad matriz del grupo y la Administración tributaria donde tenga radicada su residencia fiscal, bien a instancia de una o de otra. Este primer encuentro va a permitir a los contribuyentes intercambiar pareceres con las autoridades respecto a la idoneidad de su participación, así como descubrir el alcance y el tipo de información que serán requeridos. Para el Estado Coordinador también puede resultar útil a fin de compartir puntos de vista con los eventuales Estados Participantes acerca de dicha idoneidad y conocer de forma anticipada su interés en sumarse o no a los pertinentes análisis de riesgos.

Una vez superado este trámite extraoficial, los contribuyentes interesados deberán remitir una solicitud formal al Coordinador, tratando de acreditar su idoneidad, junto con una «Nota Informativa Preliminar». Se trata de información previa de alto nivel con la finalidad de ofrecer una visión general sobre las actividades de la empresa y evaluar su interés en participar en el programa. Si el Coordinador estima que se cumplen las condiciones estipuladas, iniciará una ronda de contactos formales con los Estados pertinentes compartiendo con ellos el contenido de la «Nota Informativa Preliminar». Estos emitirán una opinión provisional acerca de su eventual interés en participar en el análisis multilateral de riesgos en cuestión. Una vez que un número suficiente (normalmente cinco) de Administraciones tributarias haya expresado un interés preliminar positivo, el grupo TRAP quedará conformado y se solicitará al contribuyente el «Paquete de Documentación principal». Se trata de un conjunto de documentos cuya razón de ser es proporcionar una visión en conjunto del grupo, así como datos precisos acerca de las transacciones y periodos cubiertos. Teóricamente, no cabe exigir documentos adicionales a los contenidos en este paquete, ahora bien, se podrá indagar y pedir aclaraciones en relación con la información suministrada. No debe perderse de vista, tomando además en consideración la agilidad que se pretende imprimir al programa, que su objetivo es realizar una evaluación de riesgos de alto nivel, no un análisis completamente exhaustivo más propio de un procedimiento de inspección o de una APA.

Tras estos trámites, se convocará una «reunión inicial» entre todas las partes. En ella se determinará finalmente la selección de Estados Miembros Participantes y, teniendo en cuenta que los contribuyentes han de revelar todas sus transacciones intragrupo en materia de precios de transferencia, las concretas operaciones y periodos que quedarán cubiertos por el Programa. La fase de admisión finalizará con esta decisión, disponiéndose un plazo estimado de cuatro a ocho semanas desde la presentación de la solicitud formal. Si bien excepcionalmente, cabe la posibilidad de que un Estado decida retirarse después de examinar el «Paquete de Documentación principal», habiendo de aducir motivos justificados y, sobre todo, debiendo tener en cuenta la buena fe del contribuyente si decide utilizarse la información aportada fuera de este marco cooperativo.

2.4.2. Fase de evaluación de riesgos

El objetivo de esta fase es clasificar las transacciones cubiertas por el Programa en dos categorías: riesgo bajo (*low risk*) y riesgo no bajo (*no-low risk*). Para ello se espera que las Administraciones tributarias participantes adopten un enfoque común. Aunque cada una pueda tener una metodología propia, es preciso que se acuerden unos pasos iniciales más o menos homogéneos para garantizar la coordinación y coherencia de los análisis de riesgos. Se recomienda sacar el máximo partido a las técnicas modernas de comunicación como las reuniones virtuales o videoconferencias. Ha de tenerse presente que cuanto mayores sean las diferencias, más difícil será que ETACA opere como una herramienta multilateral de cooperación interadministrativa[69]. Esta evaluación multilateral de riesgos va a constar de dos pasos:

- Análisis del perfil funcional: se examinarán las actividades y tareas llevadas a cabo por las empresas en relación con las operaciones cubiertas.
- Coherencia en la metodología de precios de transferencia: se revisará si los métodos de fijación de precios y el análisis de comparabilidad empleados para determinar el valor de las transacciones cubiertas, así como su remuneración real, son coherentes con el perfil funcional previamente identificado. Además, se habrán de evaluar las medidas de supervisión establecidas a fin de garantizar que dicha metodología se aplica de forma adecuada y la información obtenida es correcta[70].

Por regla general, no se permite que en el curso de esta fase una empresa pueda modificar o ajustar su política de precios de transferencia ante la previsión de que determinadas operaciones puedan ser catalogas como «riesgo no bajo», sin perjuicio de que ello pueda producirse de cara a años futuros. De forma extraordinaria, sin embargo, se podrá autorizar caso por caso esta posibilidad si se cuenta con el acuerdo común de todas las Administraciones participantes en el análisis de riesgos en cuestión.

---

[69] RUSSO, R.; ENGELMOER, J.; y MARTINI, M.: «Cooperative Compliance in the European Union: an introduction to the European Trust and Cooperation Approach», *Bulletin for International Taxation,* núm. 76, 2022, págs. 89-90.

[70] CALDERÓN CARRERO, J.M. y QUINTAS SEARA, A.: «El Programa Europeo de Cumplimiento Cooperativo para Grandes Empresas Multinacionales (ETACA)», *Ob. Cit.*, pág. 51.

Tras haberse completado los pasos indicados, los Estados Participantes se reunirán e intercambiarán pareceres acerca de la clasificación de riesgo que estime cada uno. Posteriormente, se compartirán estas conclusiones con el grupo multinacional y se prestará atención a las consideraciones que realice a este respecto. Finalmente, los Estados volverán a reunirse para adoptar una decisión final. Siendo consustancial a la búsqueda de mayor seguridad jurídica y a la reducción de las situaciones de doble imposición, se sobreentiende que habrá un esfuerzo por intentar llegar a un acuerdo común respecto a la clasificación del riesgo que se asigne; no obstante, ello no está garantizado y puede suceder que haya Administraciones discrepantes que otorguen una calificación propia. El plazo previsto para la ejecución de esta fase es de unas veinte semanas.

2.4.3. Fase de resultados

Los resultados que se obtengan en la fase anterior quedarán recogidos en un «informe final» (*final summary report*) suscrito por todos los Estados Participantes. De no obtenerse un acuerdo unánime en cuanto a la clasificación de riesgo asignada a cada transacción cubierta, se reseñará la calificación otorgada por cada Administración discrepante explicitándose las razones de tal decisión. Normalmente, se redactará en inglés, si bien no se descarta la posibilidad de utilizar otro idioma si así se decide en mayoría. El Estado Coordinador hará llegar una «carta de resultado» (*outcome letter*) a la sociedad matriz, que habrá de coincidir con lo dispuesto en el mencionado informe. En tal misiva se especificarán, entre otros, los siguientes puntos: las Administraciones tributarias nacionales que han participado en el análisis multilateral de riesgos, las entidades del grupo sujetas a dicha evaluación común, las concretas transacciones alcanzadas por ETACA y su correspondiente calificación, la existencia de reservas y limitaciones (de haberlas) o los periodos cubiertos y su posible renovación. Asimismo, se hará constar que los contribuyentes deberán informar de cualquier cambio sustancial que se produzca después de haber finalizado el análisis. En condiciones normales se otorga un plazo de cuatro a ocho semanas desde la reunión que pone fin a la fase anterior para ejecutar lo previsto en esta.

2.5. EFECTOS DE ETACA

Las Administraciones tributarias participantes en los análisis de riesgos, de conformidad con lo recogido en las «cartas de resultados», se comprometen a no destinar recursos para una revisión posterior de las operaciones ya sometidas a examen bajo el enfoque multilateral de ETACA. La concreta expresión que se reseña en las Directrices es la siguiente: «*tax administration participating in a TPAP group does not anticipate to dedicate compliance resources to a further review of the covered risk*». Ello se dispone en tanto permanezcan inalteradas las condiciones existentes bajo las que se desarrolló el citado análisis. Se ha de tener claro que el nivel de garantía que proporciona este instrumento es limitado o, más bien, relativo. Tal y como señalan CALDERÓN CARRERO y QUINTAS SEARA, «la *outcome letter* tiene naturaleza meramente informativa y no constituye un acto administrativo susceptible de revisión o apelación». No se puede hablar de seguridad jurídica en sentido estricto como la que cabría obtener de una APA, un MAP o un procedimiento de inspección y, por esto mismo, no podrá excluirse la posibilidad de realizar comprobaciones futuras por parte de las Administraciones tributarias participantes[71]. Tampoco parece que pueda limitarse la utilización de la información y documentación obtenidas a través de este medio por las mismas autoridades fiscales en dichos procedimientos que se inicien con posterioridad. La realidad es que las empresas contribuyentes habrán de estar preparadas no solo para elevar su nivel de transparencia en el marco del programa, sino también por cuanto de ello pudiera derivarse en lo que a la valoración global de sus riesgos fiscales se refiere.

Aunque lo anterior pueda resultar un tanto exasperante desde el punto de vista corporativo, lo cierto es que no cabría que fuera de una forma muy distinta en el contexto de las relaciones cooperativas. La confianza mutua entre las partes es la que ha de guiar y fundamentar todas las actuaciones, más allá de lo que se establezca en derecho positivo. Siendo consecuente con esto, lo propio sería que se respetara el compromiso adquirido de no (anticipar la intención de) dedicar recursos para revisar las operaciones sujetas a ETACA. Como también que este instrumento se tuviera en cuenta o sirviera de base en el curso de futuras APA/MAP o procedimientos de inspección

[71] Ibíd., pág. 58.

que pudieran desarrollarse, sobre todo, evitando cambios arbitrarios o poco fundamentados en esta materia de precios de transferencia.

3. LA RELACIÓN COOPERATIVA COMO EJE VERTEBRADOR DEL MODELO

Relación cooperativa y cumplimiento cooperativo son dos conceptos sumamente próximos y, en muchos casos, podría decirse que casi idénticamente coincidentes. Las diferencias entre ambos responden a matices conceptuales muy sutiles y, quizás, al carácter más amplio con el que al parecer se quiere dotar al último de ellos. En puridad, se trata de una nueva forma de concebir las relaciones entre las autoridades fiscales y los contribuyentes que ni mucho menos pretende sustituir o desplazar a la relación jurídico-tributaria de base, sino más bien establecer unas condiciones más favorables para procurar un mejor cumplimiento de las obligaciones fiscales. En esta tesitura, la relación cooperativa se erige como el vehículo o el medio a través del que concretar toda esta abstracción conceptual. En palabras de VÁZQUEZ DEL REY VILLANUEVA, «Ni siquiera es una relación jurídica, sino una forma de relacionarse la Administración y sus interlocutores en la aplicación de los tributos, voluntariamente asumida por las partes y basada en la buena fe, la confianza mutua y la transparencia, con la que trata de superarse el antagonismo que genera la contraposición derecho/obligación»[72].

3.1. FUNDAMENTOS JURÍDICOS DE LA RELACIÓN COOPERATIVA

Es importante partir de la consideración de que la relación cooperativa no pretende modificar el estatuto o régimen jurídico de las Administraciones tributarias ni de los contribuyentes, sino que el propósito perseguido es impulsar un cambio de actitud en las mismas partes intervinientes con el fin

---

72 VÁZQUEZ DEL REY VILLANUEVA, A.: «La cooperación entre contribuyentes y Administraciones tributarias – La perspectiva española». En AMATUCCI, F. (ed. lit.) y ALFANO, R. (ed. lit.): *Derecho tributario comparado: Problemas comunes y aspectos procedimentales. Italia, España y Colombia*, Italia: G. Giappichelli Editore-Universidad del Rosario, 2017, pág. 163.

de establecer un modelo relacional basado en la cooperación y en la confianza recíproca. Tales circunstancias tendrán una importante significación a la hora de determinar las fórmulas jurídicas que se emplearán para llevar a cabo la implantación de este nuevo modelo. Así, para dar encaje a los presupuestos de la relación cooperativa, el arquetipo jurídico que mejor se adapta a sus postulados y necesidades es el *soft law,* por lo que su implementación se ha llevado a cabo a través de instrumentos de este tipo sin perjuicio de que a la postre algunas de sus directrices se hayan materializado en derecho estrictamente vinculante. En cualquier caso, esta afirmación no puede pronunciarse en términos apodícticos sin más, pues si bien lo habitual será proceder de esta forma, existen Estados que han considerado más oportuno llevar a cabo la instrumentación del nuevo modelo a través de normas con rango de ley[73]. De este modo, cada país deberá analizar su propia cultura jurídica y, de acuerdo con esta, determinar la forma más adecuada para dar cabida al nuevo modelo tributario cooperativo.

La expresión *soft law* se ha empleado con diferentes significados e incluye un conjunto heterogéneo de herramientas jurídicas propiciando que las referencias genéricas a dicho término puedan resultar poco claras y, en cierto modo, imprecisas[74]. En lo que respecta a este ámbito de estudio, la acepción que se puede considerar más apropiada (además de ser la más habitual) es la que se refiere al «*soft law* como el conjunto de instrumentos jurídicamente no vinculantes destinados a influir en el ordenamiento jurídico, ya sea promoviendo la adopción de nuevas normas, afectando a la interpretación del Derecho vigente» o como referentes específicos en la actuación judicial o administrativa[75]. Constituye la herramienta idónea para la paulatina implantación de los presupuestos del nuevo modelo de cumplimiento cooperativo tributario en un terreno de tal incertidumbre aplicativa, ya que favorece la

---

73 Este ha sido el caso de Italia, por ejemplo: Decreto Legislativo de 5 de agosto 2015, núm. 128, sobre *Disposizioni sulla certezza del diritto nei rapporti tra fisco e contribuente* (Gazzetta Ufficiale, Serie Generale, núm. 190 de 18 de agosto de 2015).

74 CHINKIN, C. M.: «The Challenge of Soft Law: Development and Change in International Law», *International and Comparative Law Quarterly*, vol. 38, núm. 4, 1989, pág. 865.

75 VEGA GARCÍA, A. (2014). *El soft law en la fiscalidad internacional* (Tesis doctoral). Universidad Pompeu Fabra, Barcelona, pág. 24.

participación dinámica en un entorno colaborativo; otorga a las partes la posibilidad de adoptar medidas de forma progresiva sin atarse las manos con instrumentos jurídicamente vinculantes; y se trata de un instrumento flexible que permite adaptarse con gran facilidad a las eventualidades no previstas inicialmente.

Vuelve a ser preciso destacar el papel de la OCDE como organización más activa en el ámbito de la fiscalidad internacional que, precisamente para el desarrollo de muchas de sus políticas fiscales, utiliza mecanismos de *soft law,* principalmente en forma de recomendaciones. Este tipo de instrumentos, lejos de ser herramientas jurídicamente vinculantes, fundamentan su poder de influencia en la calidad técnica de sus argumentos más que «en la capacidad de la propia organización para imponer sanciones o utilizar fondos económicos destinados a promover determinadas políticas»[76]. La OCDE no pretende influir tanto en el desarrollo legislativo de los Estados, sino más bien en las actuaciones prácticas llevadas a cabo por sus Administraciones tributarias, recurriendo para ello al «empleo de datos y estudios que justifican la conveniencia de seguir sus criterios y a la presión política ejercida por el conjunto de estados miembros frente a los países infractores»[77]. Algunos autores van más allá y han esbozado el término de «recomendaciones cualificadas» para referirse a aquellas que, sin ser jurídicamente vinculantes, generan ciertas obligaciones para quiénes van dirigidas[78]. Aunque los Estados no deban seguir las recomendaciones de manera inexorable, sino solamente cuando lo consideren oportuno, ello no es óbice para que no puedan generar ciertos efectos jurídicos, sobre todo, cuando se muestren favorables a su adopción.

---

76 OCDE (2011). *Better policies for better lives – The OECD at 50 and beyond.* OECD Publishing, <*https://www.oecd.org/about/47747755.pdf*>; y SANDS, P. y KLEIN, P.: «*Bowett's Law of International Institutions*», Londres, Reino Unido: Sweet and Maxwell, 2009, pág. 186.

77 ROSE, R. y PAGE, E. C.: *Lawmaking through the Back Door*, Londres, Reino Unido: European Policy Forum, 2001, pág. 7.

78 DAHM, G.: «Die völkerrechtliche Verbindlichkeit von Empfehlungen internationaler Organisationen», *Die öffentliche Verwaltung*, vol. 12, núm. 10, 1959, pág. 363.

En el ámbito del cumplimiento cooperativo, uno de los principales medios de los que se ha valido la OCDE para influir en la política fiscal de los Estados y promover la adopción de sus recomendaciones en esta materia ha sido la elaboración de estudios de carácter científico que frecuentemente reflejaban la situación de los diferentes países. Muchos de estos estudios implican deberes de información sobre su grado de cumplimiento y requieren de una monitorización posterior a su implantación para recopilar y contrastar los datos derivados de su experiencia. La práctica ha demostrado que el miedo a obtener una calificación negativa funciona como estímulo suficiente para apremiar a los Estados a seguir lo recomendado por la organización, de manera que sus políticas, en la mayoría de los ámbitos, presentan un grado de seguimiento elevado[79]. En este contexto, el equipo de análisis que elaboró el anteriormente analizado «*Study into the Role of Tax Intermediaries*» del año 2008, dejando plena libertad a los Estados, identificó o propuso tres posibles mecanismos de *soft law* que podrían ayudar a «construir» la relación cooperativa[80]:

- Una *declaración unilateral* por parte de las autoridades tributarias donde se detalle cómo se pretende trabajar en el marco del nuevo modelo. Dicha declaración debería incluir todo lo que las Administraciones tributarias precisaran de los contribuyentes y de los asesores fiscales, así como las consecuencias en caso de que se proporcione o no lo solicitado. En último término, correspondería a los contribuyentes decidir si aceptan o no dichas reglas de juego. Este ha sido el modelo seguido en Reino Unido.
- Un *carta o compromiso* adoptado conjuntamente por todas las partes implicadas que establezca cómo se tiene la intención de trabajar, lo que se espera de las partes y las consecuencias en caso de incumpli-

79 «Los informes de la OCDE sobre el cumplimiento cooperativo son un ejemplo de ello. Creemos que la mejor definición de su trabajo es la de *catalizador* de los procesos estatales, algo que consigue a través de procesos de homologación, estandarización y difusión de buenas prácticas». SANZ GÓMEZ, R.J.: «Cumplimiento cooperativo tributario y grandes empresas en España», *Crónica Tributaria*, núm. 161, 2016, págs. 217.

80 OCDE (2008). *Study into the Role of Tax Intermediaries. Ob. Cit.*, pág. 43.

miento. Algunos autores identifican este mecanismo con el Código de Buenas Prácticas Tributarias aprobado en España[81].

- Una serie *acuerdos individuales*, de carácter formal o informal, entre la Administración tributaria y cada contribuyente concreto. Tales acuerdos podrían adaptarse a las necesidades específicas de los distintos obligados tributarios e incluirían las bases para el trabajo conjunto, así como las causas de rescisión de los mismos. Este fue el caso de Países Bajos con los denominados *(individual) compliance agreements* y *convenant*.

A través del *soft law* se pretende dotar de mayor efectividad al derecho vinculante debido a la legitimad y consenso que se deriva de la intervención de agentes no estatales en su elaboración[82]. En palabras de ALARCÓN GARCÍA, «llega dónde éste no llega, completando su regulación, rellenando sus lagunas, interpretándolo y sirviéndole de base para una construcción imperativa posterior»[83]. Por su parte, SANZ GÓMEZ considera que la relación cooperativa «se inserta en un fenómeno mucho más amplio al que denomina crisis del instituto de la ley y del principio de representatividad en que se fundamenta», y apunta a la necesidad de una intervención más participativa que legitime el derecho. Precisamente en este sentido, el *soft law* integra distintos instrumentos que permiten la intervención alternativa de agentes no estatales sin potestades normativas a la hora de llevar a cabo la

---

81 En este parecer, SANZ GÓMEZ, R.J. (2014). *La «relación cooperativa» entre la administración tributaria y las grandes empresas: análisis de la experiencia española* (Tesis doctoral). Universidad de Sevilla, pág. 68; y, al contrario, SOLER ROCH, M. T.: «¿Tax Administration versus Taxpayer – A New Deal?», *World Tax Journal*, Vol. 4, núm. 3, 2012, pág. 295, considerando que se trata de «una declaración unilateral de la Administración a la que luego se adhieren las empresas».

82 DEL TORO HUERTA, M. I.: «El fenómeno del soft law y las nuevas perspectivas del Derecho internacional», *Anuario Mexicano de Derecho Internacional*, núm. 6, 2006, pág. 541.

83 ALARCÓN GARCÍA, G., «El soft law y nuestro sistema de fuentes». En BÁEZ MORENO, A. (coord.) y JIMÉNEZ-VALLADOLID DE L'HOTELLERIE-FALLOIS, D.J. (coord.): *Tratado sobre la Ley General Tributaria. Homenaje a Álvaro Rodríguez Bereijo*, directores Juan Arrieta Martínez de Pisón, Miguel Ángel Collado Yurrita y Juan Zornoza Pérez. Cizur Menor, Navarra: Thomson Reuters-Aranzadi, 2010. Pág. 295.

regulación. De alguna manera el *soft law* legitima la función de los poderes públicos y genera confianza en su actuación, «integrando a los destinatarios de las políticas públicas u ofreciéndoles garantías adicionales mediante técnicas que incrementan la transparencia»[84]. El mismo autor apunta a que «el *soft law* es muy adecuado para regular la colaboración social, ya que una de las funciones de este tipo de cuasi reglas es permitir la participación de los destinatarios de las normas en su formulación. Tiene sentido que el marco del cumplimiento cooperativo se redacte de manera cooperativa. Además, las exigencias del principio de legalidad en el ámbito de la colaboración social son escasas, lo cual ofrece un amplio margen para que las partes adapten el marco regulatorio a sus necesidades, a través de normas convencionales no vinculantes o a través de la autorregulación. Lo anterior no es incompatible con un desarrollo normativo que clarifique el estatuto de cada una de las partes y, de hecho, [...] [se pueden] observar sinergias entre ambos tipos de normas»[85].

De todo lo anterior se deduce ineludiblemente una convergencia o un punto de encuentro entre lo público y lo privado. En consonancia con ello, se ha de destacar el fenómeno de la autorregulación empresarial como un elemento fundamental en el surgimiento e implementación de la relación cooperativa. Resulta indudable que la relación cooperativa surge en un contexto

---

84 SARMIENTO RAMÍREZ-ESCUDERO, D.: «La autoridad del Derecho y la naturaleza del soft law», *Cuadernos de derecho público*, núm. 28, 2006, pág. 256.

85 SANZ GÓMEZ considera cuatro criterios para saber cómo interaccionan las disposiciones de *soft law* y el derecho estrictamente vinculante: (1) El *soft law* no crea derechos ni obligaciones; (2) La reiteración de una norma legal en una disposición de *soft law* no es necesariamente redundante, sino que puede conllevar un compromiso de especial diligencia en su aplicación; (3) El *soft law* puede influir en la interpretación del derecho, haciendo preferentes unas interpretaciones (posibles) frente a otras; (4) Cuando la interpretación conforme no sea posible, no se pueden descartar responsabilidades de la Administración por la vulneración del principio de confianza legítima; y (5) Aunque el *soft law* no sea vinculante, sí pueden existir mecanismos de coacción blanda en virtud de los cuales el cumplimiento no quede exclusivamente al arbitrio de las partes. SANZ GÓMEZ, R.J.: «Cumplimiento cooperativo e intermediarios fiscales: Análisis del Código de Buenas Prácticas de Asociaciones y Colegios Profesionales Tributarios y el Código de Buenas Prácticas de Profesionales Tributarios», *Forum fiscal: la revista tributaria de Álava, Bizkaia y Gipuzkoa*, núm. 262, 2020, págs. 20 y 21.

de aproximación por parte de las autoridades fiscales a este fenómeno de la autorregulación empresarial, evolucionando desde un control impuesto hacia un control más paccionado, como no podía ser de otra manera, con el objetivo último de preservar y garantizar la correcta aplicación del ordenamiento fiscal. Se produce una «adaptación de la actividad aplicativa del derecho tributario a un nuevo contexto caracterizado por la pluralización jurídica», calificándose como «gobernanza colaborativa en el ámbito público»[86].

En cuanto a la eficacia del *soft law* en el marco de las relaciones cooperativas, serán tres los parámetros que habrán de tenerse en cuenta para calibrar la misma: (1) La naturaleza bilateral de los instrumentos mediante los que se articule la propia relación cooperativa; (2) La formulación colaborativa de los mismos. Sobre este particular, conviene puntualizar en la importancia de establecer un marco de diálogo intenso entre todos los actores partícipes al margen de las reglas de producción normativa estatal. Para ello existen estructuras específicas que facilitan y promueven el desarrollo de este diálogo, como los foros (foros de empresas en España y Reino Unido) o la participación de agrupaciones representativas de intereses empresariales en el procedimiento de elaboración de informes sobre la materia (BIAC en la OCDE); y (3) Por último, será preciso en igual medida tener en cuenta los parámetros económicos entre los que discurre la relación cooperativa, ya que la formalización de los instrumentos que articulan la misma no es garantía suficiente para poder considerar que resultan eficaces, sino que además será necesario que arrojen un saldo positivo en la ecuación coste/beneficio. Resulta imprescindible cimentar en las empresas contribuyentes una confianza razonable en que la Administración tributaria cumplirá con las expectativas consignadas en las normas de *soft law*, siendo determinante la cuestión económica siempre que se hable de entidades privadas.

En cualquier caso, para dilucidar acerca del grado de confianza que los contribuyentes puedan tener respecto del cumplimiento de las expectativas generadas por las normas de *soft law* por parte de las autoridades tributarias, será necesario analizar la integración de dichos instrumentos en el sistema de fuentes del ordenamiento. A este respecto, SHAFFER y POLLACK, en consonancia con

---

86 SANZ GÓMEZ, R.J. (2014). *La «relación cooperativa» entre la administración tributaria y las grandes empresas: análisis de la experiencia española. Ob. Cit.*, págs. 34, 35, 217 y 218.

lo manifestado anteriormente, sostienen que «el *soft law* y el *hard law* pueden complementarse cuando exista un acuerdo en los objetivos y términos de la colaboración entre las partes y no existan contradicciones de fondo entre uno y otro tipo de normas»[87]. En un sentido similar, SÁNZ GÓMEZ considera que «el *hard law* deberá interpretarse, en la medida en que sea posible, de acuerdo con los dispositivos de *soft law* que se hayan creado», es más, ello resultaría una exigencia derivada del principio de seguridad jurídica por cuanto las expectativas creadas por este tipo de normas deben ser satisfechas siempre que no impliquen una violación de las normas de derecho vinculante[88].

Finalmente, no se puede dejar de mencionar la interrelación existente entre los modelos de cumplimiento cooperativo, como parte del Derecho Financiero y Tributario, y el Derecho Administrativo, del que aquella materia es parte ínsita. En este sentido, si se recuerdan los atributos analizados en el Epígrafe 1.3.4 de este Capítulo I que las Administraciones tributarias debían observar para disponer una «relación mejorada» plenamente apetecible y equilibrada, se puede constatar que se produce una cierta equiparación o identificación entre aquellos y los principios constitucionales de seguridad jurídica (comprensión basada en la conciencia comercial, imparcialidad, proporcionalidad y divulgación/transparencia) y de eficacia (agilidad)[89]. Algunos autores han ido más allá y han considerado una conexión entre tales compromisos y el principio de buena administración, llegando a la conclusión de que ni los unos ni lo otro se podrán garantizar en su integridad únicamente a través del mero sustento normativo[90]. Por esta razón, será necesario obrar un

---

87 SHAFFER, G. C. y POLLACK, M. A.: «Hard vs. Soft Law: Alternatives, Complements and Antagonists in International Governance», *University of Minnesota Law School-Legal Studies Research Paper Series*, núm. 09-23, 2010, pág. 744; y SANZ GÓMEZ, R.J. (2014). *La «relación cooperativa» entre la administración tributaria y las grandes empresas: análisis de la experiencia española. Ob. Cit.*, pág. 74.

88 SANZ GÓMEZ, R.J.: «Cumplimiento cooperativo tributario y grandes empresas en España», *Ob. Cit.*, pág. 219.

89 OCDE (2007). OCDE *Tax Intermediaries Study. Working Paper 6 – The Enhanced Relationship.* OECD Publishing. <https://www.oecd.org/tax/administration/39003880.pdf>

90 MELIÁN GIL, J.L.: «El paradigma de la buena administración», *AFDUC*, núm. 17, 2013, pág. 234.

cambio de cultura tanto en la Administración como en las empresas que permita superar el actuar unilateral de los poderes públicos y procure el reconocimiento de mayor protagonismo a los agentes no estatales. La trascendencia de esta correlación no tiene por qué ser meramente formal, ya que el hecho de fundarse en principios generales puede suponer el punto de anclaje perfecto para exportar el modelo a otros ámbitos a partir de estos, en este caso, a otros segmentos de contribuyentes distintos de los inicialmente concebidos[91].

3.2. APROXIMACIÓN AL CONCEPTO DE RELACIÓN COOPERATIVA

3.2.1. Relación básica

Para aproximarse al nuevo concepto de relación cooperativa es necesario partir del modelo relacional anterior al que la doctrina y la literatura de la OCDE denominan relación básica. La relación de base tiene su origen en los derechos fundamentales de los contribuyentes y, en adelante, se construye sobre obligaciones consignadas en las normas tributarias. Esto implica que la relación presenta un carácter asimétrico tanto a nivel jurídico —en tanto que la Administración regenta una posición de dominio frente a los contribuyentes— como a nivel práctico —habida cuenta de que la información relevante para la fiscalización de los obligados tributarios se encuentra concentrada mayoritariamente en manos de estos—[92]. De esta forma, la relación tradicional entre el Estado y los contribuyentes ha estado (y aún está) caracterizada por una tensión latente donde las partes parecen pugnar por una serie de intereses contrapuestos[93]. Una suerte de matrimonio mal avenido fundado en posiciones antagónicas y regido por las ideas de desconfianza y mala comunicación.

---

91 SANZ GÓMEZ, R.J.: «Cumplimiento cooperativo tributario y grandes empresas en España», *Ob. Cit.*, pág. 212.

92 CÓRDOBA OCAÑA, E., «La relación cooperativa entre Administración y contribuyentes: transparencia, gestión del riesgo fiscal y seguridad jurídica». En GIMÉNEZ-REYNA, E. (coord.) y RUIZ GALLUD, S. (coord.): *El fraude fiscal en España*, Cizur Menor, Navarra: Thomson Reuters-Aranzadi, 2018. Pág. 998.

93 FERNÁNDEZ CAINZOS, J.J.: *El Estado y los contribuyentes: la resistencia fiscal*, Madrid, España: Instituto de Estudios Fiscales, 1986, pág. 145.

La relación básica se estructura en torno a los mismos sujetos que participarán en la relación de cooperación, estos son, la Administración tributaria, los contribuyentes y, eventualmente, los intermediarios fiscales. Se caracteriza porque cada una de estas partes intervinientes se limita a cumplir simple y llanamente lo que establece la normativa fiscal. La operativa de esta relación es sencilla y presenta una aplicación más o menos uniforme a todo tipo de obligados tributarios. Por un lado, de acuerdo con lo legalmente estipulado, el contribuyente presenta una declaración fiscal en la que revela una cantidad limitada de información, determina la cuota que debe pagar y, una vez líquida, la ingresa. Así, el alcance de las obligaciones legales en las que se fundamenta la relación básica es restringido, pues en un número considerable de ocasiones no se obliga al contribuyente a revelar cómo se alcanzaron las cantidades declaradas. Por su parte, la Administración tributaria tiene potestades para revisar las declaraciones presentadas, obtener la información adicional que fuere pertinente y, contrastando datos, determinar la deuda tributaria correcta para su posterior recaudación. En síntesis, «el contribuyente tiene la responsabilidad de cumplir y a la Administración le corresponde comprobar e inspeccionar para, eventualmente, sancionar»[94].

En el seno de esta relación los contribuyentes apenas perciben incentivos que les impulsen a ir más allá de sus obligaciones legales y del grado de divulgación mínimo exigido. Se encuentran anquilosados en una situación de inmovilismo conformista que, en no pocas ocasiones, no hace sino dificultar el progreso del sistema tributario hacia nuevos cauces que posibiliten un mejor control del cumplimiento de las obligaciones fiscales. A pesar del limitado carácter de esta forma relacional, la implementación de la relación cooperativa no debe disuadir a las autoridades fiscales de seguir promoviendo el desarrollo de relaciones básicas con los contribuyentes, pues sin perjuicio de ser la materialización de concretos derechos fundamentales de estos, la relación de cooperación también necesita de sus fundamentos: los principios, obligaciones y derechos que inspiran el nuevo modelo de cumplimiento cooperativo no son distintos de los que configuran el modelo clásico, la diferencia radica en que aquellos se cultivan en un entorno de confianza mutua y transparencia[95].

---

94 ROZAS VALDÉS, J.A.: «Los sistemas de relaciones cooperativas: una perspectiva de derecho comparado desde el sistema tributario español», *Ob. Cit.*, pág. 29.

95 GONZÁLEZ DE FRUTOS, U.: «La relación cooperativa: un nuevo horizonte en el diálogo entre las grandes empresas y la Agencia Tributaria», *Crónica tributaria*, núm. 134, 2010, págs. 87 y 88.

3.2.2. Relación cooperativa

El actual modelo de gestión tributaria «de carácter represivo, inmovilista, jerarquizado y burocrático» se ha mostrado poco eficiente en el nuevo contexto tributario caracterizado por la complejidad de la legislación fiscal y el incremento masivo de las operaciones económicas susceptibles de gravamen[96]. Resulta frecuente observar cómo en la doctrina, sobre todo en la literatura anglosajona, se utiliza la metáfora del juego del escondite —*hide and seek* o *catch me if you can*— para encarnar la operativa del modelo tradicional de aplicación de los tributos: «el contribuyente sistemáticamente trataría de esconderse (eludir o evadir) y a la Administración le correspondería perseguirle y desenmascararle (regularizar)»[97]. El nuevo modelo de cumplimiento cooperativo rompe este esquema para situar los postulados de la relación en unos términos mucho más idílicos. No busca una cosa distinta que el anterior —la correcta aplicación del sistema tributario—, pero lo hace a través de otro método.

La relación cooperativa se postula como alternativa al modelo típico favoreciendo la colaboración, sobre la premisa de la confrontación, y basándose en el establecimiento y mantenimiento de una confianza mutua entre las partes, más que en las obligaciones exigibles. «La RC no es un fin en sí misma, sino un medio para alcanzar una serie de intereses u objetivos compartidos, a los que se apela para superar la relación de confrontación que ha existido tradicionalmente entre Administración y contribuyentes»[98]. Entre los atributos que integran su composición cabe distinguir la confianza mutua, la transparencia, el diálogo y las actuaciones preventivas y de asistencia y colaboración. En definitiva, valores orientados a la búsqueda de un mejor entendimiento en un entorno de reciprocidad. Asimismo, es importante des-

---

96 RUIBAL PEREIRA, L.: «Experiencia internacional sobre medidas de reorganización de las Administraciones tributarias en la lucha contra el fraude fiscal», *Crónica tributaria*, núm. 134, 2010, pág. 148.

97 ROZAS VALDÉS, J.A.: «Los sistemas de relaciones cooperativas: una perspectiva de derecho comparado desde el sistema tributario español», *Ob. Cit.*, pág. 29.

98 SANZ GÓMEZ, R.J.: «Hacia la relación cooperativa en España: el nuevo Código de Buenas Prácticas Tributarias a la luz de los estudios de la OCDE», *Revista técnica tributaria*, núm. 93, 2011, pág. 60.

tacar el matiz voluntario que preside el establecimiento de esta relación, pues hasta el momento la participación en programas de cumplimiento cooperativo es una decisión potestativa de los contribuyentes, sin que las autoridades tributarias puedan constreñirles en otro sentido.

En cuanto a la naturaleza de esta nueva relación, ROZAS VALDÉS opina que no se está ante un concepto propio del derecho positivo, aunque presente manifestaciones reconducibles a categorías jurídicas próximas a la Filosofía del Derecho o a la Filosofía Política. Se trata, más bien, de una categoría propia de la Ciencia de la Administración pública. En concreto, considera que «es, en un primer orden de ideas, en su génesis y formulación, una filosofía gerencial, una estrategia de gestión pública, aplicada a la administración de los tributos, al desarrollo de la función pública tributaria, a la organización de los recursos e instituciones dedicados a dichas tareas». En suma, tiene un contenido genérico y estricto que se utiliza, en ocasiones, «como modelo gerencial, como paradigma organizativo, que debería de presidir la ordenación de todo el sistema operativo de la Administración tributaria»[99]. El objetivo que persigue el nuevo modelo de cumplimiento cooperativo es mejorar la aplicación del ordenamiento fiscal y ello se pretende a través del incremento de los niveles de cumplimiento voluntario. Para que esto pueda ser posible es necesario que las partes se muestren dispuestas a realizar concesiones recíprocas e inicien un cambio de actitud adoptando una nueva filosofía a la hora de interactuar en el espectro tributario. La relación cooperativa es una herramienta innovadora que encarna el principio de buena fe en un ámbito tradicionalmente presidido por un afán desmedido de competitividad y de posiciones antagónicas, donde cada parte velaba únicamente por sus intereses sin pararse a pensar que una colaboración recíproca podía resultar más provechosa para la colectividad[100].

---

99 ROZAS VALDÉS, J.A.: «Los sistemas de relaciones cooperativas: una perspectiva de derecho comparado desde el sistema tributario español», *Ob. Cit.*, pág. 31.

100 «El marco de confianza y calidad en el servicio en que puedan cumplirse las obligaciones fiscales es algo que interesa no sólo a las partes de esta relación, sino un beneficio para el conjunto de la economía, para la competitividad del país», DELEGACIÓN ESPECIAL DE LA AEAT EN ANDALUCÍA, CEUTA Y MELILLA: «La relación cooperativa: Encuentro profesionales tributarios – AEAT», 2014.

Con el establecimiento de la relación cooperativa se pretende que las partes vayan más allá de las obligaciones establecidas en la normativa tributaria y que los comportamientos trasciendan —sin infringirlo, obviamente— el marco jurídico coactivo establecido por la relación de derecho público. Se parte de la premisa de que existirá una voluntad específica por parte del contribuyente y de la Administración tributaria de ir más allá del mero cumplimiento de las obligaciones legales. Por ello, no será extraño que el contribuyente revele información de manera voluntaria al margen de procedimientos reglados y, en igual medida, que la Administración actúe con mayor presteza para resolver las eventuales dudas planteadas por aquellos[101]. Se busca que las partes no interactúen únicamente por referencia a lo que cada una está compelida a hacer legalmente, sino que habida cuenta de los intereses convergentes que comparten, tratar de configurar un entorno de confianza recíproca que les resulte atractivo para desarrollar una relación de colaboración orientada a lograr el beneficio común.

Se pueden encontrar una multitud de definiciones de relación cooperativa que, con mayor o menor extensión, recogen los postulados aquí descritos[102]. De entre todas ellas, seguramente la más extendida y quizás también la más completa sea la definición elaborada por la *International Fiscal Association* (IFA):

> *«The Enhanced Relationship concerns a specifically defined institutional relationship, based on mutually expressed intentions and not on detailed rules, that TPs and TAs voluntarily enter into above and beyond their basic legal obligations, which relationship is based on mutual understanding, respect and true co-operation, and has as aim the administration of tax laws to the TP's business in the most efficient and timely matter,*

---

101 SOLER ROCH, M. T.: *¿Tax Administration versus Taxpayer – A New Deal?*, *Ob. Cit.*, pág. 293.

102 Vid. CÓRDOBA OCAÑA, E., «La relación cooperativa entre Administración y contribuyentes: transparencia, gestión del riesgo fiscal y seguridad jurídica». En GIMÉNEZ-REYNA, E. (coord.) y RUIZ GALLUD, S. (coord.): *El fraude fiscal en España*, *Ob. Cit.*, pág. 994; OCDE (2008). *Study into the Role of Tax Intermediaries*. *Ob. Cit.*, pág. 5; OCDE (2013). *La relación cooperativa: Un marco de referencia: De la relación cooperativa al cumplimiento cooperativo*. *Ob. Cit.*, pág. 32; o SANZ GÓMEZ, R.J. (2014). *La «relación cooperativa» entre la administración tributaria y las grandes empresas: análisis de la experiencia española* (Tesis doctoral), *Ob. Cit.*, pág. 280.

> *assuming full, timely and reciprocal disclosure of relevant tax related information (including positions taken) and leading to the assessment of the correct amount of tax taking into account the spirit and purpose of the tax law (rather than merely the letter of the law) while respecting each parties' rights and obligations under procedural laws in case of disagreement on what constitutes the correct amount of tax»*[103].

3.3. PRINCIPIOS INFORMADORES

Sentado lo anterior, y teniendo en cuenta todo lo que se ha dicho hasta este momento sobre la necesidad y conveniencia de evolucionar hacia un nuevo modelo de cumplimiento tributario, procede ahora desmenuzar los presupuestos básicos de la nueva relación.

3.3.1. Confianza

Sin lugar a dudas, la palabra que más veces se repite en la literatura sobre cumplimiento cooperativo es confianza. A nivel institucional, JOHN BRAITHWAITE distinguía dos nociones de confianza: por un lado, la concepción legal que representaba la confianza como obligación, considerando

---

103 IFA (2012). *IFA Initiative on the Enhanced Relationship: Key Issues Report*, Version 2.3, <http://www.ifajb.com/media/ER%20Key%20Issue%20Report%20final.pdf>, pág. 12.
«[...] relación institucional específicamente definida, basada en intenciones expresadas mutuamente y no en reglas detalladas que los contribuyentes y las administraciones asumen voluntariamente más allá de sus obligaciones legales básicas, en el entendimiento mutuo, el respeto y una verdadera cooperación, y que tiene como objetivo la aplicación de las leyes fiscales en relación con las actividades de los contribuyentes de la forma más eficiente y oportuna asumiendo una revelación completa, oportuna y recíproca de la información tributaria relevante y que conduce a la determinación de la cuantía correcta del impuesto correspondiente teniendo en cuenta el espíritu y el propósito de la ley tributaria respetando a su vez los derechos de cada una de las partes, como las obligaciones previstas en las leyes procesales en caso de desacuerdo acerca de lo que constituye la cuantía correcta del impuesto». Traducción de CALDERÓN CARRERO, J.M. y QUINTAS SEARA, A.: «Introducción al modelo de cumplimiento tributario cooperativo: estudio de los trabajos de la OCDE y principales experiencias internacionales», *Ob. Cit.*, pág. 80.

que los actores confiables eran aquellos que cognitivamente aceptaban que tenían obligaciones y actuaban en consecuencia; y, por otro, en oposición a la anterior, la confianza como esperanza, que en su versión más sutil significaba poco más que la expectativa de que alguien llegue a hacer lo que se espera de él y, en un nivel más intenso, atribuía al fideicomisario la buena voluntad, la solidaridad social e incluso la identidad grupal compartida[104]. En un sentido similar, VALERIE BRAITHWAITE y MARGARET LEVI compendian una distinción más profunda entre los autores que conciben la confianza racionalmente fundada[105] y los que consideran que surge de la identidad compartida y de la conexión emocional[106].

Aunque la confianza en el seno de las relaciones cooperativas no se encuadre específicamente en ninguna de estas categorías dogmáticas, no es menos cierto que no deja de tener algunos tintes propios de las mismas, acomodándose mejor a una visión más pragmática adaptada al ámbito fiscal. Este valor se puede concebir como aquella esperanza firme que tienen los contribuyentes de que, adoptando una actitud transparente y proclive a la comunicación de información relevante, la Administración tributaria procurará certidumbre temprana y previsibilidad sobre su actuar; y viceversa, las autoridades fiscales esperan que, si ofrecen tales garantías, los contribuyentes se mostrarán dispuestos a colaborar en los términos antes señalados. Esta es una visión muy superficial, pero representa a la perfección la idea de retroalimentación recíproca que implica la confianza en el marco de una relación cooperativa. La confianza es, a la vez, causa y resultado de todos los demás componentes que integran el nuevo modelo de cumplimiento cooperativo, de hecho se hace más plausible cuanto más cerca se está de ellos. Para ROZAS VALDÉS, «la confianza es una mezcla

---

104 «Ambas concepciones de confianza tienen contrapartes cognitivas y conductuales. Puedo creer que debo cumplir una obligación, o puedo cumplirla conductualmente sin creer que sea una obligación. Puedo confiar en mi conocimiento de que una persona es digna de confianza, o puedo actuar como si confiara en él, aunque no creo que esa confianza esté justificada». BRAITHWAITE, J. y MAKKAI, T.: «Trust and compliance», *Policing and Society*, núm. 4, 1994, pág. 5.

105 Entre otros, Russell Hardin, Margaret Levi, Martin Daunton, Susan Whiting, Kent Jennings y William Bianco.

106 Entre otros, Simon Blackburn, Valerie Braithwaite, Geoffrey Brennan, Philip Pettit, Tom Tyler, Mark Peel, y John Braithwaite.

de expectativas en que la otra parte no nos va a defraudar y disposición a asumir los riesgos de que tal cosa ocurra». Tanto los obligados tributarios como las autoridades fiscales aceptan y son conscientes de los costes que implica confiar, pero a la vez conocen los beneficios superiores que de ello se pueden derivar. En este sentido, el propio autor considera que «un mal acuerdo es mejor que un buen pleito» y que «no se puede pretender ganar siempre y en todo, basta con conseguir un *status quo* que garantice unos resultados razonables en términos de eficacia y equidad» [107].

Hoy en día el correcto cumplimiento de las obligaciones tributarias no puede pretender obtenerse únicamente por la vía de la exigibilidad en forma coactiva, sino que precisamente lo que se busca con la relación cooperativa es generar un grado de confianza tal que impulse a las partes a ir voluntariamente más allá del estricto cumplimiento de las obligaciones legales exigibles[108]. La confianza es una variable que debe tenerse muy en cuenta al gestionar el incumplimiento. Si los contribuyentes se sienten maltratados por una autoridad fiscal o creen que los procedimientos son injustos, su confianza disminuirá sensiblemente afectando a su disposición a cumplir y pudiendo desembocar en una resistencia activa. De otro modo, las personas que perciban que han sido tratadas de manera justa tendrán más probabilidades de confiar en los motivos de esa autoridad y se inclinarán a aceptar sus decisiones y seguir sus instrucciones[109]. JOHN T. SCHOLZ encontró evidencias empíricas que demostraban un alto grado de cumplimiento tributario no solo cuando la Administración se mostraba confiable, sino también cuando otros contribuyentes eran así percibidos[110].

---

107 ROZAS VALDÉS, J.A.: «Los sistemas de relaciones cooperativas: una perspectiva de derecho comparado desde el sistema tributario español», *Ob. Cit.*, pág. 37.

108 Javier MARTÍN FERNÁNDEZ (2018). Un derecho al error sin ser sancionado por Hacienda. <https://cincodias.elpais.com/cincodias/2018/02/06/mercados/1517936284_261540.html>

109 TYLER, T.R. & SMITH, H.J.: «Social justice and social movements». En GILBERT, D. G.; FISKE, S. T.; y LINDZEY, G.: *The Handbook of Social Psychology*, Nueva York, Estados Unidos: Oxford University Press, 1998; LIND, E.A. y TYLER, T.R.: *The social psychology of procedural justice*, Nueva York, Estados Unidos: Plenum, 1988; y MURPHY, K.: «'Trust me, I'm the taxman': The role of trust in nurturing compliance», *Ob. Cit.*, pág. 13.

110 SCHOLZ, J. T.: «Trust, Taxes, and Compliance». En BRAITHWAITE, V. y LEVI, M.: *Trust and Governance*, *Ob. Cit.*, pág. 135.

La confianza es el sustento básico de toda relación cooperativa y, como no podía ser de otra manera, exige reciprocidad. Resulta necesario que ambas partes contribuyan a su formación, ya que solo es posible generarla si existe un interés mutuo. La construcción de una relación basada en la confianza recíproca entre la Administración y los contribuyentes no resulta en modo alguno sencilla y solo puede o debe realizarse de un modo gradual. Si se echa la vista atrás, se aprecia como antecedente inmediato un modelo que durante años se ha basado en la desconfianza entre las partes, con una tendencia propensa a situar sobre la figura del obligado tributario un clima de sospecha habitual. Existen dos elementos que tienen una gran incidencia a este respecto, por un lado, la comunicación y, por otro, la información. Así pues, unidos, el intercambio de información se revela como un factor clave para erigir un marco de confianza practicable. En el caso de las autoridades fiscales, la confianza se consolidará paulatinamente a través de las expectativas que genere la actitud de los obligados tributarios, en particular, son especialmente reveladoras la comunicación puntual de información relevante y tener un comportamiento que no rebase los límites de lo esperado. En la otra cara de la moneda, los contribuyentes se sentirán respaldados si las autoridades fiscales no llevan a cabo continuos cambios normativos e interpretativos injustificados o insuficientemente motivados, y la relación se desarrolla en unos términos de dinamicidad tales que permitan subsanar en un corto espacio de tiempo las dudas o discrepancias de criterio que puedan surgir[111].

El modelo de cumplimiento cooperativo, desde el momento en que se articula a través de una relación de confianza, necesariamente se va a construir entre personas físicas. Aunque se actúe en nombre o por cuenta de entidades jurídicas, ya sean públicas o privadas, en la práctica, la confianza se cimentará entre personas concretas, de carne y hueso, presentes a ambos lados de la relación. Por tal razón, es vital desarrollar una cultura de organización impregnada por este factor que sirva para orientar y motivar un cambio de actitud

---

111 CÓRDOBA OCAÑA, E., «La relación cooperativa entre Administración y contribuyentes: transparencia, gestión del riesgo fiscal y seguridad jurídica». En GIMÉNEZ-REYNA, E. (coord.) y RUIZ GALLUD, S. (coord.): *El fraude fiscal en España*, *Ob. Cit.*, pág. 1001.

en las personas integrantes[112]. Se requiere un cambio de mentalidad y, consiguientemente, de comportamiento para obtener como resultado una mayor confianza mutua entre las partes. Desde la perspectiva de la Administración, de no producirse este cambio, se corre el riesgo de que la mayor transparencia que se demanda a los contribuyentes se convierta en una carga más y no aporté los beneficios esperados. Y lo mismo es aplicable a los contribuyentes, puesto que de no mostrarse dispuestos a asumir mayores compromisos en materia de transparencia y comunicación de información, demostrando que sus asuntos fiscales están bajo control, no podrán ofrecer una imagen lo suficientemente confiable a las autoridades tributarias[113].

Por todo lo anterior, y aunque en modo alguno pueda comulgar este componente con la exigibilidad en sentido estricto, lo cierto es que no se puede hablar de confianza sin más, sino que más bien se trataría de una confianza cualificada, que se deriva de un compromiso más férreo y con mayores visos de formalidad aceptado por ambas partes de la relación.

3.3.2. Transparencia

La transparencia es otro requisito imprescindible para el éxito de los modelos de cumplimiento cooperativo. En este contexto, se ha definido como el marco continuo donde tienen lugar los actos individuales de divulgación, describiendo en cierta medida la forma en que las partes abordan las cuestiones que son susceptibles de representar un grado importante de riesgo o incertidumbre fiscal. A diferencia de la divulgación, la transparencia no se puede circunscribir a un momento específico o determinado, sino que sucede en el diálogo constante que se produce entre las autoridades fiscales y los contribuyentes. Hasta ahora, el «ritmo divulgatorio» venía marcado por las exigencias normativas; en cambio, en el seno de la relación cooperativa, se

---

112 PÍA NASTRI, M.; ROZAS VALDÉS, J.A.; y SONETTI, E.: «La dimensión fiscal en la gobernanza corporativa: entre Italia y España», *Crónica Tributaria*, núm. 166, 2018, pág. 202.

113 CÓRDOBA OCAÑA, E., «La relación cooperativa entre Administración y contribuyentes: transparencia, gestión del riesgo fiscal y seguridad jurídica». En GIMÉNEZ-REYNA, E. (coord.) y RUIZ GALLUD, S. (coord.): *El fraude fiscal en España, Ob. Cit.*, pág. 1001.

espera que las partes voluntariamente vayan más allá y procuren unos niveles de transparencia superiores. «Si la información es poder, la transparencia es un medio muy poderoso para equilibrar ese poder», aplicado a las relaciones cooperativas esto se traduce en un elemento fundamental para conseguir una correcta determinación del perfil de riesgo de cada contribuyente[114]. En el «*Study into the Role of Tax Intermediaries*» del año 2008 se distinguían tres niveles de transparencia[115]:

- *Individual*: se refiere a las relaciones personales que tienen lugar entre las empresas contribuyentes, sus asesores fiscales y las autoridades tributarias cuando estos interactúan entre sí. Es cometido de las partes procurar que estas relaciones se construyan y tengan continuidad en el tiempo para poder generar un clima de familiaridad que facilite la comunicación fluida.
- *Cultural*: hace referencia a la relación institucional existente entre la Administración tributaria y los contribuyentes, en particular, a la manera colectiva en que las partes se perciben entre sí. Desarrollar una cultura de confianza mutua es indispensable para alcanzar el nivel de transparencia deseado.
- *Estructural*: tiene que ver con el canal y los protocolos mediante los que se comunican las partes. Tales medios deben ser fácilmente accesibles, mutuamente aceptados por las mismas y capaces de adaptarse a las circunstancias particulares de cada caso.

Estos tres aspectos se encuentran interrelacionados entre sí, se complementan y se necesitan unos a otros para lograr una relación basada en la transparencia. Sobre este parecer, GONZÁLEZ DE FRUTOS opina que «no es posible generar relaciones de confianza individual si no hay una cultura de respeto y ésta no puede nacer si carecemos de canales adecuados de comunicación»[116]. Profundizando en el aspecto individual, la transparencia

---

114 CORDÓN EZQUERRO, T.: «Fraude, corrupción, blanqueo de capitales y transparencia». En GIMÉNEZ-REYNA, E. (coord.) y RUIZ GALLUD, S. (coord.): *El fraude fiscal en España, Ob. Cit.*, pág. 170.

115 OCDE (2008). *Study into the Role of Tax Intermediaries. Ob. Cit.*, págs. 41 y 42.

116 GONZÁLEZ DE FRUTOS, U.: «La relación cooperativa: un nuevo horizonte en el diálogo entre las grandes empresas y la Agencia Tributaria», *Ob. Cit.*, 2010, pág. 87.

puede entenderse en la relación que se sucede entre un contribuyente concreto y la autoridad administrativa que lo fiscaliza. En este plano se concibe como la manera clara en que una parte entiende el mensaje que se le transmite unido a la percepción de que ese mensaje refleja lo que realmente se está queriendo comunicar. En este sentido, CÓRDOBA OCAÑA, casi ciñéndose a la definición de la RAE, considera que «ser transparente, por tanto, es ser claro, evidente y no expresarse con una ambigüedad que permita la interpretación». Esto, que aparentemente parece sencillo, no resulta tanto si se tiene en cuenta que se navega en un mar de conceptos muy próximos y difusos. Por ello mismo, es preciso diferenciar muy bien dos nociones: (1ª) Disposición a facilitar información: es el simple acto de compartir de manera voluntaria la información cuando es requerida; y (2ª) Transparencia: es una actitud del contribuyente y, en general, el entorno donde se producen los actos de revelación espontánea. El contribuyente transparente, por tanto, será aquel que se muestra proclive a facilitar toda la información que fuera relevante y, además, tiene la intención de compartirla de manera voluntaria y espontánea, más allá de sus obligaciones legales, exponiendo de forma explícita las posiciones fiscales inciertas o potencialmente conflictivas en que pudiera incurrir. A pesar de todo, lo anterior no se puede entender en términos absolutos, ya que pueden darse matices propios que alteren estos presupuestos. De este modo, puede suceder que un contribuyente proporcione información sobre un aspecto concreto en un momento puntual y ello no implica *per se* que deba ser calificado como transparente; *sensu contrario,* un contribuyente puede ser considerado transparente y en un momento determinado no mostrarse dispuesto a facilitar la información que se espera de él. No queda más remedio, por tanto, que considerar las particularidades propias de cada caso[117].

3.3.3. Información (Disclosure)

En la literatura extranjera y de la OCDE se utiliza el vocablo «*disclosure*» para referirse al concepto que aquí se pretende desgranar. Dicho tér-

[117] CÓRDOBA OCAÑA, E., «La relación cooperativa entre Administración y contribuyentes: transparencia, gestión del riesgo fiscal y seguridad jurídica». En GIMÉNEZ-REYNA, E. (coord.) y RUIZ GALLUD, S. (coord.): *El fraude fiscal en España, Ob. Cit.*, págs. 1002 y 1004.

mino, según el diccionario Cambridge[118], se traduciría al castellano como «revelación» o «divulgación»; sin embargo, la mayor parte de la doctrina española ha optado por referirse a él aludiendo al objeto directo de dicha acción: la información. Si bien a fin de cuentas la diferencia es nimia, quizás la palabra información refleja de forma más ilustrativa el papel fundamental que esta juega en el desarrollo del nuevo modelo de cumplimiento cooperativo: tanto para las Administraciones tributarias, en la evaluación y gestión de riesgos, como para los contribuyentes, otorgando certidumbre temprana y seguridad jurídica.

La revelación va más allá de la información que los contribuyentes están legalmente obligados a proporcionar. Debe incluir cualquier dato que las autoridades tributarias precisen para realizar una evaluación de riesgos plenamente informada, es decir, cualquier operación o posición que implique un grado importante de incertidumbre o imprevisibilidad sobre sus consecuencias fiscales o sobre la que haya sido advertida previamente por la Administración una preocupación particular. El contribuyente debe ser consciente de que deberá informar de forma voluntaria cuando previsiblemente atisbe una diferencia de interpretación entre su criterio y el que manejen las autoridades tributarias que pueda conducir a un resultado fiscal significativamente diferente. En cuanto a la delimitación precisa del contenido material que debe conformar esta información, en el «*Study into the Role of Tax Intermediaries*» del año 2008, ante las inquietudes y consultas de los Estados participantes, el Equipo de Análisis estableció que en modo alguno procede que aquel esté claramente regulado, sino que debe inspirarse en principios generales y premisas abiertas. En este sentido, se puso como ejemplo a una serie de países que no habían utilizado marcos basados en reglas para establecer el nivel apropiado de divulgación (consultar Anexo 8.1 del citado Informe)[119]. El ideal sería que esta divulgación alcanzara tanto la estrategia fiscal de la empresa como la gestión de los riesgos de incumplimiento que realiza la misma, debiendo incluirse la revelación de diversas políticas corporativas como la planificación fiscal, los precios de transferencia o la presencia en territorios de baja o nula tributación, así

---

118 Cambridge Dictionary. (2019). Traducción de disclosure – Diccionario Inglés-Español <https://dictionary.cambridge.org/es/diccionario/ingles-espanol/disclosure>

119 OCDE (2008). *Study into the Role of Tax Intermediaries. Ob. Cit.*, pág. 41.

como las explicaciones que fueran pertinentes sobre los procesos de gobierno corporativo y el control de los riesgos fiscales[120].

Si se atiende a la naturaleza del desempeño de este cometido pueden apreciarse, por un lado, Estados que han promulgado normas de comunicación de información preceptiva, sobre todo, enfocadas a la notificación de políticas de planificación fiscal agresiva, incluso sin perjuicio de si los contribuyentes se encuentran incluidos o no en algún programa de cumplimiento cooperativo (Canadá, Reino Unido o Estados Unidos, entre otros); y, por otro, países que por el contrario no han establecido ninguna normativa de carácter obligado sobre la comunicación de información sobre riesgos, teniendo en estos casos dicha labor una naturaleza más de carga[121].

Una cuestión de suma importancia es determinar en qué momento se debe producir la divulgación de información. A este respecto, se pueden distinguir tres posibles escalas temporales: (1) Cuando se realice una transacción; (2) Cuando esta transacción deba ser declarada; y (3) Cuando tiene lugar la comprobación de la misma. La revelación de información es un concepto íntimamente ligado a la transparencia, de forma casi ineludible, ya que aquella es a la vez causa y consecuencia de esta, y viceversa. Sin embargo, a diferencia de la transparencia que —como se ha dicho en el epígrafe anterior— no puede localizarse en un instante concreto, el momento adecuado para informar debe ser «antes de que haya que presentar la declaración y en tiempo real», posibilitando así la discusión o el diálogo sobre los hechos de manera anticipada[122].

La experiencia ha demostrado que dos son los componentes esenciales de la comunicación de información y de la transparencia que los contribuyentes han de observar para facilitar la labor de obtención de datos. De una parte,

---

120 CÓRDOBA OCAÑA, E., «La relación cooperativa entre Administración y contribuyentes: transparencia, gestión del riesgo fiscal y seguridad jurídica». En GIMÉNEZ-REYNA, E. (coord.) y RUIZ GALLUD, S. (coord.): *El fraude fiscal en España*, *Ob. Cit.*, pág. 1002.

121 OCDE (2008). *Study into the Role of Tax Intermediaries*. *Ob. Cit.*, pág. 47.

122 MENÉNDEZ FERNÁNDEZ, J.: *La relación cooperativa como modelo de administración tributaria: su aplicación en la administración tributaria española*, Madrid, España: REAF asesores fiscales, 2018, pág. 37.

la existencia de *tax control frameworks* o marcos de control fiscal, que sean capaces de garantizar a las autoridades tributarias la fiabilidad de los resultados contenidos en las declaraciones fiscales, así como la percepción de que el contribuyente es plenamente consciente de las posiciones fiscales inciertas o controvertidas que hubiera podido adoptar. De otra parte, resulta también imprescindible la voluntad de comunicar, el deseo propio de actuar en el marco de una relación abierta y transparente a través de la comunicación completa y veraz de información sobre potenciales riesgos tributarios[123]. En el otro lado de la balanza, las Administraciones tributarias necesitan disponer de información actualizada, pertinente y fiable para obtener un conocimiento completo del contribuyente y de la operación en cuestión y, en consecuencia, poder realizar una correcta identificación y gestión del riesgo fiscal de forma efectiva[124]. Una actitud más proclive a la colaboración por parte de los obligados tributarios propicia que la labor de obtención de información sea una tarea más sencilla y requiera menos recursos, incrementándose así el nivel de eficiencia. Para incentivar tales conductas, las autoridades tributarias deberán ofrecer a cambio garantías y seguridad jurídica a los contribuyentes en orden a procurar certeza temprana y en tiempo real sobre las operaciones que realicen en el tracto ordinario, contribuyendo a la rápida resolución de los conflictos que puedan surgir en el desarrollo de la relación.

A través de todas estas premisas, el modelo de cumplimiento cooperativo pretende «restaurar el equilibrio en el flujo de información entre la Administración y los contribuyentes permitiendo a ambas partes una toma de decisiones informada que proporcione certidumbre temprana y predictibilidad, convirtiéndose así en un medio eficaz para incentivar una conducta cumplidora» en los obligados tributarios[125]. Sobre este parecer, en el informe publicado por la OCDE en febrero del año 2011 con el título «*Tackling Aggressi-*

---

123 OCDE (2013). *La relación cooperativa: Un marco de referencia: De la relación cooperativa al cumplimiento cooperativo. Ob. Cit.*, pág. 23.

124 CALDERÓN CARRERO, J. M. y QUINTAS SEARA, A.: *Cumplimiento tributario cooperativo y Buena gobernanza fiscal en la era BEPS, Ob. Cit.*, pág. 115.

125 CÓRDOBA OCAÑA, E., «La relación cooperativa entre Administración y contribuyentes: transparencia, gestión del riesgo fiscal y seguridad jurídica». En GIMÉNEZ-REYNA, E. (coord.) y RUIZ GALLUD, S. (coord.): *El fraude fiscal en España, Ob. Cit.*, págs. 994 y 997.

ve Tax Planning through Improved Transparency and Disclosure», se advertía que «un sistema que comienza por la comunicación abierta de información no solo permite una solución más expeditiva de los conflictos y una garantía legal más sólida, sino que conlleva potencialmente una reducción importante de los costes mediante la mejor atribución de recursos a los gobiernos y al contribuyente»[126].

3.3.4. Previsibilidad y certeza temprana

Los anteriores componentes que se han desgranado desembocan o tienen como colofón que el actuar de las partes adquiera cierto grado de previsibilidad para las mismas, de manera que sepan a qué atenerse en cada momento o situación de la relación. La previsibilidad es un elemento fundamental del modelo de cumplimiento cooperativo, pues se trata de un condimento necesario para la formación de la confianza y, a la vez, trae su causa directa en la transparencia y en la comunicación de información relevante.

Si se habla de previsibilidad es imposible dejar de mencionar la expresión «cero sorpresas» tan extendida en la literatura sobre cumplimiento cooperativo. Una de sus primeras manifestaciones conocidas se produjo en el proceso de consultas llevado a cabo durante la elaboración del informe «*Co-operative Compliance: A Framework. From Enhanced Relationship to Co-operative Compliance*» del año 2013, cuando el representante de una de las multinacionales participantes concluyó que las empresas lo que realmente aspiraban a alcanzar eran las cero sorpresas en materia fiscal. En términos generales, la idea o propósito que subyace en este principio de «*not surprises*» tiene que ver con que, desde el instante en que las partes colaboran en el diseño y funcionamiento de los marcos de control internos y en la resolución de las dudas que se planteen en la fase previa a la presentación de declaraciones, «la Administración no tiene por qué, ni el contribuyente esperar que así sea, corregir a posteriori, retrospectivamente, lo presentado por aquel». En un escenario ideal se debe presuponer que, si el obligado tributario ha

126 OCDE (2011). *Tackling Aggressive Tax Planning through Improved Transparency and Disclosure. OECD Publishing*, <http://www.oecd.org/tax/exchange-of-tax-information/48322860.pdf>

gestionado sus declaraciones fiscales conforme a los criterios y sistemas de calidad concertados por las partes, no habrá sorpresas de cambios de criterio o regularizaciones posteriores por parte de la Administración y, por tanto, las liquidaciones presentadas se deben tener por correctas con el grado de certeza anticipada que ello implica[127].

Un concepto que en materia de cumplimiento cooperativo aparece muy ligado a la idea de previsibilidad es el de certeza temprana o «*early certainty*». La certeza anticipada no es una cosa distinta de la seguridad jurídica, no obstante, con esta locución se busca representar que en el marco de la relación cooperativa la incertidumbre se pretende abordar en una etapa más temprana, idealmente, en la fase previa a la presentación de las declaraciones fiscales. En este nuevo modelo, tanto desde la perspectiva del contribuyente como desde la Administración, desempeñan un papel crucial el conjunto de actuaciones previas a la declaración, liquidación y recaudación del tributo. Por tales razones, resulta fundamental desarrollar procedimientos que doten de certidumbre al ordenamiento fiscal, clarificando su contenido e interpretación e implicando a sus destinatarios a través de procedimientos efectivos de información y asistencia[128].

La seguridad jurídica tiene una especial trascendencia en el ámbito tributario, tanto por la condición de obligación legal del tributo como por la complejidad de las normas fiscales, convirtiéndose así en un elemento esencial para el establecimiento de la relación cooperativa[129]. Según CÓRDOBA OCAÑA, dentro del concepto de seguridad jurídica se puede distinguir una doble dimensión: por un lado, objetiva, haciendo referencia al marco normativo establecido por el Estado que fija las bases para las relaciones entre la Administración y los contribuyentes; y, por otro, subjetiva, siendo la proyección de aquel sobre situaciones particulares. En la práctica, la seguridad jurídica no significa otra cosa que saber a qué atenerse en cada momento y

---

127 ROZAS VALDÉS, J.A.: «Los sistemas de relaciones cooperativas: una perspectiva de derecho comparado desde el sistema tributario español», *Ob. Cit.*, pág. 76.

128 «De lo que se trata es de mostrarse anticipadamente para evitar ser descubierto en falso», Ibíd., pág. 30 y 92.

129 MARTÍN FERNÁNDEZ, J.: «El modelo de relación cooperativa y las buenas prácticas tributarias», *Revista de contabilidad y dirección*, núm. 25, 2017, pág. 83.

circunstancia, en esencia, tener conocimiento de las normas vigentes y, a la vez, dominar la correcta interpretación de las mismas para hacer previsible su aplicación. Por lo tanto, en materia tributara existirá seguridad jurídica cuando se pueda prever con certeza el resultado de la aplicación de una norma fiscal. Para ello será fundamental que las diferentes disposiciones normativas muestren un alto grado de perfección técnica y no escondan términos ambiguos o imprecisos que dificulten la concreción de su virtualidad, lo que en muchas ocasiones no resulta sencillo habida cuenta de la complejidad de la materia que se pretende regular[130]. A pesar de todo, como casi cualquier situación en derecho, lo anterior no se puede considerar en términos absolutos y habrá casos de incertidumbre evidente y manifiesta en los que resulte inevitable tener que acudir a una decisión administrativa o judicial. En tales situaciones la certeza consistirá en apreciar que los procesos de toma de decisiones sean predecibles y tengan lugar respetando los principios básicos del ordenamiento jurídico[131].

En el año 2017, como resultado de un proceso de encuestas realizado a empresas y Administraciones tributarias, la OCDE publicó un informe titulado «*Tax Certainty IMF/OCDE Report for the G20 Finance Ministers*» que recopilaba las principales fuentes de incertidumbre en materia fiscal identificadas en el panorama internacional. Las empresas focalizaban su preocupación en un conjunto heterogéneo de comportamientos que tenían como denominador común una deficiente pericia en el actuar de las autoridades fiscales, en particular, se mencionaban el tratamiento de ciertos casos de manera impredecible o inconsistente; la falta de coherencia y coordinación entre las distintas Administraciones tributarias nacionales a la hora de interpretar la normativa fiscal internacional; la insuficiente experiencia y preparación adecuada para fiscalizar operaciones o modelos de negocios novedosos; y, finalmente, la escasa efectividad de los mecanismos de resolución de conflictos. Por su parte, las Administraciones achacaban las principales causas de incertidumbre a la cuestionable conducta de los contribuyentes en ciertas

130 CÓRDOBA OCAÑA, E., «La relación cooperativa entre Administración y contribuyentes: transparencia, gestión del riesgo fiscal y seguridad jurídica». En GIMÉNEZ-REYNA, E. (coord.) y RUIZ GALLUD, S. (coord.): *El fraude fiscal en España, Ob. Cit.*, pág. 1008 y 1009.

131 Ibíd., pág. 1008.

ocasiones y, en particular, ponían el acento en la utilización de esquemas de planificación fiscal agresiva y en la falta de colaboración con las mismas autoridades tributarias. Con todo, ambas partes coincidían en que, mientras en el ámbito internacional la incertidumbre tributaria tenía su origen en la falta de coordinación y cooperación, en cambio, en el ámbito nacional, la misma se derivaba fundamentalmente de la falta de claridad de la normativa fiscal doméstica y del proceso administrativo que la aplicaba[132].

Así, la incertidumbre no solo puede tener causa en la forma en que una Administración tributaria desarrolla su actividad, sino que también puede deberse a las deficiencias existentes en la propia legislación tributaria. Una normativa fiscal compleja, con una redacción confusa y deficiente que además sea objeto de frecuentes cambios, dificulta enormemente e, incluso en ciertos casos, imposibilita que las empresas puedan tener sus asuntos fiscales bajo control y, consecuentemente, desenvolverse con seguridad en un terreno tan intrincado como es el tributario. Por estas razones, se hace necesario que la Administración intervenga para que los contribuyentes puedan alcanzar un grado de certeza razonable en una etapa más temprana. A tales efectos, la relación cooperativa se presenta como un instrumento idóneo para ayudar a reducir la complejidad y mejorar la claridad de las normas técnicas, a través de un dialogo más fluido que permita una mejor y más rápida resolución de las discrepancias que puedan surgir.

Descendiendo a presupuestos más concretos, la prevención del conflicto exige avanzar en dos planos diferentes. En primer lugar, resulta necesario potenciar los servicios de información y asistencia para tratar de proveer un mayor grado de previsibilidad y coherencia en el actuar de la Administración[133]. En segundo lugar, se espera que la relación cooperativa también ten-

---

132 CÓRDOBA OCAÑA, E., «La relación cooperativa entre Administración y contribuyentes: transparencia, gestión del riesgo fiscal y seguridad jurídica». En GIMÉNEZ-REYNA, E. (coord.) y RUIZ GALLUD, S. (coord.): *El fraude fiscal en España*, *Ob. Cit.*, pág. 1008.

133 Sobre este particular, resulta sumamente interesante la reflexión que realiza SANZ GÓMEZ respecto de las legítimas expectativas creadas en el contribuyente por las actuaciones llevadas a cabo por la Administración y su relación con los principios de seguridad jurídica y confianza legítima y con la interpretación que el Tribunal Supremo realiza de los mismos. Vid. SANZ GÓMEZ,

ga incidencia en la función de control, desplazando la actuación administrativa desde la comprobación *a posteriori* hacia una evaluación en tiempo real de los asuntos fiscales. Las Administraciones tributarias deben reorientar su actividad para transitar hacia el trabajo en tiempo real, acercando cada vez más el control al momento en que se producen los hechos con trascendencia tributaria. Por tales motivos, buena parte de los esfuerzos se centrarán en la fase previa a la presentación de las declaraciones, ya sea a través de procesos de consulta previos o, incluso, mediante la participación ciudadana en la elaboración de las normas, entre otras posibilidades[134]. En el modelo clásico, primero se fijan las reglas, el contribuyente después las aplica y, por último, la Administración revisa y regulariza; en cambio, en el modelo cooperativo se invierte esta ecuación y la Administración debe concentrar sus esfuerzos en evitar que el contribuyente cometa errores antes de presentar la declaración, de manera que las dudas que pueda tener sean resueltas previamente favoreciendo así la reducción de los márgenes de error y regularización[135]. La contemporaneidad en el actuar administrativo facilita una resolución más expeditiva de los conflictos, subsana la correspondencia prolongada y, en último término, reduce los litigios innecesarios[136]. Así, también se observarán cambios en la ordenación de la función inspectora, abandonándose el análisis pormenorizado de los estados contables, que se limitaba al control sistémico de las autoliquidaciones y liquidaciones presentadas, para concentrar la atención en la eficacia de los marcos de control internos implementados por las empresas[137].

R.J. (2014). *La «relación cooperativa» entre la administración tributaria y las grandes empresas: análisis de la experiencia española. Ob. Cit.*, pág. 131.

134 ROZAS VALDÉS, J.A.: «Los sistemas de relaciones cooperativas: una perspectiva de derecho comparado desde el sistema tributario español», *Ob. Cit.*, pág. 30.

135 Ibíd., pág. 38.

136 OCDE (2013). *La relación cooperativa: Un marco de referencia: De la relación cooperativa al cumplimiento cooperativo. Ob. Cit.*, pág. 42.

137 MARTÍN FERNÁNDEZ, J.: *Cumplimiento cooperativo en materia tributaria. Claves para la implantación de un Manual de Buenas Prácticas (Compliance)*, Madrid, España: Francis Lefebvre, 2018, pág. 21. A este respecto, SANZ GÓMEZ considera que, de acuerdo con el principio de subsidiaridad existente en la mayoría de los ordenamientos nacionales, como ocurre en el español, la supervisión administrativa debería adaptarse a la eficacia de los mecanismos de control internos. SANZ GÓ-

4. ARTICULACIÓN DEL MODELO A TRAVÉS DE LOS SUJETOS INTERVINIENTES

La relación cooperativa se presenta como el eje a través del que vertebrar todo el modelo de cumplimiento cooperativo de las obligaciones fiscales. No es un fin en sí misma, sino más bien un cauce formal a partir del que articular un ecosistema idóneo basado en la confianza y la transparencia. Estos nuevos vínculos que se aspiran a lograr (en sentido cualitativo) discurrirán entre los mismos sujetos intervinientes en la relación que se ha denominado como clásica; ahora bien, bajo unos parámetros y postulados que nada tienen que ver con dicho modelo precedente.

4.1. LAS ADMINISTRACIONES TRIBUTARIAS

4.1.1. *Cultura organizativa*

Las nuevas tendencias internacionales en materia de cumplimiento y control tributario vienen evidenciando una reformulación de las posiciones subjetivas de las partes, Administración y contribuyentes, que va a suponer la instrumentación de una serie de cambios tanto en el modo de actuar como en la manera de relacionarse que lleven a cabo las mismas[138]. Lo que se pretende con el establecimiento de las relaciones cooperativas es configurar un entorno de mejor entendimiento donde las Administraciones puedan escuchar a los contribuyentes, dialogar con ellos y hacerles partícipes activos de una mejor aplicación del sistema fiscal, tratando de integrar su voluntad en «la configuración del acto tributario para llegar a una formalización de la verdad material consensuada». Los modelos cooperativos de cumplimiento, auspiciados por los principios de eficiencia, economía y buena administración, han de informar todos los ámbitos de la política fiscal, es decir, su diseño,

---

MEZ, R.J. (2014). *La «relación cooperativa» entre la administración tributaria y las grandes empresas: análisis de la experiencia española. Ob. Cit.*, pág. 148.

138 JUAN LOZANO, A.M. y FUSTER ASENCIO, C.: «Buena administración tributaria y seguridad jurídica: cumplimiento tributario y aplicación del sistema como factores de competitividad y legitimidad», *Documentos del Instituto de Estudios Fiscales*, núm. 5, 2016, pág. 12.

aplicación, estructura y funcionamiento, llegando incluso a calar en la psique del personal administrativo.

Si se echa la vista atrás, el modelo de Administración pública vigente en cada momento de la historia —que como tal viene existiendo desde el siglo XVIII— siempre ha estado fuertemente influenciado por las circunstancias políticas, sociales y económicas inherentes a cada tiempo. De esta manera, cuando la realidad cambiaba, el modo de organizar los asuntos públicos también debía adaptarse en consecuencia a esas nuevas coordenadas existentes. El paradigma sociocultural, hoy por hoy, sigue siendo un factor determinante a la hora de disponer el modo de gestionar el cumplimiento de las obligaciones ciudadanas. En este sentido, el contexto actual, caracterizado por la escasez de recursos públicos y el incremento de las necesidades de intervención estatal, ha llevado a considerar que la idea tradicional de Administración resulta un tanto ineficiente y de exigua operatividad en términos de rentabilidad.

Ante ello, y para tratar de adaptarse a los nuevos parámetros marcados por la modernidad, en el plano administrativo se han llevado a cabo una serie de ajustes que, a su vez, y si se quiere considerar de una forma más o menos indirecta, han sentado las bases de las relaciones cooperativas. En primer lugar, conviene destacar un conjunto de reformas administrativas que han conformado lo que se conoce como «nueva gestión pública», esto es, en términos puramente utilitarios, un modo de gestión administrativa que integra las lógicas de mercado y los valores económicos más próximos al sector corporativo o privado. Envuelto en un puro pragmatismo económico, se concibe la idea de Administración eficiente en tanto que resulte rentable[139]. Del mismo modo, relacionado con la pérdida de legitimidad y eficacia que se achaca a la «crisis de la idea de ley como reflejo de la voluntad general», si bien de una forma mucho menos afianzada, se han producido también avances significativos en lo que respecta a la participación ciudadana en la gestión de los asuntos públicos[140].

---

139 BAENA DELALCÁZAR, M.: «Del Estado del bienestar al ocaso de la Nueva Gestión Pública. La Administración Pública postmoderna». Ponencia en el XIII Congreso Internacional del CLAD sobre la Reforma del Estado y de la Administración Pública, 4 al 7 de noviembre de 2008, Buenos Aires, Argentina.

140 SANZ GÓMEZ, R.J. (2014). *La «relación cooperativa» entre la administración tributaria y las grandes empresas: análisis de la experiencia española* (Tesis doctoral). *Ob. cit.*, pág. 56.

Así pues, he aquí algunos de los mimbres que han llevado al actual desarrollo de los modelos de cumplimiento cooperativo, en gran parte, determinados por las necesidades que el nuevo orden social y económico ha dibujado[141].

La relación cooperativa, por un lado, no deja de ser una continuación de la idea tradicional de Administración como organización al servicio de los ciudadanos; ahora bien, por otro lado, trata de superar las dificultades existentes en la realidad tributaria de hoy en día mediante la implementación de una serie de elementos novedosos y nada consolidados en la realidad tributaria como son las técnicas gerenciales de gestión de riesgos, el control en tiempo real y, en definitiva, la buena gobernanza colaborativa. De esta manera, lo que se pretende, en palabras de MELIÁN GIL, es «superar una concepción ideológica sustentadora del monopolio del Estado en la mate-

---

141 La importancia de un buen sistema administrativo se ha puesto de manifiesto en distintos trabajos de contrastada relevancia en la esfera internacional. En el informe «*Paying Taxes. The Global Picture*» del año 2007, elaborado de forma conjunta por el Banco Mundial y PriceWaterhouseCoopers, se hace constar que los regímenes tributarios que imponen demasiadas cargas de cumplimiento frenan la inversión y alientan la evasión fiscal, destacando que la mala administración es una de las mayores rémoras para el desarrollo de la actividad económica [PwC y El Banco Mundial: «Paying taxes-The global picture», 2006, 54 págs. <https://www.doingbusiness.org/content/dam/doingBusiness/media/Special-Reports/DB07-Paying-Taxes.pdf>]. En un sentido similar, el informe «*Mirrlees*» establece que los costes administrativos y de cumplimiento constituyen un factor determinante a la hora orientar la inversión de las empresas, y que la lentitud y la complejidad de los trámites burocráticos son percibidas como un obstáculo incluso mayor que los tipos de gravamen elevados [MIRRLEES, J.; ADAM, S.; BESLEY, T.; BLUNDELL, R.; BOND, S.; CHOTE, R.; GAMMIE, M.; JOHNSON, P.; MYLES, G; y POTERBA, J. (eds.): *Dimensions of Tax Design: The Mirrlees Review*, Institute for Fiscal Studies and Oxford University Press, 2010]. Por último, también conviene mencionar el informe «*Tax Administration 2017*» de la OCDE, donde se enuncian una serie de estándares de referencia que vendrían a caracterizar lo que se considera una Administración tributaria moderna. En síntesis: articularse a través de un órgano integrado que realice de forma unitaria las labores de gestión y control; contar con un marco normativo estable y de aplicación general; disponer de autonomía organizativa y funcional; y habilitar sistemas internos de responsabilidad y rendición de cuentas [OCDE (2017). Tax Administration 2017-*Comparative Information on OECD and Other Advanced and Emerging Economies*. OECD Publishing. <*https://read.oecd-ilibrary.org/taxation/tax-administration-2017_tax_admin-2017-en*>].

ria, en cuya base sigue existiendo la contraposición hegeliana entre lo público, caracterizado por la razón, y lo privado o particular, dominado por el beneficio»[142]. Las Administraciones tributarias habrán de adoptar una posición sensiblemente distinta con respecto al modelo tradicional, pero manteniéndose inmutable el fin último, cual es el adecuado cumplimiento de las obligaciones fiscales. Este propósito invariable, en el nuevo entorno cooperativo, se intentará alcanzar a través de una suerte de pacífica coexistencia entre las fórmulas clásicas y colaborativas. Las Administraciones tributarias tendrán que ser el motor que ponga en marcha el funcionamiento de los nuevos modelos cooperativos de cumplimiento, debiendo dejar claro este objetivo, bien a través de una concreta declaración de intenciones, bien con actuaciones que tácitamente y sin ambages expresen tal parecer. Se llevará a cabo una profunda y progresiva transformación de la cultura administrativa y de las relaciones entre las partes, cómo no, marcada por esa natural resistencia al cambio que amenaza cualquier situación susceptible de ser reformada, más evidente si cabe en este caso al no existir una regulación normativa expresa que minuciosamente determine los pasos a seguir.

No existe un único prototipo u organigrama administrativo capaz de desarrollar con éxito el modelo de cumplimiento cooperativo, sino que cada Administración, atendiendo a los conceptos y principios abstractos que inspiran este fenómeno, deberá procurar un encaje adecuado considerando su entorno fiscal y las características propias su marco normativo. Así, en el plano tributario, cabe esperar una Administración que transite hacia un enfoque más proactivo, reforzando la labor asistencial y superando la inveterada cultura de liquidación y regularización *a posteriori*[143]. En cierto sentido, y así lo plantean algunos autores, se podría sostener la idea de una cierta privatización de la función fiscal, en la medida en que se integran técnicas de naturaleza privada en la gestión pública de los tributos y se importan modos de gerencia propios del mundo corporativo. Todo ello, en suma, en un escenario donde adquiere una gran importancia la Administración electrónica.

---

142 MELIÁN GIL, J.L.: «El paradigma de la buena administración», *Ob. Cit.*, pág. 253.

143 AUSTRALIAN TAXATION OFFICE (2015). *Building Confidence*, ATO, Canberra.

4.1.2. La gestión de los riesgos fiscales en el ámbito de la planificación administrativa

En los últimos años, la importancia del concepto «riesgo» se ha visto sobredimensionada considerablemente tanto en el plano de la organización privada como en el ámbito de la gestión pública, hasta tal punto que algunos autores han llegado a postular lo que denominan «sociedad del riesgo»[144]. Como señala SANZ GÓMEZ, «el riesgo ha dejado de considerarse como un 'acto de la providencia' y ha pasado a ser un evento potencial, mesurable y gestionable»[145]. Hoy en día, se trata de un factor organizativo sumamente importante que determina en gran medida no solo la planificación en el sector corporativo, sino también las actuaciones de control por parte de los poderes públicos. Se toma como una variable de referencia que, extendida en numerosos contextos, condiciona el margen de maniobrabilidad rentable en las empresas y, al mismo tiempo, predispone la respuesta fiscalizadora de las autoridades[146]. Como no podía ser de otra manera, hay una parte de esta noción de riesgo que resulta común a ambas clases de sujetos, sin embargo, inversamente existen no pocos resquicios donde las partes pueden diferir acerca de lo que se considere admisible, es decir, respecto al nivel de riesgo aceptable. En este punto es donde radica el peligro y puede comenzar a tener cabida el incumplimiento.

Todo lo anterior, como se ha dicho, no ha sido sino motivado por una serie de causas —explicitadas en la introducción— que implacablemente han

---

144 BECK, U.: *Risk Society. Towards a New Modernity*, London, UK: Sage Publications, 1992.

145 SANZ GÓMEZ propone una definición de riesgo tributario considerando «la probabilidad de que se produzca cualquier evento que incida negativamente en las expectativas y objetivos de la organización o provocar un daño económico o en su reputación que se sea inesperado o se considere inaceptable». SANZ GÓMEZ, R.J. (2014). *La «relación cooperativa» entre la administración tributaria y las grandes empresas: análisis de la experiencia española* (Tesis doctoral). *Ob. cit.*, pág. 36; y VAN DAELEN, M. y VAN DE VEN, A.: «Introducing risk management». En VAN DAELEN, M. y VAN DER ELST, C.: *Risk management and corporate governance: Interconnections in law, accounting and tax*, Cheltenham, UK: Edward Elger Publishing, 2010, pág. 2.

146 POWER, M.: *The Risk Management of Everything. Rethinking the politics of uncertainty*, London, UK: Demos, 2004, págs. 13 y 14.

agudizado las necesidades que la tendencia latente venía evidenciando. Así, en el ámbito tributario, las Administraciones se han visto forzadas a echar mano de fórmulas alternativas (distintas de las tradicionales) para tratar de paliar el desbordamiento de la función pública y mantener un adecuado nivel de cumplimiento.

Las técnicas de gestión pública de los riesgos fiscales no son completamente nuevas o desconocidas para las Administraciones tributarias, ni mucho menos algo exclusivamente propio de las relaciones cooperativas. No obstante, es cierto que, a raíz de la nueva coyuntura social y económica y de la creciente importancia de los nuevos modelos de cumplimiento, han ido evolucionando y ganando enteros, hasta el punto de que ahora se muestran como una herramienta tremendamente apropiada no solo para identificar y seleccionar contribuyentes en función de su perfil de riesgo, sino también para asignar de forma eficiente los limitados recursos públicos. Se pretende romper con la dinámica del modelo tradicional, al que se tacha de superficial y excesivamente «incategorizado», para posicionarse desde una óptica mejor informada que, sobre la base de un análisis técnico y exhaustivo en torno al conjunto de contribuyentes, permita realizar una toma de decisiones más rigurosa en cuanto a la disposición de recursos públicos. Así las cosas, la mejora de la eficacia y la eficiencia en la asignación de recursos se torna imprescindible en un escenario donde los márgenes presupuestarios son del todo ajustados y el volumen de trabajo es cada vez mayor. Y, todo ello, siendo además conscientes de que indirectamente se avanza en dos sentidos: (1) La mejora de los mecanismos de supervisión y control fiscal; y (2) El fomento del cumplimiento voluntario[147].

---

[147] Se observará que, sobre todo a lo largo de este epígrafe, se incide con bastante recurrencia sobre la eficacia y la eficiencia que deben observar los poderes públicos en su actuación, y pudiera pensarse que simplemente se trate de una mera aspiración imbuida por las circunstancias presentes. No obstante lo cual, conviene recordar y no pasar por alto que, en el ordenamiento español, el artículo 31 de la Constitución enuncia los principios de eficiencia y economía en la programación y ejecución del gasto público y, de la misma forma, el artículo 103.1 CE recoge el principio de eficacia en el actuar de la Administración Pública. De esta manera, la repercusión práctica de tales principios optimizadores del gasto, lejos de ser una ambición anodina y banal, pudiera verse como una exigencia directamente derivada de la Constitución que, incluso, pudiese ser objeto de control judicial.

Pues bien, la OCDE en un primitivo informe del año 2004 titulado «*Compliance Risk Management: Managing and Improving Tax Compliance*» —al que ya se ha hecho referencia— señaló que, a la hora de configurar un sistema de gestión pública de riesgos plenamente integrado y funcional, debían tenerse en cuenta tres premisas esenciales: (1) ¿Cuáles son los principales riesgos de incumplimiento que deben abordarse?; (2) ¿Con qué contribuyentes se relacionan?; y (3) ¿Cómo deben tratarse estos riesgos para lograr el mejor resultado posible? De esta manera, como ya se ha mencionado en un epígrafe anterior, las técnicas públicas de gestión de riesgos (*compliance risk management)* deberían integrar dos aspectos fundamentales con el afán de determinar las prioridades para la acción de cumplimiento. Así, por un lado, la evaluación del riesgo (*risk assessment*) pretende segmentar o agrupar a los obligados tributarios en distintas categorías en función del mayor o menor nivel de riesgo de incumplimiento que presenten; mientras que, por otro lado, la asignación de recursos basada en el riesgo (*risk-led resource allocation*) posibilita, una vez diseccionado el conjunto de los contribuyentes en grupos ciertamente homogéneos, la actuación de las autoridades fiscales sobre aquellos obligados tributarios que muestren un riesgo de incumplimiento más elevado, propiciando así una organización de los recursos más eficiente y específica.

La disección de los contribuyentes en distintos estratos posibilita la configuración de un mapa de riesgos con zonas homogéneas diferenciadas sobre el que las autoridades fiscales pueden actuar de una manera más ágil e informada a la hora de llevar a la práctica sus actividades de control e inspección. Si se conocen de antemano los riesgos que presumiblemente se pueden encontrar o, mejor dicho, los contribuyentes que con mayor probabilidad pueden incurrir en ellos, la actuación de las Administraciones tributarias adquiere un grado de especialización mayor y se facilita la intervención proactiva con mayores expectativas de éxito. La agrupación de los riesgos tributarios comunes supone una ventaja organizativa desde el punto de vista funcional, ya que se precisan distintas herramientas de gestión o control en función de las necesidades que evidencie la actuación de los contribuyentes[148]. A la hora de

---

148 Tal y como se dijo en la Cuarta Reunión del FAT celebrada en el año 2008, «la gestión de riesgos constituye un instrumento esencial que permite a las Adminis-

identificar y proceder a la gestión del riesgo será también muy importante, a efectos operativos, diferenciar entre sus múltiples tipos[149].

En cuanto a la cuestión procedimental, no existe una secuenciación única o plenamente uniforme en los métodos de gestión de riesgos llevados a cabo por las diferentes Administraciones tributarias nacionales. No obstante, es posible apreciar una serie de fases ciertamente homogéneas o cortadas por el mismo patrón que conforman lo que por algunos se ha denominado como el *ciclo de la gestión de riesgos*. El proceso de gestión de riesgos se puede ilustrar como un ciclo continuo y retroalimentado que se inserta en un modelo de márgenes superiores y del cual se hace depender toda la construcción de la gerencia del cumplimiento. De forma muy sucinta, y teniendo en cuenta que en absoluto se trata de procedimientos estrictamente definidos o de una

---

traciones tributarias responder rápidamente a cambios en la coyuntura y así poder asegurar que las estrategias de gestión del riesgo tributario se dirijan a los ámbitos de mayor prioridad y, en general, a garantizar el uso óptimo de los recursos de la Administración tributaria». OCDE (2008). *Cuarta Reunión del Foro OCDE de Administración Tributaria: Comunicado del Cabo, Ob. Cit.*, pág. 3.

149 En este sentido, la Comisión Europea en un informe del año 2006 titulado «*Risk Management Guide for Tax Administrations*» distinguió cuatro categorías de riesgos con arreglo al tipo de obligaciones del que se hiciera depender cada uno de ellos: (1) *Register risk*» o riesgo de registro. Se asocia con (a) contribuyentes que, no cumpliendo los requisitos legalmente establecidos para registrarse en determinados impuestos, así constan [fraude del carrusel o del operador perdido, fraudes de reembolso clásicos o, simplemente, por error u omisión permanecen registrados una vez desaparecen los requisitos para ello]; (b) contribuyentes que, debiendo estar registrados por reunir esos mismos requisitos, no figuran de esta forma [economía irregular o informal (sumergida) o entramados artificios e interpuestos para permanecer sin registrar]; y (b) información consignada de manera errónea o incierta sobre los contribuyentes registrados; (2) «*Filing risk*» o riesgo de presentación. Tiene que ver con la falta de presentación de las declaraciones o autoliquidaciones tributarias pertinentes en el plazo establecido; (3) «*Payment risk*» o riesgo de pago. Se da en aquellos casos en los que los contribuyentes no ingresan las cantidades a las que resultan obligados, ya sea en virtud de una declaración/autoliquidación o como resultado de una posterior regularización; y (4) «*Declaration risk*» o riesgo de declaración. Se produce cuando los datos y cantidades informados en las declaraciones o autoliquidaciones tributarias son incorrectos, ya sea a causa de un error involuntario (negligencia) o de un acto deliberado (fraude).

configuración exacta, las fases que podrían integrar dicho ciclo de gestión de riesgos vendrían a ser las siguientes[150]:

- *Identificación de riesgos*: se parte de la búsqueda y determinación de las fuentes probables de riesgo que amenazan los objetivos de la recaudación, conformando así un listado con potenciales riesgos de incumplimiento.
- *Análisis y priorización de riesgos*: se examinan con detalle los riesgos identificados partiendo de los datos que obran en poder de las autoridades y, en este particular contexto, de la información proporcionada en el seno de la relación cooperativa. Los aspectos que aquí se deben tener en cuenta para calibrar la entidad de estos riesgos son, entre otros, la frecuencia (el número de riesgos/contribuyentes de riesgo), la probabilidad (las posibilidades de que el riesgo llegue a concretarse), el grado de oportunidad y la rentabilidad del riesgo (ponderando los beneficios de incumplir y los costes de ser descubierto) y el impacto (cuáles serían las consecuencias en caso de materializarse en incumplimiento). Al refinar los datos y la información, se puede confeccionar un marco estratégico priorizando la actuación sobre aquellos riesgos que se consideran más significativos al no poder reducirse de forma efectiva.
- *Tratamiento*: se podría decir que consiste en el proceso a través del que se intenta neutralizar el impacto negativo del riesgo. La Comisión Europea en la «*Compliance Risk Management Guide For Tax Administrations*» publicada en el año 2010 hacía referencia a tres tipos de «técnicas» en este sentido: (a) Transferencia de riesgo; (b) Reducción de riesgo; y (c) Cobertura de riesgo[151].
- *Evaluación o balance*: resulta imprescindible considerar la eficacia del modelo de gestión de riesgos. Para ello es apropiado evaluar sus re-

---

150 Como se verá más adelante, estos pasos coinciden en gran medida con los que habrán de seguir los contribuyentes en el proceso de elaboración de sus Marcos de Control Fiscal.

151 Comisión Europea (2010). *Compliance Risk Management-Guide for tax administrations*. Publications of the European Union. <*https://www.yumpu.com/en/document/read/27652181/compliance-risk-management-guide-for-tax-administra*tions>

sultados no solo al final del proceso, sino también en cada una de las etapas del mismo. Se ha de tener presente que la gestión de riesgos es un proceso cíclico en el que la evaluación deberá realizarse sistemáticamente en cada etapa del mismo para promover lo que se conoce como círculo de aprendizaje.

En la misma línea, será preciso tener en cuenta que uno de los aspectos más importantes (sino el que más) a la hora de articular los procesos de gestión de riesgos es la información que se maneja. La información es el sustrato básico y presupuesto indispensable donde todo comienza y, a fin de cuentas, a lo que todo se reduce. Por esta razón, para que la gerencia del riesgo sea verdaderamente eficaz, se requiere una información «actualizada, pertinente y fiable», como ya ha tenido ocasión de mencionarse en este estudio. Una adecuada identificación y gestión de los riesgos fiscales —y, en general, cualquier actividad administrativa de control que ambicione ser eficaz— precisará o deberá partir de un procedimiento previo de obtención de información que permita a las autoridades contar con un conocimiento lo más completo y exhaustivo posible acerca del contribuyente y de las operaciones con sustancia fiscal en las que este sea parte.

Las autoridades públicas pueden acceder o tratar de conseguir esta información a través de diversos cauces. Sin perjuicio de las denominadas fórmulas clásicas, los llamados métodos de colaboración voluntaria cuentan cada vez con mayor presencia en la realidad tributaria, arbitrándose mecanismos específicos de este tipo en los programas de cumplimiento cooperativo. El principal escollo o inconveniente que se puede identificar en los métodos tradicionales tiene que ver con la demora que se produce entre el momento en que se lleva a cabo la operación y su posterior declaración o, en su caso, fiscalización por parte de las autoridades tributarias (*information gap)*. En un sistema que pretenda basarse en la prevención y anticipación del incumplimiento siempre será preferible, cuando no imprescindible, contar con la información de antemano. Precisamente por esta razón, y para que la revelación voluntaria se vea estimulada, será decisivo que las Administraciones tributarias ofrezcan garantías de «imparcialidad, seguridad jurídica, transparencia y proporcionalidad en su actuación» en un marco de confianza practicable[152]. Todo ello,

[152] CALDERÓN CARRERO, J. M. y QUINTAS SEARA, A.: *Cumplimiento tributario cooperativo y Buena gobernanza fiscal en la era BEPS*, *Ob. Cit.*, pág. 115.

en suma, sin perjuicio de que ambas fórmulas de obtención de información —constricción legal y sometimiento espontáneo— no son incompatibles, sino complementarias, y su coordinación se hace más que necesaria. En esta tesitura, ya fuera en el marco de los programas de cumplimiento cooperativo o de manera paralela a los mismos, algunos países han implementado diferentes mecanismos de revelación obligatoria sobre operaciones potencialmente abusivas o con un riesgo fiscal elevado. Su propósito es tratar de «articular un modelo de control fiscal más efectivo basado en la transparencia, la más sencilla identificación de los riesgos y la mejor asignación de recursos, esto es, un mecanismo más efectivo de gestión de los riesgos fiscales». En España, actuaciones de este tipo se han producido con la trasposición de la DAC 6. Ello puede tener como efecto, asimismo, que la participación en programas de cumplimiento cooperativo se presente como una opción cada vez más rentable y apetecible[153].

Teniendo en cuenta todo lo anterior, cada Administración tributaria establecerá unos criterios en base a los cuales determinará la clasificación de los obligados tributarios dependiendo del nivel de riesgo de incumplimiento que presumiblemente puedan ostentar. Esta calificación se antoja como una labor compleja que necesariamente conllevará la configuración de «un perfil específico para cada contribuyente individualmente considerado»[154]. Para ello se habrán de tener en cuenta tres variables: (1) el perfil contributi-

---

[153] CHESSMAN, S. et al.: «Governments and Information Gathering: Impact on MNE Planning», *Tax Management International Journal*, vol. 39, núm. 12, 2010, págs. 17 y ss.; y CALDERÓN CARRERO, J. M. y QUINTAS SEARA, A.: *Cumplimiento tributario cooperativo y Buena gobernanza fiscal en la era BEPS, Ob. Cit.*, pág. 118.

[154] «Se trata de las políticas de *profiling taxpayers* o elaboración de perfiles de contribuyentes, siguiente el modelo que ya existe en los aranceles de aduanas y que la Unión Europea adoptará respecto al IVA» GARCÍA NOVOA, C.: «Hacia un modelo de aplicación de los tributos (Reflexiones sobre el cumplimiento cooperativo)», *Civitas. Revista española de derecho financiero*, núm. 183, 2019, pág. 95; SANZ GÓMEZ, R.J. (2014). *La «relación cooperativa» entre la administración tributaria y las grandes empresas: análisis de la experiencia española* (Tesis doctoral). *Ob. cit.*, pág. 61; y OCDE (2008). *OECD Tax Intermediaries Study-Working Paper 5: Risk Management*. OECD Publishing <*https://www.oecd.org/tax/administration/39003865.pdf*>

vo: obligaciones a la que se está sujeto; (2) el comportamiento o conciencia tributaria: actitud frente a las mismas; y (3) las oportunidades de incumplimiento o de defraudar[155]. Se ha debatido acerca de cuáles deben ser los criterios que dictaminen esa segmentación o clasificación de los contribuyentes. En cualquier caso, parece meridianamente claro que cada Administración nacional, haciendo gala de su potestad organizativa, debería ser la que estableciera estas pautas teniendo en cuenta sus propias necesidades y particularidades internas. Sin perjuicio de ello, y salvando las especificidades técnicas que pudieran darse en cada territorio, en un entorno globalizado y ciertamente homogéneo, es posible apreciar algunos criterios comunes. A modo ejemplificativo[156]: actitud frente al cumplimiento de las obligaciones tributarias y percepción acerca del grado de conformidad sobre la interpretación de la normativa fiscal; calidad y eficacia de los sistemas de cumplimiento integrados; estructura comercial, tamaño y actividad desarrollada; divulgación y comunicación de información relevante; complejidad del mercado y de las relaciones/operaciones transfronterizas llevadas a cabo por las empresas; o gobernanza, historial y estrategia fiscal.

La matriz de riesgos se podrá configurar atendiendo, bien a una parte específica del sector, bien al grupo completo de la industria en cuestión. Asimismo, será preciso tener en cuenta que la importancia de los criterios de riesgo variará en función de las particulares circunstancias que acontezcan en cada caso, es decir, se deberá ponderar adecuadamente la eficacia clarificadora de cada uno de ellos en cada situación concreta, al no disponerse ni mucho menos sobre la base de una aplicabilidad estrictamente prefijada. Cada criterio encaja como parte de una red que proporciona un fundamento preciso sobre el que construir hipótesis sólidas acerca del comportamiento de

---

155 Podría pensarse que las oportunidades de defraudación deberían estar incluidas en el concepto de perfil contributivo, pero este aspecto tiene una entidad tal que de por sí le hace merecedor de una categoría propia que sirva para distinguirle y llamar la atención sobre el mismo. MENÉNDEZ FERNÁNDEZ, J.: *La relación cooperativa como modelo de administración tributaria: su aplicación en la administración tributaria española*, *Ob. Cit.*, pág. 28.

156 La ATO considera siete criterios al evaluar los riesgos: 1) Negocios y transacciones; 2) Entorno globalizado; 3) Actitud ante la ley; 4) Sistemas de cumplimiento integrados; 5) Percepción de los interesados; 6) Materialidad; y 7) Aplicación de la ley.

los contribuyentes. De este modo, habrá situaciones en las que unos sean más reveladores que otros, y viceversa, pues no todos van a resultar aplicables de la misma forma y su virtualidad práctica será variable. En cualquier caso, lo que no debe perderse de vista es que el objetivo último de la gerencia de riesgos debe orientarse más hacía la gestión de problemas estratégicos en lugar de hacia contiendas con un carácter más individual. De esta manera, se podrán identificar y aplicar soluciones a las causas subyacentes de los riesgos en vez de tratar los síntomas de manera aislada[157].

Si se desciende un poco más a la cuestión verdaderamente material, la información también se concreta en una serie de indicadores de potencial riesgo de incumplimiento fiscal que imprimen esa pertinencia o relevancia tan determinante a la que antes se ha hecho referencia. Es más, aunque el ideal sería intentar minimizar los riesgos al máximo, cuando no erradicarlos por completo, en un entorno de recursos limitados donde la amenaza de desborde de las capacidades públicas de control es cada vez más acuciante, los esfuerzos de las administraciones parecen centrarse en su priorización, precisamente, por referencia a este tipo de indicadores. En palabras de CALDERÓN CARRERO y QUINTAS SEARA, «la gestión de riesgos es un modo de planificar las actuaciones de control por parte de la Administración tributaria, que debe priorizar dicha labor ante la imposibilidad de controlar a todos los contribuyentes» y todas sus operaciones, por añadidura[158]. No existe un listado cerrado o un número finito de indicadores que las Administraciones deban observar de manera inexorable. De hecho,

---

157 Una cuestión que ha sido muy controvertida es la publicidad o difusión que debe darse a estos criterios por parte de las haciendas nacionales. Sobre este particular, desde la OCDE, en la cuarta reunión del FAT celebrada en enero del año 2008, se recomendó tratar de consensuar una actitud transparente, en pro de la colaboración y de la «franqueza» que debe presidir la relación cooperativa, sin llegar a revelar datos o detalles que pudieran estimular o avivar comportamientos inadecuados por parte de ciertos contribuyentes. Con todo, existen países como Australia que llevan a cabo una divulgación exhaustiva y casi integral de prácticamente todos y cada uno de los aspectos que tienen que ver con la gestión pública del riesgo fiscal, pretendiendo con ello facilitar la toma de decisiones informada en las empresas e incentivar la responsabilidad fiscal corporativa.

158 CALDERÓN CARRERO, J. M. y QUINTAS SEARA, A.: *Cumplimiento tributario cooperativo y Buena gobernanza fiscal en la era BEPS*, *Ob. Cit.*, pág. 110.

los mismos deberían ser acordes a las particulares circunstancias técnicas de cada Estado y, cómo no, actualizarse a medida que la coyuntura económica y financiera vaya evolucionando. Sea como fuere, la OCDE, en un documento publicado en el año 2009 y basándose en la experiencia práctica de ocho países (Australia, Canadá, Estados Unidos, Francia, Irlanda, Noruega, Países Bajos y Reino Unido), dispuso una relación orientativa de indicadores comunes de alto riesgo asociados con los grandes contribuyentes corporativos. A saber[159]:

- Historial de participación en esquemas o estructuras de PFA por parte de la empresa, el grupo, los miembros de la junta directiva, ejecutivos clave o sus asesores externos.
- Rendimientos fiscales o financieros que varíen significativamente respecto de ejercicios pasados o de los patrones o tendencias más relevantes de la industria y sector.
- Falta de correspondencia entre el nivel de productividad o volumen de negocios declarado y la carga tributaria soportada por la empresa.
- Uso de entramados societarios o productos de ingeniería fiscal complejos que, con cierta propensión, se ubiquen en enclaves internacionales de dudosa reputación fiscal.
- Debilidad en la estructura, los procesos y los enfoques de cumplimiento.
- Pérdidas económicas continuadas y sin fundamento lógico aparente.
- Presión fiscal anormalmente baja.
- Diferencias entre los valores declarados en el impuesto de sociedades y otros tributos.
- Resultado fiscal contradictorio o no conforme con el espíritu de las leyes tributarias.
- Niveles de endeudamiento notoriamente artificiosos.

---

159 OCDE (2009). *Compliance management of large business task group. Guidance Note. Experiences and Practices of Eight OECD Countries*. OECD Publishing <*https://www.oecd.org/netherlands/43241144.pdf*>, pág. 18.

Del perfil de riesgo resultante se hará depender el tipo de relación que podrá entablarse con las autoridades fiscales, así como la intensidad de las actuaciones de control que se desplegarán en consecuencia. Con este sistema lo que se pretende es modular la acción de las Administraciones tributarias en función de las necesidades de actuación que evidencien los perfiles de riesgo de los diferentes contribuyentes, aspirando a superar el planteamiento clásico de control vertical que se antoja un tanto parco e ineficiente. Una de las principales críticas de las empresas contribuyentes se ubica en este punto, cuestionando que muchas Haciendas nacionales no solo se niegan a dar a conocer los criterios e indicadores utilizados para la calificación del riesgo, sino también el mismo perfil de riesgo otorgado. Sea como fuere, llegados a este punto, resulta muy significativo traer a colación dos ideas propias de la *Australian Taxation Office* (ATO) que, con el creciente desarrollo de los modelos cooperativos, se han ido «exportando» y asumiendo, con mayor o menor exactitud, por otras Administraciones nacionales.

En primer lugar, se ha de destacar el fenómeno que en la literatura australiana se conoce como *responsive regulation* o regulación receptiva y que se asemejaría en cierto modo a lo que la doctrina administrativista española denomina autorregulación regulada[160]. La idea fundamental que preside o inunda este fenómeno tiene que ver con que el papel censor o interventor del Estado se llevará a cabo en función de la disposición o motivación que muestren los agentes privados en relación con el cumplimiento normativo. Dicho de otro modo, las autoridades tributarias aplicarán una estrategia u otra teniendo en cuenta la actitud de los contribuyentes en el cumplimiento de sus obligaciones fiscales[161]. En un escenario como este, tendrán una gran importancia los

---

160 BRAITHWAITE, J. y AYRES, I.: *Responsive Regulation: Transcending the Deregulation Debate*, Madison Avenue, Nueva York: Oxford Socio-Legal Studies, 1992. BRAITHWAITE, V. y IVEC, M.: «Applications of Responsive Regulatory Theory in Australia and Overseas: Update», *Regulatory Institutions Network: Australian National University*, 2015.

161 «El concepto de regulación responsiva se basa en la consideración de que las normas deben ser elaboradas y aplicadas mediante la adopción de un enfoque que resulte adecuado al comportamiento de quienes se encuentren dentro de su ámbito subjetivo de aplicación. [...] De esta forma, en el ámbito tributario, mediante la adopción de un enfoque responsivo se pretende abandonar la percepción generalizada de que la forma más eficaz de combatir el incumplimiento de las obligaciones tributarias es la implan-

mecanismos de control internos implementados por las empresas y, precisamente, su fiabilidad y buen hacer es lo que determinará la planificación administrativa fundada en la gestión del riesgo (*risk rate approach*). Las técnicas de regulación receptiva, *per se*, no implican necesariamente una relajación de la actividad fiscalizadora de la Administración, ni mucho menos, sino que más bien se propende hacía una transformación de los mecanismos tradicionales de control, postulándose un punto de encuentro entre el regulador público y el agente privado. En el marco de los programas de cumplimiento cooperativo se pueden observar numerosos instrumentos de este tipo como son los códigos éticos o de conducta, los manuales de buenas prácticas, los certificados técnicos emitidos por terceros o los protocolos y procedimientos estandarizados y normalizados de trabajo.

Por otro lado, también se quiere llamar la atención sobre la más que conocida pirámide de cumplimiento de la Administración tributaria australiana. Este planteamiento, basado en la disposición de los contribuyentes en una estructura piramidal, fue propuesto por Valerie Braithwaite (entre otros autores destacados) y asumido por las autoridades de dicho país a finales de la década de los noventa. Actualmente, constituye el epicentro de los programas de cumplimiento de la ATO —«*compliance model*»— y viene a determinar un sistema de evaluación de las actitudes de los diferentes tipos de obligados tributarios a través de un enfoque a cinco (*BISEP*), considerando los principales factores que influyen en su conducta (*Business, Industry, Sociological, Economic y Psychological)*. Posteriormente, en función de ello, se aplican distintas estrategias atendiendo a las necesidades de actuación que evidencien tales comportamientos[162].

---

tación de instituciones de carácter coercitivo o sancionador». Laura Soto Bernabeu (2019). Regulación responsiva como justificación para la implementación de los programas de cumplimiento voluntario. <https://elderecho.com/regulacion-responsiva-justificacion-la-implementacion-los-programas-cumplimiento-voluntario>

162 «*None of these factors stand alone as the sole reason for a taxpayer's behaviour, and equally, it is not possible to identify which factors in combination may influence the behaviour of any one particular person. However, it is possible to identify a combination of factors that is more likely to influence behaviour for certain categories of taxpayers* (Cash Economy Task Force, 1998, p. 20)». BRAITHWAITE, V.: «A New Approach to Tax Compliance». En BRAITHWAITE, V (ed.).: *Taxing Democracy: Understanding Tax Avoidance and Evasion*, England, UK: Ashgate Publishing, 2002, pág. 2.

Se lleva a cabo, como se ha dicho, una segmentación gradual de los contribuyentes precisamente a través de las técnicas de gestión de riesgos. En su formulación inicial se consideraban cuatro categorías preestablecidas. De este modo, si se atiende al margen izquierdo de la pirámide se puede observar cómo en la base de la misma se situarían aquellos obligados tributarios que se muestran dispuestos a cumplir con sus obligaciones fiscales de la mejor manera posible (*commitment*); en el nivel inmediatamente superior se localizarían aquellos otros que, aun cuando no siempre lo logran, también demuestran una actitud de aceptación ante la normativa fiscal, siendo su riesgo de incumplimiento bajo (*capitulation*); en la penúltima categoría se ubicarían los que mantienen una actitud reticente frente al cumplimento (*resistance*); y, finalmente, la cúspide de la pirámide queda reservada a los contribuyentes que tienen decidido no cumplir (*disengagement*)[163]. Por su parte, en el margen opuesto de la pirámide se anudan una batería de medidas o estrategias de planificación administrativa dispuestas de forma correlativa para con cada una de las categorías de obligados tributarios descritas. Así, en los niveles inferiores se prevén controles de menor intensidad a través de procedimientos normalizados de comprobación y contraste de datos, cobrando especial relevancia los servicios de información y asistencia (*Self-regulation* y *Enforced Self-regulation*); mientras que en los niveles superiores se estilan medidas mucho más represivas como son los procedimientos inspectores individualizados de carácter sancionador, pudiendo incluso llegar a desembocar en

163 Para algunos autores existe una quinta categoría (*game player*) que aglutina a aquellos contribuyentes que interpretan el derecho y, más en concreto el ordenamiento tributario, como institución que se puede moldear atendiendo a intereses particulares y no (solo) de justicia y equidad [McBARNET, D.: «When Compliance is not the Solution but the Problem: From Changes in Law to Changes in Attitude». En BRAITHWAITE, V (ed.).: *Taxing Democracy: Understanding Tax Avoidance and Evasion, Ob. Cit.*, pág. 229 y ss.]. Para otros autores lo anterior simplemente describe una mera estrategia subsumible en cualquiera de las dos últimas categorías [SANZ GÓMEZ, R.: «Entre el palo y la zanahoria: la comunicación obligatoria de esquemas de planificación fiscal agresiva y su interacción con las iniciativas de cumplimiento cooperativo». *Crónica tributaria*, núm. Extra 1, 2016, pág. 43.]

la vía penal (*Command Regulation Discretionary* y *Command Regulation Non-discretionary*)[164].

Reflexionado acerca de esta disposición jerarquizada, se puede concluir que lo propuesto no es otra cosa que adecuar el nivel de las respuestas del ordenamiento tributario a la entidad de las conductas llevadas a cabo por los contribuyentes en cada caso. En puridad, un principio de proporcionalidad correlativa que evite actuaciones innecesarias, cuando no se precisen; y lleve a cabo las que verdaderamente hagan falta, cuando las circunstancias así lo exijan[165]. Si bien esto puede resultar aparentemente sencillo y evidente, no lo es tanto en el sistema tradicional de planificación administrativa. En no pocas ocasiones se peca de excesiva ceguera y falta de iniciativa, llevando a cabo estrategias masivas para el común de los contribuyentes sin apenas tener en cuenta la predisposición y el desempeño de los propios sujetos fiscalizados[166]. Con este nuevo sistema de subsidiariedad informada lo que se pretende es colmar las deficiencias que la adopción exclusiva de un tipo u otro de medidas pueda conllevar. Todo ello, además, con la mayor eficiencia que supone el hecho de adecuar las estrategias de cumplimiento a cada tipo de conducta, no solo desde una óptica puramente económica —la aplicación de las medidas de tipo preventivo o disuasorio, generalmente, es menos costosa que las de carácter sancionador—, sino también a nivel burocrático —se agiliza la gestión administrativa—.

---

164 OCDE (2004). *Compliance Risk Management: Managing and Improving Tax Compliance (Guidance Note). Ob. Cit.*, pág. 41.

165 ATO (2019). Compliance Model. <https://www.ato.gov.au/About-ATO/Managing-the-tax-and-super-system/Strategic-direction/How-we-help-and-influence-taxpayers/Compliance-model/>

166 «[...] la necesidad de articular una pluralidad de actuaciones administrativas en función de dichas actitudes; y esto, precisamente, es lo que explica la compatibilidad de la asunción de potestades de control más intensas con el cumplimiento cooperativo. La modulación de la actuación de la Administración en función del nivel de riesgo fiscal que presente cada contribuyente supera un enfoque tradicional donde el control era vertical y la acción represiva tenía lugar de manera prácticamente automática». SANZ GÓMEZ, R.J.: «Cumplimiento cooperativo tributario y grandes empresas en España», *Ob. Cit.*, pág. 214.

Los moldes de las relaciones cooperativas, por su propia naturaleza funcional, únicamente podrán situarse en los estratos inferiores de la pirámide, es decir, solo se podrán llegar a entablar con aquellos obligados tributarios que se muestren dispuestos a colaborar y que partan de la intención de querer cumplir[167]. Muchas de las estrategias administrativas previstas por la ATO para estos tipos de contribuyentes, como se ha visto, son altamente coincidentes con las actuaciones que los programas de cumplimiento cooperativo reservan a los llamados «*co-operative taxpayers*», valga la redundancia. Así pues, en la medida en que estos ostentan una actitud proclive al dialogo efectivo y demuestran una buena predisposición hacia la normativa tributaria, el papel de las Administraciones debería centrarse en darles facilidades para un pronto, ágil y sencillo cumplimiento de sus obligaciones fiscales. Las políticas de planificación administrativa deberán intentar atraer cada vez a más contribuyentes a las zonas próximas a la base de la pirámide, fomentando el cumplimiento voluntario y responsable como opción más rentable y eficiente para la sostenibilidad a largo plazo del sistema tributario.

Como ocurre con toda formulación especulativa, la realidad a veces puede disentir de la teoría cuando se lleva a la práctica. En este caso, se parte de una premisa que concibe el incumplimiento como un comportamiento residual, pues se considera que la mayoría de los contribuyentes satisfarán adecuadamente el importe de sus obligaciones fiscales. De esta forma, sobre el papel, la distribución de los obligados tributarios quedará configurada en forma de pirámide. La realidad, sin embargo, no tiene por qué responder siempre a esta concepción. Es más, tomando a cada Estado como unidad, habrá tantas realidades como países se quieran analizar, ya que la disposición gradual de los contribuyentes variará en función del grado de conciencia tributaria que exista en cada territorio. En este sentido, existen numerosos estudios que, refrendados por las estadísticas, constatan que en muchos Estados

---

167 «In particular, revenue bodies need to be capable of responding appropriately to the range of risks and behaviours presented by taxpayers and tax intermediaries. Part of this response is the enhanced relationship approach – providing benefits for those demonstrating low-risk behaviour». OCDE (2008). *OECD Tax Intermediaries Study-Working Paper 4: Placing Risk Management and the Enhanced Relationship in context.* OECD Publishing <https://www.oecd.org/tax/administration/39070731.pdf>

—como España— la distribución habitual adquiere forma de ojiva, siendo en el caso de las empresas una realidad consolidada más que una posibilidad latente[168]. Con todo, lo anterior no constituye óbice alguno para que los postulados anteriormente descritos puedan extrapolarse sin mayor problema a estas nuevas coordenadas no concebidas inicialmente. Sobre todas estas cuestiones se profundizará en los epígrafes subsiguientes[169].

Así pues, la gestión de riesgos se erige como uno de los elementos más importantes para la consecución de sus fines, ya que de ella se hace depender, en primer lugar, la categorización de los obligados tributarios que se consideran idóneos para participar en este tipo de programas; y, en segundo lugar, la justificación de la presunción que atribuye a estos mismos contribuyentes un bajo nivel de riesgo. Se presume que los contribuyentes cooperativos ostentarán un bajo nivel de riesgo, pues suele exigirse como una de las condiciones de acceso y permanencia en este tipo programas. Frente a las críticas que en su momento levantó dicha categorización calificándose de privilegiada, este proceder puede considerarse plenamente aceptable y razonado por mor de la total divulgación y transparencia que brindan estos obligados tributarios, lo que en último término justifica que puedan ser objeto de inspecciones o actuaciones de control menos amplias e intensas. A modo de epílogo, conviene recordar una frase enunciada en el informe «*Co-operative Compliance: A Framework. From Enhanced Relationship to Co-operative Compliance*» del año 2013 que encarna a la perfección la idiosincrasia de las técnicas de gestión de riesgos en los modelos de cumplimiento cooperativo: «*co-operation if possible, enforcement if necessary*» o, en castellano, «confianza cuando es posible, exigencia cuando sea necesario»[170].

---

168 FREEDMAN, J.; LOOMER, G. y VELLA, J.: «Corporate tax risk and tax avoidance: new approaches», *British Tax Review*, núm. 1, 2009, pág. 81.

169 BRAITHWAITE, J.: «Large Business and the Compliance Model». En BRAITHWAITE, V (ed.).: *Taxing Democracy: Understanding Tax Avoidance and Evasion*, *Ob. Cit.*, pág. 177 y ss.

170 «Esta filosofía de disección del riesgo y de diseño de estrategias diversas, siempre sujetas a evaluación y ajuste, para cada segmento de contribuyentes en razón de sus características propias y oportunidades de incumplimiento se traduce en el despliegue de tan diversas herramientas de gestión como necesidades gerenciales se detectan en cada caso y que se acomodan a lo que cada comportamiento requiere: confianza cuando es posible, exigencia cuando sea necesario» ROZAS VALDÉS, J.A.: «Los sistemas

4.1.3. Buena gobernanza administrativa y políticas transversales a los modelos de cumplimiento cooperativo

A. Buena gobernanza cooperativa

De un modo más bien aséptico, se puede concebir la gobernanza, en palabras de CAMPOS JIMÉNEZ, como «una forma de gobierno más cooperativa, donde instituciones estatales y no estatales, actores públicos y privados, participan y a menudo cooperan en la formulación y aplicación de políticas públicas»[171]. Vendría a ser un modelo organizativo de la función pública que, de una forma más intensa y decidida, prima la participación ciudadana. Así, el mencionado autor sostiene la idea de «sector público compartido», considerando que ninguno de los actores intervienes tiene la capacidad, los recursos y la información necesaria y suficiente para afrontar de forma unilateral los desafíos que plantea el nuevo orden social y económico[172]. De todo ello, ya de por sí, se infiere una cierta connotación colaborativa, lo que extrapolado al ámbito fiscal induce a pensar, casi inconscientemente, en los modelos de cumplimiento cooperativo.

Si se reflexiona acerca de las exigencias que las relaciones cooperativas imponen en la figura de los contribuyentes, especialmente en lo referido al gobierno corporativo y la gestión del cumplimiento, parece lógico que las Administraciones tributarias igualmente hayan de adoptar una serie de compromisos de análoga naturaleza. Para que el nuevo modelo funcione y tenga sentido se requiere un equilibrio en los derechos y obligaciones que asumen

---

de relaciones cooperativas: una perspectiva de derecho comparado desde el sistema tributario español», *Ob. Cit.*, pág. 31. «Effective and efficient choices are made with a broad range of compliance tools (...) Compliant behaviour requires support; incompliant behaviour requires sever action (...) Co-operation if possible, enforcement if necessary». OCDE (2013). *La relación cooperativa: Un marco de referencia: De la relación cooperativa al cumplimiento cooperativo. Ob. Cit.*, págs. 40 y 43.

171 Con un trasfondo similar cabe citar la definición de gobernanza que se incluye en el diccionario de la RAE: «arte o manera de gobernar que se propone como objetivo el logro de un desarrollo económico, social e institucional duradero, promoviendo un sano equilibrio entre el Estado, la sociedad civil y el mercado de la economía».

172 CAMPOS JIMÉNEZ, A. (2014). *Participación ciudadana y administración local* (Tesis doctoral). Universidad de Castilla-La Mancha, pág. 35.

las partes, una equidad en las competencias y cargas, pues de otro modo la relación de cooperación se vería descompensada.

La buena gobernanza es un metaconcepto jurídico que no resulta nuevo en el ámbito de la planificación pública, no obstante, aplicado a las relaciones cooperativas, adquiere un especial significado o, si cabe, una nueva dimensión. Con dicho término se pretende representar o encarnar el conjunto de buenas prácticas administrativas que las Haciendas nacionales deberán observar en la aplicación y gestión de los tributos y que constituyen el contrapeso de los compromisos asumidos por los contribuyentes en el marco de los programas de cumplimiento cooperativo. Aún hay más. Esta expresión, en sentido amplio, va más allá de la mera aplicación formal de procedimientos reglados y actuaciones estrictamente definidas. Se trata de una actitud de predisposición abierta y colaboración decidida que debe impregnar al conjunto de los funcionarios y empleados públicos, sobre todo, manifestándose en el modo de relacionarse con los obligados tributarios. Es la materialización de la confianza que los contribuyentes depositan en las autoridades tributarias y el contrapunto de la actitud de cooperación que se demanda a aquellos mismos.

La buena gobernanza cooperativa se trata de un concepto propio que, por su carácter novedoso e incipiente, no va a encontrar acomodo específico en ninguna disposición de derecho positivo, aun cuando sus postulados se puedan tratar de reconducir con cierto sentido hacia determinados preceptos del ordenamiento nacional e internacional[173]. De hecho, resulta provecho-

173 Esta noción de gobernanza enseguida hace «efervescer» o evoca hacia esa laudable aspiración que es la buena administración, de ahí no se puede catalogar como un concepto totalmente abstracto o utópico. Así, en lo que respecta al fuero patrio, no son pocos los autores que han situado los fundamentos de su especial naturaleza en los artículos 23.1 (derecho a participar en los asuntos públicos) y 103.1 (servir con eficacia los intereses generales) de la Constitución; y, sobre todo, en el artículo 92 de la Ley General Tributaria (colaboración social en la aplicación de los tributos) que ya parece una apuesta más decidida y específica [MELIÁN GIL, J.L.: «El paradigma de la buena administración», *Ob. Cit.*; CARBAJO VASCO, D.: «El cumplimiento cooperativo, ¿Un nuevo modelo de Administración tributaria? El caso australiano», *Crónica tributaria*, núm. 5, 2014; o CORRAL GUADAÑO, I.: «La gestión del IRPF, ¿es hora de una revisión basada en la relación cooperativa?, *Ob. Cit.*, pág. 17]. De la misma forma, en el acervo comunitario se ha hecho referencia en reiteradas ocasiones al concepto de buena gobernanza en el ámbito fiscal como

so que así sea, puesto que todavía se encuentra en un estado de maleabilidad constante y aún no se ha determinado su alcance y virtualidad absoluta. Constituye una posición subjetiva de la Administración que responde a planteamientos generales inspirados en principios rectores como el de confianza legítima. Cabe recordar que si algo se ha sacado en claro hasta ahora es que el cumplimiento cooperativo no depende o debe partir inexorablemente del derecho estrictamente legislado, sino que la actitud de las partes, yendo más allá de las meras obligados regladas, será determinante para la prosecución de sus fines y el cumplimiento de sus intereses.

Un aspecto muy a tener en cuenta a la hora de valorar las expectativas de éxito y viabilidad del modelo de relaciones cooperativas tiene que ver con la irradiación o germinación de sus planteamientos en el seno de la propia organización administrativa. Sus postulados y métodos habrán de integrarse como una parte más de la estrategia general de cumplimiento, siendo acordes y coherentes con la misma las técnicas de control y supervisión fiscal que se

---

«la plasmación de los principios de transparencia, de intercambio de información y de competencia legal en materia tributaria» [MARTÍNEZ GINER, L.A.: «Lucha contra el fraude fiscal, buena gobernanza e intercambio de información en la Unión Europea». En GARCÍA PRATS, F.A.: *Intercambio de información, blanqueo de capitales y lucha contra el fraude fiscal*, España: Ministerio de Hacienda – Instituto de Estudios Fiscales, 2014; Comisión Europea (2010). *Comunicación de la Comisión al Consejo, al Parlamento Europeo y al Comité Económico y Social Europeo – Fomento de la Buena Gobernanza en el Ámbito Fiscal.* Diario Oficial de la Unión Europea *<https://eur-lex.europa.eu/legal-content/ES/TXT/PDF/?uri=CELEX:52009DC0201&from=ES>*; o Parlamento Europeo (2010). *Resolución del Parlamento Europeo, de 10 de febrero de 2010, sobre el fomento de la buena gobernanza en el ámbito fiscal (2009/2174(INI)).* Diario Oficial de la Unión Europea. *<https://eur-lex.europa.eu/legal-content/ES/TXT/PDF/?uri=CELEX:52010IP0020&from=ES>*]. Los planteamientos aquí descritos, al menos en términos formales, coinciden con determinados fundamentos que inspiran el modelo de cumplimiento cooperativo, pudiendo coadyuvar a fraguar un entorno propicio para el desarrollo de las relaciones de cooperación [Resulta igualmente importante tener en consideración el artículo 41 de la Carta de los Derechos Fundamentales de la UE recoge el «Derecho a una buena administración». El contenido que se desprende de sus preceptos poco o nada aporta a la noción de gobernanza que aquí se trata, si bien tales consideraciones, como se ha mencionado, pueden servir o ser de provecho para la conformación de una estructura y organización adecuada donde se pueda desarrollar de forma efectiva el modelo de cumplimiento cooperativo].

introduzcan, y viceversa. En igual forma, el espíritu de colaboración que emana de su especial naturaleza deberá empapar en la mentalidad del personal público. Asimismo, no debe pasarse por alto, tal y como se ha mencionado anteriormente, que no existe un modelo único de buena gobernanza fiscal interna, sino que el fenómeno cooperativo también desde esta perspectiva habrá de adaptarse a la cultura y morfología jurídica de cada Estado y Administración. Es cierto que existe una parte sustancial común a la mayoría de las Administraciones, pero no lo es menos que para su completa y eficaz integración se requiere una adecuación al marco constitucional y legal donde se pretenda desplegar la actividad de control.

Para que pueda desarrollarse un sistema interno de gobernanza cooperativa como el que aquí se pretende describir, resulta necesario implementar un conjunto de reformas en el actual marco de las relaciones tributarias. Así, además de la tan mencionada actitud de colaboración que se demanda a los miembros del personal administrativo, resulta imprescindible efectuar una serie de cambios materiales que pasan por contar con una estructura y organización adecuada. Todas estas medidas van a pivotar o tener como eje común la necesidad de intensificar el diálogo con los obligados tributarios y adoptar una predisposición favorable al entendimiento. De la misma manera, es importante recordar que en muchas situaciones lo que se pretende con la articulación de las relaciones cooperativas no es crear nuevas obligaciones o modificar las existentes, sino simplemente desarrollar de una forma verdaderamente eficaz los mecanismos ya previstos en la normativa vigente, bien mediante la instauración de un clima de total confianza y colaboración (enfoque general), bien a través de mecanismos jurídicamente no vinculantes (enfoque particular). A tales efectos, conviene recordar el conjunto de recomendaciones incluidas en el «*Study into the Role of Tax Intermediaries*» del año 2008, para constatar que dichas premisas son plenamente conducentes a lo que aquí se ha denominado como buena gobernanza cooperativa.

Un sistema interno de gobernanza cooperativa verdaderamente eficaz, incardinado en el marco de una estrategia de control definida, resultará determinante a la hora de justificar y respaldar la credibilidad depositada en los nuevos programas de cumplimiento. Los contribuyentes tendrán que poder percibir que la relación de cooperación se desarrolla y va a discurrir sobre los principios básicos que inspiran y configuran el modelo. Para ello es fundamental que la actuación de la Administración tributaria proporcione certeza y previsibilidad en la aplicación de la normativa fiscal. A mayores, ello no será sino el mejor reclamo posible para atraer más participantes a esta clase de programas[174].

B. Políticas transversales

Todo lo anterior cristaliza en lo que en la literatura de cumplimiento cooperativo se viene denominando como buenas prácticas de gobernanza administrativa o, simplemente, «buenas prácticas». Representa un conjunto más bien heterogéneo de políticas que pretenden materializar y dar forma a los postulados ideales que conforman la buena gobernanza cooperativa, a la vez que determinan una serie de reformas estructurales en distintos ámbitos. Su implementación podría incluso tomarse como una declaración de intenciones tácita de la Administración hacia los contribuyentes en este sentido. De esta manera, se van a tratar de desentrañar los ámbitos de la política tributaria donde las relaciones cooperativas van a exigir o requerir de mayores cambios. Se debe destacar en este punto la premisa de que cuando alguna de las partes de la relación asume como compromiso algo que ya está previsto en la normativa vigente y, por tanto, se debe cumplir con independencia de ello, tal compromiso adoptado se entiende que será observado con una especial diligencia o una aplicación más eficiente de las competencias aceptadas.

B.1. Mecanismos de información y asistencia

Se trata de un grupo de medidas cuyo principal propósito es tratar de facilitar a los contribuyentes el ejercicio de sus derechos y, sobre todo, la mejor asunción de sus obligaciones de índole fiscal. Se incardinan como contrapeso de los compromisos en materia de transparencia asumidos por aquellos como parte de la relación cooperativa, compensando de esta forma el desplazamiento de responsabilidades que se produce en la aplicación de los tributos (por ejemplo,

---

174 CÓRDOBA OCAÑA, E.: «La relación cooperativa entre Administración y contribuyentes: transparencia, gestión del riesgo fiscal y seguridad jurídica». En GIMÉNEZ-REYNA, E. (coord.) y RUIZ GALLUD, S. (coord.): *El fraude fiscal en España, Ob. Cit.*, pág. 1028.

con la generalización de las autoliquidaciones). Con este tipo de actividades lo que se pretende es ayudar a disminuir la presión fiscal indirecta y los costes de cumplimiento indirectos, favoreciendo a su vez la adhesión espontánea a las normas tributarias. El fundamento de tales actuaciones en modo alguno se puede considerar vacuo o trivial, sino que es posible reconducirlo hacia los principios generales de seguridad jurídica —una normativa cambiante, compleja y, no pocas veces, falta de claridad necesariamente precisa de una intervención administrativa que aporte certeza razonable— y de eficacia —el hecho de que se atribuyan deberes formales a los contribuyentes no debe suponer un menoscabo en la eficacia aplicativa del ordenamiento tributario—[175].

Actualmente, en muchos ordenamientos ya se prevén herramientas de este tipo, sin embargo, tal y como se disponen o desarrollan en la mayoría de los casos, no son útiles ni apropiadas para satisfacer los fines de los nuevos modelos de cumplimiento[176]. A través de la relación de cooperación lo que se pretende es mejorar la aplicación de tales instrumentos ya existentes y, además, dar un paso más conformado nuevos cauces alternativos que puedan ayudar a cumplir esta función. En sí, estas labores de información y asistencia no son sino la concreción de determinados derechos de los contribuyentes y, por tanto, de deberes para las Administraciones tributarias[177].

---

175 «Seguridad jurídica y eficacia son, a grandes rasgos, la traslación jurídica de los compromisos asumidos por la Administración en el marco de la relación cooperativa». [...] Recordando lo que hemos mencionado anteriormente: «Si la administración actúa de acuerdo con los compromisos de comprensión fundada en conocimientos del mundo de la empresa, imparcialidad, proporcionalidad y de apertura y transparencia, los contribuyentes obtendrán una mayor seguridad jurídica. El último compromiso, agilidad, se relaciona con la eficacia». SANZ GÓMEZ, R.J. (2014). *La «relación cooperativa» entre la administración tributaria y las grandes empresas: análisis de la experiencia española* (Tesis doctoral). *Ob. cit.*, pág. 108.
OCDE (2008). *OECD Tax Intermediaries Study-Working Paper 6:* The Enhanced Relationship. OECD Publishing <*https://www.oecd.org/tax/administration/39003880.pdf*>, pág. 9.

176 En el ordenamiento español, como se desarrollará en los *CAPÍTULOS* posteriores, se localizan distintos mecanismos de este tipo como pueden ser la publicación de criterios administrativos a través de diversos medios (art. 87 LGT), las consultas tributarias (arts. 88 y 89 LGT) e, incluso, los acuerdos previos de valoración (art. 91 LGT).

177 «Así las cosas, mientras el contribuyente se compromete a minimizar los riesgos, proveer certidumbre en sus políticas fiscales y a no participar en estructuras frau-

En el seno de las relaciones cooperativas, las Administraciones tributarias han de asistir a los contribuyentes procurándoles información precisa, pertinente y adaptada a sus necesidades y perfiles contributivos específicos para que puedan abordar el cumplimiento de sus obligaciones fiscales en las mejores condiciones posibles. Lo que se persigue con esta clase de medidas es facilitar y garantizar un correcto cumplimiento en una fase previa, evitando y reduciendo posibles regularizaciones *a posteriori*[178]. Por información se quiere hacer referencia a todo tipo de conocimiento que pueda ser utilizado a la hora de confeccionar las declaraciones y autoliquidaciones tributarias, y que pueda generar situaciones de incertidumbre en caso de no ser proporcionado[179]. Para que todo ello pueda ser posible, como es lógico, será necesario instrumentar un sistema bidireccional de comunicación fluido, estable

---

dulentas, la Administración Tributaria debe asumir el compromiso de favorecer la certeza y seguridad jurídica en su actuación, lo que podría suponer, entre otros aspectos, la aplicación uniforme de criterios administrativos —los cuales han de ser informados al contribuyente con suficiente antelación—, el compromiso de actuar bajo los criterios fijados por doctrina administrativa o judicial, la difusión de criterios administrativos ante la interpretación de normas tributarias, el compromiso de resolver en forma clara y expedita las consultas planteadas por los contribuyentes y, la puesta en conocimiento de hechos susceptibles de una regularización tributarias en aras de prevenir el litigio y los costos que ello genera para las partes». GARCÍA NOVOA, C. y CABALLERO PERDOMO, R.: «El compliance tributario, la relación cooperativa y las nuevas relaciones fiscales. Su implantación en España y en América latina», *Revista de Fiscalidad Internacional y Negocios Transnacionales*, núm. 12, 2019, pág. 24.

178 «Es preciso que la Administración supere una dinámica que la sitúa a expensas de la iniciativa del contribuyente (y el asesor fiscal) y que despliegue proactivamente una acción eficaz de comunicación, educación y prevención del fraude». VÁZQUEZ DEL REY VILLANUEVA, A.: «La cooperación entre contribuyentes y Administraciones tributarias – La perspectiva española». En AMATUCCI, F. (ed. lit.) y ALFANO, R. (ed. lit.): *Derecho tributario comparado: Problemas comunes y aspectos procedimentales. Italia, España y Colombia, Ob. Cit.*

179 Es importante poner de manifiesto que estas labores de información y asistencia «no deben entenderse como algo aplicable solo al contribuyente poco versado en materias fiscales, sino también al de mayor envergadura y potencialidad». Las grandes contribuyentes, por lo general, disponen de mayores recursos y métodos de gestión más sofisticados, pero no es menos cierto que estos también operan en un entorno infinitamente más complejo con las implicaciones fiscales que de ello se derivan. DELGADO

y permanente. En este punto es donde cobra una especial relevancia el factor tecnológico por la velocidad, inmediatez y eficiencia que proporcionan las nuevas técnicas a la hora de comunicarse y compilar y tratar datos[180]. Mecanismos que se han puesto en práctica a tales efectos son, entre otros, los siguientes:

- *Publicidad de criterios administrativos*: conocer la opinión interpretativa de las autoridades fiscales es fundamental para que los obligados tributarios puedan saber de antemano cómo se van a desarrollar los procedimientos de control. Ello sin perjuicio de que esta será también la forma de velar porque se produzca una aplicación uniforme del ordenamiento en todo el espectro de contribuyentes. Parece lógico que, si se exige que los marcos de control fiscal de las empresas sean ratificados por los consejos de administración, aquí de la misma manera la unidad de criterio deba ser determinada a un alto nivel y con una formulación coordinada[181].
- *Mecanismos de consulta sobre la tributación de determinadas actividades*: las autoridades fiscales, como parte de ese intercambio voluntario de información que se lleva a cabo con los contribuyentes, habrán de procurar seguridad jurídica y certeza razonable acerca de las consecuencias tributarias que determinados negocios u operaciones comunicadas puedan llegar a producir. Este aspecto resulta fundamental para que las empresas sepan a qué atenerse y puedan operar con ciertas garantías en el tráfico mercantil. A diferencia del tipo anterior de actuaciones, estas revisten un carácter eminentemente bilateral y, por lo general, no se inician automáticamente sino a instancia de parte.

GARCÍA, A.M. y OLIVER CUELLO, R.: *El deber de información y asistencia a los obligados tributarios*, Valencia, España: Tirant lo Blanch, 2004.

180 SERRAT ROMANÍ, M. (2017). *Los derechos y garantías de los contribuyentes en la era digital. Transparencia e intercambio de información tributaria* (Tesis doctoral). Universitat de Barcelona.

181 En algunos ordenamientos como el español este tipo de actuaciones no serían un simple beneplácito de la Administración, sino que realmente se trataría de una exigencia derivada de los principios de seguridad jurídica e interdicción de la arbitrariedad de los poderes públicos (art. 9.3 CE) e, incluso, del principio de igualdad (art. 14 CE).

> Además, la función que aquí realizan las Administraciones va más allá de la simple interpretación, incluyendo una labor calificadora que pudiera llegar a tener valor en el sentido de vinculación con el criterio expuesto en base a las legítimas expectativas.

En esencia, todo este tipo de mecanismos deberán pretender ser lo más fácilmente accesibles a los obligados tributarios, proporcionando un servicio razonable de atención y orientación que pueda servir para colmar con puntualidad las necesidades que la incertidumbre fiscal genera en aquellos. La pertinencia temporal, toda vez que puede condicionar el margen de decisión de las empresas, resulta clave en este tipo de situaciones y, por ende, determina que tales actuaciones se deban producir con carácter previo a la liquidación e, incluso, a la realización de las propias operaciones y negocios.

B.2. Actividades de control

El modelo de control clásico que se ha venido y se viene desarrollando en los últimos tiempos, dada la situación y circunstancias actuales, presenta una escasa practicabilidad en términos de rentabilidad y eficiencia. Además, son cada vez más evidentes algunas inconsistencias que trascienden a esta tradicional función de control, como son la falta de uniformad de criterios, el dilatado margen temporal en la resolución de los procesos y la excesiva burocratización de muchos de los mismos. En este sentido, lo que se pretende con el establecimiento de la relación cooperativa es sustituir el actual modelo inquisitivo y represivo de control *a posteriori*, donde la Administración tributaria hace las veces de policía fiscal, por un sistema de carácter preventivo que favorezca la supervisión *a priori* o en tiempo real de los mecanismos internos de control establecidos en las empresas[182].

Este nuevo método de control prescinde del análisis exhaustivo y pormenorizado de todos y cada uno de los registros y negocios contables plasmados en las declaraciones fiscales, para transitar hacia un modelo de supervisión que examine la calidad y eficacia de los sistemas de gestión implantados por las empresas con-

---

182 «Co-operation, better than coertion». OCDE (2013). *La relación cooperativa: Un marco de referencia: De la relación cooperativa al cumplimiento cooperativo. Ob. Cit.*, pág. 47.

tribuyentes. Se trata de un «control sistémico» que, sobre la base de la validación previa de los Marcos de Control Fiscal implementados por las empresas, se dedicará a monitorizar de manera constante su correcto funcionamiento a través de protocolos estandarizados y planes de atención personalizada. En palabras de GONZÁLEZ DE FRUTOS, «se ha renunciado al control exhaustivo de todas las operaciones sustituyéndolo por un juicio sobre la permeabilidad de los procedimientos y sistemas informáticos de gestión económica de las empresas»[183]. De esta manera, y de conformidad con el principio de subsidiaridad de intervención administrativa, la actividad de control y supervisión de la Administración tributaria se habrá de desarrollar en función de la eficacia y desempeño que los MCF de las organizaciones consigan demostrar, liberando así recursos que puedan destinarse a aquellos sectores donde el riesgo de incumplimiento sea más elevado[184]. En este ideal paradigma, el acto de recaudación vendría a constituir, como es en esencia, el final del ciclo tributario y no el punto de inicio de posibles contingencias. Como el objetivo es prevenir los errores, no encontrarlos, se debe actuar sobre un estadio anterior, reorientando la actividad fiscalizadora hacia un momento más próximo a cuando los hechos se producen: control en tiempo real[185]. De esta manera, la adhesión voluntaria a la norma se verá estimulada, a la par que los eventuales incumplimientos o errores de cumplimiento podrán ser prevenidos o corregidos, respectivamente, en una fase más temprana[186].

---

183 GONZÁLEZ DE FRUTOS, U.: «La relación cooperativa: un nuevo horizonte en el diálogo entre las grandes empresas y la Agencia Tributaria», *Ob. Cit.*, págs. 66-67.

184 «Our compliance strategy... has two strands: support those who seek to be compliant and come down hard on those who seek to gain an unfair advantage through non-compliance. We must encourage voluntary compliance through customer service initiatives as well as by demonstrating through our compliance work that the likelihood and consequences of detection make deliberate evasion a poor choice». HMRC (2008). *Department Report Spring*, <*https://assets.publishing.service.gov.uk/government/uploads/system/uploads/attachment_data/file/324671/dcsf_departmental_report_2008.pdf*>

185 Los métodos de control en tiempo real, *a priori*, implican una reducción notable de los costes de gestión, ya que las eventuales discordancias que puedan originarse resultan más sencillas de comprobar en el momento en que se producen y no pasados varios años; además, de este modo se brinda la posibilidad de subsanar instantáneamente los equívocos, evitando que así se repitan en el futuro.

186 «En todo caso, ambas regulaciones son un buen ejemplo de cómo están cambiando las relaciones tributarias, desde un paradigma adversarial, de confrontación —de

Este particular sistema que se viene describiendo ha sido denominado en la literatura neerlandesa sobre cumplimiento cooperativo (*Horizontal Monitoring*) como «*the onion model*» o, también a veces, «*the layer model*», en castellano, modelo de «piel de cebolla» o de «capas». Con esta metáfora se quiere ilustrar el conjunto de capas de control concéntricas que se disponen en torno al núcleo de procesos corporativos. Así pues, en el centro de este esquema se situaría el grueso de los negocios con trascendencia tributaria llevados a cabo por las empresas, sobre los que se establecería un marco de control fiscal interno; envuelto, a su vez, por una actividad auditora externa que fiscalizaría esa estructura de control y parte del núcleo de negocios. En este contexto, como se decía, la Administración se limitaría a examinar la fiabilidad de los regímenes de control internos y de la auditoría externa, en lugar de tener que comprobar pormenorizadamente los registros originales y los procesos comerciales que subyacen a las declaraciones tributarias[187]. Con todo, el enfoque clásico de control no desaparecería por completo y, referido a determinadas cuestiones específicas, las autoridades tributarias seguirían

---

control administrativo prospectivo, más frecuentemente de lo que sería aceptable seguido de un litigio— hacia otro cooperativo, de confianza recíproca, en el que la fase previa a la declaración se intercambia abiertamente información y en el que el contribuyente no se limita a un cumplimiento renuente, sino que lleva a cabo un control autónomo efectivo de sus riesgos fiscales. Se estaría evolucionando, pues, desde un modelo de autoliquidación —y eventual comprobación retrospectiva de lo declarado y liquidado— hacia otro en el que la clave está en la implantación de sistemas de autocontrol de los riesgos de incumplimiento y verificación posterior del correcto funcionamiento de dicho sistema, del Tax Control Framework, aceptando que, en sí mismo, el modelo de autocontrol garantiza un cumplimiento razonable de los deberes tributarios». PÍA NASTRI, M.; ROZAS VALDÉS, J.A.; y SONETTI, E.: «La dimensión fiscal en la gobernanza corporativa: entre Italia y España», *Crónica Tributaria*, núm. 166, 2018, pág. 208.

187 A criterio de la Administración tributaria neerlandesa (NTCA, por sus siglas en inglés): «El objetivo de la supervisión es garantizar que las medidas de control siguen funcionando según lo previsto e identificar cualquier laguna en el control interno. El seguimiento también garantiza que las medidas se ajustan a los cambios pertinentes. En consecuencia, la supervisión interna garantiza que cualquier desviación (material) o deficiencia en el control interno se identifique y rectifique antes de que pueda dar lugar a la no consecución de los objetivos». NTCA (2013). *Supervision Large Business in the Netherlands*. Belastingdienst.

analizando selectivamente algunas liquidaciones presentadas por las empresas contribuyentes[188].

La idea básica que ordena todas estas actuaciones de control se asienta sobre el principio de subsidiaridad de intervención administrativa: si las autoridades tributarias se fían de los marcos internos de las empresas no deberían reincidir sobre una función que ya realizan estos. Por lo tanto, será cometido de aquellas diseñar y aplicar técnicas de control efectivas que persuadan a la Administración de tal cosa. Las autoridades fiscales deben confiar —tanto como sea posible— en la ingeniería de control desarrollada por las empresas, de manera que, cuando el procesamiento de información resulte fiable, se podrá reducir la intensidad de las inspecciones administrativas y recurrir a métodos de auditoría estadística.

La instrumentación de todo esto no parece que vaya a resultar sencilla y despierta no pocas incógnitas. En este sentido, el modelo cooperativo en absoluto es incompatible con las normas procedimentales vigentes en muchos ordenamientos, pero sí que exige un nuevo enfoque en la labor de control. Las medidas exclusivamente inspectoras, en sí mismas, son insuficientes, precisándose nuevos cauces más efectivos en términos de resultados. La combinación de controles extensivos e intensivos sigue resultando necesaria, sobre todo, en las primeras fases del modelo. En esta línea, BURGEMEESTRE *et al*, reflexionando acerca del enfoque del modelo neerlandés de control, propusieron una serie de cambios que debían observarse en la forma en que las empresas eran tratadas por parte de las autoridades tributarias. A saber[189]: (1) Demostrar que verdaderamente se supervisan de forma efectiva los marcos de control internos establecidos por las empresas contribuyentes (*Demonstrating to be 'in control'*); (2) Renunciar a la búsqueda incesante y obstinada de tantos errores como sea posible en las declaraciones tributarias presentadas por las empresas y, en su lugar, intentar ayudar para que tales equívocos no se produzcan en el futuro (*No hunt for mistakes*); (3) Debatir con las empresas

---

188 En el *CAPÍTULO II*, concretamente en el *Epígrafe 2.5*, se analizará en profundidad el modelo neerlandés de control establecido con respecto a las grandes empresas.

189 BURGEMEESTRE, B.; HULSTIJN, J.; y TAN, Y. H.: «The Role of Trust in Government Control of Businesses», *Actas del 23rd Bled eConference eTrust: Implications for the Individual, Enterprises and Society* (20-23 de junio de 2010, Bled, Eslovenia), 2010, pág. 308.

contribuyentes acerca de la razonabilidad de la interpretación de la norma fiscal en aquellas situaciones que admitan cierto margen de opinabilidad o no sean del todo evidentes (*Communication about 'open norms'*); y (4) Mantener un control en tiempo real que permita detectar y corregir los errores cuando se produzcan y resolver con prontitud las eventuales disputas que puedan originarse en el devenir de la relación (*Up to date tax assurance*).

Los anteriores presupuestos no tienen por qué ser acatados al pie de la letra por todas las Administraciones tributarias del mundo, pero sí pueden servir para hacerse una idea sobre cómo debe desarrollarse la actividad de control en el marco de una gobernanza cooperativa efectiva. Al fin y al cabo, en la práctica, debido al desplazamiento de responsabilidades que se entona hacia las empresas, lo que se produce no es sino una cierta integración de la función inspectora en los procesos internos de control de estas últimas. De este modo, los planteamientos aquí expuestos supondrían un paso más en la externalización de la gestión de las obligaciones fiscales y, en general, en la dinámica de aplicación de los tributos.

B.3. Resolución de conflictos

La conflictividad fiscal es un problema crónico en el ordenamiento jurídico-tributario que, por mucha relación cooperativa que se establezca, no va a desaparecer por completo, ni tiene por qué. En cierto sentido, el debate y eventual conflicto acerca de la normativa tributaria es sano, puesto que en no pocas ocasiones la misma resulta compleja y da lugar a múltiples interpretaciones, haciéndose necesaria una confrontación ordenada que clarifique y singularice su aplicación.

El cumplimiento cooperativo en absoluto puede suponer o garantizar que no vayan a existir disputas en el desarrollo de las relaciones tributarias, es más, tal cosa resultaría impropia de la natural propensión al conflicto que se estila y un claro indicativo de que algo no marcha bien[190]. La relación cooperativa pretende ser un impulso decidido en el diálogo continuado entre las

---

190 Las partes no siempre van a estar de acuerdo, de modo que en caso de que así pareciera suceder, ello denotaría opresión, indefensión, falta de libertad e, incluso, corrupción.

partes con un doble propósito. Por un lado, fruto de ese mejor entendimiento y comprensión recíproca, salir al paso de la excesiva cantidad de conflictos que hasta ahora se plantean, muchos de ellos innecesarios y que no benefician a ninguno de los contendientes. En segundo lugar, tratar de fraguar un clima de mejor predisposición que, de un modo más o menos informal, facilite y agilice la rápida resolución de las controversias habidas entre las partes. Se presupone que, por la propia inercia natural que emana de los modelos cooperativos de cumplimiento, el número de conflictos que puedan llegar a darse entre las partes se verá reducido notablemente y, en no menor medida, las mismas participarán (o querrán hacerlo) en una solución más ágil y justa de aquellos. Así, frente al excesivo número de conflictos que se producen, el cumplimiento cooperativo propone prevención; y, de igual manera, frente a la enrocada y excesiva duración que su resolución trae consigo, el cumplimiento cooperativo propone un mejor entendimiento mutuo[191].

Así las cosas, se ha llegado a debatir acerca de la posibilidad o, incluso, licitud de plantear conflictos en el seno de los modelos de cumplimiento cooperativo, cuestionando si de entrada se podría admitir tal posibilidad y, sobre todo, la repercusión que ello pudiera tener en el desarrollo ulterior de la relación.

191 Como colofón a todo lo anterior, viene muy a cuento traer a escena la formidable reflexión de SANZ GÓMEZ acerca de si la posibilidad de llegar a acuerdos en el seno de las relaciones cooperativas, como parte integral de la solución a un eventual conflicto, vulneraría o, por el contrario, sería compatible con el principio de legalidad. El referido autor, de una forma muy esclarecedora, y si bien refiriéndose casi por completo al ordenamiento español, viene a considerar que toda norma, en la medida en que no puede agotar la totalidad absoluta de situaciones al ser formulada, encierra un margen más o menos amplio de discrecionalidad para gestionar tal incertidumbre en el momento de su aplicación. Así, los acuerdos alcanzados en el marco de los modelos cooperativos de cumplimiento vendrían a constituir una forma negociada de concretar la aplicación de la norma en aquellas situaciones que revistan especial complejidad y donde la incertidumbre es mayor; eso sí, siempre dentro de ese margen de apreciación administrativo y, por ende, conforme al principio de legalidad tributaria. No se trataría de un acuerdo privado que pudiera ser contrario a derecho, sino de un acto administrativo en el que los particulares intervienen al socaire de su derecho a participar en los asuntos públicos (art. 23.1 CE) [SANZ GÓMEZ, R.J. (2014). *La «relación cooperativa» entre la administración tributaria y las grandes empresas: análisis de la experiencia española* (Tesis doctoral). *Ob. cit.*, págs. 193 y ss.]

Sobre este parecer, tanto la doctrina como la OCDE se han mostrado unánimes descartando con rotundidad cualquier tipo de incompatibilidad en este sentido, ya que se considera que el conflicto es algo natural e innato a la aplicación de los tributos. Si cuando se produce una controversia las partes actúan de buena fe, adoptando una postura de colaboración en un entorno de apertura y transparencia, la confianza no tiene por qué verse resentida. Es más, debería tomarse como una oportunidad para demostrar que el modelo realmente funciona y es provechoso para todos. Lo mismo cabe predicar de la litigiosidad. Se intentará evitar tanto como sea posible, pero en absoluto se excluye o puede considerarse que por sí sola quebrante las bases de la cooperación. Cuando una situación en vía administrativa llega a un punto de irremediable confrontación y se plantea el contencioso, la relación cooperativa pretende actuar como catalizador favoreciendo una más rápida y ecuánime resolución. En cualquier caso, y siendo algo casi inherente a este clima de colaboración y mejor entendimiento, se deberá tener siempre presente que en el contexto de los nuevos modelos de cumplimiento la intervención judicial habrá de producirse en último término y podría decirse que con carácter excepcional[192].

En esta tesitura, la OCDE se ha aventurado a recomendar con insistencia los mecanismos alternativos de resolución de conflictos (ADR) «basados en el consentimiento» (mediación, conciliación y evaluación neutral temprana) —distintos de los que denomina «adjudicativos» (arbitraje)—, a los que considera menos formales y más alejados de la posición natural de confrontación que cabría esperar en otro contexto. Tales mecanismos comulgan de manera sobresaliente con la naturaleza y propósito de los modelos cooperativos de cumplimiento y, en suma, evitan que como tal haya un vencedor y un vencido al final del proceso[193].

---

192 La *HRMC* británica ha sido pionera en desarrollar una política estructurada y concluyente —*Litigation strategy*— que, a través de criterios objetivos y protocolos ciertamente predefinidos, determina cuando resulta conveniente abordar la resolución de una controversia mediante acuerdo (*settlement*), o bien, acudir a la vía judicial (*litigation*). HMRC (2011). *Resolving tax disputes – Comentary on the litigation and settlement strategy*, <*https://assets.publishing.service.gov.uk/government/uploads/system/uploads/attachment_data/file/979527/HMRC_Resolving_tax_disputes.pdf*>

193 OCDE (2007). OCDE *Tax Intermediaries Study. Working Paper 6 – The Enhanced Relationship. Ob. Cit.*

B.4. Políticas estructurales

Desde una óptica más general, la implantación del cumplimiento cooperativo también va a requerir de una composición organizativa y funcional apropiada para dar encaje a todas las exigencias que demanda el buen hacer de estos modelos. Ello no solo pasa por contar con medios técnicos adecuados, sino también exige cambios en el modo de proceder de los poderes públicos, incidiendo directamente en el diseño y configuración del sistema tributario y, en no menor medida, en la concepción que las autoridades fiscales tienen de los contribuyentes. Las políticas cooperativas deben partir de un nuevo enfoque en la forma de legislar, en el modo de elaborar las leyes tributarias, haciendo ver que la mayor simplicidad es el camino correcto para hacer más predecible su aplicación y, con ello, más efectiva la adhesión voluntaria a las normas[194].

Uno de los puntos más críticos en este sentido tiene que ver con la figura del personal administrativo, debiendo producirse cambios notables tanto en su capacitación técnica como en la mentalidad de los mismos. Así, y teniendo en cuenta que esta cuestión ya se ha tratado en más de una ocasión a lo largo de este estudio, algunas políticas que hasta el momento han llevado a cabo las distintas Administraciones nacionales han sido, entre otras: programas de formación y selección del personal específicos; instrucción en técnicas de negociación, habilidades sociales y comunicativas; normas sobre integridad, imparcialidad e independencia; sistemas de trabajo estandarizados; supervisión de las actuaciones y decisiones por órganos de instancia superior; regímenes de incentivos adecuados a las exigencias cooperativas; etc.

Para terminar, otra cuestión que conviene destacar y que no ha suscitado precisamente pocos problemas, como ha dejado claro la experiencia de varios Estados, es la manera de medir la eficacia y evaluar los resultados de los nuevos modelos de cumplimiento. No parece sencillo encontrar un método

---

194 «*Good compliance outcomes begin with good legislation. Law that is clear and unambiguous with regards to its intent and interpretation provides a solid base upon which to build administrative compliance programmes and compliance risk management. Difficult or ambiguous law creates increased opportunities for taxpayers to behave in ways that were unintended by the law*». OCDE (2004). *Compliance Risk Management: Managing and Improving Tax Compliance (Guidance Note), Ob. Cit.*, pág. 43.

adecuado que sirva para fiscalizar tales progresos, teniendo en cuenta que el actual se desarrolla en base al volumen total de regularizaciones y sanciones practicadas y, por tanto, resulta incompatible y contradictorio con el fomento de la reducción del conflicto que se pretende en este nuevo orden. De seguirse con este mismo sistema, los empleados públicos trabajarían en contra de sus propios intereses y, precisamente por tales razones, urge encontrar una nueva fórmula que, además de testar adecuadamente los resultados del modelo cooperativo, suponga un incentivo para los mismos[195]. Por el momento, los países han llevado a cabo distintas políticas evaluadoras a través de programas específicos estructurados y diseñados en torno a indicadores que toman como variable de referencia el *tax gap*, reduciendo todo a su máxima esencia y desechando criterios que tengan que ver con el volumen total de liquidaciones. De esta forma, lo que se pretende es observar si efectivamente se produce una reducción gradual de esta brecha fiscal a raíz de los avances producidos en el marco de los programas cooperativos.

4.2. LAS EMPRESAS CONTRIBUYENTES

4.2.1. Marcos de control fiscal

A. Concepción en abstracto

A.1. Conceptualización

En el seno de los programas cooperativos de cumplimiento, los Marcos de Control Fiscal (MCF) o, en inglés, *Tax Control Frameworks (TCF),* son una de las principales herramientas que se propone poner en práctica, en este caso desde el lado de las empresas contribuyentes, para por un lado, llevar a cabo un adecuado cumplimiento y gestión de las obligaciones fiscales y de los riesgos asociados a las mismas y, por otro, ofrecer a las Administraciones tributarias una garantía verificable acerca de las anteriores consignas[196]. Para

---

[195] Parece complicado que los funcionarios públicos se muestren proclives a seguir un enfoque colaborativo si sus incentivos se siguen diseñando sobre las bases de regularización de la situación tributaria de los contribuyentes.

[196] Por riesgo se entiende esa «categoría genérica de acontecimientos susceptibles de producir consecuencias desfavorables para la sociedad» [GASCÓN CATALÁN,

que las autoridades fiscales puedan modular la intensidad de su actividad inspectora respecto a los contribuyentes cooperativos necesitan tener garantías suficientes de que estos gestionan adecuadamente sus procesos internos y, por ende, ostentan un bajo nivel de riesgo de incumplimiento. La forma de articular y certificar tales circunstancias será a través de la información que pueda proporcionar un MCF alineado con los buenos postulados de gobierno corporativo en materia tributaria. El origen de estos instrumentos no es para nada nuevo ni aparece vinculado a los movimientos cooperativos de cumplimiento que aquí se analizan. Es más, de manera análoga a lo que ocurría con las técnicas de gestión pública de los riesgos fiscales, perfectamente pueden ser utilizados por cualquier clase de empresa con independencia de su participación en programas de este tipo.

Los MCF, por lo general, se incardinan como una parte o componente esencial de los sistemas generales de control interno establecidos en las empresas. Sus inicios se remontan al sentimiento de preocupación por la gestión de los riesgos corporativos que se empezó a desarrollar en las últimas décadas del siglo pasado, sobre todo, experimentando un desarrollo más que notable en los últimos años del siglo presente. Con el paso del tiempo han llegado a convertirse en un instrumento clave para velar por el cumplimiento de determinadas políticas corporativas entre las que se incluye, cómo no, la materia tributaria. Se profundizará acerca de su génesis y primeros pasos en el *CAPÍTULO III*.

Así pues, a juicio de CALDERÓN CARRERO, en la etapa más reciente, la funcionalidad de los TCF «ha ido evolucionando [...], pasando de constituir una parte de los sistemas internos de control de riesgos a poseer una dimensión estratégica y reputacional, que afecta al propio modelo de relaciones con las autoridades fiscales e incluso a la estrategia y modelo fiscal de la empresa». Las causas de esta evolución bien podrían situarse en el paradigma fiscal resultante de lo que el mencionado autor califica como «revolución

---

J.: «Estrategias fiscales y marcos de control interno y de gestión de riesgos fiscales en las sociedades cotizadas. Impacto de la Ley 31/2014», *Crónica tributaria*, núm. 15, 2015, pág. 96] o, dicho de otro modo, «el peligro o la posibilidad que una acción o un evento pueda afectar negativamente a la capacidad de la organización de alcanzar sus objetivos» [RABAN, C.: «Quality risk management», *Higher Education Funding Council for England Publicationes*, 2005].

silenciosa del modelo de cumplimiento tributario aplicable a las grandes y medianas empresas»; y que, a su vez, vendría a ser el resultado del conjunto heterogéneo de circunstancias acaecidas en la nueva realidad fiscal que se han desgranado en la Introducción del presente trabajo. De esta manera, la cuestión tributaria ha ido ganando enteros en los MCI establecidos por las empresas hasta el punto de adquirir cierta autonomía y situarse como una de las materias de referencia a tener en cuenta en la toma de decisiones. La tendencia internacional de integrar los MCF en la función financiera y las áreas de negocio es una forma de adecuar el control tributario de las empresas a los nuevos estándares o enfoques de gobernanza fiscal que las Administraciones tributarias modernas están llevado a cabo. Se propende hacia un sistema de control *ex ante*, a nivel global e integrado en el conjunto del negocio, en consonancia con el actual marco normativo cada vez más complejo y dinámico donde la función de supervisión fiscal resulta altamente expeditiva[197].

En este sentido, el desarrollo de los MCI en general —y de los MCF en particular— ha estado, y está, fuertemente conectado con el aumento de las exigencias internacionales en materia de buen gobierno corporativo[198]. La percepción generalizada de que los riesgos fiscales son algo a tener muy en cuenta en un entorno tan globalizado e interdependiente ha trascendido el ámbito exclusivo de la función fiscal de las empresas y ahora afecta a todos los departamentos de las mismas. Ello ha supuesto, de una manera casi inevitable, que los consejos de administración se vean directa y necesariamente implicados no solo en la determinación de la estrategia y política fiscal, sino también en la definición de estos marcos de control de riesgos, habiendo de incluirse los de índole fiscal. Así, son cada vez más los Estados que en sus normas de derecho positivo recogen como obligación del máximo órgano directivo la responsabilidad de velar por el diseño, aplicación y efectividad de tales instrumentos de gestión interna[199]. La cuestión fiscal ha pasado a ocupar la

---

197 Ibíd., pág. 21.

198 BRONZEWSKA, K. y VAN DER ENDEN, E.: «Tax Control Framework-A Conceptual Approach: The Six Nuances of Good Tax Governance», *Bulletin for International Taxation*, Vol. 68, núm. 11, 2014, págs. 635 y ss.

199 José Antonio Rozas Valdés (2015). La política fiscal en los Consejos de Administración. <https://transjusblog.wordpress.com/2015/06/30/la-politica-fiscal-en-los-consejos-de-administracion/>

primera plana tanto en la dimensión interna como externa de las organizaciones, experimentando un cambio significativo en la responsabilidad de los consejos de administración y evitando que ahora se diluya en otros agentes externos (auditores, abogados, analistas, etc.). El pago de impuesto ha dejado de considerarse como un mero coste para constituir una parte importante de la dimensión estratégica de las sociedades[200].

El concepto de Marco de Control Fiscal que maneja la OCDE es bastante amplio y flexible. No se define de manera categórica en torno a unos componentes estrictamente imprescindibles o respecto a un funcionamiento determinado y unívoco, sino que más bien se postulan una serie de directrices abiertas y dinámicas que concretan unos fines muy señalados. Del mismo modo, no se propone un contenido único que estos sistemas de gestión interna deban contener, sino que su diseño específico se adaptará a la estructura y actividad de cada empresa y en cada territorio a partir de estándares de autorregulación empresarial que compendien las diferentes necesidades corporativas. En cualquier caso, y siendo plenamente conscientes de que no es algo exclusivamente propio de este contexto, se trata de uno de los principales enclaves sobre los que articular el establecimiento de las relaciones de cooperación; un instrumento indispensable para la funcionalidad de los programas de cumplimiento cooperativo; y, por todo ello, un elemento determinante para fundar y justificar la confianza depositada por la Administración en los contribuyentes. Conviene puntualizar que esta concepción se encuentra un tanto alejada y, por supuesto, no es idénticamente coincidente con lo que en España se ha venido a denominar «sistemas de gestión de *compliance* tributario». No tanto por su composición o instrumentación material —que es más bien similar— como sí por la impresión que induce a considerar la diferente

---

200 «Las empresas deberán considerar el gobierno fiscal y la disciplina tributaria como elementos importantes de sus mecanismos de control y de sus sistemas de gestión de riesgos en sentido amplio. En particular, los consejos de administración deberán adoptar estrategias de gestión del riesgo tributario que permitan identificar y evaluar plenamente los riesgos financieros, reglamentarios y de reputación asociados con la tributación». OCDE (2013). *Líneas Directrices de la OCDE para Empresas Multinacionales: Revisión 2011. Ob. Cit.*

Comisión Europea (2011). *GREEN PAPER-The EU corporate governance framework.* Diario Oficial de la Unión Europea <*https://eur-lex.europa.eu/LexUriServ/LexUriServ.do?uri=COM:2011:0164:FIN:EN:PDF*>

orientación de sus finalidades principales —en España parecen estar muy conectados con la exención de responsabilidad derivada de infracciones administrativas o ilícitos penales, mientras que en la OCDE apenas se menciona esta circunstancia y el foco de atención se centra en el adecuado cumplimiento y gestión de las obligaciones fiscales *per se*—.

Así, son varios los informes de la OCDE donde se ha tratado de desarrollar el concepto de *Tax Control Framework*, considerándolo de cara a los contribuyentes como «el componente del sistema de control interno que garantiza que las declaraciones fiscales y la información presentada por la empresa sean completas y correctas»[201]. Integran una parte importante del buen gobierno corporativo y del marco operativo de las empresas, coadyuvando a las mismas a definir su estrategia y política fiscal. En este sentido, CALDERÓN CARRERO y QUINTAS SEARA sostienen que «los principios del modelo de cumplimiento tributario cooperativo se inspiran y coinciden sustancialmente con los mecanismos de gestión y control de riesgos (fiscales) que forman parte del buen gobierno corporativo de las grandes empresas en los países más avanzados en la materia. Ahora bien, no puede dejar de señalarse que las exigencias del buen gobierno corporativo ni tienen que coincidir exactamente con la articulación de un sistema de TCF establecido a efectos de participar en un programa de cumplimiento tributario cooperativo, ni la puesta en marcha de un TCF o de mecanismos de gestión y riesgos fiscales requiere la participación en uno de estos programas de cumplimiento tributario cooperativo»[202].

Para las Administraciones tributarias, por su parte, estos marcos internos de control suponen un mecanismo de garantía verificable que permite calibrar el grado de fiabilidad de las declaraciones fiscales presentadas y la exactitud de la información proporcionada. Son un elemento indispensable, como se decía, para ayudar a fraguar la confianza de la Administración en el

---

201 Sobre todo, son de destacar los informes *Co-operative Compliance: A Framework. From Enhanced Relationship to Co-operative Compliance* (2013) y *Co-Operative Tax Compliance. Building Better Tax Control Frameworks* (2016), debiendo recordarse las características que en este último se profieren acerca de tales sistemas de gestión interna y que ya han sido definidas en el *Epígrafe 1.6* del presente *CAPÍTULO*.

202 CALDERÓN CARRERO, J. M. y QUINTAS SEARA, A.: *Cumplimiento tributario cooperativo y Buena gobernanza fiscal en la era BEPS, Ob. Cit.*, pág. 215.

contribuyente y, de este modo, posibilitar que la actividad inspectora se realice con una menor intensidad, favoreciendo a su vez una mejor y más eficiente disposición de los limitados recursos públicos. En suma, se podría decir que el fin básico que persigue la concepción de la OCDE sobre los Marcos de Control Fiscal es proveer (tanto a los contribuyentes como a las Administraciones) de garantías comprobables que demuestren de forma efectiva que los riesgos fiscales no van a materializarse por falta de diligencia debida o por un control insuficiente de los mismos. Esto no va a implicar, en cualquier caso, que los riesgos y los conflictos no puedan o no vayan a surgir, ya que no existe un método absolutamente infalible y el tratamiento fiscal que cada parte considere apropiado puede no coincidir con el criterio de la contraria y viceversa[203].

A.2. Funcionalidad

En el ámbito corporativo, la función de estos modelos de supervisión interna vendría a ser triple: prevenir, identificar y gestionar adecuadamente los riesgos fiscales. De este modo, a través de la *prevención* se intenta evitar incurrir en situaciones que puedan ser susceptibles de generar riesgos innecesarios, reduciéndose así la posibilidad de cometer errores que, en caso de llegar a producirse, deberán ser rápidamente subsanados o eventualmente comunicados a la autoridad competente. Con la *identificación*, por su parte, lo que se pretende es analizar y evaluar las distintas áreas y tipos de procesos empresariales, constatando aquellos enclaves donde con mayor incidencia puedan materializarse los riesgos de incumplimiento. Finalmente, la *gestión* engloba todas aquellas actividades de control destinadas a minimizar o mitigar los riesgos identificados hasta un nivel que se considere aceptable, así como las labores de información y de monitoreo y ajuste constante de estos MCF. El objetivo de todo ello no es otro que procurar un adecuado cumplimiento de las obligaciones fiscales con garantías de que así efectivamente se produce, de conformidad con las exigencias establecidas en las leyes tributarias y con los requisitos de información que demandan la normativa y

---

203 CÓRDOBA OCAÑA, E.: «Las relaciones cooperativas en el marco internacional». En CARMONA FERNÁNDEZ, N. (coord.) et al.: *Manual de fiscalidad internacional, Ob. Cit.*

los estándares internacionales (y, cómo no, los programas de cumplimiento cooperativo)[204]. Es importante tener presente que lo que se aspira a conseguir es un aseguramiento razonable de que los riesgos de incumplimiento fiscal están bajo control, pues sería utópico y no realista pretender su erradicación total y absoluta[205].

No existe un modelo de Marco de Control Fiscal que pueda aplicarse en dos empresas por igual, sino que el mismo deberá ser adaptado, entre otros aspectos, al sector industrial, dimensión, ámbito de actuación, necesidades y, sobre todo, carácter de la empresa en cuestión. Es algo único y propio de cada organización y, como tal, su diseño puede integrarse atendiendo a los diferentes niveles que conforman la misma: sociedad *per se* (matriz, filiales, jurisdicción o territorios donde se opere), tributos (distintas figuras impositivas) o riesgos (distintos tipos de estos)[206]. Lo que sí habría de observarse por todas las organizaciones, en la medida en que resulta determinante, es el hecho de que el sistema de gestión que se diseñe habrá de adecuarse a la estructura de toma de decisiones, teniendo muy en cuenta donde reside el control y el organigrama de poder de la empresa. De igual manera, es preciso señalar que la adecuada gestión y control de los riesgos asociados a las obligaciones tributarias no es una cuestión exclusiva de la dirección de la empresa o del departamento específico encargado de llevarlo a cabo, sino que concierne

---

204 «Una estrategia global de gestión del riesgo que incluya las cuestiones tributarias permitirá a la empresa no solo actuar en cumplimiento de su obligación de responsabilidad empresarial, sino también gestionar el riesgo tributario de manera eficaz, lo que puede evitar considerables riesgos financieros, regulatorios y de reputación para la empresa». GARCÍA-HERRERA BLANCO, C.: «Buen gobierno fiscal y cumplimiento cooperativo con las grandes compañías», *Ob. Cit.*, pág. 132.

205 Este grado de control efectivo sobre el negocio, que a su vez se entona en sincronía con el modelo de control en tiempo real llevado a cabo por las Administraciones en el marco de las relaciones cooperativas, facilita la toma de decisiones en las empresas contribuyentes y es buena muestra de una actitud de cumplimiento en tiempo y forma y de garantía en cuanto a la fiabilidad y corrección de los datos. En sí, es una forma de exteriorizar y de concretar materialmente la pretensión corporativa de querer tener bajo control el cumplimiento tributario.

206 CÓRDOBA OCAÑA, E.: «Las relaciones cooperativas en el marco internacional». En CARMONA FERNÁNDEZ, N. (coord.) et al.: *Manual de fiscalidad internacional*, *Ob. Cit.*

a toda la corporación. Por ello mismo será necesario impregnar la cultura de cumplimiento en todos y cada uno de los empleados y puestos de trabajo, desarrollando un entorno de control integral en el contexto general de la organización.

Proyectando este mismo espíritu sobre la conformación de los MCF, a la hora de proceder a la articulación de sus presupuestos es muy recomendable aprovechar las sinergias de las demás áreas corporativas y procesos transversales ya establecidos, de manera que sirvan como base para la instrumentación de estos sistemas de gestión tributaria. En este sentido, lo habitual es que las grandes sociedades —y, en especial, las cotizadas— cuenten con marcos globales de control interno que incluyan todo tipo de riesgos, de tal forma que para la gestión específica de los riesgos fiscales no se establecerá un sistema individualizado y diferenciado, sino que se incardinará como parte de esos modelos unitarios de control integrado (ICF, *Internal Control Frameworks*)[207]. Una de las preocupaciones que a este respecto recogió la OCDE en sus informes a petición de las empresas fue la necesidad de contar con orientaciones más concretas acerca de la construcción de estos planes internos de control fiscal. Aunque con el paso de los años no pocas Administraciones han ido publicando indicaciones en este sentido —con mayor o menor ambigüedad—, lo ideal es que la estructuración de estos sistemas se disponga en base a estándares internacionales reconocidos que permitan superar las especialidades propias de cada jurisdicción y empresa.

Sobre este particular, GONZÁLEZ DE FRUTOS considera que «el consenso sobre un modelo de control interno estandarizado es importante porque, si la Hacienda se compromete a entablar relaciones de cooperación (de tipo horizontal, a diferencia de las de control, que serían verticales) con las grandes empresas, necesita una garantía de que su interlocutor asume las reglas del ‹fair play›. De otro modo, quedaría comprometida su eficacia y

---

[207] Tal y como señala BELASTINGDIENST, un Marco de Control Fiscal «*forms an integral part of a company's Business or Internal Control Framework (ICF). In this examination we use the term tax control framework to refer to elements of an ICF that are relevant to tax, the term 'tax' covering all types of tax*». COMMITTEE HORIZONTAL MONITORING TAX AND CUSTOMS ADMINISTRATION (STEVENS COMMITTEE) (2012). *Tax supervision-Made to measure: Flexible when possible, strict where necessary*, *Ob. Cit.*

prestigio»[208]. En el ámbito corporativo fundamentalmente existen cinco modelos normalizados de gestión de riesgos. Entre todos ellos, como más extendido e inspiración de los demás, destaca el modelo COSO[209]. Así las cosas, aunque sea de soslayo, es conveniente referenciar cómo se estructura este modelo COSO para contextualizar la manera en que la gestión de los riesgos fiscales puede integrarse en su funcionamiento y organigrama operativo. En sí, vendría a constituir un marco de referencia que aporta una visión global del riesgo y que en sus primeras formulaciones se desarrollaba en base a los siguientes componentes: 1) Entorno de control; 2) Evaluación de riesgos; 3) Actividades de control; 4) Información y comunicación; y 5) Supervisión y monitoreo. En esta coyuntura, los MCF habrán de tomar como punto de partida los cauces que ya estuvieran establecidos en la organización por estos sistemas unitarios de gestión y, a partir de estos, desarrollar los controles y procesos específicos para lograr una adecuada gestión de los riesgos fiscales y, por extensión, un adecuado cumplimiento de las obligaciones tributarias. De esta manera, lo que se producirá será una imbricación perfecta, una amalgama superpuesta, entre la parte —los MCF— y el todo —los MCI—.

El procedimiento para la conformación de estos sistemas de gestión autorregulados, sin perjuicio de que más adelante se profundizará sobre determinados aspectos, bien podría sintetizarse en los siguientes pasos: **1)** En primer lugar, será necesario identificar las situaciones fácticas generadoras de obligaciones fiscales —tanto materiales como formales— y los potenciales riesgos que pudieran afectar a su correcto cumplimiento, constatando los niveles de responsabilidad establecidos y las necesidades específicas que se deriven de la propia operativa de la empresa; **2)** En segundo lugar, le corresponde al consejo de administración confeccionar el MCF que se pretenda instaurar en la entidad y velar por su efectiva implementación, debiendo abordar «todos los aspectos críticos relativos a la planificación estratégica y gestión ordinaria de las cuestiones fiscales» y dejando claro «las funciones de cada departamento

208 GONZÁLEZ DE FRUTOS, U.: «La relación cooperativa: un nuevo horizonte en el diálogo entre las grandes empresas y la Agencia Tributaria», *Ob. Cit.*, pág. 73.

209 Además del referido modelo COSO, se pueden identificar el modelo CoCo de Canadá, el modelo Turnbull del Reino Unido, el Australia-New Zeland Risk Management Standard y el Estándar de Gestión de Riesgos de la Federación Europea de Asociaciones de Gestión de Riesgos.

y persona en la organización, los procesos establecidos para la toma de decisiones, los controles a efectuar, la documentación que se ha de generar, el modo de detectar y resolver las incidencias, o los tiempos de cada fase»[210]; **3)** En tercer lugar, la gerencia de la empresa será la encargada de proceder a la implementación práctica del sistema de gestión tributaria diseñado por el máximo órgano rector, disponiendo materialmente los controles y métodos de proceder definidos con carácter previo. En este punto, habrán de tenerse muy en cuenta dos aspectos: por un lado, el establecimiento efectivo de estos instrumentos, ya que de no ser así su funcionalidad se vería comprometida y pasarían a constituir mecanismos de *cosmetic or paper compliance*[211]; y, por otro lado, la importancia del factor tecnológico y el uso de software informático —combinado con procesos manuales— en el desempeño de estos sistemas, no solo para registrar y generar datos y documentación con relevancia tributaria, o cumplimentar y presentar telemáticamente declaraciones fiscales, sino también a la hora de computar y tamizar todos los actuaciones y procesos corporativos facilitando la detección de riesgos que hubieran podido pasar inadvertidos[212]; y **4)** Por último, y para procurar un adecuado mantenimiento efectivo de estos sistemas de control de riesgos, se requerirá llevar a cabo una actividad permanente de supervisión y control sobre los mismos, realizando los ajustes necesarios evidenciados por su normal funcionamiento o por un cambio de circunstancias que lo justifique.

Así, una de las cuestiones que antes se mencionaba sobre la que conviene hacer especial hincapié es la definición de la estrategia y política fiscal. A este respecto, el establecimiento de un MCF es una decisión que debe ser adop-

---

210 ROZAS VALDÉS, J.A.: «Los sistemas de relaciones cooperativas: una perspectiva de derecho comparado desde el sistema tributario español», *Ob. Cit.*, págs. 74 y 75.

211 VAN DER HEL; VAN DIJK; y SIGLE: «Managing compliance risks of large taxpayers: A review of the underlying assumptions of cooperative compliance», *eJournal of Tax Research*, vol. 13, núm. 3, 2015; y CALDERÓN CARRERO, J.M.: «Los marcos de control de riesgos fiscales en un contexto post-BEPS», *Ob. Cit.*, pág. 25

212 Todo ello, como puede observarse, se dispone en consonancia con el aumento de «la digitalización administrativa y de los procedimientos de gestión tributaria que cada vez son más 'contemporáneos' y operan bajo sistemas de *big data* y *data analytics*». EY. Running the Numbers: How Data Analytics Is Transforming Tax Administrations, 2016; y CALDERÓN CARRERO, J.M.: «Los marcos de control de riesgos fiscales en un contexto post-BEPS», *Ob. Cit.*, pág. 40

tada al más alto nivel y, como tal, se inspirará en principios estratégicos que abarquen tanto las cuestiones de una índole más puramente fiscal (transparencia impositiva, cautelas debidas en la interpretación de las normas tributarias que resulten complejas, gestión coordinada y consecuente de los riesgos fiscales con el negocio global, etc.) como los compromisos corporativos con un carácter más general (adecuada observancia del espíritu y letra de la ley, responsabilidad social de la empresa, cultura y ética societaria, etc.)[213]. A este respecto, para CALDERÓN CARRERO, «los TRM/TCF no pueden entenderse aisladamente como un mecanismo autónomo o independiente que sirve para instrumentar buenas prácticas fiscales o buena gobernanza corporativa, sino que forman parte de la estrategia empresarial definida al más alto nivel y que incluye los objetivos y la política de cumplimiento tributario (la estrategia fiscal). Precisamente por ello existen diferentes modelos de TCF (tal y como ha reconocido la OCDE y las diferentes administraciones), toda vez que existen distintas estrategias (y necesidades) empresariales en lo que concierne a la política y estrategia fiscal»[214].

De conformidad con ello, la estrategia y política fiscal, definida y aprobada por el consejo de administración, deberá estar debidamente documentada. Este instrumento ofrece una visión global sobre el conjunto de la empresa y el sistema de gestión y control de riesgos fiscales establecido, expresando con claridad las líneas guías que deberán orientar las actuaciones y decisiones del negocio y los objetivos que en este ámbito se aspiren a lograr. En esencia, vendría a constituir una declaración de intenciones que demuestra la implicación y responsabilidad de la organización en la adecuada gestión y cumplimiento de sus obligaciones tributarias; y, en lo referido al cumplimiento cooperativo, una manifestación de la intención de entablar una relación de

---

213 CÓRDOBA OCAÑA, E.: «La relación cooperativa entre Administración y contribuyentes: transparencia, gestión del riesgo fiscal y seguridad jurídica». En GIMÉNEZ-REYNA, E. (coord.) y RUIZ GALLUD, S. (coord.): *El fraude fiscal en España, Ob. Cit.*, pág. 1006.

214 CALDERÓN CARRERO, J.M.: «Los marcos de control de riesgos fiscales en un contexto post-BEPS», *Ob. Cit.*, pág. 40.
BRONZEWSKA, K. y VAN DER ENDEN, E.: «Tax Control Framework-A Conceptual Approach: The Six Nuances of Good Tax Governance», *Ob. Cit.*, págs. 639 y ss.

este tipo con la Administración. Más aún, pues también se presenta como una manera de dar publicidad a todo lo anterior[215].

Será fundamental, asimismo, que en el desarrollo de estos modelos de control y gestión internos se tengan en cuenta los códigos éticos y de conducta establecidos en las propias organizaciones. Ello adquiere mayor importancia si cabe en el seno de las relaciones cooperativas, donde este tipo de instrumentos se muestran como una opción bastante extendida para la implementación de sus presupuestos. En este sentido, el FAT manifestó en una nota informativa del año 2010 que «la efectividad de un Marco de Control Interno empieza con los valores éticos y morales de los directivos de una organización y por la forma en que la dirección vela por la aplicación de esos valores en la práctica diaria»[216]. De esta manera, en la definición de su estrategia fiscal, las empresas podrán optar, bien por seguir una estrategia de estricto cumplimiento legal, limitándose a observar únicamente lo establecido por la normativa vigente; bien por preferir adoptar una estrategia de cumplimiento cooperativo, yendo más allá de lo exigido por las normas y orientando su actuación por valores distintos de los económicos.

En la definición de estas políticas de riesgos es cometido del consejo de administración determinar el grado de tolerancia que resulte aceptable o admisible, en otras palabras, el apetito de riesgo de la empresa (*risk apetite*). Este concepto se puede definir como el grado de contingencia que una sociedad estaría dispuesta a asumir en la consecución de sus objetivos. Así, será importante considerar el riesgo tanto por la probabilidad de su materialización como por la magnitud de sus eventuales consecuencias, sin dejar de tener en cuenta la posibilidad de hacer un uso estratégico del mismo. Con esto no se quiere decir que los riesgos fiscales no deban reducirse tanto como fuera posible, sino que ese margen entre la inexistencia total de riesgo y el nivel de riesgo tolerado podrá ser aprovechado por la empresa para poder obtener ciertos beneficios, sin transgredir las normas, claro está[217]. Es aquí

---

215 ROZAS VALDÉS, J.A.; SERRAT ROMANÍ, M.; y SONETTI, E.: «Política de "Compliance" tributario». En GUERVÓS MAÍLLO, M. A. et al.: *Practicum Compliance Tributario 2020, Ob. Cit.*, pág. 783.

216 OCDE-FAT (2010). *Information Note: Tax Compliance and Tax Accounting Systems*. Nota Informativa FAT.

217 HOYNG, R.; KLOOSTERHOF, S.; y MACHPHERSON, A.: «Tax Control Framework». En BAKKER, A.; KLOOSTERHOF, S.; y MACHPHERSON, A.

precisamente donde inciden los TCF, identificando los posibles sucesos que afectarían al logro de los objetivos empresariales y controlando el riesgo para que no supere el umbral establecido como aceptable.

Todo lo anterior se conecta y tiene mucho que ver con la definición de los roles y responsabilidades en el entorno empresarial (*segregation of duties*). Nuevamente, como parte integral de los MCI, será cometido del consejo de administración establecer protocolos en la toma de decisiones que conecten, de manera escalonada y sin equívoco, el nivel de responsabilidad asignado con el grado de riesgo que se asume. De igual forma, se deberán establecer procedimientos reglados para las actuaciones que se lleven a cabo en el tráfico diario, distinguiéndose con claridad las competencias y atribuciones de las personas y órganos que participen en los procesos de la empresa. Este esquema de poderes, y en general todas las buenas prácticas empresariales que se han puesto de manifiesto, habrán de transmitirse a todos los departamentos y divisiones que integren la organización, desde la alta dirección hasta los niveles operativos de la misma (*tone at the top*).

Otro aspecto imprescindible para articular la gestión de los riesgos de cualquier tipo, y cómo no los fiscales, es la conformación de un mapa de riesgos. Se trata de un elemento esencial en la constitución de los MCI de las empresas que, distinguiendo «de forma priorizada los acontecimientos que de producirse podrían afectar negativamente a los resultados y la operativa de una organización», permite llevar a cabo una clasificación de las diferentes áreas de riesgo existentes en la misma. A través de este instrumento lo que se pretende es diseccionar las actuaciones de la empresa en función de la probabilidad de materialización de los riesgos inherentes a las mismas, facilitando así la comprensión de estas zonas de riesgos y el despliegue y seguimiento de las distintas medidas que se pongan en práctica para su adecuada gestión[218].

(eds.): *Tax Risk Management. From Risk to Opportunity*, Amsterdam: IBFD, 2010, págs. 21-71. «Los riesgos son inherentes a la actividad económica hasta el punto de que no habría beneficio si no hubiera riesgo». GONZÁLEZ DE FRUTOS, U.: «La relación cooperativa: un nuevo horizonte en el diálogo entre las grandes empresas y la Agencia Tributaria», *Ob. Cit.*

218 GASCÓN CATALÁN, J.: «Estrategias fiscales y marcos de control interno y de gestión de riesgos fiscales en las sociedades cotizadas. Impacto de la Ley 31/2014», *Ob. Cit.*, pág. 99

De este modo, el proceso para la configuración de estos mapas de riesgos quedaría así determinado: **1)** En primer lugar, se llevará a cabo un proceso de identificación de las actividades de la empresa y de los riesgos asociados a cada una de ellas; **2)** Seguidamente, se cuantificará la probabilidad de que tales riesgos se materialicen en la práctica; y **3)** Por último, se evaluará el impacto y daño potencial susceptible de generarse si tales eventos llegan a producirse. Una vez se cuente con toda esta información, se podrán categorizar cuantitativa y cualitativamente los distintos procesos corporativos por zonas de riesgos, disponiendo los recursos necesarios para su prevención y control, debiendo revisarse en suma periódicamente este mapa para mantenerlo actualizado[219].

De esta manera, y como conclusión, la funcionalidad de los MCF quedaría así determinada: **1)** Prevención: se intentará no incurrir en situaciones generadoras de riesgos innecesarios, impregnando a toda la organización de la cultura de cumplimiento a través de actividades formativas y de concienciación (lluvia fina). El objetivo no solo es prevenir los riesgos fiscales, sino también que el personal de la empresa sea capaz de identificarlos cuando se esté ante uno de ellos; **2)** Identificación: para poder desarrollar una actividad de control solvente será imprescindible identificar y catalogar los riesgos asociados a cada una de las diferentes actividades corporativas; **3)** Fase de respuesta: se actuará sobre los riesgos identificados mitigándolos o reduciéndolos hasta un nivel que se considere aceptable. En caso de que alguno de ellos se llegase a materializar, se pondrán en marcha distintos protocolos de actuación y *reporting* para proceder a su rápida subsanación; y **4)** Supervisión permanente: esta gestión de los riesgos fiscales exige de un monitoreo constante para, por un lado, asegurar y comprobar que el control que se realiza es verdaderamente eficaz y, por otro lado, realizar los ajustes que fueran necesarios y adaptarse a la evolución de la empresa y a los eventuales cambios de circunstancias que pudieran ocurrir. Los resultados de esta actividad supervisora pueden servir como garantía de solidez no solo ante la propiedad de la empresa, sino también ante la Administración tributaria.

---

219 ROZAS VALDÉS, J.A.; SERRAT ROMANÍ, M.; y SONETTI, E.: «Política de "Compliance" tributario». En GUERVÓS MAÍLLO, M. A. et al.: *Practicum Compliance Tributario 2020, Ob. Cit.*, pág. 784.

A.3. Virtualidad

Para las autoridades fiscales el contrapunto de todo esto, al menos en su dimensión teórica, no es difícil de plasmar. En este sentido, se espera que las empresas contribuyentes, a través de un sistema efectivo de control interno, sean capaces de gestionar adecuadamente sus riesgos tributarios y minimizarlos hasta el punto de poder defender una posición de cumplimiento responsable extramuros de la sociedad. Un MCF correctamente implementado y efectivo es el gran valedor de la confianza depositada por la Administración en los contribuyentes; es el catalizador de la transparencia y la comunicación de información relevante y fiable necesarias para la constitución de la relación de cumplimiento cooperativo.

Se trata del elemento que justifica la presunción de que las entidades adscritas a programas de cumplimiento cooperativo ostentan un bajo nivel de riesgo de incumplimiento y, en igual medida, actúa como garantía de que el resultado fiscal que se hace llegar a las autoridades es correcto y fiable. De esta forma, lo que se produce, o se intenta instaurar, es una inversión del modelo de control y gestión tributario: la empresa pasaría a ser la encargada de diseñar su propio marco de control interno, procurando y demostrando tener bajo dominio sus aspectos fiscales; mientras que a la Administración le correspondería validar o aprobar dicho marco, realizando una actividad de monitoreo constante sobre el mismo. Todo esto, claro está, concibiendo un planteamiento ideal del modelo. Así, para que la Administración pueda modular su actuación en el marco de las actividades inspectoras y de comprobación será necesario disponer de un grado de certeza suficiente que permita o posibilite obrar en tal sentido. Tal consideración se podrá alcanzar atendiendo a dos realidades.

En primer término, las labores de validación o verificación inicial realizadas por las autoridades tributarias, así como de revisión permanente, deberán certificar la fiabilidad y solidez de los MCF. No suscita precisamente pocas incógnitas el hecho de cómo llevar a cabo esta comprobación, teniendo en cuenta además que no es posible descartar que ello pueda darse con independencia de la participación en un programa de cumplimiento cooperativo. Para GASCÓN CATALÁN, la instrumentación de este procedimiento podría efectuarse a través de la constatación por parte de la Administración de que los riesgos ficales están adecuadamente integrados en el MCI unitario de la organización, desechando o considerando menos plausibles otros planteamientos que tuvieran que ver con la verificación directa de tales marcos de control integrados o con una eventual «auditoría de sistemas». De esta manera, se produciría un control de validación doble: (1) Por una parte, la empresa o su auditor externo verificará la adecuación de los MCF conforme a los estándares reconocidos en la práctica corporativa —cabe recordar que para las empresas cotizadas esta tarea de supervisión resulta obligatoria—; y (2), por otra parte, las autoridades administrativas, una vez den por buena esa verificación interna o externa, comprobarán de forma específica la manera en que se lleva a cabo la gestión de los riesgos fiscales en dicho marco[220]. Lo cierto es que la realidad de estos sistemas y procesos de validación dista mucho de ser clara y tan solo la práctica consolidará la manera de llevarlo a cabo.

En segundo lugar, será preciso transmitir a la Administración información fiable acerca de las anteriores consignas. Para que un MCF pueda producir efectos en las actuaciones de control llevadas a cabo por las autoridades, más si cabe en el seno de los programas de cumplimiento cooperativo donde la transparencia debe informar toda la relación, será necesario compartir la manera en que estos instrumentos contribuyen a mantener bajo control los asuntos fiscales de la entidad. Dicho de otro modo, habrán de transmitirse a las autoridades evidencias acerca de su verdadera implementación y eficacia, más allá de eventuales declaraciones de control interno (*in control statement*) que las empresas puedan emitir periódicamente para tratar de acreditar la idoneidad de estos sistemas[221]. En este sentido, en el Informe de la OCDE «La relación cooperativa: Un marco de referencia: De la relación cooperativa al cumplimiento cooperativo» del año 2013 se decía que «cuando queda demostrado que gracias al sistema de control interno efectivo la administración tributaria puede confiar en las declaraciones que se le presentan y que las dudas o dificultades en torno a las posiciones fiscales adoptadas por la decla-

---

220 GASCÓN CATALÁN, J.: «Estrategias fiscales y marcos de control interno y de gestión de riesgos fiscales en las sociedades cotizadas. Impacto de la Ley 31/2014», *Ob. Cit.*, pág. 102.

221 En todo caso se requieren comprobaciones para verificar que esto efectivamente se produce y no solo sobre el papel (*cosmetic or paper compliance*). VAN DER HEL; VAN DIJK; y SIGLE: «Managing compliance risks of large taxpayers: A review of the underlying assumptions of cooperative compliance», *Ob. Cit.*, pág. 760 y ss.

ración le serán notificadas, se produce un efectivo sustento para una relación de cumplimiento cooperativo»[222].

Todo lo anterior, inevitablemente, repercutirá, como se ha dicho, en las técnicas de gestión pública de los riesgos fiscales utilizadas por las autoridades tributarias. La información proporcionada por los MCF de las empresas será tenida muy en cuenta a la hora de proceder a la segmentación de los contribuyentes y, presumiblemente, operará como un indicador de que estos ostentarán un perfil bajo de riesgo. En este sentido, CALDERÓN CARRERO postula que «el TCF constituye en este ámbito una suerte de 'test de acidez' o 'piedra de toque' (litmus test) para determinar el perfil de riesgo fiscal de un contribuyente, tanto desde una perspectiva pública como privada, dado que refleja el nivel de consistencia de su cumplimiento tributario, al tiempo que revela determinados aspectos de su estrategia y política fiscal»[223]. La calidad y eficacia de este tipo de instrumentos determinará el perfil de riesgo que se asigne a cada contribuyente y, particularmente en el contexto de los programas cooperativos de cumplimiento, contribuirá en gran medida a una calificación de bajo riesgo. En cualquier caso, ello no implica que la empresa vaya a quedar al margen de los procedimientos de comprobación tributaria, ni mucho menos excluye la posibilidad de que se le puedan imponer sanciones, tan solo es un indicativo a tener en consideración para constatar que la misma está llevando a cabo un adecuado control de sus aspectos fiscales[224].

Cuando una empresa actúa y toma decisiones conforme a los estándares establecidos en sus sistemas internos de control tributario, que se presume han sido previamente validados y aceptados por la Administración, se entenderá que lleva a cabo un adecuado y razonable cumplimiento de sus obligaciones fiscales. Por ello mismo, no se precisará un control exhaustivo y minucioso de todos y cada uno de sus estados contables, sino que bastará con la comprobación sistemática

---

222 OCDE (2013). *La relación cooperativa: Un marco de referencia: De la relación cooperativa al cumplimiento cooperativo. Ob. Cit.*

223 VAN DER ENDEN y DE GROOT: «Two Missing Links: A Move towards an Auditing Standard Specifically for the Tax Control Framework», *BIT*, 2015; y CALDERÓN CARRERO, J.M.: «Los marcos de control de riesgos fiscales en un contexto post-BEPS», *Ob. Cit.*, pág. 26.

224 MACPHERSON, A.; TRAGHEIM, C.: y RISUCCIOA, H.: «Risk Angles: Five questions on the impact of tax risk», *Deloitte publications*, 2014.

del correcto funcionamiento de estos marcos internos de control fiscal[225]. En términos prácticos, ello supondrá un descenso notable en el grado de intromisión y en el alcance de las inspecciones fiscales realizadas por las autoridades administrativas, manteniendo en todo caso el rigor exigido por las normas y pudiendo proveerse modificaciones o ajustes en dichos marcos que se deduzcan de la actividad de monitoreo constante o de eventuales fallos que puedan ocurrir[226].

B. El ejemplo de los Países Bajos

B.1. Cuestiones introductorias

El modelo neerlandés de cumplimiento cooperativo, conocido como *Horizontal Monitoring*, contempla dos vías o formas mediante las que los contribuyentes proporcionan transparencia a las autoridades tributarias: los marcos de control fiscal (MCF) y el suministro proactivo de información relevante (*disclosure*). Al poco de iniciarse el primer programa piloto en el año 2006, se anunció como requisito básico para participar la disposición de un MCF, en clara referencia a las normas IRFS (*International Financial Reporting Standards*) y a la *Sarbanes-Oxley Act* estadounidense. Era la primera vez que este término aparecía en la jerga fiscal de los Países Bajos. En el año 2008 se publicó un manual/documento interno con el propósito de clarificar su significado y explicar cómo debían funcionar habida cuenta de la supervisión que desplegaría la NTCA con arreglo a tales instrumentos. No se pretende reincidir en la conceptualización o definición general de estos instrumentos, por cuanto ya han sido objeto de análisis anteriormente. De otro modo, se van a tratar de abordar las especificidades o peculiaridades que se plantean en el ordenamiento fiscal neerlandés para tratar de conocer cómo se dispone su puesta en práctica y, al mismo tiempo, determinar cuáles pueden ser los puntos más relevantes de su aplicación en contraste con la mera formulación teórica.

---

225 ROZAS VALDÉS, J.A.: «El cumplimiento cooperativo». En BOSCH CHOLBI, J.L. (coord.) et. al.: *Comentarios a la Ley General Tributaria al hilo de su reforma*, Madrid, España: Wolters Kluwer, 2016, pág. 518 y ss.

226 «La supervisión fiscal – hecha a medida. Flexible en lo posible, estricta en lo necesario». OCDE (2013). *La relación cooperativa: Un marco de referencia: De la relación cooperativa al cumplimiento cooperativo. Ob. Cit.*, pág. 99.

En el contexto del HM, un instrumento de este tipo constituye el eje central sobre el que va a pivotar toda la actividad fiscalizadora de la NTCA. Por medio de un TFC, correctamente implantado y operativo, los contribuyentes proporcionan a las autoridades indicaciones o evidencias claras y fiables acerca de su grado de control y cumplimiento tributario. Las garantías derivadas de un marco de control fiscal propician que las autoridades neerlandesas confíen en un alto porcentaje en las declaraciones presentadas por los obligados tributarios. De esta manera, en lugar de revisar o examinar pormenorizadamente las mismas, se (re)utilizan los datos y resultados de los procedimientos internos de control de las empresas —sin perjuicio de que también tengan cabida los mecanismos tradicionales de supervisión o se realicen inspecciones aleatorias— para saber en tiempo real cómo se afrontan los acontecimientos relacionados con los impuestos y cómo se gestionan los procesos pertinentes para tener el control de las obligaciones fiscales[227].

B.2. Configuración y diseño de los MCF para las grandes empresas

Inicialmente, la NTCA se mostró muy reticente en cuanto a facilitar o prescribir orientaciones precisas acerca de la formulación de los Marcos de Control Fiscal, e hizo recaer dicha responsabilidad o competencia exclusivamente en la figura de los obligados tributarios. La Administración neerlande-

227 En base a ello la Administración puede ajustar la intensidad del enfoque de supervisión, prescindiendo de conocer y analizar exhaustivamente todos los detalles de la actividad de aquellos para (casi de un modo exclusivo) pasar a comprobar la efectividad de sus sistemas de control. Tal y como ilustra a la perfección ROZAS VALDÉS, «la Administración renuncia a conocer y visar el detalle de infinidad de pormenores y datos (*substantive approach*), en tanto en cuanto se centra en conocer mejor el funcionamiento de la organización, los sistemas internos de control que aplica, confiando en su correcto funcionamiento (*systems approach*). [...] Se pasa a un sistema de inspección retrospectiva que denominan *meta-monitoring*, en tanto en cuanto lo que es objeto de revisión no es el detalle íntegro de la actividad empresarial con relevancia tributaria sino el funcionamiento efectivo de los sistemas de control interno y/o externos de dicha actividad que se acordó implantar en el marco del *compliance agreement*» [ROZAS VALDÉS, J.A.: «Los sistemas de relaciones cooperativas: una perspectiva de derecho comparado desde el sistema tributario español», *Ob. Cit.*, pág. 73.]

sa ha venido sosteniendo que todo TCF constituye un «estándar subjetivo, dinámico y abierto» a efectos de su configuración y diseño. Se parte de la premisa de que cada empresa presenta unas características y necesidades propias y, por ende, una herramienta de este tipo debe ser un producto hecho a medida. Además, se planteó que cualquier forma de estandarización de los MCF podía limitar la capacidad del personal público en lo tocante a evaluar su desempeño. Con el paso del tiempo, se fue instalando un sentir general tendente a considerar la necesidad de fijar unos estándares o requisitos mínimos en lo que a la clarificación de los TCF se refiere. Es más, muchos autores sostuvieron que de no ser así el programa de HM podía llegar a fracasar[228]. Una concepción tan abstracta como la que se venía manteniendo otorgaba a las autoridades neerlandesas un margen de discrecionalidad técnica demasiado amplio a la hora de enjuiciar la validez o adecuación de estos instrumentos, en detrimento de los contribuyentes (y sus asesores fiscales) que carecían de un punto de referencia objetivo a fin de conocer las exigencias o especificidades que debían observarse.

Así, este planteamiento viró radicalmente en el año 2020 con el cambio de rumbo que tomó el modelo en general. A partir de este momento la NTCA comenzó a explicitar lo que consideraba eran los principios básicos que debía reunir un TCF. La forma de llevar esto a cabo se produjo por medio de la publicación periódica y actualizada de diversas guías o manuales orientativos[229]. Si bien estas guías siguen sin proporcionar una definición o

---

228 Entre otros, HUISKERS-STOOP, E. & GRIBNAU, H.: «Cooperative Compliance and the Dutch Horizontal Monitoring Model», *Journal of Tax Administration*, Vol. 5, núm. 1, 2019, págs. 66-110; VAN DER ENDEN, E. & DE GROOT, J.: «Two Missing Links: A Move towards an Auditing Standard Specifically for the Tax Control Framework», *Bulletin for International Taxation*, September 2015, págs. 503-509; o BRONZEWSKA, K. y VAN DER ENDEN, E.: «The Concept of Cooperative Compliance», *Bulletin for International Taxation*, October 2014, págs. 567-572.

229 Con anterioridad a la fecha indicada también es posible identificar otros documentos o materiales informativos publicados por la NTCA que, si bien de una forma mucho más tímida, también proporcionaban pautas generales sobre estos elementos de control interno: «Tax Control Framework. From a focus on risks to being in control: a different approach» (2008), «Guidance for the Monitoring of Large Entities» (2013) o «Guide Horizontal Monitoring. Tax service providers»

conceptualización concreta, sí ofrecen indicaciones de alto nivel sobre lo que para las autoridades se considera un TCF válido y fiable. Los obligados tributarios siguen siendo los principales responsables en el desarrollo de estos instrumentos, pero ahora cuentan con el apoyo activo de la NTCA en este este proceso. Hasta la fecha cabe destacar dos guías o manuales: la *Guidance Supervision Large Enterprises* de febrero de 2021 y la *Supervision of Large Business in The Netherlands guide* de julio de 2022. Asimismo, recientemente también se ha dado a conocer un documento con el nombre de «*Good Practices: Tax control framework*» (julio de 2022) que, fundamentalmente a través ejemplos prácticos, pretende ilustrar una buena imagen de los TCF dejando al mismo tiempo suficiente espacio para la adaptación individualizada. Con todo, es importante señalar que las directrices contenidas en estas guías no se dirigen o aplican exclusivamente al programa de HM, sino que este se muestra como una opción (más) dentro de la estrategia global de supervisión fiscal de la NTCA.

A nivel regulatorio también es importante destacar la influencia que han tenido en este contexto las exigencias derivadas del gobierno corporativo. El código de gobierno societario neerlandés —Código *Tabaksblat*— que se incorporó como anexo al Libro 2 de su Código Civil en el año 2004 (reformado o revisado en 2008 [*code Frijns*] y 2016 [*code Van Manen*]) contiene algunas previsiones que directamente inciden sobre el control de los riesgos (fiscales) y el cumplimiento de las obligaciones tributarias en las empresas cotizadas, contribuyendo positivamente a fraguar la construcción de la relación cooperativa en los Países Bajos[230].

(2013). Y, por supuesto, trabajos a escala internacional que han servido de referencia: «OCDE 2016: Co-operative Compliance: Building Better Tax Control Frameworks» (se menciona explícitamente en la Guía de 2021) o los estándares COSO (las versiones de 2013 y 2017 se citan igualmente en la Guía de 2021 y en el Código de Buen Gobierno Neerlandés).

230 Huelga decir que, al igual que las mencionadas guías orientativas, y como ocurre en la mayoría de Estados, el Código *Tabaksblat* no tiene carácter vinculante, si bien en el caso de este último rige el principio «*comply or explain*». En concreto, se pueden destacar dos apartados o principios (actualmente): a) *1.4 – In Control Statament*: El consejo de administración debe emitir una declaración (anual) —equivalente a la prevista en el art. 404 *SOX Act*— certificando, fundamentalmente, la eficacia del diseño y funcionamiento de los sistemas internos de control y gestión de riesgos (in-

Así pues, una vez dicho todo lo anterior, conviene ahora centrarse sin más preámbulos en la descripción de los (6) principios básicos que deben informar la construcción de los Marcos de Control Fiscal, teniendo en cuenta lo previsto en la *Supervision of Large Business in The Netherlands Guide* de julio de 2022, el documento de «*Good Practices: Tax control framework*» de la misma fecha e, incluso, los propios criterios de elegibilidad o admisión al programa de HM que también ofrecen algunas indicaciones a este respecto[231]. Se trata, en puridad, de directrices o presupuestos muy generales que resultan aplicables a todos los contribuyentes con independencia de su tamaño o categoría, sin olvidar el hecho de que cada organización es soberana para diseñar su propio TCF acorde a sus específicas circunstancias.

(1) ESTRATEGIA

- **Formular la estrategia fiscal**
- **Fijar los objetivos fiscales**
- **Determinar las actuaciones a seguir**

La estrategia fiscal proporciona información sobre los objetivos fiscales marcados y la manera en que la organización pretende alcanzarlos. A efec-

---

cluidos los fiscales); los principales riesgos estratégicos y operativos de acuerdo con el apetito de riesgo; y el grado de certeza razonable en cuanto a que la información financiera proporcionada con arreglo a dichos sistemas no presenta inexactitudes importantes; y b) 1.5 [.1] – El Comité de Auditoría: Se atribuye a este órgano un papel preparatorio en la toma de decisiones del consejo de administración, particularmente referido a la supervisión de los informes financieros y la eficacia de los sistemas internos de control y gestión de riesgos de las empresas. Entre otras cuestiones, su cometido se centra en examinar la política fiscal de la empresa o las relaciones con los auditores internos y externos (en lo que respecta al seguimiento de sus recomendaciones y comentarios). [KROESEN, D.; SILVERENTAND, E.; y COOPMANS, C.: «Netherlands-Tax Risk Management». En IBFD: *Country Tax Guides IBFD,* Amsterdam, Netherlands: IBFD Tax Technical Editor, 2022].

231 Pese a que tales principios no se describan por referencia a una sucesión temporal como tal o de forma clara, de la materialidad de su contenido se pueden inferir una serie de fases: (1) Evaluación inicial de las necesidades y riesgos; (2) Diseño de los controles; (3) Implementación y gestión efectiva; y (4) Mantenimiento y revisión periódica.

tos de su mejor conocimiento y difusión es altamente recomendable que esta se documente. Ello va a permitir a la NTCA formar una opinión acerca de la postura y el comportamiento que puede esperar del contribuyente. Se destacan los siguientes aspectos claves que deben constar u observarse en la elaboración de toda estrategia fiscal: implicación y respaldo del consejo de administración en la planificación fiscal, presentación de declaraciones y estrategias de pago, *reporting* obligatorio, el denominado enfoque *tone at the top*, los controles «blandos» y el nivel de tolerancia o apetito de riesgo. Asimismo, será importante incluir el punto de vista de la organización acerca del pago de impuestos y la fiscalidad en general, el tipo impositivo efectivo (mínimo y máximo) al que se aspire, la relación con las autoridades o la actitud ante las comprobaciones fiscales, entre otras cuestiones. Por último, también es preciso hacer referencia a las diferentes estrategias o metodologías que se pondrán en práctica para materializar todos estos contenidos como la elaboración de manuales o comunicaciones al objeto de traducir los principios fiscales en orientaciones prácticas o la instrucción formativa del personal[232].

(2) FUNCIÓN FISCAL

- **Asignación de responsabilidades al personal**
- **Provisión de recursos suficientes**
- **Preservar los conocimientos, la ética y la integridad.**
- **Establecer sistemas y bases de datos adecuados.**

La correcta asignación de funciones y responsabilidades a los miembros y departamentos de la organización representa uno de los factores más críticos para el éxito del control fiscal. Tal y como expresa HEIN, «*being in control is more than just managing risk*» y, por ello, requiere distribuir de forma clara todas las tareas que de una forma u otra puedan incidir en el proceso de cumplimiento fiscal[233]. Es importante distinguir, por un lado, las tareas que se definen

232 HEIN, R.: «The tax control framework». En RUSSO, R. y HEIN, R.: *Tax Assurance*, Deventer, Netherlands: Wolters Kluwer, 2022, págs. 82 y ss.

233 «Tener el control es algo más que simplemente gestionar los riesgos». Ibíd., págs. 82 y ss.

en atención a un resultado concreto (como la presentación de declaraciones fiscales) y, por otro, los procesos que describen cómo se alcanzará dicho resultado asignando a las personas y sistemas su papel en el ciclo. En el marco de un TCF lo ideal no es listar detalladamente todas y cada una de las tareas o acciones que es necesario llevar a cabo, sino que un planteamiento más acertado pasa por determinar cuáles de ellas son pertinentes desde la perspectiva del control fiscal y, posteriormente, realizar una descripción de las mismas como o en base a objetivos. De este modo, únicamente se habrán de destacar las acciones que no sean obvias o revistan mayor complejidad. Con el paso del tiempo es evidente que las circunstancias y preferencias evolucionarán, como también lo deberán hacer la relación de actividades y el nivel de atención que se preste a las mismas. Además de lo anterior, se debe recordar que la correcta llevanza de los asuntos fiscales no solo atañe al departamento fiscal, sino que también influye sobremanera el trabajo realizado por personas pertenecientes a otras dependencias de la empresa (recursos humanos, contabilidad, etc.) que cumplen una función fiscal en la sombra, a las que igualmente se deberá prestar apoyo e instrucciones al respecto. Por tal motivo, será necesario establecer una conexión regular y suficientemente estrecha entre los responsables directos de los impuestos y el resto de la corporación. En última instancia, siendo transversal a todo lo dicho, habrá que tomar del mismo modo en consideración el factor presupuestario. Lo idóneo sería que las decisiones sobre el modelo operativo óptimo determinaran los medios financieros necesarios, sin embargo, en la práctica suele ocurrir a la inversa.

(3) ANÁLISIS DE RIESGOS

- **Identificación de los riesgos fiscales**
- **Evaluación de los riesgos fiscales**
- **Respuesta a los riesgos fiscales**

El programa de *Horizontal Monitoring* supuso, precisamente, pasar de un enfoque más focalizado en los datos a otro más centrado en los riesgos. De esta forma, se plantea un análisis de riesgos a medida en tres etapas, que no difieren demasiado de las ya vistas: (a) *Identificación de riesgos*: la NTCA sostiene que los riesgos más habituales en Países Bajos tienen que ver con «(*the correct and timely payment of*) *corporate income tax, import and excise duties, wage tax and national insurance contributions, regulatory energy tax, VAT, tax on games of chance, environmental taxes, air travel taxes, tax on packaging ma-*

terials and private motor vehicle and motorcycle taxes»[234]; (b) *Priorización o evaluación de riesgos*: el resultado de esta categorización permitirá diferenciar entre los riesgos más importantes (que se denominan *keys risks*[235]) y los que no lo sean tanto; y (c) *Respuesta a los riesgos.*

(4) CONTROL

- **Establecer procesos fiscales**
- **Documentar los procesos y procedimientos**
- **Preparar instrucciones de trabajo**
- **Controles clave**

La gestión de los riesgos fiscales, en líneas generales, va a tener lugar a través de la aplicación de distintos tipos de controles, siendo la organización quien decide cuál es el método más adecuado. A efectos prácticos, se podría decir que una entidad tiene bajo control sus asuntos fiscales si su TCF está adecuadamente diseñado (eficacia de diseño), funciona de forma efectiva (eficacia operativa)

---

234 [«(El pago correcto y puntual de) el impuesto de sociedades, los impuestos sobre la importación y los impuestos especiales, el impuesto sobre las nóminas y las cotizaciones a la seguridad social, el impuesto regulador de la energía, el IVA, el impuesto sobre juegos de azar, los impuestos medioambientales, el impuesto sobre el transporte aéreo, el impuesto sobre los materiales de embalaje y el impuesto sobre vehículos de motor privados y motocicletas»] NTCA (2008). Tax Control Framework: Co-ordination group on the treatment of very large businesses. <https://download.belastingdienst.nl/itd/beleid/overige/tax_control_ framework.pdf>

235 En la *Supervision of Large Business in The Netherlands: guide* se definen como «*all inherent tax risks which —on the basis of likelihood times impact— could individually lead to material inaccuracies in the tax returns and other tax statements and/or to taxes not being paid (on time)*» [todos los riesgos fiscales inherentes que —en función de su probabilidad de impacto— podrían individualmente dar lugar a inexactitudes importantes en las declaraciones de impuestos y otras declaraciones fiscales y/o a que los impuestos no se paguen (a tiempo)]. Asimismo, se afirma que (el control de) estos «riesgos clave» desempeñará un papel importante en la gestión individualizada de contribuyentes, en primer lugar, en la determinación de las actuaciones de supervisión de la NTCA (por ejemplo, en términos de intensidad o respecto al propio calendario de inspección) y, en segundo lugar, en la calificación de las organizaciones que puedan resultar aptas para celebrar acuerdos de HM.

y proporciona un grado de certeza razonable en cuanto a la aceptabilidad de las declaraciones de impuestos presentadas (eficacia en términos de seguridad jurídica)[236]. En este punto, la NTCA se limita a realizar una remisión a los estándares COSO, ejemplificando ciertas actuaciones. Así, existen fundamentalmente dos formas de llevarlos a la práctica: (1) *Controles integrados*: se incrustan como parte de las rutinas diarias facilitando no solo la prevención, sino también la pronta detección y corrección de errores o ineficiencias; y (2) *Controles independientes*: se utilizan para la comprobación a posteriori del correcto desarrollo o resultado de un procedimiento concreto.

También a los meros efectos clasificatorios, y aunque la terminología puede resultar engañosa y en no pocas ocasiones se presta a debate, es bastante habitual distinguir entre: (1) *Controles «duros»*: se refieren a tareas específicas y reflejan aspectos concretos del funcionamiento de la organización. Por precisar un poco más, entre otros, se pueden citar la obligatoriedad de un segundo par de ojos (como las dobles firmas), las comprobaciones cruzadas, los recuentos automatizados o *hash totals*, el sistema de contabilidad por partida doble, la segregación de funciones potencialmente conflictivas, las *checklists* o la llamada comparación entre el «debe» y el «es»; y (2) *Controles «blandos»*: complementan al tipo de medidas anteriores dando entrada en la ecuación a factores como las aptitudes y experiencia de los empleados, la cultura organizativa, el trabajo en red, la gestión de relaciones o la comunicación estratégica, por ejemplo. La introducción de estas variables va a resultar imprescindible para alcanzar un enfoque completo de control, ya que este depende en gran medida del factor humano. En la práctica, no obstante, los resultados derivados de esta clase de controles pueden ser más difíciles de contrastar que los obtenidos a través de los métodos duros; ahora bien, ello no está reñido con que puedan llegar a tener un desempeño notable.

A la hora de establecer procesos es esencial tener presente que no deben diseñarse o existir por sí mismos, sino que han de tener una causa de origen, un lugar específico en el ciclo fiscal y un resultado acorde con la normativa tributaria[237]. Otra cuestión de suma relevancia tiene que ver con la docu-

---

236 ENDEN, E.: «Horizontale Mythes. Van horizontaal naar fiscal systeemtoezicht». *Weekblad voor Fiscaal recht*, vol. 138, núm. 6826, 2009, págs. 1107-1112.

237 A efectos de garantizar su eficacia y eficiencia combinadas es bastante extendido en el mundo corporativo el uso del modelo o ciclo PDCA: *Plan-Do-Check-Act*. Se trata de un método iterativo de diseño y gestión para la medición y mejora continua de

mentación de todo lo anterior. En la documentación de un TCF se habrá de incluir, por tanto, una descripción detallada de los riesgos clave identificados y evaluados, así como de los controles que se desplieguen en torno a los mismos, sin olvidar que también se ha de ofrecer una visión estructurada de conjunto sobre la función fiscal y todo lo que a ella rodea[238].

(5) SUPERVISIÓN

- **Realización de pruebas de control**
- **Pruebas verificables, reproducibles y fiables**
- **Exhaustividad y precisión**

La supervisión constituye una parte fundamental de los sistemas internos de control y, especialmente en el ámbito fiscal, es quizás el proceso más importante que en último término justifica y da sentido a todos los demás. La supervisión implica la comprobación periódica de la eficacia y adecuación, tanto cualitativa como cuantitativamente, de los controles y procesos establecidos en las organizaciones. En esencia, se pueden distinguir dos dimensiones o funciones: (a) *Prospectiva*: permite detectar y ajustar controles inadecuados o riesgos desconocidos con el fin de subsanar las deficiencias advertidas y garantizar un funcionamiento correcto en el futuro; y (b) *Re-*

---

los procesos y acciones, que no se limita únicamente a corregir errores, sino también a responder ante las nuevas eventualidades que pudieran surgir. A pesar de que el ámbito fiscal se caracteriza por una normativa (y una interpretación de la misma) en constante cambio, la mayoría de los aspectos de los tributos son bastante estables y, por ende, la automatización de ciertas rutinas arraigadas puede plantearse como una buena alternativa. *Sensu contrario*, se darán también procesos ad hoc o puntuales —recientemente vienen adoptando la forma de proyectos— que exigirán cierto grado de flexibilidad y acciones específicas para la gestión de las incidencias.

238 El hecho de plasmar por escrito los procesos de control fiscal trae consigo importantes ventajas, entre otras: el aumento de la concienciación que supone la disposición precisa de las tareas, procesos y controles vigentes; la clarificación concreta de las parcelas de responsabilidad, especialmente, a efectos de rendición de cuentas; o la revelación y apreciación más explícita de las deficiencias y/o necesidades (de control) existentes en la organización a la luz de todo lo que ya se encuentra implementado e «inventariado».

trospectiva: a modo de «red de seguridad», impide o evita que se produzcan errores o incorrecciones materiales en las declaraciones fiscales y en otros intercambios de información que tengan lugar con las autoridades u otros sujetos de interés.

El propósito principal de la supervisión es conducir a la mejora y el ajuste continuo de los Marcos de Control Fiscal. Los fallos u omisiones que se experimenten, como es obvio, exigen su corrección. Del mismo modo, resulta inevitable el cambio o la evolución de las circunstancias iniciales para las que originalmente fueron concebidos o diseñados los controles, ya sea en el seno de la propia organización, la normativa fiscal, avances tecnológicos o, simplemente, nuevas prioridades o expectativas. Sea como fuere, es imperativo disponer un proceso de revisión, actualización y modificación integrado en el TCF a través del que se puedan identificar tales situaciones y renovar las medidas de control que hayan quedado obsoletas. Control y supervisión, por tanto, son dos realidades que intrínsecamente van de la mano.

Cada organización podrá decidir bajo su criterio la forma de llevar a cabo la supervisión de su MCF. De entre las distintas opciones posibles (auditorias de línea, pruebas de procedimiento, análisis de datos, etc.), la NTCA suele inclinarse por el muestreo estadístico al considerarlo el método más sencillo y eficaz para ajustar su enfoque de supervisión acorde a los resultados del control interno de la empresa. En muy resumidas cuentas, se parte de una muestra, extraída de una población formada por todos los ingresos y gastos, para obtener una opinión fundada sobre el funcionamiento de los mecanismos de control fiscal establecidos. Se suele emplear una «lista de puntos de control», de acuerdo con el nivel de materialidad[239] definido por la Administración, para cotejar diversos aspectos relacionados con facturas recibidas, facturas emitidas, transacciones entre empresas, salarios, etc. Por cada unidad monetaria muestreada, se obtendrá una visión en profundidad de la transacción empresarial subyacente. A partir de esta visión, la empresa podrá for-

239 Por nivel de materialidad se entiende el criterio (o conjunto de ellos) definido por la NTCA para calibrar la evaluación de la aceptabilidad de las declaraciones fiscales presentadas. Suele determinarse en función de una variable cuantitativa (importe monetario) y otra cualitativa (naturaleza del error, en concreto, grado de culpabilidad). Existen tablas renovadas periódicamente donde específicamente se establece el importe de materialidad aceptable con arreglo al tamaño de la empresa.

marse una opinión global sobre la manera en que se contabilizan y disponen los distintos ingresos y gastos. Con todo, el muestreo estadístico por sí solo no será suficiente y, en consecuencia, habrá de complementarse con alguna de las otras técnicas anteriormente mencionadas. Los resultados obtenidos por medio de las operaciones de supervisión van a proporcionar información acerca de la calidad de estos instrumentos[240]. Un Marco de Control Fiscal que se pruebe eficaz en la práctica y se ajuste periódicamente va a permitir a una organización demostrar un elevado grado de control sobre sus asuntos fiscales y una garantía activa en el cumplimiento de la normativa fiscal[241].

(6) INFORMES (REPORTING)

- **Proporcionar garantías**
- **Informes internos y externos**
- **Ciclo de aprendizaje**

---

240 Para estructurar la supervisión, la NTCA propone el llamado Modelo de las Tres Líneas o *Three Lines Model* —es la evolución del modelo de las Tres líneas de Defensa o *Three Lines of Defence*—. Las primera y segunda líneas estarían representadas por las acciones destinadas a conseguir los objetivos de la organización (incluida la gestión de riesgos); mientras que la tercera línea es la auditoría interna. La supervisión, como tal, se incluiría específicamente en la segunda línea, aunque el modelo parte de la idea de que las tres líneas son interdependientes.

241 Un término que con gran recurrencia aparece en la literatura sobre *Horizontal Monitoring* es el de «declaración fiscal aceptable». Se ha configurado como un presupuesto y fin que debe guiar la instrumentación de cualquier MCF. Aunque no es propiamente exclusivo de este ámbito, ni tampoco llega a ser un concepto jurídico autónomo, la NTCA le ha ido dotando de un sentido «normativizado» en términos de supervisión y, a este respecto, establece que una declaración o autoliquidación tributaria podrá calificarse como aceptable cuando cumpla los requisitos previstos en la normativa (leyes y reglamentos) y esté libre de inexactitudes importantes o incorrecciones materiales. Es precisamente esta premisa la que debe constituir el compromiso adquirido por los contribuyentes en el marco del HM, sin perjuicio de que puedan darse discrepancias en la interpretación de las normas. HORNSTRA, J.: «Cooperative compliance: small and medium sized businesses». En RUSSO, R. y HEIN, R.: *Tax Assurance*, Deventer, Netherlands: Wolters Kluwer, 2022, pág. 208-211.

La organización debe asegurarse de que la estrategia fiscal es clara y conocida por todos los empleados para que se actúe debidamente conforme a ella. Los informes internos y externos proporcionan información sobre los resultados de las actividades de supervisión interna. Al proceso completo de revisión y ajuste que se ha descrito en el apartado anterior se le denomina ciclo de aprendizaje.

B.3. Especialidades para las pequeñas y medianas empresas

En el caso de las pequeñas y medianas empresas (*small and medium sized category*), la situación es un tanto distinta, sobre todo, en términos operativos o procedimentales, por así decirlo. Esta clase de organizaciones —a diferencia de las grandes corporaciones que cuentan con conocimientos fiscales básicos «*in house*»— no disponen de las nociones fiscales mínimas a nivel interno, de forma que para todo este tipo de asuntos necesitan auxiliarse recurrentemente en la figura de los llamados *Tax Service Providers* (TSP). Como cabe esperar en consecuencia, estos contribuyentes no pueden configurar por sí mismos un Marco de Control Fiscal plenamente sofisticado y, por consiguiente, se han de organizar en base a las directrices que les dicten sus TSP, siendo estos quienes verdaderamente tienen una organización de calidad para canalizar y vehiculizar todos los quehaceres o aspectos con relevancia tributaria que ocupen a sus clientes. Desde la perspectiva de la NTCA, por su parte, es precisamente a través de la meta-supervisión de estos denominados sistemas de garantía de calidad de los asesores fiscales (*tax service provider's quality assurance system*) como se compensa o equilibra esa menor confianza que se tiene respecto a los modelos de control fiscal de este particular segmento.

Los TSP necesitan valerse de un sistema de control de calidad que funcione correctamente para garantizar la fiabilidad de las declaraciones fiscales presentadas por o en nombre de sus clientes en el marco del *Horizontal Monitoring*. En este punto se abren dos opciones: bien pueden estar afiliados a una «organización paraguas» que haya suscrito un acuerdo marco con la Administración, bien pueden actuar de forma independiente. En el primer supuesto, los asesores fiscales participarán en el HM a través de tales asociaciones profesionales, quienes contribuirán significativamente a la conformación de sus estándares de garantía a través del establecimiento de una serie de requisitos cualitativos y de la supervisión efectiva de su cumplimiento. Teniendo esto en cuenta, la Administración confiará y se basará en el trabajo realizado por estas organizaciones y, por ende, el análisis que dispense sobre dichos sistemas será mucho más liviano al dar por hecho que se cumplen los mencionados requisitos como criterios de admisión y permanencia en las mismas. En el segundo caso, los profesionales tributarios que deseen participar en el programa de cumplimiento cooperativo neerlandés no tendrán más remedio que suscribir un pacto independiente con la Administración. Al no darse las garantías del supuesto anterior, las autoridades llevarán a cabo una exploración más exhaustiva de sus sistemas de calidad a fin de constatar o comprobar su capacidad para generar declaraciones fiscales aceptables. Sea como fuere, la tenencia de un sistema de este tipo, aun cuando opere como condición necesaria, no será en ninguno de los casos garantía suficiente para la concertación del pacto y se necesitará además contar con una visión integral acerca del modelo organizativo del TSP: articulación de la relación de trabajo con los clientes, información solicitada a los mismos para confeccionar las declaraciones tributarias, eventual externalización de alguna de las fases del servicio (ej. contabilidad), documentación de las distintas actividades desarrolladas o grado de compromiso ético y profesional.

El examen que la *Belastingdienst* practicará en relación con los llamados TSP independientes —y, por analogía, los requisitos de calidad que las «organizaciones paraguas» impondrán a sus miembros— se centrará en la parte del diseño y aplicación con respecto a una serie de puntos de referencia que se consideran de suma relevancia: (a) Estrategia fiscal: se incluyen, entre otros aspectos, las normas de ética profesional o los criterios de aceptación de clientes y tareas encomendadas por los mismos; (b) Organización fiscal: procedimientos y directrices empleadas para garantizar la experiencia y competencia del personal, por ejemplo; (c) Análisis de riesgos: referidos a la aceptación de clientes y tareas, evasión fiscal, blanqueo de capitales y, en general, cualquiera que puede afectar a la consecución de los objetivos del HM o al cumplimiento de los acuerdos suscritos con las autoridades; (d) Control fiscal: medidas de cobertura de los riesgos; (e) Supervisión interna del propio TSP; y (f) *reporting* interno.

4.2.2. Las implicaciones del buen gobierno corporativo en materia fiscal: su conexión con el cumplimiento cooperativo

A. Concepto y evolución

La definición de *gobierno corporativo*, como tal, no es una cuestión que encierre una gran complejidad. Así, y con el propósito de no divagar en exceso, se puede concebir como «el proceso a través del cual las actividades de las empresas son controladas y supervisadas, determinando el patrón de relaciones entre la dirección de la empresa, el consejo de administración, los accionistas y los *stakeholders*»[242]. Se trata de un metaconcepto jurídico muy vinculado a la gestión de riesgos y al control de los procesos corporativos y, como tal, el desarrollo de los MCF está fuertemente influenciado por su evolución. Sin perjuicio de su eventual materialización en derecho positivo, las reglas de gobierno corporativo tradicionalmente han sido una expresión del fenómeno de autorregulación empresarial, esto es, una autolimitación voluntaria dada por las propias organizaciones para regular el funcionamiento de sus propios órganos de gobierno[243]. Se podría decir que existe una cierta coincidencia pacífica en situar su origen, sobre todo, en la necesidad de superar los problemas y conflictos de interés que en las sociedades cotizadas plantea la disociación existente entre la propiedad y la gerencia de las mismas[244]. En la teoría, los accionistas ostentan una visión a largo plazo de la corporación tendente a la creación de valor sostenible; por su parte, los administradores buscan obtener el máximo beneficio económico en tanto participen en la gestión de la misma[245].

---

242 CALDERÓN CARRERO, J.M.: «Los marcos de control de riesgos fiscales en un contexto post-BEPS», *Ob. Cit.*, pág. 37 y ss.

243 «Reforma del gobierno corporativo: más Junta», artículo publicado en el Diario de Navarra de 24 de enero de 2014.

244 BERLE, A. y MEANS, G.: *The Modern Corportion and Private Property*, New Jersey, USA: Transaction Publishers, 1932.

245 Algunos autores han ido más allá y han radicado las causas últimas de esta separación en lo que denominan *apatía racional de los accionistas*: una carencia de incentivos suficientes en los propietarios que, si bien pudiera revestir ciertos tintes de eficiencia económica, se traduce en una falta de supervisión efectiva sobre los ejecutivos que dirigen las sociedades. A día de hoy esta *teoría de la agencia* o *conflicto*

Sea como fuere, más si cabe en estos tiempos donde existe la percepción general de que todos los riesgos se han intensificado, el gobierno corporativo se ha erigido como una institución singular que favorece la instrumentación de los sistemas de gestión y administración de las sociedades, saliendo al paso de planteamientos excesivamente cortoplacistas y controlando la asunción desmedida de riesgos. No solo opera como una herramienta de fiscalización hacia los administradores, para que su gestión sea acorde a los intereses de los accionistas, sino que también extramuros de la empresa va a conformar una forma de control evitando la materialización de consecuencias negativas derivadas de una gestión inapropiada. El gobierno societario, en la medida en que es expresión de la gestión corporativa, va a determinar y condicionar las relaciones que se den entre los grupos de interés de una organización, por ejemplo, incidiendo en la confianza de los inversores y mercados, en el funcionamiento de los órganos sociales o en la consideración reputacional que se pueda tener de la empresa. Precisamente aquí es donde reside su piedra de toque. Así, y aunque las distintas corrientes jurídicas hayan podido transitar por diferentes caminos, se ha demostrado que el rasgo común a todas ellas y la única vía meridianamente practicable para elevar los estándares de buen gobierno pasa por establecer controles sobre la actividad de los ejecutivos, entre otros, mediante el establecimiento de marcos internos de control de riesgos propiamente dichos[246].

Con el paso de los años, se ha ido dando forma a este concepto hasta el punto de introducir el cumplimiento tributario entre sus fines ordenadores. Poco a poco se ha intentado trasladar al espectro fiscal los principios configuradores del buen gobierno corporativo, y viceversa, con el afán de elevar los niveles de cumplimiento voluntario y evitar una serie de prácticas que se con-

---

de agencia —que personaliza a los ejecutivos como agentes, pudiendo disentir sus intereses de los accionistas, que se presentan como comitentes— se encuentra un tanto cuestionada o, mejor dicho, resulta más bien restrictiva, ya que por un lado se considera que en el marco relacional de las empresas existen otros grupos de interés (el conjunto de los *stakeholders)* que de igual modo pueden condicionar la toma de decisiones; y, por otro, se ha venido aceptando también que la actuación de los administradores no siempre tiene que esconder o inspirarse en intereses meramente individuales.

246 VELASCO SAN PEDRO, L.A.: «Gobierno corporativo». En ALONSO LEDESMA, C.: *Diccionario de derecho de sociedades*, *Ob. Cit.*, pág. 665.

sideran fiscalmente agresivas. Todo ello, asimismo, coincidiendo sensiblemente con los postulados que ahora se estilan en las relaciones cooperativas. Así, siendo una primera aproximación muy preliminar, corresponde también poner sobre la mesa el concepto de buen gobierno fiscal, considerando este como el conjunto de «mecanismos específicos de gestión de un riesgo especialmente cualificado, como es el tributario,» y de «una política de transparencia no sólo hacia los mercados y los accionistas, sino también frente a un representante del interés general como es la Administración tributaria»[247]. Este concepto es expresión de la evolución experimentada por las cuestiones fiscales en el ámbito corporativo: concibiéndose inicialmente el pago de impuestos como un gasto inevitable que debía reducirse todo lo posible (sin transgredir el marco legalmente establecido)[248], pasando por un uso más intensivo de estrategias de planificación fiscal agresiva en la década de los noventa en un intento decidido de ajustar más los márgenes de beneficios netos, hasta llegar a tomar conciencia en la época reciente de la necesidad de desarrollar mecanismos de gobierno corporativo que incluyan estándares y buenas prácticas de cumplimiento tributario[249].

---

247 GARCÍA-HERRERA BLANCO, C.: «Buen gobierno fiscal y cumplimiento cooperativo con las grandes compañías», *Ob. Cit.*, pág. 139 y ss.

248 HYMAN, K.: «Paying a fair share of tax and aggressive tax planning - A tale of two myths», *eJournal of Tax Research*, vol. 12, núm. 2, 2014, pág. 414.

249 A este respecto, y sin ánimo de exhaustividad, es imperativo traer a colación los distintos informes que, con el propósito de ordenar e instrumentar los postulados del gobierno corporativo, se fueron publicando durante estos años y supusieron una revisión de sus principios configuradores. Entre todos ellos, por ser el primero y la inspiración de los que se sucederían a continuación, sobresale el Informe *Cadbury* del año 1992. Este informe, que tuvo su origen en el Reino Unido, abogó por una mayor transparencia en la gestión y por el establecimiento de controles sobre los ejecutivos de las grandes cotizadas, incluyendo un código de buen gobierno de asunción voluntaria dirigido a los consejos de administración de las mismas. Además de este, también destacan el Informe del *American Law Institute* (1994) —que influiría en la ya citada *Sarbanes-Oxley Act (SOx)* del año 2002, considerada por muchos como el origen de la gobernanza corporativa moderna—, el Informe *Vienot* (1995), el Informe *Greenbury* (1995), el Informe *Hampell* (1998) y el Informe *Cardon* (1998). Ya en el siglo actual, hay que mencionar los Informes *Winter* (2002) y *Higgs* (2003), que han tenido su correlato posterior en el acervo comunitario, la Declaración de Pittsburgh en el seno del G-20 (2009) y la publicación en el año 2011

Se podría decir, de una forma un tanto superficial, que tradicionalmente los gestores de las compañías, para evitar incurrir en responsabilidad derivada de las cuestiones de índole fiscal, trataban de alegar el desconocimiento de las mismas, escudándose en la complejidad técnica de esta materia. En la época reciente, en cambio, se ha venido perfilando una tendencia internacional que determina la integración de la función fiscal en el ámbito del gobierno corporativo, dotando a los consejos de administración de responsabilidad específica en esta materia y designándolos como los encargados de definir la estrategia y política fiscal y de establecer los controles sobre este tipo de riesgos[250]. Esto es lo que en la literatura anglosajona se ha denominado «*tax in the boardroom*», es decir, la necesidad de implicar a los órganos de gobierno de las empresas en la gestión y control de los asuntos tributarios[251]. De este modo, las cuestiones tributarias han ido adquiriendo poco a poco relevancia en la planificación y toma de decisiones de las empresas, superando el ámbito concreto del departamento fiscal específico encargado de su gestión y alcanzando otros enclaves corporativos que transcienden incluso la dimensión interna de las mismas. En palabras de CALDERÓN CARRERO, «los impuestos han salido del 'espléndido aislamiento' en el que vivían dentro del seno de las grandes empresas y han alcanzado una visibilidad de primer nivel, resultando relevantes para la sociedad y los ciudadanos (dimensión ética/reputacional), para los accionistas, para inversores y stakeholders (dimensión

---

del Libro Verde, por parte de la Comisión Europea, que analizaría la eficacia de la normativa no vinculante sobre gobierno corporativo en la UE en aras de una mayor proyección. En España, por su parte, como se verá a continuación, se publicaron los Informes Olivencia (1998) y Aldama (2003).

250 «De la misma manera, cada vez en más países, el Consejo está obligado a supervisar las estrategias de planificación fiscal y financiera que la administración puede adoptar, desincentivando actuaciones que no redunden en el interés a largo plazo de la empresa y sus accionistas, como prácticas activas de elusión fiscal, que, además, pueden comportar un riesgo jurídico y reputacional». OCDE (2016). *Principios de Gobierno Corporativo de la OCDE y del G20*. Editions OCDE. <*https://www.oecd.org/spain/37191543.pdf*>
MACPHERSON, A.; TRAGHEIM, C.: y RISUCCIOA, H.: «Risk Angles: Five questions on the impact of tax risk», *Ob. Cit*., pág.

251 WILLIAMS, D.: «Developing the Concept of Tax Governance», *KPMG publications*, 2007.

externa empresarial) y para el Consejo de administración (dimensión corporativa); *tax is out*»[252].

B. Responsabilidad fiscal corporativa

La *Responsabilidad Social Corporativa* se puede definir como «una forma de dirigir las empresas basada en la gestión de los impactos que su actividad genera sobre sus clientes, empleados, accionistas, comunidades locales, medioambiente y sobre la sociedad en general»[253]. Se ha venido concibiendo como una forma de autorregulación societaria, ínsita en el contexto general del negocio, que trata de garantizar la observancia de determinados estándares y normas éticas. Con esta idea lo que se pretende es cuantificar de alguna manera las externalidades derivadas de la actuación de la organización, no solo buscando limitar sus posibles impactos negativos, sino también favoreciendo activamente una conducta alineada para con el bienestar de la comunidad. Como resultado de ello, se generan una serie de obligaciones jurídicamente no preceptivas, una suerte de compromisos de comportamiento socialmente responsable que elevan el nivel de diligencia estrictamente exigible.

A través de este concepto, sobre todo a partir de la década de los 2000, se ha ido introduciendo paulatinamente un componente moral o ético en el ámbito fiscal de las empresas, ayudando a consolidar ese cambio en la percepción sobre el pago de tributos que hasta entonces se tenía y llegando a conformar lo que se conoce como responsabilidad fiscal corporativa[254]. Se ha

---

252 ERLE, B.; DOHERTY, R.; HICKEY, L.; y FLEXMAN, B.: *Tax in the Boardroom. A Discussion Paper*, London, UK: KPMG international, 200, págs. 1-2.

253 Observatorio de la Responsabilidad Social Corporativa. <*https://observatoriorsc.org/la-rsc-que-es/*>

254 En esta línea se pueden observar algunos trabajos publicados durante los últimos años que han tratado de promover estas consignas. En el ámbito de la OCDE, las ya citadas Líneas Directrices para Empresas Multinacionales, con la revisión del año 2000 y, ya de una forma muy clara, con la última revisión del año 2011, han ido incorporando las buenas prácticas tributarias al marco del buen gobierno fiscal corporativo, en un intento muy claro de introducir una dimensión social y ética en el correcto cumplimiento de las obligaciones fiscales. A través de la transparencia, la adecuada gestión de los riesgos tributarios y, sobre todo, el cumplimiento con arreglo al espíritu de las nor-

tratado de interiorizar en el fuero interno de las empresas que el cumplimiento tributario produce efectos más allá de la propia contabilidad financiera y, como tal, las conductas fiscalmente elusivas provocan un menoscabo en las haciendas públicas en detrimento de la comunidad en su conjunto. La idea de responsabilidad social corporativa se ha ido vinculando cada vez más a comportamientos fiscalmente éticos y responsables en el mundo de la empresa —*fair share of taxes*—, pretendiéndose con ello que la tributación sea entendida como una forma de contribuir al desarrollo y bienestar de la sociedad[255]. Así, la responsabilidad fiscal societaria implicaría que las cuestiones tributarias no puedan ser consideradas exclusivamente desde un punto de vista técnico,

---

mas, se pretende perfilar una conducta socialmente responsable en materia fiscal en un ámbito que hasta el momento se venía rigiendo por un afán excesivo de maximización económica. De una manera similar, hay que presentar los Principios de Gobierno Corporativo de la OCDE y del G20, revisados en los años 2004 y 2014/15. Entre los seis principios que se enuncian, el cumplimiento fiscal responsable bien cabría enmarcarlo en el quinto —Divulgación de información y transparencia— y, sobre todo, en el sexto —Las responsabilidades del consejo de administración—. En la versión más actualizada de esta última directriz se identifican referencias expresas a la ética en materia fiscal, situando la figura de los consejos de administración al frente de la estrategia corporativa como garantes de la supervisión de los sistemas de control de riesgos y del cumplimiento con la normativa aplicable. En palabras textuales, se conviene a señalar que «El Consejo debe obrar de forma ética y tener en cuenta los intereses de los actores interesados. El Consejo desempeña un papel protagonista a la hora de definir el mensaje ético de la empresa, no sólo a través de sus propias acciones, sino también al nombrar y supervisar la labor de los ejecutivos principales y, por ende, de la dirección en general. Regirse por valores éticos estrictos beneficia de manera duradera a la empresa, pues le otorga credibilidad y fiabilidad tanto en las operaciones diarias como en los compromisos a largo plazo». Resulta igualmente conveniente referenciar, pudiendo considerarse en cierto modo como la realidad más inmediata que llega hasta el día de hoy, cómo el Pan BEPS (2013) y la implementación de sus acciones también han contribuido a consolidar ese afán de introducir la moralización en el cumplimiento tributario de las grandes compañías. De una forma muy evidente, se puso en tela de juicio que las empresas no tuvieran en cuenta la parte justa de la tributación (*fair share taxation*) a la hora de confeccionar su planificación fiscal, haciéndolo únicamente por referencia a la legalidad más estricta [MARÍN BENÍTEZ, G.: *¿Es lícita la planificación fiscal? Sobre los defectos de neutralidad y consistencia del ordenamiento tributario*, Valladolid, España: Lex Nova, 2013, pág. 15].

255 HYMAN, K.: «Paying a fair share of tax and aggressive tax planning – A tale of two myths», *eJournal of Tax Research*, *Ob. Cit.*, pág. 414.

sino que necesariamente también han de sopesarse, en la toma estratégica de decisiones al máximo nivel directivo, teniendo en cuenta todas sus posibles implicaciones extramuros de las corporaciones[256].

En este contexto, se ha ido moldeando una especie de clima de moral fiscal con unas nada despreciables consecuencias, pivotando todas ellas sobre el eje común de la mayor transparencia en el cumplimiento de las obligaciones tributarias. Así, las medidas que se han desarrollado en la práctica se podrían compendiar en las siguientes: (1) normas más estrictas en materia de PFA; (2) interpretación más restrictiva de la normativa sobre beneficios fiscales; (3) dotación de mayor responsabilidad a los consejos de administración en el planeamiento fiscal; y, en lo que atañe a este trabajo, (4) el establecimiento de relaciones de cooperación entre las Administraciones tributarias y las grandes empresas contribuyentes[257]. Lo anterior lleva a considerar también dos cuestiones muy interconectadas entre sí:

- En primer lugar, la creciente importancia del factor reputacional en las empresas. Las mayores exigencias de transparencia, el proselitismo fiscal iniciado por numerosas organizaciones supranacionales y el componente moral que poco a poco se va extendiendo en todo el espectro corporativo han dispuesto un cambio de parecer no solo en la dimensión y organización interna de las empresas, sino también en la percepción y relevancia pública que se tenía sobre el pago de impuestos de cara al exterior[258]. En estas nuevas coordenadas, y en gran medida también debido a las tecnologías de la información y co-

---

256 HENDERSON Global Investors, «Responsible Tax», 2005.

257 HALLIVIS PELAYO, M.: «Initiative on the Enhanced Relationship», *Puntos Finos*, núm. 203, 2012, pág. 41.

258 En un discurso en la conferencia del Instituto de Ejecutivos Tributarios en Washington DC, Jeffrey Owens, el por entonces Director del Centro de Política y Administración Tributaria de la OCDE, manifestó: «*Tax has ceased to be something that just interests tax directors. The press is taking an increasing interest in tax issues. Newspapers such as the Financial Times and the Wall Street Journal now run front page headlines on the way some companies have been targeted over tax avoidance, the intention of a company to shift its headquarters offshore*». Tax Executives Institute Conference, Washington DC, discurso de Jeffrey Owens-Director OECD, Centre for Tax Policy and Administration, 19 March 2007.

municación actuales, el cumplimiento de las obligaciones fiscales ha adquirido una notoriedad de primer orden. Aunque el objetivo de los directivos deba seguir siendo minimizar la carga fiscal soportada por las empresas, no se pueden desconocer los eventuales costes derivados del daño reputacional que podría causar la utilización de estrategias demasiado agresivas (no ya ilícitas). De ahí que a la hora de ponderar el nivel de riesgo asumible deba tenerse en cuenta también el daño reputacional que podría originarse, despertando una especie de conciencia tributaria en las empresas.

- En segundo lugar, la efectividad material de la RSC y de los mecanismos de autorregulación empresarial que se deriven de la misma. No han sido pocos los autores que durante años han señalado el peligro de que la RSC pudiera estar siendo utilizada por las empresas como una mera estrategia de marketing, es decir, una coartada para mejorar la imagen de la sociedad asumiendo compromisos vacíos de contenidos. Existiría una mayor preocupación por lo que pudiera trascender al debate público que por lo que realmente ocurriera en el seno de las propias compañías, determinando que las estrategias corporativas no se diseñaran tanto para evitar riesgos, sino más para proteger la reputación societaria, desvirtuando y pervirtiendo este concepto próximo a la ética empresarial. En esta tesitura, se ha llegado incluso a apuntar que los mecanismos de autocomposición empresarial (tanto si emanasen del ejecutivo como de entidades privadas) y la gestión privada de los riesgos (como instrumento a través del que se hacen efectivos los fines de la RSC) corromperían su función natural y serían utilizados para camuflar o blanquear prácticas de riesgo. Ello explicaría que en no pocos casos el legislador haya decidido convertir algunas de esas recomendaciones en obligaciones legales. Con todo, es igualmente importante poner de manifiesto que, si bien antes esto podría ser así, en la etapa más actual sí parece apreciarse un verdadero intento por elevar el recorrido práctico efectivo de los fines de la RSC. Sobre todo de la mano de las grandes compañías, se viene observando una transformación en la concepción material y en la eficacia que se quiere dar a este concepto, desarrollando cada vez en más ámbitos verdaderas estrategias empresariales en torno a la ética de los negocios. Resulta necesario conformar una cultura de cumplimiento que vaya más allá de reglas y mecanismos formales; que emane de forma natural e involuntaria desde el propio fuero interno de las empresas; y que tenga la ética como epicentro de su motivación sin otro tipo de fines accesorios.

En términos materiales, una de las manifestaciones más patentes que la RSC ha tenido —y tiene— son los códigos de buen gobierno societario[259] que durante los últimos tiempos han orientado el actuar de las grandes empresas y, a su vez, han servido para afianzar la observancia de determinados comportamientos coherentes con el concepto del que emanan. El origen de estos instrumentos puede radicar tanto en la autorregulación empresarial como en el poder ejecutivo. Con respecto a la normativa mercantil, tienen vocación complementaria, llegando allí donde esta no lo hace. Por lo general, estos códigos se reservan a las entidades que operan en mercados regulados. Lo que en la actualidad se pretende con ellos es proporcionar un marco que, más allá de la propia organización interna de las sociedades, sirva para alinear su estrategia global con las buenas prácticas corporativas. Sin implicar en ningún caso una renuncia a ese carácter voluntario que preside su asunción, su aplicación se viene rigiendo por el principio de aceptado reconocimiento internacional «cumplir o explicar» o, en inglés, *comply or explain*: no se obliga a aceptar de forma imperativa todas las recomendaciones incluidas en estos códigos, pero las sociedades sí que deberán indicar su grado de seguimiento y, en caso de que no fuera tal, exponer las razones por las no se produce[260]. Este principio concreto sí sería de observancia preceptiva y, en esencia, vendría a constituir una suerte de obligación de transparencia.

---

259 [*«corporate governance code» is generally defined as a non-binding set of principles, standards or best practices, issued by a collective body, and relating to the internal governance of corporations*] WEIL, GOTHSHAL & MANGES: «Comparative Study of Corporate Governance Codes Relevant to the European Union and its Members States». Final Report, 2002.

260 Una buena muestra de ello es el artículo 46 bis, apartado 1, letra b), de la Directiva 78/660/CEE (en la redacción dada por la Directiva 2006/46/CE): «en la medida en que una sociedad, de conformidad con la legislación nacional, no aplique el código de gobierno corporativo citado en la letra a), incisos i) o ii), la sociedad deberá explicar qué partes del código de gobierno corporativo no aplica y las razones para ello. Cuando la sociedad haya decidido no aplicar alguna disposición del código de gobierno corporativo citado en la letra a), incisos i) o ii), explicará las razones de su actuación".

En España, se han sucedido varios códigos de autorregulación empresarial desde los primeros años del presente siglo, sin perjuicio asimismo de que no pocas de las recomendaciones inicialmente contenidas en estos instrumentos han sido paulatinamente acogidas en derecho positivo. El por ahora vigente lo constituye la versión actualizada a 2020 del «Código Unificado de Buen Gobierno de las Sociedades Cotizadas», más conocido como Código Conte, que actualmente recibe el nombre de «Código de buen gobierno de las sociedades cotizadas». De igual forma, y siendo ya materia puramente específica del ámbito de este estudio, no se puede dejar de mencionar el «Código de Buenas Prácticas Tributarias» aprobado en el año 2010 de forma conjunta por el Foro de Grandes Empresas (FGE) y la Administración Tributaria Española (AEAT). Este producto de la autorregulación público-privada, como se verá en profundidad en el próximo *CAPÍTULO*, define las buenas prácticas tributarias como «todas aquellas que conduzcan a la reducción de riesgos fiscales significativos y a la prevención de aquellas conductas susceptibles de generarlos». A través de la adhesión voluntaria a sus recomendaciones se pretende mejorar la aplicación del sistema tributario, incrementando los niveles de transparencia y desarrollando una cooperación recíproca basada en la buena fe y la confianza entre la Hacienda española y los grandes contribuyentes. En la misma línea, con el paso de los años se han publicado más códigos de este tipo que vinculan, entre otros, a las Asociaciones y Colegios de Profesionales Tributarios, a los propios Profesionales Tributarios o a las Pequeñas y Medianas Empresas.

El incentivo de asumir este tipo de postulados, en términos ideales, se ha tratado de ubicar en torno a los conceptos de «generación de valor en la empresa, mejora de la eficiencia económica y refuerzo de la confianza de los inversores»[261]. Aun cuando ello pueda ser poco realista, lo que no admite dudas es que ciertos de estos protocolos contenidos en los códigos de buen gobierno, ya sea por su entidad o su trascendencia, se han ido materializando en disposiciones regulatorias

En España, vid. el artículo 61 bis, apartado 4, letra g) de la Ley 24/1988, de 28 de julio, del Mercado de Valores, que exige que el informe de gobierno corporativo se refiera al "grado de seguimiento de las recomendaciones de gobierno corporativo, o, en su caso, la explicación de la falta de seguimiento de dichas recomendaciones».

261 Preámbulo de la *Ley 31/2014, de 3 de diciembre, por la que se modifica la Ley de Sociedades de Capital para la mejora del gobierno corporativo.* (*Tol 4559375*).

jurídicamente vinculantes. Esto es una clara manifestación de que en el gobierno corporativo de las empresas hay asuntos de tal importancia para la colectividad que no se pueden dejar al arbitrio de las entidades privadas, y de ahí que el legislador, tomando conciencia de ello y sin abandonar ese núcleo esencial de espontaneidad, haya asimilado algunas de sus previsiones en derecho positivo[262]. Particularmente en lo que atañe a la materia tributaria, se puede destacar la *Ley 31/2014, de 3 de diciembre, por la que se modifica la Ley de Sociedades de Capital para la mejora del gobierno corporativo*. Esta regulación estableció un conjunto de normas para mejorar el funcionamiento de los órganos de gestión y la participación de los accionistas en las empresas cotizadas, introduciendo o, dicho de otra manera, especificando una serie de facultades indelegables para los consejos de administración en materia de gestión y control de riesgos fiscales[263]. A saber: (a)

---

262 Resulta especialmente esclarecedora la reflexión que a este respecto realiza LAGUNA DE PAZ: «El concepto de gobierno corporativo se desvirtúa cuando no solo se utiliza para referirse a códigos de conducta voluntariamente asumidos por las empresas, sino que se amplía para abarcar auténticas normas jurídicas. Esta comprensión se ve favorecida por la corriente de pensamiento proclive a desdibujar las diferencias entre la regulación y la autorregulación. A ello se suma el hecho de que algunas normas pueden formularse inicialmente como reglas de gobierno corporativo, pero en un momento posterior se incorporan a textos legislativos. Se da este paso cuando el legislador entiende que los intereses protegidos son de suficiente entidad como para no poder quedar al arbitrio de los interesados. Esto es lo que sucede cuando la normativa impone consejeros independientes, controles externos, reglas de transparencia o de retribución de los directivos (sector financiero). No obstante, cuando esto sucede, estas reglas transforman su naturaleza: dejan de ser reglas de gobierno corporativo (recomendaciones o compromisos voluntariamente asumidos) para convertirse en auténticas normas jurídicas». LAGUNA DE PAZ, J.C.: «El papel de la regulación en la llamada economía colaborativa», *Revista de estudios europeos*, núm. 70, 2017, pág. 162.

263 Es interesante en este punto traer a colación la reflexión que ya en el año 2014 realizó GASCÓN CATALÁN acerca del papel fundamental que esta dimensión ética de la fiscalidad iba a desempeñar en la configuración de los nuevos modelos de gobierno corporativo. El que fuera presidente de la AEAT, partiendo de la base de que la estrategia fiscal debía ser determinada por el consejo de administración, se apresuró a considerar dos cuestiones: (1) En primer lugar, se habría de tener en cuenta si los consejos de administración compartían la opinión de la OCDE de que los impuestos debían ser pagados con arreglo no solo a la literalidad de las normas tributarias, sino también al espíritu y finalidad que habían inspirado al legislador en

La determinación de la estrategia fiscal y de los principios básicos de la política fiscal de la compañía; (b) El diseño de los sistemas de control y gestión de riesgos fiscales (MCF), así como la supervisión del funcionamiento e implementación efectiva de tales mecanismos; y (c) La aprobación de aquellas operaciones o inversiones que revistan especial riesgo o transcendencia fiscal. Aunque no se mencione de manera expresa en su preámbulo, algunas de las modificaciones que se incluyen parecen estar claramente inspiradas por las recomendaciones contenidas en el mencionado Código de Buenas Prácticas Tributarias publicado años antes y, en no menor medida, por la que sería reforma del Código de buen gobierno de las sociedades cotizadas del año 2015, que ya por aquel entonces se había puesto en marcha.

El sistema establecido por estos instrumentos de autorregulación, en términos generales, es bastante flexible. Ello es así porque el carácter heterogéneo de las distintas compañías que integran el tejido corporativo desaconseja o imposibilita establecer una estrategia única aplicable a todas ellas, no desentonando por consiguiente el carácter dispositivo y la redacción relativa-

---

su elaboración. Para clarificar este parecer proponía realizar un análisis a través de una *check list* construida en base a las acciones del Plan BEPS y a las directrices generales de los Planes Anuales de la Agencia Tributaria. De esta forma, se habrían de sopesar las eventuales contingencias fiscales que pudieran derivarse al chocar tales previsiones con el criterio del consejo, ponderando sobre todo su eventual materialización en derecho positivo en los años venideros; y (2) En segundo lugar, resultaría igualmente importante para los consejos de administración conocer la relación de coherencia entre el valor generado por la organización en cada país y el nivel de impuestos pagado. En sí, tener claro la situación de la cadena de valor de la empresa y su consiguiente imposición efectiva. Con todo esto, lo que el mencionado autor pretendía era sentar un punto de reflexión que ayudara a clarificar la definición de las estrategias fiscales de las empresas, de tal forma que se realizarían modificaciones en caso de considerarse excesivo el riesgo derivado de una eventual materialización de tales contingencias fiscales o, de no ser así, se mantendrían invariables las mismas si se estaba dispuesto a asumir ese nivel de riesgo. Hoy en día muchas de estas cuestiones se encuentran cabalmente asumidas por los consejos de administración. Se ha demostrado que la implementación de las acciones derivadas del Plan BEPS no era una mera panacea teórica. Ello puede servir de ejemplo acerca de lo que ahora se está intentando plasmar en España en materia de relaciones cooperativas, no debiendo despreciar sin más o no valorando de una forma suficiente o adecuada este nuevo modelo de cumplimiento que se propone, más si cabe cuando en otros países ya se ha consolidado como una alternativa notablemente satisfactoria.

mente genérica que se dispone en estos códigos. Las empresas deberán tratar de compatibilizar las exigencias derivadas de las lógicas económicas con los estándares de buen gobierno que aquí se contienen. En el ámbito tributario, se ha llegado a cuestionar, y no de forma desacertada, el hecho de que esta promoción del cumplimiento responsable, a través de la responsabilidad social corporativa y los códigos de buen gobierno, pueda no conjugarse bien con la realidad fiscal que a día de hoy se encuentra establecida en las empresas. El que se trate de vincular el modo de cumplir las obligaciones fiscales con reglas de carácter voluntario genera no pocas dudas en un entorno que esencialmente está integrado por disposiciones imperativas; más si cabe teniendo en cuenta la mentalidad impositiva y la concepción sobre el pago de impuestos que por la propia dinámica social se ha tenido y se tiene en España.

C. *Interrelación con el cumplimiento cooperativo*

Como se puede extraer de todo lo dicho hasta el momento, los axiomas del BGC y la responsabilidad societaria coinciden sensiblemente con lo que pretenden ser los modelos cooperativos de cumplimiento tributario. Siendo casi más un reflejo involuntario que un pensamiento con estricto soporte material, una vez sumergidos en la literatura sobre *cooperative compliance* la idea de una cultura de este tipo enseguida se anuda a los conceptos de buen gobierno fiscal y responsabilidad fiscal cooperativa. La presencia de valores éticos integrados en el espíritu empresarial se vincula armónicamente con los presupuestos de confianza y buena fe que deben presidir y fundamentar las relaciones de colaboración entre la Administración y los contribuyentes.

Hay autores que sitúan el antecedente de los modelos de cumplimiento cooperativo en las (buenas) prácticas fiscales que las sociedades han venido llevando a cabo bajo el concepto de RSC. Como ya se ha reiterado en más de una ocasión, en la realidad empresarial actual poco a poco está calando (al menos formalmente) la idea de que los impuestos no constituyen una mera cuestión de trámite, sino una forma de distribuir los beneficios hacia la sociedad en su conjunto[264]. La naturaleza de esta nueva concepción de la

---

264 AVI-YONAH, R. S.: «Corporate Social Responsibility and Strategic Tax Behavior». En SCHÖN, W. (ed.) et. al.: *Tax and Corporate Governance*, *Ob. Cit.*

responsabilidad social de las empresas, como modelo ético y responsable que incluye la estrategia fiscal y el cumplimiento de las obligaciones tributarias, coincide sustancialmente con los caracteres y la idiosincrasia de los nuevos modelos de relaciones cooperativas. La responsabilidad fiscal societaria y los códigos de buenas prácticas que de ella se derivan son elementos cualificados que contribuyen a mejorar la adecuada realización de las obligaciones fiscales y, como tal, deberán ser aprovechados para sentar las bases de los modelos de cumplimiento cooperativo[265]. El pago correcto de impuestos ha pasado a tener un valor que entronca directamente con la posibilidad de entablar una relación cooperativa con la Administración, pudiendo resultar incompatibles con ello aquellas posturas que de una forma excesiva contemplen un ahorro fiscal a corto plazo[266].

Las tendencias internacionales que se están sobreviniendo en materia de aumento de la transparencia fiscal, comunicación *ex ante* de información relevante, participación de los altos órganos directivos en los asuntos fiscales y lucha contra las planificaciones agresivas, como más destacadas, no hacen sino ejercer cierta presión indirecta en las empresas orientándolas en la dirección del cumplimiento cooperativo[267]. De este modo, las implicaciones derivadas de los principios del buen gobierno fiscal pueden allanar y servir de base para la aplicación de programas de este tipo, concienciando a las organizaciones y desarrollando en ellas una suerte de automatismos claves para la instauración de las relaciones de cooperación[268]. El punto de encuentro más claro que se puede apreciar en todo esto, al menos desde una óptica material, radica en los sistemas de gestión y control de riesgos. Estos instrumentos de la arquitectura corporativa operarían a la vez, como ya se ha señalado, en el proceso de organización y supervisión interna de las empresas y en la administra-

---

265 GARCÍA NOVOA, C. y HOYOS JIMÉNEZ, C. (coord.): *El tributo y su aplicación: perspectivas para el siglo XXI, Ob. Cit.*, pág. 1322.

266 «Taxing issues: Responsible business and tax», SustainAbility ltd., 2006, págs. 3, 16 y 17.

267 PWC, *Assessing tax. 2014 tax rate benchmarking study for industrial products and automotive sectors*, 2014.

268 OCDE (2009). *General Administrative Principles: Corporte governance and tax risk management*. Information Note. <*https://www.oecd.org/tax/administration/43239887.pdf*>

ción específica de los riesgos fiscales (MCF). Se produce, así, un desarrollo paralelo entre ambas realidades, una retroalimentación mutua que viene a confluir en una serie de objetivos ciertamente coincidentes[269]. Como señala CALDERÓN CARRERO, «existe una interrelación y convergencia sustantiva entre el nuevo marco de buen gobierno corporativo en materia fiscal, las tendencias internacionales de fiscalidad internacional dirigidas a minimizar la utilización de esquemas de planificación fiscal agresiva y el *strategic tax behaviour* de los grandes contribuyentes, y los programas de cumplimiento tributario cooperativo, por no mencionar la tendencia a la instrumentación de la RSC como mecanismo al servicio del cumplimiento tributario»[270].

Con todo, no se puede sostener, ni mucho menos, que BGF y cumplimiento cooperativo sean dos conceptos idénticos o, ni siquiera, indisolublemente anejos, puesto que existen importantes diferencias en su funcionalidad intrínseca y, al menos también en este momento, en el soporte regulatorio que tiene cada uno de ellos. Lo que se podría calificar como intensidad de ciertos postulados que configuran los modelos de relaciones cooperativas, y que de un modo similar se encuentran muy próximos al concepto de RFC, supera o va más allá de las exigencias del buen gobierno societario en materia tributaria que hoy en día se encuentran plasmadas en derecho positivo. En sí, se quiere poner de manifiesto el distinto recorrido que en sendas realidades pueden tener parámetros como la transparencia, el diálogo con las autoridades, la revelación de posiciones fiscales o, incluso, el cumplimiento con arreglo al espíritu de las normas. En este sentido, el cumplimiento cooperativo vendría a ser un paso más que el gobierno societario a efectos de establecer la planificación fiscal de las compañías, sin que en ningún caso pudiera llegar a suponer la «demonización» o una limitación abusiva de este tipo de prácticas hasta el punto de hacerse impracticable en términos competitivos.

---

269 «El punto de encuentro se sitúa en el concepto de <buena gobernanza fiscal>, entendido como la unión de transparencia, intercambio de información y competencia leal en materia tributaria» GONZÁLEZ DE FRUTOS, U.: «La gobernanza fiscal y la presidencia de la UE 2010. Memoria de las actuaciones de la Agencia Tributaria relacionadas con la presidencia», Boletín Económico de ICE, núm. 2996, 2010, pág. 21.

270 CALDERÓN CARRERO, J. M. y QUINTAS SEARA, A.: *Cumplimiento tributario cooperativo y Buena gobernanza fiscal en la era BEPS, Ob. Cit.*, pág. 212.

Los principios de este nuevo modelo de cumplimiento tributario, casi con seguridad, se asimilarán a los mecanismos de buen gobierno fiscal que pueda haber establecidos en las empresas, pero esto no necesariamente ocurrirá al revés. Se podría decir que la gobernanza fiscal corporativa encierra un mayor grado de autonomía y libertad, y ello quizás es debido a no hacerse depender del necesario y estricto mantenimiento de una relación de colaboración con las autoridades, que sí se da en el terreno cooperativo.

4.3. LOS INTERMEDIARIOS FISCALES

4.3.1. La relación tripartita

Aunque apenas se haya mencionado el papel de los intermediarios fiscales más allá de alguna referencia incidental o genérica, el cumplimiento de las obligaciones tributarias en general, y el cooperativo en particular, no puede descansar exclusivamente sobre la base de una relación bilateral entre la Administración y los contribuyentes. Si bien es cierto que en una primera etapa los trabajos en esta materia se focalizaron de forma muy específica sobre la figura de los contribuyentes, cosa que tampoco es de extrañar en la fase inicial del proyecto, no lo es menos que habiéndose alcanzado cierto desarrollo y consolidación el camino a seguir pasa por exportar el cumplimiento cooperativo a otros colectivos sensibles en esta materia. En el derecho comparado ya se advierten iniciativas de este tipo ciertamente asentadas y con verdaderas implicaciones prácticas[271].

Una parte muy importante de la eficacia y del correcto funcionamiento del sistema se hace depender de esta relación tripartita, debiendo tenerse muy

---

[271] Algunos ejemplos pioneros en este sentido se pueden encontrar en los Países Bajos, donde las relaciones de cooperación se articulan con grupos e instituciones representativos de intereses económicos o profesionales y con intermediarios y entidades en que todos ellos se encuentran englobados; Estados Unidos, donde se vienen adoptando códigos de conducta dirigidos a estos profesionales de la asesoría fiscal que introducen estándares y un punto de ética en sus actuaciones; o Irlanda, donde se reconoce abiertamente superada la tradicional relación de desconfianza e intereses contrapuestos que se mantenía con estos operadores y se camina con paso firme hacia la colaboración y el mutuo entendimiento en unos términos bastante avanzados.

presente la influencia decisiva que de un modo indirecto (y no tan indirecto) estos sujetos ejercen y pueden ejercer sobre la conducta de sus clientes, más si cabe en el marco del cumplimiento cooperativo. La relevancia que en el panorama actual tienen factores como las tecnologías de la comunicación, el comercio electrónico, la liberalización de mercados y capitales y la consiguiente facilidad para realizar explotaciones a nivel global y deslocalizar activos y empresas, ha propiciado un incremento notable en la complejidad técnica de la normativa que disciplina el pago de impuestos, especialmente en lo que atañe a las grandes empresas multinacionales. En un contexto como este, si además se tiene en cuenta la generalización de las autoliquidaciones como método contributivo y la abundancia de obligaciones formales que recaen sobre los sujetos llamados a contribuir, por muy capaces que sean los servicios asistenciales de las autoridades, los intermediarios fiscales emergen como necesarios e imprescindibles colaboradores no solo para los contribuyentes —posibilitando un adecuado cumplimiento de sus obligaciones para con el fisco—, sino también para las Administraciones —ya que sin ellos la gestión de los actuales sistemas tributarios sería inviable—[272].

El concepto de intermediario fiscal no es unívoco y dependerá del contexto funcional donde se practique, incluyendo una amplia gama de sujetos y, por ende, de diversidad en las funciones que estos realicen. La expresión, como tal, surgió de forma novedosa en el seno de la OCDE con el propósito de referirse no a una profesión previamente identificada en concreto, sino a todas aquellas que apareciesen involucradas en cualquier actividad de

---

[272] Así, para que se pueda tener una idea más concreta, ya en el año 2005 la OCDE estimaba que estos operadores participaban en alrededor de un 30% de las declaraciones sobre impuestos personales que se presentaban en casi la mitad de los países miembros y de un 50% de las declaraciones sobre impuestos societarios en casi las dos terceras partes de los mismos [OCDE-FAT (2005). *Second Meeting of the Forum on Tax Administration* (Conference Note), Dublín, 2005]. Mas recientemente, en España, las estadísticas que cada año se analizan en el estudio «Opiniones y actitudes fiscales de los españoles» confirman esta tendencia. Se aprecia que en torno al 40% de las declaraciones presentadas están asistidas por profesionales de este sector, incrementándose notablemente esta cifra cuando se trata de declarantes que ejercen actividades económicas [ÁREA DE SOCIOLOGÍA TRIBUTARIA: «Opiniones y actitudes fiscales de los españoles en 2018». *Instituto de Estudios Fiscales*, Documentos de Trabajo 16, 2019].

asesoría o gestión que influyera en la aplicación del ordenamiento fiscal[273]. Esta clase de sujetos representan un eslabón imprescindible para organizar las relaciones entre la Administración y los obligados a contribuir, siendo los que hacen verdaderamente posible el adecuado cumplimiento de las obligaciones fiscales, más allá de cualquier actividad asistencial que puedan prestar las autoridades. Por todo ello, habida cuenta de la importancia que estos operadores detentan en el correcto funcionamiento del sistema, y para que los programas de cumplimiento cooperativo sean realmente efectivos, resultará crucial y más que justificado la articulación de una relación más estrecha de colaboración con estos sujetos; más si cabe, advirtiendo o teniendo en cuenta el vínculo de confianza que de una forma más íntima y directa viene establecido con sus clientes, cual no deja de ser un pilar básico del modelo.

Ahora bien, dicho todo lo anterior, los intermediarios fiscales también desarrollan una labor determinante en lo que se refiere a la planificación fiscal agresiva, ya que se ha constatado sobradamente cómo algunos de ellos son responsables activos del diseño y promoción de esta clase de estructuras perniciosas[274]. Con el paso de los años se ha acrecentado la preocupación por el papel que estos sujetos ejercen no ya en el ámbito de la evasión y el fraude, sino también especialmente en planos más próximos a la elusión. Se ha venido observando una evolución en la consideración de la «planificación fiscal internacional», tradicionalmente concebida como la manera óptima de organizar y disponer las consecuencias tributarias de los negocios u operaciones a través del arbitraje entre los distintos ordenamientos fiscales nacionales, siempre sobre una base de razonabilidad y sin que puedan tener

273 DELGADO PACHECO, A.: «El papel de los intermediarios fiscales». En GIMÉNEZ-REYNA, E. (coord.) y RUIZ GALLUD, S. (coord.): *El fraude fiscal en España, Ob. Cit.*, pág. 1040.

274 Así lo recoge abiertamente la DAC6 cuando reconoce que «Es preciso recordar cómo determinados intermediarios financieros y otros asesores fiscales parecen haber ayudado activamente a sus clientes a ocultar dinero en el exterior». Consejo de la Unión Europea (2018). *DIRECTIVA (UE) 2018/822 DEL CONSEJO, de 25 de mayo de 2018, que modifica la Directiva 2011/16/UE por lo que se refiere al intercambio automático y obligatorio de información en el ámbito de la fiscalidad en relación con los mecanismos transfronterizos sujetos a comunicación de información.* Diario Oficial de la Unión Europea. <*https://eur-lex.europa.eu/legal-content/ES/TXT/PDF/?uri=CELEX:32018L0822&from=GA*>

cabida conductas de ocultación. A raíz de la crisis financiera global del año 2008, y no exclusivamente por ello, la percepción de las autoridades públicas y, podría decirse en suma, de la sociedad en general cambió. Conductas que venían considerándose aceptables comenzaron a reputarse como agresivas o sospechosas, advirtiendo que implicaban una erosión ilícita de las bases imponibles nacionales y un traslado de beneficios de unos Estados a otros que debía ser evitado[275]. De este modo, se ha llevado a cabo una reordenación de las coordenadas configuradoras de la realidad fiscal y cada vez más a través de cláusulas antiabuso y test de sustancia económica se reacciona ante negocios que tienen un fin exclusivamente fiscal y carecen de motivos económicos válidos. En esta tesitura, los intermediarios fiscales han sido señalados como la parte oferente de planificación fiscal agresiva, esto es, como artífices principales del diseño y promoción de este tipo de esquemas. Con todo, se debe tener igualmente presente que en todo mercado una oferta busca satisfacer una demanda, siendo los contribuyentes los que en último término deciden establecer el nivel de riesgo que les resulte asumible.

En este sentido comenzó a tomar conciencia la OCDE cuando ya en el año 2005, en la segunda reunión del FAT celebrada en Dublín, puso sobre la mesa la necesidad de mejorar las relaciones con los profesionales tributarios, teniendo en cuenta su importancia en el cumplimiento de las obligaciones fiscales y, en la otra cara de la moneda, su implicación en la comercialización de servicios fiscales que por aquel entonces se relacionaban con el uso de *tax shelters* y esquemas de optimización fiscal[276]. No obstante, no sería hasta un año más tarde, a raíz de la ya comentada Declaración de Seúl del año 2006, cuando se pudo percibir de forma nítida una preocupación más intensa por la extensión de este tipo de prácticas que se calificaban como «mecanismos

---

275 «A los Estados miembros les resulta cada vez más difícil proteger sus bases imponibles nacionales de la erosión, ya que las estructuras de planificación fiscal han evolucionado hasta adquirir una especial complejidad y a menudo aprovechan el incremento de la movilidad de personas y capitales dentro del mercado interior». [*DIRECTIVA (UE) 2018/822 DEL CONSEJO, de 25 de mayo de 2018, que modifica la Directiva 2011/16/UE por lo que se refiere al intercambio automático y obligatorio de información en el ámbito de la fiscalidad en relación con los mecanismos transfronterizos sujetos a comunicación de información. Ob. Cit., pág. 2*].

276 OCDE-FAT (2005). *Second Meeting of the Forum on Tax Administration* (Conference Note), *Ob. Cit.*

inaceptables de mitigación de la obligación tributaria» o, en inglés, «*unacceptable tax minimization arrangements*». Se empezó a definir entonces una estrategia más concreta dirigida a los llamados intermediarios fiscales, abandonándose la referencia única a los asesores fiscales[277]. Todo ello sería un preludio del también analizado «*Study into the Role of Tax Intermediaries*» publicado en el año 2008. En este informe se reconoció el papel decisivo que estos operadores tenían en el diseño y comercialización de esquemas de PFA y, si bien finalmente la solución propuesta fue la instrumentación de una relación «reforzada» o «mejorada» con los grande contribuyentes, se sentaron las bases sobre las que en la época más reciente se ha podido y se está pudiendo sustentar la incorporación de estos sujetos a los nuevos modelos cooperativos de cumplimiento.

En materia de cumplimiento cooperativo, más allá de cualquier tipo de especificidad propia de contextos determinados, se debe tratar de manejar un concepto amplio de intermediario que incluya a todos aquellos profesionales capaces de influir en el funcionamiento del sistema, no solo desde la perspectiva del adecuado cumplimiento, sino y sobre todo atendiendo a su eventual o posible vinculación con prácticas que amenacen con desbordar los márgenes concebidos por el legislador y determinar una aplicación arbitraria del ordenamiento. Dicho lo cual, y relajando estos términos tan genéricos e ideales, no parece que a corto y a medio plazo (o incluso a largo tampoco) la relación de cooperación vaya a poder instrumentarse con intermediarios distintos de los profesionales de la asesoría fiscal o las agrupaciones representativas de estos. Otros profesionales menos vinculados al asesoramiento en esta materia, como pudieran ser las entidades financieras o de seguros e inversión, que en otros ámbitos sí podrían ostentar esta condición de intermediarios, parecen en este momento demasiado alejados de los modelos cooperativos de cumplimiento.

Referido al papel de los intermediarios fiscales en el ámbito del cumplimiento cooperativo, se pueden apreciar numerosos puntos de encuentro, incluso de manera tangencial y sin ni siquiera especificar o concretar sus funciones en este plano. Una relación de cooperación más estrecha con esta

---

277 OCDE (2006). *Tercera Reunión del Foro OCDE sobre Administración Tributaria: Declaración Final de Seúl. Ob. Cit.*

clase de operadores, al igual que sucede con los contribuyentes, tendrá como objetivo facilitar y simplificar el cumplimiento de la normativa fiscal favoreciendo el intercambio de información, la evaluación y gestión de riesgos, la reducción de la conflictividad y la resolución de controversias. En ello habrá de tenerse muy en cuenta, además, la destacada formación técnica de estos profesionales y, en no menor medida, su notable capacidad de influencia en la toma de decisiones de sus clientes, vislumbrando el impacto en la concienciación cívico-tributaria que ello puede suponer. Así, el cometido que estos intermediarios podrán desarrollar en el marco de los programas cooperativos será doble: de un lado, favorecer el cumplimiento voluntario de las obligaciones tributarias; y, de otro, constituir un baluarte en la prevención y, en su caso, corrección del fraude.

En lo que respecta al intercambio de información, se aspira a conseguir un flujo más dinámico entre las partes en un marco de mayor transparencia. Se espera que los intermediarios velen porque la información que sus clientes estén obligados a proporcionar se dispense correctamente a las autoridades, y ya no decir la que deban facilitar ellos mismos. De la misma forma, se entiende que la Administración pondrá a disposición de aquellos la información que se precise para que los contribuyentes puedan llevar a cabo un adecuado cumplimiento de la normativa fiscal. Será interesante ver cómo se conjuga el cumplimiento de determinadas obligaciones de suministro de este tipo —como pueden ser los regímenes de revelación obligatoria que primordialmente recaen sobre esta clase de sujetos— en el seno de una relación de cooperación. Sería demasiado atrevido (y probablemente erróneo) decir que lo anterior se debiera dar por hecho o cumplido en un contexto como este. Sin embargo, no lo parece tanto tratar de sostener la idea de que en no pocos casos aquel tipo de obligaciones quedarán absorbidas o subsumidas por el fenómeno cooperativo, sobre todo, si se recuerda esa laudable y recurrente aspiración de ir más allá de lo legalmente exigido.

En cuanto al tratamiento de los riesgos fiscales, es claro que todas las partes compartirán el objetivo de reducirlos al máximo o, al menos, en la medida en que les resulte posible. Desde la óptica de estos profesionales, la minoración de riesgos estará estrechamente ligada con el aumento de la certeza en la aplicación de las normas. La gestión del riesgo fiscal, como ya se ha visto, se ha convertido en una parte esencial del gobierno corporativo de las empresas y, por consiguiente, la labor que los intermediarios puedan ejercer en este escenario ha visto incrementada considerablemente su importancia. Estos operadores (siendo fundamentalmente predicable respecto de los que realizan funciones de asesoramiento) deberán asistir a los contribuyentes en el diseño e implementación de sus marcos y políticas de gestión de riesgos. Del mismo modo, habrán de auditar su correcto funcionamiento a fin de detectar posibles fallos o incongruencias que, en su caso, puedan proceder a subsanar. Tan importante como ello, o más incluso, será que adquieran el compromiso de no idear y, por supuesto, no proveer a sus clientes estructuras o esquemas abusivos o agresivos que puedan teñir, no ya de ilegalidad, sino de ilicitud la planificación fiscal llevada a cabo por estos. Es más, en el seno de un programa cooperativo se esperará de los intermediarios que adopten una actitud proactiva en la prevención del fraude, concienciando a sus clientes sobre la necesidad de evitar y prevenir este tipo de prácticas y advirtiéndoles al mismo tiempo acerca de las conductas que detecten en este sentido. En todo caso, se abstendrán de participar en la ejecución de cualquiera de estos instrumentos, pudiendo corregir los riesgos de incumplimiento que anticipen o, incluso, informando a las autoridades si las circunstancias así lo exigen. Y, todo ello, sin perjuicio de las consecuencias que pueda tener el no obrar de este modo, no ya a efectos de su permanencia en estos programas, sino respecto a la legalidad más estricta a la vista de las normas antiabuso que no paran de sucederse y de cierta jurisprudencia sostenida ya por los tribunales. Adicionalmente, a lo anterior habrá que sumarle el hecho, y no debe pasarse por alto, de que muchos de estos intermediarios también ostentarán (al menos se espera) la condición de contribuyentes cooperativos, con lo que ello debe implicar a la hora de fiscalizar su propio nivel de riesgo. Así pues, el cumplimiento cooperativo en este punto vendría a significar la gestión compartida de los riesgos fiscales a tres bandas.

En un terreno donde la buena fe y las motivaciones intrínsecas de las partes son tan decisivas para el adecuado funcionamiento del modelo, no se puede pasar tampoco por alto la responsabilidad social que estos profesionales pueden encarnar. A este respecto, PUEBLA AGRAMUNT sostiene que los intermediarios ejercen una función social «consistente en la protección de un bien jurídico, como es la contribución a un sistema tributario justo», tanto en su vertiente más puramente activa —garantizar el adecuado cumplimiento— como pasiva —prevenir conductas ilícitas—. De esta manera, su interés profesional quedaría prendido por el interés colectivo, radicando la problemática en esa zona gris donde no siempre es posible discernir con claridad entre lo que es legal y lo que no lo es tanto[278]. Será igualmente importante tener también aquí presente la progresiva integración de aspectos éticos en la práctica tributaria. Para SANZ GÓMEZ, se aprecia una diferente virtualidad en la influencia que puede tener la responsabilidad societaria respecto de los intermediarios y de las empresas contribuyentes, conectándose directamente con las distintas generaciones de RSC que señalaba STOHL. Los incentivos que condicionan y orientan el actuar fiscalmente responsable de los unos, no tienen por qué influir necesariamente de la misma forma en el proceder de los otros[279].

Todo lo dicho hasta el momento, al igual que sucedía con los contribuyentes, determinará el marco «actuacional» que las Administraciones decidan llevar a cabo para con esta clase de operadores en el seno de los programas cooperativos de cumplimiento. Así, ante los intermediarios que muestren una conducta favorable al buen hacer del sistema, las autoridades deberán tratar de adoptar una postura más proactiva y servicial, facilitando su labor a través de actividades de información y asistencia y sin necesidad de desplegar un control intensivo posterior. Por el contrario, aquellos intermediarios que opten por ocupar una posición más aséptica en lo que se refiere a la colaboración con la Administración, incluso pudiéndose catalogar de desfavorable, serán objeto de estrategias de corte más vertical, inspecciones más intensas y, en general, un control más exhaustivo.

---

278 PUEBLA AGRAMUNT, N.: «Algunas consideraciones en torno a la profesión de asesor fiscal». *Ob. Cit.*, pág. 24.

279 En este sentido, por ejemplo, si una empresa toma la decisión de reducir agresivamente (o de forma poco ética) su contribución en el pago de impuestos, ello puede suponer un menoscabo reputacional de cara a sus clientes —consumidores— y al colectivo general. Su actuación a estos efectos, por tanto, quedaría enmarcada en la tercera generación de RSC (promoción del bienestar social). Para los intermediarios, en cambio, su cliente individualmente considerado será la premisa superior de su actuación, encuadrándose esta en la primera generación de RSC (maximizar el ahorro fiscal dentro del marco legal). La propia moral tributaria del cliente será mucho más determinante en la tarea que ejerzan los intermediarios que en la relación empresas-consumidores. Asimismo, ello sin perjuicio de que los diversos asesorados tendrán diferentes actitudes y opiniones ante el pago de impuestos y el nivel de riesgo que consideren aceptable [SANZ GÓMEZ, R.J.: «Cumplimiento cooperativo e intermediarios fiscales: Análisis del Código de Buenas Prácticas de Asociaciones y Colegios Profesionales Tributarios y el Código de Buenas Prácticas de Profesionales Tributarios», *Ob. Cit.*, pág. 24].

La forma de dar cabida a los intermediarios en el modelo de relaciones cooperativas no será muy diferente respecto al caso de las grandes empresas. En unos términos muy sucintos, se buscará articular un marco cooperativo practicable a través de códigos de conducta, estableciendo los compromisos que las partes estén dispuestas a aceptar y los perfiles por donde discurran las nuevas coordenadas del cumplimiento. En España, como más adelante se verá, la incorporación de estos sujetos se está llevando a cabo a través de lo que se ha denominado «colaboración social». Esta institución —que se regula en el artículo 92 de la LGT recogiendo hasta el momento una de las pocas menciones expresas al cumplimiento cooperativo en el derecho positivo español estrictamente vinculante— pretende instrumentar una suerte de participación social en el cumplimiento voluntario de las obligaciones fiscales y en la prevención y lucha contra el fraude[280]. A través de acuerdos voluntarios suscritos entre la Administración tributaria y otras entidades públicas y privadas representativas de sectores o intereses sociales y laborales, se pretende fomentar el cumplimiento cooperativo de las obligaciones tributarias en torno a distintos enclaves (información, asistencia, simplificación y gestión) y, fundamentalmente, con los colegios y asociaciones de profesionales de la asesoría fiscal. A razón de ello, y en lo que pretende ser un paso más en esta dirección, se han aprobado dos códigos de conducta ya citados en el marco del Foro de Asociaciones y Colegios de Profesionales Tributarios. Uno a nivel institucional, el «Código de Buenas Prácticas de Asociaciones y Colegios de Profesionales Tributarios», y otro a nivel individual, el «Código de Buenas Prácticas de Profesionales Tributarios».

Para tratar de profundizar un poco más en la dinámica de esta relación, se van a reseñar ahora los dos principales tipos de intermediarios fiscales que se señalaban en el informe de la OCDE del año 2008, habiéndose concentrado sobre ellos de una forma muy particular los trabajos posteriores en este contexto: los asesores fiscales y las entidades financieras (fundamentalmente bancos).

---

280 MORENO GONZÁLEZ, S.: «La directiva de intermediarios fiscales». En GUERVÓS MAÍLLO, M. A. et al.: *Practicum Compliance Tributario 2020, Ob. Cit.*, pág. 301.

A. Asesores fiscales

Esta clase de intermediarios son los que a menudo se encuentra en una posición de mayor intimidad y confianza profesional con los contribuyentes para poder poner a su disposición con cierta facilidad y/o desenvoltura estructuras o esquemas de optimización fiscal que puedan ser catalogados como agresivos o abusivos. Las legislaciones internacionales y nacionales han ido restringiendo cada vez más el margen de maniobrabilidad de estos sujetos en este contexto, incrementando el riesgo y las consecuencias negativas a las que se exponen cuando asesoren o aconsejen en estos términos.

En el Informe de la OCDE del año 2008 se distinguían una serie de funciones y factores de conducta que podían personalizar el comportamiento de dichos intermediarios en este ámbito. Entre las primeras, se hacía referencia a un conjunto de actuaciones como oferentes de servicios de PFA, a saber: a) Diseño; b) Promoción y comercialización; c) Asesoramiento una vez implantadas las estructuras de PFA; y d) Desarrollo conjunto o asesoramiento sobre estructuras de PFA diseñadas por otros intermediarios. En cuanto a las variables de comportamiento que podían configurar su proceder, se convenía a citar las siguientes: a) Responsabilidad profesional y ética para con la ley y el cliente; b) Regulación de la profesión; c) Riesgo reputacional y financiero que se esté dispuesto a asumir; d) Sistema de retribución empleado (fijo, por horas o dependiente del resultado); e) Alcance del secreto profesional y estándares de auditoría; y f) Consideración e implicaciones del buen gobierno corporativo y la responsabilidad societaria. Las respuestas dadas por parte de las distintas Administraciones tributarias nacionales ante tales eventualidades, incluso con anterioridad e independencia de los programas cooperativos de cumplimiento, muestran una clara e inequívoca evolución trasladando el enfoque o planteamiento corrector desde el plano de los contribuyentes (demanda) hacia un espectro más próximo a los intermediarios fiscales (oferta). A continuación, se proceden a detallar algunas de estas medidas, que también van a verse incorporadas al modelo de relaciones tributarias aquí analizado[281]:

---

281 CALDERÓN CARRERO, J. M. y QUINTAS SEARA, A.: *Cumplimiento tributario cooperativo y Buena gobernanza fiscal en la era BEPS, Ob. Cit.*, págs. 226 y ss.

- *Regulación y registro de los asesores tributarios.* No son muchos los Estados que cuentan con una legislación específica que discipline el ejercicio de la asesoría fiscal, no obstante, y de forma muy somera, se pueden identificar algunas propuestas interesantes en este sentido que pivotan en torno a la necesidad de que estos profesionales se encuentren identificados en registros oficiales, previo cumplimiento de una serie de requisitos y condiciones[282].
- *Regímenes obligatorios de revelación de información fiscal de manera anticipada (advance disclosure).* Considerando la creciente entidad que han ido adquiriendo en los últimos años, y su especial vinculación y realización en el marco de los modelos de cumplimiento cooperativo, este tipo de mecanismos serán objeto de trato detallado y pormenorizados en el epígrafe siguiente.

---

282 En el documento de la OCDE titulado «*Tax Administration in OECD and selected Non-OECD Countries: Comparative Information Series*» se identificaban una serie de países que disponían de una regulación específica sobre la actividad de estos intermediarios: Austria, EEUU, Alemania, Austria, China, República Checa o Grecia, entre otros. A día de hoy se pueden incluir también en este grupo al Reino Unido, Irlanda o Canadá, estos dos últimos al menos de forma parcial. En Estados Unidos existe un marco regulatorio que identifica las conductas proscritas y las actuaciones sancionadoras que en su caso correspondan (*Circular 230*), previéndose un registro para estos profesionales (*Preparer Tax Identification Number*). En el caso de Japón se encuentra también establecido un sistema de registro, previa acreditación de un conjunto de requisitos de capacitación y la aceptación de unos estándares mínimos de conducta profesional. En Australia, por su parte, se ha tratado de modernizar la normativa sobre registro y actividades de estos intermediarios, precisando las condiciones y requisitos que han de reunirse y los órganos encargados de supervisar y, en su caso, castigar las eventuales vulneraciones que se detecten (*Tax Agent Services 2009* y *Tax Agent Services Regulation 2009*). De una forma similar, en el Reino Unido se ha optado por articular un sistema de registro y autorización para cada asesor fiscal, proporcionándose un código identificador que deberá incluirse en las declaraciones tributarias de los clientes. Resulta difícil entender cómo en España aún no se ha planteado seriamente ninguna iniciativa similar a las antedichas en lo que a la identificación y seguimiento de estos profesionales del asesoramiento fiscal se refiere. [OCDE-FAT (2011). *Tax Administration in OECD and Selected NonOECD Countries: Comparative Information Series (2010)*. OECD Publishing. <*https://www.oecd.org/tax/administration/CIS-2010.pdf*>]

- *Compliance Agreements.* Se trata de una figura relativamente extendida en los países de corte anglosajón (sobre todo en Estados Unidos) consistente en la imposición de condiciones o restricciones sobre el comportamiento futuro de aquellos intermediarios que se hubieran visto inmersos en conductas potencialmente sancionables.
- *Aplicación de multas y sanciones.* En el Informe de la OCDE del año 2008 se mencionaba la posibilidad de promulgar regímenes sancionadores específicos dirigidos contra los intermediarios fiscales que incurriesen en prácticas de PFA. Asimismo, y aunque casi de soslayo, se aludía a las normas generales antiabuso (*general anti-avoidance or abuse rules*) presentes en la legislación de numerosos Estados que, aun cuando resulten directamente aplicables a los contribuyentes, también pueden ejercer cierto efecto disuasorio sobre dichos profesionales.

Teniendo en cuenta todo esto, los enfoques más recientes buscan incorporar a los asesores fiscales a los modelos de cumplimiento cooperativo aquí tratados, toda vez que se consideran parte esencial de la relación tripartita de cumplimiento tributario. Por alcance y resultados, dos iniciativas especialmente ilustrativas a este respecto son las llevadas a cabo por el Reino Unido y Australia. En el caso del Reino Unido se ha optado por la vía de la «autorregulación» a partir de un código de conducta (*Professional Conduct in Relation to Taxation*) paccionado entre las principales asociaciones de asesores tributarios y el HMRC. Sin la necesidad de establecer un marco jurídico puramente coactivo, se ha tratado de articular un entorno proclive a la colaboración con esta clase de intermediarios. A cambio de una comunicación más fluida y de menores cargas formales, se espera conseguir una actuación más diligente en lo que al asesoramiento sobre planificación fiscal se refiere y, por consiguiente, una reducción en los niveles de riesgo asumidos por los contribuyentes. En una línea similar, la ATO ha centrado sus esfuerzos en la mejora del aspecto asistencial y comunicativo. De este modo, se ha llevado a cabo un desarrollo de las herramientas de gestión compartida y de los canales de comunicación tanto nuevos como ya establecidos (foros de diálogo y grupos de trabajo conjunto). En España, por su parte, ya se ha mencionado la publicación de varios códigos de buenas prácticas con los profesionales tributarios y con las asociaciones en que estos se agrupan. Resulta igualmente importante destacar, como germen de los anteriores, la creación en el año 2011 del Foro de Asociaciones y Colegios de Profesionales Tributarios. Se trata de un espacio de diálogo que pretende servir de catalizador para el desarrollo de la relación cooperativa entre la Administración y estos intermediarios fiscales[283].

Hay que advertir también que la incorporación de los asesores tributarios, de los intermediarios fiscales en general, a la ecuación del cumplimiento cooperativo no está exenta de polémica y plantea algunos aspectos que conviene tener en cuenta. La primera cuestión tiene que ver con las ventajas que puede suponer esta nueva forma de organizar las relaciones de cumplimiento tributario y, en concreto, su percepción como incentivos para las partes, especialmente, para los intermediarios. Es cierto que sobre el papel se pueden advertir una serie de beneficios nada despreciables que cabría tomar muy en consideración, tanto para las autoridades públicas —en forma de un mejor conocimiento sobre las funciones que estos sujetos desarrollan y sobre la influencia que ejercen en las decisiones de sus clientes que repercutirá positivamente en la organización de las estrategias de cumplimiento— como para los propios intermediarios —la mejora del diálogo y de la comprensión de las posiciones de la Administración se traducirá en la posibilidad de dispensar un mejor asesoramiento a los contribuyentes—. No obstante, si se desciende al terreno práctico es posible, o al menos parece dar esa sensación, que tales ventajas queden un tanto diluidas o no se aprecien con la misma nitidez que en el caso de los contribuyentes propiamente dichos; es más, incluso cuando algunas de ellas (ventajas referidas a los contribuyentes) puedan resultar igualmente aplicables a los intermediarios. Así pues, será cometido de las Administraciones, y en no menor medida influirá la voluntad y predisposición de los intermediarios, promover de una manera atractiva los aspectos positivos que puede llegar a reportar este modo de relacionarse en el cumplimiento de las obligaciones fiscales.

En segundo lugar, se quiere apuntar la rentabilidad que trasciende a la implantación del nuevo modelo. No pocas veces desde la propia OCDE se ha señalado la esencialidad (al menos en una fase inicial) de canalizar la relación de cooperación a través de las firmas más relevantes de asesoría fiscal y de las asociaciones que representen a las de un tamaño más reducido y a los asesores

---

283 Sobre este especial particular se ahondará en profundidad en el *CAPÍTULO II* del presente trabajo.

individuales[284]. En otro caso se correría el riesgo de que el gran número de pequeñas empresas de este tipo, a efectos de recopilación y tratamiento de la información, pudiera hacer poco apetecible la articulación de la relación en puros términos de coste-beneficio, tanto para las Administraciones como para los mismos intermediarios. Este planteamiento ha despertado algunos recelos entre los profesionales del sector. Se ha puesto de manifiesto la posibilidad de que una relación así concebida con las grandes empresas de asesoría pudiera repercutir negativamente en la consideración objetiva que las autoridades tuvieran acerca de las pequeñas firmas, en particular, en lo que se refiere a la evaluación del riesgo fiscal. De igual forma, se ha apuntado el hecho de que, en vista de las implicaciones tácitas que conllevará la instrumentación de un suministro de información con las autoridades, pudiera llegar a conformarse de manera involuntaria una «*black list*» con aquellos intermediarios que en su legítimo derecho decidieran no colaborar con la Administración de esta forma. Se advierte una preocupación por cómo ello pudiera afectar a la independencia de estos operadores y a la calificación de riesgo que reciban. En cualquier caso, se debe recordar que la decisión de quedarse al margen de estos nuevos modelos no significa o denota automáticamente que se esté ante intermediarios vinculados a prácticas fiscales de alto riesgo. Todo lo anterior, asimismo, sin querer entrar a valorar la cuestión del secreto profesional y su diferente configuración y tratamiento en los distintos ordenamientos nacionales[285].

B. Entidades financieras

Las entidades financieras, y especialmente los bancos, son el segundo grupo de intermediarios fiscales con los que la OCDE apremia a entablar una relación de tipo cooperativo. Tales sujetos se muestran cada vez más decididamente como colaboradores activos del sistema tributario en la gestión y

---

284 OCDE (2008). *Study into the Role of Tax Intermediaries. Ob. Cit.*, pág. 11.

285 CCBE (2007). *CCBE Response to OECD Working Papers on the Role of Tax intermediaries*, CCBE Publishing. <*https://www.ccbe.eu/fileadmin/speciality_distribution/public/documents/DEONTOLOGY/DEON_Postion_Papers/EN_DEON_20070914_CCBE_Response_to_OECD_on_the_role_of_tax_intermediaries.pdf*>

control de las obligaciones fiscales. Son varios los informes que en el seno de esta organización se han publicado tratando esta específica cuestión. Entre otros, cabría citar el propio *Study into the Role of Tax Intermediaries* (2008), *Building Transparent Tax Compliance by Banks* (2009) o *Declaration on propiety, integrity and transparency* (2010). La importancia que tienen este tipo de sujetos, tanto para el sistema económico en general como para el sistema fiscal en particular, radica en la doble consideración de su función. De un lado, actúan como intermediarios financieros en un sector (como es el bancario) donde abundan las prácticas de optimización fiscal. De otro lado, se trata en esencia de grandes contribuyentes que, pudiendo utilizar tales productos ofertados en beneficio propio, también cabe que sean parte de una relación cooperativa desde esta perspectiva[286].

No es un secreto que la incorporación de esta clase de intermediarios a las relaciones de cooperación es una cuestión que se antoja especialmente compleja. Existen una serie de inconvenientes estructurales en su realidad operativa —el factor competitivo, la sofisticación de las operaciones, la constante innovación de los productos, las limitaciones inherentes al carácter sensible y confidencial de la información que portan, entre otros— que pueden resultar un tanto incompatibles con las políticas de revelación y transparencia consustanciales a los modelos cooperativos de cumplimiento. Además, al igual que se ha comentado con los asesores tributarios, las ventajas teóricas o potenciales que se derivan de estos programas parecen quedar aún más desdibujadas en la relación con los bancos, pudiendo incluso no llegar a compensar las cargas o costes derivados de su puesta en práctica. De manera singular, la reducción y mejor gestión del riesgo fiscal, que tan relevante se prometía para con los grandes contribuyentes y asesores, parece no tener tanto peso en el caso de los bancos, por cuanto el ser objeto de una inspección e, incluso, de una sanción es un riesgo que podría calificarse de asumible en su práctica ordinaria. Con todo, no es de recibo tampoco dejar de considerar algunas prestaciones que sí pueden resultar verdaderamente relevantes. Aun cuando la gestión de riesgos tributarios, desde una perspectiva fundamentalmente finalista, pueda no ser excesivamente tenida en cuenta por las entidades financieras, la cosa cambia si se

---

286 CALDERÓN CARRERO, J. M. y QUINTAS SEARA, A.: *Cumplimiento tributario cooperativo y Buena gobernanza fiscal en la era BEPS*, *Ob. Cit.*, págs. 238 y 239.

atiende al factor temporal y, más en concreto, a la seguridad jurídica anticipada. Los productos financieros encierran numerosas implicaciones a efectos fiscales que necesitan ser conocidas y controladas por los bancos lo antes posible. Por ello, será importante que, en el marco de las relaciones cooperativas, la gestión del riesgo en tiempo real (ese *quid pro quo* que han de ofrecer las autoridades) pueda proveer una respuesta ágil y congruente ante las eventuales dudas o incógnitas impositivas que estos productos puedan plantear. Otro aspecto que en estas circunstancias también puede resultar especialmente valorado es el componente reputacional, revelándose como un factor de considerable importancia para los bancos[287].

Finalmente, no se pueden rehuir tampoco las exigencias derivadas de la responsabilidad fiscal corporativa y del buen gobierno tributario de las empresas. Estas realidades, indisolublemente emparejadas a los modelos cooperativos de cumplimiento, determinan de la misma forma cambios en el proceder y parecer fiscal de estos intermediarios. Por un lado, se hace necesario que los bancos reconsideren su papel como potenciales usuarios o promotores de esquemas de optimización fiscal de alto riesgo, evitando incurrir en —o, en su caso, procediendo a revelar— posiciones fiscales que no comulguen claramente con la intención del legislador (limitar las estructuras de planificación fiscal que se muevan en la zona gris). Por otro lado, como parte de esas buenas prácticas empresariales, la función fiscal deberá aparecer igualmente integrada en la toma de decisiones al más alto nivel, documentando adecuadamente la estrategia y procesos que se lleven a cabo y trasladando a las autoridades las dudas o inconsistencias que se puedan haber generado.

Tales cuestiones están muy relacionadas con una de las formas (quizás la que más perspectivas de éxito tiene) que se están llevando a cabo en la práctica para tratar de articular la relación de cooperación con este grupo de intermediarios financieros: los códigos voluntarios de conducta[288]. La

---

287 Resulta llamativo el caso de la entidad financiera británica Barclays, la cual procedió a clausurar en el año 2013 su departamento de «*structured and placement tax planning*» reconociendo el excesivo coste reputacional que le podía ocasionar.

288 Estas herramientas que son los códigos de conducta convergen con otro tipo de iniciativas (regímenes de revelación de información, mecanismos de intercambio automático, BEPS, FACTA y un largo etc.) que, incidiendo también sobre

OCDE, ya en el año 2010 y tomando como referencia los ejemplos del Reino Unido (*Code of Practice on Taxation for Banks*) y Sudáfrica (*Code of Banking Practice*), procedió a desarrollar un documento marco titulado «*A Framework for a Voluntary Code of Conduct for Banks and Revenue Bodies*». Este instrumento pretendía servir de base para la elaboración de este tipo de códigos y, en último término, canalizar la instrumentación del modelo con estos mismos intermediarios. De esta manera, se perfilaban unas directrices básicas, homogéneas y adaptables a las peculiaridades propias de cada país, sobre las que desarrollar una serie de compromisos en torno a cuatro premisas esenciales: (1) *Cumplimiento*: las entidades financieras habrán de promover una conducta responsable y diligente en la asunción de las obligaciones tributarias tanto propias como de sus clientes; (2) *Gobernanza*: sobre la base de marcos internos de control de riesgos, independencia y autonomía del departamento fiscal y supervisión de los procesos por el consejo de administración; (3) *Planificación fiscal*: abstenerse de participar (lo que incluye diseño, asesoramiento, promoción o utilización) en operaciones que puedan ser catalogadas como agresivas o de alto riesgo; y (4) *Relación cooperativa*: diálogo, transparencia y colaboración con las autoridades, sobre todo, en los casos donde no se aprecie con claridad la distinción entre la planificación lícita o abusiva.

Así pues, y a modo de breve conclusión, el cumplimiento cooperativo de las obligaciones tributarias con los intermediarios fiscales exige o supone un proceso lento y de avances progresivos, que en gran medida se hará depender de la propia cultura de cumplimiento existente en cada país y de las verdaderas motivaciones y aspiraciones internas de las partes[289]. La relación cooperativa con los intermediarios fiscales necesariamente tendrá que ir de la mano de la relación cooperativa con los contribuyentes, pues de poco servirá el intentar reducir la oferta de productos fiscales de alto riesgo si su demanda no se ve limitada en el mismo sentido.

---

los bancos y sus clientes, comparten el objetivo de la prevención y lucha contra las prácticas fiscales perniciosas.

289 CALDERÓN CARRERO, J. M. y QUINTAS SEARA, A.: *Cumplimiento tributario cooperativo y Buena gobernanza fiscal en la era BEPS*, *Ob. Cit.*, pág. 234.

4.3.2. Transparencia a través de la revelación de información: Disclosure Rules

A. Mandatory Disclosure Rules con especial referencia a la Directiva sobre Intermediarios Fiscales

En la coyuntura fiscal actual, y sobre todo referido a las grandes empresas, abundan cada vez más las operaciones de planificación complejas y desarrolladas a escala internacional que posibilitan el traslado de los beneficios imponibles a regímenes tributarios más atractivos con el propósito de reducir la carga fiscal soportada. Algunas de estas estructuras, cuyo control o simple conocimiento por parte de las autoridades no se antoja precisamente sencillo, serán opciones de organización empresarial perfectamente lícitas; otras, en cambio, pueden suponer una utilización indebida de los distintos ordenamientos nacionales, llegando incluso en algunos casos a conculcar la legalidad de los mismos.

La transparencia, como sobradamente ya se ha dicho, se revela de esta manera como una exigencia indispensable para el correcto funcionamiento de los sistemas tributarios. Las Administraciones necesitan información para conocer los riesgos fiscales que afrontan y, en consecuencia, diseñar sus estrategias de cumplimiento. Esta información que se precisa, no obstante, no lo podrá ser de cualquier manera. La disponibilidad de información pertinente, específica y completa en una fase temprana se encuentra en la base de cualquier estrategia que pretenda abordar el problema de la planificación fiscal agresiva. Con ello lo que se permite es una mejor identificación y evaluación de las áreas de riesgo, decidiendo si se debe y, en tal caso, cómo se debe responder a los mismos; al tiempo que también se posibilita una reducción del tiempo que transcurre entre la creación y promoción de este tipo de esquemas y su detección por parte de las autoridades, propiciando una respuesta más rápida y definida.

En este sentido, como ya se puso de manifiesto en el informe de la OCDE «*Tackling Aggressive Tax Planning throuh Improved Transparency and Disclosure*»[290] del año 2011, los procedimientos tradicionales de control

---

[290] OCDE (2011). *Tackling Aggressive Tax Planning through Improved Transparency and Disclosure. OECD Publishing,* <*http://www.oecd.org/tax/exchange-of-tax-information/48322860.pdf*>

administrativo no son capaces por sí mismos de satisfacer con prontitud y eficacia estas necesidades de información que plantea el escenario actual de lucha contra la PFA. Ello no significa que estas comprobaciones clásicas no sigan siendo una fuente relevante e imprescindible de conocimiento, más allá de su papel como mecanismos significativamente efectivos en la prevención y disuasión del fraude, sino que presentan ciertas limitaciones o carencias para enfrentar los problemas relacionados con la utilización de estructuras de PFA en el contexto presente. En el citado informe se advierten algunas de ellas: la propia dificultad para identificar prácticas de este tipo dada la complejidad y pluralidad de transacciones y territorios en que intervienen; el elevado coste en tiempo y recursos que ello puede conllevar; la incapacidad para determinar si se trata de un fenómeno aislado o de una práctica habitualmente extendida; o la imposibilidad de disponer de información en tiempo real.

Es por ello que se advierte cómo cada vez más países han ido poniendo en marcha diversas iniciativas para tratar de obtener información de una manera que se podría catalogar de cualificada en este sentido. Lo que tienen en común estas estrategias, agrupadas bajo el calificativo de *disclosure initiatives*, es que propician que los obligados tributarios faciliten información a las autoridades con mayor fluidez, en vez de que estas hayan de exigirla con una importante inversión en recursos y con un resultado que como mínimo no será mucho mejor. Este modo de proceder, sobre el papel, encierra considerables ventajas para todas las partes. Por un lado, se ajusta más el objeto de las comprobaciones ulteriores y se genera un impacto positivo en la imagen y reputación de los contribuyentes. Por otro lado, supone un beneficio en la concienciación general sobre el cumplimiento a la par que se reducen los costes administrativos de gestión.

A propósito de ello, en el mencionado informe, además de los *co-operative compliance programmes*, el principal instrumento que se proponía para materializar todo esto eran los regímenes obligatorios de revelación anticipada (*early mandatory disclosure rules*)[291]. A este respecto, lo primero que se ha de

291 Otras iniciativas mencionadas en el «*Tackling Aggressive Tax Planning throuh Improved Transparency and Disclosure*» son las obligaciones de información adicional o *additional reporting obligations* que pueden hacerse recaer sobre determinadas transacciones u operaciones específicas (por ejemplo, la declaración española de bienes y derechos situados en el extranjero a través del modelo 720); los cuestiona-

mencionar es que en el panorama actual se trata de uno de los principales mecanismos (si no el principal) articulados por los Estados para tratar de combatir las transacciones o estructuras agresivas o abusivas. A consecuencia del Proyecto BEPS («Acción 12.- Exigir a los contribuyentes que revelen sus mecanismos de planificación fiscal agresiva») y de la promulgación de la «Directiva sobre Intermediarios Fiscales» o «DAC 6» la utilización de estas herramientas ha incrementado notablemente su crédito y protagonismo en la lucha contra este tipo de prácticas. Sin perjuicio de que ya hubiera países que venían aplicando regímenes similares, la necesaria transposición de la *Directiva (UE) 2018/822, de 25 de mayo de 2018, que modifica la Directiva 2011/16/UE, por lo que se refiere al intercambio automático y obligatorio de información en el ámbito de la fiscalidad en relación con los mecanismos transfronterizos sujetos a comunicación de información*, acometida por los Estados Miembros ha supuesto la consolidación de este método en un ámbito tan relevante como es el mercado interior comunitario. Esta norma europea busca potenciar la coordinación de los diferentes ordenamientos tributarios de los Estados con el fin de frenar la erosión de las bases imponibles nacionales producida mediante esquemas de planificación que implican a varias jurisdicciones[292].

---

rios (*questionnaires*) que se utilizan en ciertos países para evaluar determinados grupos de contribuyentes y concretas áreas de riesgo; los *Tax Rulings* en la medida en que pueden proporcionar información relevante y anticipada sobre determinadas operaciones o productos aun cuando no estén diseñados con este cometido; o los mecanismos de revelación vinculados a sanciones o *penalty-linked desclosure rules* que a través de sanciones o intereses, y más en concreto de su reducción o exclusión, fomentan la comunicación de estrategias de PFA.

292 El funcionamiento de la Directiva se concreta en el establecimiento de una serie de obligaciones de naturaleza formal. Se establecen, por un lado, dos obligaciones principales: a) La comunicación anticipada de información sobre mecanismos transfronterizos de planificación fiscal potencialmente agresiva [recae sobre los intermediarios fiscales y, de forma subsidiaria, sobre los contribuyentes]; y b) El intercambio automático de dicha información entre los Estados Miembros [recae en las autoridades]. Y, por otro lado, dos obligaciones adicionales o con un carácter más bien complementario: c) La comunicación periódica (cada tres meses) de información actualizada sobre los mecanismos comercializables [recae en los intermediarios fiscales]; y d) La presentación de una declaración informativa anual sobre el uso de los mecanismos transfronterizos objeto de revelación [recae en los contribuyentes

Los MDR, en puridad, constituyen obligaciones de revelación configuradas en base a supuestos de hecho que encierran presupuestos de potencial planificación fiscal agresiva o abusiva. Asimismo, representan un avance en la cooperación pública y privada facilitando la acción coordinada de los diferentes ordenamientos tributarios nacionales, como no podía ser de otra manera dada la dimensión transfronteriza de la PFA, con la aspiración de salvaguardar la equidad y la competencia legítima de los contribuyentes en el mercado. Esta clase de instrumentos, como se ha visto, no constituyen la única vía que puede proporcionar información a las autoridades, por esto mismo se ha cuestionado la posibilidad de crear nuevas obligaciones de revelación aduciendo un incremento de los costes de cumplimiento y de la presión fiscal indirecta que han de soportar los diferentes obligados tributarios. En sentido opuesto, es preciso poner de manifiesto que los MDR, precisamente por su naturaleza obligatoria, también proporcionan ciertas ventajas frente a las otras estrategias de divulgación, como una mayor efectividad en su cometido, un ámbito de aplicación más amplio, un nivel de información más específico y sustancial; y, todo ello, de una manera más temprana favoreciendo una rápida reacción de las autoridades[293]. Sea como fuere, no hay que perder de vista que la implantación de una obligación de este tipo necesariamente habrá de preservar el equilibrio entre el interés general en la prevención y lucha contra

---

interesados]. En España su transposición se ha llevado a cabo a través de tres instrumentos normativos: Ley 10/2020, de 29 de diciembre, por la que se modifica la Ley 58/2003, de 17 de diciembre, General Tributaria; el Real Decreto 243/2021, de 6 de abril, por el que se modifica el Reglamento General de las actuaciones y los procedimientos de gestión e inspección tributaria y de desarrollo de las normas comunes de los procedimientos de aplicación de los tributos, aprobado por el Real Decreto 1065/2007, de 27 de julio; y la Orden HAC/342/2021, de 12 de abril, por la que se aprueba el modelo 234 de "Declaración de información de determinados mecanismos transfronterizos de planificación fiscal", el modelo 235 de "Declaración de información de actualización de determinados mecanismos transfronterizos comercializables" y el modelo 236 de "Declaración de información de la utilización de determinados mecanismos transfronterizos de planificación fiscal".

293 RODRÍGUEZ MÁRQUEZ, J.: *Revelación de esquemas de planificación fiscal agresiva: directiva de intermediarios fiscales*, Madrid, España: Francis Lefebvre, 2018, pág. 21.

la planificación fiscal indebida, por un lado, y los derechos de los distintos obligados tributarios, por otro[294].

Muchos de los objetivos que componen el aspecto funcional de estos regímenes de declaración obligatoria ya se han ido mencionando de soslayo. Pese a ello, no está de más tratar de exponerlos con cierto orden y sistematización teniendo sobre todo en cuenta su particular carácter definitorio. En síntesis[295]:

- La obtención de información actualizada, pertinente y suficiente en una fase temprana. Este objetivo tendrá asimismo carácter instrumental, puesto que con ello se pretenden abarcar otras dos finalidades últimas:
    - Disponer de una forma más acertada las actuaciones de inspección, perfilando con mayor exactitud los análisis de riesgos sobre aquellos ámbitos y contribuyentes que presumiblemente puedan estar utilizando este tipo de esquemas.
    - Reaccionar de una manera más rápida limitando o evitando los perjuicios que puedan padecer las Haciendas nacionales.
- La generación de un efecto disuasorio y, por consiguiente, de una eficacia preventiva en la lucha contra el fraude y las prácticas agresivas, con doble destinatario. De un lado, los intermediarios fiscales, que indirectamente limitarán la comercialización de esta clase de esquemas al ponerse el foco de atención sobre ellos. De otro lado, los propios contribuyentes, que se expondrán menos y serán más reticentes al empleo de este tipo de estructuras si son conscientes de que su información va a ser comunicada a las autoridades[296].

---

294 MARTÍNEZ MUÑOZ, Y.: *La declaración obligatoria de mecanismos de planificación fiscal agresiva en el marco de la protección de los derechos fundamentales, Ob. Cit.*, pág. 36.

295 RODRÍGUEZ MÁRQUEZ: «Medidas preventivas del fraude fiscal: la obligación de revelación de esquemas de planificación fiscal agresiva». En GIMÉNEZ-REYNA, E. (coord.) y RUIZ GALLUD, S. (coord.): *El fraude fiscal en España, Ob. Cit.*, págs. 217 y 218.

296 A través de un mejor acceso a las fuentes de información se espera que las autoridades puedan proceder a una evaluación de riesgos más rápida y precisa, planificando

Estos objetivos, como no podía ser de otra forma, se envuelven bajo la aspiración general de incrementar la transparencia fiscal. A través de un mayor control sobre las actividades de los intermediarios lo que se pretende es mejorar el funcionamiento coordinado de los distintos ordenamientos tributarios nacionales, reforzando la protección contra la erosión de las bases imponibles y, del mismo modo, tratando de garantizar una imposición efectiva y la igualdad de condiciones entre los actores del sistema[297]. La «revelación anticipada de información» se conecta con el principio de transparencia tanto en términos materiales —referido a conductas o prácticas con especial trascendencia tributaria para las autoridades— como temporales —antes de que llegue a producirse la exacción del tributo (MDR) o, incluso, información que en ningún momento se tiene la obligación de comunicar y se proporciona voluntariamente (cumplimiento cooperativo)—.

En lo que respecta a los elementos configuradores de un MDR, se puede apreciar una composición más bien homogénea en la estructura de los diferentes regímenes puestos en práctica por los Estados. A efectos meramente ilustrativos, y particularmente por referencia a la DAC 6, se destacan los siguientes[298]:

- *Aspecto subjetivo*: quiénes son los sujetos obligados a comunicar. Por un lado, nos encontramos con sistemas donde la obligación de revelar recae de manera conjunta tanto sobre el promotor (intermediario

de una forma más eficaz sus actuaciones de control y disponiendo las medidas regulatorias que fueran oportunas para atajar tales estructuras de tributación agresivas. En unos términos muy similares se pronuncia la propia DAC 6, considerando que la información que presumiblemente se obtendrá por medio de este mecanismo permitirá «reaccionar rápidamente ante las prácticas fiscales nocivas y colmar las lagunas existentes mediante la promulgación de legislación o la realización de análisis de riesgos adecuados y de auditorías fiscales».

297 CALDERÓN CARRERO, J.M.: «El nuevo marco europeo de transparencia sobre esquemas transfronterizos sujetos a declaración por intermediarios fiscales y contribuyentes: las "EU tax disclosure rules" y sus implicaciones», *Quincena fiscal*, núm. 10, 2018, pág. 53 y ss.

298 RODRÍGUEZ MÁRQUEZ: «Medidas preventivas del fraude fiscal: la obligación de revelación de esquemas de planificación fiscal agresiva». En GIMÉNEZ-REYNA, E. (coord.) y RUIZ GALLUD, S. (coord.): *El fraude fiscal en España, Ob. Cit.*, págs. 242 y ss.

fiscal) como sobre el usuario (contribuyente). Por otro lado, existen regímenes donde la obligación de revelar prioritariamente se hace descansar sobre la figura del promotor y, solo en las situaciones en que este no existe o no puede cumplir por diferentes motivos, aquella pasa a ser cometido del usuario.

Este segundo es el modelo seguido por la Directiva de Intermediarios Fiscales, que hace recaer la obligación de comunicar, prioritaria o preferentemente, sobre la figura de los intermediarios fiscales y, de manera residual o subsidiaria, sobre los llamados contribuyentes interesados.

- *Aspecto material*: a la hora de determinar las operaciones y/o esquemas que deben ser objeto de declaración, es posible identificar tres enfoques. En primer lugar, sistemas que no establecen ningún tipo de requisito previo vinculado al carácter abusivo de la transacción o a su finalidad principal de obtener un beneficio fiscal (sin concurrir otras razones de peso aparentes), fiándolo todo a una serie de indicios o señas distintivas reveladores de PFA. En segundo lugar, regímenes que sí exigen la necesaria presencia de una condición previa para la ejecución del régimen de declaración. Este presupuesto imprescindible suele vincularse a la obtención de una ventaja fiscal como propósito esencial de la operación en cuestión y, una vez constatado, determinará la aplicación posterior de los indicios o marcadores distintivos. Finalmente, sistemas mixtos que plantean la existencia de una condición previa usualmente vinculada al propósito principal de la operación en cuestión, sin perjuicio de que ciertas transacciones o esquemas hayan de ser comunicados en todo caso por presentar indicios muy específicos de PFA o por estar incluidos en listas de operaciones que así lo disponen.

  Se encuadra en este último caso la Directiva de Intermediarios Fiscales, estableciendo que se deberán comunicar los mecanismos transfronterizos de planificación fiscal potencialmente agresiva [*potentially aggressive tax-planning arrangements*], concretándose tales a través de una serie de señas distintivas o *hallmarks* utilizadas para caracterizar la potencial agresividad o «abusividad» de una operación de planificación fiscal. El listado de dichas señas distintivas se contiene en el Anexo IV de la Directiva, distinguiéndose dos tipos: unas que para ser reportables necesariamente deberán cumplir el criterio del beneficio principal; y otras que habrán de ser comunicados en todo caso, concurran o no con dicho criterio.

- *Contenido de la obligación de información*: se trata de los datos que necesariamente habrá de ser comunicados. La DAC 6 se muestra en la tónica general de los sistemas de declaración de este tipo exigiendo lo que sigue: datos identificativos de los intermediarios y de los contribuyentes interesados; información detallada sobre las señas distintivas que otorgan al mecanismo su cualidad de reportable; un resumen del mecanismo incluyéndose una referencia a su denominación más usual y una descripción abstracta de las actividades que lo sustancian; la fecha en que se ha producido o se va a producir la ejecución del mecanismo; información de las disposiciones nacionales que fundamentan el mecanismo; el valor del mecanismo; determinación del Estado o Estados miembros que pudieran resultar afectados; y la identificación de cualquier persona de un EM que pudiera resultar afectada.
- *Aspecto temporal*: es igualmente importante precisar con claridad el devengo —concurrencia de los presupuestos fácticos— y la exigibilidad —plazo para presentar la declaración— de la obligación. Normalmente, se distingue en función de si el deber de comunicar recae sobre el promotor o sobre el usuario, apreciándose distintos momentos o posibilidades con arreglo a las circunstancias particulares que se dan en cada caso. Los plazos para presentar la declaración correspondiente por lo general son muy breves y resultan muy similares en uno y otro caso, como no podía ser de otra manera para tratar de garantizar la eficacia de estos mecanismos.

  La DAC 6 establece un breve plazo de 30 días para presentar las declaraciones sobre los esquemas transfronterizos potencialmente agresivos. En el caso de los intermediarios fiscales principales (y lo mismo aplicado a los contribuyentes interesados), dicho plazo empezará a contar a partir del día siguiente a aquel en que el mecanismo se ponga a disposición para su ejecución, el mismo sea ejecutable o el momento en que se haya llevado a cabo la primera fase de su ejecución (lo que ocurra primero). Si se tratase de intermediarios secundarios, en cambio, el referido plazo comenzará a partir del día siguiente a aquel en que se preste ayuda, asistencia o asesoramiento con respecto al esquema objeto de declaración.

- *Régimen sancionador*: las consecuencias de no llevar a cabo un adecuado cumplimiento de estas normas de revelación obligatoria naturalmente llevan implícito el tener que hacer frente a la imposición de sanciones. Normalmente, se trata de multas o sanciones de carácter pecuniario cuyo importe se calcula atendiendo a distintos factores: el retraso habido en la declaración, los honorarios disfrutados por el promotor o la cuantía del beneficio fiscal que se pretendía obtener, entre otros. Asimismo, cabe que se apliquen otro tipo de sanciones distintas de las económicas, como pueden ser la extensión del periodo de prescripción, la imposibilidad de alegar buena fe en otros procedimientos derivados o, incluso, sanciones impropias.

  La DAC 6 guarda silencio a este respecto y se limita a señalar que los Estado habrán de introducir un régimen de sanciones bajo la única premisa de que estas deban ser «eficaces, proporcionadas y disuasorias», lo que no permite garantizar un mínimo de homogeneidad en los distintos órdenes nacionales y no es sino susceptible de generar competencia fiscal lesiva entre los mismos. En el caso de España se ha previsto un régimen de infracciones y sanciones específico, distinguiendo entre infracciones relativas a la obligación de declaración e infracciones relativas a las obligaciones de comunicación entre particulares, que resulta incompatible con las infracciones establecidas con carácter general en los artículos 198 y 199 de la LGT.

B. Cumplimiento cooperativo y MDR

Una vez dicho todo lo anterior, conviene detenerse mínimamente a tratar de vislumbrar la confluencia existente entre las MDR y los modelos de cumplimiento cooperativo. Para ello es tremendamente ilustrativo comenzar señalando como en el Informe de la OCDE «*Co-operative Compliance: A Framework. From Enhanced Relationship to Co-operative Compliance*» del año 2013 se definía la relación cooperativa como la entrega de «transparencia a cambio de seguridad jurídica»[299]. En la medida en que a través de ambos

---

[299] OCDE (2013). *La relación cooperativa: Un marco de referencia: De la relación cooperativa al cumplimiento cooperativo. Ob. Cit.*, págs. 32 y 63.

fenómenos o instrumentos se proporciona información a las autoridades (ya sea de una forma voluntaria o más bien coercitiva), sus objetivos se solapan en este punto, aunque sus características funcionales y modos de proceder no sean ni mucho menos coincidentes. La transparencia, que se encuentra en la base y se persigue a través de las normas de declaración obligatoria, es un ingrediente indispensable para la articulación de las relaciones cooperativas, pues en función de ella y todo lo que implica se determinará el perfil de riesgo de los contribuyentes y los métodos de control que se harán desplegar sobre los mismos.

Un MDR nunca será capaz de llegar a reemplazar a un programa de cumplimiento cooperativo, ya que el objeto de este último siempre va a ser más amplio. No obstante, sí podrá coadyuvar a reforzar su eficacia y arraigo tratando de garantizar unas reglas de juego homogéneas para todos los contribuyes en materia de transparencia y divulgación exigidas[300]. A través de un método como este se potencia el acceso de las Administraciones a la información, tanto en términos materiales —por la cantidad de datos revelados— como formales —por el momento en que se produce tal revelación—, posibilitando una actuación más temprana y eficaz en la prevención y el control de riesgos. Supone un paso más en la transformación del modelo tradicional de fiscalización hacia nuevas cotas donde se tiende al control de los asuntos en tiempo real y a la utilización de técnicas de gestión pública de los riesgos fiscales[301]. Todo ello resulta plenamente coincidente con los programas de cumplimiento cooperativo y, por este motivo, se hace necesario estable-

300 OCDE/G20 (2016). *Proyecto de la OCDE y del G-20 sobre la Erosión de la Base Imponible y el Traslado de Beneficios. Exigir a los contribuyentes que revelen sus mecanismos de planificación fiscal agresiva: Acción 12 – Informe final 2015, Ob. Cit.*

301 «Como acertadamente señala SANZ GÓMEZ, existe una pluralidad de actitudes ante el fenómeno tributario y una pluralidad de causas que motivan su incumplimiento y provocan que las estrategias de prevención del fraude deban adoptar un enfoque cada vez más amplio, sumándose a las medidas de control más represivo otras destinadas a fomentar el cumplimiento voluntario». SANZ GÓMEZ, R.J.: «La <relación cooperativa> entre la Administración y los grandes contribuyentes como estrategia de prevención del fraude fiscal», *Crónica tributaria*, núm. Extra 3, 2013, págs. 33-44. En NOCETE CORREA, F.J.: «¿Es posible una planificación fiscal lícita y socialmente responsable en la UE? Acerca del concepto europeo de planificación fiscal agresiva». *Quincena fiscal*, núm. 5, 2016, pág. 34.

cer fórmulas de coordinación entre ambos instrumentos. Se debe recordar, como ya se ha dicho en alguna ocasión, que el cumplimiento cooperativo en ningún caso tiene como pretensión directa orquestar modificaciones en la normativa vigente, sino más bien influir en el contexto donde esta se aplica inspirando cambios de comportamiento a través de reglas no estrictamente vinculantes. De este modo, cuando los compromisos asumidos en el seno de estos programas coinciden con obligaciones previstas en normas de imperativo cumplimiento, como pudieran ser las MDR, se debe entender que estas se acatarán con especial celo y diligencia. Esto no hace sino afianzar la idea de que ambos fenómenos están destinados a complementarse recíprocamente, pues parece lógico pensar que un contribuyente constantemente sometido a un régimen de revelación de este tipo pudiera llegar a sopesar como opción más rentable y beneficiosa a largo plazo el participar en un programa de cumplimiento cooperativo, asumiendo debidamente los compromisos adicionales que ello conlleva. En palabras de SANZ GÓMEZ, «le es conveniente establecer un diálogo previo con la Administración tributaria —mientras está desarrollando ese esquema— para obtener su punto de vista y emprender una cierta negociación para dotar de contenido, de forma participada, al margen de incertidumbre inherente a la interpretación de la norma y la calificación de los hechos»[302].

No son pocos los documentos de la OCDE donde de manera explícita se menciona esta imbricación entre ambas realidades. Así, en el propio «Plan de acción contra la erosión de la base imponible y el traslado de beneficios», cuando se refiere a la «Acción 12.- Exigir a los contribuyentes que revelen sus mecanismos de planificación fiscal agresiva», expresamente se establece que «El trabajo se coordinará con el trabajo sobre cumplimiento cooperativo»[303]. Y lo mismo en el Informe Final de 2015 de la misma Acción: «Los regímenes de declaración obligatoria complementan y se distinguen simultáneamente de otros tipos de obligaciones de declaración y notificación, como son los regímenes de cumplimiento cooperativo, por estar

---

302 SANZ GÓMEZ, R.: «Entre el palo y la zanahoria: la comunicación obligatoria de esquemas de planificación fiscal agresiva y su interacción con las iniciativas de cumplimiento cooperativo», *Ob. Cit.*, págs. 44 y ss.

303 OCDE (2013). *Plan de acción contra la erosión de la base imponible y el traslado de beneficios. Ob. Cit.*, pág. 26.

específicamente diseñados para detectar estructuras de planificación fiscal que explotan las deficiencias de un particular sistema tributario, al tiempo que dotan de la flexibilidad necesaria a las administraciones tributarias para establecer umbrales, rasgos distintivos o filtros que afecten a operaciones de especial interés y áreas que entrañan un riesgo»[304]. A fin de cuentas, como señala CRUZ AMORÓS, «se trata de que las Administraciones Tributarias puedan acceder de forma rápida al conocimiento de los nuevos esquemas sospechosos de planificación fiscal para validarlos, corregirlos o darles la respuesta legislativa adecuada. Por eso la acción se coordinará con los trabajos sobre cumplimiento cooperativo e implicará la puesta en marcha de modelos mejorados de intercambio de información entre administraciones tributarias sobre las estructuras de planificación fiscal internacional»[305].

Por su parte, la DAC 6 no hace alusión alguna a la posible vinculación existente entre un régimen de revelación de información como el que propone y otros instrumentos presentes en la realidad fiscal internacional que también contribuyen al logro de una mayor transparencia en este contexto, como serían los *tax rulings*, las APAs, obligaciones específicas de información sobre determinadas transacciones o inversiones o los modelos de cumplimiento cooperativo. Sin perjuicio de ello, tal y como indica GARCÍA PRATS, la transposición de la norma comunitaria puede ser una buena oportunidad para reforzar los modelos de relaciones cooperativas, anudando el cumplimiento de tales obligaciones con «el compromiso de analizar las implicaciones tributarias por parte de la Administración tributaria o de las Administraciones tributarias afectadas por el mecanismo, ante las que se presenta la declaración o a las que se suministra la información aportada ante otro Estado miembro por resultarse relevante»[306]. Se pone como ejemplo en este sentido la experiencia desarrollada en el programa ICAP, para tratar de demostrar que la asunción de obligaciones formales de este tipo en la figura de

---

304 OCDE/G20 (2016). *Proyecto de la OCDE y del G-20 sobre la Erosión de la Base Imponible y el Traslado de Beneficios. Exigir a los contribuyentes que revelen sus mecanismos de planificación fiscal agresiva: Acción 12 – Informe final 2015, Ob. Cit.*

305 CRUZ AMORÓS, M.: «Intercambio de información y derecho de los contribuyentes», *Ob. Cit.*, pág. 61.

306 GARCÍA PRATS, F. A.: «La transposición en España de la Directiva sobre Intermediarios Tributarios (DAC6)», *Papers AEDAF*, núm. 14, 2019, pág. 67.

los obligados tributarios sí puede contribuir efectivamente a elevar los niveles de seguridad jurídica en sus relaciones con las autoridades fiscales.

Tal planteamiento cobra aún más sentido si se tiene en cuenta, como ciertas voces de la doctrina han puesto de manifiesto, la posibilidad de que estas nuevas obligaciones de revelación pudieran incluso llegar a afectar negativamente a la práctica de las relaciones cooperativas. El hecho de que se sancione su incumplimiento y, *sensu contrario*, no se expresen los efectos de su adecuada observancia, si bien puede parecer lógico atendiendo a que se trata de un instrumento para garantizar mayor transparencia, en no menor medida puede despertar suspicacias desde la perspectiva de los obligados tributarios cumplidores[307]. Aun cuando no se alteren, como tal, los límites sustantivos de lo que se considera planificación fiscal legítima, de un modo indirecto aumenta el grado de incertidumbre acerca de lo que puede constituir una planificación fiscal aceptable[308]. Además, se debe tener igualmente presente el incremento de los costes formales de cumplimiento que implica.

De esta forma, el modelo europeo de revelación obligatoria y los programas de relaciones cooperativas, lejos de resultar incompatibles entre sí, podrán desempeñar una función complementaria[309]. Esta coordinación habría

---

307 La Directiva guarda silencio en lo que se refiere a las consecuencias derivadas del cumplimiento de las distintas obligaciones de información. La única indicación que puede considerarse en este sentido es que «la no reacción por parte de una administración tributaria a un mecanismo transfronterizo sujeto a comunicación de información no implicará en ningún caso la aceptación de la validez del tratamiento fiscal de dicho mecanismo». Vid. MARTÍNEZ MUÑOZ, Y.: *La declaración obligatoria de mecanismos de planificación fiscal agresiva en el marco de la protección de los derechos fundamentales*, *Ob. Cit.*, pág. 70.

308 CALDERÓN CARRERO, J.M.: «El nuevo marco europeo de transparencia sobre esquemas transfronterizos sujetos a declaración por intermediarios fiscales y contribuyentes: las "EU tax disclosure rules" y sus implicaciones», *Ob. Cit.*, pág. 21.

309 SANZ CLAVIJO, A.: «La cooperación interadministrativa y privada en el ámbito internacional y UE: obligación de revelar mecanismos de planificación fiscal agresiva e intercambio de información». En CARRASCO GONZÁLEZ, F. M.; BERTRÁN GIRÓN, M. y VILALTA REIXACH, M.: *La colaboración privada y entre administraciones en la aplicación de los tributos*, *Ob. Cit.*, pág. 16; SANZ GÓMEZ, R.: «Entre el palo y la zanahoria: la comunicación obligatoria de esquemas de planificación fiscal agresiva y su interacción con las iniciativas de cumplimiento coo-

de instrumentarse a través de fórmulas más estrechas de asistir e informar a los obligados tributarios en el cumplimiento de sus obligaciones, dando una mayor y más efectiva publicidad a las guías interpretativas y a los criterios de aplicación de los tributos[310]. En sí, un «compromiso de transparencia reforzada más allá de lo exigido por la norma» en ambos márgenes de la ecuación: una actitud más predecible de los obligados tributarios garantizará una eficiencia superior en la actuación administrativa y, como contrapartida, se proporcionará a aquellos una mayor certeza en la aplicabilidad de la normativa fiscal[311]. Un paso que podría considerarse en este sentido, llevado a cabo como consecuencia de la transposición de la DAC 6, es la publicación en sede electrónica de la AEAT de los mecanismos transfronterizos declarados que se consideran más relevantes y de la calificación que les ha correspondido[312]. Sea como fuere, es posible constatar como la correspondencia entre ambas realidades es innegable. Se trata de dos fenómenos llamados a retroalimentarse mutuamente, reforzando su eficacia operativa y el sentido del cumplimiento.

---

perativo», *Ob. Cit.*, pág. 50 y 51; y GARCÍA-HERRERA BLANCO, C.: «Buen gobierno fiscal y cumplimiento cooperativo con las grandes compañías», *Ob. Cit.*, pág. 133.

310 *Tax Compliance Programs*: en términos materiales, asimismo, no sería extraño suponer que la puesta en marcha de la Directiva exigiera la implementación de protocolos de actuación entre el intermediario y el cliente/contribuyente interesado a fin de garantizar una adecuada observancia y control de las obligaciones y efectos que pudiera generar.

311 MORENO GONZÁLEZ, S.: «La directiva de intermediarios fiscales». En GUERVÓS MAÍLLO, M. A. et al.: *Practicum Compliance Tributario 2020, Ob. Cit.*, pág. 337

312 CALVO VÉRGEZ, J.: «La aprobación de la Directiva 2018/822 del Consejo, de 25 de mayo de 2018 (<Directiva de intermediarios fiscales>) y su conexión con la Acción 12 del plan BEPS», *Ob. Cit.*, pág. 25.

Capítulo II
EL CUMPLIMIENTO COOPERATIVO EN ESPAÑA Y EN EL DERECHO COMPARADO

Este capítulo analiza la forma en que se ha llevado y se está llevando a cabo la implantación del cumplimiento cooperativo en España. Se parte de una evaluación de los antecedentes que subyacen a la recepción de este nuevo modelo en conexión con lo ya establecido en la tradición y cultura jurídica española. El análisis se centra fundamentalmente en el segmento de las grandes empresas. En particular, se escudriñan con detenimiento el funcionamiento general del FGE y los mecanismos específicos en que se traducen los compromisos contenidos en el CBPT. Se examinan también, en menor medida, el resto de Foros y trabajos que se han ido conformando con respecto a otros tipos de obligados tributarios. Todo ello, finalmente, puesto relación con la experiencia comparada de Países Bajos.

1. ANTECEDENTES Y MIMBRES PARA LA RELACIÓN COOPERATIVA EN ESPAÑA

En España, al igual que en la mayoría de los países de su entorno, la aparición de las relaciones cooperativas se ha visto propiciada por las nuevas necesidades existentes en la realidad fiscal actual. Un contexto cada vez más global e internacionalizado, las continuas innovaciones fiscales y financieras y, sobre todo, la complejidad e incertidumbre que despiertan las políticas corporativas de planificación fiscal de hoy en día han determinado que las autoridades fiscales de los Estados se vean en la necesidad de adoptar un enfoque más amplio en sus relaciones con los contribuyentes. A las tradicionales medidas de control tributario se han ido sumando cada vez con mayor profusión nuevas técnicas orientadas al fomento del cumplimiento voluntario que disponen un nuevo modo de organizar las relaciones de este tipo.

Inicialmente, el cumplimiento cooperativo comenzó a tener acomodo en el Estado español en el seno de las estrategias de prevención del fraude. Así, de una forma muy tímida, se puede considerar como un primer paso en este sentido el Plan de Prevención del Fraude Fiscal del año 2005 y, más en concreto, la creación de la Delegación Central de Grandes Contribuyentes (DCGC) concebida como órgano interlocutor entre la AEAT y las empresas y personas adscritas al mismo. De un modo mucho más expresivo, la Actualización del mismo Plan en el año 2008 mencionó ya expresamente el concepto de relaciones cooperativas como una nueva forma de colaboración, basada en los principios de transparencia y confianza mutua, con aquellos contribuyentes que reunieran una serie de características. Para la conformación de este entramado cooperativo se preveían dos fases o tipos de actuaciones: (1) La creación de un foro de discusión que sirviera para analizar los principales problemas que se plantean en la relación entre las grandes empresas y la Administración tributaria; y (2) El establecimiento de un marco especial a través del que las autoridades pudieran proporcionar criterios fiables sobre las consecuencias fiscales de operaciones llevadas a cabo por las empresas, a cambio de un compromiso de mayor apertura y transparencia por parte de las mismas. A tales previsiones se dio cumplimiento posterior a través de la creación del Foro de Grandes Empresas y del Código de Buenas Prácticas Tributarias, tal y como se analizará a continuación. Asimismo, en la mencionada Actualización del Plan de Prevención del Fraude Fiscal del año 2008 también se hizo referencia a la figura de los intermediarios fiscales, considerando la posibilidad de instrumentar con ellos un nuevo marco relacional como representantes de los contribuyentes y personal activo en la prevención del fraude, si bien, todo hay que decirlo, de una forma más bien genérica.

Las relaciones cooperativas, como tal, carecen de fundamento legal expreso en el ordenamiento español. Ello no es sino la tónica general que viene caracterizando este fenómeno en el contexto comparado. Su instrumentación se ha venido desarrollando esencialmente sobre la base de una serie de mecanismos de *soft law*, fruto del acuerdo entre representantes de la Administración y del sector privado, en aquellos ámbitos donde la legislación dispone un cierto margen para actuar libremente o fuera del arbitrio puramente reglado. Será interesante reflexionar acerca del sentido y de los límites que pueden tener estos instrumentos de *soft law*, teniendo en cuenta que el principio de legalidad en materia fiscal (art. 8 LGT) alcanza no solo a los elementos esenciales del tributo, sino también —y, sobre todo, en lo que a esta materia se refiere— a la relación jurídico-tributaria en sentido estricto, como el conjunto de derechos y obligaciones esenciales y accesorios en que esta se concreta. A este respecto, no obstante, la reserva de ley no es infinita y existen ciertos ámbitos donde el *soft law* puede incidir. Uno de ellos es la potestad de organización y planificación de la Administración, de tal manera que en los servicios de Hacienda habrá cierto margen de maniobra para disponer su ordenación con arreglo a compromisos que las autoridades puedan asumir a través de reglas de *soft law*, precisamente, como contrapeso de los que por su parte adopten las empresas contribuyentes[313]. Y, de la misma forma, la re-

313 En un sentido similar, será igualmente conveniente considerar la interacción de este tipo de reglas de *soft law* con las normas de cumplimiento preceptivo (*hard law*) e, incluso, con los principios generales del ordenamiento, a fin de determinar la vinculación que ello pudiera conllevar según las particulares circunstancias de cada caso. La naturaleza de las disposiciones de *soft law* implica que en sí mismas no puedan obligar coactivamente; ahora bien, ello no es óbice para que puedan generar ciertos efectos «autovinculantes» en tanto que sean aceptadas por los poderes públicos comprometiéndose a su adecuada observancia. Las normas de *hard law* habrán de interpretarse (y aplicarse) conforme a los compromisos adquiridos en virtud del *soft law*, siempre que no conculquen los límites de las propias normas. Cuando ello no resulte posible o no se proceda de este modo, cabe plantear si pudiera llegar a derivarse responsabilidad extracontractual de la Administración a tenor de las legítimas expectativas creadas en los contribuyentes. En cualquier caso, se debe recordar que

lación tributaria entendida en sentido amplio, esto es, como «una suma de las actitudes hacia el diálogo y de los elementos objetivos, contextuales, que mejoren la relación material entre las partes»[314].

Sea como fuere, los postulados del cumplimiento cooperativo encuentran su correlato en determinados preceptos y principios generales previstos en el ordenamiento patrio. En el marco de este nuevo modelo relacional, la actitud de las autoridades se vincula con el concepto de Administración orientada al servicio de los contribuyentes, manifestándose tanto en su desempeño organizativo como en el fomento de la participación ciudadana, lo que en el contexto de la UE se ha venido a denominar como derecho a una buena administración (art. 41 Carta de Derechos Fundamentales de la Unión Europea). Así, en la Constitución se identifican, entre otros, el principio de seguridad jurídica (art. 9.3 CE) en sus tres planos —producción normativa, fijación de los criterios interpretativos y aplicación de las normas—; los principios de neutralidad, servicio a los intereses generales y eficacia (art. 103.1 CE); y el principio de participación (art. 105.a y 9.2 CE). Tales valores constitucionales, a su vez, tienen reflejo legal en el art. 3 LRJSP. En este precepto se especifican una serie de principios que las Administraciones Públicas deben respetar en su actuación y relaciones: «Servicio efectivo a los ciudadanos» (letra a), «Simplicidad, claridad y proximidad a los ciudadanos» (letra b), «Participación, objetividad y transparencia de la actuación administrativa» (letra c), «Racionalización y agilidad de los procedimientos administrativos y de las actividades materiales de gestión» (letra d), «Buena fe, confianza legítima y lealtad institucional» (letra e), «Eficacia en el cumplimiento de los objetivos fijados» (letra h) y «Eficiencia en la asignación y utilización de los

---

en no pocas ocasiones los compromisos aceptados por las partes «no son sino una reiteración de una obligación legal», lo que buena parte de la doctrina entiende como un cometido que asume y se debe cumplir con especial diligencia [ESSERS, P.H.J.: «De implicaties van horizontal toeziicht voord de wetgever», *Wekblad voor Fiscaal recht*, vol. 38, núm. 6794, págs. 12-16].

314 «La relación tributaria tiene una naturaleza *ex lege*, lo que impide crear nuevos derechos y obligaciones *ex contractu*, por medio de un hipotético contrato entre la Hacienda y la empresa. Tampoco sería conveniente el modelo estatutario si significa concebir esta relación como algo privilegiado, pues iría en contra del principio de igualdad». GONZÁLEZ DE FRUTOS, U.: «La relación cooperativa: un nuevo horizonte en el diálogo entre las grandes empresas y la Agencia Tributaria», *Ob. Cit.*, pág. 91.

recursos públicos» (letra j). Otros preceptos que también sirven para fundamentar las bases del cumplimiento cooperativo, aunque quizás en menor medida, son el art. 129 LPAC, que consagra los principios de buena regulación; e incluso, el art. 3.2 LGT, que regula los principios de la ordenación y aplicación del sistema tributario.

Descendiendo a un ámbito más concreto, y sin perjuicio de esta formulación tan abstracta sobre principios rectores, SANZ GÓMEZ considera que existen en el ordenamiento tres grupos de normas que regulan procedimientos y actuaciones donde el cumplimiento cooperativo se encuadra con gran nitidez[315]:

- En primer término, las obligaciones de información y asistencia a los contribuyentes enunciadas en los artículos 85 a 91 LGT y con fundamento en el artículo 34.1.a) de la misma. A este respecto, es preciso tener en cuenta no solo los concretos mecanismos que aquí se contemplan, sino más bien la idea de Administración servicial que subyace a todos ellos.
- En segundo lugar, y ya con un trasfondo mucho más concreto, se hace referencia a la colaboración social en la aplicación de los tributos recogida en el artículo 92 LGT y cuyo desarrollo se produce en los artículos 79 a 81 RGAT. Como se mencionaba en redacciones anteriores, a través de esta institución se busca potenciar el cumplimiento espontáneo de las obligaciones tributarias. En la actualidad, constituye uno de los principales fundamentos normativos —o, cuando menos, una de las escasas referencias expresas en derecho positivo— del cumplimiento cooperativo dentro del ordenamiento jurídico español.
- Finalmente, los mecanismos de prevención y resolución de conflictos. Se citan aquí, como ejemplos, las actas con acuerdos del artículo 155 LGT y los acuerdos previos de valoración en materia de precios de transferencia (APAs) del art. 91 LGT y del art. 18 LIS[316].

---

315 SANZ GÓMEZ, R.J.: «Cumplimiento cooperativo tributario y grandes empresas en España», *Ob. Cit.*, págs. 212 y ss.

316 Según datos del FGE, en el contexto de las relaciones cooperativas se aprecian indicios de un incremento en el uso de este tipo de instrumentos. En particular, las solicitudes de APA habrían aumentado un 38%, el importe de las actas con acuerdo un 255% y, *sensu contrario*, el número de actas de disconformidad habría disminuido un 23%.

Así pues, con independencia de los cauces específicos que puedan establecerse *ex novo* en el nuevo contexto resultante, en el ordenamiento tributario español se identifican ciertas figuras o fórmulas de cooperación que presentan una clara correspondencia o conexión con la idea base de las relaciones cooperativas. Idealmente, los términos en los que se desarrollará la relación jurídico-tributaria habrían de reforzar o inspirar un nuevo modo de proceder respecto a estas medidas ya previstas en la normativa vigente, puesto que la manera en que ahora se aplican no otorga el nivel de seguridad que las circunstancias actuales precisan. No debe olvidarse que el cumplimiento cooperativo no se centra tanto en el qué (instrumentos a aplicar), sino más bien en el cómo (forma en que estos se aplican).

Para concluir con este apartado introductorio es preciso traer a colación diferentes reformas que se han llevado a cabo en la legislación española durante los últimos años, inspiradas (algunas) en cierto modo en los trabajos de cumplimiento cooperativo que se han ido desarrollando tanto a escala nacional como internacional, y (todas ellas) con una repercusión muy palpable en lo que a este fenómeno se refiere.

En primer lugar, se ha de destacar la ya mencionada Ley 31/2014, de 3 de diciembre, por la que se modifica la Ley de Sociedades de Capital para la mejora del gobierno corporativo. Esta reforma introdujo, como se ha dicho, varias medidas constatando la necesidad de implicar al consejo de administración como máximo responsable en la función fiscal de la empresa (*tax in the boardroom*). A pesar del carácter limitado de la reforma, por tratarse de una regulación exclusivamente aplicable a las sociedades cotizadas, GASCÓN CATALÁN opina que puede servir como un marco de referencia para otro tipo de organizaciones que deseen reforzar sus parámetros de gobierno fiscal y mantener un adecuado control de sus riesgos tributarios. De tal manera, lo que se asume por las sociedades cotizadas como una obligación de configuración legal, puede ser acogido por otro tipo de entidades como una buena práctica fiscal[317].

Así, el nuevo art. 529.1 ter incluye como facultades indelegables de este órgano, entre otras, las siguientes: «La determinación de la política de con-

---

317 GASCÓN CATALÁN, J.: «Los Consejos de Administración como máximos responsables de la estrategia fiscal de las sociedades cotizadas», *Ob. Cit.*, pág. 7.

trol y gestión de riesgos, incluidos los fiscales, y la supervisión de los sistemas internos de información y control» (letra b); «La aprobación de las inversiones u operaciones de todo tipo que por su elevada cuantía o especiales características, tengan carácter estratégico o especial riesgo fiscal, salvo que su aprobación corresponda a la junta general» (letra f); «La aprobación de la creación o adquisición de participaciones en entidades de propósito especial o domiciliadas en países o territorios que tengan la consideración de paraísos fiscales, así como cualesquiera otras transacciones u operaciones de naturaleza análoga que, por su complejidad, pudieran menoscabar la transparencia de la sociedad y su grupo» (letra g); y «La determinación de la estrategia fiscal de la sociedad» (letra i). El nuevo art. 529.4 quaterdecies, por su parte, atribuye a la comisión de auditoría la función de «supervisar la eficacia del control interno de la sociedad, la auditoría interna y los sistemas de gestión de riesgos, incluidos los fiscales, así como discutir con el auditor de cuentas las debilidades significativas del sistema de control interno detectadas en el desarrollo de la auditoría» (letra b). Y, finalmente, el nuevo art. 540.4 establece que la información relativa a los sistemas de control de riesgos, incluidos los fiscales, ha de constar como contenido mínimo del informe anual de gobierno corporativo (letra e)[318].

Esta normativa se alinea con determinadas aspiraciones que, desde hace ya varios años y desde diversos ámbitos, se vienen apuntando en el panorama internacional en materia de gobierno corporativo. Lo que llama la atención de esta reforma, sobre todo, no es tanto su contenido —que ya en los últimos años se venía anticipando en diversos foros y códigos de buen gobierno societario—, como sí el hecho de que se haya decidido optar por la configuración de tales previsiones como una exigencia legal, ya que la implicación de los consejos de administración en la política fiscal de las sociedades parecía una cuestión puramente relegada al terreno de la responsabilidad social corporativa.

En segundo lugar, se han de considerar las diversas reformas operadas en el marco del Código Penal que afectan principalmente a la situación de las personas jurídicas. A este respecto, la Ley Orgánica 5/2010, de 22 de junio, desterró el viejo aforismo romano *societas delinquere non potest,* establecien-

---

318 *Ley 31/2014, de 3 de diciembre, por la que se modifica la Ley de Sociedades de Capital para la mejora del gobierno corporativo.* (*Tol 4559375*).

do que las personas jurídicas podrán ser penalmente responsables cuando un delito haya sido cometido por su cuenta y en su beneficio por alguno de sus administradores o representantes o por alguno de sus subordinados. Por su parte, la Ley Orgánica 1/2015, de 30 de marzo, vino a matizar sustancialmente los términos de esta responsabilidad desarrollando una serie de elementos y condiciones que, en caso de ser cumplidos, podrán exonerar o atenuar la responsabilidad penal de estas entidades jurídicas. En concreto, se detallan los requisitos de lo que se denomina «modelos de organización y gestión», más conocidos en el ámbito corporativo como programas de cumplimiento normativo o *compliance programms*. Se trata, en esencia, de sistemas de prevención y detección de riesgos «que incluyen medidas de vigilancia y control idóneas para prevenir delitos de la misma naturaleza o para reducir de forma significativa el riesgo de su comisión»[319]. Su utilidad radica en la posibilidad de eximir o atenuar la responsabilidad penal de una sociedad ante la eventual comisión de un delito cuando se consiga demostrar, precisamente, que la misma contaba con un sistema de prevención y detección de riesgos adecuado y, por tanto, la materialización del ilícito se ha producido por causas que escapan a un control considerado apropiado y diligente. La consideración de estos programas de cumplimiento normativo, a los efectos de las relaciones cooperativas, podría llegar a solaparse con la funcionalidad de los Marcos de Control Fiscal que han sido objeto de atención en el *CAPÍTULO* anterior. Si bien, *a priori*, la finalidad y los objetivos que persiguen ambos instrumentos no son idénticos, su aplicación en términos prácticos puede conducir a un resultado altamente coincidente. Todas estas cuestiones se abordarán en profundidad en el *CAPÍTULO III*.

Por último, se ha de hacer referencia a la Ley 34/2015, de 21 de septiembre, de modificación parcial de la LGT. Esta norma, entre otras cuestiones, reformula la redacción de su artículo 92.2 introduciendo una alusión explícita —y, por ahora, prácticamente única en la legislación española— al cumplimiento cooperativo: «En particular, dicha colaboración podrá instrumentarse a través de acuerdos de la Administración Tributaria con otras Administraciones públicas, con entidades privadas o con instituciones u organizaciones representativas de sectores o intereses sociales, laborales, em-

---

[319] Ley Orgánica 10/1995, de 23 de noviembre, del Código Penal. (BOE núm. 281, de 24 noviembre de 1995). (*Tol 223185*).

presariales o profesionales, y, específicamente, con el objeto de facilitar el desarrollo de su labor en aras de potenciar el **cumplimiento cooperativo** de las obligaciones tributarias, con los colegios y asociaciones de profesionales de la asesoría fiscal» [la negrita es propia][320]. La referencia es tan abstracta y limitada que no puede considerarse que se haya establecido en España un verdadero sistema de cooperación en el cumplimiento de las obligaciones tributarias a todos los niveles (normativo, organizativo y aplicativo), ni en todas sus fases (propedéutica, gestión, inspección, recaudación, sanción y resolución de conflictos). En palabras de ROZAS VALDÉS, «las tres líneas en las que se incluye la alusión al ‹cumplimiento cooperativo› son prototípicas de lo que el maestro Ferreiro viene denominando desde hace años ‹normas propaganda› o, más bien, en sus últimos trabajos, ‹no normas›. No se dispone nada, no se ordena nada, no se prohíbe nada». Se trata de una referencia meramente testimonial.

El tenor literal de la norma tras la reforma sencillamente se limita a especificar que los acuerdos de colaboración social con terceros, ya previstos desde la primera redacción de la LGT, se podrán articular particularmente con los colegios y asociaciones profesionales de la asesoría fiscal[321]. El mismo ROZAS VALDÉS considera que ello «no supone innovación alguna

---

320 En la Exposición de Motivos de la mencionada Ley 34/2015 también se alude a este fenómeno al considerar que «Se profundiza en el reconocimiento de la labor desempeñada por los profesionales de la asesoría fiscal mediante la incorporación de una referencia a la necesidad de instrumentar nuevas líneas de colaboración para fomentar el cumplimiento cooperativo de las obligaciones tributarias». (*Tol 5431731*).

321 No existe un reconocimiento legal expreso en el ordenamiento español, análogo al que aquí se indica, que permita desarrollar la relación cooperativa en iguales términos con las grandes empresas. Ahora bien, los artículos 79.1.f) y 80 del RGAT habilitan al Ministerio de Hacienda para que pueda extender los acuerdos de colaboración social con otras personas o entidades distintas de las explícitamente previstas en la Ley. Hay quienes consideran que, al no especificarse el instrumento concreto a través del que dar cumplimiento a tal previsión, pudiera llegar a pensarse que ello se llevó a cabo mediante el Acuerdo del Consejo de Ministros de 14 de agosto de 2008, por el que se impulsó el establecimiento de contactos directos con los consejos de administración de las grandes empresas y la creación de un foro de diálogo con este tipo de contribuyentes. SANZ GÓMEZ, R.J.: «Cumplimiento cooperativo tributario y grandes empresas en España», *Ob. Cit.,* pág. 215.

del marco legal precedente. Si existiera verdadera voluntad de llevar a cabo un desarrollo reglamentario de este tipo de acuerdos, se habría podido hacer perfectamente con la base legal precedente. Lo único que da la impresión que se ha querido hacer es introducir la palabra mágica ‹cumplimiento cooperativo› para poder afirmar que tal cosa tiene reflejo explícito en nuestro ordenamiento general. Dejándolo, eso sí, en el plano de lo potencial, ‹en aras de potenciar›, sin que ello comporte mandato alguno explícito ni compromiso firme por parte de la Administración tributara de proceder a su desarrollo efectivo»[322].

Frente a los ordenamientos de corte anglosajón, donde la relación cooperativa se ha desarrollado con mayor facilidad a través de este tipo de reglas de «derecho blando» debido a su mejor encaje con los principios que fundamentan tales sistemas, en los regímenes jurídicos de inspiración continental (como España) la experiencia ha demostrado que la tradición y cultura jurídica obedecen mejor a normas de observancia preceptiva. Teniendo esto en cuenta, quizás hubiera sido deseable que la instrumentación de las relaciones cooperativas se hubiera producido, de una forma más satisfactoria, a través de una norma legal que dispusiera una sistematización integral y unitaria para los principales presupuestos del modelo. La experiencia española aún difiere mucho de lo que podría calificarse como un verdadero modelo de cumplimiento cooperativo tributario en sentido estricto; no obstante, no puede negarse que, aun con una lentitud altamente mejorable, se están dando pasos en la dirección adecuada para su futuro desarrollo: establecimiento de cauces institucionalizados de relación, promoción de las buenas prácticas tributarias y de la confianza mutua y fomento de los programas de prevención y gestión de riesgos fiscales.

---

322 La transformación que se predica parece ser extraordinariamente parca e insuficiente por cuanto circunscribe su virtualidad y permanece anclada en ese estrecho margen del diálogo que propone establecerse con representantes selectos de las asesorías fiscales de las grandes corporaciones y de las asociaciones representativas de los profesionales del asesoramiento tributario. ROZAS VALDÉS, J.A.: «El cumplimiento cooperativo». En BOSCH CHOLBI, J.L. (coord.) et. al.: *Comentarios a la Ley General Tributaria al hilo de su reforma*, *Ob. Cit.*, págs. 527 y ss.

2. CUMPLIMIENTO COOPERATIVO Y GRANDES CONTRIBUYENTES

2.1. EL FORO DE GRANDES EMPRESAS (FGE)

2.1.1. Aspectos generales

El **Foro de Grandes Empresas** (FGE) constituye el primer mecanismo específico puesto en marcha en España a los efectos del cumplimiento cooperativo. Su creación se produjo el 10 de julio de 2009, si bien comenzó a tomar forma previamente en la Actualización del Plan de Prevención del Fraude Fiscal de 2008, tal y como se mencionó anteriormente. Fue precisamente en ese año cuando la AEAT lanzó una encuesta dirigida a las empresas que formaban parte de la DCGC, obteniendo una valoración globalmente satisfactoria respecto a las actuaciones de información y asistencia y no tanto en lo referido a la parcela del control tributario. Posteriormente, se inició una ronda de contactos con un grupo reducido de estas entidades que, con arreglo a una serie de parámetros particulares, se consideraron representativas de todas ellas: volumen de facturación, número de trabajadores, sector de actividad, situación geográfica, importe de la deuda tributaria abonada y cantidad de información suministrada a las autoridades. El FGE es una expresión de los acuerdos de colaboración social regulados en el art. 92 LGT y su normativa reglamentaria de desarrollo. En tales preceptos se prevé expresamente la posibilidad de extender dichos acuerdos con otras personas o entidades distintas de las explícitamente previstas en la Ley. Al no especificarse el instrumento concreto a través del que dar cumplimiento a tal previsión, se puede considerar que ello se llevó a cabo mediante el Acuerdo del Consejo de Ministros de 14 de agosto de 2008: «Establecimiento de contactos directos con los Consejos de Administración de las grandes empresas y creación de un foro de empresas para debatir los temas que más puedan interesar a este tipo de contribuyentes» (medida n.º 5).

No es un órgano administrativo, ni tampoco un ente semipúblico que ejerza funciones administrativas. Se trata de un espacio estratégico de discusión y diálogo provisto de estabilidad por medio de unas normas de funcionamiento que han sido aprobadas por consenso y son modificables por el mismo método. El Foro ha supuesto un acercamiento entre las partes y un impulso decidido a la vertiente bilateral de la relación cooperativa[323]. Se atribuye a sí mismo un carácter «informal, asociativo, flexible y desburocratizado», definiéndose como «órgano de relación cooperativa para promover una mayor colaboración entre las grandes empresas y la Administración tributaria del Estado, basada en los principios de transparencia y confianza mutua, a través del conocimiento y puesta en común de los problemas que puedan plantearse en la aplicación del sistema tributario»[324]. Mediante la celebración de reuniones periódicas se busca el poder abordar de forma conjunta las dificultades que rodean a la práctica fiscal de las empresas, facilitando su conocimiento por parte de las autoridades y la posibilidad de elaborar una respuesta de manera más rápida y eficiente. Sobre el papel, se espera que un contacto más próximo e inmediato con los propios destinatarios de las normas permita obtener de primera mano una valoración acerca de su impacto efectivo y, al mismo tiempo, proponer ajustes o mejoras que se consideren convenientes. De esta forma, se pretende potenciar el aspecto preventivo en la gestión de los riesgos tributarios evitando tener que proceder con actuaciones de control *a posteriori*.

2.1.2. Composición

El FGE presenta una composición ciertamente flexible y heterogénea. Se ha buscado primordialmente que la representación de las partes lo fuera al máximo nivel. Por esta razón, no se ha pretendido tanto reunir a grandes expertos en materia de fiscalidad, como sí a las más altas autoridades de las empresas y de la Administración, precisamente, para conseguir que la implicación de los consejos de administración y de los órganos de dirección de la Agencia Tributaria sea máxima. Por un lado, lo conforman un número limitado de empresas adscritas a la DCGC y seleccionadas en función de los criterios objetivos anteriormente expuestos. Desde sus inicios y en la actualidad

---

323 SANZ GÓMEZ, R.J. (2014). *La «relación cooperativa» entre la administración tributaria y las grandes empresas: análisis de la experiencia española, Ob. Cit.*, pág. 82.

324 Nota informativa publicada en fecha 6 de julio de 2009 en la web de la AEAT. <http://www.agenciatributaria.es/static_files/AEAT/Contenidos_Comunes/La_Agencia_Tributaria/Segmentos_Usuarios/Empresas_y_profesionales/Foro_grandes_empresas/Nota_informati va_es_es.pdf>

son 26 las empresas que lo integran: *Acerinox, ACS, Amadeus It Group, Banco Sabadell, Banco De Santander, BBVA, La Caixa, Cepsa, Cofares, El Corte Inglés, Endesa, FCC, Generali España, Iberdrola, Iberia, Inditex, Mapfre, Mercadona, Michelin, Naturgy Energy Group, Renault, Repsol, Seat, Siemens, Telefónica y Vodafone.*

En la adenda a las normas de funcionamiento se contempla expresamente la opción de dar entrada a nuevos miembros. Para ello la empresa interesada deberá solicitarlo formalmente, estar adherida al CBPT e integrarse en alguno de los grupos de trabajo en que se organiza el Foro. Asimismo, con el propósito de garantizar el buen funcionamiento de este órgano y el cumplimiento de sus fines, se prevé un procedimiento de renovación periódica para los miembros ya existentes a fin de valorar su grado de involucración y participación en los trabajos desarrollados. En caso de que esta actividad sea mínima o testimonial, se comunicará dicha circunstancia a la entidad para que se replantee su continuidad. De la misma forma, los miembros podrán solicitar en cualquier momento su baja o renuncia.

Cada una de las empresas integrantes se halla representada por un miembro de su consejo de administración o por otra persona perteneciente a las mismas que sea expresamente nombrada por dicho órgano a tales efectos. Inicialmente, se pensó que el representante de cada empresa fuera en todo caso un miembro del consejo, sin embargo, tras el debate celebrado en la primera reunión del Foro, se consideró más apropiado que representara a las empresas el director o responsable de cada respectivo departamento fiscal[325]. Por otro lado, la Agencia Tributaria se encuentra representada por numerosos miembros de su personal del más alto nivel. De este modo, la presidencia del mismo se atribuye al titular de la Presidencia de la AEAT (Secretario de Estado de Hacienda); la vicepresidencia corresponde al Director General de la misma AEAT, pudiendo sustituir al anterior; y también formarán parte de este órgano los Directores de los Departamentos de Gestión Tributaria, de Inspección Financiera y Tributaria, de Recaudación y de Aduanas e Impuestos Especiales y el Delegado Central de Grandes Contribuyentes.

---

325 SANZ GÓMEZ, R.J. (2014). *La «relación cooperativa» entre la administración tributaria y las grandes empresas: análisis de la experiencia española, Ob. Cit.*, págs. 82 y 83.

Finalmente, el FGE dispondrá de una Secretaria Técnica que está ocupada por un funcionario designado por el Director General de la Agencia —usualmente el titular del Servicio de Planificación y Relaciones Institucionales— y que cuenta con la colaboración de algún representante de las empresas (normalmente uno) rotatorio por periodos anuales.

2.1.3. *Objetivos y funciones*

El objetivo último del FGE no es otro que la puesta en marcha de la relación cooperativa con este tipo de contribuyentes, constituyendo el marco idóneo donde poder debatir acerca de cualquier asunto referido al ámbito tributario y trabajar conjuntamente para la consecución de objetivos comunes que beneficien a todas las partes. A tales efectos, no se aspira a una cosa distinta que mejorar la aplicación del sistema tributario, proporcionando mayor seguridad jurídica y favoreciendo el incremento de los niveles de cumplimiento voluntario. Tal y como se establece en sus normas de funcionamiento, las funciones del Foro se pueden agrupar en cuatro bloques[326]: (1) Mejorar la relación entre la AEAT y las empresas. Ello se aspira a lograr articulando canales de comunicación fluida a fin de impulsar la difusión de criterios interpretativos y de facilitar el conocimiento acerca de la estructura y práctica de los órganos de aplicación de los tributos; (2) Simplificar y favorecer el cumplimiento de las obligaciones fiscales. Se propone analizar, entre otras cuestiones, la posible mejora de los procedimientos de gestión y control tributario; la reducción de cargas administrativas y obligaciones formales; la informatización del suministro de información; o la potenciación de la facturación electrónica; (3) Promover el estudio participado de los problemas que pueda suscitar la aplicación de la normativa fiscal, así como de los eventuales cambios regulatorios y su adaptación a los mismos. En particular, se pretende favorecer el conocimiento anticipado de proyectos normativos, así como la propuesta de modificaciones que sean de interés general; y (4) Examinar la actuación interna de las empresas en lo referente a la aplicación del sistema tributario. En este contexto, se propone desarrollar programas de formación

---

[326] AGENCIA TRIBUTARIA (2010). Normas de funcionamiento del Foro de Grandes Empresas. <https://sede.agenciatributaria.gob.es/Sede/colaborar-agencia-tributaria/relacion-cooperativa/foro-grandes-empresas/normas-funcionamiento-adenda.html>

del personal gerente de las empresas; concienciar a los consejos de administración sobre su responsabilidad en el cumplimiento de las obligaciones tributarias; y reforzar los procedimientos de análisis y control interno de los riesgos fiscales establecidos en las sociedades.

2.1.4. Funcionamiento

En cuanto a su funcionamiento, el Foro se podrá organizar en Pleno o a través de Grupos de trabajo:

A. Pleno

El Pleno es el órgano central del Foro. Se encuentra bajo la dirección de la Presidencia y está asistido por la Secretaría Técnica. Lo componen la totalidad de sus miembros, no obstante, de manera extraordinaria, a petición de cualquiera de ellos y previa convocatoria del Presidente, podrán participar en él otros intervinientes cuya asistencia se considere conveniente con arreglo a los temas que se van a tratar.

Se reunirá en sesión ordinaria al menos una vez al semestre, pudiendo hacerlo también en sesión extraordinaria por iniciativa propia del Presidente o cuando lo soliciten al menos cinco empresas. Para su válida constitución es necesario que acudan el Presidente, el Secretario Técnico —o las personas que les sustituyan— y, como mínimo, la mitad de los representantes de las empresas y de la Administración. La convocatoria se realizará en todo caso por la Presidencia a través de la Secretaría Técnica, incluyendo el orden del día y la documentación pertinente de acuerdo con los asuntos que se pretendan tratar. La configuración de las sesiones es bastante flexible. El orden del día se establecerá de forma participada, pudiendo ampliarse o, incluso, enviarse nueva documentación hasta 48 horas antes de la celebración del Pleno. En las sesiones ordinarias se podrá tratar cualquier asunto no incluido en este orden del día, siempre y cuando así lo acuerden los miembros antes del inicio de las sesiones y a propuesta del Presidente.

En términos materiales, al Pleno le corresponde identificar problemas o cuestiones que suscite la práctica fiscal de las empresas y, en función de los resultados presentados por los grupos de trabajo, aprobar acuerdos que puedan suponer una solución. Estos se adoptarán por consenso entre los asistentes y serán de aplicación general a todos los contribuyentes que puedan resultar afectados. Al término de cada sesión, se redactará un acta que contendrá minuciosamente todos los extremos y circunstancias propios de cada reunión y, después de su aprobación, se publicará en la sede electrónica de la AEAT.

B. Grupos de trabajo

El cometido más técnico del Foro será desarrollado por un número indeterminado de grupos de trabajo. Su creación, supresión y régimen competencial se acordará por el Pleno en función de las necesidades que se identifiquen y de los temas que se pretendan abordar. Su composición es altamente flexible. Pueden estar integrados por un máximo de ocho representantes de la AEAT y otros ocho del colectivo de empresas (aunque no siempre se ha respetado esa regla), habiendo de contar necesariamente con la presencia del Secretario Técnico o del funcionario que le sustituya. Además, a sus reuniones podrán asistir personas que no formen parte de los mismos cuando su participación se considere conveniente y así lo solicite alguno de los miembros.

Inicialmente se crearon tres grupos de trabajo: a) Código de Buenas Prácticas (finalizó su labor con la aprobación del CBPT); b) Racionalización de Cargas Fiscales; y c) Precios de Transferencia (concluyó su actividad el 28 de noviembre de 2012 tras la aprobación de una serie de conclusiones que pueden consultarse en la sede electrónica de la Agencia Tributaria). Con posterioridad se han ido creando varios más: d) Impuestos Especiales; e) Relación Cooperativa —actualmente se trata de uno de los grupos con mayor actividad y su labor resulta fundamental para avanzar en el desarrollo del modelo español de cumplimiento cooperativo. Como resultado de sus trabajos, se aprobó la puesta en práctica del Informe de Transparencia, que será examinado a continuación—; f) Análisis de la normativa tributaria y de reducción de la conflictividad —sus actuaciones se adecúan a las cuestiones normativas que más interés susciten en cada momento—; y g) Suministro Inmediato de Información o SII —ha sido el último en crearse y su cometido principal se circunscribe en torno a la implantación exitosa del sistema de llevanza de libros registro de IVA a través de la sede electrónica de la AEAT—[327].

Estos grupos de trabajo se reúnen periódicamente para analizar problemas y proponer soluciones concernientes a los temas para los que fueron creados. Son el cauce más práctico y operativo de participación en el Foro. Sus resultados se entregan directamente al Presidente para que se incluyan en el orden del día del Pleno y se pueda proceder a su eventual explicación en el mismo.

2.2. EL CÓDIGO DE BUENAS PRÁCTICAS TRIBUTARIAS (CBPT) Y TRABAJOS POSTERIORES

2.2.1. *Descripción general*

El **Código de Buenas Prácticas Tributarias** (CBPT) fue aprobado en sesión plenaria del FGE el día 20 de julio de 2010. Dicha asamblea contó con la presencia de la por aquel entonces Vicepresidenta Segunda del Gobierno y Ministra de Economía y Hacienda, Elena Salgado, poniendo de manifiesto el impulso y la relevancia que desde la Agencia Tributaria se quiso dar a este particular instrumento. Su publicación, teniendo en cuenta que se trata de una norma de *soft law*, no se llevó a cabo a través de cauces oficiales, a pesar de que podía haberse considerado tal posibilidad a tenor de lo preceptuado en el artículo 6.2 del Real Decreto 181/2008, de 8 de febrero, de ordenación del diario oficial «Boletín Oficial del Estado». En lugar de ello, se optó por anunciar su aprobación mediante una nota de prensa divulgada a través de los medios comunicación, teniendo una notoria repercusión mediática.

El CBPT es un instrumento de *soft law* que pretende servir para iniciar la implantación paulatina de los principios esenciales del modelo de cumplimiento cooperativo tributario en España. Establece un marco general de autorregulación pactada a través de la asunción voluntaria de una serie de compromisos mutuos por parte de la AEAT y de las empresas que suscriben el mismo. Se tra-

---

[327] FRAISERO ARANGUREN, I.: «Cumplimiento cooperativo con la Administración tributaria». En GUERVÓS MAÍLLO, M. A. et al.: *Practicum Compliance Tributario 2020, Ob. Cit.*, págs. 735 y 736.

ta, en todo caso, de una pieza básica que precisa de un mayor desarrollo futuro tanto en los fundamentos rectores del modelo como a nivel normativo e institucional, tal y como se ha ido llevando a cabo. El objetivo primordial del Código es promover el desarrollo de «una relación recíprocamente cooperativa», entre la AEAT y las empresas, basada en los principios de transparencia, buena fe y confianza mutua. Por medio de este mecanismo se aspira a proporcionar «unas reglas mínimas de procedimiento y diligencia debida» que permitan confeccionar una relación cualitativamente distinta entre las partes adherentes con el propósito de conseguir una mejor y más eficaz aplicación del sistema impositivo[328]. La idea de base apunta hacia una nueva forma de articular el cumplimiento tributario orientada, por un lado, a mejorar la eficacia de la actividad de control realizada por las autoridades y, por otro, a reducir la inseguridad jurídica y la litigiosidad que afectan a las empresas.

El Código se compone de una serie de compromisos que van más allá del respeto y estricto cumplimiento de las normas. Son conductas que contribuyen activamente a elevar los niveles de cumplimiento fiscal tanto en términos puramente materiales como sobre todo en lo referido al modo de proceder. En el propio Código se definen como «recomendaciones, voluntariamente asumidas por la Administración Tributaria y las empresas, tendentes a mejorar la aplicación de nuestro sistema tributario a través del incremento de la seguridad jurídica, la cooperación recíproca basada en la buena fe y confianza legítima entre la Agencia Tributaria y las propias empresas, y la aplicación de políticas fiscales responsables en las empresas con conocimiento del Consejo de Administración». En un primer momento, la AEAT pretendía que únicamente se regularan los compromisos que debían adoptar las empresas participantes. No obstante, ya en la primera reunión del Foro se dejó claro que, para que tal cosa fuera plausible, la Administración de forma correlativa habría de asumir comportamientos de igual calado en su actividad fiscalizadora, particularmente, en la parcela del control tributario. Si se aspira a que las empresas observen una serie de buenas prácticas en su actuar fiscal, parece igualmente lógico y necesario que, en una relación de tracto bilateral, estas puedan percibir una contrapartida análoga por el lado de las autoridades. En lo que se refiere a la AEAT, el contenido de tales previsiones se centra en el

---

328 IGLESIAS GÓMEZ, J.V.: «El Código de Buenas Prácticas Tributarias», *Estrategia Financiera*, núm. 277, 2010, págs. 72.

refuerzo de los instrumentos que proveen seguridad jurídica, la agilidad en los procedimientos de consulta y el potenciamiento del acuerdo en el seno del procedimiento inspector. Por el lado de las empresas, esto mismo se vincula a una actitud responsable en materia de cumplimiento tributario, una planificación fiscal determinada al más alto nivel y, en general, una gestión adecuada de los riesgos inherentes a todo ello.

Las recomendaciones contenidas en el Código se configuran de una manera altamente flexible. Esta circunstancia se pone expresamente de manifiesto en su seno al señalarse que «las empresas que las asuman pued[e]n adaptarlas a sus propias características». Tienen carácter voluntario y no son jurídicamente vinculantes. En este sentido, SANZ GÓMEZ señala que «la voluntariedad se refiere al modo en que se asumen; la no vinculatoriedad, a la imposibilidad de instar su cumplimiento». La falta de observancia de los compromisos suscritos no predispone ni lleva aparejada la aplicación de consecuencias jurídicas, así como tampoco se prevén mecanismos específicos para exigir su efectivo acatamiento. Si bien existe una Comisión de Seguimiento, esta no puede conocer sobre situaciones particulares ni intervenir en procedimientos tributarios en activo[329].

En cuanto a la naturaleza de estas previsiones, el Código no genera nuevos derechos ni obligaciones, en sentido estricto, distintos de los ya previstos en la normativa. Lo que se produce —o se pretende conseguir— es un reforzamiento de las posiciones subjetivas de las partes, materializándose en una eficacia de carácter práctico. La LGT determina en abstracto el catálogo de derechos y obligaciones que configuran la actuación de la Administración y de los contribuyentes en el ámbito fiscal. Su definición y puesta en práctica en cada situación y expediente concretos, no obstante, presenta siempre numerosas dificultades que complican el buen hacer tributario. Es por ello que, a través de los compromisos que encarna el CBPT, se pretende desarrollar una relación de confianza que contribuya a resolver de una manera más eficiente todas estas cuestiones que enquistan el cumplimiento tributario[330]. En

329 SANZ GÓMEZ, R.J. (2014). *La «relación cooperativa» entre la administración tributaria y las grandes empresas: análisis de la experiencia española*, *Ob. Cit.*, pág. 90.

330 MARTÍN FERNÁNDEZ, J.: *Cumplimiento cooperativo en materia tributaria. Claves para la implantación de un Manual de Buenas Prácticas (Compliance)*, *Ob. Cit.*, págs. 75 y 76.

este punto se plantea el interrogante de si las buenas prácticas administrativas no exigidas específicamente por una norma deberían estar siempre presentes en el actuar de la Administración o solamente cuando se relacione con contribuyentes adheridos a CBPT, pues ello podría llegar a comprometer o amenazar la integridad de ciertos principios fundamentales como los de igualdad o justicia contributiva.

Los compromisos regulados inicialmente en el CBPT han sido objeto de desarrollo a través de varios trabajos llevados a cabo en el seno del FGE, que han completado y llenado de significado tales previsiones concebidas en un primer momento. Resultan especialmente relevantes en este sentido las «*Conclusiones del Grupo de Trabajo sobre el nuevo modelo de relación cooperativa entre la Agencia Tributaria y las Empresas adheridas al Código de Buenas Prácticas Tributarias*» de 29 de octubre de 2013 y, sobre todo, las «*Conclusiones relativas al desarrollo y seguimiento de la aplicación del <Código de Buenas Prácticas Tributarias> en el marco del modelo de relación cooperativa entre la Agencia Tributaria y las Empresas*» aprobadas en la sesión plenaria del 2 de noviembre de 2015. Este último trabajo, que se incorpora como anexo al Código (en adelante, Anexo 2015), representa un progreso significativo en el objetivo de avanzar en el desarrollo del modelo de relación cooperativa. En él se destaca lo útil y provechoso de la experiencia del Código hasta el momento, como instrumento eficaz en la mejora de la relación entre la AEAT y las empresas, haciéndose igualmente hincapié en la necesidad de considerar mejoras en la implantación y aplicación efectiva de los compromisos que doten de mayor virtualidad y eficacia la adhesión al mismo[331]. Asimismo, en el año 2016, el FGE elaboró un documento titulado «*Propuesta para el reforzamiento de las buenas prácticas de transparencia fiscal empresarial de las empresas adheridas al Código de Buenas Prácticas Tributarias*», que ha tratado de ser el desarrollo y la continuación del mecanismo previsto en el apartado 3.3 del CBPT, examinado a continuación. Finalmente, se ha de mencionar

---

331 AGENCIA TRIBUTARIA (2015). Conclusiones relativas al desarrollo y seguimiento de la aplicación del ‹Código de Buenas Prácticas Tributarias› en el marco del modelo de relación cooperativa entre la Agencia Tributaria y las Empresas. <https://sede.agenciatributaria.gob.es/Sede/colaborar-agencia-tributaria/relacion-cooperativa/foro-grandes-empresas/codigo-buenas-practicas-tributarias/conclusiones-pleno-2_11_2015-cbpt.html>

que en la sesión plenaria del 8 de junio de 2023 fue aprobada una «*Propuesta para la aportación voluntaria de la documentación sobre operaciones vinculadas en el seno del Código de Buenas Prácticas Tributarias*».

Algunos de los elementos estructurales que conforman un sistema de cumplimiento cooperativo (analizados en el *CAPÍTULO II* del presente trabajo) se podría decir que se encuentran presentes en mayor o menor medida en el CBPT. Sin embargo, no puede afirmarse que el modelo adoptado hasta el momento en España constituya un verdadero programa de este tipo, ya que existen no pocos aspectos esenciales cuya ordenación no se aprecia, sobre todo, del lado de la Agencia Tributaria. A efectos prácticos, se espera que los compromisos adoptados por las partes tengan una materialización concreta y favorable en su actuación fiscal. El cumplimiento cooperativo puede suponer el refuerzo de ciertos mecanismos ya previstos en el ordenamiento (consultas tributarias, APAs o terminación convencional de procedimientos administrativos), así como la creación de nuevos instrumentos que, sin estar expresamente regulados en ninguna norma o careciendo de efectos directamente vinculantes, contribuyan igualmente a la realización de sus fines. Resulta llamativo el hecho de que las ventajas que se derivan del nuevo modelo se articulan de una manera un tanto informal, lo que no acaba de casar del todo bien con la realidad y tradición jurídica española.

Por parte de las empresas, la adhesión al Código presupone una actitud cooperativa que se espera determine un trato fiscal que tenga en cuenta su posición transparente y los marcos de control de riesgos implantados. En términos ideales, todo ello se habría de plasmar en la práctica en forma de menores costes de cumplimiento resultantes de unas comprobaciones tributarias que se sucederán con menor frecuencia y alcance. Merece especial consideración la cuestión reputacional, puesto que la adhesión al CBPT no parece haber generado los beneficios de publicidad positiva esperados, ni tampoco la asimilación desde el punto de vista administrativo de «un estatus cualificado de ‹empresa responsable fiscalmente›»[332]. Por el lado de la AEAT, las recomendaciones contenidas en el Código tratan de configurar una Administración tributaria moderna más próxima y cercana a las empresas. De un lado, se aspira lograr un conocimiento más completo y detallado acerca de la labor

---

[332] Ibíd., pág. 261.

de los contribuyentes. De otro lado, se pretende fomentar un mayor desarrollo de los mecanismos que proporcionan seguridad jurídica a los mismos, particularmente, a través de la potenciación de los servicios de información y asistencia y, en igual medida, de la máxima publicidad, perdurabilidad y unidad de los criterios interpretativos y de actuación[333].

El ámbito subjetivo de aplicación del CBPT aparece definido en su propio anexo. En concreto, se establece que el mismo «será aplicado por la Agencia Tributaria y por todas las empresas que se adhieran al mismo, comprometiéndose las partes afectadas a su desarrollo e implementación en sus respectivos ámbitos de competencia». El Código no especifica qué tipo de empresas podrán ser parte, simplemente hace referencia a las que «lo suscriban» o las que «se adhieran al mismo», por lo que cabría entender que el único requisito será que se trate de entidades jurídicas (o, más específicamente, sujetos pasivos del IS). El hecho de que sea un instrumento aprobado en el seno del FGE no supone óbice alguno para que cualquier otra organización pueda adherirse al mismo, independientemente de su tamaño. Tampoco será requisito el que la empresa esté adherida a la DCGC. Si bien existen varias referencias que pueden hacer pensar que el Código va dirigido casi de forma exclusiva a las sociedades de capital (Real Decreto Legislativo 1/2010) y que además sean sociedades cotizadas —como la exigencia de que la adhesión se formalice a través de un acuerdo del consejo de administración u órgano equivalente o la mención al informe anual de gobierno corporativo—, no existe ninguna limitación expresa en este sentido que constriña su campo de aplicación. Es más, actualmente existen empresas adheridas que no responden a tal calificación, incluso entidades públicas empresariales (como ADIF)[334].

En cuanto al procedimiento de adhesión, las empresas manifestarán la aceptación de los compromisos del Código por medio de una declaración de voluntad expresa dotada del menor formalismo posible. En particular, se

---

333 AGENCIA TRIBUTARIA (2010). Código de Buenas Prácticas Tributarias, *Ob. Cit.*, pág. 3.

334 Por Acuerdo de la Comisión de Seguimiento del Código de Buenas Prácticas Tributarias de fecha 11 de febrero de 2011 se aprobó la posibilidad de que las entidades pertenecientes a la Administración, cuando estén sujetas fundamentalmente a normas de Derecho privado (como ocurre con las entidades públicas empresariales), puedan suscribir el mencionado texto.

estipula que la decisión de suscribir dicho instrumento se formalizará por acuerdo del consejo de administración u órgano equivalente y se comunicará a la AEAT a través del siguiente procedimiento: (1) Remisión a la Secretaria Técnica del FGE del documento del acuerdo; (2) La Secretaría del FGE comunicará la adhesión de la entidad a la DCGC o, en su caso, a la Delegación Especial de adscripción de la empresa; y (3) Salvo manifestación expresa en contra de la empresa, la AEAT publicará en su página web una relación de las entidades que han suscrito el Código. A día 27 de junio de 2025 existen un total de 195 empresas adheridas.

El mismo procedimiento se habrá de seguir en caso de que la empresa, en cualquier momento, decida comunicar su baja. Tanto la adhesión como la baja lo serán a la totalidad del Código, no resultando admisibles suscripciones parciales a epígrafes específicos del mismo. En el Informe anual de gobierno corporativo, concretamente en el apartado «Otras informaciones de interés», las sociedades cotizadas adheridas harán constar el efectivo cumplimiento de los compromisos suscritos. En caso de que no fuera así, a menos que figure justificación suficiente, se entenderá que la entidad ha renunciado al CBPT. Si se tratase de sociedades no cotizadas, por Acuerdo de la Comisión de Seguimiento de 5 noviembre de 2010, esta circunstancia se reflejará en el informe de gestión o en la memoria.

2.2.2. Análisis de los mecanismos específicos previstos en el CBPT

A la hora de examinar el contenido concreto del Código de Buenas Prácticas Tributarias se rechaza proceder al estudio pormenorizado de todos y cada uno de los títulos y epígrafes en que se descompone. En su lugar, se considera más conveniente analizar los principales compromisos que, con una materialidad e implicaciones más concretas, se traducen en verdaderos mecanismos con vocación de producir efectos en la práctica. Para ello se tendrán en cuenta su régimen y estatus actual a la vista del desarrollo producido por los diversos instrumentos que hasta la fecha se han ido aprobando en el seno del FGE.

A. Buenas prácticas tributarias

La primera parte del Código contiene una serie de compromisos dirigidos a las empresas que giran en torno al concepto de riesgo fiscal. Muchas de estas recomendaciones se conectan con el catálogo de conductas establecido por el Anexo de 2015 al objeto de verificar el efectivo cumplimiento de tales recomendaciones. A este respecto, se definen las *buenas prácticas tributarias* como todas aquellas que deben ser fomentadas por este tipo de entidades y que conducen «a la reducción de riesgos fiscales significativos y a la prevención de aquellas conductas susceptibles de generarlos» [apdo. 1.1 CBPT]. Esta formulación tan general se completa con diversas consideraciones que inciden en determinados ámbitos concretos.

Así, en primer lugar, se hace referencia a la necesidad de evitar «estructuras de carácter opaco con finalidades tributarias». Se precisa que por tales se entenderá la utilización de sociedades instrumentales, radicadas en países que tengan la consideración de paraísos fiscales o territorios no cooperantes, con el fin de obstaculizar a la AEAT el conocimiento del responsable final de una actividad o del titular último de un bien o derecho [apdo. 1.2 CBPT y apdo. 1.A.1).4 Anexo 2015]. A renglón seguido, y en un sentido similar, se remarca la importancia de incrementar los niveles de colaboración con las autoridades en la detección y eliminación de las «prácticas fiscales fraudulentas» que se desarrollen en los mercados donde operan las empresas. El alcance de esta previsión resulta altamente indeterminado, puesto que de ningún modo se matiza lo que deba entenderse por tales «prácticas fiscales fraudulentas». La terminología utilizada es ciertamente ambigua y muy genérica. Desconociéndose si conscientemente, el Código evita referirse a prácticas abusivas o en fraude de ley, planificación fiscal agresiva o, simplemente, evasión fiscal; como tampoco menciona el derecho a la planificación fiscal legítima o economía de opción. Todos ellos términos que ya de por sí presentan una gran abstracción y dificultad para precisar su concreto significado.

Con todo, la virtualidad de esta recomendación parece estar orientada a delimitar o clarificar en sentido negativo las conductas fiscales que puedan resultar incompatibles con la participación en un programa de esta índole. Llevado hasta sus últimos términos, ello podría suponer que las empresas se vieran obligadas a desarticular prácticas o estructuras que venían considerándose aceptables por no encontrarse ahora alineadas con los postulados del Código[335]. El hecho de que estas actuaciones evasivas o elusivas impliquen

---

335 CALDERÓN CARRERO, J. M. y QUINTAS SEARA, A.: *Cumplimiento tributario cooperativo y Buena gobernanza fiscal en la era BEPS*, *Ob. Cit.*, págs. 262 y ss.

una distorsión de la justa competencia puede suponer un incentivo indirecto para que las empresas no solo se abstengan de utilizarlas, sino que colaboren activamente en su detección. Todas estas recomendaciones se alinean con la idea de una gestión y control responsable de los riesgos fiscales, radicalmente opuesta al uso de estructuras o esquemas de planificación fiscal que puedan comprometer o resentir los objetivos de un cumplimiento tributario modélico y ejemplar, como el que cabe esperar en el marco de un programa de cumplimiento cooperativo [apdo. 1.3 CBPT y apdo. 1.A.1).5 Anexo 2015].

La idea de buen gobierno corporativo en materia tributaria se aprecia de una forma muy nítida en el último compromiso que cierra este primer apartado. A tales efectos, se establece que el consejo de administración u órgano equivalente deberá ser informado de las políticas fiscales adoptadas por las empresas. Tal circunstancia habrá de producirse con anterioridad a la formulación de las cuentas anuales y a la presentación de la declaración del Impuesto sobre Sociedades[336]. Asimismo, se estipula que dichos órganos serán igualmente informados de las consecuencias fiscales de las operaciones o asuntos que tengan que someterse a su aprobación cuando estas constituyan un factor verdaderamente relevante. El encargado de llevar a cabo tales cometidos será el responsable fiscal de la entidad pudiendo hacerlo directamente o a través de la comisión de auditoría [apdo. 1.4 CBPT][337].

Esta recomendación, siendo quizás la más relevante de esta primera sección, anticipa en cierta manera la ya analizada reforma de la TRLSC del año

---

336 La redacción del Código, como se puede ver, no es tajante sobre si resulta necesario informar dos veces al año —una antes de formular las cuentas anuales y otra antes de presentar el IS— o, simplemente, en una de esas dos ocasiones. Este aspecto fue clarificado en la reunión de la Comisión de Seguimiento de 11 de febrero de 2011, concluyendo que solamente es preciso dar cuenta una única vez antes de cualquiera de estos dos momentos.

337 En cuanto al contenido concreto de esta información, a modo ejemplificativo, el grupo REPSOL detalla que su responsable fiscal ofrecerá explicaciones exhaustivas a la Comisión de Auditoría y Control, entre otros, acerca de los siguientes puntos: a) Análisis del grado de cumplimiento de los principios que orientan su política tributaria; b) Desempeño y contribución fiscal; c) Política de gestión de riesgos fiscales; d) Presencia en Paraísos Fiscales; e) Presentación del Informe Anual de Transparencia a la AEAT, así como de la valoración proporcionada por esta; y f) Otras iniciativas en materia de transparencia fiscal.

2014. De un modo mucho más patente, y completando la previsión inicial mencionada, esta identidad se refleja en el contenido de ciertos preceptos establecidos por el Anexo de 2015 para verificar el efectivo cumplimiento del Código. En particular, se dispone que: a) La estrategia fiscal de la sociedad, debidamente documentada y conocida por los altos directivos, deberá ser fijada por el consejo de administración [apdo. 1.A.1).1 Anexo 2015]; b) Este mismo órgano habrá de autorizar las operaciones y las inversiones de especial riesgo fiscal [apdo. 1.A.1).2 Anexo 2015]; c) Las políticas corporativas de gestión de riesgos incluirán medidas destinadas a reducir los riesgos fiscales identificados, estableciéndose reglas internas de gobierno corporativo a tales efectos que puedan ser verificadas [apdo. 1.A.1).3 Anexo 2015]; d) La empresa utilizará sistemas eficaces de información y control interno de los riesgos fiscales como parte integrada de los sistemas generales de control que tenga implantados [apdo. 1.A.1).6 Anexo 2015]; y, finalmente, e) Se proporcionará a la Agencia Tributaria información veraz y completa sobre los puntos anteriores [apdo. 1.A.1).7 Anexo 2015].

La importancia que ha ido adquiriendo la idea de buen gobierno corporativo en la realidad empresarial de hoy en día, y más concretamente en la parcela fiscal, se ha intentado plasmar en el Código a través de tales compromisos. De este modo, se ha tratado de dar forma a uno de los objetivos principales del FGE, cual es la involucración de los órganos de dirección de las sociedades en la definición y seguimiento de las buenas prácticas fiscales que deben constituir su hoja de ruta.

B. Criterios de carácter general en la aplicación de los tributos

La disposición 2.2 del Código establece que la AEAT publicará los criterios aplicables en sus procedimientos de control en la medida en que así lo sean con carácter general, independientemente de la regulación en materia de interpretación y calificación de las normas tributarias y de la labor de información y asistencia que se preste a los contribuyentes. Esta previsión fue completada por el Anexo de 2015, estipulándose igualmente que la Agencia Tributaria deberá poner de manifiesto tales criterios con la suficiente antelación a través del sitio *Web* seguro creado a los fines de canalizar toda la actividad relacionada con el CBPT, articulándose de la misma forma un sistema de avisos para las empresas adheridas al mismo. Además, se indica que habrá de procurarse una respuesta con la debida prontitud, inherente a las necesidades de las empresas, respecto de los planteamientos formulados por estas con la finalidad de lograr un adecuado cumplimiento cooperativo [apds. 1.A.2).1.2, 3.A y 3.D].

La publicación y difusión de los criterios interpretativos se puede considerar una exigencia derivada de los principios de seguridad jurídica, interdicción de la arbitrariedad de los poderes públicos (art. 9.3 CE) e igualdad (art. 14 CE). Asimismo, su fundamento normativo puede radicarse en el artículo 87.1 LGT, en virtud del cual la AEAT podrá informar a los obligados tributarios acerca de los criterios que utiliza en la aplicación de las normas fiscales. Esta función, con anterioridad al CBPT, se venía haciendo efectiva a través de diversos instrumentos formales, entre otros, las circulares, las instrucciones, las órdenes de servicios, los informes o las notas[338]. Igualmente, como antecedente en materia de publicación telemática a través de Internet, hay que destacar el programa INFORMA.

En el marco propio del Código, a este compromiso se le ha dado cumplimiento material a través de la página *web* de la AEAT donde se ha habilitado un apartado que, con el mismo nombre, contiene los «criterios de carácter general en la aplicación de los tributos». Es un avance bien acogido al que apenas se pueden poner objeciones, siendo quizás la única el que sería deseable la regulación de sus efectos, así como su eventual interacción con las resoluciones a consultas de la DGT. La publicación de los criterios de aplicación generales, como expresamente se señala en el sitio *web*, en ningún caso tendrá carácter vinculante. Ahora bien, la actuación de los contribuyentes que se ajuste a tales directrices bien podría sostenerse que constituye un supuesto de interpretación razonable de las normas que, con arreglo a lo dispuesto en el art. 179.2.d) LGT, sirva para excluir la eventual aplicación de sanciones.

C. *Mecanismo informal de consulta*

La disposición 2.3 es quizás la más importante de todas las que regula el CBPT, de ahí que su análisis amerite una dedicación más extensa en compa-

338 Estos dos últimos instrumentos [«informe» y «nota de servicio»] han sido los mecanismos utilizados por los distintos Directorios de la AEAT para dar cumplimiento al precepto 2.2 del CBPT a través su publicación en el sitio *web* anteriormente mencionado.

ración con las demás. En ella se dispone un mecanismo informal de consulta ideado con el fin de proporcionar mayor seguridad jurídica a los contribuyentes cooperativos por medio de un procedimiento en el que la Agencia Tributaria comunicará los criterios administrativos que considere aplicables a determinadas operaciones o negocios específicos. Es un instrumento que opera a instancia de las empresas y no va referido tanto a la interpretación de las normas como sí a la calificación de concretos supuestos de hecho. El deseo de llevar a la práctica una herramienta de estas características ya se manifestó en la primera reunión del FGE por parte del sector privado, aduciendo «la posibilidad de realizar una consulta a priori en operaciones con trascendencia tributaria, pero siempre que se garanti[zase] la agilidad en la respuesta»[339]. Ello parece bastante revelador sobre la intención y la importancia que un mecanismo así concebido tiene para las empresas. La inmediatez en las consultas se presupone así como un requisito básico e imprescindible para canalizar la efectividad de este procedimiento, llegando incluso algunos autores a poner sobre la mesa la posibilidad de que la Administración dispense un tratamiento en tiempo real para resolver las dudas que se puedan plantear en este sentido[340].

El compromiso previsto inicialmente ha sido objeto de desarrollo a través del anteriormente referido documento de «*Conclusiones del Grupo de Trabajo sobre el nuevo modelo de relación cooperativa entre la Agencia Tributaria y las Empresas adheridas al Código de Buenas Prácticas Tributarias*» del año 2013. En el propio Anexo del Código se aludía expresamente a esta circunstancia señalando que la implementación efectiva de dicho mecanismo sería gradual atendiendo al número de empresas adheridas. Si se interpreta este compromiso en conexión con el recogido en el epígrafe 3.3 del mismo Código, lo que se pretende instaurar es un cauce de comunicación bidireccional y especializado «que permita canalizar en ambas direcciones todas las cuestiones de naturaleza aduanera o tributaria» que pudieran suscitar las relaciones

339 AGENCIA TRIBUTARIA (2009). Acta de la reunión del pleno del Foro de Grandes Empresas celebrada el 10 de julio de 2009. <https://sede.agenciatributaria.gob.es/static_files/Sede/Tema/Empresas/ForoGrandesEmpresas/Sesiones/1/acta_reunion_100709_es_es.pdf>, pág. 4.

340 GONZÁLEZ DE FRUTOS, U.: «La relación cooperativa: un nuevo horizonte en el diálogo entre las grandes empresas y la Agencia Tributaria», *Ob. Cit.,* pág. 65-95

entre la AEAT y las empresas[341]. En esencia, se trata de dos compromisos recíprocos llamados a complementarse mutuamente para la conformación de un sistema de comunicación de doble sentido en el marco del pseudomodelo de cumplimiento cooperativo diseñado por el CBPT.

Los términos utilizados por el CBPT dan a entender que se prevé la creación de un nuevo mecanismo especializado y distinto de los que regula la LGT. Si bien existen en el ordenamiento español algunos instrumentos que podrían considerarse similares, como las consultas tributarias escritas (arts. 88 y 89 LGT) o los acuerdos previos de valoración (art. 91 LGT), estos no se ajustan a las exigencias de fluidez y seguridad que demanda el cumplimiento cooperativo[342]. Se podría decir que, sobre todo por la configuración técnica

341 AGENCIA TRIBUTARIA (2013). Conclusiones del Grupo de Trabajo sobre el nuevo modelo de relación cooperativa entre la Agencia Tributaria y las Empresas adheridas al Código de Buenas Prácticas Tributarias. <https://sede.agenciatributaria.gob.es/static_files/Sede/Tema/Empresas/ForoGrandesEmpresas/GTs/RC/ConcluGT_RC_Pleno_29_10_2013.pdf>

342 Existe una figura en el derecho foral vasco que se asemeja al mecanismo de consultas establecido por el CBPT más que cualquier otro instrumento previsto en el ordenamiento nacional. Se trata de las Propuestas Previas de Tributación (PPT) cuya regulación se recoge en el Decreto Foral 101/2005, de 21 de junio, del Territorio Histórico de Bizkaia, por el que se desarrollan los procedimientos relativos a consultas tributarias escritas, propuestas previas de tributación y cláusula antielusión; el Decreto Foral 80/2005, de 28 de diciembre, del Territorio Histórico de Álava, del Consejo de Diputados, que aprueba las normas de procedimiento aplicables a las consultas tributarias escritas, a las propuestas previas de tributación y a la declaración de cláusula antielusión; y el Decreto Foral 49/2006, de 5 de diciembre, del Territorio Histórico de Gipuzkoa, por el que se desarrollan los procedimientos relativos a consultas tributarias escritas y propuestas previas de tributación y se crea la Comisión Consultiva Tributaria. La regulación de esta figura en las tres provincias vascas es bastante similar y tiene como fundamento de base los procedimientos de vinculación administrativa previa previstos en los artículos 82 de las Normas Forales Generales Tributarias de Guipúzcoa y Álava y en el artículo 84 de la Norma Foral General Tributaria de Vizcaya: «Los obligados tributarios podrán solicitar que, con anterioridad a la realización del hecho imponible o a la conclusión del período voluntario de declaración, la Administración tributaria se pronuncie de manera vinculante respecto a las consecuencias tributarias que para los citados obligados se deriven de la realización de determinados hechos, actos o negocios jurídicos o de la realización de determinadas operaciones». Las PPT vendrían a constituir un meca-

nismo previo de consulta de carácter vinculante y declarativo que se refiere no tanto a la interpretación de una concreta norma, sino más bien a la determinación de las consecuencias fiscales de operaciones con especial trascendencia o complejidad. En palabras de MERINO JARA, «un supuesto de cuantificación anticipada de la deuda tributaria» que supone «una manifestación de los denominados acuerdos fiscales en la medida en que suponen una conjunción de voluntades de la administración y el contribuyente de naturaleza declarativa que precisan una situación jurídica indeterminada futura». MERINO JARA, I: «Las propuestas previas de tributación», *Nueva Fiscalidad*, núm. 3, págs. 9-15. Su ámbito objetivo se restringe a las operaciones de especial transcendencia o complejidad. En particular, se hace referencia a los siguientes tipos: (1) Operaciones de reestructuración empresarial (fusiones, escisiones, aportaciones de activos, canje de valores, no dinerarias e, incluso, de ramas de actividad); (2) Operaciones de reorganización de patrimonios de personas físicas; (3) Operaciones a escala internacional; (4) Proyectos de inversión llevados a cabo por personas físicas que desarrollen actividades empresariales o profesionales y superen los 450.000€; (5) Operaciones que generen derecho a la aplicación de deducciones o bonificaciones en el IRPF, IS o IRNR cuyo importe sea mayor que 250.000€; y (6) Negocios jurídicos que superen los 600.000€. Esta enumeración no representa un listado cerrado de posibles operaciones, sin embargo, se necesitará la previa autorización del órgano competente a efectos de verificar la oportunidad de someter a consulta otro tipo actividades. En cuanto a su ámbito subjetivo, no se realiza otra consideración que la de obligados tributarios en general, de manera que se entiende que podrán ser tanto personas físicas como entidades jurídicas, por sí mismos o por medio de sus representantes. La solicitud de la propuesta deberá realizarse antes de que se consume el hecho imponible y en ella habrán de constar una serie de datos identificativos del contribuyente o, en su caso, de su representante junto con los siguientes documentos: (1) Antecedentes y circunstancias de la operación que faciliten la comprensión de las causas y del eventual resultado de la misma; (2) Descripción pormenorizada de los elementos que contribuyan a determinar la deuda tributaria; (3) Cuantificación exacta de la incidencia de la operación en el resultado total de la deuda; (4) Conceptos tributarios y periodos impositivos que puedan resultar afectados por la operación; y (5) Cualquier otro dato que sea de interés para la Administración. La resolución de la PPT se efectuará en el plazo de seis meses para Guipúzcoa y Vizcaya y tres meses en el caso de Álava. No se podrá plantear recurso o reclamación contra la misma, sino que estos habrán de interponerse contra el acto administrativo que se dicte ulteriormente. En ningún caso se entenderán aceptados los criterios ni la cuantificación expresados en la propuesta cuando no se resuelva en el plazo previsto por la norma. Finalmente, esta resolución podrá ser objeto de intercambio a efectos informativos con otros Estados o entidades internacionales o supranacionales. Vid. PABLOS MATEOS, F.: «De

de sus presupuestos, las consultas tributarias escritas se asemejan en cierta medida a este mecanismo informal que establece el Código. Sin embargo, existen importantes diferencias que impiden hablar de una consideración análoga o, si cabe, de un desempeño equivalente: (1) A nivel jurídico, la respuesta a las consultas escritas tendrá efectos vinculantes para los órganos encargados de la aplicación de los tributos en tanto no se modifiquen la legislación o la jurisprudencia y no se alteren las circunstancias y datos recogidos en la instancia, mientras que en el caso del mecanismo recogido en el CBPT esta vinculatoriedad no se expresa como tal en ningún sitio; (2) Se ha pretendido dotar al instrumento diseñado por el Código de una agilidad notable en contraste con la lentitud que presentan las consultas escritas. El plazo de resolución inicialmente previsto para sendos procedimientos es de tres y seis meses, respectivamente; y (3) En el mecanismo del CBPT la contestación procede directamente de la Agencia Tributaria, no de la DGT como ocurre con las consultas escritas (Ministerio de Hacienda y Función Pública).

Igualmente, los APVs (o APAs, por sus siglas en inglés) pueden resultar de gran utilidad en el seno de las relaciones cooperativas habida cuenta de su potencialidad aplicativa, puesto que sirven para proporcionar certeza y eficacia sobre la fiscalidad de operaciones y negocios concretos. Es más, en el documento de conclusiones elaborado en el marco del FGE por el Grupo de trabajo sobre precios de transferencia del año 2010, se afirma que tales instrumentos son «procedimientos basados en la confianza entre el contribuyente y la Administración tributaria con la finalidad de establecer un marco jurídico estable para las operaciones vinculadas durante una serie de períodos impositivos», aludiendo particularmente a la necesidad de preservar dicha confianza para no conculcar las ventajas que se deriven de ello[343]. Una consi-

las relaciones cooperativas al cumplimiento cooperativo: las propuestas previas de tributación en el País Vasco», *Documentos de Trabajo del Instituto de Estudios Fiscales*, núm. 11, 2019, págs. 223-235.

343 Precisamente en este documento de conclusiones se establecen una serie de criterios a seguir para el buen funcionamiento de los APAs. En síntesis: (1) Estanqueidad de la documentación aportada en el procedimiento de valoración de las operaciones vinculadas; (2) El desistimiento de un APA no podrá operar en sí mismo, individualmente considerado, como un criterio de selección de contribuyentes, ni será causa para abrir un procedimiento de comprobación; y (3) Tramitación simultánea de los APAs y de los procedimientos de comprobación. Del mismo modo, se

deración similar cabría predicar respecto de los APVs (o APAs, por sus siglas en inglés), pues en su instrumentación se aprecia una clara identidad con el fundamento último de las relaciones de cooperación: seguridad jurídica a partir de la confianza mutua; aun cuando también existen importantes diferencias.

Así las cosas, estos cauces de consulta formal e informal están llamados a convivir y solaparse mutuamente, llegando incluso a poder complementarse en ciertos aspectos. Si bien una gran parte de la doctrina pensó que para instrumentar este compromiso era necesario realizar una reforma normativa, su régimen actual se construye fundamentalmente sobre la base de reglas de *soft law*.

En términos operativos, el procedimiento de consulta se canaliza a través de una serie de personas de contacto, con un nivel de responsabilidad suficiente, designadas a ambas partes de la relación. Por el lado de la Agencia Tributaria, esta función está encomendada a los Inspectores Jefes sectoriales de la DCGC. En caso de que la empresa no se encuentre adscrita a dicho organismo, se nombrará una persona de contacto perteneciente a alguna de las Delegaciones Especiales. Por el lado de las empresas, este cometido lo llevan a cabo los responsables del área fiscal. Además, cuando las circunstancias del caso así lo aconsejen, se valorará la participación del Jefe de la Dependencia de Control Tributario y Aduanero de la DCGC.

El procedimiento se pondrá en marcha por iniciativa de las empresas que, por medio de las personas designadas a este fin, plantearán las dudas que les pueda generar el tratamiento fiscal de «operaciones de especial complejidad y trascendencia económica». La solicitud describirá con detalle la operación de que se trate y se acompañará de un informe en el que se expondrá el criterio que se entienda aplicable. La AEAT, por su parte, emitirá una resolución atendiendo a las cuestiones planteadas en el plazo de 3 meses. Ahora bien, tal

---

propusieron algunas medidas para tratar de racionalizar las cargas formales en este contexto: idioma, matizaciones sobre determinadas cuestiones en la declaración en el Modelo 200 del Impuesto sobre Sociedades, obligación de documentar aspectos que indirectamente afecten a las operaciones realizadas, etc. Vid. AGENCIA TRIBUTARIA (2010). Documento de conclusiones elaborado por el grupo de trabajo sobre precios de transferencia. <https://sede.agenciatributaria.gob.es/static_files/Sede/Tema/Empresas/ForoGrandesEmpresas/GTs/PreciosTransferencia/GT_PT_ConcluFin.pdf>

previsión se matiza y expresamente se hace constar que, cuando no se pueda resolver en dicho plazo teniendo en cuenta la complejidad de las cuestiones y los medios disponibles, se habrá de entender que la Administración no ha analizado ni tampoco formado criterio alguno sobre el asunto propuesto. La respuesta que se proporcione a los obligados tributarios deberá provenir del órgano más adecuado en función de la materia y habrá de realizarse a través del instrumento jurídico que se considere en igual sentido. No se indica de manera concreta el órgano competente para emitir esta resolución, no obstante, teniendo en cuenta que se alude a la necesidad de obtener «un pronunciamiento de los órganos a los que corresponde la aplicación de los tributos», cabría entender que dicho cometido será asumido por la Dependencia de Control Tributario y Aduanero[344].

La naturaleza jurídica de estas respuestas dadas por la Administración y, más en concreto, su eventual calificación o no como actos administrativos es una cuestión compleja que suscita cierto debate. Si se parte de la jurisprudencia existente en materia de consultas tributarias no vinculantes, enseguida se observa como la respuesta de los tribunales depende o está marcada en gran medida por el concepto (más amplio o más estricto) de acto administrativo que se maneje. De esta manera, existe una línea jurisprudencial que considera acto administrativo a cualquier tipo de «declaración de voluntad, de juicio, de conocimiento o de deseo realizada por la Administración en ejercicio de una potestad administrativa diferente de la potestad reglamentaria»[345]. En consecuencia, «la resolución de consultas, en cuanto declaración de juicio, es una variante típica del acto administrativo», aun cuando lo sea «desprovisto de las características propias de estos»[346]. En distinto sentido, otra línea

344 Resolución de 13 de enero de 2021, de la Presidencia de la Agencia Estatal de Administración Tributaria, por la que se establece la estructura orgánica de la Delegación Central de Grandes Contribuyentes. (BOE núm. 14, de 16 de enero de 2021, páginas 4151 a 4174).

345 Esta definición fue enunciada por el jurista italiano GUIDO ZANOBINI. En España, con ligeras variaciones, ha sido recogida por GARRIDO FALLA, GARCÍA DE ENTERRÍA o SANTAMARÍA PASTOR, entre otros autores. Vid. ZANOBINI, G.: *Corso di diritto amministrativo*, Milán: Giuffrè, 1954.

346 Tribunal Supremo (Sala de lo Contencioso). Sentencia núm. 1234/1999, de 23 de febrero.

jurisprudencial postula que «todo acto administrativo es en esencia una voluntad creadora de una situación jurídica subjetivada»[347] y, por esta razón, las respuestas administrativas a consultas informales deben ser excluidas de tal concepto toda vez que son una «declaración o manifestación que, aunque provenga de órganos administrativos, no [es] por sí misma creadora o modificadora de situaciones jurídicas»[348] y «carece[n] de las notas esenciales del verdadero acto administrativo»[349]. Sea como fuere, en el caso de las respuestas emanadas del mecanismo informal de consulta establecido por el CBPT, no parece que en modo alguno puedan tener la calificación de actos administrativos. No existe un procedimiento reglado como tal por una norma que sustancie la creación de situaciones jurídicas subjetivas, el reconocimiento de un derecho o la declaración de una obligación o deber; lo que a su vez impide la revisión en vía tributaria, no debiendo permitirse que el resultado de una consulta tributaria informal pueda prejuzgar el resultado del procedimiento[350]. Todo ello, asimismo, sin perjuicio de la repercusión que puedan tener a efectos de excluir una eventual responsabilidad por infracción tributaria o de vinculación en cierto sentido con el criterio manifestado[351].

Al hilo de lo anterior, será muy importante tomar en consideración los efectos que presumiblemente se derivarán de este mecanismo de consulta regulado por el CBPT. En términos formales, uno de los principales atractivos que trae consigo esta disposición es esa celeridad en conocer el criterio administrativo aplicable que permite agilizar el cumplimiento de las obligaciones fiscales. La «rapidez requerida por el caso» a la que se aludía en el

347 Tribunal Supremo (Sala de lo Contencioso). Sentencia de 26 de septiembre de 1948 (RJ 1984/4578).

348 Audiencia Nacional (Sala de lo Contencioso). Sentencia núm. 7383/2025, de 7 de diciembre.

349 Tribunal Supremo (Sala de lo Contencioso). Sentencia de 31 de octubre de 1980 (RJ 1980/4004).

350 SANZ GÓMEZ, R.J.: «La ‹relación cooperativa› entre la Administración y los grandes contribuyentes como estrategia de prevención del fraude fiscal», *Ob. Cit.*, pág. 42.

351 SANZ GÓMEZ, R.J. (2014). *La «relación cooperativa» entre la administración tributaria y las grandes empresas: análisis de la experiencia española*, *Ob. Cit.*, págs. 124 y ss.

propio texto del Código se ha traducido en un plazo *de facto* orientativo de tres meses para que la AEAT responda a las consultas efectuadas. El uso de un tiempo condicional («conocer [...] los criterios que la Administración aplicaría») y la propia esencia del compromiso hacen pensar que la respuesta se habrá de obtener antes de que la operación llegue a materializarse. Aunque el incumplimiento de dicho plazo no acarree la aplicación de penalización jurídica alguna, habrá de entenderse que en la medida de lo posible se tratará de respetar y cumplir adecuadamente conforme a la buena fe que debe gobernar la relación cooperativa. Esta agilidad, por otra parte, no tendría sentido o, mejor dicho, se vería incompleta si no viniera refrendada por el correspondiente nivel de seguridad jurídica que se precisa en el contexto de una relación de cumplimiento cooperativo. Sobre este particular, se plantean dos cuestiones.

En primer lugar, con respecto a la posible exclusión de responsabilidad por una eventual infracción tributaria, se plantea la posibilidad de si un contribuyente cooperativo podrá ser exonerado de sanción cuando hubiere ajustado su actuación a los criterios manifestados por la AEAT en el marco del mecanismo de consulta establecido por el CBPT. Recuérdese que el art. 179.2.d) LGT establece que las acciones u omisiones tipificadas en las Leyes no darán lugar a responsabilidad por infracción tributaria si se actuó con la diligencia necesaria, reseñando a título ejemplificativo como expresión de la misma actuar amparándose en una interpretación razonable de la norma o conforme a los criterios manifestados por la Administración en las publicaciones y comunicaciones escritas de los arts. 86 y 87 LGT. Una interpretación análoga debería entender que el uso del mecanismo informal de consulta aquí analizado constituye una actuación extrapolable a las mencionadas y, por tanto, reveladora de la diligencia necesaria que debe observarse en el cumplimiento de las obligaciones tributarias.

En segundo lugar, se deberá considerar el grado de certeza en la aplicación futura del criterio expuesto, dicho de otro modo, hasta qué punto se vincula la Administración o qué efectos puede tener de no seguirse este criterio. Resulta evidente que, por tratarse de un mecanismo de consulta informal o no vinculante, los efectos de esta actuación administrativa serán limitados y, como tal, no se crearán derechos subjetivos para los contribuyentes. No obstante, tampoco puede desconocerse que para aquellos se generan ciertas expectativas o garantías de que la AEAT respetará el criterio manifestado en su respuesta.

Los principios de buena fe y protección de la confianza legítima (art. 3.1 LRJSP) y la doctrina de los actos propios «informan cualquier ordenamiento jurídico, ya sea estatal o autonómico, y constituyen un componente elemental de cualquiera de ellos, al que deben someterse en todo momento los poderes públicos»[352]. Como señala la jurisprudencia, «la doctrina de los actos propios tiene su último fundamento en la protección de la confianza y en el principio de la buena fe, que impone un deber de coherencia y limita la libertad de actuación cuando se han creado expectativas razonables»[353]. A la hora de aplicar tales principios en el ámbito del derecho público, el Tribunal Supremo requiere un comportamiento «con plena conciencia de crear, definir, fijar, modificar o extinguir o esclarecer una determinada situación jurídica, para lo cual es insoslayable el carácter concluyente e indubitado, con plena significación inequívoca»[354]. SANZ GÓMEZ considera que el uso del término «esclarecer» remite al terreno de las consultas, incluso informales, relacionándolo directamente con la STS 7614/2003, de 1 de diciembre, según la cual «tienen naturaleza de actos concluyentes a efectos de crear esa confianza legítima en el interesado: a) La creación por la Administración de <<signos externos>> que, incluso sin necesidad de ser jurídicamente vinculantes, orientan al ciudadano hacia una determinada conducta»[355].

De esta forma, no sería descabellado pensar que de las respuestas emanadas del mecanismo de consulta establecido por el CBPT se pudiera derivar cierto efecto de «autovinculación» para la Agencia Tributaria respecto al criterio manifestado. Si la consulta y la subsiguiente liquidación versan sobre el mismo supuesto de hecho y el individuo afectado por las dos resoluciones también es el mismo, un eventual cambio de criterio arbitrario que impli-

---

352 Tribunal Supremo (Sala de lo Contencioso). Sentencia núm. 24/2019, de 15 de enero. (Rec. 501/2016) (*Tol 6988639*).

353 Por todas, Tribunal Supremo (Sala de lo Contencioso). Sentencia núm. 147/2012, de 9 de marzo.

354 Tribunal Supremo (Sala de lo Contencioso). Sentencia núm. 8141/1995, de 4 de marzo. (Rec. 8141/1995)

355 Tribunal Supremo (Sala de lo Contencioso). Sentencia núm. 7614/2003, de 1 de diciembre. (Rec. 6383/1999). (*Tol 347074*).

case una contradicción podría llegar a resultar antijurídico[356]. En este sentido parecen posicionarse las Sentencias 6004/2006, de 21 de diciembre, y 1427/2007, de 22 de marzo, de la Audiencia Nacional al manifestar que «el respeto al principio de confianza legítima [...] impon[e] a la Administración la carga de expresar los motivos por los que juzga inaplicable, erróneo o contrario a Derecho el contenido propio de una consulta, sin que para llenar esta exigencia sea suficiente con apelar al carácter no vinculante del dictamen, pues tal afirmación no desacredita como tal las conclusiones materiales de la consulta»[357]. Así, como mínimo, parece que habría de exigirse una motivación explícita por parte de la Administración cuando decida apartarse del criterio expuesto en las consultas.

Este razonamiento, no obstante, fue desautorizado por el TS al entender, tal y como sostiene SANZ GÓMEZ, que para que exista cierta vinculación en virtud del principio de confianza legítima es necesario que los criterios contenidos en las consultas —más si cabe en este caso al tener carácter informal— «se hayan aplicado en otros actos integrados en el procedimiento inspector». En particular, se fundamenta la aplicación de este principio en «la existencia de actas de conformidad previas en las que se ha aceptado la deducibilidad negada luego» como «actos concluyentes que dan lugar a la confianza legítima»[358].

---

356 SANZ GÓMEZ, R.J.: «La ‹relación cooperativa› entre la Administración y los grandes contribuyentes como estrategia de prevención del fraude fiscal», *Ob. Cit.*, pág. 41.

357 Audiencia Nacional (Sala de lo Contencioso). Sentencia núm. 6004/2006, de 21 de diciembre. (Rec. 814/2003) (*Tol 5277245*); y Audiencia Nacional (Sala de lo Contencioso). Sentencia núm. 1427/2007, de 22 de marzo. (Rec. 320/2004).

358 SANZ GÓMEZ, R.J. (2014). *La «relación cooperativa» entre la administración tributaria y las grandes empresas: análisis de la experiencia española*, *Ob. Cit.*, págs. 138 y ss. La STS 3950/2011, de 15 de junio, sostiene que «la existencia de actos previos de la Administración que justificaba la interpretación efectuada por el recurrente, e incluso posteriores, en virtud de actas de conformidad en las que se ha aceptado la deducibilidad en este proceso negada, exigía para que prosperara la argumentación sobre el limitado alcance de la resolución de la Dirección General de Tributos de 13 de abril de 1992, acreditar las circunstancias que hacían este recurso diferente de los supuestos analizados en aquélla consulta, y no, meramente, sostener su diferencia con lo sucedido en este proceso, que es lo que se ha hecho».

Lo mismo cabe predicar si se atiende a su naturaleza jurídica. Las respuestas obtenidas a través del mecanismo de consulta establecido por el Código no constituyen verdaderos actos administrativos y, como tal, no se prevé ningún procedimiento específico para modificar los criterios aplicativos que se proporcionen. De esta manera, la imposibilidad de recurrir este tipo de resoluciones de la AEAT, en la medida en que podrían tener algún efecto sobre el procedimiento o el fondo del asunto, es otro argumento más a favor de sostener la modificación *a posteriori* del criterio expuesto sin conculcar las expectativas creadas en los contribuyentes.

Sea como fuere, en el ámbito del cumplimiento cooperativo, quizás parecería más adecuado considerar que los eventuales cambios de criterio respecto a lo manifestado en el mecanismo de consultas, por mor de la confianza que cimenta el modelo, habrán de responder necesariamente a una motivación plausible y no ser totalmente arbitrarios. El CBPT no resulta en sí mismo vinculante y tampoco contempla mecanismos que puedan compeler al efectivo cumplimiento de los compromisos que regula cuando estos no sean observados. Ahora bien, existe un componente intrínseco a todos los modelos de cumplimiento cooperativo, radicado fundamentalmente en la buena fe y la confianza mutua, que determina una suerte de acatamiento con respecto a las obligaciones contraídas voluntariamente por las partes. Las actitudes contrarias a estos principios, como sería un cambio de interpretación arbitrario respecto de los criterios comunicados, podrían llegar a quebrar las bases del modelo. Ello supone que, para preservar el buen funcionamiento de un programa cooperativo, se deba tratar de garantizar una actitud coherente en la interpretación y aplicación de la normativa fiscal. La Agencia Tributaria habrá de proceder de un modo previsible y transparente, absteniéndose de incurrir en cambios de criterio repentinos o, en su caso, justificando las razones por las que ha sido necesario llevarlos a cabo[359]. La efectividad del mecanismo establecido por el Código dependerá directamente del nivel de seguridad jurídica que las autoridades sean capaces de proporcionar a los contribuyentes cooperativos y, en suma, será determinante para consolidar las bases de este nuevo modelo.

Para concluir, puede resultar de interés rescatar algunos mecanismos similares en el derecho comparado. En el marco del programa neerlandés de

359 Ibíd., pág. 139.

Horizontal Monitoring, para dar cumplimiento al compromiso asumido por los contribuyentes de revelar o informar sobre cualquier tipo de posición fiscal incierta, se prevé la utilización de consultas previas o preliminares. Los contribuyentes o sus asesores fiscales pueden plantear consultas de este tipo cuando prevean o sospechen una diferencia de criterio con la NTCA en lo que a la calificación fiscal de los hechos o la interpretación y aplicación de la normativa fiscal se refiere. Esta clase de instrumentos no son algo exclusivamente propio del programa de HM, sin embargo, los participantes en él pactan acudir siempre a esta vía cuando atisben puntos de vista potencialmente diferentes o conflictivos para con la NCTA. Las consultas preliminares se plantearán preferiblemente o a ser posible en tiempo real y, en todo caso, antes o en el momento de presentar la declaración fiscal a más tardar. Se entiende que las mismas deberán versar necesariamente sobre «*relevant tax issues*» o «cuestiones fiscales relevantes», habiendo de interpretarse esta expresión tanto en sentido cuantitativo —alcance económico— como cualitativo —complejidad o trascendencia del asunto en sí—. Se deberán formular sobre la base de casos reales y concretos (no hipotéticos), incluyéndose una descripción clara de los hechos y circunstancias pertinentes y la opinión o punto de vista acerca de la solución o consecuencias jurídicas aplicables a los mismos. La Administración neerlandesa emitirá su respuesta tan pronto como sea posible, prescindiendo de cuál sea la opción que mayor o menor recaudación implique[360].

Por otra parte, llama igualmente la atención cómo muchos de los aspectos aquí analizados han sido precisados de forma concreta por el HMRC en la experiencia británica de cumplimiento cooperativo. A este respecto, referido a la información proporcionada por las autoridades, se dispone que en la mayoría de las situaciones la respuesta dada será vinculante en el sentido de

---

360 Se ha de indicar que desde hace algunos años, en el marco del proyecto plurianual «Refuerzo de las cadenas administrativas» o «*Strengthening Administrative Chains*», se trabaja en una alternativa futura para proporcionar claridad y certeza por adelantado y ayudar a los contribuyentes y TSP a evitar errores en la gestión y la presentación de declaraciones. La NTCA aspira a conseguir esto conformando una cadena ininterrumpida y cerrada, que englobe a todas las partes intervinientes, donde los procesos administrativos estén interconectados entre sí y se desarrollen con mayor celeridad y sin errores. HEIN, R.: «The tax control framework». En RUSSO, R. y HEIN, R.: *Tax Assurance, Ob. Cit.*, págs. 82 y ss.

comprometerse a no revisar posteriormente el criterio expresado. Eso sí, esta vinculación se limita únicamente respecto del individuo afectado y la operación declarada. El alto grado de especialización con el que se analizan todas las cuestiones implica que las respuestas no puedan extrapolarse por analogía a otras operaciones similares del mismo u otros contribuyentes. Asimismo, se explicitan tres casos en los que el criterio administrativo recogido en las respuestas puede cejar en su carácter vinculante: (1) La falta de información exhaustiva, completa y correcta proporcionada por el contribuyente; (2) La modificación de la normativa aplicable; y (3) El cambio en la interpretación jurisprudencial sostenida[361].

Por último, en el marco del programa italiano de *Adempimento Collaborativo* se prevé asimismo un instrumento similar al aquí descrito. Se trata de un procedimiento abreviado de consulta previa ideado con respecto a la aplicación de las disposiciones tributarias a casos concretos. Según indica ANÍBARRO PÉREZ, «la Administración tributaria, en el plazo de quince días desde la recepción de la consulta, debe comprobar y confirmar la idoneidad de la solicitud presentada, así como la suficiencia y adecuación de la documentación adjuntada con la misma. El plazo para la contestación a la consulta no puede exceder de cuarenta y cinco días, a contar desde la recepción de la consulta o desde la recepción de la documentación complementaria solicitada, en su caso, por la Administración tributaria. En caso de incumplimiento del plazo previsto, se entenderá que la Administración tributaria está de acuerdo con la interpretación o la conducta expuesta por el consultante. La norma indica asimismo que, limitadamente a la cuestión objeto de consulta, serán nulos de pleno derecho los actos administrativos dictados en contradicción con la respuesta dada por la Administración o con la interpretación derivada del consentimiento tácito»[362].

---

361 Vid. HMRC (2009). *When you can rely on information or advice provided by HM Revenue & Customs*. <http://www.hmrc.gov.uk/pdfs/info-hmrc.htm>

362 ANÍBARRO PÉREZ, S.: «La reciente reforma del Adempimento Collaborativo: un paso adelante en el cumplimiento tributario cooperativo en Italia», *Crónica Tributaria*, núm. 193, 2024, pág. 18.

D. Anexo explicativo en las declaraciones tributarias

El precepto 2.4 del CBPT contempla la posibilidad de que los obligados tributarios presenten un anexo explicativo, junto con las declaraciones fiscales, donde expliciten los criterios que han seguido a la hora de confeccionarlas y los hechos que fundamentan las mismas. La función que se pretende atribuir a este instrumento es la de valorar la diligencia, el dolo o la culpa en una eventual aplicación de sanciones, teniendo en cuenta si los hechos descritos se ajustan a la realidad y los criterios aplicados están razonadamente fundados. Este compromiso puede servir para reforzar la previsión contenida en el epígrafe anterior, ya que a través del mencionado anexo explicativo se podrían aclarar o exponer a la Administración las razones por las que se hubiere decidido aplicar un criterio distinto al que sostuviere esta y, en su caso, limitar la responsabilidad en que se pudiere incurrir.

Esta previsión del CBPT recuerda en buena medida a la institución francesa de la «*indication expresse*» o «mención expresa», actualmente regulada en el *article 1727, II* de su *Code général des impôts*. Tal y como señala ANÍBARRO PÉREZ, esta figura «supone la posibilidad de que el sujeto exponga al tiempo de presentar su declaración los motivos de derecho o de hecho que le han llevado a declarar en un determinado sentido, posibilitando de esta forma que la Administración proceda a liquidar adecuadamente el tributo en caso de que estime incorrecta la actuación del administrado, el cual quedará a salvo no ya de posibles sanciones sino incluso del interés de demora»[363].

E. Potenciación del acuerdo en el seno del procedimiento inspector

El apartado 3.2 del Código propone aprovechar la naturaleza contradictoria del procedimiento inspector para potenciar, en la medida de lo posible, el acuerdo en todas sus fases. Al no estar expresamente regulados esta clase de acuerdos en la normativa vigente, por imperativo del principio de legalidad, no se podrá disponer de los elementos básicos de la relación jurídico-tribu-

---

363 ANÍBARRO PÉREZ, S.: *La interpretación razonable de la norma como eximente de la responsabilidad por infracción tributaria*, Valladolid, España: Lex Nova, 1999, pág. 121.

taria. Ahora bien, ello no es óbice para que a través de las buenas prácticas que prevé el Código se puedan llevar a cabo determinadas actuaciones que posibiliten una mayor certeza en la determinación de la deuda tributaria.

De esta manera, para maximizar la eficacia del diálogo en el curso del proceso de cumplimiento tributario, se dispone la necesaria delimitación del objeto del procedimiento inspector. A tales efectos, la AEAT deberá informar a los contribuyentes con la mayor brevedad posible acerca de los hechos que sean susceptibles de regularización. El propósito es doble: por un lado, fomentar el intercambio de impresiones desbordando el ámbito concreto del procedimiento; y, por otro, facilitar la realización de las correcciones que en su caso fueran necesarias. En esencia, esta previsión no establece algo muy diferente a lo preceptuado como un derecho de los contribuyentes (art. 34.1.ñ LGT) y como una obligación de las autoridades (art. 147.2 LGT) en la propia LGT: los obligados tributarios habrán de ser informados al inicio del procedimiento inspector sobre la naturaleza y alcance del mismo. Lo que sí resulta interesante resaltar es la referencia al factor temporal. Se establece que tales actuaciones deberán llevarse a cabo «lo antes posible», por lo que cabría entender que la primera notificación que se efectúe ya contendrá toda la información necesaria que prescribe este compromiso [apdo. 3.2.(1) CBPT y apdo. 1.A.2).2.3 Anexo 2015]. De un modo similar, el Anexo de 2015 viene a estipular que las empresas, también al inicio del procedimiento inspector, deberán aportar una descripción de su actividad con especial referencia a las cuestiones de índole fiscal, así como del estado del cumplimiento de los compromisos suscritos, con el fin de facilitar a las autoridades un mejor conocimiento sobre su negocio global [apdos. 1.A.1).9 y 10 Anexo 2015].

La modificación más significativa se aprecia en el trámite de audiencia previo a las actas de inspección. Se busca impregnar este aspecto del procedimiento de una bilateralidad tal que permita alcanzar un nivel de interacción elevado entre las partes. El objetivo es reducir las cuestiones sobre las que puedan surgir conflictos y, mucho más, la posibilidad de que estos lleguen a convertirse en litigios. En este sentido, la AEAT tratará de que las cuestiones de hecho relevantes para la liquidación y la actividad probatoria correspondiente se pongan en conocimiento de los contribuyentes, permitiendo la adecuada discusión sobre las mismas, durante las actuaciones inspectoras previas a la firma del acta [apdo. 3.2.(5) CBPT]. Se hace particular referencia a la posibilidad de celebrar reuniones antes de la puesta de manifiesto del expediente donde se expongan las cuestiones conflictivas más relevantes y las contingencias fiscales que puedan haberse planteado, precisamente, con el fin de evitar su materialización concreta o, en su caso, de aportar información adicional que lleve a su rápida resolución [apdo. 1.A.2).2.4 Anexo 2015]. En el trámite de audiencia, la Administración proporcionará información acerca de todos los hechos que fueran susceptibles de influir en la eventual propuesta de regularización. Asimismo, a instancia del obligado tributario, se precisarán los conceptos esenciales que se van a regularizar y se facilitará una cuantificación provisional y orientativa de la liquidación que resultaría atendiendo a los datos contenidos para entonces en el expediente [apdos. 3.2.(2) CBPT y 1.A.2).2.5 Anexo 2015]. Finalmente, en el caso de que se haya de tramitar un expediente sancionador, de manera análoga a lo anterior, la AEAT velará porque las cuestiones de hecho relevantes para instruir el mismo se pongan a disposición de los contribuyentes y se discutan adecuadamente antes de proceder a su resolución [apdos. 3.2.(7) CBPT y 1.A.2).2.7 Anexo 2015].

Se considerará igualmente una buena práctica que la Administración haya aplicado en sus actuaciones de comprobación los criterios administrativos y jurisprudenciales manifestados en el marco del CBPT [apdo. 1.A.2).2.1 Anexo 2015]. Las alegaciones presentadas por los contribuyentes, teniendo especialmente en cuenta las formuladas en el ámbito de los grupos societarios, serán atendidas de forma efectiva incluyéndose una valoración expresa de las mismas en la motivación de los actos que sustancien las propuestas de regularización [apdos. 3.2.(3) y (4) CBPT y 1.A.2).2.6 Anexo 2015]. Todas las previsiones dictadas por el Código están orientadas a conferir la mayor transparencia y bilateralidad posible al proceso de formación del expediente y, consiguientemente, a conseguir que el trámite de audiencia sea un cauce idóneo para el contraste de intereses «potencia[ndo] los acuerdos y las conformidades en el procedimiento inspector» [apdo. 3.2.(6) CBPT][364].

Las orientaciones o directrices previstas por el CBPT tienen el potencial suficiente para suscitar cambios sustanciales en el devenir del procedimiento inspector. Es cierto que la mera comunicación de los hechos relevantes no su-

---

364 SANZ GÓMEZ, R.J. (2014). *La «relación cooperativa» entre la administración tributaria y las grandes empresas: análisis de la experiencia española, Ob. Cit.*, pág. 157

pone nada distinto respecto de lo que ya regulan los artículos 96 y 183 del RAT. Ahora bien, el hecho de proporcionar a los obligados tributarios una cuantificación provisional de la liquidación a título orientativo sí representa una novedad en relación con lo legalmente ya preceptuado. Tal y como manifestó el TEAC en su Resolución de 22 de octubre de 2009, no existe obligación jurídica alguna de presentar a los interesados en el trámite de audiencia previo a las actas un borrador o una propuesta de la regularización que en su caso se vaya a proponer, ni mucho menos de ofrecer una justificación de las razones que eventualmente motivarán la misma[365]. El trámite de audiencia, fuera de este particular contexto cooperativo, simplemente está previsto con el propósito de exponer los elementos de hecho en los que se fundará la regularización y no esta en sí misma. Es más, se podrá incluso prescindir de este aspecto del procedimiento en aquellos casos en los que las alegaciones y los elementos de prueba que se hayan de tramitar sean solamente los propuestos por el contribuyente.

El acta es el único medio legalmente previsto a través del que se pueden comunicar a los contribuyentes todos los elementos de la propuesta de liquidación. El CBPT posibilita que estos puedan tener conocimiento de tales circunstancias en un momento anterior a través del mencionado borrador provisional. La cuantificación que aquí se ofrece lo será a los solos efectos orientativos, dado que jurídicamente la única propuesta de liquidación preceptiva será la contenida en el propio acta. Se favorece de este modo el intercambio de pareceres en una fase temprana, transformando completamente el objeto de las alegaciones que los contribuyentes pueden formular durante el trámite de audiencia y, en general, la funcionalidad de la fase de instrucción del procedimiento inspector.

Este compromiso suscrito abre la posibilidad de que las alegaciones que el contribuyente pueda presentar en el trámite audiencia tengan por objeto la cuantificación provisional y orientativa del borrador de liquidación que se le proporciona en esta fase. Tales hechos implicarían que se pudiera producir, a la vista de tales alegaciones, una modificación en la liquidación final propuesta por el actuario a través del acta y antes de entrar en la fase de resolución del procedimiento inspector[366]. Ni la LGT ni el RGAT prevén una cosa

---

365 TEAC. Resolución 00/03641/2008/00/00. Fecha 22 de octubre de 2009.

366 Se ha llegado a cuestionar si esta nueva previsión podría comprometer la imparcialidad con la que inicialmente se diseñó el procedimiento inspector. La separación entre

semejante, lo que supondría un verdadero cambio en la virtualidad de este aspecto del procedimiento[367]. Si no se tienen en cuenta las previsiones establecidas por el CBPT, la finalidad del trámite de audiencia previo a las actas se limitaría más bien, en palabras de PÉREZ ROYO, a «permitir al obligado tributario deliberar, a la vista del expediente, sobre la conveniencia de firmar de conformidad o en disconformidad»[368].

F. *Canal específico de solicitud de información*

El apartado 3.3 del CBPT, siendo el aspecto que más desarrollo ha experimentado *a posteriori*, dispone la articulación de un canal específico a

las fases de instrucción y resolución —en lo que ahora se refiere a la posibilidad de que el inspector actuario se pronuncie sobre las alegaciones formuladas contra la propuesta de liquidación provisional— se pensó con el propósito de evitar que una misma persona resolviera sobre las objeciones planteadas ante sus propias actuaciones. Aunque las implicaciones derivadas de este compromiso puedan ahora contravenir de alguna forma tales garantías procedimentales, ello es plenamente coherente con las aspiraciones de los modelos de cumplimiento cooperativo que pretenden anticipar y establecer la colaboración entre Administración y contribuyentes en la determinación de los hechos y circunstancias de la realidad material susceptible de ser gravada. Es más, en la práctica actual ya se aprecian excepciones a este planteamiento de separación de fases, por ejemplo, los supuestos en los que las actas de conformidad o con acuerdo devienen en definitivas de forma automática cuando transcurre un determinado plazo. Todo ello, asimismo, sin perjuicio de que la competencia para resolver sobre la liquidación definitiva —ya sea de manera expresa o tácita— seguirá correspondiendo en todo caso al inspector jefe. La propuesta realizada por el Código se puede considerar acertada para modificar determinados aspectos del procedimiento inspector en la medida en que concilia de un modo equilibrado, por un lado, el refuerzo de la colaboración entre las partes en un entorno cooperativo fomentando un mayor contraste de pareceres en una fase anticipada; y, por otro, la necesidad de preservar las garantías de imparcialidad en este ámbito a pesar de ciertas concesiones otorgadas al respecto. En cualquier caso, no parece que vaya a alterar de manera sustancial o significativa el devenir normal del procedimiento inspector. SANZ GÓMEZ, R.J. (2014). *La «relación cooperativa» entre la administración tributaria y las grandes empresas: análisis de la experiencia española, Ob. Cit.*, pág. 159.

367 Ibíd., págs. 160-161

368 PÉREZ ROYO, F.: *Derecho Financiero y Tributario. Parte General*, Cizur Menor, Navarra: Civitas, 2011, pág. 314.

través del que la Administración puede solicitar determinada información a las empresas[369]. Se trata del contrapunto al mecanismo de consultas previsto en el epígrafe 2.3 y, combinado con este, conforma (al menos en términos teóricos) el canal bidireccional de comunicación especializado al que anteriormente se ha hecho referencia[370]. La formulación inicial del Código simplemente aludía al suministro por parte de las empresas de información y documentación solicitada por las autoridades de la manera más rápida y completa posible. No obstante, tanto las Conclusiones aprobadas en 2013 como el Anexo del año 2015 han desarrollado esta previsión tan básica en unos términos mucho más explícitos.

Así, la Agencia Tributaria podrá requerir a las empresas que hayan suscrito los compromisos del CBPT, a través de las personas de contacto previamente indicadas, «información detallada sobre sus operaciones relevantes, así como del tratamiento e impacto fiscal de las mismas», permitiéndole comprender cómo el contribuyente entiende que se aplicaría la normativa fiscal en un caso concreto. Igualmente, se podrán exigir datos o antecedentes que sean necesarios para la elaboración de proyecciones o estudios generales, inclusive aquellos que pudieran consignarse más adelante en las declaraciones tributarias antes de que finalice el plazo para su presentación [apdo. II.3 Conclusiones 2013]. En general, cualquier tipo de información sobre la

---

369 Esta disposición también prevé el compromiso de racionalizar las cargas formales y reducir la presión fiscal indirecta que soportan las empresas. A este respecto, se dispone que la AEAT con carácter general —y especialmente en el curso de sus procedimientos de comprobación— procurará delimitar al máximo el objeto de los requerimientos que realice a los contribuyentes [apdo. 1.A.2).2.2 Anexo 2015] y, en igual sentido, evitar las dilaciones excesivas en sus actuaciones de control e inspección, más si cabe cuando aquellos hayan venido observando los distintos compromisos descritos en el Código [apdo. 1.A.2).2.8 Anexo 2015]. Tales previsiones deberían ser de facto aplicables a todo tipo de obligados tributarios sin distinción, pudiendo considerarse que ello se llevará a cabo con una especial diligencia en el caso de los contribuyentes cooperativos, como ya se ha dicho en más de una ocasión.

370 Se ha cuestionado si este compromiso descrito constituye un verdadero mecanismo de control al estilo del modelo neerlandés o si, por el contrario, se trata de un simple instrumento de información o asistencia. El hecho de que en España no exista una evaluación previa que certifique la fiabilidad de los marcos de control fiscal implementados en las empresas parece que puede hacer decantar la balanza hacia el segundo planteamiento.

actividad de las empresas que, por su trascendencia o repercusión a efectos fiscales, motive o merezca su conocimiento por parte de la AEAT [apdos. 1.A.1).10 y 11 Anexo 2015]. Se habrá de entender que la Administración hará un uso razonable y de buena fe de esta posibilidad de solicitar información, explicando las razones por las que la necesita y el uso que pretenda darle. No parece de recibo un uso indiscriminado, debiendo abstenerse de realizar peticiones desproporcionadas o que hagan descansar sobre las empresas una carga excesiva. El método que aquí se pretende instrumentar, siguiendo la literalidad más estricta, se sitúa «al margen de las actuaciones de obtención de información previstas en la Ley». Ahora bien, resulta innegable que existe cierta correspondencia o, por lo menos, se toma como base la obligación legal recogida en el art. 93 LGT. Existe una línea paralela común entre ambas formulaciones, debiendo recordarse una vez más que en muchas ocasiones el cumplimiento cooperativo no pretende modificar los instrumentos ya previstos en el ordenamiento, sino reforzar su eficacia.

Si se atiende al aspecto temporal, se plantean algunas incógnitas que conviene abordar. El tenor literal del compromiso no establece de modo categórico ninguna previsión al respecto, todo lo contrario, deja abierto un amplio margen de posibilidades. Por lo tanto, será razonable entender que la información solicitada podrá serlo tanto de operaciones que aún no se han llevado a cabo (control *a priori*) como de operaciones que ya se han realizado (control *a posteriori*). Se trata de una interpretación coherente y ajustada a los principios y la lógica de las relaciones cooperativas. Si se adelantan los controles administrativos a la fase de planificación de las operaciones, se favorecerá el contraste anticipado de pareceres sobre la calificación de las mismas, en este caso, a instancias de la AEAT. Del mismo modo, si la Administración tiene dudas o sospechas sobre el tratamiento fiscal que se le ha dado a una operación, podrá hacer uso de este instrumento para valorar la situación existente antes de entablar un procedimiento de inspección más costoso en todas sus facetas.

En cuanto al concreto ámbito material de este instrumento, se prevé que el alcance del compromiso vaya más allá de las actuaciones de obtención de información estrictamente reguladas. En particular, en el Anexo aprobado en el año 2015 se establece un listado de las materias o aspectos que pueden ser objeto de solicitud [apdo. 2 Anexo 2015]: presencia en paraísos fiscales y justificación de la misma; esquemas de tributación internacional del grupo y congruencia con los principios de las acciones del BEPS; cambios significativos en las estructuras societarias; descripción de las operaciones corporativas más relevantes; estrategia fiscal del grupo documentada y aprobada por la alta dirección; relación de las operaciones sometidas o que debieran someterse a consideración del consejo de administración; directrices internas en materia de prevención de operaciones ilícitas, blanqueo de capitales o alzamiento de bienes; información acerca de los litigios fiscales en curso; y referencia al cumplimiento fiscal en el Informe de Gestión o Informe Integrado de la entidad. Las empresas y la Agencia Tributaria fijarán de mutuo acuerdo el contenido y alcance de esta información. A tales efectos, se articulará por ambas partes de la relación un formato estandarizado de comunicación, preferiblemente a través de medios electrónicos [apdos. 3.b) y d) Anexo 2015][371].

2.2.3. *Seguimiento y observancia*

Para concluir este análisis del CBPT conviene puntualizar algunos aspectos relativos al seguimiento y observancia de sus compromisos. En este sentido, como ya ha tenido ocasión de mencionarse, existe una Comisión de Seguimiento que supervisa la aplicación del Código. Este órgano se compone de seis miembros designados de manera igualitaria entre la AEAT y las empresas. Su función principal es someter a consideración del FGE «tanto las cuestiones de interpretación que considere oportunas, como la oportunidad de abordar nuevas materias, sin perjuicio de cualesquiera otras iniciativas que puedan ayudar a la materialización y puesta en práctica del Código». Se reúne con carácter periódico al menos una vez al semestre (pudiendo hacer-

---

371 En el marco del programa neerlandés de HM, la NTCA disfruta asimismo de una potestad o facultad para solicitar información (adicional) a los contribuyentes relativa a su situación fiscal. Se entiende que en el seno de una relación cooperativa esto se llevará a cabo con mayor armonía y correspondencia entre las partes. Ello implica que el contribuyente facilitará los datos solicitados de manera correcta, clara y en un plazo razonable; y, a su vez, las autoridades limitarán la cantidad de información requerida con arreglo al principio de juego limpio (principios de buena administración o *algemene beginselen van behoorlijk bestuur*), verbigracia, absteniéndose de exigir cartas que contengan asesoramiento o documentos de índole similar, sin perjuicio, claro está, de que los propios obligados tributarios decidan aportarlos voluntariamente.

lo tantas veces como se considere necesario) y los acuerdos se adoptan por consenso entre los miembros. Todos los datos, informes o documentos de cualquier tipo de los que se tenga conocimiento poseerán carácter reservado. Además, es importante destacar que la Comisión no puede conocer sobre situaciones particulares de las empresas adheridas, ni tampoco intervenir en procedimientos tributarios en curso [apdos. 3 anexo CBPT y 4 Conclusiones 2013].

Del mismo modo, el Anexo del año 2015 articula la posibilidad de que, tanto la Agencia Tributaria como las empresas contribuyentes, puedan solicitar la evaluación del cumplimiento de las recomendaciones del Código a través de sus respectivos responsables del cumplimiento cooperativo. Tales actuaciones se podrán llevar a cabo a lo largo de cualquier procedimiento de aplicación de los tributos en tanto que afecten al mismo y, a ser posible, antes de la puesta de manifiesto del expediente o de su finalización [apdo. 1.B) Anexo 2015]. Ambas partes pueden hacer constar una valoración sobre el cumplimiento efectivo de los compromisos en el marco de los procedimientos de aplicación de los tributos, especificando las conductas que han sido necesarias o convenientes para su adecuado desarrollo y conclusión. En los casos en los que se aprecie un correcto cumplimiento por las dos partes, la Agencia Tributaria podrá hacer referencia a esta circunstancia (en términos estadísticos o generales) en su Memoria Anual de Actividades. Por el contrario, cuando se considere producida una inobservancia del CBPT, se analizará y valorará por la DCGC o, en su caso, la Delegación Especial y el representante de la empresa. Si tras este primer análisis persiste el incumplimiento, se abren dos posibilidades: (1) En el caso de que la inobservancia sea achacable a la empresa, el DCGC o, en su caso, el Delegado Especial elevarán la cuestión al Director General de la Agencia quien, si lo considera oportuno, informará de ello al consejo de administración de la empresa; y (2) En el caso de que la inobservancia sea referida a un comportamiento de la AEAT, la empresa se podrá dirigir al Director del Departamento de Inspección Financiera y Tributaria y solicitar que se adopten las medidas necesarias para subsanar sus indeseables efectos. Tanto la Agencia Tributaria como las empresas informarán a la Comisión de Seguimiento, como mínimo una vez al año, acerca de los supuestos y de la tipología de las conductas que puedan considerarse como inobservancias [apdo. 1.C) Anexo 2015].

A modo de conclusión final, y teniendo en cuenta el desarrollo y la repercusión actual de los compromisos del CBPT, se podría decir que no resulta tan sencillo apreciar las ventajas efectivas derivadas de su suscripción (con respecto a los derechos ya previstos en la normativa fiscal) como sí los posibles inconvenientes resultantes de su falta de observancia (sobre todo a efectos reputacionales). Es importante tener presente que, como ya se ha dicho y ahora en palabras de MARTÍN FERNÁNDEZ, muchas de las previsiones del Código «deben aplicarse con carácter general y no solo a las empresas que lo suscriban, ya que las obligaciones que se imponen a la Administración tributaria constituyen las pautas de lo que debería ser el marco general de relaciones con los contribuyentes. Esto es, la Agencia no se está comprometiendo a nada que no debiera ser el modo normal de proceder en un ordenamiento tributario moderno y desarrollado»[372].

2.3. INFORME DE TRANSPARENCIA FISCAL

En el año 2016, el FGE esbozó un documento titulado «*Propuesta para el reforzamiento de las buenas prácticas de transparencia fiscal empresarial de las empresas adheridas al Código de Buenas Prácticas Tributarias*» que ha tratado de ser el desarrollo y la continuación del mecanismo previsto en el apartado 3.3 del mismo. A través de lo que se ha llamado «Informe de Transparencia Fiscal» se ha pretendido potenciar la apertura y la comunicación entre las partes[373]. Se trata de una herramienta novedosa que en cierta manera ha permitido materializar o concretar determinados conceptos que, inicialmente y por su propia naturaleza, estaban dotados de una abstracción o generalidad

---

372 Javier Martín Fernández (2011). El Código de Buenas Prácticas Tributarias. Diario Cinco Días. 24 de enero de 2011.

373 La transparencia se define en el propio documento mencionado como «la forma en la que las empresas comunican su actitud ante los impuestos y el importe de los impuestos pagados, así como la forma en la que aportan, a sus accionistas y al resto de interesados en su actividad, claridad sobre su tributación y seguridad de que ofrecen un cumplimiento fiscal responsable en los países en los que operan». En los Planes Anuales de Control Tributario y Aduanero de los últimos años se pueden apreciar referencias sustanciales al Informe de Transparencia y a la transparencia fiscal en general que dejan entrever la importancia que puede llegar a tener este instrumento para la AEAT y el sistema tributario en su conjunto.

tal que hacía difícil su interiorización en ambos extremos de la relación. El «Informe de Transparencia Fiscal» puede y debería tomarse como punto de partida sobre el que construir un auténtico programa integrado de cumplimiento cooperativo. Su elaboración y tratamiento se deberán realizar por verdadero convencimiento de que es algo positivo y efectivo y no con un mero afán especulativo, pues su utilidad podría comprometerse si se obra de este modo. Resulta necesario el compromiso y un paso adelante de las partes para no defraudar las expectativas puestas en esta iniciativa, y comenzar a consolidar el modelo de relaciones cooperativas que se pretende erigir[374].

2.3.1. Alcance de la información: carácter, uso, forma y plazo de presentación

La información remitida a través del «Informe de Transparencia Fiscal» gozará de carácter reservado en virtud del art. 95 LGT. La nota de la trascendencia tributaria se adquiere en tanto que se destina a la aplicación efectiva de los tributos, sin perjuicio de que «su utilidad pueda ser potencial, indirecta o hipotética». Directamente conectado con ello, el alcance y contenido de la información proporcionada se fijará de mutuo acuerdo entre las partes, pudiendo acotarse a las cuestiones con relevancia fiscal en España o estableciéndose un ámbito de afectación más amplio. A efectos operativos, y como mínimo durante la etapa inicial de esta iniciativa, se aconseja que este Informe se dirija en todos los casos al Jefe de la Dependencia de Control Tributario y Aduanero de la DCGC, no únicamente cuando la empresa emisora pertenezca a esta unidad. Ello se tendrá en cuenta sin perjuicio de las competencias que puedan corresponder a los órganos de inspección pertenecientes a las Delegaciones Especiales de la AEAT para las empresas que no se encuentren adscritas a aquella Delegación Central.

Esta última circunstancia deja entrever cuál será el uso que se pretende dar a esta información. La Dependencia de Control Tributario y Aduanero tiene atribuido, entre otras funciones, el cometido de selección de riesgos y planificación de las actuaciones inspectoras, es decir, «las actividades pre-

374 En el año 2016 se recibieron 18 Informes de Transparencia, por los 39 que se presentaron correspondientes al ejercicio de 2023 (a fecha 27 de enero de 2025).

vias que se realizan de cara al análisis de las entidades que van a ser objeto de comprobación y sobre el grado de intensidad que se va a seguir sobre las mismas». De esta forma, los datos contenidos en los informes voluntarios de transparencia serán usados en la gestión tributaria integrada que desarrolla la Agencia Tributaria, formando parte del análisis de riesgos que se dispone con carácter previo a cualquier procedimiento de comprobación que pueda llevarse a cabo. Un conocimiento anticipado y más detallado sobre las políticas fiscales y de gestión de riesgos de las empresas habrá de contribuir necesariamente a la realización de una mejor actividad de análisis de riesgos propia de los órganos de inspección. Estos informes representan un elemento adicional del que se ha de valer la AEAT para la planificación de sus actuaciones de control y selección de contribuyentes, determinando el grado y la intensidad con los que se llevarán a cabo las mismas[375]. Todo ello, a su vez, habría de repercutir en un control administrativo más eficiente y temprano y, por ende, en la obtención de seguridad jurídica por parte de las empresas en una fase previa, facilitando que puedan conocer anticipadamente los aspectos que se consideren de riesgo fiscal. En cualquier caso, tal y como señala MENÉNDEZ FERNÁNDEZ, se habrá de tener muy en cuenta que «este nuevo mecanismo no debería convertirse en un modelo de mayor intervencionismo y transparencia fiscal por una vía extralegal que opere bajo la amenaza de sanciones impropias (riesgo reputacional y presión sobre el consejo de administración) y que trate de reducir a la mínima expresión la planificación fiscal por parte de las grandes empresas, sin que a cambio de todo ello mejore sustancialmente la posición fiscal de la empresa en términos de seguridad jurídica o reducción de costes fiscales»[376].

En cuanto a la forma de presentación, en el propio documento de propuesta se establece que el informe se podrá remitir (a) tanto en soporte papel en el Registro de la DCGC dirigiendo el escrito a la DCTA (b) como en formato electrónico a una dirección de correo electrónico de la DCTA facilitada por las personas de contacto. En ambos casos se especifica que se dará

375 DELMAS GONZÁLEZ, F.J.: «Los informes de transparencia: análisis y virtualidad». En GUERVÓS MAÍLLO, M. A. et al.: *Practicum Compliance Tributario 2020*, *Ob. Cit.*, págs. 705 y ss.

376 MENÉNDEZ FERNÁNDEZ, J.: «El Compliance Tributario: un escalón más hacia la transparencia fiscal», *Ob. Cit.*, pág. 12.

constancia fehaciente de la presentación del mismo. A tales efectos, será preciso tener muy presente que desde la entrada en vigor de la LPAC, las entidades y personas jurídicas por regla general deben presentar sus documentos a través de formato electrónico. En la práctica esta cuestión se viene evacuando mediante correo electrónico o remisión a través del registro de sede.

Por su parte, respecto al plazo estipulado para ello, es preferible que la remisión del informe se produzca antes de la presentación de la autoliquidación del IS. Ahora bien, no existe óbice alguno por el que no se pueda proceder de manera posterior a la terminación de dicho período de declaración. A los solos efectos orientativos se plantea la posibilidad de que las empresas lleven a cabo el envío del informe desde el día siguiente a la aprobación de las cuentas anuales (lo cual deberá producirse dentro de los 6 meses siguientes al cierre del ejercicio social) hasta tres meses después de la finalización del plazo de presentación de la declaración del IS (el día 25 de octubre si el ejercicio social coincide con el año natural). Estos plazos señalados, con más habitualidad de la que sería deseable, no se cumplen de manera inquebrantable y son tratados como una cuestión menor sobre la que se aconseja ser flexible.

2.3.2. *Tratamiento de la información*

En el documento de propuesta, el procedimiento a través del que se explota y analiza la información suministrada se divide en tres fases no necesariamente secuenciadas. Se ha de tener en cuenta en este punto que, respecto a lo que es habitual en la práctica administrativa, en el marco de las relaciones cooperativas se está en un terreno con escasas referencias de actuación, más si cabe teniendo en cuenta la limitada experiencia adquirida en este ámbito. A la hora de llevar a cabo el conjunto de actividades de comunicación se estima conveniente hacer uso del canal de relación bidireccional y especializado —ya mencionado— como medio más adecuado para instrumentar todo ello. En su elaboración, se podrían identificar las siguientes fases:

- *Remisión y recepción del informe*: se hará llegar al Jefe de la Dependencia de Control Tributario y Aduanero de la DCGC, atendiendo a lo señalado anteriormente sobre el medio y formato de presentación. Una vez recibido y acusado recibo del mismo, se realizará un análisis preliminar a fin de evaluar su idoneidad en relación con el propósito para el que fue concebido. El resultado de esta primera valoración se comunicará a los representantes de la empresa fijándose de mutuo acuerdo la manera en que deba sucederse la fase de explicación.

- *Explicación del informe*: la Agencia Tributaria y la empresa establecerán de mutuo acuerdo la forma más óptima de proceder al desglose y explicación de los distintos extremos del Informe que sean merecedores de ello. En especial, se deberá hacer hincapié en aquellas cuestiones que por motivo de su «complejidad, confidencialidad o sensibilidad comercial» no se hubieran explicitado de forma suficiente en el mismo. Además, durante el desarrollo de esta fase, la empresa emisora podrá «completar, ampliar, detallar y aclarar cuantos datos e informaciones» considere necesarios o relevantes. Una vez finalizadas las actuaciones anteriores, y habiendo trascurrido un plazo prudente y razonable desde la recepción del Informe (a modo orientativo se indican cuatro o cinco meses), la Administración trasladará su opinión a la empresa acerca de la información y datos recibidos. A instancias de esta última, se podrá hacer constar la presentación del «Informe de Transparencia Fiscal» en la página web de la AEAT indicando los ejercicios a que corresponda.
- *Aportación de documentación*: esta fase podrá tener lugar tanto al término de las anteriores como a lo largo de las explicaciones que se prediquen en la etapa previa. La empresa, de forma voluntaria o a petición de la Administración, podrá aportar cualquier tipo de documentación, bien justificando las posturas manifestadas en el Informe, bien proporcionando datos adicionales o complementarios que contribuyan a una mejor determinación de su perfil de riesgo.

De este modo, con arreglo a la información remitida en el Informe y a la documentación que eventualmente fuera aportada *a posteriori*, se comunicará a la empresa una valoración con respecto a las posiciones fiscales conocidas a través de este instrumento con el fin de que pueda conocer los criterios administrativos aplicables sobre estos mismos aspectos, tanto para el desarrollo de buenas prácticas fiscales en general como para la presentación de la declaración del IS en particular. Cuando los órganos de inspección hubieren terminado de confeccionar los pertinentes análisis de riesgos, dispondrán qué tipo de actuaciones de control presumiblemente van a llevarse a cabo en orden a ofrecer un nivel apropiado de seguridad jurídica a la empresa emisora. Se espera que durante esta fase se pueda entablar o iniciar un diálogo útil y constructivo entre las partes, favoreciendo la construcción de una relación cooperativa sólida y productiva para ambas.

2.3.3. Utilidad del informe para las empresas

En el documento de propuesta se distinguen fundamentalmente tres aspectos que determinarán la utilidad y conveniencia del Informe para las empresas contribuyentes:

- En primer lugar, parece obvio que la observancia de una buena práctica tributaria como la aquí analizada repercutirá positivamente y dotará de valor la esfera reputacional de las compañías, tanto a nivel externo de cara al conjunto de la sociedad como sobre todo a nivel interno en la relación contribuyente-Administración. Las organizaciones darán a este instrumento el grado de publicidad que consideren conveniente. Como se ha dicho, a petición suya la AEAT podrá publicar en su página web el nombre de las compañías que voluntariamente hayan presentado el Informe.
- En segundo lugar, la presentación del Informe va a permitir entablar un diálogo informal con las autoridades, dando a las empresas la posibilidad de aportar detalles aclaratorios sobre la información proporcionada y de conocer los criterios que la AEAT considere aplicables. Es más, si el Informe se remitiera antes de la finalización del plazo de presentación del IS, la empresa podrá adecuar el contenido de dicha declaración a los criterios manifestados por la Administración en ese sentido. Todo ello contribuirá directa y positivamente a rebajar los niveles de inseguridad jurídica y litigiosidad a los que puedan verse expuestos los contribuyentes, pues el hecho de recibir una valoración temprana sobre las eventuales consecuencias fiscales de una operación o negocio necesariamente va a suponer una reducción de los riesgos de incumplimiento o cumplimiento defectuoso. Ello también habría de ser apreciado en el ámbito sancionador, ya que la presentación completa y rigurosa del Informe teniendo en cuenta su carácter voluntario debería valorarse positivamente cuando eventualmente se hubiere de determinar la culpabilidad en casos de infracción.

- Finalmente, la información remitida a través de este instrumento posibilitará la realización de un análisis de riesgos más completo y correcto por parte de los órganos de inspección, traduciéndose a su vez en un control administrativo más temprano y eficiente. De este modo, se delimitará de una forma más precisa el marco en el que deban desarrollarse las actuaciones de comprobación respecto de los contribuyentes cooperativos que hayan presentado el Informe, reduciéndose así los esfuerzos fiscalizadores que tengan que realizar los órganos de control y la presión fiscal indirecta que hayan de soportar aquellos[377].

2.3.4. *Estructura y contenido del informe*

El documento de propuesta recoge una serie de indicaciones acerca de la estructura y el contenido que presumiblemente debe constituir un modelo de Informe de Transparencia. En todo caso se deberán interpretar como guías orientativas o meras recomendaciones básicas, una estructura mínima razonable que constituye el punto de partida desde el que comenzar a confeccionar este documento. El propio contribuyente será el que verdaderamente haya de decidir, en función de las características y del grado de complejidad que presente su actividad, las cuestiones o aspectos que deban ser objeto de inclusión y estudio detallado a través de este instrumento. Tal y como señalan MIÑANO FERNÁNDEZ y MANERO RUIZ, «el ‹Informe de Transparencia› no debe ser un mero repositorio de información genérica, extractada de otros informes públicos de la compañía sin ningún grado de adaptación, todo ello con el vano objetivo de fingir un ‹cumplimiento coo-

---

377 «El objetivo declarado consiste en propiciar *‹un temprano conocimiento de la política fiscal y de gestión de riesgos fiscales›* de las empresas que, en definitiva, redundará en una mejora de la seguridad jurídica y en unos menores costes de cumplimiento y contribuirá a una redacción de la conflictividad». AGENCIA TRIBUTARIA (2016). Propuesta para el reforzamiento de las buenas prácticas de transparencia fiscal empresarial de las empresas adheridas al Código de Buenas Prácticas Tributarias, aprobada en la sesión plenaria del 20 de diciembre de 2016. <https://sede.agenciatributaria.gob.es/Sede/colaborar-agencia-tributaria/relacion-cooperativa/foro-grandes-empresas/codigo-buenas-practicas-tributarias/propuesta-reforzamiento-bp-transparencia-fiscal.html>

perativo›. Estos enfoques, alejados de lo que debe entenderse como una práctica correcta, no son recomendables pues pueden generar frustración tanto para la administración, que no encontrará utilidad en el documento como herramienta de conocimiento y control precoz de riesgos fiscales, como para el propio contribuyente, que verá defraudadas las expectativas depositadas en la iniciativa»[378]. De esta manera, y atendiendo a diversas perspectivas, se procede a desgranar con carácter orientativo las distintas áreas temáticas que eventualmente podrán conformar o componer el contenido de este Informe:

A) *Estructura y actividad del grupo*: se deberá incluir una relación pormenorizada de las diferentes líneas de negocio y actividades empresariales desarrolladas por la compañía explicitando su naturaleza, características y entorno competitivo. Del mismo modo, se procederá a la descripción detallada del número de entidades que componen el grupo (con indicación de su dimensión y ubicación geográfica) y de los cambios más significativos que afecten a la estructura societaria. Esta información cuantitativa y cualitativa sobre el desempeño económico de la sociedad favorecerá que las autoridades puedan tener una visión general sobre la actuación y el funcionamiento del grupo, permitiéndoles comprender y contextualizar las decisiones que se adopten en el terreno fiscal. En muchas ocasiones, sobre todo referido a conglomerados empresariales de magnitudes considerables, a la Administración no le resulta nada sencillo obtener esta perspectiva global, de manera que con esta previsión se estaría dando cumplimiento al atributo de «conocer la realidad empresarial» o «*understanding based on commercial awareness*» señalado por la OCDE en el Estudio sobre el Papel de los Intermediarios Fiscales del año 2008.

B) *Políticas en materia de jurisdicciones no cooperativas y territorios de nula o baja tributación*: se informará acerca de la presencia en territorios calificados como paraísos fiscales o jurisdicciones no cooperantes conforme a la normativa española u otros criterios por los que se puedan catalogar de esta forma. Además, se expondrán las funciones, el nivel de sustancia económica y los riesgos que asuman las entidades aquí radicadas, así como las razones o motivaciones empresariales que permitan analizar y justificar su ubicación en

---

378 MIÑANO FERNÁNDEZ, G. y MANERO RUIZ, A.: «Buenas prácticas tributarias en las empresas». En GUERVÓS MAÍLLO, M. A. et al.: *Practicum Compliance Tributario 2020*, *Ob. Cit.*, pág. 142.

tales lugares. Se trata de una cuestión potencialmente muy lesiva a nivel reputacional, sobre todo, de cara al conjunto de la sociedad y, precisamente por esta razón, se tendrá muy en cuenta a la hora de evaluar si el grupo cumple con unos estándares aceptables en este ámbito.

C) *Tributación internacional y aduanera*: a este respecto se habrán de considerar tres parámetros: (1) *Financiación*: se detallarán las principales estructuras a través de las que el grupo obtiene sus recursos financieros con indicación (no exhaustiva) de los instrumentos, importes, tipos de interés e impacto fiscal que tengan cabida; (2) *Operaciones intragrupo*: las entidades que pertenezcan a grupos empresariales deberán aportar información sobre las operaciones y servicios auspiciados bajo los mismos (actuaciones llevadas a cabo en materia de precios de transferencia, operaciones vinculadas, *management fees*, etc.); y (3) *Estándares internacionales*: se aspira a que las compañías aporten información acerca del grado de seguimiento y adecuación a todas aquellas iniciativas llevadas a cabo en la esfera internacional en los últimos tiempos que pretenden disciplinar su comportamiento fiscal. Las explicaciones más relevantes girarán en torno a las diversas actuaciones puestas en marcha, fundamentalmente por la OCDE y la UE, en lo relativo a evitar dobles deducciones, aprovechamiento ilícito de beneficios fiscales o doble no imposición; mecanismos de revelación obligatoria; o *tax rulings*[379].

D) *Gobierno fiscal corporativo*: se deberá describir la política y estrategia fiscal seguida por la compañía precisando cómo se ha determinado, el órgano responsable de su elaboración, dónde se recoge, los principios y actuaciones que la conforman y, sobre todo, las medidas de control y supervisión adoptadas para garantizar su correcta aplicación y seguimiento. Igualmente, se incluirá una relación detallada de las operaciones que, por razón de su especial riesgo o relevancia, han de someterse a la aprobación del consejo

[379] Es interesante destacar como este inciso puede ser una buena oportunidad para desarrollar el contenido de los Informes País por País que el RIS y la Directiva 2016/881 obligan a presentar a ciertos contribuyentes desde el año 2017. El Modelo 232 habilitado para su declaración peca de ser excesivamente parco y riguroso, lo cual puede restar utilidad a la razón de ser de este instrumento. Se podría tomar como una buena práctica fiscal efectuar a través del Informe de Transparencia una interpretación complementaria de los contenidos del *CbCReport* en una suerte de autoevaluación de riesgos (*self risk assessment*).

de administración, así como de las iniciativas de cumplimiento cooperativo similares al CBPT a las que el contribuyente pueda haberse adherido tanto en el ámbito nacional como internacional. Uno de los ejes principales sobre los que sin duda han de girar las explicaciones en este punto es el diseño y funcionamiento de los Marcos de Control Fiscal implementados por las empresas. La información que se aporte acerca de cómo se lleva a cabo la gestión de los riesgos fiscales resultará de gran utilidad para las autoridades a la hora de evaluar su efectividad y fiabilidad.

E) *Operaciones o actuaciones fiscalmente significativas*: en esta sección se aportará información acerca de las operaciones de carácter inusual o excepcional que pudieran ser de especial relevancia o interés por su impacto fiscal. Se podrán hacer constar actuaciones con una naturaleza o tratamiento fiscal singular como las que tengan que ver con la gestión de activos intangibles de propiedad industrial o intelectual, el comercio exterior de bienes y servicios, operaciones societarias de adquisición o transmisión de negocios (incluyendo sucursales o establecimientos permanentes) o políticas de gestión de personal internacional.

F) *Otras cuestiones destacables*: finalmente, también será de utilidad hacer referencia a determinados aspectos que se sitúan en la esfera externa del cumplimiento material. En particular, será preciso proporcionar datos sobre los litigios fiscales en curso tanto en España como en el resto de Estados que puedan tener repercusiones de esta índole; las consultas tributarias de interés presentadas tanto en el pasado como las que se encuentren pendientes de resolución; acuerdos o arreglos administrativos que puedan afectar significativamente a la tributación (APVs, ICAP, etc.); o, en general, cualquier tipo de información análoga a esta que pueda resultar relevante para la fiscalidad del contribuyente.

2.4. VALORACIÓN ACTUAL: EVALUACIÓN A LA LUZ DE LAS ENCUESTAS REALIZADAS EN EL SENO DEL GRUPO DE TRABAJO DE RELACIÓN COOPERATIVA DURANTE EL AÑO 2023

En la vigesimoquinta sesión plenaria del FGE celebrada el 15 de noviembre de 2022, se planteó la iniciativa de realizar una encuesta con el propósito de valorar la situación y los progresos realizados. Dichas evaluaciones tuvieron lugar durante el 2023 y sus resultados fueron expuestos en la vigesimosexta sesión plenaria del 8 de junio del mismo año. Como ha tenido ocasión en la mayoría de los modelos nacionales de cumplimiento cooperativo, pasado un tiempo considerable desde que el proyecto comenzara a andar, se hacía necesario someter a revisión el mismo. En un primer momento, se propuso llevar esto a cabo partiendo de una serie de datos cuantitativos (litigios planteados, consultas formuladas, etc.), si bien enseguida se descartó esta opción al constatarse que los resultados ofrecidos no eran suficientes. Se optó, entonces, por darle un enfoque más global, preparando cuatro encuestas donde las partes pudieran explayar sus opiniones. La Administración se encargó de elaborar los borradores iniciales, que fueron completados con comentarios y propuestas de las entidades representadas en el grupo de trabajo de relación cooperativa. Para su ejecución, y con el objetivo de preservar el anonimato, se utilizó la aplicación informática FORMA.

Por el lado de la AEAT, intervinieron los Jefes de Equipos Nacionales de Inspección (participando un mejorable 60%) y los Jefes de las Dependencias de Control Tributario y Aduanero (participando el 100%). Las apreciaciones esgrimidas de esta parte se pueden agrupar en cuatro apartados: (1) Familiaridad con el modelo: se muestra un conocimiento notable del programa, así como de las actuaciones previas llevadas a cabo con respecto a las entidades miembros del FGE y las adheridas al CBPT; (2) Evaluación del comportamiento: en líneas generales, se tiene una opinión favorable en cuanto a la actitud de cumplimiento, observándose solo un caso aislado con un desempeño insatisfactorio. Con todo, lo más relevante es que se pone expresamente de manifiesto la no apreciación de diferencias sustanciales entre dichas empresas y el resto de organizaciones sometidas a inspección. En igual sentido, en la mayoría de los casos tampoco se identifican modificaciones en el comportamiento a resultas de su adhesión al programa, siendo los menos aquellos en los que se destaca mayor rigurosidad, fiabilidad, transparencia y cooperación; (3) Colaboración y transparencia en los procedimientos de inspección: se advierte una actitud positiva en términos globales, señalándose algunas demoras en la entrega de documentación. Cabe resaltar que se manifiesta explícitamente el deseo de seguir realizando procedimientos de comprobación generales y exhaustivos durante los próximos años; y (4) Calidad de los informes de transparencia: su elaboración se califica como adecuada; no obstante, igualmente se pone en tela de juicio su excesiva generalidad y falta de detalle en cuanto a la estrategia y riesgos fiscales. Se considera que no se profundiza a unos niveles de minuciosidad tales que se posibilite la adopción de decisiones definitivas. Pese a ello, se apuntan también algunos casos de informes bien confeccionados y de una calidad notable. En conjunto, la valoración es positiva, aun cuando no se aprecian ventajas concretas para la Administración.

Por el lado de las empresas, participaron miembros del FGE (10 entidades) y organizaciones adheridas al CBPT (otras 10). Siguiendo un esquema similar, su experiencia se puede sintetizar en los siguientes puntos: (1) Relación y comunicación: una mitad de las empresas considera que su relación con la Administración ha mejorado tras su inclusión en el programa, mientras que la otra mitad opina que se mantiene en condiciones similares. En general, la interlocución se valora como positiva; sin embargo, se observa que las empresas tienen más contacto entre ellas que con las autoridades y se apunta a la necesidad de designar un interlocutor único para un mayor dinamismo, tal y como se produce en el modelo ingles con el HMRC; (2) Interpretación de las normas tributarias: en este aspecto disienten las dos clases de entidades entrevistadas. Los miembros del FGE tienen la percepción general de que los criterios interpretativos manejados por la Administración no son razonables, apreciando un excesivo afán recaudatorio y una falta de conocimiento y comprensión preocupantes en lo que al funcionamiento específico de cada empresa se refiere. El resto de organizaciones adheridas al CBPT, por su parte, si bien no están de acuerdo con los criterios aplicados, estiman que en la mayoría de las ocasiones son razonables; (3) Actuaciones de control: las empresas declaran haber realizado cambios sustanciales en la gestión de sus obligaciones fiscales tras su entrada en el programa y que su comportamiento durante los procedimientos de comprobación es prácticamente inmejorable, aun cuando son conscientes de algunos casos en los que se han producido retrasos en la entrega de documentación atribuibles a cuestiones administrativas internas. Asimismo, reconocen que los inspectores actuarios son conocedores del CBPT, sin que ello haya supuesto diferencia alguna con respecto a las empresas no adheridas, coincidiendo en este punto con lo manifestado por la Administración; y (4) Litigiosidad y agilidad de los procedimientos: una mayoría aplastante de las entidades tiene la percepción de que el número de litigios planteados no se ha visto reducido, en contraste con los datos cuantitativos proporcionados por la AEAT que atestiguan lo contrario. Se apunta, además, la falta de agilidad en los procedimientos (como ocurre con las APA) y la necesidad de que algunos mecanismos planteados en el marco del programa (como el informe de transparencia) se traduzcan en consecuencias efectivas. En conjunto, la generalidad de las entidades valora positivamente el modelo, pero un número considerable de las mismas aprecia que su impacto es limitado y no se obtienen apenas ventajas.

A propósito de todo lo declarado, las entidades representadas en el grupo de trabajo de relación cooperativa se apresuraron a realizar las siguientes observaciones: (1) El deseo de seguir avanzando en el modelo de cumplimiento cooperativo, sin perjuicio de los inmediatos beneficios que les puedan reportar; (2) La conveniencia de una mayor formación por parte del personal de la AEAT, tanto en relación con el propio modelo como referido al entorno empresarial y su realidad económica; (3) La escasa relevancia que se confiere a los informes de transparencia, omitiendo el esfuerzo que su elaboración implica para las empresas; (4) La importancia de reducir la litigiosidad, por el ahorro de costes y los efectos reputacionales que supondría; (5) El asombro que genera la negativa de la Administración a modificar y adaptar los métodos clásicos de comprobación ante las nuevas circunstancias existentes en el marco cooperativo; y, sobre todo, (6) La necesidad imperiosa de reflexionar acerca del modelo de cumplimiento cooperativo establecido y vislumbrar puntos concretos hacia donde se quiera evolucionar.

En contraste con la moderada positividad declarada por parte de las empresas y la Agencia Tributaria, la opinión que se extrae desde fuera no es tan alentadora. Existen no pocas actuaciones contrarias a las bases de cualquier modelo de relaciones cooperativas, manifestándose expresamente el deseo de no cambiar y, más si cabe, habiendo transcurrido quince años desde que el proyecto se iniciara. Resulta preocupante que apenas se aprecien diferencias entre las entidades adheridas al programa y las que no lo están, así como que los instrumentos puestos en práctica no se materialicen en ventajas concretas, siendo muy expresivo o revelador en este punto lo manifestado con respecto a los procedimientos de comprobación. También lo es el hecho de que se tenga la impresión de que la litigiosidad no ha descendido, todavía más cuando se han aportado datos acreditando que sí lo ha hecho, puesto que la percepción que se tiene de la Administración es un aspecto clave en los modelos de cumplimiento cooperativo.

Si se sigue en esta dirección, se corre el riesgo —altamente probable— de que a largo plazo el modelo perezca o resulte fallido. Es fácil intuir que si los esfuerzos realizados no se traducen en beneficios, llegue un punto en el que las partes desistan, cuando tampoco las conquistas o los avances logrados son especialmente significativos. Habría que analizar si las actuaciones llevadas a cabo por el momento no se plasman en garantías suficientes de confianza para las autoridades o, por el contrario, si son estas las que aun así se muestran reticentes y obstinadas al cambio. A modo de consuelo o paliativo mínimamente esperanzador, por lo contingente que es, se puede resaltar la intención reconocida de las empresas de querer seguir avanzando en los postulados del modelo, al margen de la rentabilidad que les pueda reportar. En el orden del día de la sesión del FGE celebrada el 3 de julio de 2024, se hace constar la aprobación de un documento de propuesta de modificaciones del CBPT y del FGE.

2.5. EXPERIENCIAS EN DERECHO COMPARADO: HORIZONTAL *MONITORING* CON LAS GRANDES EMPRESAS

La aplicación del *Horizontal Monitoring* no se produce de un modo único o uniforme, sino que se establecen distintos protocolos o medidas de actuación con arreglo al tipo de obligado tributario de que se trate. Esta categorización no siempre ha sido la misma. Más allá de que el programa se iniciara exclusivamente con las grandes empresas, en el año 2020 se produjo una modificación sustancial en el enfoque del modelo y, consiguientemente, en la compartimentación de los grupos de contribuyentes[380]. En la clasificación actual se tienen en cuenta factores como la naturaleza, el tamaño o la complejidad de las organizaciones y, en función de tales, se pueden advertir tres categorías diferenciadas con una supervisión ajustada en consecuencia: *Top category*, *Large category* y *Small and medium sized category*. Para todas las grandes empresas el documento de referencia más reciente es la «*Supervision of Large Business in The Netherlands guide*» del año 2022. De su lectura íntegra se infiere, y habrá de muy tenerse en cuenta, que no se aplica o no está dirigido exclusivamente al HM, sino que este se muestra como una opción más dentro de la estrategia general de supervisión de la NTCA.

380 Este cambio de enfoque se llevó a cabo a través de lo que se denominó «*The 2020 Annual Plan of the Dutch tax authorities*».

2.5.1. *Top 100 Profit*

En esta categoría se incluyen las 100 multinacionales y empresas cotizadas (AEX) más grandes y complejas del país. La forma de supervisión respecto a esta clase de contribuyentes se va a sustanciar fundamentalmente a través de dos instrumentos: un plan estratégico de supervisión y un plan individual de supervisión. Llama la atención, en primer lugar, que este método de fiscalización se impone de un modo totalmente imperativo y, en segundo término, que en ningún momento se habla de cumplimiento cooperativo con esta clase de organizaciones, aun cuando en la aplicación material de sus postulados se aprecia una identidad notable con los principios de tal modelo.

A. Plan Estratégico de Supervisión (PES).

Se podría decir que este instrumento va a ser una constante en la actividad de supervisión de la NTCA, resultando también aplicable a otros tipos de obligados tributarios. Se compone de tres partes o elementos que, a su vez, van a constituir la base del plan individual de supervisión:

(1) *Perfil del contribuyente* → Para confeccionarlo se han de tener en cuenta tres niveles de conocimiento.

- La corporación en sí: información sobre las características, organización y funcionamiento de la entidad en general. Sobre la misma se dispondrá una revisión analítica a medida (*Analytical Review*) que podrá llevarse a cabo de diferentes formas. Además, se habrá de incluir necesariamente el llamado «Paquete de documentación genérica»: estrategia fiscal, estructura organizativa y fiscal, informe país por país, cuentas anuales consolidadas incluyendo el informe de gestión, carta de gestión anual e informe de auditoría y descripción general de los incumplimientos de pago y retrasos.
- Posición fiscal: se trata, en esencia, de los riesgos inherentes a la propia corporación. El objetivo es conformar un perfil de riesgo de la misma. Desde el lado de la NTCA, se ha llevado a cabo una identificación de los riesgos genéricos más recurrentes en relación con esta clase de contribuyentes y las figuras impositivas más relevantes. Asimismo, se espera que las entidades aporten un análisis

de riesgos propio y cualificado en base a la probabilidad de ocurrencia y el impacto potencial. La comparativa entre la actuación de ambas partes definirá la estrategia de supervisión que se desplegará.

- Nivel de cumplimiento: no es más que la percepción acerca de la actitud y conducta de cumplimiento que se tiene de la organización.

(2) *Análisis del perfil del contribuyente* y (3) *Estrategia de supervisión* → Se trata de dos componentes muy vinculados entre sí. El objetivo del análisis es reducir el perfil del contribuyente a su máxima esencia para que la NTCA pueda organizar su estrategia de supervisión de forma eficiente y eficaz. Dicho análisis incluirá:

- Una explicación general sobre los principios de la relación individual de trabajo, teniendo en cuenta en igual medida los principios fundamentales del HM (transparencia, comprensión y confianza).
- Un resumen del perfil del contribuyente anteriormente descrito.
- Un estudio detallado de los riesgos fiscales identificados por la organización y por la NTCA, las medidas de control implementadas (MCF) y el seguimiento dispuesto sobre los mismos.

Este análisis del perfil del contribuyente va a constituir la base de la estrategia de supervisión. Las distintas actividades de fiscalización que se planifiquen pretenderán influir en la actitud y comportamiento de la organización para lograr un cumplimiento voluntario de las normas tributarias. Dicha estrategia de supervisión incluirá:

- Una descripción general de los siguientes puntos: objetivos de cumplimiento a corto y medio/largo plazo; forma en que se promoverán tales objetivos y actividades que se pondrán en práctica para ello; procedimiento de consultas preliminares y temas que se incluirán; disposiciones concretas sobre el reparto de trabajo y responsabilidades entre la NTCA y el contribuyente; y percepción de las autoridades acerca de la calidad de la relación individual de trabajo y de las actuaciones que en su caso fueran necesarias para mejorarla.
- Una descripción de las actividades de supervisión incluyendo:

- Las intervenciones específicas de supervisión que deban realizarse a corto, medio o largo plazo en atención al seguimiento de los riesgos clave y/u otras actividades de cumplimiento, cuando el alcance y la calidad del TCF así lo aconsejen.
- Información que deba facilitar la organización para completar y mantener actualizado el paquete de documentación genérica.
- Cuestiones relativas a la puesta en común y discusión (anual) del plan individual de supervisión (PIS) y del propio plan estratégico de supervisión (PES).
- Cualquier otro asunto que pueda surgir y que tenga relevancia significativa.

B. Plan Individual de Supervisión (PSI)

Se trata de un instrumento que únicamente se va a aplicar a la categoría del TOP 100 PROFIT. Como se ha indicado, estará basado en gran medida en el plan estratégico de supervisión y, por ende, en su configuración práctica tienen una gran presencia el paquete de documentación genérica, las actuaciones de supervisión y la relación individual de trabajo previamente referidas. Cada PSI se ajustará al gobierno corporativo, estrategia, objetivos fiscales y medidas de control aplicadas de cada organización. Además, a través del mismo se definirán las responsabilidades de la NTCA y de la organización, en concreto, los trabajos necesarios para garantizar la presentación de declaraciones fiscales aceptables. En último término, como colofón de todo lo anterior, se adoptará un enfoque de supervisión a medida basado en el grado de transparencia demostrado y las posibilidades de trabajar en tiempo real.

2.5.2. *Top 30 Public y grandes empresas (Large Category)*

Por una parte, en la categoría *TOP 30 PUBLIC* se incluyen las 30 entidades sin ánimo de lucro, fondos de pensiones y organizaciones de derecho público más grandes y complejas; y, por otro, al grupo *Large Category* pertenecen aquellas grandes empresas (fuera del TOP 100) que, como mínimo, sobrepasen 2 de los 3 criterios establecidos en el art. 397 el Código Civil Neerlandés, durante al menos dos ejercicios consecutivos: activos totales>

20M; volumen de negocios> 40M; y empleados> 250[381]. La razón por la que se agrupan ambos tipos de contribuyentes, cuando en realidad las *TOP 30 PUBLIC* se incluyen dentro de la *TOP category*, radica en que la forma de supervisión que se va a dispensar sobre los mismos es prácticamente idéntica. A diferencia de lo que sucedía con las organizaciones del apartado anterior, en el tratamiento fiscal de estas ya se habla abiertamente de *Horizontal Monitoring* y, en suma, se muestra como una opción plenamente potestativa.

A. Criterios de admisibilidad

Justamente por este último motivo, al no disponerse dicho régimen cooperativo de forma obligatoria para la totalidad de pertenecientes a sendas categorías, lo primero que hace la «*Supervision of Large Business in The Netherlands guide*» es reseñar una serie de criterios de admisión o elegibilidad. Así, las organizaciones que deseen o pretendan participar en el programa neerlandés de HM deberán observar los siguientes requisitos[382]:

- Estar dispuestas a ser transparentes: no se trata de un alegato al aire o meramente testimonial, sino que forzosamente se ha de traducir en la necesidad de informar puntualmente sobre los asuntos fiscales con riesgo o complejidades importantes.
- Mostrarse proclives a mantener una relación de trabajo profesional basada en los principios fundamentales del HM: ambas partes deben ser conscientes de sus responsabilidades mutuas para poder y saber gestionar sus expectativas.
- Documentar la estrategia fiscal, haciendo constar:
  - Un esbozo general de la organización y de las decisiones estratégicas.

---

381 Existen algunas organizaciones —como las entidades públicas o los establecimientos permanentes— a las que no resultan de aplicación las disposiciones del Código Civil neerlandés, sin embargo, se toman igualmente como referencia estos mismos criterios a fin de determinar si se incluyen o no en este grupo. Así, el gobierno central, las provincias y las autoridades del agua (cuando no figuren en el *Top 30 Public*) también pueden pertenecer a este grupo.

382 KROESEN, D.; SILVERENTAND, E.; y COOPMANS, C.: «Netherlands-Tax Risk Management». En IBFD: *Country Tax Guides IBFD, Ob. Cit.*

- Actitud del CdA ante los riesgos fiscales y sus consecuencias.
- Política fiscal de la organización y directrices sobre planificación fiscal.
- Indicadores de resultados fiscales.
- Descripción de la relación deseada con las autoridades.

- Presentar un análisis de los principales riesgos fiscales: se trata de una visión global de los riesgos y de las medidas adoptadas para gestionarlos. Asimismo, las autoridades compartirán de forma proactiva su punto de vista o parecer sobre los mismos.
- Disponer de un sistema de seguimiento o supervisión interno que funcione correctamente: el propósito es comprobar si los riesgos clave se controlan y gestionan adecuadamente y obtener evidencias de ello mismo.
- Garantizar la calidad y exactitud de los datos necesarios para la tributación de terceros.

B. *Proceso de adhesión*

Si bien no se trata de una cuestión totalmente pacífica, ya que se han publicado informaciones contradictorias sobre ello durante estos años, parece claro ahora que la iniciativa para participar en el programa de HM corresponde a las organizaciones. En este sentido, la gerencia de las mismas será la encargada de remitir una solicitud a la NTCA declarando tales intenciones, a partir de la cual comenzarán a sucederse los distintos pasos que conforman el procedimiento de ingreso al programa. Actualmente, desde el 1 de enero de 2020, el procedimiento de ingreso en HM consta de cinco pasos dispuestos de forma consecutiva:

(1) *Entrevista inicial*: en primer término, tras haberse recibido la petición de entrada al programa, se celebrará una reunión entre la alta dirección de la empresa (pudiendo participar también personal con conocimientos técnico-fiscales) y el equipo de trabajo de la NTCA (*team leader, customer coodinator* y personal contable) previamente designados a tales efectos. El propósito principal de la misma será explorar la viabilidad o posibilidades de aplicar HM y los términos o condiciones en que pueda darse dicha colaboración. En

concreto, lo que se pretende es configurar un espacio apropiado donde poder debatir en profundidad acerca de los siguientes temas: finalidad, principios básicos y lugar que ocupa el HM en la estrategia de gestión de riesgos de la NTCA; beneficios que pueden derivarse para ambas partes; «*Tone at the top*»: nivel de compromiso de la alta dirección de la empresa con los valores y objetivos del programa; responsabilidades y expectativas mutuas; criterios de admisión; o subsiguientes etapas del proceso. La participación de las altas esferas en esta reunión preliminar, sobre todo desde el lado de las empresas, es imprescindible para garantizar que las partes conocen y comprenden de primera mano los compromisos que se deberán asumir. Si se considera que la organización puede respaldar (tiene disposición) y cumplir (tiene capacidad) con todo lo que implica el HM, las partes acordarán continuar con el proceso. En caso contrario, la NTCA comunicará su negativa a la misma y, de no mostrarse de acuerdo, se emplazarán para contrastar opiniones más adelante. Aunque no se mencione expresamente, también puede ocurrir que tras esta primera entrevista sea el propio contribuyente quien decida que no le resulta conveniente este modelo cooperativo de cumplimiento tributario, en cuyo caso se pondrá fin al proceso de igual modo.

(2) *Autoevaluación*: consiste en la constatación efectiva de los postulados teóricos definidos en la fase previa, es decir, la organización tiene ahora que demostrar que verdaderamente está dispuesta y es capaz de cumplir con los principios y compromisos que conlleva el HM. Con anterioridad al cambio de enfoque producido en 2020, existía una fase similar denominada «*scan-complince*». Las diferencias con respecto al método que actualmente se practica pueden sintetizarse en dos: (1) Ya no consiste en un proceso de evaluación conjunta, sino que en este momento la iniciativa y responsabilidad se hace recaer enteramente en manos del contribuyente al considerar que es el mejor situado para analizar su propia posición; y (2) Se adopta un enfoque más basado y centrado en la consecución de evidencias concretas, anticipándose así a una etapa anterior la necesaria demostración de que una organización controla sus riesgos fiscales clave. Esta autoevaluación no reviste una forma determinada, eso sí, deberá examinarse en todo caso en qué medida una compañía acata o se ciñe a los seis criterios de admisión descritos *ut supra*. Además, se establece que la misma habrá de contener: una descripción general de la corporación con especial énfasis en los trabajadores y actividades relacionadas con la materia fiscal; un resumen de la estrategia fiscal; y un

plan de acción que, en caso de ser necesario, determine las medidas a adoptar para alcanzar los criterios de elegibilidad referidos.

(3) *Análisis y discusión de la autoevaluación*: una vez se complete la evaluación realizada por la empresa, los resultados serán remitidos por escrito a la NTCA y, tras analizarse, ambas partes se reunirán para compartir y contrastar impresiones. En este punto se abren nuevamente dos opciones posibles: (i) El equipo de trabajo de la NTCA puede considerar que se han observado satisfactoriamente todos los criterios de admisión y, en consecuencia, la tramitación estará casi lista para la firma del «*compliance agreement*»; o (ii) El equipo de trabajo de la NTCA puede advertir que no es factible continuar con el proceso de un modo absoluto o requerir la adopción de un plan de acción para subsanar las deficiencias apreciadas.

(4) *Resolución de asuntos (fiscales) pendientes*: una de las máximas consignas del cumplimiento cooperativo es el trabajo en tiempo real y, precisamente para no conculcar esta aspiración, se dispone la resolución de las cuestiones fiscales pendientes preferiblemente antes de la firma del acuerdo. En principio, solamente se incluirán aquellos aspectos que ya fueran conocidos por las partes, de manera que esta fase no implica realizar una investigación más extensa o en profundidad para sacar a la luz otro tipo de contingencias. Se elaborará conjuntamente un inventario de los asuntos pendientes, estableciéndose un orden de prelación para su resolución. A este respecto, el equipo de trabajo de la NTCA disfrutará de un amplio margen de discrecionalidad («*Freies ermessen*») a fin de dinamizar el proceso de discusión, especialmente, en lo que a la valoración de los hechos y la interpretación de las normas se refiere; ahora bien, sin traspasar los márgenes sentados por la ley y la jurisprudencia. En todo caso, se habrá de tener claro que no será necesario o imprescindible llegar a un acuerdo sobre todos los puntos para que el proceso se tenga por completado, pudiendo darse situaciones de *agree to disagree*.

(5) *Firma del «compliance agreement»*: la última fase del proceso viene representada por la suscripción del *acuerdo individual de cumplimiento*. A través de este instrumento se pretende formalizar el compromiso de cooperación continúa adquirido por las partes, configurando un marco concreto en el que se especifiquen todos los términos de la relación de trabajo que se pondrá en marcha entre las mismas.

C. Contenido y estructura general de los Compliance Agreements

Resulta imprescindible analizar, al menos desde una perspectiva general, el contenido y la estructura de los acuerdos de cumplimiento (*compliance agreements*) para conocer los compromisos recíprocos que voluntariamente aceptan las partes y vislumbrar el alcance que puede llegar a tener el modelo de HM[383]. Los acuerdos de cumplimiento, en pocas palabras, son el instrumento que materializa o formaliza la voluntad de cooperación de las partes. Constituyen la piedra angular sobre la que se dispone el desarrollo de la relación cooperativa en Países Bajos. Las reglas generales del HM se encuentran recogidas en diferentes guías oficiales publicadas por la NTCA, no obstante, la colaboración a título individual —actitud, comportamiento o forma de interactuar que conciertan las partes— se basa en esta clase de acuerdos. Estos pactos deben firmarse al más alto nivel ejecutivo, de un lado, por un miembro de la alta dirección de la NTCA y, de otro, por el director financiero o, incluso, un cargo directivo de la empresa contribuyente. Además, si la empresa en cuestión realiza actividades de importación o exportación, el pacto necesariamente deberá ser suscrito por la división de aduanas (*netherlands customs administration*) de la *Belastingdienst*[384].

Los acuerdos responden a un texto estándar muy breve y genérico. A lo largo de los años la NTCA ha ido publicando de manera actualizada modelos normalizados de los mismos. En la fase inicial se concebía la posibilidad de incluir modificaciones o cláusulas personalizadas por razones justificadas, de manera que los contribuyentes podían influir hasta cierto punto en la forma

---

383 Al realizar este análisis de los *compliance agreements* se van a incluir también referencias al HM con las pequeñas y medianas empresas a través de los *Tax Service Providers*, puesto que la articulación del programa con estos sujetos se sustancia igualmente con arreglo a estos instrumentos. Por lo cual, las consignas aquí descritas, sin perjuicio de ciertas especialidades, se habrán de tener en cuenta cuando en el epígrafe siguiente se someta a examen la relación cooperativa con dichos contribuyentes en el marco del modelo neerlandés.

384 Existen dos versiones posibles del acuerdo en función de las necesidades de la empresa: «versión azul» (*blue agreement*) suscrito únicamente con la división tributaria de la Administración neerlandesa; o «versión verde-azul» (*green-blue agreement*) suscrito conjuntamente por la división tributaria y la división aduanera de la Administración neerlandesa.

final del pacto. Actualmente esta opción no se contempla y todos los acuerdos son bastante similares por regla general. Del mismo modo, existen ciertas cuestiones que no se incluyen (personas de contacto, periodicidad de las reuniones, protocolos de consulta, etc.) y deberán consignarse en documentos separados[385]. Su contenido se puede estructurar resumidamente en tres bloques:

(1) *Principios básicos*: no hacen sino explicitar la formulación general de las bases del modelo. En muy resumidas cuentas, se estipula que[386]:

- Las partes basan su relación en la confianza, comprensión (mutua) y transparencia.
- El acuerdo se aplica a la exacción y recaudación de todos los impuestos nacionales neerlandeses a los que esté sujeto el contribuyente.
- Los derechos y obligaciones establecidos en las leyes y reglamentos son y seguirán siendo aplicables sin limitación alguna.

(2) *Compromisos de las partes*: a través de ellos se pretende que las partes afiancen la confiabilidad mutua y contribuyan a hacer efectiva la voluntad de cumplimiento en el marco del acuerdo de HM. A fin de dotar de cierta sistematización su análisis, se pueden apreciar cuatro (pseudo) categorías vinculadas entre sí. En puridad, constituyen las dos caras de la misma moneda desde ambos lados de la relación: supervisión fiscal personalizada; recaudación fiscal efectiva; conocimiento real de la situación del contribuyente; y actualización constante (en tiempo real) del proceso tributario. En muchos casos los compromisos asumidos, como se ha dicho, van más allá de los derechos y obligaciones legales previstos en derecho positivo.

- Supervisión fiscal personalizada: por parte de los contribuyentes este compromiso se materializa en la necesidad de implementar

---

385 Los modelos de acuerdo que la NTCA ha ido publicando de forma actualizada con el paso de los años son cada vez más escuetos y menos detallados. Ello implica tácitamente que se deje un mayor margen de libertad para la actuación espontánea de las partes, lo que supone un arma de doble filo.

386 HUISKERS-STOOP, E. & GRIBNAU, H.: «Cooperative Compliance and the Dutch Horizontal Monitoring Model», *Journal of Tax Administration*, Vol. 5, núm. 1, 2019, págs. 81 y ss.

un marco de control (fiscal) interno —*tax control framework*—, auditoría interna —*internal audit*— y auditoría externa —*external audit*— destinados a preparar y presentar declaraciones fiscales aceptables. El nivel de cooperación que entraña este compromiso no se limita a la puesta a disposición de registros, libros u otros datos de relevancia contable, sino que también se refiere (especialmente) a la información sobre los mecanismos organizativos y de control de los riesgos fiscales que tengan implantados los obligados tributarios. El nivel de control fiscal que exige el HM implica medidas adicionales superiores a las que pueden darse fuera del programa. En cuanto a la NTCA, este compromiso se traduce necesariamente en la obligación de adecuar la forma e intensidad de su supervisión con arreglo a la calidad de los sistemas de control de los contribuyentes. A través de la llamada «meta-supervisión», la Administración tributaria neerlandesa se basa en el trabajo previo realizado por los contribuyentes para examinar si sus procedimientos de control son conformes a lo estipulado en los acuerdos y, en última instancia, la corrección de las declaraciones presentadas. Cuando se advierta que una declaración no es «aceptable», se analizarán las causas del error en consulta con el contribuyente y, consiguientemente, se determinarán los ajustes necesarios que deban realizarse en sus procesos y respectivas parcelas de actuación. Ambas clases de sujetos tienen la responsabilidad de mejorar y ajustar permanentemente sus sistemas de control y, de un modo imperativo, cuando se hayan producido fallos. Resulta evidente que, si bien están presentes algunos elementos propios de los métodos tradicionales de comprobación e inspección, la NTCA va más allá de lo legalmente estipulado y tiene en cuenta circunstancias específicas de los contribuyentes para determinar el alcance y la forma de la supervisión que deba dispensar.

- Recaudación fiscal efectiva: este compromiso se ajusta íntegramente a lo dispuesto por la normativa fiscal neerlandesa y no cabe apreciar diferencias en el seno del HM, al menos sobre el papel. Los contribuyentes deberán asegurar el pago puntual e íntegro de sus deudas tributarias y, correlativamente, las autoridades fiscales habrán de garantizar igualmente la devolución de los importes oportunos[387]. Si al caso, y haciendo un ejercicio de interpretación extensiva, cabría esperar que, en un contexto de cumplimiento cooperativo, tales gestiones se tramitasen con mayor celeridad.

- Conocimiento real de la situación del contribuyente: los obligados tributarios se comprometen a presentar lo antes posible ante la NTCA su opinión, adoptada o por adoptar, sobre asuntos fiscales que puedan resultar relevantes. Esta previsión se aplica especialmente a aquellas situaciones, reales o potenciales, en las que *a priori* quepa esperar una diferencia de opinión o desacuerdo por parte de las autoridades tributarias, tanto si se refiere a la interpretación de cuestiones de hecho como de derecho. En el seno del acuerdo de HM, los contribuyentes no solo tienen derecho a formular o solicitar a la NTCA su punto de vista sobre la aplicación de la normativa fiscal, sino que pesa sobre ellos el deber o la carga de hacerlo. Además, no solo se les exige que informen sobre las actuaciones que puedan entrañar riesgos, sino también que den a conocer su parecer sobre las consecuencias jurídicas que aquellas puedan acarrear. Así, se establece como método de proceder una especie de sistema de consultas previas o preliminares. En el otro lado de la balanza, la NTCA emitirá su interpretación sobre las consecuencias jurídicas lo antes posible tras la recepción de las consultas planteadas, teniendo en cuenta los plazos pertinentes para los obligados tributarios y en consulta con ellos cuando pueda darse así. En el marco de una relación de cumplimiento cooperativo, las autoridades fiscales han de facilitar a los contribuyentes su postura sobre acciones concretas y, a un nivel más global, indicaciones sobre su estrategia general de supervisión para que estos sepan a qué atenerse. Este instrumento ya fue referido al analizar el mecanismo de consulta informal establecido por el CBPT.

- Actualización constante (en tiempo real) del proceso tributario: una de las consignas principales que debe observarse en este contexto tiene que ver con el desarrollo de todas las actuaciones de la forma más rápida y breve posible. Se debe promover el trabajo en

387 Arts. 2 y 9 de la *Invorderingswet 1990* (vendría a ser su LGT).

tiempo real de las partes como presupuesto consustancial y necesario para aspirar al logro efectivo de los objetivos propuestos, tanto del lado de los contribuyentes como del lado de la NTCA. Las actuaciones derivadas de este compromiso, en su esencia, son equiparables a las obligaciones previstas en la legislación; no obstante, la nota de celeridad en cuanto al desarrollo de todas estas actuaciones y la posibilidad de que además se realicen conjuntamente elevan cualitativamente el estándar legal. Con todo, es precio apuntar lo abstracto de este compromiso, sobre todo, a efectos de valorar su cumplimiento, pues el hecho de construirse sobre unos presupuestos tan indeterminados («lo antes posible» o «cuando sea posible») implica no contar con puntos de referencia concretos a partir de los que extraer conclusiones claras.

A modo de recapitulación, teniendo en cuenta todo lo dicho, es posible apreciar tres obligaciones derivadas de los pactos suscritos que elevan el nivel de cumplimiento con respecto al marco legal existente[388]:

a) Adoptar medidas adicionales de control fiscal (por parte de los contribuyentes) y ajustar la supervisión en consecuencia (por parte de la NTCA).

b) Presentar posiciones fiscales —reales o potenciales— que puedan entrañar riesgos, así como dar una opinión al respecto (por parte de los contribuyentes); y emitir una interpretación sobre las consecuencias jurídicas lo antes posible y en consulta con los obligados tributarios cuando pueda ser así (por parte de la NTCA).

c) Presentar las declaraciones fiscales lo antes posible y dar respuesta a las solicitudes de información de la misma forma, en su totalidad y sin ambigüedades (por parte de los contribuyentes); y efectuar las liquidaciones correspondientes con la mayor brevedad y en consulta con los contribuyentes cuando ello sea posible (por parte de la NTCA).

(3) *Disposiciones generales*: finalmente, los pactos recogen una serie de disposiciones generales que fundamentalmente concretan la dura-

388 HUISKERS-STOOP, E. & GRIBNAU, H.: «Cooperative Compliance and the Dutch Horizontal Monitoring Model», *Ob. Cit.*, págs. 89 y 90.

ción, fecha de inicio y extinción de los mismos. Con anterioridad a la mencionada reforma del año 2020, los pactos se concertaban por un periodo de tiempo indefinido. La situación actual es notablemente distinta. Los acuerdos individuales con las grandes empresas (*large category*) se suscriben por un periodo inicial de 3 años. Una vez transcurridos dichos plazos, las partes valorarán conjuntamente los resultados obtenidos y decidirán si prorrogan o no su vinculación a través de este tipo de instrumentos. En cuanto a la fecha de inicio, los acuerdos entrarán en vigor y comenzarán a producir efectos inmediatamente después de que se hayan firmado. Asimismo, durante su vigencia serán evaluados periódicamente por las partes. Tanto la NTCA como los contribuyentes son libres para rescindir o suspender el acuerdo en cualquier momento. Ahora bien, en caso de que se decida esto, se deberá notificar previamente a la otra parte por escrito explicitándose los motivos en que se fundamenta tal parecer. Además, la finalización no podrá tener lugar antes de que se celebre una consulta oral si así lo solicita una de las partes. Una vez observados todos estos trámites, se pondrá término al acuerdo, extinguiéndose con efecto inmediato todos los compromisos y directrices de HM.

D. Formas específicas de supervisión

Por último, en cuanto a la forma de supervisión respecto a estos contribuyentes, se han de destacar tres puntos sobre los que se va a hacer descansar la misma:

- *Coordinación del análisis de riesgos fiscales*: las organizaciones deberán compartir, discutir y ajustar con la NTCA, antes de la firma del acuerdo, los análisis de riesgos realizados que sirvan de guía para la implementación posterior de sus TCFs. Además, se espera que los mismos y todo el proceso en sí se actualicen periódicamente.
- *Compartir la monitorización de los riesgos clave*: los resultados del seguimiento interno van a proporcionar, por un lado, evidencias del grado de control que tienen las empresas sobre sus asuntos fiscales, corroborando la calidad de sus TCF; y, por otro, una base importante para realizar o que se produzca un ajuste (del enfoque) de supervisión de la NTCA.

- *Plan de supervisión estratégica*: con las organizaciones que hayan suscrito un acuerdo, de un modo muy similar a lo visto para las TOP 100 PROFIT, se elaborará un plan estratégico que dé soporte y cobertura a la función de supervisión de la NTCA. A través de una herramienta de este tipo, las empresas van a gozar de una mayor certeza y comprensión acerca de lo que pueden esperar, haciéndose asimismo una idea de cómo la NTCA percibe su comportamiento y lo que ello supone a efectos de fiscalización.

Teniendo todo lo anterior en cuenta, a modo de conclusión final, se hace preciso destacar la importancia de lo dispuesto en los acuerdos individuales de cumplimiento a efectos de concretar los términos específicos en los que se va a dar o desarrollar la supervisión fiscal personalizada para con cada contribuyente.

3. CUMPLIMIENTO COOPERATIVO CON EL RESTO DE OBLIGADOS TRIBUTARIOS

3.1. OTROS FOROS Y TRABAJOS EN EL MARCO DEL CUMPLIMIENTO COOPERATIVO ESPAÑOL

El establecimiento de un modelo de cumplimiento cooperativo plenamente integrado y funcional demanda que la relación de cooperación, además de con los grandes contribuyentes, haya de instrumentarse con los demás tipos de obligados tributarios presentes en el panorama fiscal español. En la práctica comparada, puede observarse como es habitual que, una vez producida una primera aproximación con las grandes empresas, el programa también tienda a extenderse a grupos representativos de intereses económicos o profesionales y a los intermediarios fiscales y las asociaciones que representan a estos, fundamentalmente, como forma de dar cabida a las pequeñas y medianas empresas. Así es como la OCDE sugería que se obrase y, en suma, parece lo más lógico y razonable teniendo en cuenta el carácter novedoso y embrionario del modelo. En puridad, no supone una cosa distinta que completar la relación tripartita de intervinientes en el acto de cumplimiento en base a los postulados del fenómeno cooperativo. El análisis aquí realizado va a ser mucho más sucinto y superficial que lo dispuesto en el epígrafe anterior, lo cual se justifica a la vista del menor desarrollo que por el momento se experimenta en la práctica en este ámbito.

El cumplimiento cooperativo con esta clase de obligados tributarios se va a incardinar de una forma más nítida si cabe bajo el concepto de colaboración social. Este instituto jurídico se puede definir como un mecanismo de participación de los sujetos alcanzados por las obligaciones fiscales en la correcta aplicación de los tributos bajo los términos y condiciones legal y reglamentariamente establecidos. De la lectura de sus preceptos reguladores ubicados en la Sec. 3.ª del Capítulo I del Título III de la LGT, se infiere que su materialización puede llevarse a cabo a través de dos vías o fórmulas, una más bien voluntaria y otra más bien coercitiva, si bien ambas persiguen la misma finalidad de alcanzar una efectiva realización del sistema tributario[389]. El cumplimiento cooperativo, como es obvio, aparecerá vinculado con la primera de estas, muy particularmente en este contexto, por referencia a lo expresado en el art. 92.2 LGT: «dicha colaboración podrá instrumentarse a través de acuerdos de la Administración Tributaria con otras Administraciones públicas, con entidades privadas o con instituciones u organizaciones representativas de sectores o intereses sociales, laborales, empresariales o profesionales, y, específicamente, con el objeto de facilitar el desarrollo de su labor en aras de potenciar el cumplimiento cooperativo de las obligaciones tributarias, con los colegios y asociaciones de profesionales de la asesoría fiscal».

Teniendo esto en cuenta, a efectos de contextualizar sus antecedentes, se ha de indicar que en la Actualización del Plan de Prevención del Fraude Fiscal de 2005 realizada en el año 2008, en el marco de la relación con los intermediarios fiscales, se propuso como medida el impulso de foros de diálogo a través de jornadas o reuniones con el propósito de difundir los criterios de la AEAT en la aplicación de los tributos, analizar modificaciones normativas y fomentar el compromiso social de rechazo hacia las prácticas fraudulentas. Se puede considerar que a ello se le dio cumplimiento con la puesta en marcha del **Foro de Asociaciones y Colegios de Profesionales Tributarios** (FACPT) en marzo del año 2011. Es importante poner de manifiesto que la creación de esta plataforma, como también del FGE y del CBPT, es anterior a la reforma de la LGT del año 2015 que incorpora al art. 92 la mención expresa al cumplimiento cooperativo anteriormente citada.

---

[389] GÓMEZ REQUENA, J.A.: «La colaboración social en la aplicación de los tributos». *Documentos-Instituto de Estudios Fiscales*, núm. 3, 2024, págs. 79-81.

Se trata de la vertiente multilateral del cumplimiento cooperativo en este particular contexto. El FACPT se puede concebir como un espacio de diálogo o un marco de relación con los intermediarios fiscales como representantes de los contribuyentes y colaboradores de la Agencia tributaria en la prevención del fraude fiscal. Constantemente, como justificación del establecimiento de una relación más estrecha con este tipo de sujetos, se menciona la importancia y gran utilidad de su papel. Se alude a ellos como «eslabón esencial para el sistema» y «colaboradores cualificados»[390], poniendo en valor sus funciones en tanto contribuyen a incrementar la recaudación fiscal y, al mismo tiempo, reducir el esfuerzo de las autoridades en una especie de pseudo externalización de los costes de cumplimiento.

El FACPT se rige por una serie de normas de funcionamiento que fueron aprobadas en su primera sesión celebrada el 30 de marzo de 2011. Puede operar tanto en Pleno como en Grupos de trabajo. Actualmente existen dos, el Grupo de Trabajo de Análisis de medidas para favorecer la certeza jurídica y el Grupo de Trabajo de Novedades en normativa, modelos y campañas. Entre sus objetivos se citan profundizar en el conocimiento mutuo entre las partes, aumentar la seguridad jurídica, mejorar la aplicación del sistema tributario y reducir el fraude fiscal. El Foro está presidido por el Director General de la Agencia tributaria. En lo que respecta a su composición, por parte de la AEAT, se compone por los titulares de los Departamentos de Gestión Tributaria, de Inspección Financiera y Tributaria, de Recaudación, de Aduanas e Impuestos Especiales y de Informática Tributaria, el titular del Servicio de Planificación y Relaciones Institucionales, del Servicio Jurídico y de la Delegación Especial de Cataluña de la Agencia Estatal de Administración Tributaria. Por el otro lado, está integrado por uno o dos miembros de las Asociaciones y Colegios de Profesionales que lo componen[391].

---

390 En la Actualización del Plan de Prevención del Fraude Fiscal de 2005 ya se les catalogaba como «colaboradores cualificados de la Agencia Tributaria en la gestión de los tributos, ya que les corresponde facilitar a los contribuyentes el conocimiento y comprensión de sus obligaciones fiscales y ayudarles a cumplirlas».

391 Asociación Española de Asesores Fiscales (AEDAF); La Asociación del Gabinete de Gestores Administrativos y Asesores Fiscales (GESAF); Consejo General de la Abogacía Española; Registro de Economistas Asesores Fiscales (órgano perteneciente al Consejo General de Colegios de Economistas de España); Asociación

En cuanto a espacio de debate, se prevé que los acuerdos se adopten por consenso, dicho sin ambages, por unanimidad. No serán vinculantes y, si así se decide, podrán hacerse públicos. Su objeto estará limitado a cuestiones de alcance general, quedando expresamente vedada la posibilidad de abordar casos concretos o aspectos que tengan que ver con la regulación de la profesión. Respecto a este último extremo, se ha de tener presente que la asesoría fiscal no es una profesión regulada y, por ende, no existe una representación orgánica unitaria como tal. La constitución del FACPT, parafraseando a SANZ GÓMEZ, compensa en cierta medida estas circunstancias, erigiéndose como punto de encuentro entre la Administración y las diversas agrupaciones relacionadas con esta profesión[392].

En julio de 2019, los trabajos del FACPT cristalizaron en la aprobación de dos instrumentos de cooperación: el **Código de Buenas Prácticas de Asociaciones y Colegios de Profesionales Tributarios** (CBPACPT) y el **Código de Buenas Prácticas de Profesionales Tributarios** (CBPPT). Por completar lo expresado anteriormente, se trata de la vertiente bilateral del cumplimiento cooperativo en este particular contexto. Como antecedente remoto, siéndose consciente de que concurren importantes diferencias y no es una de las fórmulas expresamente adscritas al art. 92 LGT, pueden considerarse los Acuerdos de Entendimiento contemplados originariamente en el Plan de Prevención del Fraude Fiscal de 2005. La razón de publicar dos textos, uno a nivel institucional y otro a nivel individual, se hizo con el propósito de favorecer el acuerdo. La acogida de estos instrumentos fue (y aún es) un tanto dispar entre los intermediarios fiscales. En julio de 2018, se plantearon por parte de uno de los miembros del Foro ciertas objeciones con respecto

Profesional de Expertos Contables y Tributarios de España; Federación Española de Asociaciones Profesionales de Técnicos Tributarios y Asesores Fiscales; Registro General de Asesores Fiscales (órgano perteneciente al Consejo Superior de Colegios Oficiales de Titulados Mercantiles y Empresariales); Consejo General de Colegios Oficiales de Gestores Administrativos; Consejo General de los Colegios de Agentes y Comisionistas de Aduanas; y Consejo General de Colegios Oficiales de Graduados Sociales de España.

392 SANZ GÓMEZ, R.: «Cumplimiento cooperativo e intermediarios fiscales: análisis del Código de Buenas Prácticas de Asociaciones y Colegios Profesionales Tributarios y el Código de Buenas Prácticas de Profesionales Tributarios», *Ob. Cit.*, pág. 16.

al borrador original que se había presentado un año antes, lo cual avocó en la redacción de un nuevo texto mejorado[393]. Es más, si bien como se ha dicho las decisiones se adoptan por acuerdo unánime entre los miembros, para la aprobación del texto definitivo de los Códigos se tuvo que relajar este criterio y decidir que no sería aplicable en este caso.

En cuanto a su incardinación o soporte legal, primeramente, se ha de tener en cuenta que el art. 79.2 RGAT faculta para que los acuerdos alcanzados con los colegios y asociaciones de profesionales de la asesoría fiscal puedan extender sus efectos a las personas que formen parte de ellos, condicionado a que estas así lo autoricen expresamente por medio de un documento individualizado. Por su parte, los intermediaros, a nivel personal, podrán adherirse al CBPPT con independencia de si la agrupación a la que pertenecen ha suscrito o no el CBPACPT. En último término, los contribuyentes serán los destinatarios indirectos de todos los efectos que se deriven a causa de los compromisos suscritos. En segundo lugar, se está nuevamente ante una regulación de *soft law*, lo cual puede considerarse especialmente apropiado en tanto las exigencias del principio de legalidad en el marco de la colaboración social son difíciles de calibrar[394].

Ambos Códigos son muy breves (apenas 9 páginas cada uno) y se estructuran de una manera muy similar. Se componen de una introducción, unos principios y compromisos y una serie de disposiciones relativas al ámbito

---

393 En la sesión plenaria celebrada el 3 de julio de 2018, la AEDAF sostuvo que existía «una manifiesta inequidad entre los compromisos que se le exigen a los asesores fiscales y los que asume la Agencia Tributaria», así como que «el llamado espíritu colaborativo no se implanta con la aprobación de un Código, sino que, primeramente, es necesario generar un ambiente adecuado de confianza mutua, no siendo este precisamente el escenario en que se encuentran en el desarrollo de su actividad». Acta de la Reunión del Pleno del Foro de Asociaciones y Colegios de Profesionales Tributarios celebrada el 3 de julio de 2018: https://sede.agenciatributaria.gob.es/Sede/colaborar-agencia-tributaria/relacion-cooperativa/foro-asociaciones-colegios-profesionales-tributarios/sesiones-pleno/decimotercera-sesion-3-julio-2018/acta-reunion.html

394 SANZ GÓMEZ, R.: «Cumplimiento cooperativo e intermediarios fiscales: análisis del Código de Buenas Prácticas de Asociaciones y Colegios Profesionales Tributarios y el Código de Buenas Prácticas de Profesionales Tributarios», *Ob. Cit.*, págs. 20-21.

subjetivo de aplicación, procedimiento de adhesión y comisión de seguimiento. El contenido de los principios, como no puede ser de otro modo, responde a los postulados esenciales que deben fundamentar un modelo de cumplimiento cooperativo. Básicamente, se pueden sintetizar en base a tres: (1) Voluntariedad: como forma de asumir libremente y, a la inversa, no exigir coactivamente los compromisos reseñados, que se califican de recomendaciones; (2) Bilateralidad: representada en el equilibrio entre los derechos y obligaciones de las partes, aspecto que concentró gran parte de las críticas iniciales, como se ha dicho; y (3) Los restantes —transparencia y confianza, mutuo acuerdo, colaboración, confidencialidad y privacidad y facilidad en la comunicación— disciplinan y cualifican cómo debe disponerse el flujo de información: entrega más allá de requerimientos legales, consenso en cuanto a su contenido y alcance, respeto al secreto profesional y las obligaciones de sigilo y agilidad en el proceso.

En cuanto a los compromisos, es evidente que no serán coincidentes en términos absolutos por cuanto los destinatarios de los mismos no lo van a ser tampoco. En un caso se hace referencia a las Asociaciones y Colegios de Profesionales Tributarios y en otro a los Profesionales Tributarios. Con todo, y salvando las especificidades propias que hayan de concurrir (apuntadas expresamente en ciertos puntos), presentan un contenido ciertamente homogéneo que se corresponde de forma recíproca.

Por parte de la *Agencia Tributaria* se pueden destacar los siguientes:

- Poner a disposición un canal de comunicación. Actualmente existe un enlace alojado en la web de la AEAT a tales efectos[395].
- Impulsar el uso de la administración y las comunicaciones electrónicas a través de las nuevas tecnologías, evitando en la medida de lo posible las actuaciones estrictamente presenciales.
- Publicar los criterios de carácter general en la aplicación de los tributos, especialmente, ante cambios legislativos significativos. Este compromiso es muy similar al previsto para el caso del FGE y el CBPT.

---

395 [Solicitud de información tributaria]: https://sede.agenciatributaria.gob.es/static_files/common/html/selector_acceso/SelectorAccesos.html?ref=%2Fwlpl%2FSNTR-CORE%2FCTEServlet2&aut=CP

Existe un enlace en la web de la AEAT donde se dispone una relación de los criterios publicados hasta el momento[396].

- Disponer una atención personalizada para los adheridos a los Códigos, así como garantizar el pleno ejercicio de sus derechos.
- Examinar las solicitudes de unificación de criterios que se planteen ante posibles actuaciones dispares en procedimientos similares.
- Fomentar el desarrollo de la educación cívico-tributaria, organizando campañas de divulgación y participando en cursos y jornadas sobre temas de interés para los adheridos a los Códigos.
- Reconocer a los sujetos y organizaciones que se adhieran a los Códigos. Por el momento únicamente se encuentra publicada en la web de la AEAT una lista de las Asociaciones y Colegios adheridos al CBPACPT.
- Agilizar la tramitación de los procedimientos en los que participen los intermediarios fiscales adheridos. Para ello se proporcionará lo antes posible información sobre los hechos susceptibles de regularización, con vistas a facilitar la actividad probatoria que pueda requerirse para la defensa de sus intereses. Asimismo, se promoverá el uso de los instrumentos previstos en el ordenamiento para la minoración y evitación de conflictos.

Por parte de las *Asociaciones y Colegios de Profesionales Tributarios* se recogen los que siguen:

- Disponer de un Código Deontológico o instrumento equivalente.
- Promover la comunicación electrónica con la AEAT entre sus miembros, así como encuentros periódicos para evaluar y contrastar opiniones.
- Fijar estándares de calidad y proporcionar formación técnica de manera permanente y actualizada para sus miembros.
- Canalizar cuestiones propias y de sus asociados hacia la AEAT, y viceversa: publicidad de los criterios generales de aplicación, comuni-

396 [Criterios de carácter general en la aplicación de los tributos]: https://sede.agenciatributaria.gob.es/Sede/normativa-criterios-interpretativos/doctrina-criterios-interpretativos/criterios-caracter-general-aplicacion-tributos.html

cación de irregularidades o incidencias detectadas o realización de propuestas de mejora cuando se produzcan cambios legislativos significativos.

Por parte de los *intermediarios fiscales*, finalmente, se pueden traer a colación los siguientes:

- Adherirse al Código Deontológico o instrumento análogo aprobado por la Asociación o Colegio del que formen parte. En principio, se trata de una actuación voluntaria, pero se dispone como requisito ineludible para suscribir el CBPPT. Este aspecto ha sido objeto de críticas por cuanto no se prevé un compromiso equivalente del lado de la AEAT. Asimismo, se habrán de observar los estándares de calidad fijados por aquellas, participar en las actividades formativas que organicen y poner en su conocimiento cuantas irregularidades sean detectadas (limitado por el secreto profesional).
- Proporcionar a sus clientes un asesoramiento lícito y plenamente conforme con la normativa fiscal. Para ello se habrá de prevenir y corregir cualquier conducta que pueda implicar riesgos fiscales significativos, así como abstenerse de utilizar estructuras de planificación opacas o agresivas. La prevención y el control de los riesgos fiscales que se plantea va más allá de la mera evitación de conductas ilegales o fraudulentas, situándose en planteamientos próximos a la ética tributaria. Ocurre, sin embargo, que hoy en día la frontera entre lo legal (o lícito) y lo que no lo es tanto se encuentra un tanto desdibujada[397].
- Fomentar la comunicación electrónica con la AEAT, manteniendo actualizados los registros censales propios y de sus clientes.
- Promover el uso de los instrumentos previstos en el ordenamiento para minorar conflictos.

---

397 A tales efectos, SANZ GÓMEZ considera que, «en esta posible zona gris, los compromisos pueden pasar de lo sustantivo a lo procedimental, e implicarían hacer uso de los mecanismos de consulta para poder recabar el criterio de la Administración tributaria». SANZ GÓMEZ, R.: «Cumplimiento cooperativo e intermediarios fiscales: análisis del Código de Buenas Prácticas de Asociaciones y Colegios Profesionales Tributarios y el Código de Buenas Prácticas de Profesionales Tributarios», *Ob. Cit.*, pág. 23.

- En el curso de los procedimientos de comprobación que se sustancien, los intermediarios habrán de colaborar con las autoridades para aclarar las cuestiones controvertidas que se planteen y atender los requerimientos de información y documentación que se soliciten. Ello habrá de realizarse con la mayor agilidad posible, de forma proactiva y sin excluirse datos que puedan considerase relevantes.

Además del FACPT y de los CBPPT y CBPACPT, dando por finalizado aquí su análisis, es preciso destacar en la época más reciente la creación de otros Foros en el marco del cumplimiento cooperativo español. Aunque por el momento su virtualidad en la práctica sea casi nula, se ha de valorar positivamente su constitución por cuanto representa la continuidad en la apuesta de la AEAT por tratar de configurar un nuevo modo de concebir el cumplimiento de las obligaciones fiscales. En febrero de 2022, se pusieron en funcionamiento el **Foro de Pequeñas y Medianas Empresas** y el **Foro de Federaciones y Asociaciones de Trabajadores Autónomos**. Ambos se definen en unos términos muy similares a los de sus predecesores, esto es, como un espacio de diálogo y marco de colaboración para impulsar el entendimiento mutuo a través de la transparencia y la confianza. Tanto en el Plan Estratégico de la Agencia Tributaria 2020-2023 (epígrafe VII, letra B.3) como en el Plan de Recuperación, Transformación y Resiliencia de 2021 (componente 27) se dejó constancia del deseo de avanzar en la relación cooperativa con las PYMES y los autónomos, así como de trabajar en la aprobación de códigos de buenas prácticas con estos colectivos. Los objetivos planteados, para sus respectivos ámbitos de acción, responden a los postulados generales del cumplimiento cooperativo y recuerdan en gran medida a los ya vistos para los casos precedentes: profundizar en el conocimiento mutuo entre las partes; aumentar la seguridad jurídica; mejorar la aplicación del sistema tributario a través de la reducción de los costes indirectos de cumplimiento y del uso de la administración electrónica; impulso de proyectos de digitalización que faciliten y agilicen la comunicación entre las partes; o prevención y lucha contra el fraude fiscal.

A finales del pasado año 2023, se constituyó también el **Foro de Empresas, Instituciones y Entidades Públicas**. Nuevamente se define como un espacio flexible de cooperación y comunicación basado en la transparencia y la confianza mutua, en este caso, entre las empresas públicas y demás entidades de la Administración institucional del Estado y la AEAT.

Los objetivos propuestos tienen un carácter más específico en este particular contexto: articulación de canales de comunicación fluida y permanente; realización de estudios sobre cambios normativos y su correspondiente adaptación a los mismos; simplificación y favorecimiento del cumplimiento de las obligaciones fiscales; y evaluación de la actuación interna y ciertas cuestiones específicas relacionadas con la aplicación del sistema tributario y aduanero. Asimismo, se encuentra ya aprobado un **Código de Buenas Prácticas Tributarias** cuya estructura y mecanismos son similares a los establecidos en el instrumento análogo diseñado para las grandes empresas. Actualmente, el Foro lo componen diecinueve organizaciones y diez de ellas ya se han adherido al Código.

3.2. *HORIZONTAL MONITORING* CON LAS PEQUEÑAS Y MEDIANAS EMPRESAS

La experiencia neerlandesa de cumplimiento cooperativo para con este tipo de contribuyentes se caracteriza, en un primer orden, porque agrupa una categoría un tanto heterogénea. Se incluyen, por un lado, las pequeñas empresas (bajo el directorio de SME de la NTCA) que no superan los criterios establecidos en el artículo 396 del Libro 2 del Código Civil neerlandés: activos totales <6M; volumen de negocios <12M; y <50 empleados; y, por otro, las medianas empresas (bajo el directorio de grandes empresas de la NTCA) que no superan los criterios establecidos en el artículo 397 del mismo texto legal: activos totales <20M; volumen de negocios <40M; y <250 empleados. La razón principal por la que se aglutinan estas dos clases de organizaciones en un mismo grupo radica en que el *Horizontal Monitoring* sobre ellas se va a instrumentar de una forma casi idéntica: a través de convenios con asesores fiscales (*tax agents or tax service providers agreements*), no a través de acuerdos individuales de cumplimiento. Las orientaciones que van a sustanciar tanto el procedimiento de ingreso como el programa en sí respecto a estos contribuyentes se recogen en la «*Supervision of Large Business in The Netherlands guide*» de julio de 2022 (en lo relativo a las medianas empresas) y, sobre todo, en la «*Leidraad Horizontaal Toezicht Fiscaal Dienstverleners*» de octubre del mismo año (en lo relativo a las pequeñas empresas).

3.2.1. La figura de los Tax Service Providers

Los asesores fiscales o *Tax Service Providers* (TSP) en estos casos, conforme a lo insinuado previamente, se vuelven determinantes para posibilitar y garantizar un adecuado cumplimiento de las obligaciones tributarias[398]. La elección de los TSP para canalizar la relación cooperativa con este espectro de obligados tributarios es perfectamente lógica y prácticamente incontestable, puesto que tradicionalmente han venido siendo estos quienes se han ocupado de sus asuntos fiscales y, en suma, han servido de enlace con las autoridades. Aunque la gran diversidad y especial condición de los contribuyentes en este segmento dificulta en gran medida la implantación del régimen cooperativo en primera persona con todo lo que ello conlleva, lo cierto es que el programa de HM va a responder a los mismos principios generales y configuración material que con respecto a las grandes empresas. Lo que se ha tratado de lograr es el acomodo del modelo de relación cooperativa a las específicas circunstancias y necesidades de estos sujetos, recurriendo a este tipo de intermediarios fiscales para vehiculizar lo que puede considerarse el proceso estándar.

A efectos operativos, por así decirlo, existen dos formas de articular la relación cooperativa con los asesores fiscales. En primer lugar, puede suceder que estos profesionales sean miembros de una «organización paraguas» que haya firmado un acuerdo con la NTCA, en cuyo caso participarán en el programa de HM a través de tales asociaciones. La Administración tributaria neerlandesa tiene suscritos acuerdos o convenios marco (*convenants*) con determinadas asociaciones profesionales que garantizan y exigen a sus afiliados unos determinados estándares de profesionalidad, ética y organización. En particular, estas organizaciones realizan una contribución demostrable en lo que se refiere a los sistemas de garantía de calidad —*tax service provider's quality assurance system*— de sus miembros, estableciendo una serie de requisitos estrictos y supervisando efectivamente su cumplimiento como criterios de

398 El concepto de TSP dista mucho de ser uniforme y variará en gran medida dependiendo de cada contribuyente. Los servicios que pueden abarcar son muy diversos: desde la llevanza de contabilidad, pasando por el asesoramiento legal y/o tributario, hasta la preparación y presentación de las declaraciones o autoliquidaciones. Por tanto, el asesor fiscal puede encargarse de uno, varios o todos los servicios y fases citadas y, en consecuencia, ser uno o más los que presten su servicio al contribuyente.

admisión y permanencia. Las más importantes o reconocidas son la SRA (*Samenwerkende Registeraccountants en Accountants-administratieconsulenten* → Asociación de censores jurados de cuentas y asesores contables y fiscales) y la NOAB (*Nederlandse Orde van Administratie- en Belastingdeskundigen* → Asociación holandesa de expertos contables y fiscales)[399]. En segundo lugar, existe la posibilidad de que los asesores fiscales actúen de manera independiente. Para estos casos, los profesionales tributarios que quieran participar en el programa deberán suscribir un acuerdo independiente con la Administración. Resulta evidente que, al no darse las garantías del supuesto anterior que emanan de las organizaciones paraguas, las autoridades llevarán a cabo un análisis más exhaustivo a fin de determinar la idoneidad de aquellos. En este sentido, y teniendo en cuenta que no pocos TSPs quedarán fuera de las mencionadas asociaciones, la NTCA ha puesto en marcha un programa específico —gestionado por una dependencia central (*National Service Provider Account*) a través de delegaciones regionales— con el fin de atender y dar cobertura a sus particulares necesidades[400].

3.2.2. Procedimiento de adhesión

El desarrollo del proceso completo de HM para con las medianas y pequeñas empresas consta de seis pasos[401]:

---

399 ROZAS VALDÉS, J.A.: «Los sistemas de relaciones cooperativas: una perspectiva de derecho comparado desde el sistema tributario español», *Ob. Cit.,* pág. 64 y ss.

400 Así, se dará un «*compliance agreement*» entre la NTCA y el TSP y, en suma, se presumirá la existencia de otro contrato de prestación de servicios entre este último y el contribuyente, que legitimará o comportará la aceptación de las reglas de juego —establecidas en virtud del primer pacto— que deberán regir la actuación del contribuyente en el programa de HM. Los acuerdos necesariamente cubrirán, como mínimo, los principales tributos: impuesto de la renta de las personas físicas (*personal income tax*), impuesto de sociedades (*corporate income tax*), impuesto sobre las nóminas (*payroll tax*) y el IVA (VAT). Asimismo, abarcarán todo el proceso, desde la preparación de la declaración (*preparation of tax return*) hasta su liquidación (*setting on assessment*).

401 NTCA (2022). *Leidraad Horizontaal Toezicht Fiscaal Dienstverleners*, Versie oktober 2022, <https://download.belastingdienst.nl/belastingdienst/docs/leidraad_horizo_toezicht_fiscaal_dienstverl_dv4071z7pl.pdf>

(1) *Discusión y firma del acuerdo*: en esta primera fase, se vuelven a tomar como punto de partida la voluntad o predisposición (nivel de compromiso con respecto al método y principios del HM) y la capacidad (disposición de un sistema de garantía de calidad adecuado), en este caso, de los TSPs[402]. Teniendo en cuenta lo ya indicado, en relación con aquellos asesores fiscales afiliados a una «organización paraguas», la exploración que se realizará sobre sus sistemas de calidad será mucho más superficial y menos intrusiva al presumirse que se cumplen unos determinados requisitos; *sensu contrario*, el análisis que se llevará a cabo sobre los sistemas de calidad de aquellos que operen de forma independiente será mucho más exhaustivo al objeto de comprobar su competencia y capacidad efectivas. A fin de cuenta, la NTCA únicamente celebrará acuerdos con TSPs que cuenten con sistemas de gestión tributaria capaces de generar declaraciones fiscales aceptables. A nivel formal, asimismo, se habrán de observar una serie de actuaciones similares a las descritas en el proceso con las TOP30PUBLIC y las grandes empresas: careo entre la alta dirección de las partes durante las reuniones preparativas o introductorias; explicación de los conceptos y principios fundamentales del HM; y descripción general de los riesgos, responsabilidades y expectativas[403].

Finalizada la evaluación con resultado positivo, se procederá a la firma del acuerdo, que estará protocolizado y se publicará en la sede de la *Belastingdienst*. En esta cuestión se aprecian también diferencias atendiendo al aspecto subjetivo: si el profesional fiscal está afiliado, el equipo de trabajo de la NTCA asignado al proceso únicamente deberá informar del acuerdo a la delegación nacional; en cambio, de no encontrarse aquel afiliado, se habrá de realizar una consulta/solicitud previa a la firma ante el mismo órgano para

402 A modo de guía, se han publicado una serie de puntos de referencia a considerar a la hora de calibrar el nivel o las garantías de profesionalidad de los diferentes TSP: (a) Sistema y división de responsabilidades; (b) Aplicación de las normas (internas) de ética profesional; (c) Criterios manejados/observados en la aceptación de clientes y realización de encargos; (d) (Nivel de) Experiencia y conocimientos técnicos; o (e) Sistemas organizativos y de trabajo.

403 Sobre este último particular se hace especial hincapié en que los TSPs deben ser plena y perfectamente conscientes de que la concertación de un acuerdo no supone en ningún caso que sus clientes no vayan a ser objeto de inspección alguna, sino tan solo que la frecuencia y el alcance de las mismas variará habida cuenta de la credibilidad que otorga el análisis y control previo realizado por aquellos.

obtener la preceptiva autorización. El periodo de vigencia estipulado para este tipo de acuerdos será de cinco años renovables con carácter periódico.

(2) *Registro y exclusión de clientes*: tan pronto como se haya suscrito el acuerdo, habrá de definirse el ámbito subjetivo de contribuyentes que eventualmente van a quedar amparados por el mismo. El *Tax Service Provider* será el encargado de decidir cuáles de sus clientes considera aptos para participar en el programa de HM. Para ello, deberá tener en cuenta, entre otros, los siguientes aspectos: un conocimiento suficiente y positivo acerca de los mismos, el grado de adecuación de su organización y gestión interna; la realización de actividades o trabajos en nombre del contribuyente tendentes a garantizar la aceptabilidad de sus declaraciones de impuestos; el respaldo a los principios fundamentales del HM; o la no pertenencia a alguna de las otras categorías (excluidas de esta clase de pactos).

Después de valorar estos factores, el profesional se dirigirá a su cliente y le preguntará si desea participar en el programa. Si la respuesta es positiva, se dejará constancia de ello a través de una declaración (formato libre) donde la empresa manifestará expresamente los siguientes extremos: el deseo de entablar una relación con las autoridades basada en la confianza, comprensión y transparencia; el compromiso de facilitar datos oportunos, correctos y completos para la elaboración de declaraciones fiscales; la voluntad de pagar los impuestos devengados de forma puntual e íntegra; y la autorización a su asesor fiscal para promover y agilizar el proceso de recaudación. Es importante aclarar que el TSP deberá velar y, en consecuencia, realizar evaluaciones periódicas para comprobar que sus clientes siguen cumpliendo las condiciones necesarias para participar en el programa. Así, una vez seleccionados los clientes, se procederá al registro de los mismos. Ello se llevará a cabo mediante un formulario de solicitud normalizado en el que se explicitarán los impuestos objeto de fiscalización bajo las directrices y términos del acuerdo. Se recomienda que el registro alcance a todos los impuestos en los que la empresa sea sujeto pasivo e, incluso, aquellos de los que no se encargue el TSP cuando considere que la calidad de las declaraciones sobre estos puede estar garantizada.

Inicialmente, se contempló que el TSP registrara a todos los contribuyentes que conformaran su paquete de clientes. Ahora bien, en la medida en que va a ser su responsable último, no está ni mucho menos obligado a incorporar a todos y cada uno de ellos, es más, sería un tanto cuestionable que pudiera hacerlo.

Más allá de la falta de confianza o competencia, pueden existir otras razones legítimas por las que se rechace la adhesión de un cliente, como el hecho de que se haya empezado a trabajar con él recientemente o circunstancias excepcionales como una fusión o un cambio de accionistas. La decisión de excluir, en cualquier caso, deberá venir acompañada de una evaluación plenamente consciente, ya que se corre el riesgo de que implícitamente pueda revelar una opinión negativa sobre la empresa. La decisión acerca de la idoneidad o adecuación del cliente irá más allá del mero uso del sistema de garantía de calidad. El TSP tendrá que valorar tanto el conocimiento explícito que tenga documentado sobre él como el conocimiento implícito que haya ido adquiriendo durante el transcurso y devenir de su propia relación de trabajo. Al no existir unas reglas o criterios claros e inequívocos, se habrá de observar una especial pulcritud y cuidado en la criba de los contribuyentes que puedan o no unirse al programa.

La solicitud de registro será remitida al equipo de trabajo asignado de la NTCA (*relationship manager* → pequeña empresa o *client coordinator* → mediana empresa) para llevar a cabo una evaluación limitada de la misma en base a tres componentes (*limited substantive assessment*): (a) Test administrativo: se verifica la integridad y corrección del registro comprobando si todas las operaciones/actividades del contribuyente se han incluido correctamente; (b) Revisión general basada en el perfil del cliente: se evalúa el historial del contribuyente para constatar que no existen obstáculos o incompatibilidades para participar en HM; y (c) Resolución de asuntos pendientes (en curso) y viabilidad del trabajo en tiempo real: lo mismo que se dijo para las TOP-30PUBLIC y grandes empresas. La tramitación de la solicitud no excederá en principio de las dos semanas, si bien excepcionalmente se puede extender a cuatro cuando fuera necesario discutir o intercambiar información adicional. Finalmente, es preciso mencionar también que se prevé un mecanismo de baja cuando no se pueda o quiera continuar con la participación en el programa o se cambie a otro TSP, debiendo informarse oportunamente de todo ello a la NTCA.

(3) *Consultas preliminares*: se llevará a cabo la solicitud de una consulta preliminar cuando un TSP pueda prever o sospechar una diferencia de criterio con la Administración respecto a la calificación fiscal de unos hechos o la interpretación o aplicación de la ley predicable de los mismos. Resulta aplicable en este punto todo lo dicho anteriormente acerca de esta clase de instrumentos.

(4) *Presentación y tramitación de declaraciones*: en principio, habida cuenta de que los sistemas de gestión de los TSP están diseñados para garantizar su aceptabilidad, la NTCA procesará las declaraciones fiscales presentadas bajo el convenio de manera inmediata sin comprobación adicional alguna (*no touch*). No obstante, se exceptúan de lo anterior los casos en los que se advierta o se produzca alguna de las siguientes eventualidades: deficiencias e imprecisiones técnicas; incoherencias o errores manifiestos en cuanto a la exactitud de los datos o cifras incluidos; a*gree to disagree;* indicios de errores materiales; inspecciones o comprobaciones aleatorias; inspecciones llevadas a cabo con arreglo a los criterios de evaluación de riesgos definidos centralmente en los planes anuales de control tributario; o medidas o acciones de fiscalización del cumplimiento (niveles exactitud o corrección —*accuracy*— e imposición —*taxation*—). En estas situaciones, el equipo de trabajo de la NTCA (*relationship manager*) y el TSP intentarán alcanzar una resolución amigable del asunto lo antes posible y siempre dentro de los límites de las leyes y reglamentos.

(5) *Comprobación aleatoria de declaraciones*: para complementar las garantías del proceso de *Horizontal Monitoring*, una porción reducida de las declaraciones fiscales presentadas por los TSP en el marco del acuerdo será objeto de revisión conforme al «enfoque de inspección neerlandés» (*audit approach*) mediante selección al azar. Se parte de una muestra aleatoria, representativa y estratificada de todo el sector de PYMES (suelen seleccionarse periódicamente en torno a los 3.500 expedientes), sin realizar distinción alguna entre las empresas participantes o no en el programa. Únicamente cuando se ha obtenido el muestreo, se conocerá el número de obligados tributarios cubiertos por un acuerdo de cumplimiento que han sido seleccionadas. Fuera de este caso no es posible llevar a cabo más inspecciones aleatorias sobre esta clase de contribuyentes. La finalidad de este paso es doble: por un lado, obtener información directa sobre la calidad de las declaraciones presentadas bajo un convenio y los sistemas de garantía de calidad de los asesores fiscales; y, por otro, recodar a los obligados tributarios que el HM no implica que estén excluidos en modo absoluto de los métodos de control ordinarios. En esencia, se busca constatar el funcionamiento efectivo de los sistemas de garantía de calidad, en su cometido de generar declaraciones aceptables, para obtener evidencias de la marcha del HM en su conjunto.

En cuanto al procedimiento de comprobación, si la declaración fiscal proviene de un TSP con acuerdo, se partirá en la medida de lo posible del trabajo ya realizado por este, intentando molestar mínimamente a la empresa contribuyente. Una de las consignas del cumplimiento cooperativo es el trabajo en tiempo real, por lo que solo se tendrán en cuenta las últimas declaraciones presentadas y la tramitación del proceso se intentará ventilar lo antes posible. En ello va a tener mucho que ver la simplificación de obligaciones declarativas impulsada como parte de la filosofía que supone pasar del análisis y gestión de todos y cada uno de los datos (*substantial approach*) a la supervisión de los sistemas de garantía de calidad establecidos por los TSP (*system approach*). Dado que previamente se ha certificado el correcto funcionamiento de tales sistemas, la documentación que se habrá de suministrar a la NTCA será más sucinta y simple de lo que cabrá exigir a los contribuyentes (no cooperativos) que no se encuentren en esta misma situación[404]. Los resultados del proceso de comprobación serán puestos en común entre la NTCA, el TSP y la empresa. De ellos se podrán derivar no solo ajustes en las propias declaraciones de impuestos, sino también mejoras en los sistemas de gestión de los asesores fiscales (círculo de aprendizaje). Finalmente, la inspección aleatoria concluirá con un informe y la liquidación que en su caso proceda.

(6) *Seguimiento y evaluación del acuerdo*: el *Horizontal Monitoring* ha de ser un proceso en constante evolución y mejora. La NTCA llevará a cabo un seguimiento continuo a través de la recopilación de información sobre el desarrollo práctico del acuerdo y la cooperación con el TSP. En puridad, lo que se trata de identificar con mayor interés son posibles inconsistencias en las declaraciones presentadas o riesgos específicos que no estén previstos por los sistemas de garantía de calidad de los asesores fiscales. Posteriormente, los resultados de esta monitorización serán objeto de evaluación entre las partes. La NTCA y los TSP con carácter periódico compartirán sus experiencias mutuas y tratarán de buscar solución a los problemas identificados, conformando así lo que se conoce como círculo de aprendizaje.

---

404 ROZAS VALDÉS, J.A.: «Los sistemas de relaciones cooperativas: una perspectiva de derecho comparado desde el sistema tributario español», *Ob. Cit.*, pág. 66-70.

3.2.3. Supervisión (ajustada) para el segmento PYMES

La estrategia de supervisión (ajustada) por parte de la NTCA sobre este conjunto de obligados tributarios se determinará en función de dos elementos: el perfil del contribuyente y los niveles de fiscalización[405].

En cuanto al primero de estos, se elaborará una versión limitada del *perfil del contribuyente* —en comparación con las demás categorías— compuesta por la información disponible sobre el mismo en el seno de la NTCA y la experiencia adquirida durante el transcurso de la relación. Además, tales datos serán completados paulatinamente a través de los hallazgos que se vayan realizando derivados de las distintas actuaciones de *compliance* control. El perfil fiscal de la empresa, en cualquier caso, deberá ser lo suficientemente minucioso como para proporcionar una idea clara acerca del comportamiento (nivel de cumplimiento) de la organización y cómo su asesor fiscal influye en el mismo, permitiendo asimismo obtener evidencias concretas acerca de cuan intensa debe ser la supervisión que se dispense en consecuencia[406].

Por *niveles de fiscalización* se entiende el concreto ajuste de supervisión que llevará a cabo la Administración neerlandesa dependiendo del alcance, exhaustividad y rigor del trabajo realizado por los TSP y las empresas contribuyentes. En concreto, se materializará en la diferenciación o disposición de tres niveles de fiscalización. En orden de gradación ascendente en términos de control: integridad (*completeness*), exactitud o corrección (*accuracy*) e imposición (*taxation*)[407]. La elección de los niveles será responsabilidad del propio asesor fiscal y se basará íntegramente en su nivel de profesionalidad. Para determinar la sujeción a cada uno de ellos, se han establecido una serie

405 En un principio, para esta(s) categoría(s) de obligados tributarios no se confeccionará un plan estratégico de supervisión, salvo que se dé alguna circunstancia excepcional (HNWI o, en su momento, régimen transitorio de acuerdos individuales en curso).

406 NTCA (2023). *Supervision of Large Business in The Netherlands: guide*, Version September 2023, <https://download.belastingdienst.nl/belastingdienst/docs/supervision_large_business_ in_netherlands_dv4231z4fdeng.pdf>

407 NTCA (2022). *Leidraad Horizontaal Toezicht Fiscaal Dienstverleners, Ob. Cit.* HORNSTRA, J.: «Cooperative compliance: small and medium sized businesses». En RUSSO, R. y HEIN, R.: *Tax Assurance, Ob. Cit.*, págs. 91 y ss.

de objetivos de control, directamente relacionados con el enfoque o planteamiento de inspección de la NTCA (*Dutch Audit Approach*), que servirán para calibrar la eficacia y calidad de los sistemas de gestión de aquellos. En síntesis: (1) Justificación y contabilización de todas las transacciones efectuadas; (2) Registro completo de los detalles relevantes correspondientes a dichas operaciones; (3) Veracidad y exactitud de los anteriores datos e informaciones compilados; (4) Corrección de las estimaciones realizadas; y (5) Adecuada aplicación de las leyes y reglamentos fiscales en la confección de las declaraciones de impuestos. Teniendo en cuenta lo anterior, la conformación de los distintos niveles quedará así configurada:

- *Nivel integridad (completeness)*: las actuaciones del asesor fiscal cubren todos los objetivos referidos. En esta tesitura, el TSP dispone de una visión completa e información suficiente acerca de la contabilidad global de las transacciones. Además, se tienen garantías de que, por un lado, las operaciones han sido procesadas correcta y puntualmente en la gestión interna y en las declaraciones y, por otro, se han aplicado las bases imponibles y las valoraciones correctas. En consecuencia, a este nivel no se impondrá ninguna actividad de supervisión adicional, sino que el contribuyente tan solo estará sujeto a la comprobación aleatoria de declaraciones anteriormente indicada.
- *Nivel exactitud o corrección (accuracy)*: las actividades del TSP alcanzan los objetivos 2 a 5. El trabajo realizado por el asesor fiscal es igualmente suficiente para asegurar que las transacciones se han procesado adecuadamente tanto en la gestión interna como en las declaraciones y, de la misma forma, las bases imponibles y las valoraciones correspondientes han sido correctamente aplicadas. Ahora bien, existen limitaciones en el conocimiento de la totalidad de operaciones realizadas. Tomando esto en consideración, el contribuyente podrá quedar sometido a distintas acciones de fiscalización del cumplimiento (*national enforcement actions*), además de a las mencionadas inspecciones al azar, en la medida en que tales acciones irán dirigidas a controlar aquellos aspectos que queden fuera del alcance de la actividad desarrollada por el TSP. Por lo general, se trata de aspectos relativos al control de la exhaustividad de las declaraciones fiscales.
- *Nivel imposición (taxation)*: las actividades del asesor fiscal únicamente cubren los objetivos 4 y 5. El desempeño de este tan solo puede ve-

> rificar que las bases imponibles y las valoraciones correspondientes se han aplicado de forma adecuada y, por ende, la interpretación fiscal de las cifras es correcta. Sin embargo, se tiene una visión limitada sobre la calidad de las cifras proporcionadas —de acuerdo con los requisitos técnicos de calidad, se llevan a cabo algunos controles y balances de estas cifras como las *grade assessments*—. A este nivel, las declaraciones fiscales que presenten los TSP en nombre de sus clientes podrán verse sujetas a (1) comprobaciones aleatorias; (2) acciones de fiscalización del cumplimiento; o (3) inspecciones dispuestas en función de los criterios de evaluación o análisis de riesgos centralmente establecidos en los planes anuales de supervisión. En tanto que el asesor fiscal no tiene conocimiento acerca de la exactitud e integridad de las cifras subyacentes o este es limitado, las autoridades intentarán paliar este riesgo a través de la realización de actuaciones de inspección complementarias.

Así pues, la instrumentación del *Horizontal Monitoring* a través de los TSP brinda a las PYMES la posibilidad de participar en el programa de cumplimiento cooperativo neerlandés, cuestión que debe valorarse positivamente. Entre las ventajas apreciadas durante estos años podrían destacarse, entre otras, mayor celeridad en la tramitación de las declaraciones fiscales y aumento en el grado de aceptabilidad de las mismas; reducción del número e intensidad de inspecciones fiscales; menor porcentaje de recursos e impugnaciones presentados; o mejora de la eficiencia y eficacia de la supervisión administrativa. Con todo, no han faltado las voces críticas que han cuestionado si tales beneficios llegan a compensar realmente los costes y el esfuerzo a los que deben hacer frente estas empresas y profesionales. En este sentido, entre otros aspectos, se han puesto en entredicho la inversión que (sobre todo) inicialmente debe soportarse o la posible pérdida de independencia de los TSP. Sea como fuere, el modelo neerlandés de cumplimiento cooperativo está muy por delante de cualquier otra experiencia nacional en este particular contexto y es uno de los pocos en el mundo que opera de un modo efectivo con las pequeñas y medianas empresas. El resultado final constata que el método de supervisión horizontal con estos contribuyentes también dispensa un tratamiento eficaz y eficiente tanto desde el punto de vista de la Administración como de los propios obligados tributarios.

Capítulo III

TAX COMPLIANCE: PROGRAMAS DE CUMPLIMIENTO NORMATIVO EN EL ÁMBITO TRIBUTARIO

Este capítulo versa sobre los sistemas de cumplimiento normativo en el ámbito fiscal. El primer aspecto que se aborda es su encaje y correspondencia con los modelos de cumplimiento cooperativo. Asimismo, se realiza un compendio exhaustivo de todos los elementos configuradores que habrá de reunir un programa de este tipo para poder ser considerado efectivo. Finalmente, se analiza su virtualidad para modular la responsabilidad (tanto penal como administrativa) de las personas jurídicas a consecuencia de la comisión de un ilícito tributario. Se expresan también algunas reflexiones acerca del valor y la utilidad que pudieran tener en este contexto las certificaciones de conformidad emitidas conforme a estándares técnicos de autorregulación privada.

1. ENCAJE CONTEXTUAL Y PERSPECTIVA ESPAÑOLA

Uno de los términos más reconocibles y que de una forma más recurrente e incipiente está apareciendo en los últimos tiempos en la escena fiscal española es el de *compliance* tributario o *tax compliance*. Se puede observar cómo una gran parte de la opinión pública e incluso de la doctrina fiscalista, quizás por un conocimiento insuficiente o por la propia bisoñez de su recorrido, asimilan o equiparan este concepto casi en términos absolutos con el modelo de cumplimiento cooperativo de las obligaciones fiscales propuesto por la OCDE. No obstante, lo cierto es que, por muy próximos que se encuentren sus postulados configuradores o sus objetivos en la práctica, se trata de dos fenómenos ciertamente distintos e independientes que conviene no confundir y que habrá que diferenciar, al menos, en su concepción teórica. La distinción entre ambas realidades no ha de suponer una categorización rígida e inflexible que lleve a establecer fronteras muy concretas entre ellos, sino que es mucho más adecuado tratar de vislumbrar cual puede ser la forma en que tales conceptos encajan y se relacionan entre sí. Ya se anticipa que el cumplimiento cooperativo es un fenómeno más amplio que lo que propiamente puede constituir un programa de *tax compliance* en sí; ahora bien, no es menos cierto que, tal y como se encuentra actualmente configurado en España el movimiento cooperativo, y atisbando el potencial y lo que se puede esperar en los próximos años de los sistemas de gestión de *compliance* tributario, la repercusión material de estos últimos se adivina más palpable e inmediata y, por ende, la importancia que las empresas puedan darles también cabe que sea mayor. Sea como fuere, se trata de dos realidades llamadas a complementarse mutuamente y a confluir en una serie de objetivos comunes —en muchos casos idénticos, es más—, conformando una suerte de simbiosis ideal que favorezca y facilite el tránsito hacia un nuevo modo de entender la fiscalidad y el cumplimiento de las obligaciones tributarias.

El *compliance,* asépticamente concebido, hunde sus raíces en el sentimiento de preocupación por la gestión de los riesgos corporativos que se empezó a gestar en las últimas décadas del siglo pasado y que ha tenido un desarrollo notable, particularmente en España, en los últimos años del siglo presente. Inicialmente esta institución nace como respuesta a la necesidad de proteger el patrimonio empresarial en aquellas sociedades donde el capital se encontraba separado de la gerencia de las mismas, sobre todo, frente a eventuales vulneraciones del deber fiduciario confiado a los gestores. Con el paso de los años, su virtualidad fue mutando y pasó a convertirse en un instrumento básico para controlar los riesgos inherentes a las propias actividades empresariales y tratar de garantizar el adecuado cumplimiento de determinadas políticas públicas.

Su origen tiene lugar en Estados Unidos, no siendo esto de extrañar, puesto que fue precisamente este país el primero en reconocer la atribución de responsabilidad penal a las personas jurídicas con la Sentencia *New York Central & Hudson River Railroad vs. United States, 212 U.S. 481, 494* del año 1909. En la década de los setenta del siglo pasado, motivado por diversos escándalos que se sucedieron vinculados a fraudes financieros y al soborno de funcionarios extranjeros, se comenzaron a publicar distintas normas dirigidas a empresas de determinados sectores que contenían directrices sobre cómo procurar tener bajo control los riesgos corporativos y, de esta manera, evitar ser declaradas responsables penales. Así, los antecedentes normativos que a tales efectos se pueden considerar más relevantes son la *Foreign Corrupt Practices Act (FCPA)* de 1977, que pretendía dar cabida a una serie de requisitos de transparencia establecidos anteriormente por la *Security Exchange Act* de 1934; la *Insider Trading and Securities Fraud Enforcement Act* de 1988; la *US Federal Sentencing Guidelines for Organizations (FSGO)* de 1991, aprobada por la *United States Sentencing Commision* como extensión de la *Sentencing Reform Act* publicada años antes, que constituía una guía básica con directrices concretas diseñadas con el fin de que las personas jurídicas evitaran incurrir en responsabilidades penales (ya con un carácter mucho más encaminado hacia lo que consiste el modelo actual); y, finalmente, como colofón y evolución de todas las anteriores, cabe mencionar la *Sarbane Oxley Act* del año 2002 y sus subsiguientes reformas (2004, 2010 y 2014). Esta última norma se trata de un hito en la producción legislativa norteamericana por diferentes motivos y supuso una verdadera revolución en lo relativo a la configuración de la cultura organizativa de las compañías y a su compromiso por el cumplimiento normativo. En ella se regulan una serie de directrices disponiendo la obligación para las empresas cotizadas de contar con Marcos de Control Internos (MCI) que además deban ser auditados por un tercero para certificar su fiabilidad (sección *404 SOx*)[408].

---

408 En la Europa continental esta faceta de gestión y control de los riesgos corporativos se encuentra mucho menos desarrollada y se aprecia una cierta descentralización ha-

Al tiempo que se fueron sucediendo todas estas normas, se hizo cada vez más patente la necesidad de una estandarización de los sistemas de gestión y control de riesgos implementados por las empresas. Ello propició que en el seno de la Comisión Nacional sobre Estados Financieros Fraudulentos, más conocida como *Treadway Commission*, se creara un grupo de trabajo integrado por las grandes firmas de auditoría contable del país que pasó a denominarse COSO (*Committe of Sponroring Organizations*). En el año 1992 este comité llevó a cabo la publicación de un modelo de sistema integrado de control interno (COSO I) basado en estándares normalizados a nivel internacional. Con el paso de los años, y habiendo experimentado numerosas reformas y actualizaciones (COSO II, COSO III y COSO ERM 2017), ha servido —y sigue haciéndolo— como marco de referencia a las empresas de todo el mundo a la hora de diseñar y gestionar sus programas de cumplimiento normativo.

Así pues, con la expresión «*compliance*» o «*corporate compliance*» se hace referencia a todas aquellas políticas empresariales dirigidas a la implantación de medidas y procedimientos internos en el seno de las organizaciones que posibilitan el control y la prevención de los incumplimientos normativos. Se trata de un modelo organizativo y estratégico que pretende asegurar o garantizar que todos los integrantes de una empresa cumplen adecuadamente las normas. Esta institución aglutina las funciones de prevención, detección y gestión de riesgos, contribuyendo a promover y desarrollar una cultura de cumplimiento proactivo en el fuero interno de las sociedades.

---

cia el sector privado. A diferencia de lo que ocurre en los países de tradición jurídica anglosajona, donde las normas que disciplinan el cumplimiento legal han sido introducidas por órganos estatales (*Foreign Corrupt Practices Act* en EE.UU. o *Bribery Act* en Reino Unido), en la mayoría de los Estados europeos se carece de una regulación de este tipo que establezca obligaciones sobre cómo se debe certificar la efectividad de los marcos de control internos. Esto no significa que no se lleve a cabo, sino que simplemente viene concibiéndose como una actividad relegada al campo de la autorregulación empresarial. Con todo, es preciso destacar también el ejemplo de Italia y su Decreto Legislativo 231, de 8 de junio de 2001 [«*Disciplina della responsabilita amministrativa delle persone giuridiche, delle societa e delle associazioni anche prive di personalita giuridica, a norma dell'articolo 11 della legge 29 settembre 2000, n. 300*»], que establece un sistema paritario reconociendo al tiempo la responsabilidad penal de las personas físicas y la posibilidad de aplicar sanciones por responsabilidad administrativa a la persona jurídica en liza.

En sus inicios, la utilidad de estos sistemas estuvo vinculada casi de un modo exclusivo al ámbito penal. Su funcionalidad se centraba en la prevención, detección y eliminación de las posibilidades de cometer delitos, permitiendo eximir o atenuar la responsabilidad criminal en caso de que se llegasen a perpetrar. Actualmente, su esfera de competencia se ha ampliado significativamente y ha comenzado a desenvolverse en otros ámbitos distintos del puramente penal, por ejemplo, el mercantil, el laboral, el administrativo y, cómo no, el tributario. Es más, es importante partir de la consideración de que hoy en día un programa de *compliance* va más allá del estricto respeto a las normas y leyes de producción pública, pues también se incardinan en su hacer la adecuada observancia de determinadas políticas internas y códigos éticos o de conducta que las empresas deciden asumir voluntariamente. Cada uno de los (sub)sistemas de *compliance* que una organización pueda tener implantados comparte la idea de que los riesgos son por naturaleza graduables y, en gran medida, predecibles; de ahí que todos ellos encarnen la voluntad común de neutralizarlos «programadamente» a través de medidas de prevención y control[409]. De esta forma, lo habitual es que las sociedades cuenten con un único programa unitario de cumplimiento normativo que abarque todos sus sectores de actuación e integre los distintos (sub)sistemas específicos de gestión de riesgos, ocupándose de la totalidad de las contingencias que puedan plantearse en la realidad empresarial. A fin de cuentas, un programa de *compliance* fiscal no supone una cosa distinta que la extensión de un programa de *compliance* penal a la cobertura de los riesgos asociados con los incumplimientos de carácter tributario.

Se trata, por tanto, de una materia dotada de gran transversalidad con repercusión en las diferentes parcelas del ordenamiento jurídico. Si bien su introducción comenzó a fraguarse a través del derecho penal y la prevención de los delitos continúa siendo uno de sus principales baluartes, las funciones del *compliance* hoy en día «están llamad[a]s a informar y transformar todo el orden de responsabilidades —administrativas, laborales, fiscales— en las que se puede incurrir en la administración y gestión de una sociedad», asocián-

409 FERRÉ OLIVÉ, J.C.: «El compliance penal tributario». En GÓMEZ COLOMER, J.L. (dir.) y MADRID BOQUÍN, C.M. (coord.): *Tratado sobre compliance Penal: responsabilidad penal de las personas jurídicas y modelos de organización y gestión*, Valencia, España: Tirant lo Blanch, 2019, pág. 211.

dose incluso con cuestiones o aspectos no estrictamente jurídicos como el gobierno corporativo, la ética empresarial o la responsabilidad societaria[410].

Teniendo en cuenta lo anterior, tal y como se dijo en la *INTRODUCCIÓN* de este trabajo, lo que en España se ha denominado *compliance* tributario o *tax compliance* vendría a constituir, en esencia, un sistema interno de gestión y control de los riesgos fiscales diseñado conforme a estándares normalizados con el fin de prevenir y evitar incumplimientos de esta naturaleza. Se trata de un conjunto de mecanismos de detección, vigilancia y corrección de los riesgos asociados al cumplimiento de la normativa tributaria, así como de técnicas de aprendizaje y neutralización para el caso de que estos se llegaran a materializar.

1.1. CONVERGENCIA ENTRE LOS MODELOS DE CUMPLIMIENTO COOPERATIVO Y LOS PROGRAMAS DE *COMPLIANCE* TRIBUTARIO

Siguiendo un criterio o un método deliberadamente antiformalista, se va a comenzar el presente *CAPÍTULO* exponiendo una de las principales conclusiones perseguidas con este estudio: tratar de demostrar o poner de manifiesto la debida correspondencia material de los modelos de cumplimiento cooperativo y los sistemas de *tax compliance*. Más allá de que no se destine un epígrafe propio a las conclusiones, ello por cuanto se considera que metodológicamente es la mejor forma de poder ir constatando y evidenciando los múltiples puntos de confluencia que se producen entre ambos fenómenos.

---

410 El *compliance* se vincula con la identificación de «los procesos organizativos de toma de decisiones a nivel corporativo encaminados a disminuir los riesgos de responsabilidad legal, criminal, en los que puedan incurrir las personas jurídicas, los administradores societarios o/y, en general, los directivos ejecutivos de las corporaciones e instituciones privadas e, incluso, públicas. [...] El papel que los sistemas de auditoría interna y externa han adquirió en el plano del Derecho contable, es el que están llamados a representar los sistemas de compliance, en un futuro próximo, inmediato, por lo que se refiere al reste de responsabilidades legales que vinculan a los administradores y ejecutivos de empresas». PÍA NASTRI, M.; ROZAS VALDÉS, J.A.; y SONETTI, E.: «La dimensión fiscal en la gobernanza corporativa: entre Italia y España», *Crónica Tributaria*, núm. 166, 2018, pág. 192.

1.1.1. Antecedentes causales

Entrando ya en la forma en que el cumplimiento cooperativo y el *tax compliance* interactúan entre sí, es preciso destacar la existencia de una serie de circunstancias o precedentes comunes que se pueden considerar como el primer punto de confluencia entre ambas realidades. Lo cierto es que la normativa fiscal incide en la práctica totalidad de los sectores productivos de una organización, de manera que cualquier clase de operación que pretenda realizarse en el tráfico mercantil se verá condicionada, de un modo u otro, en mayor o menor grado, por la repercusión derivada de aquella. El cumplimiento de las obligaciones tributarias resulta cada vez más complejo y supone un mayor esfuerzo para todo tipo de organizaciones, revelándose determinados factores en el panorama fiscal que poco a poco han ido complicando las reglas del juego hasta el punto de que las empresas se vean abocadas a tener que implantar sistemas de gestión y control para un tratamiento eficaz de los riesgos tributarios.

Estos factores a los que se ha hecho alusión, como tales, se encuentran en la base o en la razón de ser de los fenómenos cuya interrelación aquí se analiza. En términos generales, y a los solos efectos de tratar de ofrecer una visión global del contexto existente, procede identificar los siguientes: (1) La mayor complejidad de los ordenamientos tributarios actuales, a su vez, acentuada por la mayor intrincación de las relaciones jurídicas y económicas, que dificultan la capacidad de precisar y asumir el pago de los tributos en unas condiciones de certeza aceptables; (2) Las constantes modificaciones normativas e interpretativas y la inseguridad jurídica en que ello se traduce en el ámbito fiscal; (3) La proliferación de los procedimientos de comprobación e inspección tributaria; (4) La progresiva implantación de las acciones BEPS con mayores exigencias en lo que se refiere a planificación fiscal agresiva y transparencia fiscal; (5) La modernización y digitalización de determinados aspectos del cumplimiento tributario; (6) La generalización de las técnicas de gestión pública de los riesgos fiscales a través de las que se pretende obtener una categorización de los contribuyentes por razón de su riesgo de incumplimiento; (7) El aumento de las competencias indelegables en materia tributaria atribuidas a los órganos de gobierno de las sociedades unido a la regulación de la responsabilidad de las personas jurídicas; y, finalmente, (8) El exponencial desarrollo del buen gobierno fiscal corporativo, la responsabilidad fiscal societaria y la ética de los negocios.

Actualmente, los programas que disciplinan el cumplimiento de las obligaciones tributarias se han convertido en una necesidad en el marco operativo y actuacional de las organizaciones, puesto que el riesgo asociado a las mismas ha pasado a contemplarse como una de las principales variables a tener en cuenta por estas independientemente de su tamaño, situación territorial o sector productivo. No solo desde un punto de vista interno, sino también a efectos de exteriorizar o demostrar el compromiso y la voluntad de querer cumplir adecuadamente la normativa, no solo ante la Hacienda pública, sino también de cara al resto de *stakeholders* (clientes, accionistas, empleados o la sociedad en su conjunto) que configuran el marco relacional de una empresa.

La normativa española no ha sido ajena a todo este cúmulo de circunstancias y, por esto mismo, se han llevado a cabo diversas reformas y políticas públicas en distintas áreas. Sus causas se pueden radicar, de una parte, en todos estos condicionantes coyunturales y, de otra, en la propia dinámica legislativa imbuida por el contexto comparado. Resulta curioso destacar cómo las primeras previsiones normativas que materialmente han tenido relevancia para el cumplimiento cooperativo y el *tax compliance* no se han dado en el ámbito tributario, sino en el mercantil y penal. Es más, hasta el momento se podría decir que la iniciativa de la AEAT y del Ministerio de Hacienda en el campo normativo referida a estos dos fenómenos concretos ha sido prácticamente nula y la mayoría de las producciones encaminadas a la implantación de estos sistemas, al menos las que se puede considerar que tienen cierta trascendencia sustancial, se han llevado a cabo en la esfera del *soft law*. A los solos efectos ilustrativos, puesto que ya ha sido tratadas anteriormente, cabe citar (a) la Ley 31/2014, de 3 de diciembre, por la que se modifica la Ley de Sociedades de Capital para la mejora del gobierno corporativo, que introdujo en la esfera de competencia de los órganos de gobierno de las sociedades cotizadas una serie de deberes o facultades indelegables relativos a la determinación y supervisión de las políticas y sistemas de control y gestión de los riesgos fiscales; (b) las Leyes Orgánicas 5/2010, de 22 de junio, y 1/2015, de 30 de marzo, a través de las que se reconoció la RPPJ en el ordenamiento español y se desarrollaron los elementos que debían integrar los «modelos de organización y gestión» de las empresas para eximir o, si al caso, atenuar dicha responsabilidad; y, finalmente, (c) todo lo relativo al desarrollo de la relación cooperativa en España visto en el *CAPÍTULO* anterior, que también ha contribuido en cierta medida a la conformación de los sistemas de gestión de *compliance* tributario[411].

1.1.2. Cambio de paradigma fiscal

Los protocolos de *compliance* tributario, como bien señala una gran parte de la doctrina, son el contrapunto del nuevo modelo de relaciones entre la AEAT y los contribuyentes que constituye el cumplimiento cooperativo[412]. La puesta en marcha de un programa de este tipo se solapa en sus objetivos con el afán cooperativo de fomentar una cultura de prevención y cumplimiento voluntario en el seno de las organizaciones. Las relaciones de cooperación necesariamente se han de sustentar sobre la base de la confianza mutua entre las partes y, en el caso de los obligados tributarios, esta se habrá de lograr a través de la transparencia y la revelación de información. Para ello será imprescindible contar con un «sistema de identificación, prevención y mitigación de riesgos fiscales, [...] [que] garanti[ce] a la Administración un

---

411 Hay quienes incluso ven en el CBPT el perfecto antecedente de estos programas de cumplimiento normativo, pues el cumplimiento cooperativo comenzó a tomar forma antes si quiera de que se llegase a reconocer la responsabilidad penal de las personas jurídicas. Si bien su relación no es tan sencilla como una simple sucesión de continuidad, conviene tomar todo ello como punto de referencia a la hora de tratar de vislumbrar su particular encaje. Lo que no se puede negar en ningún caso es la reciprocidad de estos dos fenómenos, pues hasta la propia Norma UNE 19602 se hace eco de este nuevo modelo relacional tomándolo en consideración a la hora de gestionar la vigilancia y el control de los riesgos fiscales que puedan presentar los contribuyentes.

412 GARCÍA NOVOA, C.: «La interpretación de las normas tributarias desde la óptica del cumplimiento cooperativo». En GÓMEZ REQUENA, J.A. (Coord.) et. al.: *Cumplimiento cooperativo y reducción de la conflictividad: hacia un nuevo modelo de relación entre la Administración tributaria y los contribuyentes*, directores Saturnina Moreno González y Pedro José Carrasco Parrilla, Cizur Menor, Navarra: Thomson Reuters-Aranzadi, 2021, págs. 391-414; PAREJA GARCÍA, B.: «El tax compliance y el cumplimiento tributario: nuevos retos empresariales», *Revista de Derecho, Empresa y Sociedad (REDS)*, núm. 12, 2018, págs. 152-165; y GARCÍA NOVOA, C.: «Hacia un nuevo modelo de aplicación de los tributos: reflexiones sobre el cumplimiento cooperativo», *Civitas. Revista española de derecho financiero*, núm. 183, 2019, pág. 37.

estándar mínimo de cumplimiento de las obligaciones fiscales y, lo que es más importante, un conocimiento del desempeño de su función fiscal», es decir, lo que podría constituir un sistema de *tax compliance*[413].

Todo esto no resulta ni mucho menos ajeno o novedoso a la cultura cooperativa de cumplimiento, puesto que prácticamente desde sus inicios uno de los elementos fundamentales sobre los que se determina que se habrá de asentar este nuevo modelo son los Marcos de Control Fiscal. Una parte muy importante de la esencia del cumplimiento cooperativo, siendo aquí donde confluyen ambos fenómenos, tiene que ver con la gestión corporativa de los riesgos fiscales. Por esta razón, hay quienes sostienen que «el *compliance* es el mascarón de proa de la nueva relación cooperativa» y el artífice principal de la consolidación de este nuevo modo de entender el cumplimiento de las obligaciones tributarias[414]. La realidad es que, a grandes rasgos y sin que sea del todo preciso, se podría considerar que el nexo entre ambos es comparable a una relación entre la parte —un sistema de *tax compliance* desempeñando una función análoga a los MCF— y el todo —el cumplimiento cooperativo como modelo integral en el que se incardina este instrumento de gestión de riesgos—.

Ocurre que en España la figura de los Marcos de Control Fiscal, como tal, no ha tenido un reconocimiento demasiado significativo en la práctica de las empresas, lo cual tampoco parece de extrañar pues hasta ahora el propio cumplimiento cooperativo no se ha desarrollado precisamente en exceso. Por el contrario, desde que se reconociera la responsabilidad penal de las personas jurídicas, da la impresión de que los sistemas de *compliance* en general, y los referidos al ámbito fiscal en particular, han despertado un mayor interés en las organizaciones. Ahora bien, por muy pareja que pueda parecer su instru-

---

413 MARTÍN FERNÁNDEZ, J. y RODRÍGUEZ MÁRQUEZ J.: «El compliance> tributario y la exención de responsabilidad administrativa». En FERNÁNDEZ GARCÍA, M. et. al.: *El compliance tributario en el proceso penal*, directora Margarita Santana Lorenzo, Cizur Menor, Navarra: Aranzadi Thomson Reuters, 2020, págs. 53-63.

414 GARCÍA NOVOA, C. (2018). El año del «compliance» y del cumplimiento cooperativo. La revolución fiscal silenciosa. <https://www.politicafiscal.es/equipo/cesar-garcia-novoa/el-ano-del-compliance-y-del-cumplimiento-cooperativo-la-revolucion-fiscal-silenciosa> [consultado el 3 de marzo de 2022].

mentación material sobre el terreno, no debe pasarse por alto que se trata de dos realidades independientes con implicaciones y finalidades que en su esencia última son distintas. Por tal motivo, sería un error pensar que se puede tratar de sustituir o equiparar por completo su funcionalidad.

Se podría afirmar que hasta el momento el recorrido seguido por el *compliance* ha estado centrado esencialmente en su faceta como modulador de la responsabilidad de las personas jurídicas. No obstante, como ya se ha dicho, su virtualidad tiene el potencial para ir mucho más allá del mero ámbito sancionador-penal y puede pasar a revelarse como un elemento de vital importancia para la ordenación de las relaciones tributarias en los próximos años. En este sentido, el *compliance* tributario se inserta en el cambio de paradigma fiscal que están sufriendo las relaciones entre los contribuyentes y las Haciendas Públicas en los últimos tiempos, tanto a escala nacional como internacional. Esta revolución silenciosa que encarna el cumplimiento cooperativo propende hacia un desempeño de las obligaciones tributarias basado en la prevención y la colaboración más que en la confrontación y el control a posteriori, relegando el clima actual de conflictividad para pasar a un espacio de acuerdo y entendimiento mutuo[415]. En el esquema tradicional, el contribuyente se limita a autoliquidar y pagar la deuda tributaria que le corresponde; mientras que a la Administración le compete comprobar, liquidar y, en su caso, sancionar el resultado de la exacción[416]. En el nuevo contexto resultan-

---

415 «Una de las claves que explican la acelerada transformación del Derecho fiscal internacional en la última década es el extraordinario desarrollo de la coordinación administrativa al respecto. Probablemente aterrorizados por las posibilidades que en términos de ocultación de activos financieros ha procurado a los contribuyentes la revolución digital, las Administraciones tributarias han llevado a cabo un esfuerzo gigantesco en términos de intercambio automático de información entre ellas, para lo que han tenido que establecer, también, nuevas obligaciones de suministro de información a cargo de los contribuyentes. Un marco cooperativo de relaciones entre las Administraciones tributarias y los contribuyentes exigiría una transformación equivalente». ROZAS VALDÉS, J.A.: «Fundamentos y acicates de las políticas de compliance tributario», *Forum fiscal: la revista tributaria de Álava, Bizkaia y Gipuzkoa*, núm. 266, 2020, pág. 10.

416 Como señala GARCÍA NOVOA, tradicionalmente se «concibe una Administración tributaria limitada a ejercer una potestad de control o policía fiscal, define un esquema aplicativo del tributo basado en un modelo inquisitivo y represivo, donde

te, este modelo de relaciones pretende fomentar una cultura de transparencia y cumplimiento voluntario que haga innecesaria la mayor parte de la actividad fiscalizadora que realizan las autoridades con carácter retrospectivo, precisamente, a través de la comprobación previa de la solidez y fiabilidad de los sistemas internos de control de riesgos fiscales establecidos por las empresas. Los programas de *tax compliance,* atendiendo a su propia funcionalidad, pueden contribuir a fraguar una relación cooperativa que se traduzca en mayor seguridad jurídica en tiempo real y una mejor optimización de los recursos para todas las partes. La iniciativa privada va a jugar un papel determinante a la hora de afrontar la modificación de «la actual posición ‹inquisitiva› que las Administraciones tributarias tienen sobre los contribuyentes sustituyendo, poco a poco, esta posición por unas relaciones de cooperación, transparencia y confianza mutua». Conviene tener muy presente que los acontecimientos en el terreno privado generalmente siempre van por delante de la capacidad de reacción pública[417].

1.1.3. Marcos de control fiscal y normalización técnica de los sistemas de gestión de riesgos

En el contexto de los programas de cumplimiento cooperativo, la utilización de un sistema interno de control de los riesgos fiscales (*Tax Control Framework*) constituye un presupuesto imprescindible para el adecuado establecimiento de este modelo de relaciones. La OCDE viene sosteniendo un concepto de TCF vinculado casi indisolublemente a la relación cooperativa y a través del que se pretende instrumentar «la transparencia sobre el nivel de control de cumplimiento tributario básico y la revelación de riesgos de posiciones fiscales inciertas»[418]. Su implementación encarna el compromiso

no se prima la prevención ni la colaboración entre el contribuyente y el Fisco». GARCÍA NOVOA, C.: «Hacia un nuevo modelo de aplicación de los tributos: reflexiones sobre el cumplimiento cooperativo», *Ob. Cit.,* pág. 93.

417 LACUNZA URANGA, J. y ZARRAONANDIA ZULOAGA, I.: «La cultura Compliance en general en la empresa. La llegada del Tax Compliance», *Forum fiscal: la revista tributaria de Álava, Bizkaia y Gipuzkoa,* núm. 258, 2019, pág. 19.

418 CALDERÓN CARRERO, J.M.: «Buen gobierno corporativo y marco de control de riesgos fiscales en un contexto post-BEPS». En GUERVÓS MAÍLLO, M. A. et

y la voluntad del contribuyente de querer demostrar y hacer efectiva una posición de cumplimiento responsable y de buena fe. Se trata de un elemento esencial para poder alcanzar y defender un perfil bajo de riesgo, justificando la confianza depositada en el obligado tributario y proporcionando seguridad verificable sobre las posiciones fiscales reveladas por el mismo[419]. En definitiva, representa el medio material que sustenta y concreta los valores de transparencia, colaboración y confianza mutua que dan vida a este modo de entender el cumplimiento de las obligaciones fiscales.

Como no puede ser de otra forma, no basta con la mera adopción de un sistema de este tipo, sino que además es necesario que reúnan determinados requisitos tendentes a acreditar su integridad y solidez. En este sentido, no resulta posible concebir un único modelo de gestión de riesgos que sea de aplicación universal y son las particulares circunstancias de cada organización las que determinan su específica configuración en cada caso. La OCDE no ha delimitado de una manera categórica e inflexible el contenido y alcance de estos MCF, pero sí ha señalado algunos aspectos clave que deberán integrarse en su diseño y estructura, como se vio en el primer *CAPÍTULO*[420]: (1) «*Tax Strategy Established*»; (2) «*Applied Comprehensively*»; (3) «*Responsibility*

---

al.: *Practicum Compliance Tributario 2020*, directores Margarita Santana Lorenzo y César García Novoa, Cizur Menor, Navarra: Thomson Reuters-Aranzadi, 2019, pág. 126.

419 «Todas estas políticas públicas de relaciones tributarias cooperativas descansan sobre la premisa de que se ha de implicar al contribuyente —en realidad a quienes gestionan sus obligaciones tributarias, los <intermediarios fiscales> — en el control del cumplimiento de las mismas, en la gestión de los riesgos de incumplimiento concomitantes a las actividades que desarrolla, evidentemente cualificados cuando el ámbito de las mismas es transnacional. Y es aquí donde surge con fuerza, en concomitancia con las políticas de buena gobernanza corporativa, y como clave del arco de estas políticas, el plan de cumplimiento tributario, manual de control tributario o, como se denomina en inglés, *tax control framework*». ROZAS VALDÉS, J.A.: «Fundamentos y acicates de las políticas de compliance tributario», *Ob. Cit.*, pág. 4.

420 OCDE (2016). Co-operative Tax Compliance. Building Better Tax Control Frameworks. OECD Publishing. <https://www.oecd.org/publications/co-operative-tax-compliance-9789264253384-en.htm>, pág. 15. [consultado el 8 de marzo de 2022].

Assigned»; (4) «*Governance Documented*»; (5) «*Testing Performed*»; y (6) «*Assurance Provided*»[421].

En España, los marcos de control de los riesgos fiscales tuvieron una primera expresión en el ámbito del buen gobierno corporativo. La reforma del TRLSC del año 2015 introdujo varios preceptos que, de una forma más o menos explícita, hacen referencia a la necesidad de las empresas de contar con sistemas de gestión y control de riesgos que incluyan los fiscales [artículo 529.4 (letra b) quaterdecies y artículo 540.4 (letra e) del TRLSC]. Y lo mismo cabe predicar de los códigos de buen gobierno de las sociedades cotizadas CNMV 2015 y 2020. En esta línea, y ya con una connotación mucho más cooperativa, el CBPT reseña un amplio catálogo de previsiones orientadas a la correcta implementación de los MCFs. Así, su Anexo del año 2015 establece el compromiso de las empresas adheridas de que su política de gestión de riesgos incluya medidas para mitigar los riesgos fiscales identificados y reglas internas de gobierno corporativo a tales efectos que puedan ser objeto de verificación [apdo. 1.A.1).3 Anexo 2015]. De igual modo, las organizaciones que voluntariamente presenten el informe anual de transparencia deberán describir en él la política y estrategia fiscal seguidas, precisando las medidas de control y supervisión internas adoptadas para garantizar su correcta aplicación y seguimiento. La información que se aporte acerca de cómo se lleva a cabo la gestión de los riesgos a través de los MCFs resultará determinante para las autoridades a la hora de evaluar su efectividad y fiabilidad. Todas estas previsiones responden al desarrollo del compromiso original de este Código que aboga por el fomento de las buenas prácticas tributarias como todas aquellas conducentes «a la reducción de riesgos fiscales significativos y a la prevención de aquellas conductas susceptibles de generarlos» [apdo. 1.1 CBPT].

Los Marcos de Control Fiscal no pueden concebirse como un mecanismo estanco o hermético en el seno de las empresas, sino que habrán de contextualizarse y formar parte de la estrategia general de prevención de riesgos

---

421 CARRASCO GONZÁLEZ, F.M.: «Seguridad jurídica, buena administración y cumplimiento cooperativo: hacia un nuevo modelo de relación entre la administración tributaria y los contribuyentes». En CARRASCO GONZÁLEZ, F. M. (dir.); BERTRÁN GIRÓN, M. (dir.) y VILALTA REIXACH, M.: *La colaboración privada y entre administraciones en la aplicación de los tributos*, Cizur Menor, Navarra: Aranzadi Thomson Reuters, 2019, págs. 120-121.

definida al más alto nivel. Resulta habitual en la práctica ordinaria de las corporaciones que los sistemas de control fiscal (MCF) se incardinen como una parte accesoria de los sistemas de control interno (MCI)[422]. Asimismo, es frecuente y plenamente aceptado que los mismos se encuentren diseñados y configurados conforme a estándares internacionales de normalización técnica (COSO, COBIT o ISO, entre otros). La solidez y efectividad de estos sistemas son indispensables para formar la convicción de las autoridades y, precisamente por esta razón, se han ido prodigando a lo largo de los años diversas normas técnicas susceptibles de certificación por organismos privados e independientes de control externo. En este punto es donde con mayor nitidez se aprecia la confluencia que se está tratando de sostener.

En España, la «Norma UNE 19602 – Sistemas de gestión de *compliance* tributario. Requisitos con orientación para su uso» se ha posicionado, en primera instancia, como un marco de referencia completo que pretende proporcionar orientaciones para facilitar el diseño, la implantación y la evaluación de un sistema de cumplimiento tributario eficaz. A través de tales pautas se espera hacer sostenible una cultura organizativa sensible a la prevención, detección y mitigación de los riesgos tributarios y las malas prácticas de este tipo. Estas circunstancias han propiciado que haya quienes califiquen el *compliance* tributario como la «respuesta de la sociedad civil para avanzar en la relación cooperativa en materia tributaria»[423]. Ello no es, para nada, del todo desacertado. No obstante, se corre el peligro de que pueda llegar a asimilarse una concepción unitaria de estas dos clases de instrumentos cuando por propia definición son independientes, más aún si se atiende a la semántica o, si se considera más preciso, lexicología engañosa del lenguaje.

La «Norma UNE 19602 – Sistemas de gestión de *compliance* tributario» constituye un estándar de normalización técnica cuya producción se ha llevado a cabo en el ámbito de la iniciativa privada. Fue publicada en febrero

422 BRONZEWSKA, K. y VAN DER ENDEN, E.: «Tax Control Framework – A Conceptual Approach: The Six Nuances of Good Tax Governance», *Bulletin for International Taxation*, núm. 11, 2014, págs. 639 y ss.

423 MARTÍN FERNÁNDEZ, J. (2018). La Futura Norma Une: 19602. «Compliance Tributario» En Fase de Información Pública». <https://elderecho.com/la-futura-norma-une-19602-compliance-tributario-fase-informacion-publica> [consultado el 9 de marzo de 2022].

de 2019 por la Asociación Española de Normalización (UNE; acrónimo de *Una Norma Española*) y, como tal, comparte estructura y puede utilizarse conjuntamente con sus predecesoras la Norma UNE-ISO 19600 (actualmente sustituida por la Norma UNE-ISO 37301), la Norma UNE 19601 y la Norma UNE-ISO 37001. En cuanto a su contenido, como ya se ha dicho, esta Norma recoge una serie de requisitos y directrices para la adecuada conformación de un sistema de gestión de *compliance* tributario con una triple finalidad: (1) Alinearse con las exigencias marcadas por la legislación aplicable en materia fiscal, penal y mercantil; (2) Tratar de promover una cultura de cumplimiento tributario responsable en el seno de la organización que, más allá del estricto respeto y observancia de la normativa vigente, vaya orientada al establecimiento de buenas prácticas fiscales en la línea del CBPT [AEAT-FGE]; y (3) Obtener una certificación expedida por agentes externos a la que se pueda atribuir relevancia probatoria suficiente para acreditar tanto la voluntad de la organización de cumplir sus obligaciones fiscales de buena fe como la diligencia debida en la prevención de los riesgos asociados a las mismas, todo ello, con vistas a modular la responsabilidad de las empresas en caso de un eventual incumplimiento[424].

La instrumentación de un sistema interno de *compliance* tributario con arreglo a las pautas establecidas por la Norma UNE 19602 constituye una buena práctica en este ámbito que coadyuva a la correcta realización de las obligaciones fiscales de las empresas, pero por sí sola dista mucho de poder calificarse como cumplimiento cooperativo. Si se observa detenidamente su contenido y estructura material, es posible apreciar cómo ambas realidades comparten espíritu y numerosos puntos de encuentro. De hecho, de una forma más o menos explícita, se podría llegar a considerar que el desarrollo de los presupuestos dictados por la OCDE para la adecuada conformación de un MCF se ha llevado a cabo en España precisamente a través de esta Norma[425]. Sin embargo, dicho

---

424 Estos agentes externos a los que se ha hecho referencia son los llamados organismos evaluadores de la conformidad cuya competencia técnica es debidamente homologada por la Entidad Nacional de Acreditación (ENAC).

425 Si se coteja el contenido de la Norma UNE 19602 y del documento «*Co-operative Tax Compliance. Building Better Tax Control Frameworks*» (OCDE 2016), se puede identificar una cierta correspondencia en la definición de sus elementos configuradores: (1) «*Tax Strategy Established*» ↔ Apartados 5.1 [Liderazgo y

todo lo anterior, la relación entre ambos regímenes de adopción voluntaria no resulta tan evidente en determinados aspectos.

A este respecto, según manifiesta CALDERÓN CARRERO, «la OCDE no considera que el TCF constituya en sí mismo un <sistema de tax compliance> que opere como <escudo> frente a una eventual imposiciones de sanciones tributarias en casos donde la administración detectara un incumplimiento, sino que se concibe fundamentalmente como un instrumento que puede impactar sobre lo sistemas administrativos de gestión de riesgos a efectos de reducir el ámbito o alcance de las comprobaciones tributarias de los contribuyentes que poseen un TCF fiable y adoptan una posición transparente y cooperativa en materia fiscal». En el modelo de cumplimiento cooperativo propuesto por la OCDE, la articulación de un MCF cuyo funcionamiento efectivo haya sido verificado, *per se*, no presupone una alteración del estatus jurídico del contribuyente, ni conlleva una exención o atenuación de las responsabilidades en que se pudiera incurrir ante eventuales incumplimientos tributarios[426]. La Norma UNE 19602 no tendría por objeto la articulación de un MCF en el sentido propuesto por la OCDE para los modelos de cumplimiento cooperativo o, por lo menos, no uno idénticamente coincidente. Se trataría más bien de un compendio sistematizado de pautas y directrices generales que pueden contribuir a controlar y gestionar eficazmente los riesgos fiscales —instaurando en las organizaciones, eso sí, una cultura de prevención, detección y mitigación de los mismos que evidencie buena fe y diligencia debida en el cumplimiento de las obligaciones tributarias— para así disipar o depurar eventuales responsabilidades frente a conductas constitutivas de infracción[427].

---

compromiso] y 7.6 [Información documentada]; (2) «*Applied Comprehensively*» ↔ Apartados 4 [Contexto de la organización] y 7.1 [Cultura de *compliance*]; (3) «*Responsibility Assigned*» ↔ Apartado 5.3 [Roles, responsabilidades y autoridades en la organización]; (4) «*Governance Documented*» ↔ Apartado 7.6 [Información documentada]; (5) «*Testing Performed*» ↔ Apartados 9 [Evaluación del desempeño] y 10 [Mejora]; y (6) «*Assurance Provided*» ↔ [Certificación expedida por los organismos evaluadores de la conformidad].

426 «OCDE (2016). Co-operative Tax Compliance. Building Better Tax Control Frameworks», *Ob. Cit.*; y CALDERÓN CARRERO, J.M.: «Buen gobierno corporativo y marco de control de riesgos fiscales en un contexto post-BEPS», *Ob. Cit.*, pág. 126.

427 Ibíd., págs. 127 y ss.

La diferencia fundamental, por tanto, radicaría en la distinta percepción u orientación de sus cometidos últimos. Un sistema de *tax compliance* no estaría pensado tanto para entablar una relación cooperativa con la Administración; como tampoco un MCF pretendería servir para disipar la eventual responsabilidad del contribuyente cuando se produzca un incumplimiento de la normativa tributaria. Ahora bien, lo anterior habrá de entenderse sobre el papel, todo hay que decirlo. Resulta evidente que, por la propia composición de sus elementos estructurales, el *compliance* tributario puede contribuir perfectamente a realizar los fines del cumplimiento cooperativo; como también el hecho de que, si bien la OCDE no menciona esta función de modulación de la responsabilidad de las empresas para el caso de los MCF, ello no significa que no pueda darse *de facto*. Más aún cuando, precisamente como se ha dicho, la instrumentación material de ambos mecanismos es similar y, por ende, la virtualidad que puedan llegar a desplegar en la práctica también cabría esperar que fuera parecida.

Respecto a esta segunda cuestión, ello se haría depender de la configuración que presente el tipo penal que determine los elementos y circunstancias necesarios que han de concurrir para valorar la eventual atenuación o exoneración de responsabilidad en caso de incumplimiento. De este modo, se podría afirmar que «las empresas y los grupos de empresas que ya tuvieran un sistema de control interno de riesgos que incluya los riesgos fiscales, siguiendo modelos internacionalmente aceptados, por ejemplo, por estar obligadas por la LSC, ya estarían en una posición equivalente a aquellas entidades que opten por implantar ex novo un ‹sistema de compliance tributario› siguiendo la UNE 19602»[428] —siendo interesante también reflexionar si ello no pudiera darse al contrario, al menos en términos puramente materiales y dejando a un lado las concepciones estrictamente formales y teóricas—. Ello podría ser incluso predicable respecto a la posibilidad de que cualesquiera de estos sistemas pudieran operar como mecanismo de prevención de delitos en el sentido previsto por el art. 31 bis del CP —«modelos de organización

428 Es más, dándose esta situación, no parece que pueda resultar complicado y sería además una decisión inteligente que estas empresas decidieran ajustar los sistemas que ya hubieran implantado a las exigencias marcadas por la UNE 19602 para así optar a la certificación con las implicaciones que se pudieran derivar de ella. Ibíd. págs. 127 y ss.

y gestión que incluyen las medidas de vigilancia y control idóneas para prevenir delitos de la misma naturaleza o para reducir de forma significativa el riesgo de su comisión» — en lo referente a la exoneración de responsabilidades por un eventual ilícito de defraudación tributaria. Atendiendo a la literalidad del precepto y a la interpretación dada por la Circular de la Fiscalía General del Estado 1/2016, no se aprecia óbice alguno para que no se pueda verificar en igualdad de condiciones la idoneidad tanto de un sistema de *tax compliance* como de un TCF a los efectos de evidenciar una determinada posición de cumplimiento que pueda modular la intervención (ya sea en vía sancionadora o penal) de las autoridades[429]. Más si cabe cuando a día de hoy no hay evidencias fehacientes que, de cara a los tribunales, avalen la garantía de una eventual certificación expedida por los organismos evaluadores de la conformidad con arreglo a esta Norma UNE 19602, sino todo lo contrario.

El valor de esta certificación, más allá de atestiguar el cumplimiento de una serie de requisitos técnicos de prevención y control sobre los riesgos fiscales, es por ahora materialmente desconocido y no han faltado las voces que lo han puesto en entredicho. Con todo, en el contexto fiscal español puede ser tomada como un punto de convergencia que despliegue efectos comunes y de provecho no solo en el ámbito propio del *tax compliance*, sino también en el terreno del cumplimiento cooperativo. Uno de los presupuestos principales sobre los que se asientan los modelos de relaciones cooperativas tiene que ver con la segmentación de los contribuyentes en función de su perfil de riesgo. A tales efectos, la articulación de un sistema interno de gestión de los riesgos fiscales se predispone como un requisito casi imprescindible para formar parte de un programa de cumplimiento cooperativo y, a este respecto, la certificación que se obtenga de acuerdo con la Norma UNE 19602 podría hacer las veces o servir para valorar la voluntad y diligencia de los contribuyentes en el cumplimiento de sus obligaciones fiscales, no solo ante un eventual incumplimiento de las mismas.

---

429 Ello sin perjuicio de que, como ya se ha reiterado en alguna ocasión, una de las aspiraciones principales de los TCF tiene que ver con impactar sobre la actuación de control de la Administración en lo relativo a limitar el ámbito o alcance de las comprobaciones tributarias sobre aquellos contribuyentes que puedan acreditar una posición transparente y cooperativa en materia fiscal a través de un TCF fiable.

A través del *tax profiling* la Administración tributaria puede llegar a reconocer a los contribuyentes que hayan adoptado esta clase de medidas como cumplidores o fiables y centrar sus esfuerzos en los que no se acrediten de esta forma. Se podría llegar a entender que, si las empresas consiguen implementar un sistema de *compliance* tributario que se demuestre efectivo a través de la certificación, podrán ser catalogadas como contribuyentes de bajo riesgo en el marco de las relaciones cooperativas, avalando su voluntad de no solo querer cumplir con sus obligaciones fiscales, sino también de ir más allá y asentarse en lo que se consideran buenas prácticas tributarias. En este sentido, se posiciona LUCAS DURÁN al considerar que «los sistemas de gestión de cumplimiento tributario deben definir necesariamente la política de cumplimiento tributario que tendrá una determinada organización, lo que permitirá segmentar a los contribuyentes en función de su riesgo fiscal, siendo así que los programas de compliance tributario pueden permitir encuadrar a los sujetos que ostenten una certificación de sus sistemas de gestión de riesgos entre los contribuyentes que menos control precisan y, adicionalmente, reducir la responsabilidad de los mismos ante eventuales infracciones que podrían sobrevenir, permitiendo una relación distinta con la Administración tributaria». Este «pseudomodelo» que representa la intersección entre ambas realidades podría asimilarse al tipo de fórmulas que ya vienen aplicando países como Reino Unido, Australia o Países Bajos.

1.1.4. Buen gobierno y responsabilidad fiscal corporativa

El hecho de que los sistemas de *tax compliance* y los MCF sean en esencia mecanismos de autorregulación empresarial voluntariamente adoptados por las compañías implica que se solapen de una forma un tanto genérica con los objetivos propios del buen gobierno y la responsabilidad social corporativa en materia fiscal. Tanto el *corporate compliance* como el cumplimiento cooperativo representan en este particular contexto un punto intermedio entre los códigos de buen gobierno mercantiles (*comply or explain*) y el derecho tributario (norma coactiva) a efectos de poner en valor determinados principios o actuaciones que se inspiran en la vertiente ética o moral de los tributos y que en última instancia contribuyen a instaurar lo que se conoce como buenas prácticas fiscales.

El rigor y la intensidad de ciertas exigencias internacionales determina que haya quienes consideren que a día de hoy implantar un sistema de gestión de riesgos puede constituir una obligación desde la óptica del buen gobierno corporativo, a fin de poder certificar un estándar de calidad en el cumplimiento fiscal. Lo cierto es que, como regla general, su articulación no supone una obligación para las empresas desde un punto de vista estrictamente legal, sin perjuicio de lo que específicamente pueda establecer la normativa mercantil de cada país, como ocurre por ejemplo en España con las sociedades cotizadas. Con todo, no se puede tampoco desconocer que cada vez resulta más evidente «como la puesta en marcha y efectiva aplicación de estos sistemas de gestión y control de riesgos (TRMs/TCFs) constituye una buena práctica empresarial que ayuda a prevenir y mitigar riesgos básicos de incumplimiento de obligaciones tributarias [...] y resulta cada vez más necesaria como consecuencia de la digitalización administrativa y de los procedimientos de gestión tributaria que cada vez son más <contemporáneos> y operan bajo sistemas de *big data* y *data analytics*»[430].

La autorregulación y la vigilancia del riesgo en torno a los que se estructuran los sistemas de *compliance* representan actualmente dos de los máximos exponentes a tener en cuenta en el mundo de la empresa. No solo porque nadie mejor que estas puede conocer su propia actividad y operativa interna, sino sobre todo porque es un instrumento que les va a acercar y abrir las puertas a ese nuevo tipo de relación con la Administración tributaria que es el cumplimiento cooperativo. Por ello, todo buen sistema de gobierno fiscal que se preste necesariamente deberá incluir «protocolos de actuación que reduzcan los riesgos, mecanismos que permitan identificar conductas no deseables y medidas para su control tales como procedimientos internos de investigación y sanción»[431].

Habrá que tener en cuenta además que, en la actualidad, hablar de cumplimiento tributario adecuado necesariamente implica referirse al cumplimiento ético-normativo, debido a la ingente cantidad de maniobras prendi-

430 CALDERÓN CARRERO, J.M.: «Buen gobierno corporativo y marco de control de riesgos fiscales en un contexto post-BEPS», *Ob. Cit.*, pág. 135.

431 GASCÓN CATALÁN, J.: «Los Consejos de Administración como máximos responsables de la estrategia fiscal de las sociedades cotizadas», *Documentos-Instituto de Estudios Fiscales*, núm. 19, 2014, pág. 25.

das en los límites de la licitud o legalidad tributaria que son realizadas por las empresas para tratar de rebajar su carga impositiva. El concepto de responsabilidad social corporativa ha experimentado una notable expansión en los últimos tiempos, llegando a ámbitos que anteriormente eran insospechados. Específicamente en el contexto tributario, el riesgo ligado al cumplimiento de las obligaciones fiscales se ha posicionado como uno de los principales a tener en cuenta por parte de las sociedades, no solo por lo que pueda llegar a implicar a nivel cuantitativo, sino también a efectos de su consideración externa o reputacional[432]. La ética de los negocios ha traspasado el campo del mero cumplimiento normativo marcado por las obligaciones de carácter jurídico-público. Para poder defender ahora una posición de cumplimiento responsable extramuros de la organización se ha vuelto casi imprescindible incorporar procesos de diligencia debida que disciplinen el conjunto de actuaciones llevadas a cabo por esta. En palabras de PÉREZ MARTÍNEZ, «el respeto escrupuloso de la normativa ya no es suficiente, hace falta un elemento de valor, un plus diferenciador que genere prestigio y confianza, empoderando a los operadores económicos frente a sus partes interesadas, y la futura UNE 19602 ofrece los mecanismos para lograr este objetivo»[433]. En este punto es precisamente donde cobran relevancia las distintas políticas de *compliance* que, a través de la asunción voluntaria de compromisos concretos, contribuirán ineludiblemente a alcanzar tales objetivos de la Responsabilidad Fiscal Corporativa[434].

Ahora bien, y dicho todo lo anterior, este enfoque desde el punto de vista ético no debe hacer perder la perspectiva de que la moral en los tributos

---

432 Asociación Española de Normalización. 2019. Sistemas de gestión de compliance tributario. Requisitos con orientación para su uso (UNE 19602:2019), pág. 6.

433 PÉREZ MARTÍNEZ, L.: «Sistemas de gestión de compliance tributario (UNE 19602): entre el cumplimiento normativo y las buenas prácticas», *Actualidad jurídica Aranzadi*, núm. 947, 2018, pág. 3.

434 «Un sistema de gestión del *compliance* eficaz y que abarque a toda la organización permite que la organización demuestre su compromiso de cumplir con las leyes, requisitos regulatorios, códigos de la industria y las normas de la organización pertinentes, así como con las normas de buena gobernanza, las mejores prácticas generalmente aceptadas, la ética y las expectativas de la comunidad». Organización Internacional de Normalización. 2021. Sistemas de gestión del compliance. Requisitos con orientación para su uso (UNE-ISO 37301:2021).

tiene un rango de acción inevitablemente limitado. La pena no se configura en base a componentes éticos sino jurídicos y, por ende, no se podrán producir sanciones que reprueben conductas únicamente reprochables desde la ética empresarial. Cuestión distinta, reitérese, radica en el hecho de que los sistemas de *compliance* en el ámbito interno de las empresas, por lo general, engloban compromisos que van más allá del estricto marco coactivo definido por la normativa fiscal[435].

1.2. RECAPITULACIÓN

Decir, a modo de conclusión preliminar, que desde un punto de vista teórico los sistemas de gestión de *compliance* y los Marcos de Control Fiscal no son dos instrumentos idénticamente coincidentes, no tanto por su composición o instrumentación material —que es más bien similar—, como sí por la imprsión que induce a considerar la diferente orientación de sus finalidades principales —en España, los primeros parecen estar muy conectados con la modulación de la responsabilidad de las personas jurídicas por infracciones administrativas o ilícitos penales, mientras que la OCDE apenas menciona esta circunstancia para los TCF y el foco de atención se centra fundamentalmente en el adecuado desempeño de las obligaciones tributarias *per se*—. No cabe duda de que las pautas proporcionadas por la Norma UNE 19602 van a contribuir inestimablemente a reforzar el control de los asuntos y posiciones fiscales de las empresas y, por consiguiente, no se puede negar que constituye un paso verdaderamente relevante hacia la instauración en el ordenamiento español de un modelo de cumplimiento tributario de raíz cooperativa. De hecho, la escueta referencia al cumplimiento cooperativo que se realiza en su apartado introductorio no habría de ser entendida de otro modo.

Los sistemas de *tax compliance* coinciden con los MCF en lo que se refiere al análisis y la exposición de los riesgos tributarios, tratando de calar en la propia cultura de la organización e incidiendo favorablemente sobre los postulados de la responsabilidad social y el buen gobierno corporativo. En

---

435 FERRÉ OLIVÉ, J.C.: «El compliance penal tributario». En MADRID BOQUÍN, C.M. (coord.) et. al.: *Tratado sobre compliance Penal: responsabilidad penal de las personas jurídicas y modelos de organización y gestión*, *Ob. Cit.*, págs. 212 y ss.

términos materiales, su virtualidad podría llegar a equiparse y sería posible defender un solapamiento de sus funciones prácticas. Es más, un sistema de *tax compliance* podría hacer las veces o servir para cumplir con el requisito de tener implementado un sistema de gestión y control de los riesgos fiscales que muchos programas de cumplimiento cooperativo exigen; como también un MCF podrá utilizarse para intentar modular la responsabilidad en caso de incumplimiento. No obstante, lo anterior habrá de tenerse en cuenta sin perder de vista las sutiles diferencias que existen, sobre todo, en lo que respecta a su concepción formal y finalidades últimas. El *compliance* tributario no presupone la existencia de una relación cooperativa con la Administración; como tampoco el cumplimiento cooperativo aspira o está pensado para modular la responsabilidad de las empresas en caso de incumplimiento.

Por todo ello, la clave para tratar de entender cómo encajan estos fenómenos no reside en la necesaria elección de uno de los dos o en el pensamiento categórico de que uno es mejor o se encuentra por encima del otro. Todo lo contrario. Se trata de dos realidades que están llamadas a coexistir y retroalimentarse en una suerte de simbiosis perfecta, beneficiándose mutuamente de la correlación de su contenido estructural.

2. ELEMENTOS CONFIGURADORES DE UN PROGRAMA DE *COMPLIANCE* TRIBUTARIO

Teniendo en cuenta todo lo dicho, para tratar de aunar o alcanzar al unísono las finalidades tanto del *tax compliance* como del cumplimiento cooperativo, lo más rentable desde el punto de vista corporativo sería la instrumentación de un programa de *compliance* tributario con arreglo a las previsiones establecidas en el Código Penal, la Norma UNE 19602 y el CBPT.

2.1. POLÍTICA Y CULTURA DE CUMPLIMIENTO NORMATIVO

2.1.1. Concepualización

El punto de partida de todo programa de *tax compliance* necesariamente debe ser el pleno y decidido compromiso de la organización por llevar a cabo un correcto cumplimiento de sus obligaciones tributarias. Esta voluntad de proceder a la adecuada gestión y control de los riesgos fiscales se materializa a través de un acuerdo o manifiesto general del órgano de gobierno de la sociedad, denominado política de *compliance* tributario, que reúne los principios básicos de actuación que deben regir su desempeño y actividad en lo referido al ámbito fiscal[436].

Una política de *compliance* tributario viene a constituir un conjunto de directrices que, fundamentadas en la diligencia debida y en el refuerzo de la ética corporativa, tienen como objeto proporcionar un marco conceptual de referencia a fin de instaurar un modelo de organización y planificación fiscal responsable. Se trata de garantizar una gestión impositiva óptima y una reducción a la exposición de los riesgos de incumplimiento hasta un punto que se considere aceptable. En puridad, no es más que una declaración de responsabilidad fiscal emanada desde las más altas esferas de la entidad que, operando «como norma paraguas del sistema de gestión y control de riesgos fiscales», establece los objetivos del *compliance* y regula las medidas y protocolos que deben orientar la función fiscal para alcanzar aquellos[437]. A través del documento de política de *tax compliance* se especifican, por un lado, el nivel de cumplimiento deseable en relación con los riesgos previamente identificados; y, por otro, los valores y pautas de conducta que han de informar el comportamiento de la empresa para lograr un desempeño de las obligaciones fiscales plenamente satisfactorio tanto desde el punto de vista ético como normativo. Tal y como precisan ROZAS VALDÉS et. al., «el planteamiento de un mecanismo estructurado de prevención de riesgos y su publicidad en el documento de política fiscal de la empresa, lejos de ser un mero trámite dirigido a aparentar el cumplimiento de buenas prácticas y fortalecer la reputación empresarial, permite entender la idoneidad de los sistemas de identificación, medición, control de los riesgos y asegurar que la actividad de la empresa sea realizada

---

436 La Norma UNE 19602 define política de compliance tributario (3.27) como la «voluntad de una organización, según la expresa, formalmente su órgano de gobierno, en relación con sus objetivos de compliance tributario».

437 GUTIÉRREZ BOTELLA, M.; MARTÍN GIROLA, J.; MEDINA ARENCIBIA, A.; y ROMERO STEENSMA, S.: «El diseño de un programa de Tax Compliance (adaptado a cada empresa)», *Forum fiscal*, núm. 261, 2020.

conforme a las normas y los principios de los ordenamientos jurídicos en que operan»[438].

Resulta imprescindible que la política de *compliance* tributario sea común a todas las sociedades que formen parte del grupo —o, en su caso, adaptada o adaptable a las específicas características de cada una de ellas— y, a la vez, coherente con los fines y objetivos generales del mismo. Representa una estrategia global y un compromiso de colaboración activa que debe tenerse en cuenta, tanto a nivel interno como externo, en las relaciones que se mantengan con las personas que directa o indirectamente tomen parte en la operativa de la compañía. A la hora de incardinarse en el marco organizativo y funcional de la empresa, tal y como señala la Norma UNE 19602, una política de *tax compliance* puede establecerse de forma independiente o subsumida en otra política de *compliance* de mayor rango o alcance, es decir, limitándose o no a la supervisión y vigilancia de los riesgos tributarios. En cualquiera de los casos, al igual que podía ocurrir con los sistemas de prevención de riesgos en general, se habrá de procurar su integración a través de una estructura común y una metodología de gestión compartida.

2.1.2. *Papel del órgano de administración*

El consejo de administración u órgano equivalente, como se ha mencionado, será el encargado de impulsar y aprobar la política de *tax compliance*. En este sentido, resulta habitual y plenamente aceptado que muchas sociedades decidan hacer valer su estrategia fiscal o política de buenas prácticas previamente adoptadas como política de cumplimiento tributario[439]. Así lo manifiesta la propia UNE 19602 cuando al definir este término señala que «en determinadas organizaciones corresponde legalmente al órgano de gobierno, como facultad indelegable, la de determinar la política o estrategia

---

438 ROZAS VALDÉS, J.A.; SERRAT ROMANÍ, M.; y SONETTI, E.: «Política de ‹Compliance› tributario». En GUERVÓS MAÍLLO, M. A. et al.: *Practicum Compliance Tributario 2020, Ob. Cit.*, pág. 784.

439 <https://www.endesa.com/es/nuestro-compromiso/transparencia/politicas-principios-generales-materia-fiscalidad>
<https://www.repsol.com/es/sostenibilidad/estrategia-sostenibilidad/politicas/index.cshtml>

tributaria de la misma y establecer las políticas de control y gestión de riesgos, incluidos los tributarios. Por tanto, y de haberlas aprobado, se entenderá cumplido este requisito»[440].

La estrategia fiscal de una compañía permite conocer los principios y líneas organizativas que determinan la forma en que se enfoca la toma de decisiones y la gestión de los asuntos en materia tributaria. Asimismo, supone una declaración de intenciones y la formalización de la voluntad de querer cumplir con la normativa fiscal y contable de una manera diligente, demostrando su implicación y responsabilidad en este contexto. Existe y no se puede desconocer, por tanto, una parte sustancial en la que ambos instrumentos coinciden y se solapan. De ahí que la política de *compliance* tributario necesariamente deba alinearse con la estrategia fiscal de la organización en lo que a la definición de los objetivos de riesgo y el nivel de tolerancia (*risk appetite*) se refiere.

El hecho de contar con una declaración procedente del órgano de gobierno de la sociedad constituye una demostración inequívoca de que el sistema de gestión de *compliance* que se pretende implementar tiene el respaldo de la máxima autoridad[441]. Ello resulta fundamental no solo porque las directrices han de impartirse en sentido descendente dentro de la organización (*tone at the top*), sino también porque es la manera en que todas las personas que forman parte de la misma conocen o se hacen eco de la importancia que tiene este modelo de prevención[442]. La dirección de la empresa debe demostrar su liderazgo y compromiso con respecto al sistema de gestión de riesgos, cumpliendo y haciendo cumplir la política de *compliance* tributario, promoviendo su mejora continua y garantizando que se proveen los recursos financieros, materiales y humanos suficientes.

---

440 El artículo 529.1 ter del TRLSC define, como facultad indelegable del consejo de administración, la determinación de la estrategia fiscal (letra i) y de la política de control y gestión de riesgos incluyendo los fiscales (letra b). Asimismo, y aunque no sea legalmente preceptivo, el CBPT establece como compromiso la necesidad, por un lado, de que la estrategia fiscal de la sociedad sea fijada por el consejo de administración y, por otro, de que la política de gestión de riesgos fiscales incluya medidas dirigidas a mitigar los mismos.

441 PAREJA GARCÍA, B.: «El tax compliance y el cumplimiento tributario: nuevos retos empresariales», *Ob. Cit.* pág. 160.

442 DE ROS RAVENTÓS, Í.: *Delito Fiscal y Tax Compliance*, *Ob. Cit.*, pág. 299.

2.1.3. Ámbito material

A la hora de elaborar la política de *compliance* tributario se debe tener en cuenta el contexto de la organización, así como la definición de los objetivos y el ámbito material que se pretenda abarcar con el sistema de gestión de cumplimiento. Para contextualizar el marco de prevención fiscal que se trate de establecer es importante partir del análisis previo de las circunstancias externas e internas que condicionan el entorno operativo de la organización. El tamaño, la estructura, la naturaleza de las actividades que se desarrollan o la situación y dispersión geográfica de la empresa son algunos de los factores que habrán de conocerse para fijar los objetivos que se aspiren a alcanzar[443].

El documento de política fiscal, teniendo todos estos condicionantes en cuenta, debe proporcionar un esquema adecuado para la determinación, revisión y consecución de los objetivos de *compliance* tributario. Estos objetivos de *compliance* no son otra cosa que el resultado a lograr con respecto a un cumplimiento eficaz de las obligaciones fiscales y al posicionamiento de la empresa en cuanto al nivel de riesgo que se esté dispuesto a asumir. El ámbito material definido por estos objetivos de *compliance*, en cualquier caso, se habrá de determinar en relación con cada tributo y en función de las específicas actividades de riesgo identificadas y de las tareas requeridas para su control.

2.1.4. Ámbito subjetivo

La política de *compliance* tributario no solo debe comunicarse sino también interiorizarse por todos los miembros de la corporación. Se ha

---

443 La Norma UNE 19602 señala, a título enunciativo, algunos factores que se habrán de tener en cuenta: «a) El tamaño y la estructura de la organización. b) Las ubicaciones y sectores en los que opera la organización o prevé operar. c) La naturaleza, escala y complejidad de las actividades de la organización y sus operaciones. d) Las entidades sobre las cuales ejerce control. e) Los miembros de la organización y los socios de negocio. f) La naturaleza y extensión de las relaciones con administraciones públicas. g) Las obligaciones y compromisos legales, contractuales o profesionales. h) La estrategia tributaria de la organización acordada por su órgano de administración. i) El marco legal tributario, nacional e internacional en el que la organización opere». Asociación Española de Normalización. «Norma UNE 19602. Sistemas de gestión de compliance tributario: Requisitos con orientación para su uso». 2019, pág. 16.

de difundir y poner a disposición en forma de información documentada, tanto dentro como fuera de la organización, en un lenguaje claro y sencillo y en un soporte fácilmente accesible[444]. Para los empleados internos será de observancia preceptiva, mientras que para los socios de negocio y demás grupos de interés (clientes, proveedores, otras empresas, etc.) se deberá solicitar su aceptación. Normalmente las grandes sociedades suelen publicar su política fiscal o de *tax compliance* en la web corporativa, posibilitando que cualquier persona interesada pueda tener acceso a ella de una manera sencilla.

Para desarrollar esta concienciación e implicación del personal es muy recomendable —por no decir casi imprescindible— llevar a cabo programas de sensibilización y formación tanto genéricos como especializados. Se debe tratar de proporcionar una formación continua y actualizada sobre la materia tributaria en general y sobre las competencias de *compliance* en particular. No solo los miembros del departamento fiscal, sino todos los trabajadores de la empresa deben tener un conocimiento suficiente sobre las obligaciones tributarias y los riesgos de incumplimiento que lleven asociados. Lo que se pretende es concienciar a toda la plantilla sobre las implicaciones fiscales que puedan derivarse de la específica actividad desarrollada por cada empleado y, todo ello, en relación con los controles y protocolos de actuación dispuestos a través del programa de *tax compliance*[445]. El objetivo último no es otro que hacer a todos los miembros conscientes «de la importancia de este sistema y de que su responsabilidad recae en toda la organización, no sólo en la función fiscal o en el órgano de compliance»[446].

---

444 Resulta de vital importancia establecer un canal de comunicación fluida y bidireccional a través del que, por un lado, se haga llegar a la plantilla todo tipo de información relevante acerca del sistema de *compliance* y, por otro y de manera específica, estos puedan denunciar cualquier clase de sospecha o irregularidad en el cumplimiento de las normas tributarias.

445 Asociación Española de *Compliance*. «*Libro blanco sobre la función de Compliance*». 2017, págs. 30 y ss.

446 SERRANO DE NICOLÁS, Y.: «Calves para implantar un sistema de gestión de compliance tributario», *AENOR – La revista de la evaluación de la conformidad*, núm. 358, 2020, pág. 5.

2.1.5. Cultura de compliance

Todo lo dicho anteriormente se enmarca en un concepto más amplio como es el de «cultura de cumplimiento normativo». Cuando se alude a los programas de prevención, habitualmente se insiste en que lo determinante no es tanto la existencia de estos, sino más aún el hecho de que se disponga en la organización una verdadera cultura de *compliance*. Como señala DE ROS RAVENTÓS, la cuestión fundamental tiene que ver con que «no sólo se haya elaborado una norma escrita que identifique una serie de prohibiciones, sino que se produzca en la sociedad (en los empleados y directivos, mejor dicho) una voluntad real de cumplir con esa norma»[447]. A través del *compliance* se pretende establecer un marco ético y de cumplimiento por el que hayan de discurrir lo que se conoce como buenas prácticas corporativas, tanto en el fuero interno como extramuros de la sociedad, configurando una especie de trasfondo organizativo que dé soporte y oriente las distintas actividades sociales y el comportamiento de todos los miembros[448]. Se trata, en esencia, de asentar en el seno de la empresa una cultura de legalidad y fidelidad al derecho a través de la que se pueda demostrar «un compromiso visible, consistente y sostenido en el tiempo, con un estándar común y publicado de comportamiento», respecto de todos y cada uno de los niveles y miembros que directa o indirectamente formen parte o tengan relación con aquella[449].

---

447 DE ROS RAVENTÓS, Í.: *Delito Fiscal y Tax Compliance, Ob. Cit.*, págs. 71-72.

448 BAJO FERNÁNDEZ, M.: «Vigencia de la RPPJ en el derecho sancionador español». En BAJO FERNÁNDEZ, M. (coord.); FEIJOO SÁNCHEZ, B.J. (coord.); y GÓMEZ-JARA DÍEZ, C. (coord.): *Tratado de responsabilidad penal de las personas jurídicas: adaptado a la Ley 1/2015, de 30 de marzo, por la que se modifica el Código Penal, Ob. Cit.*, pág. 40.

449 En la propia Norma UNE 19602 se define el concepto de «cultura» como el conjunto de «valores, ética y creencias que existen en una organización y que interactúan con las estructuras y sistemas de control de la misma para producir normas de comportamiento que conducen a obtener los objetivos derivados de la aplicación de esta norma UNE». En esta misma línea, se indica que «el compliance tributario se hace sostenible introduciéndolo en la cultura de la organización y en el comportamiento y en la actitud de las personas que se vinculan con ella». Asociación Española de Normalización. «Norma UNE 19602. Sistemas de gestión de compliance tributario: Requisitos con orientación para su uso». 2019, pág. 11.

Tanto el Tribunal Supremo como la Fiscalía General del Estado se han referido a la existencia de esta cultura de cumplimiento normativo como una cuestión de vital importancia a la hora de valorar la exoneración o atenuación de la responsabilidad de las personas jurídicas por la comisión de un ilícito penal, sin perjuicio de que técnicamente pueda o no constituir uno de los elementos que integran el tipo de exención del art. 31 bis del CP. En este parecer, la Circular 1/2016, de 22 de enero, de la FGE establece que «el objeto de los modelos de organización y gestión no es solo evitar la sanción penal de la empresa sino promover una verdadera cultura ética corporativa, de tal modo que su verdadera eficacia reside en la importancia que tales modelos tienen en la toma de decisiones de los dirigentes y empleados y en qué medida constituyen una verdadera expresión de su cultura de cumplimiento»[450]. Y, en un sentido similar, las SSTS 154/2016, de 29 de febrero, y 668/2017, de 11 de octubre, coinciden en señalar que una de las variables que más se habrán de tener en cuenta a la hora de apreciar la eventual responsabilidad penal de las personas jurídicas —llegando incluso a calificarse «como el núcleo de la tipicidad o como un elemento autónomo del tipo objetivo definido en el art. 31 bis 1º CP 2015»— es si el hecho delictivo perpetrado por el miembro de la organización ha sido posible o ha estado facilitado por «la ausencia de una cultura de respeto al derecho, como fuente de inspiración de la actuación de su estructura organizativa e independiente de la de cada una de las personas físicas que la integran, que habría de manifestarse en alguna clase de formas concretas de vigilancia y control del comportamiento de sus directivos y subordinados jerárquicos»[451].

En la Norma UNE 19602, de una manera notablemente ilustrativa, se detallan los elementos que han de integrar una cultura de *compliance*[452]: (1)

---

450 FISCALÍA GENERAL DEL ESTADO (2016). *Circular 1/2016, de 22 de enero, sobre la responsabilidad penal de las personas jurídicas conforme a la reforma del Código Penal efectuada por Ley Orgánica 1/2015*. <https://www.boe.es/buscar/abrir_fiscalia.php?id=FIS-C-2016-00001.pdf> (*Tol 5616306*).

451 Tribunal Supremo (Sala de lo Penal). Sentencia núm. 154/2016, de 29 de febrero. (Rec. 10011/2015) (*Tol 5651211*); y Tribunal Supremo (Sala de lo Penal). Sentencia núm. 668/2017, de 11 de octubre. (Rec. 1625/2016). (*Tol 6388504*)

452 Asociación Española de Normalización. «Norma UNE 19602. Sistemas de gestión de compliance tributario: Requisitos con orientación para su uso». 2019, pág. 25.

Una política de *compliance* tributario; (2) Consistencia en el tratamiento de acciones similares: las cuestiones tributarias de análoga naturaleza deben recibir una respuesta uniforme y sostenida en el tiempo, de tal forma que las contingencias que puedan surgir se tomen como un incidente aislado que no empañe el correcto funcionamiento del modelo; (3) «*Tone at the top*»: el comportamiento del órgano de gobierno y de la dirección de la compañía debe trasmitir e ilustrar al resto de la plantilla la relevancia y el significado que tiene esta cultura de cumplimiento normativo; (4) Evaluaciones adecuadas a los potenciales empleados: en los procesos de selección del personal y promoción interna ya deben estar presentes el análisis y la evaluación bajo el prisma de unos altos estándares éticos; (5) Programas formativos y de concienciación: resulta imprescindible que todos los trabajadores sean conocedores y cuenten con preparación suficiente acerca del funcionamiento y desempeño del sistema de gestión de *compliance* tributario, garantizándose una capacitación actualizada y una comunicación continua sobre todas las cuestiones que puedan resultar de interés; (6) Reconocimiento visible de los logros y recompensas por la consecución de los objetivos propuestos como método de incentivo; y (7) Sistema disciplinario en caso de incumplimiento: se trata en cierta manera del contrapeso al anterior elemento y de una consecuencia necesaria para mantener el rigor del sistema.

Una vez dicho todo lo anterior, inequívocamente se puede concluir que «la cultura de *compliance*, no es un concepto totalmente indeterminado o abstracto, sino que se traduce en exigencias, actuaciones y comportamientos concretos de todos los miembros de la organización»[453]. Es más, la misma UNE 19602 propone tomar en consideración y contrastar cuatro aspectos para determinar si verdaderamente existe una cultura de *compliance* en una organización[454]: (1) El compromiso decidido por parte del órgano de gobierno en la implementación de la política de *compliance*; (2) La prevención, detección y gestión efectiva de los riesgos tributarios y las no conformidades;

453 LUZÓN CÁNOVAS, A.: «El <compliance> tributario y la exención de responsabilidad penal corporativa». En SANTANA LORENZO, M. (dir.) et. al.: *El compliance tributario en el proceso penal*, Cizur Menor, Navarra: Aranzadi Thomson Reuters, 2020, pág. 36.

454 Asociación Española de Normalización. «Norma UNE 19602. Sistemas de gestión de compliance tributario: Requisitos con orientación para su uso». 2019, pág. 25.

(3) La comunicación oportuna y adecuada, en tiempo y forma, por parte del personal de cualquier tipo de preocupación referida al *compliance* tributario; y (4) El conocimiento, respeto y colaboración con el papel del *compliance officer*.

2.2. ÓRGANO DE *COMPLIANCE* TRIBUTARIO

Es importante partir de la consideración de que un órgano de *compliance* o *compliance officer*, en su consideración general, no es una figura específicamente propia de los programas de cumplimiento tributario, sino de todas las clases de programas de cumplimiento. Con esto se quiere manifestar que, dependiendo de las características y contexto de la empresa, habrá ocasiones en las que las funciones del concreto encargado de *compliance* tributario podrán quedar asumidas o absorbidas por un responsable de mayor rango o alcance y, por tanto, su existencia responderá a una concepción puramente artificial o utópica que no se materializará en la designación de un cargo específico a tales efectos. Esta reflexión será extensible a casi todos los demás elementos que integran un programa de *tax compliance*. Asimismo, dicha circunstancia estará directamente relacionada y va a tener una importancia significativa a la hora de determinar la composición (unipersonal o colegiada) y, más aún, disposición orgánica (interna o externa) que se otorgue a esta figura, como se verá a continuación.

2.2.1. Concepualización

Realizada esta primera observación preliminar, conviene ahora apuntar que poco a poco se ha ido instalando en la realidad empresarial la existencia de programas de prevención que contemplan la presencia de un alto responsable de cumplimiento. La figura de este órgano es muy difícil de acotar en abstracto, pues prácticamente abarca la totalidad de sectores productivos que existen en los diferentes tipos de empresas. Por esta misma razón, resulta igualmente complicado formular una definición de este órgano que refleje de forma adecuada el conjunto de posibilidades organizativas y las implicaciones derivadas de las distintas regulaciones sectoriales que afectan a la dispar tipología de organizaciones presentes en cada territorio[455]. Sea como fuere, la idea central que parece presidir y orientar su actuación gira en torno a la supervisión, vigilancia y control de los riesgos penales con el fin de configurar un entorno de cumplimiento y legalidad en el seno de las empresas, dificultando y disuadiendo asimismo la realización de conductas ilícitas y, sobre todo, delictivas[456].

En un sentido similar, el «Libro blanco sobre la función de Compliance» establece que la misma —en su mayoría desempeñada por el órgano aquí referido— «asume las tareas de prevención, detección y gestión de riesgos de Compliance [...], contribuyendo a promover y desarrollar una cultura de cumplimiento en el seno de la organización»[457]. Durante años estas funciones venían siendo asumidas o, más bien, desarrolladas por los distintos departamentos de las empresas, y no de un modo idéntico, ya que no existían tanto para evitar la comisión de delitos como sí para controlar que no se produjesen conductas desleales o negligentes. Ocurre ahora, sin embargo, que las circunstancias imperantes en la nueva realidad empresarial demandan la necesidad de diseñar un cargo específico que asuma el desempeño de tal cometido. El reconocimiento expreso en el ordenamiento jurídico de un órgano que tenga encomendada «la supervisión del funcionamiento y del cumplimiento del modelo de prevención implantado», como se verá más

---

455 A efectos meramente ilustrativos, la Comisión Jurídica del Consejo General de la Abogacía Española en el Informe 4/2018 estableció que «la figura del responsable de cumplimiento normativo no es otra sino la del encargado de impulsar y ejecutar —por mandato del órgano de administración o dirección de la persona jurídica— las políticas derivadas del previo programa de prevención de riesgos penales, cuya función principal es la de evitar la imputación penal de la persona jurídica». Consejo General de la Abogacía Española (Comisión Jurídica). «*Informe que emite la Comisión Jurídica sobre de nuevo sobre el abogado como responsable de cumplimiento normativo (‹compliance officer›)*», núm. 4, 2018.

456 DOPICO GÓMEZ-ALLER, J.: «Posición de garante del ‹compliance officer› por infracción del deber de control». En HORTAL IBARRA, C. (coord.), VALIENTE IVAÑEZ, V. (coord.) et. al.: *Responsabilidad de la empresa y compliance*, directores Santiago Mir Puig, Mirentxu Corcoy Bidasolo y Víctor Gómez Martín. Madrid: Edisofer, 2024, págs. 338-341.

457 Asociación Española de *Compliance*. «*Libro blanco sobre la función de Compliance*», *Ob. Cit.*, pág. 9.

adelante, es un síntoma inequívoco de la importancia y el calado que se quiere atribuir a esta figura.

El *tax compliance officer* u órgano de *compliance* tributario no es más que la especialización de esta figura en el concreto ámbito fiscal. Así pues, se trata del responsable designado por la empresa para supervisar que el cumplimiento de la normativa fiscal se lleva a cabo de una manera correcta y adecuada. En la Norma UNE 19602 se define como el «órgano de la organización dotado de poderes autónomos de iniciativa y control, al que se confía la responsabilidad de supervisar el funcionamiento y eficacia del sistema de gestión de compliance tributario». Asimismo, se indica que este órgano «debe personificar la posición de máximo garante de la supervisión, vigilancia y control de los requisitos en esta materia de la organización, tanto hacia dentro como hacia fuera de la misma»[458].

La figura del *tax compliance officer* puede suscitar algunas dudas y confusiones a la hora de delimitar su actuación y posición respecto a otros órganos de la compañía, lo cual se ve si cabe acrecentado por la disparidad de términos existentes para referirse al papel que desempeña. El órgano de *compliance* fiscal no tiene por qué ser el responsable de buenas prácticas tributarias, de haberse la empresa adherido al CBPT y existir un cargo ideado a tales efectos en la propia organización. Habida cuenta de la convergencia con los principios que inspiran ambos modelos, el responsable de *tax compliance* podría desempeñar dicho cargo, sin que ello signifique que deba ser así de un modo imperativo. Y lo mismo cabe predicar respecto al cometido de la auditoría interna y de la asesoría fiscal de la empresa. Las funciones del responsable de cumplimiento tributario podrían incluirse dentro del papel que realizan estos órganos, pues todos ellos coinciden en la labor preventiva y de control del cumplimiento de la normativa vigente. De hecho, como se verá a continuación al analizar la disposición orgánica de esta figura, no es infrecuente que un miembro de tales departamentos (normalmente el director) sea designado para formar parte del comité de *compliance*. Ahora bien, es importante distinguir y separar con nitidez la gestión y el asesoramiento tributario de la

[458] El calificativo de garante no debe ser tomado como un mero adjetivo o una referencia vacía de contenido, sino que se habrá de tener muy en cuenta cuando eventualmente se pueda tener que dirimir una eventual responsabilidad de esta figura *ex* art. 11 CP (comisión por omisión).

supervisión de los programas de cumplimiento, sin perjuicio de que inevitablemente existan puntos de encuentro, siendo ello además conveniente[459].

La regulación del órgano de *compliance* en el ordenamiento español es bastante limitada y comenzó a introducirse a través de determinadas normativas sectoriales[460]. Hoy en día, el Código Penal es la única norma en derecho positivo que con vocación de generalidad recoge una previsión en este sentido. En particular, la condición segunda del artículo 31 bis 2 dispone como uno de los requisitos que deben concurrir para valorar la exención o atenuación de responsabilidad lo siguiente: «la supervisión del funcionamiento y del cumplimiento del modelo de prevención implantado ha sido confiada a un órgano de la persona jurídica con poderes autónomos de iniciativa y de control o que tenga encomendada legalmente la función de supervisar la eficacia de los controles internos de la persona jurídica». Al margen de esto, existen numerosos estándares, recomendaciones y reglas de *soft law* que contribuyen a dotar de cierto soporte regulatorio a esta figura del *compliance officer* tributario[461].

---

459 LLATAS SERRANO, J.: «Órgano de ‹Compliance› tributario». En GUERVÓS MAÍLLO, M. A. et al.: *Practicum Compliance Tributario 2020, Ob. Cit.*, págs. 765 y ss.

460 En materia de prevención del blanqueo de capitales, el art. 26.4 Ter de la Ley 10/2010, de 28 de abril, de prevención del blanqueo de capitales y de la financiación del terrorismo, dispone la creación de un órgano de control interno responsable de la aplicación de las políticas y procedimientos que se establezcan a tales fines; y, para las sociedades cotizadas, sin tener rango legal, el principio 21 y la recomendación 46 del Código de Buen Gobierno de las Sociedades Cotizadas asignan la función de control y gestión de riesgos a una unidad o departamento interno bajo la supervisión directa de la comisión de auditoría o, en su caso, otra comisión especializada del consejo de administración. En el ámbito supranacional, una de las primeras referencias normativas a esta figura se encuentra en la Directiva 2004/39/CE del Parlamento Europeo y del Consejo, de 21 de abril de 2004, relativa a los mercados de instrumentos financieros [MiFID]. Una previsión similar se recogía —hasta la modificación publicada el 29 de septiembre de 2018— en la LMV [art. 193.2, letra a)].

461 Normas UNE 37001, UNE 19600, UNE 19601 y, sobre todo, UNE 19602; el Libro blanco sobre la función de Compliance; el CSBPT 2010/2011, el Informe Anual de Gobierno Corporativo, CNMV en relación con artículo 540, RDL 4/2015, DA 7ª [LSC]; la Circular 1/2016, de 22 de enero, sobre la responsabilidad penal de las personas jurídicas conforme a la reforma del Código Penal efectuada por Ley Orgánica 1/2015 de la FGE; y la Norma 5ª de las Circulares n.º 6/2009 y

2.2.2. Disposición y composición

Dos de las cuestiones más determinantes que se habrán de tener en cuenta a la hora de examinar la funcionalidad y operativa de esta figura tienen que ver con su disposición orgánica (interna o externa) y composición (unipersonal o colegiada). Así, en primer lugar, es preciso comenzar indicando que, dependiendo de las características y del contexto de la empresa, existirán multiplicidad de formas para organizarse en relación con el responsable de cumplimiento tributario. Una variable de referencia que puede resultar muy útil y habrá de tomarse en consideración será la referida al tamaño de la compañía, pues en base a ello se podrá formar una idea acerca de las necesidades que presente y de la cantidad de personal con que se pueda contar para atender las mismas.

En este sentido, y tal y como se dispone en el propio art. 31 bis 3 CP, en las personas jurídicas de pequeñas dimensiones las funciones de supervisión del programa de *(tax) compliance* podrán quedar asumidas directamente por el órgano de administración. De esta manera, en tales casos el propio órgano de gobierno puede ser, asimismo, el órgano de *compliance* tributario. El CP establece que las entidades que se podrán acoger a esta forma organizativa son aquellas que estén autorizadas a presentar cuenta de pérdidas y ganancias abreviada, es decir, aquellas que durante dos ejercicios consecutivos, a la fecha de cierre de cada uno de ellos, cumplan al menos dos de las siguientes circunstancias: (1) El total de las partidas de activo no supere los once millones cuatrocientos mil euros; (2) El importe neto de su cifra anual de negocios no supere los veintidós millones ochocientos mil euros; o (3) El número medio de trabajadores empleados durante el ejercicio no sea superior a doscientos cincuenta[462]. Este planteamiento es perfectamente consecuente con el hecho de que este tipo de empresa (e, incluso, las medianas tampoco) difícilmente van a poder designar un cargo con dedicación exclusiva a las funciones de *compliance*.

1/2014 de la CNMV [LLATAS SERRANO, J.: «Órgano de ‹Compliance› tributario». En GUERVÓS MAÍLLO, M. A. et al.: *Practicum Compliance Tributario 2020, Ob. Cit.*, pág. 766].

462 Con anterioridad a que el CP reconociera esta circunstancia, y sin que ni mucho menos sea jurisprudencia consolidada, alguna sentencia ya venía posicionándose en este sentido.

Para el resto de los casos, y especialmente tratándose de empresas con un número ya considerable de trabajadores —no tiene por qué ser necesariamente superior a doscientos cincuenta—, es altamente recomendable la creación de una unidad de cumplimiento que realice tal cometido. En este punto nuevamente se abre un amplio abanico de posibilidades en función del organigrama y de los recursos de que se dispongan en las propias organizaciones.

De este modo, lo normal es que las grandes multinacionales cuenten con una superestructura de *compliance* en forma de órgano colegiado que habitualmente recibe el nombre de comité de *compliance*. Esta comisión de cumplimiento estará formada, en términos ideales, por los directores de departamento de las áreas más relevantes (financiero, contable, recursos humanos y personal, auditoría interna, alta dirección, etc.) y será presidida por un *Chief Complicer Officer* o responsable jefe de cumplimiento normativo cuyo papel consistirá en dirigir y coordinar a los distintos «*compliance officers*» de los departamentos específicos. Lo que se trata de conseguir es que cada una de las áreas de la empresa esté representada en este comité, permitiendo aglutinar la mayor cantidad de información posible e incrementar el rango de acción del mismo. Es importante no confundir este comité de *compliance* con el departamento de *compliance* de la empresa, ya que se trata de dos órganos diferentes que realizan funciones muy distintas, sin perjuicio de que el segundo también pueda encontrarse representado en el primero. En estos casos, en la medida en que las circunstancias organizativas de la empresa lo permitan, podrá existir un responsable de *compliance* tributario *ad hoc* y específico que posibilite la especialización y el tratamiento cualificado de esta materia. Se podría decir que este será el grado máximo de especialización al que se aspire en el ámbito del *compliance* fiscal, puesto que es difícilmente imaginable (aunque seguro habrá excepciones) la existencia de un órgano colegiado que exclusiva y específicamente aborde este cometido.

Por su parte, se darán otros escenarios donde la situación de la organización simplemente permita el nombramiento de un responsable único de cumplimiento normativo (órgano unipersonal) y, en tales casos, este asumirá las funciones de supervisión del *tax compliance programme* —que seguramente se encuentre inserto en uno de mayor alcance— sin ser un experto en este campo[463]. Uno de los

---

463 En cuanto a la relación entre el *compliance officer* penal y el tributario, en muy resumidos términos, se podría señalar que ambos gestionan bloques normativos convergentes: (1) Los riesgos de incumplimiento tributario pueden derivar en riesgos

supuestos donde esto sucederá con cierta habitualidad será cuando en la compañía no exista un departamento fiscal interno y este servicio se encuentre atribuido a una entidad externa.

Todas las posibilidades de este entramado organizativo que se han tratado de describir, en esencia, responden al principio de proporcionalidad y de racionalidad en el uso de los recursos. Además, todo lo anterior habrá de interpretarse teniendo muy presente otra circunstancia moduladora del régimen de prestación de estos servicios: la posibilidad de externalizar o no determinadas funciones de supervisión del funcionamiento del modelo de prevención establecido.

El *(tax) compliance officer*, cualquiera que sea su forma, «debe necesariamente ser un órgano de la persona jurídica», tal y como se infiere de lo estipulado en el CP y la Circular 1/2016, de 22 de enero, de la Fiscalía General del Estado[464]. Existen una serie de razones, como la exigencia de un conocimiento profundo de la corporación o el contacto diario con el funcionamiento de la misma[465], que de un modo ineludible determinan la necesidad de que solo un órgano interno de la propia sociedad pueda desempeñar este cometido de una manera plenamente eficaz. Ahora bien, ello no implica que, de un modo absoluto, todas las funciones de *compliance* deban ser realizadas por este órgano interno. Algunas de ellas se podrán externalizar, siendo esto además altamente recomendable en ciertos casos. La externalización puede reportar considerables ventajas, entre otras, en lo referido a una visión más objetiva, neutral e independiente; un nivel de especialización y experiencia superior; ahorro de costes en empresas que no dispongan de los medios estructurales adecuados; mayor rigor derivado del control extensivo realizado por un tercero; un ma-

---

penales; y (2) Existe compatibilidad entre los principios informadores del derecho penal y del derecho administrativo sancionador. LLATAS SERRANO, J.: «Órgano de ‹Compliance› tributario». En GUERVÓS MAÍLLO, M. A. et al.: *Practicum Compliance Tributario 2020, Ob. Cit.*, págs. 777 y 778.

464 Resulta bastante ilustrativo a tales efectos la relación de funciones "externalizables" que, a partir de las establecidas en la Norma UNE 19602, se realiza en LLATAS SERRANO, J.: «Órgano de ‹Compliance› tributario». En GUERVÓS MAÍLLO, M. A. et al.: *Practicum Compliance Tributario 2020, Ob. Cit.*, pág. 776-777.

465 LLATAS SERRANO, J.: «Órgano de ‹Compliance› tributario». En GUERVÓS MAÍLLO, M. A. et al.: *Practicum Compliance Tributario 2020, Ob. Cit.*, pág. 775.

yor grado de confidencialidad y secreto profesional; o evitar situaciones de posibles conflictos de intereses[466]. En la propia Circular 1/2016 FGE referida anteriormente se reconoce que muchas de estas tareas «resultarán tanto más eficaces cuanto mayor sea su nivel de externalización»[467]. Lo esencial y verdaderamente relevante es que dentro de la corporación exista un órgano interno responsable de la supervisión del modelo de prevención implementado, no que este monopolice todas y cada una de las tareas que conforman esta función; debiendo recordar, por otro lado, que no parece aceptable o, mejor dicho, no cabe una externalización total de funciones. Como se puede concluir de todo lo dicho hasta el momento, no existe una única solución válida y se habrá de estar a las características y circunstancias propias de cada corporación.

El *tax compliance officer*, jerárquicamente, debe situarse en una posición de referencia dentro de la organización que le acredite de manera suficiente y efectiva para solicitar y recibir la colaboración plena de los demás miembros de la misma. En términos ideales, sería deseable que este responsable de control se ubicase próximo a la alta dirección y al consejo de administración. Este último órgano, además, sería en principio el encargado de designarle y, en su caso, cesarle; si bien, no resulta para nada infrecuente que este cometido lo tengan atribuido otras dependencias. Lo mismo cabe predicar a efectos de rendir cuentas. En superestructuras de *compliance*, en vez de frente al órgano de gobierno, podría ser el *chief compliance cfficer* ante el que tuvieran que responder los encargados de *compliance* de menor rango. Como complemento de lo anterior, resultará igualmente imprescindible asegurar que no va a sufrir represalias por las actuaciones que lleve a cabo.

2.2.3. Perfil profesional y notas características

La profesión del responsable de cumplimiento normativo, como tal y salvo concretas normativas sectoriales que ya han sido referidas, no se encuentra

466 Javier Ribas (2013). Compliance officer o cómplice officer. <Su seguro servidor-Compliance officer o cómplice officer-Blogs Expansión.com>

467 FISCALÍA GENERAL DEL ESTADO (2016). *Circular 1/2016, de 22 de enero, sobre la responsabilidad penal de las personas jurídicas conforme a la reforma del Código Penal efectuada por Ley Orgánica 1/2015, Ob. Cit.* (*Tol 5616306*).

regulada en España. No se definen derechos ni obligaciones y, por ende, las condiciones de su desempeño se regirán por lo establecido contractualmente entre las partes. Sus específicas características, como también se ha indicado anteriormente, variarán dependiendo de las particulares circunstancias y situación de cada empresa. Si existiera un único *compliance officer* en la organización, parece que lo más adecuado sería que este tuviera un perfil multidisciplinar y eminentemente jurídico, con experiencia práctica y formación transversal en las distintas áreas de negocio. En cambio, si existiera un comité de *compliance* integrado por distintos responsables de cumplimiento normativo, se entiende que cada uno ellos presentarán una capacitación específica respecto del ámbito de la empresa donde desarrollen su actividad. Sea como fuere, es importante tratar de buscar en todos los casos un equilibrio o la conciliación entre lo estrictamente legal y el conocimiento de la empresa, debiendo procurar siempre que el nivel formativo (acreditado) y la experiencia profesional (contrastada) sean acordes al grado de responsabilidad que se asuma[468].

Una de las notas más destacadas que deberán ilustrar el ejercicio de esta función de *compliance* es la autonomía. El legislador, en la condición 2ª del art. 31 bis 2 CP, se refiere a ella como «poderes autónomos de iniciativa y control». Esta expresión se ha de considerar como la capacidad del órgano de *compliance* (tributario) de tomar decisiones, dentro del marco de delegación que se le haya asignado[469], sin verse constreñido por ningún tipo de injerencia (externa o interna) que de cualquier forma pudiera limitar o coartar

---

468 En el Informe 4/2018 de la Comisión Jurídica del CGAE se indica que el abogado es el profesional idóneo para desempeñar esta función por todas las prerrogativas innatas de las que está investido (libertad, independencia, secreto profesional, confidencialidad, posibilidad de no declarar, entre otras).

469 «Los poderes autónomos de iniciativa y control se circunscriben al ámbito de la función de supervisión, investigación y propuesta de actuación, sin que quepa entenderse que de dicha redacción se deriva directamente que el compliance officer cuenta con poderes ejecutivos para paralizar una operación empresarial o suspender un acuerdo del consejo de administración». LIÑÁN LAFUENTE, A.: «El oficial de cumplimiento: su responsabilidad penal». En MADRID BOQUÍN, C.M. (coord.) et. al.: *Tratado sobre compliance Penal: responsabilidad penal de las personas jurídicas y modelos de organización y gestión*, director Juan Luis Gómez Colomer. Valencia, España: Tirant lo Blanch, 2019, pág. 356.

el desarrollo de sus cometidos esenciales. Dicha cualidad, en suma, deberá materializarse en la disposición de los medios adecuados y suficientes para poder generar un modelo de prevención eficaz[470]. Lo anterior no obsta para que igualmente deba ejercerse sobre esta figura una labor de control y monitoreo para garantizar un desempeño correcto, fundamentalmente, a través del reporte periódico ante el órgano de administración. Por todo ello, no será infrecuente que se designe para este cargo a un directivo o ejecutivo de alto rango con mayores márgenes de libertad y actuación[471].

2.2.4. Funciones

En cuanto a las concretas funciones que va a ejercer este responsable de *compliance* (tributario), su fuente será contractual y actuará por delegación

---

470 Una referencia muy recurrente en la literatura sobre «*tax compliance*» tiene que ver con la necesidad de asignar y proporcionar al responsable de cumplimiento los recursos suficientes para que pueda desempeñar sus funciones de una forma apropiada. El propio CP se refiere a la disposición de «recursos financieros adecuados» y, si bien tal matización resulta altamente cuestionable, ello puede servir para hacernos una idea del énfasis y la importancia que se quiere atribuir a este asunto. El sentido o la cuestión de los recursos deberá ser interpretado en sentido amplio. No puede o debe limitarse a una cuestión puramente económica, sin perjuicio de a fin de cuentas todo pueda reducirse o ser reconducible en tales términos.

471 Hay autores que consideran primordial regular ciertas cuestiones relacionadas con la autonomía y protección de esta figura para evitar posibles represalias, como sanciones o despidos, por simplemente llevar a cabo su labor de forma adecuada. Sin embargo, y sin estar directamente relacionado con ello, tampoco se puede perder de vista el hecho de que, en ocasiones, tal y como reconoce la normativa, esta función de *compliance* puede ser asumida personalmente por el órgano de administración y, por ende, no parece que pueda ser de recibo el establecimiento de una regulación muy severa de esta institución, por ejemplo, en lo referido a requisitos académicos o una titulación específica. Con esto sencillamente se quiere poner de manifiesto que, cuando el legislador se decida a regular con mayor detalle esta figura del *compliance officer*, deberá sopesar y reflexionar detenidamente sobre todos y cada uno de los extremos que desee someter a reglamentación pública, por decirlo de alguna manera. Vid. SAURA ALBERDI, B.: «El órgano de cumplimiento (compliance officer)». En RODRÍGUEZ GARCÍA, N. (coord.) y RODRÍGUEZ LÓPEZ, F.C. (coord.): *Compliance» y responsabilidad de las personas jurídicas*, Valencia, España: Tirant lo Blanch, 2021, págs. 415-439.

del órgano de gobierno. El legislador simplemente se limita a indicar, para todos los tipos de *compliance officers*, que las mismas consistirán, en líneas generales, en la «supervisión del funcionamiento y del cumplimiento del modelo de prevención implantado». Ahora bien, la cuestión problemática no se centra tanto en su determinación o enumeración como sí en la concreción de su alcance, que se hará depender del tipo y características de cada empresa, como ya se ha repetido. Resulta habitual en la práctica corporativa que, en el mismo contrato de trabajo o en un documento accesorio denominado «*job description*», se detalle la relación de funciones que se van a atribuir a este órgano y su extensión en términos materiales, esto es, el marco de delegación establecido. Asimismo, se encuentra también bastante extendido que, con cierta periodicidad (generalmente, anual), este mismo órgano suscriba una especie de declaración responsable en la que describa cómo se ha producido el desarrollo de sus funciones.

En la otra cara de la moneda, de forma correlativa, el encargado de *compliance* también asume la responsabilidad ligada al cumplimiento o incumplimiento de las funciones que le han sido encomendadas. En este caso, las acciones o, más bien, omisiones en el debido deber de control pueden generar consecuencias en distintos ámbitos, aun cuando este órgano actúe por delegación y, en última instancia, la responsabilidad competa a la alta dirección o a la propia persona jurídica. A la hora de analizar pormenorizadamente las principales funciones de este órgano, a fin de tratar de observar una cierta sistematización, se considera oportuno establecer una distinción entre las distintas fases que componen la puesta en práctica de un programa de *tax compliance*[472]:

---

472 Vid. LIÑÁN LAFUENTE, A.: «El oficial de cumplimiento: su responsabilidad penal». En MADRID BOQUÍN, C.M. (coord.) et. al.: *Tratado sobre compliance Penal: responsabilidad penal de las personas jurídicas y modelos de organización y gestión, Ob. Cit.*, págs. 347-378; Asociación Española de *Compliance*. «*Libro blanco sobre la función de Compliance*», *Ob. Cit.*, págs. 27 y ss.; POZO TORRES, J.F.: «Compliance y posición de garante: imputación de hechos delictivos al compliance officer», *Foro. Revista de ciencias jurídicas y sociales*, núm. 1, 2020, págs. 127-154; y Comisión Nacional del Mercado de Valores (2014). Circular 1/2014, de 26 de febrero, de la Comisión Nacional del Mercado de Valores, sobre los requisitos de organización interna y de las funciones de control de las entidades que prestan servicios de inversión. <https://www.boe.es/buscar/doc.php?id=BOE-A-2014-3559>.

(1ª) Fase de *diseño y elaboración* del modelo de prevención de riesgos: el *tax compliance officer* deberá analizar las actividades de la empresa que sean susceptibles de generar riesgos de incumplimiento fiscal, por una parte, identificando y evaluando los mismos y, por otra, diseñando los respectivos controles y protocolos que sean adecuados para prevenirlos y minimizarlos. Se trata, en puridad, de que las obligaciones de *compliance* se identifiquen e integren en las políticas y procesos establecidos para contribuir a su gestión de forma eficaz. Asimismo, este órgano podrá participar, a efectos consultivos, en la confección de la estrategia fiscal.

(2ª) Fase de *desarrollo e implementación material* del programa: esta etapa engloba todas las actividades destinadas a la materialización de las medidas diseñadas anteriormente, así como aquellas otras orientadas a garantizar y asegurar el buen funcionamiento y la eficacia de los modelos de control y gestión de riesgos. Hay autores que sostienen que al responsable de cumplimiento normativo no le compete la ejecución material de las medidas dirigidas a implantar tales sistemas, sino que ello corresponde (se entiende que en exclusiva) al órgano de administración[473]. Esta parece ser una posición minoritaria y la mayor parte de la doctrina coincide en señalar que este órgano desempeña un papel importante en la efectiva puesta en marcha de todos los controles y protocolos de cumplimiento. Así lo refleja la propia Norma UNE 19602 al establecer entre sus cometidos el de «impulsar y supervisar, de manera continua, la implementación y eficacia del sistema de gestión de compliance tributario en los distintos ámbitos de la organización»[474]. Asimismo, existen otras funciones adyacentes que se deberán realizar durante esta fase como el establecimiento de un canal de comunicación y denuncias, la creación de indicadores de desempeño y, sobre todo, la difusión de las obligaciones de *compliance* y la capacitación del personal de la empresa que guarde relación con las actividades de riesgo identificadas[475].

---

473 GOÑI SEIN, J.L.: «Nuevo Código Penal, plan de prevención de delitos y sus implicaciones laborales», *Trabajo y derecho: nueva revista de actualidad y relaciones laborales*, núm. 5, 2015, págs. 25 y ss.

474 Asociación Española de Normalización. «Norma UNE 19602. Sistemas de gestión de compliance tributario: Requisitos con orientación para su uso». *Ob. Cit.*, pág. 21.

475 Se tiende a pensar, erróneamente, que un encargado de compliance tiene la obligación de impedir indefectiblemente cualquier clase de incumplimiento. No es así y

(3ª) Fase de *control y supervisión del sistema* de *tax compliance*: el órgano de cumplimiento tributario tiene encomendados los deberes de vigilancia y monitorización acerca del correcto y eficaz funcionamiento del modelo implementado. Debe verificar y certificar que los controles y protocolos adoptados son suficientes y adecuados para garantizar que el cumplimiento de las obligaciones fiscales sea acorde a los objetivos y la política de *compliance*. Asimismo, y para que el desempeño del sistema sea plenamente efectivo, es preciso llevar a cabo una revisión y (r)evaluación periódica de los riesgos en las distintas áreas de negocio, detectando posibles carencias o disconformidades y, en consecuencia, adaptando y modificando el modelo de forma actualizada según las circunstancias y necesidades que se den en cada momento. Por otro lado, el responsable de *compliance* también será el encargado de gestionar el canal de denuncias y de realizar las investigaciones pertinentes en relación con los eventuales incumplimientos o sospechas fundadas que se hagan llegar. Esta función lleva implícita la obligación de reaccionar cuando se tenga conocimiento de que se han cometido o se van a cometer comportamientos constitutivos de infracción o delito. Esto no implica, sin embargo, que esta figura necesariamente haya de asumir el cometido de aplicar el régimen disciplinario —puede corresponderle a otro órgano, por ejemplo, al comité de ética—, sino que tan solo deberá activar o iniciar el proceso para su ulterior ejecución. Finalmente, y teniendo todo lo anterior en cuenta, el órgano de *compliance* tributario deberá reportar e informar al órgano de gobierno y a la alta dirección sobre los resultados y la efectividad del programa. La periodicidad de estos informes se hará depender del tipo y circunstancias de cada organización, pero se recomienda que al menos sea anual y, en el caso de grandes empresas, cada menos tiempo. En cuanto a su contenido, es bastante indeterminado, pudiendo incluirse cualquier cuestión o apreciación relevante que amerite ser conocida. Una práctica bastante extendida es remitir una memoria anual, elaborada por el departamento de *compliance*, donde se expliciten todas estas cuestiones.

---

tampoco debe serlo. La función primordial o básica de este órgano es la supervisión y vigilancia del sistema de compliance para tratar de garantizar su solidez y eficacia en la prevención de delitos. Sin embargo, tan importante como ello, o más incluso, es prestar soporte a las distintas áreas de la organización para que sean realmente sus responsables y empleados los que se ocupen de llevar a efecto tales controles. La forma de materializar en la práctica todo esto puede ser muy diversa, desde acciones o programas formativos hasta la gestión de las denuncias e investigaciones para comprobar las irregularidades que pudieran darse.

2.3. SISTEMA DE GESTIÓN DE *COMPLIANCE* TRIBUTARIO: ESPECIAL REFERENCIA AL MAPA DE RIESGOS FISCALES

Puede considerarse que un «sistema de gestión de *compliance*» es el punto donde confluyen todos los demás elementos de un programa de cumplimiento normativo. Se trata de la materialización y exteriorización práctica, por una parte, del método utilizado por la organización para aplicar su *compliance* y, por otra, de la finalidad última de esta clase de programas, cual es conseguir la exoneración de responsabilidad penal de la persona jurídica. En términos teleológicos, las remisiones que se hacen (en el Código Penal, en la Circular o, en general, en cualquier trabajo doctrinal) al «modelo de organización y gestión» o al «programa de cumplimiento» son casi equivalentes a la expresión «sistema de gestión de *compliance*», ya que en la práctica resulta muy complicado desligar o disociar tales conceptos[476].

Este instrumento —o, si se prefiere, los modelos o programas de cumplimiento en general— se ha convertido en una cuestión esencial del objeto del proceso penal, pues tal y como señala la referida Circular, este «se extiende ahora también y de manera esencial a valorar la idoneidad del programa de cumplimiento adoptado por la corporación», de tal forma que «no basta la existencia de un programa, por completo que sea, sino que deberá acreditarse su adecuación para prevenir el concreto delito que se ha cometido, debiendo realizarse a tal fin un juicio de idoneidad entre el contenido del programa y la infracción». Entre las características que deben reunir estos sistemas se citan la claridad, la precisión y la eficacia. Asimismo, será una constante la necesidad de que toda la información acerca de los mismos, así como sus eventuales variaciones o cambios, se conserve y conste en un soporte documentado.

Se debe recordar, en consonancia con lo dicho anteriormente para los demás elementos, que un sistema de gestión puede incluir una única o varias disciplinas. En consecuencia, un específico sistema de *compliance* tributario podrá ser independiente o, como resultará más habitual, estar integrado en otro de mayor rango o alcance. En la Norma UNE 19602 se define como

---

476 HERNÁNDEZ GARAY, J.; GUIJARRO RODRÍGUEZ, P.; MORALES IGLESIAS, M.R.; y CABADAS GARCÍA, F.: «Sistema de gestión de ‹Compliance› tributario». En GUERVÓS MAÍLLO, M. A. et al.: *Practicum Compliance Tributario 2020, Ob. Cit.*, págs. 796 y ss.

el «conjunto de elementos de una organización interrelacionados o que interactúan para concretar y medir el nivel de consecución de objetivos de compliance tributario, así como las políticas, procesos y procedimientos para lograr dichos objetivos». A este respecto, será fundamental determinar el alcance del sistema de gestión de *compliance* tributario, que deberá comprender la totalidad de procesos productivos desarrollados en la organización susceptibles de producir consecuencias con transcendencia fiscal. En particular, se habrán de tener en cuenta las siguientes variables: (a) Los factores, externos e internos, mencionados anteriormente en la política de *compliance*; (b) Los requisitos de cumplimiento que se fije la organización, teniendo en cuenta no solo la estricta normativa fiscal sino también los códigos éticos o de buenas prácticas que voluntariamente se puedan asumir; y (c) Los resultados del análisis y evaluación de riesgos que más adelante se detallarán[477].

Teniendo todo ello en cuenta, el objetivo es que el modelo sea capaz de acreditar básicamente tres cuestiones en este concreto ámbito tributario: (1) La debida presentación en tiempo y forma de las declaraciones tributarias y el pago correspondiente de las mismas; (2) La titulación, preparación y experiencia de las personas responsables de gestionar el cumplimiento de las obligaciones fiscales (en sentido amplio); y (3) La fundamentación jurídica que se ha tenido en cuenta —entendiendo una interpretación razonable de la norma— para determinar la cuantía de la deuda tributaria[478]. El *tax compliance* supone un reconocimiento del conjunto de obligaciones materiales y formales que corresponden en relación con cada tributo y, asimismo, la voluntad de abstenerse o no incurrir en prácticas y comportamientos que puedan comprometer o malograr su adecuado cumplimiento. Las organizaciones deben establecer, aplicar, mantener y mejorar de forma ininterrumpida protocolos y medidas eficaces de gestión de los riesgos fiscales que permitan su detección, prevención, corrección y control. De esta manera, se evitará o

---

477 Asociación Española de Normalización. «Norma UNE 19602. Sistemas de gestión de compliance tributario: Requisitos con orientación para su uso». *Ob. Cit.*, págs. 17 y ss.

478 HERNÁNDEZ GARAY, J.; GUIJARRO RODRÍGUEZ, P.; MORALES IGLESIAS, M.R.; y CABADAS GARCÍA, F.: «Sistema de gestión de ‹Compliance› tributario». En GUERVÓS MAÍLLO, M. A. et al.: *Practicum Compliance Tributario 2020, Ob. Cit.*, pág. 801.

reducirá significativamente la posibilidad de que se materialice o se produzca cualquier clase de contingencia relacionada con los mismos. Para examinar la composición y funcionamiento de un sistema de gestión de *compliance* tributario se van a identificar y distinguir tres bloques de actuación secuenciados: 1º Planificación del riesgo o Mapa de riesgos; 2º Plan de acción; y 3º Revisión o monitorización.

2.3.1. Mapa de riesgos fiscales

La primera actuación que deberá darse en este contexto tiene que ver con la confección de un instrumento que posibilite la identificación, el análisis y la valoración de los riesgos fiscales existentes en una organización. Esta herramienta recibe el nombre de «mapa de riesgos» y supone la concreción de aquellas conductas susceptibles de generar riesgos de incumplimiento, así como su priorización dependiendo de la entidad que presenten. Se trata de una matriz teórica en la que se harán figurar las distintas clases de incumplimientos a los que se vea expuesta una empresa, otorgándose a cada uno de ellos una valoración conforme al nivel de riesgo que se haya estimado en función de diversos criterios[479]. Resulta necesario que se documente, reflejando la realidad organizativa y económica de la entidad y la proyección de toda la gama de riesgos que lleve asociada la actividad de la misma. En esencia, es una hoja de ruta que va a orientar y ordenar el desarrollo de las subsiguientes actuaciones de control y verificación que se van a observar durante el proceso de gestión de *compliance* tributario[480]. Como colofón de todo lo anterior, y entrando ya en una dimensión mucho más singular, este mapa de riesgos representa y materializa el requisito establecido para los «modelos de organización y gestión» en el apartado 1º del artículo 31 bis 5 del CP, que recoge

---

479 DE ROS RAVENTÓS, Í.: *Delito Fiscal y Tax Compliance, Ob. Cit.*, págs. 225 y ss.

480 Vid. FERRÉ OLIVÉ, J.C: «El compliance penal tributario». En MADRID BOQUÍN, C.M. (coord.) et. al.: *Tratado sobre compliance Penal: responsabilidad penal de las personas jurídicas y modelos de organización y gestión, Ob. Cit.*, pág. 215; y ARTAZA VARELA, O.: «Programas de cumplimiento. Breve descripción de las reglas técnicas de gestión del riesgo empresarial y su utilidad jurídico-penal». En HORTAL IBARRA, C. (coord.), VALIENTE IVAÑEZ, V. (coord.) et. al.: *Responsabilidad de la empresa y compliance, Ob. Cit.*, pág. 250.

la necesidad de identificar las actividades de las personas jurídicas en cuyo ámbito puedan ser cometidos los delitos que deben ser prevenidos.

Una cuestión que no pocas veces pasa desapercibida es la referida a quién debe ser el encargado de elaborar este mapa de riesgos. Pocos autores se pronuncian acerca de este extremo y mucho menos dicen las diferentes Normas UNE que se han ido publicando en la materia. Lo habitual es que cada empresa, en función de su tamaño y características, defina la persona u órgano responsable de elaborar este instrumento. Ahora bien, no es para nada aconsejable, más aún, podría decirse que no es de recibo, encargar esta tarea a una única persona, incluso si se tratase de un mapa de riesgos que atendiera exclusivamente al aspecto fiscal. Huelga decir que la materia tributaria inevitablemente se ve influenciada y condicionada por las actuaciones y sucesos que tienen lugar en otras parcelas o ramas del ordenamiento. Así pues, de lo que se trata es de que en su confección participen y se involucren el mayor número de empleados de las distintas áreas de negocio, con opiniones diferentes sobre los riesgos que predominan en sus sectores, para tratar de componer una visión global y ajustada a la realidad y considerar riesgos que quizás de otra forma hubieran pasado inadvertidos. Con todo, a nivel formal, parece que la Alta dirección designará a la persona o comisión responsable de realizar esta labor, que usualmente estarán próximos o serán el mismo departamento de auditoría interna. A nivel operativo, como se ha dicho, tampoco es infrecuente que el *compliance officer* o el comité de cumplimiento se ocupen de coordinar a los distintos participantes en su elaboración o, incluso, se encarguen ellos mismos de ejecutar este cometido[481].

En todo este proceso se debe observar lo que en el mundo anglosajón se conoce como «*due diligence*» o, en su traducción al castellano, «diligencia debida». Evidentemente, no se trata de una expresión totalmente novedosa o ajena al ordenamiento español, no obstante, la connotación que ahora adquiere en el ámbito del *compliance* sí lo es[482]. El sentido con el que se le dota en este contexto tiene que ver con la realización de un

481 No parece, por el conocimiento tan preciso de la organización que se requiere, que esta tarea pueda ser objeto de externalización.

482 No debe confundirse su significado con el uso tradicional que, sobre todo, las normas civiles y mercantiles —«un buen padre de familia» o «un ordenado comerciante»— han dado a este término en el derecho español, haciendo referencia a un «estándar de

análisis de riesgos (fiscales) cuyo objeto sea, por un lado, identificar aquellas actividades corporativas que puedan generarlos y, por otro, evaluar en profundidad su naturaleza y alcance; pudiendo, por tanto, hacer las veces u operar como controles preventivos y de detección al mismo tiempo[483]. En sí, se sucederán tres fases concatenadas: Identificación, análisis y priorización de riesgos.

A. *Identificación*

El primer paso para confeccionar un instrumento de este tipo consiste en identificar todos los posibles riesgos tributarios que puedan existir o darse en una organización, así como sus fuentes y causas. Para ello se habrá de considerar su particular contexto y los distintos factores internos y externos que anteriormente se han relacionado al hablar de la política de *compliance* tributario. Un sistema de gestión de *compliance* tributario, siendo una constante repetida y predicable de todos los demás elementos, debe estar perfectamente adaptado a la organización en la que se aplicará, evitando a toda costa reproducir modelos estandarizados. Todo lo anterior se habrá de poner en relación con las obligaciones de cumplimiento que la organización deba observar, tratando de conciliar las peculiaridades de su actividad con las reglas de ordenación estatal y autorregulación privada[484]. De este modo, el marco de riesgo en el que se moverá la empresa se determinará atendiendo no solo a los ilícitos penales y administrativos en que se pudiera incurrir, sino también en función de los compromisos y buenas prácticas de índole fiscal que se decidieran asumir voluntariamente.

Un mapa de riesgos debe tratar de comprender el mayor abanico posible de amenazas. La manera de identificarlos variará dependiendo de la

---

comportamiento exigible a determinadas personas para determinar su eventual responsabilidad en caso de actos con resultados adversos para otras personas».

483 Asociación Española de Normalización. «Norma UNE 19602. Sistemas de gestión de compliance tributario: Requisitos con orientación para su uso». *Ob. Cit.*, págs. 30 y ss.

484 FERRÉ OLIVÉ, J.C: «El compliance penal tributario». En MADRID BOQUÍN, C.M. (coord.) et. al.: *Tratado sobre compliance Penal: responsabilidad penal de las personas jurídicas y modelos de organización y gestión*, *Ob. Cit.*, pág. 215.

clase de riesgo de que se trate, ya que no todos se van a presentar con la misma intensidad, ni de la misma forma, en cada corporación[485]. A nivel metodológico, resulta aconsejable partir de una *check-list* inicial que incluya una relación detallada de las potenciales situaciones conflictivas, para luego continuar con una ronda de entrevistas al personal de los distintos sectores de negocio implicados. Otra recomendación habitual es recurrir a una auditoría externa que se ocupe, por un lado, de identificar todas las obligaciones fiscales a las que esté sujeta la empresa y, por otro, de cuantificar las eventuales contingencias derivadas de su incumplimiento, así como las referidas a ejercicios no prescritos[486]. Con todo, parece incuestionable que la realización de esta tarea requiere no solo un profundo conocimiento de la normativa fiscal, sino también de la propia corporación, de ahí que pueda resultar apropiado que el personal externo sea asistido por algún miembro de la plantilla, en caso de optarse por la última de las opciones planteadas.

En la Norma UNE 19602, de un modo muy general, se tipifican dos tipos de riesgos tributarios: (a) Riesgo de procedimiento: aluden a la inadecuación del procedimiento aplicado para la gestión y el control de las obligaciones fiscales; y (b) Riesgo de interpretación: se refieren al peligro que puede suponer una interpretación indebida de la normativa que no sea compartida por la Administración tributaria o/ni por los Tribunales. Sin perjuicio de esta categorización, tales riesgos se traducirán o plasmarán, a su vez, en una infinidad de posibles contingencias tributarias que será imposible de acotar por completo. Teniendo en cuenta todo esto, una premisa que conviene dejar muy clara es que la existencia de riesgos fiscales no tiene por qué necesariamente responder o ser consecuencia de prácticas poco recomendables o de dudosa licitud, sino que también puede deberse a la propia complejidad del ordenamiento fiscal, constantes modificaciones normativas, cambios en la doctrina

---

485 LUZÓN CÁNOVAS, A.: «El <compliance> tributario y la exención de responsabilidad penal corporativa». En SANTANA LORENZO, M. (dir.) et. al.: *El compliance tributario en el proceso penal, Ob. Cit.*, pág. 37 y ss.

486 LACUNZA URANGA, J. y ZARRAONANDIA ZULOAGA, I.: «La cultura compliance en general en la empresa. La llegada del Tax Compliance». En MERINO JARA, I. (coord.): *El control de los riesgos fiscales en la empresa a través del compliance tributario*, Madrid. España: Editorial CISS, 2021, págs. 21 y ss.

interpretativa o, en general, a muchas y diversas cuestiones inherentes a la naturaleza operativa de las empresas y del sistema tributario[487].

B. Análisis

Una vez identificados los riesgos fiscales que presumiblemente pueda entrañar la actividad de la empresa, será preciso someter los mismos a evaluación o análisis desde un punto de vista funcional, objetivo y circunstancial. Para ello se examinarán una serie de factores que no serán muy distintos a los que ya se han tenido en cuenta a la hora de proceder con su identificación. En puridad, todos ellos se podrán reconducir atendiendo a dos parámetros o criterios principales:

- *Probabilidad de comisión* (del 1 al 10 o del 1 al 100%): vendrá determinada por aspectos comunes de la realidad corporativa. Sin ánimo de exhaustividad, cabe citar el contexto operativo (complejidad de la actividad, estructura y dimensiones, grado de expansión geográfica, volumen de negocio, etc.), el historial de incidencias o antecedentes, la recurrencia de determinados riesgos, las tendencias del sector en materia de responsabilidad y aplicación de esta clase de programas, el nivel de empleabilidad (formación, experiencia, política de contratación, incentivos, etc.) o los procesos de trabajo internos (manuales o automatizados, dependencia o autonomía funcional, definición de responsabilidades, monitorización, etc.)[488].
- *Impacto* (alto, medio o bajo): se habrá de cuantificar la repercusión potencial, tanto a nivel cuantitativo como cualitativo, que pueda implicar la materialización práctica de los riesgos definidos. Resulta evidente que no se van a ponderar de la misma forma los incumplimientos penales (Delitos contra la Hacienda Pública y Seguridad Social)

---

487 Wolters Kluwer (2020). «Cómo Implantar Un Compliance Fiscal. Los Riesgos Fiscales En El Impuesto Sobre Sociedades». Complylaw Fiscal, pág. 9.

488 GONZÁLEZ CUSSAC, J.L.: «Condiciones y requisitos para la eficacia eximente o atenuante de los programas de prevención de delitos». En MADRID BOQUÍN, C.M. (coord.) et. al.: *Tratado sobre compliance Penal: responsabilidad penal de las personas jurídicas y modelos de organización y gestión, Ob. Cit.*, págs. 317.

que los administrativos («simples» infracciones); como tampoco se puede atender en exclusiva al aspecto económico y desconocer o dejar en un segundo plano el punto de vista reputacional.

De lo que se trata, en definitiva, es de individualizar los riesgos con precisión sobre la base de un juicio cualitativo. A la hora de llevar a cabo esta tarea convendrá tener muy en cuenta las directrices establecidas en la «Norma ISO 31000:2018-Gestión del riesgo». Asimismo, se han de contemplar y distinguir el nivel de riesgo en abstracto (riesgo bruto) y el nivel resultante una vez implementadas las medidas de control y prevención (riesgo neto o residual).

C. Priorización

Teniendo en cuenta toda la información proporcionada por el análisis, es posible acometer una priorización y disección jerarquizada de los riesgos según su relevancia. Ello permitirá aplicar distintas estrategias y protocolos en función de cada tipo específico, individualizando su tratamiento y consolidando un umbral de riesgo aceptable[489]. Sobre aquellos que rebasen este marco permitido se aplicarán procedimientos y mecanismos adecuados para su control y reducción hasta un punto que se considere admisible o tolerable. En general, se posibilitará una administración más eficiente de los recursos y una aplicación más eficaz de las medidas que se pongan en práctica para gestionarlos. A nivel práctico, el resultado del mapa de riesgos podrá representarse gráficamente en una tabla o cuadro —*Excel*— asignando a cada uno de dichos riesgos la información pertinente que conduzca a su neutralización[490]. Por ejemplo:

---

489 «El *compliance program* conforma un marco de riesgo permitido para la persona jurídica». SILVA SÁNCHEZ, J.M.: «Deberes de vigilancia y compliance empresarial». En KUHLEN, L. (ed.); MONTIEL, J.P. (ed. Lit.); y ORTIZ DE URBINA GIMENO, I.: *Compliance y teoría del derecho penal*, Madrid, España: Marcial Pons, 2013, págs. 76-106.

490 Wolters Kluwer (2020). «Cómo Implantar Un Compliance Fiscal. Los Riesgos Fiscales En El Impuesto Sobre Sociedades». *Ob. Cit.*, pág. 10.

RIESGOS FISCALES	PROBABILIDAD	VALOR	IMPACTO	VALOR	RIESGO BRUTO	CONTROLES Y MEDIDAS	RIESGO NETO
DELITOS CONTRA LA HACIENDA PÚBLICA (ARTS. 305 – 306 CP)							
Defraudar a la Hacienda Estatal, Autonómica, Provincial o Local eludiendo el pago de cualesquiera impuestos, cantidades retenidas o que se hubieran debido retener, o ingresos a cuenta, obteniendo devoluciones u obteniendo beneficios indebidos (art. 305 CP)	Baja	2	Alto	4	7	Asignación de funciones a los miembros de la sociedad. Aplicación del «principio de los cuatro ojos». Reuniones semanales entre los responsables de contabilidad, fiscalidad y finanzas. Revisión del cálculo fiscal por el área financiera en todos los Impuestos y asesores externos sólo en el Impuesto de Sociedades (IS). Firma o confirmación en línea por parte del director financiero, de control y de impuestos. Rectificación inmediata de declaraciones y establecimiento de procedimientos de control adicionales. Refuerzo del área de cumplimiento fiscal	3

2.3.2. *Plan de control*

El segundo de los bloques de actuación que conforma un sistema de gestión de *compliance* tributario es la llamada planificación de control. Cada organización debe integrar en sus procesos de negocio las políticas y actuaciones necesarias para cumplir con las exigencias de *compliance*, evaluar su eficacia y generar evidencias de cumplimiento. Con este fin, se deben intentar aprovechar al máximo las inercias y procesos ya establecidos en la organización. Asimismo, es importante dejar claro que en ningún caso será posible eliminar por completo el riesgo de incumplimiento tributario y, por ende, no podrá exigirse a ningún sistema de gestión de *compliance* un grado de efectividad absoluto.

Se trata de implementar en la práctica corporativa medidas de vigilancia y control diseñadas para prevenir la materialización de riesgos tributarios y/o para reducir de forma significativa los mismos. Este conjunto de actividades de control se compone de un heterogéneo grupo de medidas tanto de carácter preventivo como proactivo que, habida cuenta de la información resultante del mapa de riesgos, se aplicarán sobre cada uno de ellos para conseguir mitigarlos o reducirlos conforme a los criterios y niveles de exigencia anteriormente definidos. Para ilustrar y sistematizar a grandes rasgos todas estas actuaciones, se considera oportuno establecer una clasificación —sin perjuicio de que en no pocas ocasiones la puesta en práctica de tales medidas implica que se solapen las categorías— sobre la base de tres conceptos[491]:

---

491 Desde un punto de vista material, y siendo (mayormente) aplicable a un programa de *compliance* integral o general, resulta tremendamente ilustrativo lo señalado por SUSAETA SOLOZABAL que se reproduce a continuación: «Con arreglo o en correlación a dicho mapa de riesgos se conformará un «plan de acción» que tendrá como objeto proceder a la elaboración (o, en su caso, actualización y mejora) de los códigos y protocolos o procedimientos que se juzguen convenientes para prevenir los riesgos detectados. Por ejemplo, y en gran parte de las organizaciones: (i) un

- Prevención del riesgo: son aquellas medidas cuyo propósito se centra en (1) evitar incurrir en situaciones generadoras de riesgos; (2) facilitar la rápida detección de aquellos que surjan *ex novo*; y (3) dotar de la capacidad adecuada para saber cómo reaccionar ante los mismos[492].
- Eliminación del riesgo: se incluye aquí la corrección o modificación de aquellas situaciones o procesos establecidos en la organización que sean susceptibles de generar riesgos identificados. De esta forma, se mitigarían (en la medida de lo posible) los mismos y se disiparía (en igual término) el peligro de incumplimiento.

---

código de conducta que no se limite a informar de los valores o principios de la organización, y a establecer el marco general de la regulación de los pilares del sistema, sino que, además, establezca instrucciones concretas en varias áreas y materias; (ii) el ya comentado estatuto o documento análogo regulador de las funciones y facultades de las personas que fueren designadas oficiales de cumplimiento, con, en su caso, los correspondientes ajustes o anexos contractuales; (iii) el canal de denuncia y el correlativo procedimiento de investigación y respuesta; (iv) el manual de políticas anticorrupción, regalos, hospitalidad y donaciones; y/o (v) el código de uso de ordenadores, dispositivos tecnológicos y aplicaciones informáticas. Dependiendo de las organizaciones y sectores, de sus riesgos y de los mecanismos que pudieran tener ya implantados, suelen recomendarse bajo perspectiva de Derecho Penal Económico, algunas de estas otras herramientas específicas (que citamos de forma meramente ilustrativa): (vi) procedimientos sobre contratación de obras, servicios y suministros; (vii) procedimientos para alta, homologación, domiciliación de pagos y variación de datos de proveedores; (viii) procedimientos para la validación de servicios o suministros recibidos, ejecución de pagos y su fiscalización; (ix) procedimientos para el seguimiento y cumplimiento de órdenes de embargo de derechos de crédito de proveedores o salarios de trabajadores; (x) directrices en materia de competencia; (xi) políticas de gestión medioambiental; (xii) políticas generales y buenas prácticas en materia tributaria; (xiii) diversas cláusulas a incorporar a los nuevos contratos de trabajo y a los nuevos contratos con proveedores; etc». SUSAETA SOLOZABAL, G.: «Derecho penal económico y Corporate Compliance». En MERINO JARA, I. (coord.): *Infracciones tributarias y delitos fiscales. Perspectiva administrativa y penal*, Barcelona, España: J.M. Bosch, 2022, págs. 155 y ss.

492 Entre otras, cabe citar la difusión de una cultura de *compliance*, planes formativos y de concienciación del personal, la redacción códigos éticos o de buenas prácticas tributarias, manuales de procedimiento y reglamentos internos o políticas de incentivos.

- Reducción y monitorización del riesgo: se trata de los protocolos y controles internos establecidos en la organización para gestionar de forma efectiva aquellos riesgos latentes que inevitablemente siempre van a estar presentes en la operativa fiscal de la empresa y que por su propia naturaleza no se pueden prevenir o erradicar por completo[493].

Teniendo en cuenta lo anterior, la Norma UNE 19602 reseña expresamente una serie de controles específicos que habrán de implementarse a tales efectos. En primer lugar, los llamados *controles financieros*, que se circunscriben al ámbito más puramente económico directamente relacionado con el cumplimiento de las obligaciones tributarias. Así, las empresas deben contar con mecanismos de supervisión efectivos que fiscalicen y verifiquen los procesos de gestión de sus recursos financieros, los resultados económicos y, en general, la adecuada correspondencia de la información fiscal compartida con las autoridades con la realidad financiera de la propia organización. Las medidas que se pongan en práctica, por tanto, deberán procurar, entre otros aspectos[494]: la confección de un presupuesto fiscal; la definición de criterios técnicos en materia tributaria conformes a la estrategia fiscal y a los principios de actuación definidos (buenas prácticas tributarias); el asesoramiento en la toma de decisiones fiscales, particularmente, cuando se trate de cuestiones que revistan especial trascendencia/complejidad; o la realización de auditorías financieras. En esencia, este tipo de controles financieros se relacionan con la detección y gestión temprana de los riesgos conectados con el aspecto más puramente material del cumplimiento tributario, tratando de evitar un uso indebido de los recursos financieros que pueda suponer un menoscabo para la Hacienda pública.

En segundo término, se enuncian los denominados *controles no financieros*, que tratarían de abarcar la fiscalización de aspectos no relacionados directa-

493 La gestión del canal de denuncias o *whistleblowing* se trataría de una de las medidas que encajan en esta categoría. Ahora bien, la entidad y relevancia que ha ido adquiriendo en los últimos tiempos ha supuesto que sea tratado por muchos como un elemento autónomo del programa de *compliance*, y así se va a proceder a su análisis en el próximo epígrafe.

494 HERNÁNDEZ GARAY, J.; GUIJARRO RODRÍGUEZ, P.; MORALES IGLESIAS, M.R.; y CABADAS GARCÍA, F.: «Sistema de gestión de <Compliance> tributario». En GUERVÓS MAÍLLO, M. A. et al.: *Practicum Compliance Tributario 2020, Ob. Cit.*, pág. 809.

mente con la cuestión económica de los tributos, pero que de manera tangencial sí tienen incidencia en el ámbito impositivo. En la UNE 19602 se indica que estos controles han de establecerse sobre «compras, operaciones, comercialización y otros procesos no financieros». Así, se trataría de supervisar las diferentes actividades corporativas distintas de las esencialmente financieras para evitar que se produzcan contingencias en su desarrollo que pudieran repercutir negativamente en la parcela fiscal. Ahora bien, siguiendo a CABADAS GARCÍA, parece tanto o más apropiado que los mismos también se implementen (de una forma más específica) sobre la verificación de los aspectos más formales del cumplimiento fiscal. De esta manera, se habrían de controlar las siguientes actuaciones[495]: la debida presentación, en tiempo y forma, de los modelos de liquidación exigidos; el análisis de las novedades y actualizaciones legislativas, jurisprudenciales y doctrinales en materia fiscal, así como la cuantificación de su impacto potencial; o la prestación de soporte y asesoramiento adecuado a los distintos departamentos de la organización en aquellas materias o cuestiones que, directa o indirectamente, puedan tener repercusión fiscal. Sea como fuere, este tipo de controles variarán en función de las actividades desarrolladas y de los específicos riesgos que se deriven de ellas.

Finalmente, también se dispone la necesidad de instrumentar *controles sobre entidades vinculadas y terceros*. Mantener bajo control los asuntos tributarios implica que la fiscalización del cumplimiento no solo debe predicarse respecto del ámbito interno de la organización, sino que también habrán de considerarse las relaciones que se mantienen *extramuros* de la misma. Así, respecto de las entidades sobre las se ejerza cierto control o se tenga algún tipo de vinculación[496], se habrá de procurar que adopten sistemas eficaces de gestión de los riesgos fiscales. En las relaciones mantenidas con partes contratantes, de manera análoga, será altamente recomendable exigir el certificado de encontrarse al corriente de las obligaciones tributarias, debiendo tener muy presente en este punto los mecanismos de derivación de responsabilidad tributaria regulados en los arts. 42 y 43 LGT. En cualquier caso, los datos

---

495 Ibíd., pág. 810.

496 En la Norma UNE 19602 se establecen una serie de criterios para determinar cuándo se producen estas situaciones de vinculación. Asociación Española de Normalización. «Norma UNE 19602. Sistemas de gestión de compliance tributario: Requisitos con orientación para su uso». *Ob. Cit.*, págs. 31 y 32.

que se obtengan acerca de los mecanismos de control fiscal de este tipo de entidades deberán ser ponderados como criterio de evaluación que habrá de informar la confección del mapa de riesgos.

Como colofón de todo lo anterior, otra cuestión que merece ser resaltada tiene que ver con los procesos de formación de voluntad y la individualización de responsabilidades. Respecto de todo el sistema de *tax compliance* deberá predicarse un organigrama o jerarquía de control que, por una parte, establezca los mecanismos adecuados para garantizar que la toma de decisiones se hace siguiendo un procedimiento debido; y, por otra, permita segregar o desfragmentar las distintas áreas de responsabilidad que correspondan a cada órgano o miembro de la corporación. Se trata, en puridad, de una fórmula para limitar los efectos derivados de la materialización de los riesgos en aquellos casos donde las medidas de control no han sido eficaces y se tienen que rendir cuentas. Esta clase de previsiones podrían considerarse una expresión del requisito establecido en el apartado 2º del artículo 31 bis 5 CP.

2.3.3. *Seguimiento, revisión y mejora*

El último de los bloques de actuación que se han indicado al comenzar el análisis de este elemento se consagra al seguimiento, revisión y mejora del propio modelo de gestión de *compliance*. Resulta necesario establecer un plan de monitorización continuado a través del que se evalúen, con una periodicidad mínimamente razonable, el grado de cumplimiento de los objetivos y la eficacia del sistema en general. Un programa de *tax compliance* debe ser una realidad viva y en constante desarrollo, que evolucione al mismo ritmo y en las mismas circunstancias que la organización y el contexto en que esté integrado. No existe otra opción posible, pues en caso de que no fuere así, se convertirá en un instrumento ineficaz para gestionar de un modo adecuado los riesgos fiscales de la empresa[497].

---

[497] HERNÁNDEZ GARAY, J.; GUIJARRO RODRÍGUEZ, P.; MORALES IGLESIAS, M.R.; y CABADAS GARCÍA, F.: «Sistema de gestión de <Compliance> tributario». En GUERVÓS MAÍLLO, M. A. et al.: *Practicum Compliance Tributario 2020, Ob. Cit.*, pág. 811.

Por «seguimiento» habrá de entenderse aquel proceso a través del que se recoge información con el propósito de «evaluar el desempeño del *compliance* tributario y la eficacia de su sistema de gestión». Esta actividad es esencial para asegurar el cumplimiento de los objetivos propuestos y deberá abarcar las siguientes variables: (1) El resultado de la formación impartida[498]; (2) La eficacia de los controles establecidos sobre los riesgos fiscales; (3) La atribución de responsabilidades acorde al cumplimiento de los objetivos; (4) La actualización progresiva de los propios objetivos de *compliance*; (5) La gestión de las deficiencias o irregularidades del sistema; y (6) El grado de eficiencia en la asignación de recursos. Uno de los métodos que se proponen para canalizar la obtención de información es el desarrollo de indicadores que permitan cuantificar todos estos extremos. No se antoja precisamente como una tarea sencilla, ni mucho menos, pues su elaboración exigirá encontrar y seleccionar parámetros, cuantitativos y cualitativos, que sean capaces de reflejar de forma fiel el estado y la realidad de las circunstancias anteriormente referidas[499].

---

[498] Muchos autores destacan la importancia que tiene la formación y sensibilización del personal como método indirecto de monitorización y supervisión del sistema de gestión de compliance, de manera que ello no solo va a ser determinante como requisito legal exigible a la hora de valorar la responsabilidad penal de la persona jurídica, sino también como circunstancia que contribuya a fomentar la interiorización de la cultura de compliance.

[499] En la Norma UNE 19602 se citan algunos ejemplos de indicadores de actividad —«porcentaje de personal al que se haya impartido formación de forma eficaz», «nivel de utilización de mecanismos para obtener opiniones» y «número y tipo de acciones correctivas que se tomaron frente a cada no conformidad»—, predictivos del riesgo —«riesgos de no conformidades, a través de la medición de la pérdida potencial de los objetivos (ingresos, seguridad, indicadores económico-financieros con resultados no habituales, etc.) a lo largo del tiempo» y «tendencias de no conformidades, basadas en datos históricos, comparativos y sectoriales»— y sobre eficacia en general —«problemas y no conformidades identificados y comunicados, por tipo, área y frecuencia», «consecuencias que se han derivado de las no conformidades, que pueden incluir valoración del impacto que resulte de compensaciones monetarias, multas y otras sanciones, coste de remediar sus efectos, pérdida de reputación o coste del tiempo del personal» y «la cantidad de tiempo utilizado para informar y adoptar acciones correctivas»— [Asociación Española de Normalización. «Norma UNE 19602. Sistemas de gestión de compliance tributario: Requisitos con orientación para su uso». *Ob. Cit.*, pág. 35].

La mayor o menor intensidad y frecuencia de las revisiones se hará depender de las específicas y particulares circunstancias que se den en cada caso concreto. El requisito establecido en el apartado 6º del artículo 31 bis 5 CP exige la «verificación periódica del modelo», sin establecer plazo o procedimiento alguno y tan solo indicando dos situaciones en las que deba procederse a su «eventual modificación». A tal fin, es más que recomendable que cualquier modelo que se precie fije desde el principio un calendario de revisiones a intervalos planificados, al menos semestralmente y con independencias de los controles aleatorios que también puedan practicarse. Sin perjuicio de que puedan establecerse de forma reglada los criterios básicos o situaciones que, de concurrir, presumiblemente exigirán una actualización o reevaluación del sistema de *compliance*, la revisión en caso de producirse un ilícito tributario será del todo innegociable. El valor que la Fiscalía General del Estado confiere a la revisión que se produzca bajo estas circunstancias es considerablemente significativo, manifestándose en este sentido en la Circular 1/2016, de 22 de enero, que «las actuaciones llevadas a cabo por la persona jurídica tras la comisión del delito han de ser igualmente evaluadas. La adopción de medidas disciplinarias contra los autores o la inmediata revisión del programa para detectar sus posibles debilidades, introduciendo en su caso las necesarias modificaciones, son muestra del compromiso de los dirigentes de la corporación con el programa de cumplimiento»[500].

---

500 FISCALÍA GENERAL DEL ESTADO (2016). *Circular 1/2016, de 22 de enero, sobre la responsabilidad penal de las personas jurídicas conforme a la reforma del Código Penal efectuada por Ley Orgánica 1/2015, Ob. Cit.*, pág. 26. (*Tol 5616306*). De una forma muy similar, BAJO FERNÁNDEZ considera que «cuando el cuerpo directivo de una persona jurídica está comprometido con la tarea de cumplir con la legalidad, deben intentar comprender, tras la detección de la infracción, cuáles han sido las circunstancias y los incentivos que han llevado a la comisión de la misma, las medidas que podrían haber prevenido, probablemente, dicha conducta, o al menos reducido su impacto y lo deseable que sea implementar dichas medidas para prevenir ilícitos en el futuro a la vista del impacto que dichas medidas tienen en la operativa diaria de la persona jurídica» [BAJO FERNÁNDEZ, M.: «Vigencia de la RPPJ en el derecho sancionador español». En BAJO FERNÁNDEZ, M. (coord.); FEIJOO SÁNCHEZ, B.J. (coord.); y GÓMEZ-JARA DÍEZ, C. (coord.): *Tratado de responsabilidad penal de las personas jurídicas: adaptado a la Ley 1/2015, de 30 de marzo, por la que se modifica el Código Penal, Ob. Cit.*, pág. 42].

Es importante destacar que en el precepto antes mencionado, como se ha dicho, únicamente se recogen dos supuestos en los que se exige proceder a la «eventual modificación» del modelo: «cuando se pongan de manifiesto infracciones relevantes de sus disposiciones» o «cuando se produzcan cambios en la organización, en la estructura de control o en la actividad desarrollada que los hagan necesarios». Ahora bien, es muy probable que tales previsiones sean algo escasas, ya que perfectamente pueden existir o darse multiplicidad de situaciones que igualmente comprometan la eficacia del sistema y pongan de manifiesto la necesidad de realizar ajustes o arreglos en el mismo. Así pues, cuando se detecten incidencias o no conformidades de cualquier tipo en el funcionamiento del sistema, la organización deberá actuar en consecuencia: (1) Analizando las causas y la eventual reiteración del incidente; (2) Implementando las acciones correctivas pertinentes para tratar de enervar los efectos indeseados; y (3) Realizando un seguimiento de las mismas para observar sus resultados y contrastar su eficacia.

El mapa de riesgos es uno de los elementos que, con mayor prioridad y atención, deberá actualizarse conforme vaya evolucionando el desarrollo del sistema de *tax compliance*. Se debe recordar que es «el resultado gráfico del diagnóstico en un determinado momento», esto es, «una foto fija sobre cómo está la organización en un momento dado»[501]. Precisamente por este motivo tiene que ser objeto de ajustes y renovaciones constantes en tanto que los riesgos fiscales identificados a los que se pretende hacer frente son dinámicos y van a mutar de forma permanente. En cualquier clase de *compliance*, fiscal o de otra índole, los (niveles de) riesgos que se reflejen en el mapa van a variar tanto por los propios controles que se apliquen sobre los mismos para tratar de mitigarlos como por las circunstancias internas y externas que sobrevengan a la organización.

Los dirigentes de las empresas deben adoptar el compromiso de mejorar de forma continua y sostenible la adecuación y eficacia de su sistema y política de cumplimiento tributario, atendiendo tanto a los acontecimientos internos que se produzcan en su seno como a las circunstancias externas que

---

501 LACUNZA URANGA, J. y ZARRAONANDIA ZULOAGA, I.: «La cultura Compliance en general en la empresa. La llegada del Tax Compliance», *Ob. Cit.*, pág. 16.

le vengan dadas[502]. Y, todo ello, sin perjuicio de que un sistema de (*tax*) *compliance* también ha de ser capaz de detectar y reaccionar por sí mismo ante situaciones imprevistas de una forma solvente. En consonancia con ello, las entidades evaluadoras de la conformidad que actúan en este ámbito suelen operar a través de auditorías iniciales que otorgan certificados de *compliance* con una vigencia de tres años y, posteriormente, realizan auditorías de seguimiento anualmente. Con ello no se quiere dar a entender, en absoluto, que la revisión del *compliance* deba limitarse a una periodicidad anual, sino más bien poner de relieve que no existe ningún tipo de «patente de corso» ilimitada en materia de gestión de riesgos.

A nivel funcional, y con ciertas matizaciones, son dos los órganos que van a ejecutar las actuaciones más determinantes durante esta fase de seguimiento, revisión y mejora. El primero de ellos es el departamento o comisión de auditoría. La organización debe programar auditorías periódicas —o, también, puntuales— para obtener información sobre el estado y desarrollo de su modelo de gestión de *compliance* tributario. El objeto de las mismas se centrará básicamente en identificar indicios o evidencias de posibles materializaciones de riesgos tributarios, no conformidades, fallos en los controles o debilidades del sistema en general. En segundo lugar, hay que destacar también las intervenciones del responsable de *compliance* tributario en este ámbito. Entre las funciones que tiene encomendadas este órgano, como ya se ha hecho referencia, se encuentran el control y la supervisión del sistema de *tax compliance*. De esta forma, se le atribuyen los deberes de vigilancia y monitorización acerca del correcto funcionamiento del modelo, debiendo verificar su implementación efectiva y si los controles y protocolos adoptados son suficientes y adecuados para gestionar los riesgos fiscales de la organización.

---

502 Para SUSAETA SOLOZABAL, un sistema de compliance se acreditará como vivo y eficiente si se cumplen cuatro parámetros: «(i) la gestión del canal de denuncia e investigaciones internas, ¿qué se ha denunciado, con qué resultado y cómo se ha actuado?; (ii) la realización de controles aleatorios por parte del órgano de cumplimiento, análisis de sus resultados y de las medidas adoptadas tras su reporte; (iii) la evaluación o auditoría periódica del conjunto del sistema, ¿cómo se ha reaccionado ante «no conformidades»; y (iv) la formación». SUSAETA SOLOZABAL, G.: «Derecho penal económico y Corporate Compliance». En MERINO JARA, I. (coord.): *Infracciones tributarias y delitos fiscales. Perspectiva administrativa y penal*, *Ob. Cit.*, págs. 160 y ss.

La información a la que se ha aludido durante este proceso, como conclusión final, debe ser canalizada a través de informes que se hagan llegar a los distintos órganos encargados de la supervisión del modelo. A parte del *compliance officer*, cuyo seguimiento lo realizará de una forma mucho más directa, la alta dirección y el órgano de gobierno deben ser informados acerca de la evolución y los resultados del sistema de gestión. Si bien a nivel formal no se estipula nada sobre quién debe elaborar estos informes, en términos operativos será el propio *compliance officer* el encargado de confeccionarlos y remitirlos a los órganos indicados.

2.4. CANAL DE DENUNCIAS (*WHISTLEBLOWING*) E INVESTIGACIONES INTERNAS

2.4.1. Concepto de Whistleblowing

Este componente ha experimentado un notable desarrollo a resultas de la entrada en vigor la Ley 2/2023, de 20 de febrero, reguladora de la protección de las personas que informen sobre infracciones normativas y de lucha contra la corrupción[503], que transpuso al ordenamiento jurídico español la Directiva *Whistleblowing* (2019/1937)[504]. A pesar de que ahora existe, en España y a nivel comunitario, una regulación integral y estructurada de este fenómeno, no se ha dispuesto como tal un concepto legal. Con todo, el *whistleblowing*, asépticamente concebido, hace referencia al cauce o procedimiento a través del que cualquier miembro de una organización —ya sea pública o privada— o terceros que se relacionen con la misma pueden revelar información acerca de malas prácticas o irregularidades que hayan tenido lugar en su seno, poniendo tales hechos en conocimiento de un departamento u organismo interno creado *ex profeso* para ello, de las autoridades o, incluso, de la opinión pública[505].

---

503 Ley 2/2023, de 20 de febrero, reguladora de la protección de las personas que informen sobre infracciones normativas y de lucha contra la corrupción (BOE núm. 44, de 21 de febrero de 2023). (*Tol 9398783*).

504 Directiva (UE) 2019/1937 del Parlamento Europeo y del Consejo, de 23 de octubre de 2019, relativa a la protección de las personas que informen sobre infracciones del Derecho de la Unión (DOUE L 305). (*Tol 7592178*).

505 GARCÍA NÚÑEZ, D.: «Canal de denuncias». En GUERVÓS MAÍLLO, M. A. et al.: *Practicum Compliance Tributario 2020, Ob. Cit.*, pág. 823.

La Directiva europea y la Ley española han supuesto un salto cualitativo determinante en la ordenación sistemática y estructurada de los requisitos y procedimientos necesarios a través de los que se ha de instrumentar este fenómeno. Asimismo, es importante tener presente que el canal de denuncias se trata de uno de los requisitos exigidos por el art. 31 bis 5 CP (apartado 4º) que necesariamente deberán integrar los modelos de organización y gestión para poder ser considerados eficaces. La Ley 2/2023 considera que su finalidad es doble: otorgar una protección adecuada a las personas físicas que informen sobre determinadas infracciones o incumplimientos frente a las eventuales represalias que pudieran sufrir; y, a través de ello, instaurar una verdadera cultura de respeto y observancia de la legalidad en la realidad corporativa española.

La instrumentación o articulación de este elemento no es algo exclusivamente propio del ámbito del *compliance* y mucho menos del *compliance* tributario. Eso sí, cualquier programa de este tipo deberá contar con un mecanismo interno que, de una forma eficaz y siendo fácilmente accesible, permita a los empleados y, en su caso, a los clientes o proveedores, entre otros sujetos, informar o reportar con determinadas garantías de privacidad e indemnidad sobre posibles incumplimientos de los objetivos o requisitos de *compliance*, riesgos materializados o desconocidos que no estén sometidos a control o cualquier otra circunstancia o irregularidad que merezca ser tenida en cuenta[506]. Los datos recopilados a través de este medio podrán tener un papel determinante en las evaluaciones y análisis periódicos de riesgos a los que deba someterse un programa de cumplimiento y, ya no decir, en la estrategia de defensa si finalmente la empresa se viera inmersa en un proceso penal; proporcionando a su vez información adicional y útil para contrastar el desempeño eficaz del sistema de *compliance*. Por tales motivos, la falta de un canal de denuncias que funcione correctamente puede ser o, mejor dicho, será un síntoma inequívoco de un programa de *compliance* mal diseñado o con una función meramente cosmética[507]. Su implementación podría consi-

506 En esencia no deja de ser un elemento ideado para controlar los riesgos de incumplimiento (como los que se han visto anteriormente), pero dada su entidad y relevancia es preciso considerarlo o analizarlo como si de un elemento autónomo del programa de *compliance* se tratase.

507 BLUMENBERG, A-D. y GARCÍA MORENO, B.: «Retos prácticos de la implementación de programas de cumplimiento normativo». En HORTAL IBARRA,

derarse una necesidad en la actual práctica operativa de las empresas, siendo también expresión de la transparencia, el diálogo y la colaboración presentes en la base del cumplimiento cooperativo.

2.4.2. Ámbito aplicativo y sistema multinivel establecidos por la Ley 2/2023, de 20 de febrero

La nueva norma de protección de los informantes, desde el punto de vista material, dispone que habrán de ser objeto de comunicación aquellos ilícitos o incumplimientos que constituyan: (a) Infracciones del Derecho de la UE siempre que estén comprendidas dentro del ámbito de aplicación de la Directiva, afecten a intereses financieros de la UE o incidan en el mercado interior. En lo que se refiere a la materia fiscal, se hace expresa mención a «los actos que infrinjan las normas del impuesto sobre sociedades» y las «prácticas cuya finalidad sea obtener una ventaja fiscal que desvirtúe el objeto o la finalidad de la legislación aplicable al impuesto sobre sociedades»; o (b) Infracciones penales o administrativas graves o muy graves del derecho interno. Se precisa que en todo caso estarán comprendidas «aquellas infracciones penales o administrativas graves o muy graves que impliquen quebranto económico para la Hacienda Pública y para la Seguridad Social».

Desde el punto de vista subjetivo, la norma ampara inicialmente a los «informantes que trabajen en el sector privado o público y que hayan obtenido información sobre infracciones en un contexto laboral o profesional»[508]. Se maneja un concepto extremadamente amplio de trabajador que incluye a empleados por cuenta ajena, autónomos, accionistas, miembros del órgano de administración o dirección, proveedores, contratistas, voluntarios, becarios e, incluso, personas cuya relación laboral aún no se haya iniciado siempre que la infracción comunicada se refiera al proceso de selección o negociación precontractual. Asimismo, la norma extiende su protección a los repre-

C. (coord.), VALIENTE IVAÑEZ, V. (coord.) et. al.: *Responsabilidad de la empresa y compliance*, *Ob. Cit.*, pág. 288.

508 La Ley 2/2023 finalmente ha optado por la denominación de «informantes» en lugar de las menciones a «denunciantes» o «alertadores» que se consideraron en el Anteproyecto.

sentantes legales de los trabajadores que asesoren y apoyen al informante, personas físicas de la organización que asistan al mismo durante el proceso, terceros relacionados como compañeros de trabajo o familiares e, incluso, personas jurídicas para las que el informante trabaje o en las que ostente una participación significativa.

La Ley 2/2023 configura un sistema o entramado multinivel disgregado a tres bandas a través del que canalizar toda la información sobre infracciones. En primer término, se establece el denominado *Sistema interno de información*. Se trata del cauce preferente para informar y en la práctica corporativa es habitual utilizar las denominaciones de canal de denuncias, canal de incumplimientos o buzón ético para referirse a él. En lo que respecta al sector privado, ahora están obligadas a disponer de un canal interno de comunicaciones: (i) las personas físicas o jurídicas que tengan contratados a 50 o más trabajadores; (ii) las personas jurídicas, independientemente de su número, que entren en el ámbito de aplicación de los actos de la UE en materia de servicios, productos y mercados financieros, prevención de blanqueo de capitales o de financiación del terrorismo, seguridad del transporte y protección del medio ambiente[509]; y (iii) los partidos políticos, los sindicatos, las organizaciones empresariales y las fundaciones creadas por unos y otros, siempre que reciban o gestionen fondos públicos. Parece que las organizaciones que ya dispusieran de un sistema interno de información deberán adecuarlo ahora a las previsiones establecidas en la Ley; mientras que aquellas corporaciones que no contaran con uno habrán de implementarlo *ex novo* con arreglo a tales requisitos. Asimismo, en lo que respecta al *tax compliance*, es preciso mencionar que a nivel estructural la mayoría de las entidades aprovecharán los canales o procedimientos ya existentes dentro su organización (por ejemplo, en materia penal, de riesgos laborales o de prevención de blanqueo de capitales) para dar cabida a las denuncias que puedan originarse en el ámbito tributario, eso sí, siendo imprescindible comunicar y dar a conocer que también van a emplearse para este fin.

El órgano de administración o gobierno de cada entidad será el responsable de implantar el canal interno de información y deberá hacerlo previa

[509] El sistema interno de información que hayan de implantar estas entidades se sujetará a su propia normativa específica y la Ley 2/2023 actuará de forma supletoria en lo no regulado por aquella.

consulta con la representación legal de los trabajadores. La norma española establece una serie de requisitos que deberán estar presentes en todo canal interno de denuncias como expresión o para otorgar ciertas garantías de eficacia en su funcionamiento y aplicación. En resumidas cuentas, se han de destacar: (a) Fácil accesibilidad, informándose de forma clara y completa acerca de su existencia, finalidad y funcionamiento, normalmente a través de la web de la empresa; (b) Operatividad plena, permitiéndose la comunicación de infracciones por medios escritos o por vía telefónica, tanto de forma confidencial como anónima; (c) Designación de una persona física encargada de la recepción y tramitación de las denuncias recibidas, incluso cuando la realización de estas funciones se confiera a un tercero externo; (d) Establecimiento de un procedimiento específico para la gestión de las informaciones recibidas a cargo del órgano de gobierno de cada entidad; (e) Protección y tratamiento de los datos de carácter personal, informándose a todas las personas afectadas de los medios que están a su disposición de conformidad con la LO 3/2018 y el Reglamento (UE) 2016/679 General de Protección de Datos; y (f) Medidas y garantías de protección para los informantes, que serán tratadas con detalle a continuación.

En segundo lugar, se dispone la existencia de un *Canal externo de información*. A la hora de efectuar sus comunicaciones sobre infracciones, los informantes podrán acudir también, directamente o tras haber recurrido a un canal interno, a sistemas públicos de denuncia de ámbito nacional y autonómico. En el caso de España, se atribuye esta función a la Autoridad Independiente de Protección del Informante (A.A.I.) o, en su caso, a sus homólogos de nivel autonómico competentes. Sin entrar en detalles, tales órganos verificarán si la información recibida se incluye en el ámbito material de la norma y si corresponde iniciar una investigación al respecto o, por el contrario, inadmitir la misma.

Finalmente, también se contempla la *Revelación pública*. La última opción que consagra la Ley 2/2023 y la Directiva *Whistleblowing* es la posibilidad de poner a disposición del público información sobre acciones u omisiones constitutivas de infracción. Este método de comunicación encierra una peculiaridad y es que en cuanto al régimen de protección establecido se hace preciso distinguir dos tipos de situaciones. Si la revelación se realiza directamente a la prensa, en virtud del ejercicio de la libertad de expresión y de información veraz previstas constitucionalmente, el acceso a las medidas de protección es incondicionado o sin reservas. Si la revelación tiene lugar a través de otros medios de difusión, en cambio, el acceso a las medidas de protección se supedita al cumplimiento de alguna de las siguientes condiciones: (a) Que se haya acudido en primera instancia a los canales internos o externos de denuncia no habiéndose tomado las medidas apropiadas al respecto; o (b) Que se tengan motivos razonables para creer que existe, bien «un peligro inminente o manifiesto para el interés público», bien riesgo de represalias o bajas probabilidad de obtener un tratamiento efectivo cuando la comunicación se produzca a través del canal externo.

Resulta indudable que los canales de denuncia internos o, si se prefiere, sistemas internos de información constituyen uno de los elementos que necesaria e imperativamente deben estar presentes en todo programa de *compliance*. Ello no supone ninguna novedad, pues el Código Penal, la Circular 1/2016, de 22 de enero, de la Fiscalía General del Estado o las distintas normas técnicas de autorregulación privada ya los venían concibiendo en este sentido. Ahora bien, es muy importante tener claro que la nueva normativa sobre el *whistleblowing*, si bien coincide y se solapa en muchas facetas con la regulación del *compliance* que se realiza en el CP referida a estos instrumentos, no agota por completo su contenido y alcance; y, mucho menos, viceversa. Con ello se quiere poner de manifiesto que ambas regulaciones tienen objetos diferentes y encierran especificidades muy particulares, de manera que solo una interpretación conjunta de las mismas por parte de las empresas llevará a alcanzar los fines de ambas. Si una organización únicamente tiene en cuenta lo previsto en la Ley 2/2023, desatenderá ciertos aspectos en la esfera del cumplimiento normativo, por sutiles que sean; y lo mismo sucederá a la inversa[510].

Así, por ejemplo, el ámbito material que debe conformar el objeto de comunicación es una cuestión un tanto controvertida que puede suscitar importantes consideraciones. El CP, en unos términos muy generales, establece

---

510 Resulta innegable que, con anterioridad a la aprobación de la Directiva Whistleblowing y la Ley 2/2023, la regulación sobre los modelos de organización y gestión del art. 31 bis CP y las normas técnicas de autorregulación privada han actuado de facto como un catalizador para su implantación. Asimismo, la ambigüedad y eventual confusión que de alguna forma podía generar la redacción del apartado 4º art. 31.5 bis CP se concretan y clarifican ahora con esta nueva normativa.

que se habrá de informar acerca de «posibles riesgos e incumplimientos». Por su parte, tal y como se ha detallado anteriormente, la Ley 2/2023 dispone de una forma mucho más concreta los ilícitos o incumplimientos que deberán comunicarse. De esta manera, puede observarse que la configuración del objeto material realizada por sendos textos legales no es idénticamente coincidente. A pesar de que se detalle con menor minuciosidad, y quizás precisamente por esta razón, el CP dispone un marco de revelación más amplio. Por tanto, a la hora de considerar y calibrar la eficacia de los modelos de cumplimiento normativo con miras a lograr la eventual modulación de responsabilidad penal y/o administrativa, no bastará tan solo con observar lo previsto en la Ley 2/2023, sino que habrá de atenderse específicamente a la regulación penal, más extensa en este punto. En sentido contrario, parece claro que cualquier modelo de *compliance*, por limitado que fuere, articulará un canal interno de *whistleblowing* que como mínimo comprenda la comunicación de incumplimientos normativos, siendo precisamente su razón de ser evitar este tipo de ilícitos.

En lo que respecta a la figura del *compliance officer*, también se han de realizar importantes matizaciones. Tradicionalmente, este órgano viene siendo el encargado de la recepción de las denuncias y de dar curso a su tramitación; la Ley 2/2023, no obstante, dispone algunas precisiones al respecto. Su artículo 8 instaura el cargo del «Responsable del Sistema interno de información» y establece un régimen de mínimos en torno a él, de forma que todas las estipulaciones que ahora emanan de esta norma deberán ser asumidas por los programas de cumplimiento normativo en lo que se refiere al papel que venía desempeñando el *compliance officer* en esta parcela. Así lo determina el propio precepto al considerar que «en las entidades u organismos en que ya existiera una persona responsable de la función de cumplimiento normativo o de políticas de integridad, cualquiera que fuese su denominación, podrá ser esta la persona designada como Responsable del Sistema, siempre que cumpla los requisitos establecidos en esta ley». La nueva norma de protección de los informantes reconoce explícitamente la posibilidad de conferir a un tercero la gestión del sistema interno —cual es una práctica bastante extendida en este contexto—, eso sí, disponiendo la necesaria observancia de una serie de garantías.

2.4.3. Principales medidas de protección articuladas en el nuevo régimen

La piedra angular que hace posible y sobre la que se instrumenta todo el régimen de *whistleblowing* viene representada por las medidas de protección que se conceden a los informantes. Se debe garantizar la indemnidad de las personas que haga uso del canal de denuncias prohibiendo cualquier clase de represalias contra ellas por haber llevado a cabo tales actuaciones. Resulta obvio que nadie se atrevería a realizar comunicaciones de este tipo si temen que ello pueda repercutirles negativamente. La Ley 2/2023 arbitra un conjunto amplio de medidas de protección para hacer frente y evitar cualquier tipo de represalias tanto directas —despido, traslado, trato vejatorio, marginación o acoso laboral, sobrecarga de trabajo, estancamiento o fisura de las relaciones, etc.— como indirectas —la protección se extiende a familiares y terceros relacionados—. Se transponen al ordenamiento español los artículos 19 a 24 de la Directiva (UE) 2019/1937 y, si bien se amplía el contenido de esta en algunos puntos, no se concretan excesivamente los efectos prácticos de sus previsiones.

Con carácter general, se prohíben todo tipo de actos que puedan ser constitutivos de represalias, incluidas las amenazas y las tentativas de ello. La norma española esboza un concepto de represalia entendiendo por tales «cualesquiera actos u omisiones que estén prohibidos por la ley, o que, de forma directa o indirecta, supongan un trato desfavorable que sitúe a las personas que las sufren en desventaja particular con respecto a otra en el contexto laboral o profesional, solo por su condición de informantes, o por haber realizado una revelación pública». Para completarlo, además, se proporciona un listado abierto de las mismas a efectos meramente ejemplificativos (art. 36)[511].

---

511 Para poder optar a la protección que otorga la Ley, se articulan una serie de condiciones y requisitos de acceso que guardan relación con la «buena fe» (art. 35). En primer lugar, se requiere, por un lado, que los informantes tengan motivos razonables para pensar que la información comunicada es veraz, aun cuando no aporten pruebas concluyentes; y, por otro, que dicha información se haya transmitido en los términos establecidos en la ley. En segundo lugar, se realiza una delimitación negativa en atención a ciertos tipos de informaciones que implicarán la exclusión de protección para sus comunicantes. En síntesis: (i) informaciones carentes de verosimilitud o fundamento, con indicios racionales de haberse obtenido mediante

Una de las principales medidas de protección que se arbitran en la Ley, aunque como tal no aparezca en el Título (VII) que se rubrica en tales términos, es la reserva de identidad de los informantes (arts. 5 y 7, entre otros). Los canales internos de denuncia deberán estar diseñados a nivel técnico y organizativo de tal forma que la remisión de comunicaciones pueda llevarse a cabo de forma confidencial o, incluso, anónimamente, preservándose todos los datos identificativos y garantizándose que los mimos no van a trascender.

Otra medida de notoria relevancia tiene que ver con la exclusión de responsabilidad para los denunciantes cuando comuniquen información sobre acciones u omisiones proscritas teniendo motivos razonables para pensar que dicha actuación es necesaria para revelar tales infracciones (art. 38). Esta disposición es expresión o trae causa en las «garantías de indemnidad» derivadas del art. 55.5 ET y la jurisprudencia que se ha ido consolidando en torno a ellas, en particular, en lo relativo a la protección de los derechos fundamentales y libertades públicas de los trabajadores frente a represalias sufridas por haber denunciado irregularidades o conductas presuntamente constitutivas de delito en el entorno laboral[512]. Tradicionalmente, una forma de castigar o coartar las actuaciones de los empleados llevadas o que pudieran llevarse a cabo en este sentido era la amenaza o, directamente, acusación de un delito relacionado con la revelación de secretos o infidelidad en la custodia de documentos, entre otros ejemplos posibles. La nueva regulación pretende solventar o salir al paso de esta situación, aun cuando la redacción aparente de la Ley 2/2023 pueda no dejar del todo claro hasta dónde llega el régimen de protección establecido.

Así, en el apartado 1 del art. 38 de la norma española, primeramente, se dice que los informantes «no incurrirán en responsabilidad de ningún tipo» por los hechos aquí referidos y, a renglón seguido, se matiza que dicha «me-

---

delito o que no aporten nada nuevo respecto a procedimientos anteriores concluidos; (ii) informaciones referidas a conflictos interpersonales; (iii) informaciones disponibles para el público o meros rumores; e (iv) informaciones sobre acciones u omisiones que no se encuentren dentro del ámbito material de aplicación de la ley.

512 Vid. ORTIZ PRADILLO, J.C.: «La recepción de la cultura del <compliance> y del whistleblowing en España», *Ob. Cit.*, págs. 432 y ss.; y RAGUÉS i VALLÉS, R.: *Whistleblowing: una aproximación desde el derecho penal*, Barcelona, España: Marcial Pons, 2013, págs. 78-80.

dida no afectará a las responsabilidades de carácter penal», introduciéndose esta última consideración que la Directiva no recoge expresamente. Por su parte, el apartado 5 del mismo artículo señala que en los procesos judiciales las personas amparadas por la Ley «no incurrirán en responsabilidad de ningún tipo como consecuencia de comunicaciones o de revelaciones públicas protegidas por la misma», sin realizar ninguna precisión adicional y mencionando de forma concreta procedimientos que pueden tener índole penal. La redacción utilizada no es ni mucho menos clara. Todo lo contrario. A primera vista no sería para nada disparatado apuntar o apreciar una contradicción manifiesta entre el propio contenido de ambos epígrafes y, a mayores, lo dispuesto en la Directiva, más si cabe teniendo en cuenta que en el Considerando 91 de esta se dice explícitamente que «los denunciantes no deben incurrir en responsabilidad alguna, ya sea civil, penal, administrativa o laboral» cuando se den supuestos de este tipo. Sea como fuere, lo que en ningún caso admite dudas es que la exoneración de responsabilidad no será aplicable a los denunciantes cuando en la adquisición o acceso a la información se haya producido un delito o la misma se derive de actuaciones no relacionadas o que no sean necesarias para revelar las infracciones comunicadas (art. 38.2).

La regulación completa todo lo anterior recogiendo una serie de medidas de apoyo (art. 37) para las personas que hagan uso de los sistemas de comunicación de irregularidades. En síntesis: (i) Información y asesoramiento integral sobre los procedimientos a seguir y medidas de protección; (ii) Asistencia efectiva por parte y ante las autoridades; (iii) Asistencia jurídica en procesos judiciales; e, incluso, (iv) Apoyo financiero y psicológico. A diferencia de las fórmulas que históricamente se han venido utilizando en algunos derechos comparados, no se ha previsto ninguna clase de incentivos sociales/reputacionales o económicos para fomentar la utilización de estos instrumentos. La Directiva *Whistleblowing* tampoco recoge nada al respecto.

Finalmente, en cuanto a los denunciados, las medidas de protección enunciadas en la Ley 2/2023 son excesivamente parcas y apenas concretan nada. El texto normativo (art. 39) se limita a indicar que dichos sujetos gozarán de la misma protección que los informantes en lo referido a la reserva de identidad y a la garantía de confidencialidad de sus datos; y estarán asistidas por el derecho de acceso al expediente y los derechos fundamentales de defensa y presunción de inocencia ya reconocidos en el art. 24 CE (tutela judicial efectiva).

2.4.4. Investigaciones internas

La información obtenida a través del procedimiento de *whistleblowing* no constituye un fin en sí misma, sino que se trata más bien de un medio instrumental. Las denuncias por sí solas no son suficientes y deberán acompañarse de mecanismos de investigación interna o, al menos, de protocolos de análisis para examinar y esclarecer las irregularidades que se hubieren advertido. Resulta evidente que de nada serviría que una organización recopilase todo este tipo de datos si posteriormente no procede a actuar en consecuencia.

La nueva Ley de protección de los informantes no se refiere abiertamente a las investigaciones internas como tal y, aunque tácitamente se reconozca capacidad investigadora con respecto a las infracciones comunicadas, se limita a realizar alusiones singulares en una regulación un tanto difusa y nada exhaustiva a lo largo de su articulado. De esta manera, antes de adentrarse en las previsiones que establece, y recordando que es una norma de mínimos, se estima conveniente apuntar que el procedimiento a seguir por las distintas organizaciones una vez se haya recibido una denuncia necesariamente debería discurrir, en primer lugar, por categorizar el presunto ilícito (tributario) en función de su grado de severidad o lesividad previsible; y, en segundo lugar, habiendo priorizado dicha comunicación y abierto el expediente correspondiente, por decidir si la denuncia reúne la entidad necesaria para incoar una investigación interna o, en cambio, se estima insuficientemente fundada para ello. En el primer supuesto, se procederá a iniciar la investigación (confirmatoria); mientras que en el segundo, por el contrario, se desestimarán y se archivarán las actuaciones.

Una cuestión de suma relevancia en este punto es la que tiene que ver con el aspecto temporal. Aunque resulta muy complicado fijar un plazo concreto en el que realizar todas las actuaciones, ya que ello se hará depender de diversas circunstancias y condicionantes —cantidad y calidad de la información contenida en la denuncia, complejidad de la materia o sencillamente tratarse de sospechas sin fundamento claro—, sería recomendable que el desempeño del proceso se acotara en un breve espacio de tiempo. Un plazo prolongado restaría eficacia al canal de denuncias y malograría su finalidad última. En este sentido, la Ley 2/2023 establece, por un lado, un plazo de siete días naturales desde la recepción de la comunicación para dar acuse de recibo al informante, a excepción de que ello pudiera comprometer la confidencialidad de la misma; y, por otro, un plazo máximo de tres meses —ampliable por otros tres meses adicionales en casos de especial complejidad— para dar respuesta a las actuaciones de investigación a contar desde la recepción de la comunicación o la fecha en que venció el plazo de siete días anteriormente mencionado. Con respecto a ello, es necesario indicar o plantear que tales plazos pueden ser de difícil encaje en relación con la sanción de faltas en el ámbito laboral. El art. 60 ET determina que las faltas leves prescriben a los 10 días, las graves a los 20 días y las muy graves a los 60 días a partir del momento en que la empresa tuvo conocimiento de su comisión o, en todo caso, a los seis meses de haberse cometido; sin que la apertura de una investigación, en principio, interrumpa dichos plazos. Por consiguiente, podría ocurrir que una organización se ajustara los plazos establecidos en la norma de protección de los informantes y, sin embargo, no pudiera sancionar al empleado atendiendo a las reglas de prescripción fijadas en la legislación laboral.

En lo que se refiere a la persona u órgano encargado de acometer estas investigaciones internas, el art. 9 del citado texto legal dispone que el Responsable del Sistema es quién habrá de responder acerca de su tramitación diligente. Teniendo en cuenta lo ya dicho sobre esta figura en lo que a los programas de cumplimiento normativo se refiere, es preciso indicar que hasta el momento el *compliance officer* venía desempeñando un papel fundamental en este ámbito, llevando a cabo las investigaciones en primera persona o supervisando efectivamente su desarrollo[513]. En la práctica, este era (o es) quien recibía las denuncias y daba curso a su tramitación, teniendo también asignada la función de investigar. Del mismo modo, podían darse ocasiones en que las circunstancias del caso o la propia complejidad del asunto requirieran o exigieran el tener que recurrir al servicio de expertos (internos o externos) en ciertas materias, bien a modo de simple auxilio, bien encomendándoles la tarea investigadora por completo —instructor del expediente—. Y, todo ello,

513 Las diversas normas de autorregulación privada en la materia (UNE 19601, UNE 19602, UNE-ISO 37301 o UNE-ISO 37002) consideran que la persona o personas que lleven a cabo estas investigaciones deberán reunir una serie de atributos como capacidad, autonomía o independencia; lo que refuerza más si cabe la idea de que el *compliance officer* asuma esta función al congregar por definición tales aptitudes, en la misma sintonía que el CP lo exige para con este órgano. Igualmente, se concibe la alternativa de que una organización pueda emplear recursos distintos para realizar las investigaciones pertinentes o, incluso, crear comités independientes para supervisar y asegurar el buen hacer de las mismas.

teniendo asimismo presente, como no podía ser de otra manera, la posibilidad de que la gestión del canal de denuncias o, incluso, la figura del propio órgano de cumplimiento se (encuentren o) encontraran plenamente externalizadas.

El nuevo régimen no excluye en absoluto esta forma de proceder, pues además de la compatibilidad que puede predicarse entre ambas figuras señaladas, la literalidad del artículo únicamente impone la necesidad de que el responsable de cumplimiento —haciendo al mismo tiempo las veces de Responsable del Sistema— «responda» —entendiéndose en el sentido de rendir cuentas o, valga la redundancia, responsabilizarse de su adecuado y oportuno desempeño sin tener que efectuarlo el mismo— de la tramitación diligente en la gestión de las informaciones recibidas, otorgándose así un amplio margen de libertad en el modo de llevar esto a cabo.

En cuanto a las actuaciones que podrán darse durante este procedimiento investigador, la referida norma [letras e), f) y h) del art. 9] reconoce la posibilidad de mantener comunicación con el informante y solicitarle datos adicionales, así como los derechos de información y audiencia de la persona acusada. Más allá de estas previsiones tan escuetas, sería aconsejable también, entre otras cuestiones: informar a todos los sujetos implicados del inicio, desarrollo y conclusión de todos los trámites y fases que se vayan sobreviniendo, siempre que la comunicación hubiera sido nominativa y ello no suponga un peligro para el buen hacer del proceso; la posibilidad de celebrar entrevistas con cualquier otra persona que pueda ayudar a esclarecer los hechos reportados aportando pruebas o testimonios sobre el presunto ilícito; y admitir o hacer valer cualquier otro tipo de elemento probatorio: documental, pericial, datos procedentes de fuentes externas, contraste, etc. Como broche de todo lo anterior, con carácter general, se establece que toda la información y documentación concerniente a las denuncias recibidas y al procedimiento investigador se hará constar y se conservará, por escrito o en formato electrónico, en un libro-registro, garantizándose los requisitos de confidencialidad y protección de datos personales (art. 26)[514].

---

514 La documentación y conservación de la información que se haya recopilado a través del canal de denuncias y de los procedimientos de investigación abiertos en consecuencia es uno de los principales elementos de prueba en orden a acreditar la eficacia del programa de *compliance* y la capacidad de respuesta de la persona jurídica.

Finalmente, para ir concluyendo, se hace preciso traer a escena la cuestión que más suspicacias e incertidumbre ha generado en la doctrina en cuanto a su aplicabilidad. La letra j) del citado art. 9 de la nueva Ley 2/2023 exige que los hechos comunicados que pudieran ser indiciariamente constitutivos de delito sean remitidos inmediatamente al Ministerio Fiscal o, en caso de que afecten a los intereses financieros de la UE, a la Fiscalía Europea. Esta previsión no hace sino suscitar importantes consideraciones en lo que al modo de darle cumplimiento se refiere, sobre todo, a la hora de sopesar su compatibilidad con los derechos constitucionales de defensa y no autoincriminación (art. 24.2 CE)[515]. Muchos autores consideran que, ante la prevalencia de tales derechos fundamentales, las organizaciones no pueden verse constreñidas a acatar dicho deber de remisión —como tampoco la obligación de denuncia genérica *ex* arts. 259 y ss. LECrim. y arts. 93 y 94 LGT— en aquellos casos donde la comunicación inicial o el propio desarrollo de la investigación pongan de relieve su posible responsabilidad penal[516]. Esta cuestión dista mucho de estar resuelta, pues ya existe jurisprudencia que, si bien no en este concreto ámbito, analiza los límites o el alcance que pueden tener en materia tributaria

---

515 Vid. TORRENT I SANTAMARÍA, J.M. y PÉREZ GIL DE GÓMEZ, L.: «Análisis de la Directiva Europea de whistleblowing y principales retos de la nueva regulación. El caso de España», *Ob. Cit.*, pág. 92; y NIETO MARTÍN, A.: «Investigaciones internas, whistleblowing y cooperación: la lucha por la información en el proceso penal (1)», *Diario La Ley*, núm. 8120, 2013, pág. 211.

516 El mismo razonamiento cabría aplicar en lo referente al acceso de los jueces al libro-registro de denuncias e investigaciones internas en el marco de un proceso judicial. El art. 26.1 de la Ley 2/2023, de 20 de febrero, establece que «este registro no será público y únicamente a petición razonada de la Autoridad judicial competente, mediante auto, y en el marco de un procedimiento judicial y bajo la tutela de aquella, podrá accederse total o parcialmente al contenido del referido registro». Ahora bien, ya existen resoluciones judiciales —Audiencia Nacional (sec. 4). Auto núm. 391/2021, de 1 de julio— que plantean la posible vulneración del derecho a la no autoincriminación ante el requerimiento por parte de una autoridad judicial para aportar copia de las denuncias recibidas en el canal de whistleblowing. Dado que el precepto en cuestión no precisa con exactitud la cantidad o tipo de información que debe preservarse, las organizaciones podrían llegar a plantearse, o bien conservar tan solo aquellos datos mínimamente imprescindibles para acreditar la eficacia del canal, o bien externalizar todo el servicio en la figura de un abogado «*out house*» o independiente habida cuenta de las garantías inherentes al secreto profesional que le invaden.

los derechos a no a no declarar contra sí mismo y a no confesarse culpable[517]. Tomando esto en consideración, con base en dichas garantías legítimas, sería consecuente sostener que el hecho de que una organización no se denunciase a sí misma ante las autoridades no debiera ser valorado negativamente como un reflejo de ineficacia o inoperatividad del canal de denuncias y, en suma, del modelo de *compliance* en general[518]; sin perjuicio de que la actuación opuesta sí pueda servir, además de como posible atenuante de acuerdo con el art. 31 *quater* CP[519], para evidenciar positivamente la efectividad del programa. En

---

517 «El derecho a no declarar contra sí mismo y no confesarse culpable es otra garantía procesal constitucionalizada. Indicar que el segundo es un reflejo del primero, siendo pues realmente un único derecho fundamental que, tan sólo es ejercitable en el ámbito sancionador, tanto en su vertiente penal como en la administrativa (SSTC 110/1984 y 197/1995). En el ámbito tributario y en relación con la prueba del test de alcoholemia, el Tribunal Constitucional ha limitado el alcance de esta garantía a las actividades de prueba que consistan en prestar declaración o testimonio, no pudiéndose invocar respecto de pruebas documentales y periciales, como son, por ejemplo, la presentación de documentos o la práctica del test, SSTC 76/1990, 161/1997, 188/2002, 68/2004 y 319/2006). Estamos pues ante un derecho de carácter instrumental que constituye una manifestación del derecho de defensa. El fundamento jurídico sexto de la citada STC 197/1995, determina de estos dos derechos que sobre los mismos "los órganos judiciales deben ilustrar desde el primer acto procesal en el que pueda dirigirse contra una determinada persona el procedimiento [...]. Tanto uno como otro, son garantías o derechos instrumentales del genérico derecho de defensa, al que prestan cobertura en su manifestación pasiva, esto es, la que se ejerce precisamente con la inactividad del sujeto sobre el que recae o puede recaer una imputación, quien, en consecuencia, puede optar por defenderse en el proceso en la forma que estime más conveniente para sus intereses, sin que en ningún caso pueda ser forzado o inducido, bajo constricción o compulsión alguna, a declarar contra sí mismo o a confesarse culpable (SSTC 36/1983 y 127/1992)». Tribunal Constitucional (Pleno). Sentencia núm. 197/1995, de 21 de diciembre. BJC 177 (1996).

518 LEÓN ALAPONT, J.: «Canales de denuncia, Compliance y Whistleblowing en tiempos de pandemia». En LEÓN ALAPONT, J. (dir.): *El Derecho Penal frente a las crisis sanitarias*, *Ob. Cit.*, pág. 291.

519 Resulta posible predicar el valor como atenuante que pueden comportar un canal de denuncias corporativo y las investigaciones internas con respecto al art. 31 quater CP. En este sentido, BUXÓ OLIVÉ y CAMPS ROCABERT sostienen que tales instrumentos permitirían «(i) confesar la infracción a las autoridades, esto es, informar a las autoridades de los hechos reportados a través del canal de denuncias cor-

este sentido, resulta obvio que una entidad que no disponga de programa de *compliance* tendrá menos incentivos para trasladar esta clase de información delictiva a las autoridades al no poder optar a la modulación de su responsabilidad penal por la vía del art. 31.2 bis CP. Por todo ello, será interesante conocer la evolución de esta cuestión para constatar cómo o en qué medida pueden conjugarse ambas realidades.

Hay que señalar que el Código Penal, *sensu stricto*, no dispone nada acerca de las investigaciones internas a efectos de valorar la idoneidad de los modelos de organización y gestión; cosa que sí hace la Circular 1/2016, de 22 de enero, de la Fiscalía General del Estado indicando expresamente, por un lado, que «la colaboración activa con la investigación o la aportación al procedimiento de una investigación interna [...] revelan indiciariamente el nivel de compromiso ético de la sociedad» y, por otro, que «operarán en sentido contrario el retraso en la denuncia de la conducta delictiva o su ocultación y la actitud obstructiva o no colaboradora con la justicia»[520]. Más allá de las consideraciones puramente legales, y a sabiendas de que con una alta probabilidad la jurisprudencia lo considerará en este sentido, parece claro que cualquier modelo de cumplimiento normativo que hoy en día se precie ne-

---

porativo (art. 31 quater 1.a); (ii) colaborar en la investigación de los hechos aportando pruebas nuevas y decisivas, esto es, presentar las diligencias y conclusiones alcanzadas en la investigación interna (art. 31 quater 1.b); y (iii) adoptar, antes del comienzo del juicio oral, medidas eficaces para prevenir y descubrir delitos, esto es, la adopción de un Sistema de Compliance y, en particular, el canal de denuncias corporativo como medio para descubrir la comisión de delitos en el seno de la empresa (art. 31 quater 1.d)». BUXÓ OLIVÉ, J. y CAMPS ROCABERT, C.: «Aspectos controvertidos de los canales de denuncias corporativos», *Ob. Cit.*, pág. 12.

520 En la cita textual se ha omitido, deliberadamente, cómo la Circular 1/2016, de 22 de enero, de la Fiscalía General del Estado establece que la colaboración eficaz o activa «puede[n] permitir llegar a la exención de la pena» y ello debido a que, como señala ORTIZ PRADILLO, «excede con mucho la previsión legal» pues «la confesión inmediata de la empresa, aunque la Fiscalía defienda que debe motivar la exención de la responsabilidad de aquella, es una atenuante (31 quáter CP) y no una eximente (31 bis CP), lo cual constituye una evidente incoherencia normativa que ya ha sido denunciada por la doctrina». Vid. ORTIZ PRADILLO, J.C.: «La recepción de la cultura del ‹compliance› y del whistleblowing en España», *Ob. Cit.*, pág. 425.

cesariamente deberá incluir un procedimiento de investigación interna para examinar la información que se haga llegar por medio del canal de denuncias.

En conclusión, este proceso de gestión de las denuncias es el paso posterior y que da sentido a todo el traslado de información que se ha venido indicando. El *whistleblowing* representa así el inicio de un procedimiento de mayor calado que, a través de las investigaciones pertinentes que se realicen cuando se aprecie potencialidad infractora o delictiva en los hechos denunciados, podrá desembocar en último término en la aplicación de medidas de diversa índole: un sistema disciplinario que sancione los ilícitos de *compliance* tributario detectados; el ajuste y actualización de los controles de prevención establecidos en la organización para evitar que situaciones del mismo tipo se reiteren en el futuro; e, incluso, la comunicación a las autoridades cuando así lo demanden las circunstancias del caso. Es importante poner de manifiesto que este procedimiento investigador no se circunscribe o, dicho de otro modo, no va a tener su origen exclusivamente en las denuncias que sean formuladas a través del canal de *whistleblowing*. De esta forma, es posible que también se inicien investigaciones a partir o como consecuencia de los controles rutinarios establecidos en las empresas, las inspecciones realizadas por las autoridades administrativas o la incoación de procesos judiciales, entre otras causas[521].

2.5. SISTEMA DISCIPLINARIO

Si anteriormente se dijo que el canal de denuncias constituye un medio instrumental que tiene su continuidad en las investigaciones internas, lo mismo se puede ahora afirmar de estas con respecto al sistema disciplinario. El resultado de las investigaciones practicadas puede poner de manifiesto incumplimientos que, sin perjuicio de cuál fuere su índole o la entidad de la respuesta que proceda, deban ser castigados en todo caso. Un programa de *compliance* no estará completo y, en consecuencia, no se podrá considerar

---

521 BLUMENBERG, A-D. y GARCÍA MORENO, B.: «Retos prácticos de la implementación de programas de cumplimiento normativo». En HORTAL IBARRA, C. (coord.), VALIENTE IVAÑEZ, V. (coord.) et. al.: *Responsabilidad de la empresa y compliance, Ob. Cit.*, pág. 292.

eficaz si no cuenta con un régimen disciplinario interno que debidamente procese y sancione las infracciones detectadas. El propio CP así lo reconoce expresamente al señalar, como requisito en el ordinal 5º de su art. 31 bis 5, que los modelos de organización y gestión «establecerán un sistema disciplinario que sancione adecuadamente el incumplimiento de las medidas que establezca el modelo». Este aspecto también ha cristalizado en diversos preceptos de distintas normas ISO y UNE[522].

En el sistema disciplinario se plasman las consecuencias últimas de un programa de cumplimiento normativo, sirviendo asimismo para justificar y dar cuenta de su buen funcionamiento. Si se careciera de ello, incumplimientos que pudieran poner en riesgo las empresas quedarían impunes, lo que comprometería o pondría en entredicho la propia función de *compliance*. La virtualidad de este elemento, por tanto, no solo debe concebirse en tanto a su capacidad para persuadir del cumplimiento en sí, sino también como expresión de una política de tolerancia cero ante la comisión de ilícitos. Un objetivo fundamental de este procedimiento sancionador se relaciona con el reforzamiento o la materialización de una verdadera cultura de cumplimiento en el seno de las organizaciones, puesto que a través de la imposición de medidas disciplinarias —consecuencias efectivas— se consigue demostrar que un modelo de *compliance* no es únicamente una formulación o aspiración puramente teórica sin apenas

---

522 ISO 37301: «En relación con todo su personal, la organización debe desarrollar, establecer, implementar y mantener procesos de manera que: [...] c) se tomen las acciones disciplinarias adecuadas contra el personal que infrinja las obligaciones, las políticas, los procesos y los procedimientos de compliance de la organización»; UNE 19601: «En relación con los miembros de la organización (3.17), se deben establecer, implementar y mantener actualizados procedimientos (3.25) tendentes a que: [...] d) se adopten acciones disciplinarias proporcionales contra aquellos miembros de la organización (3.17) que incumplan los requisitos (3.27) derivados de la política de compliance penal (3.24) o del resto del sistema de gestión de compliance penal (3.31)»; y, casi en los mismos términos, UNE 19602: «En relación con los miembros de la organización (3.18), se deben establecer, implementar y mantener actualizados procedimientos (3.28) tendentes a que: [...] c) Se adopten acciones disciplinarias proporcionales contra aquellos miembros de la organización (3.18) que incumplan los requisitos (3.30) derivados de la política de compliance tributario (3.27) o del resto del sistema de gestión (3.34)».

aplicación real (*cosmetic compliance*)[523]. Asimismo, ello está vinculado intensamente con la realización de los principios éticos recogidos en los códigos de conducta de cada entidad, ya que de este mismo modo dejarán de ser meras evocaciones morales carentes de la más mínima eficacia práctica y pasarán a tener una auténtica virtualidad sustancial[524].

2.5.1. Notas esenciales y particularidades en el ámbito del tax compliance

De lo dicho hasta el momento, ya se pueden extraer o inferir las dos funciones principales que va a desempeñar un mecanismo de estas características. Por un lado, *sancionar las infracciones de compliance*. Un modelo de cumplimiento normativo no se va a circunscribir únicamente a la prevención o detección de conductas ilícitas, sino que también ha de operar reactivamente frente a la inobservancia de las medidas establecidas en aquel sentido[525]. La manera más típica de actuar en este plano —no la única— consiste en san-

---

523 Las mismas normas de autorregulación privada citadas señalan que: «Los factores que apoyarán el desarrollo de una cultura de compliance, entre otros, son: [...] - las medidas disciplinarias rápidas y proporcionadas en caso de infracciones de las obligaciones de compliance intencionadas o negligentes» (ISO 37301); «Son elementos de una cultura (3.8) de compliance: [...] k) medidas disciplinarias rápidas y proporcionadas en caso de conductas penales o no conformidades (3.18) respecto de la política de compliance penal (3.24) o el resto del sistema de gestión de compliance penal» (UNE 19601); y, en muy similares términos, «Son elementos de una cultura (3.10) de compliance: [...] - Medidas disciplinarias, rápidas y proporcionadas, en caso de incumplimiento de un requisito» (UNE 19602).

524 «Difícilmente se podrá promover un programa de ética y cumplimiento si no se prevé un mecanismo de respuesta con la suficiente fuerza coercitiva como para doblegar la actitud incumplidora de las personas implicadas. Es evidente que el mero contenido ético del programa no procura el cumplimiento efectivo de la normativa de prevención, por lo que se hace necesario arbitrar, junto a elementos persuasivos que motiven la observancia, otros elementos disuasorios que inciten a adecuarse a los fines por temor a la sanción». GOÑI SEIN, J.L.: «Programas de cumplimiento empresarial ("compliance programs"): aspectos laborales». En HORTAL IBARRA, C. (coord.), VALIENTE IVAÑEZ, V. (coord.) et. al.: *Responsabilidad de la empresa y compliance, Ob. Cit.*, págs. 379 y 414.

525 «Bicondicionalidad del cumplimiento». Vid. AGUILERA GORDILLO, R. (ed. lit.): *Manual de Compliance Penal en España, Ob. Cit.*, págs. 382 y 383.

cionar a los miembros de la organización que cometan vulneraciones o faltas de este tipo. Así, la adopción de medidas disciplinarias vendría a suponer el reverso o contrapunto del plan de incentivos reconocido también en el propio programa para favorecer o promover su adecuada aplicación.

Por otro lado, *acreditar la eficacia del modelo de compliance*. Todas las actuaciones que lleve a cabo una organización tras la comisión de un ilícito van a ser un síntoma o indicio inequívoco a efectos de calibrar y evidenciar si se tiene o no una verdadera voluntad de cumplimiento. La Circular 1/2016, de 22 de enero, de la Fiscalía General del Estado así lo declara particularmente con respecto a la «adopción de medidas disciplinarias» en el ámbito delictivo, considerándolas una «muestra del compromiso de los dirigentes de la corporación con el programa de cumplimiento». Se trata quizás de una de las formas más ilustrativas para conseguir demostrar que un sistema de cumplimiento normativo funciona eficazmente pese a los fallos que hayan podido producirse. Esta función probatoria puede llegar a tener una influencia decisiva a la hora de valorar la efectividad del *compliance* por parte de las autoridades, ya que a través de ella se explicita una postura clara y contundente de no permisividad sobre la base de consecuencias tangibles[526].

La articulación de un sistema disciplinario, en línea con lo dicho anteriormente, se vincula estrechamente con la elaboración de códigos éticos o de conducta[527]. Así lo estipula expresamente la mencionada Circular 1/2016, de 22 de enero, de la Fiscalía General del Estado al señalar que «la obligación de establecer un sistema disciplinario adecuado [...] presupone la existencia

---

526 GOÑI SEIN, J.L.: «Programas de cumplimiento empresarial ("compliance programs"): aspectos laborales». En HORTAL IBARRA, C. (coord.), VALIENTE IVAÑEZ, V. (coord.) et. al.: *Responsabilidad de la empresa y compliance, Ob. Cit.*, pág. 415 y ss.

527 Si bien las expresiones «código ético» y «código de conducta» suelen utilizarse indistintamente, y también lo será así en este trabajo, hay quienes señalan algunos matices que diferenciarían ambos conceptos: (1) Un código ético establece aspiraciones morales y tiene un enfoque más centrado en valores y principios, mientras que un código de conducta regula comportamientos con más detalle y tiene un enfoque más normativo; (2) Un código ético es un documento más general con un alcance amplio, mientras que un código de conducta tiene una naturaleza más específica con un alcance más acotado; y (3) Un código ético es un documento más bien reducido, mientras que un código de conducta es comparativamente más extenso.

de un código de conducta». Si bien no existe unanimidad total en cuanto a su conceptualización, teniendo sobre todo en cuenta la función que cumple en el ámbito del *compliance*, un instrumento de estas características podría definirse como el documento escrito en el que se plasman los principios y valores que deben guiar la actuación de todos los miembros y colaboradores de una organización. A través de este elemento se fomenta y estimula una cultura corporativa de legalidad con vistas a procurar pautas de conducta profesionales y responsables en todas las áreas de actuación.

Muchos autores señalan que los códigos éticos o de conducta deben contener o materializarse en un catálogo de infracciones y sanciones aplicable sobre aquellos miembros de la corporación que infrinjan, activa u omisivamente, lo dispuesto en el modelo de cumplimiento normativo[528]. Es más, a renglón seguido de lo citado anteriormente, la propia Circular 1/2016, de 22 de enero, de la Fiscalía General del Estado indica lo siguiente: «*presupone la existencia de un código de conducta* en el que se establezcan claramente las obligaciones de directivos y empleados». Ahora bien, lo cierto es que no resulta tan habitual —o, por lo menos, no hasta el momento— encontrarse con códigos éticos que recojan pormenorizadamente una relación o listado de acciones proscritas y sus correspondientes castigos. Más bien cada entidad consagra en ellos sus propios valores y principios organizativos tomando en consideración los comportamientos en que desea que aquellos se traduzcan. Habrá algunos con una vocación más general como el respeto de los derechos humanos, el compromiso con la buena marcha de la empresa o la diligencia profesional. Otros, en cambio, tendrán un carácter más específico como la protección del medioambiente, la seguridad en el trabajo o, en lo que atañe a la temática de este trabajo, el cumplimiento adecuado de las obligaciones tributarias. La mayoría de estos principios éticos, por no decir todos, se corresponderán en sentido negativo con ilícitos previstos en derecho positivo, pero no es frecuente que se detallen conductas específicas en que puedan concretarse tales[529]. En este tipo de documentos, sin perjuicio de que no será así en todos los casos, abundan más las cláusulas de remisión general del estilo de la que sigue:

---

528 Vid. AYALA DE LA TORRE, J.M.: *Claves prácticas. Compliance*, *Ob. Cit.*, pág. 80; y Redacción Aranzadi (2018). «Compliance: guía práctica de planificación preventiva y plan de control de riesgos». Thomson Reuters Aranzadi, págs. 159 y 495.

529 Ibíd., pág. 170.

Ante cualquier incumplimiento de las medidas contempladas en el Sistema de Gestión de Cumplimiento, [la empresa] aplicará las medidas disciplinarias previstas en el Convenio Colectivo, y en lo no previsto por aquél, al régimen sancionador previsto en el texto refundido de la Ley del Estatuto de los Trabajadores (Real Decreto Legislativo 2/2015, de 23 de octubre), así como llegado el caso interponer las correspondientes acciones judiciales civiles, administrativas o penales frente al empleado que haya cometido dicha conducta irregular o incumplido con la normativa legal externa e interna aprobada por [la empresa].

Con todo, es preciso poner de manifiesto una peculiaridad que se da en el ámbito fiscal y puede tener una notable trascendencia en este sentido. En España, concretamente en el contexto del cumplimiento cooperativo, cada vez más organizaciones, como se señalaba en el *CAPÍTULO II*, vienen suscribiendo el Código de Buenas Prácticas Tributarias aprobado por el Foro de Grandes Empresas. Esta regulación de *soft law*, en principio, vincula a las corporaciones como tal; pero es posible también que determinadas conductas que deban observarse (Epígrafe 1 CBPT, Anexo 2015 o Informe de Transparencia Fiscal) generen obligaciones para los empleados y, sobre todo, administradores de las mismas[530]. En estos casos sí se contaría con un documento, similar a los códigos de conducta, en el que se detallarían con mayor minuciosidad prácticas o conductas cuyo incumplimiento podría desencadenar la aplicación del régimen disciplinario. De esta forma, aunque sea difícil esperar en esta clase de textos una descripción o registro exhaustivo de todas las actuaciones que puedan suponer una infracción de *compliance*, en materia fiscal esta posibilidad parece más factible o se adivina con mayor nitidez gracias a la convergencia con el cumplimiento cooperativo, con el valor añadido que ello puede traer consigo a efectos de lograr una mejor concienciación y asunción en consecuencia[531].

---

530 Tal y como se establece en la UNE 19602, se pueden asumir como compromisos de *compliance*, entre otros ejemplos, (a) Principios y códigos de prácticas tributarias o (b) Normas y estándares relevantes para las organizaciones.

531 El componente ético tan presente en los códigos de conducta se alinea también con las tendencias más recientes en el ámbito de la fiscalidad internacional, ya que cada vez abundan más las consideraciones morales que dan forma al concepto de «responsabilidad fiscal corporativa» y pretenden servir de límite a fenómenos como la evasión, elusión o planificación fiscal agresiva.

2.5.2. Virtualidad con respecto al marco legal establecido

Lo dicho hasta el momento aboca irremediablemente a tener que tratar el tema de la debida compatibilización entre lo dispuesto en la dimensión disciplinaria del *compliance* y lo estipulado en el marco normativo vigente. Como premisa o presupuesto básico, no hay que confundir el hecho de que no sea usual que se recoja un elenco tasado de conductas prohibidas y castigos en esta clase de documentos, con que sí se establezcan determinadas medidas de control (especialmente en el manual de *compliance*) cuya inobservancia pueda constituir un incumplimiento sancionable. La confección de un régimen disciplinario no puede suponer para las empresas una habilitación general o una patente de corso para establecer un listado de infracciones y sanciones en blanco o totalmente abierto y genérico sin ningún tipo de control o limitación. Ello ha de responder siempre y en todo caso a una cierta tipificación —entendiéndose en sentido amplio— conforme a la legalidad más estricta[532].

Como se ha mencionado, una gran parte del contenido de estos textos es el reverso de ilícitos contemplados en la legislación. Asimismo, resulta indudable que en muchos casos estas mismas previsiones irán más allá de las meras formulaciones normativas, por lo que habrá incumplimientos que puedan serlo solo de buenas prácticas, sin que impliquen una transgresión de lo estipulado legalmente. Todas las infracciones legales serán contrarias al código ético o al manual de *compliance*, pero no a la inversa. Por esta razón, y para dotar de efectividad real y completa a estos instrumentos, será imprescindible conocer la fórmula de conciliar o adecuar el sistema disciplinario establecido en un programa de *compliance* con los parámetros existentes en la normativa aplicable, sobre todo, respecto de aquellas medidas que excedan lo puramente regulado. Teniendo esto claro, para definir y concretar la materia normativa aplicable, se habrán de considerar las distintas relaciones jurídicas que vinculan a todos los sujetos susceptibles de ser sancionados.

En primer lugar, se dispone la figura de los *trabajadores por cuenta ajena*. De conformidad con los arts. 3 y 58 ET, el sistema de faltas y sanciones que se hará descansar sobre los empleados necesariamente deberá fundamentarse en una disposición legal o en el convenio colectivo que resulte de aplicación,

---

532 GOÑI SEIN, J.L.: «Nuevo Código Penal, plan de prevención de delitos y sus implicaciones laborales», *Ob. Cit.*, pág. 22.

constituyendo estos los límites al poder punitivo del empresario que emana del art. 20 ET. En la actualidad, lo más habitual es que los códigos éticos o manuales de *compliance* incluyan cláusulas de remisión al ET y, sobre todo, al convenio colectivo aplicable —como la ejemplificada anteriormente— en lo que a la imposición de medidas disciplinarias se refiere. Ello no es de extrañar, pues el sistema disciplinario es una de las materias reservadas a negociación colectiva. A través de ella se establece una tipificación propia de infracciones, la graduación de las mismas y las sanciones que proceda aplicar en consecuencia. Precisamente por este motivo, se mencionaba previamente que no es tan usual que en los instrumentos de autorregulación empresarial se incluyan catálogos de infracciones y sanciones, ya que este tipo de listados suelen localizarse en los convenios colectivos a los que aquellos se remiten[533].

Por lo tanto, y como señalan LACUNZA URANGA y ZARRAONDIA ZULOAGA, se habrán de «poner en relación las conductas irregulares que se pretendan sancionar con las posibilidades que otorga la normativa laboral vigente», debiendo ajustarse en todo caso el sistema disciplinario articulado en el modelo de compliance a lo dispuesto en aquella. En cuanto a las actuaciones que supongan un incumplimiento normativo —ya sea penal, civil, administrativo o de otra índole—, no parece que existan muchas dudas. La jurisprudencia y la doctrina iuslaboralistas son claras a la hora de considerar la procedencia o pertinencia de su sancionabilidad. Lo mismo cabe predicar sobre aquellas otras conductas que encajen en alguno de los tipos taxativamente establecidos en los convenios colectivos a los que se ha hecho referencia. Ahora bien, si se produce una inobservancia de las medidas de prevención y control de un programa de cumplimiento normativo, la situación no es tan clara. Muchas actuaciones de este tipo se pueden calificar como «buenas prácticas» impropiamente dichas, por lo que su incumplimiento en muchas ocasiones —no siempre— no va a suponer un quebrantamiento de las normas vigentes ni tampoco de los convenios colectivos. En este punto se abren dos alternativas:

---

533 Tribunal Supremo (Sala de lo Social). Sentencia de 7 de marzo de 2007. (Rec. 132/2005) (*Tol 1059189*): «no existe obstáculo alguno de orden lógico o jurídico para que tal normativa de autoordenación (código de conducta) no se extienda también a materias de innegable naturaleza laboral, pues ello no significaría más que el simple ejercicio del poder de dirección que al empresario corresponde ex. art. 20 ET [instrucciones adoptadas... en el ejercicio regular de sus facultades]».

- Cada vez más convenios colectivos vienen reconociendo en su propia tipificación de infracciones la desatención de las exigencias de *compliance*. Se trata de la mejor opción para evitar problemas de compatibilidad con los derechos de los trabajadores, al tiempo que también contribuye a incrementar sustancialmente la seguridad jurídica. Por contra, presenta el escollo de tener que superar el filtro de la negociación colectiva, lo que en no pocas ocasiones se antoja complicado. Un ejemplo muy nítido de ello se puede observar en el Convenio colectivo del sector de grandes almacenes:

> *«Artículo 57. Faltas muy graves.*
>
> *Se consideran como faltas muy graves las siguientes: [...]*
>
> *15 bis. El incumplimiento o abandono de las normas de prevención de riesgos penales —código de compliance— que estuvieran establecidas en el ámbito de la empresa. [...]»*

- En segundo lugar, cuando no exista regulación específica en derecho positivo a la que acogerse, se habrá de recurrir a los principios generales consagrados en el ordenamiento laboral. En este sentido, el incumplimiento de las medidas de *compliance* se considerará una infracción laboral vinculada con la desobediencia, el abuso de confianza o, sobre todo, la transgresión de la buena de contractual[534]. Se sanciona la pérdida de confianza del empresario, para lo cual la jurisprudencia viene reiterando que no es necesario probar daño efectivo para la empresa. Se trataría de una actuación contraria a los especiales deberes

---

534 Para los casos más graves ya se conoce que el art. 54 ET reserva el despido disciplinario como una de las sanciones más severas a imponer, estableciendo expresamente entre sus causas «la transgresión de la buena fe contractual» y «el abuso de confianza en el desempeño del trabajo». Sobre este particular, Tribunal Supremo (Sala de lo Social). Sentencias de 13 de marzo de 1996 y de 4 de junio de 1999. Tales resoluciones vienen a considerar que no toda transgresión de la buena fe contractual justifica la aplicación de un despido disciplinario, sino solo «aquella que por ser grave y culpable imponga la violación trascendente de un deber de conducta del trabajador, esto es la que tenga calidad bastante para que sea lícita y ajustada a la resolución contractual basada en el incumplimiento del trabajador...».

de obediencia a las instrucciones de la empresa que deben presidir la ejecución del contrato de trabajo (arts. 5 y 20 ET). La esencia del incumplimiento no está tanto en el daño causado como sí en el quebranto de la buena fe depositada y la lealtad debida. Por tanto, aun cuando no cabe utilizar un modelo de cumplimiento normativo —de indudable raíz privada— para imponer obligaciones a los trabajadores que menoscaben sus derechos laborales, los manuales o códigos de conducta sí podrían servir para ampliar el número de conductas (potencialmente sancionables) que deberán observar aquellos[535].

En segundo término, referido a los *administradores*, el TRLSC, en concreto su Título VI, contiene algunas previsiones que han de tenerse muy en cuenta a la hora de configurar un sistema disciplinario para con esta clase de sujetos. En particular, el Capítulo II sobre los administradores (art. 223 – Cese de los administradores); el Capítulo III sobre los deberes de los administradores (especialmente arts. 225 – deber general de diligencia y 227 – deber de lealtad); el Capítulo V sobre la responsabilidad de los administradores; y Capítulo VI sobre el consejo de administración (art. 251 – Impugnación de acuerdos del consejo de administración).

En cuanto a los *altos directivos*, la articulación de un sistema disciplinario va a presentar un encaje más sencillo con este tipo de sujetos que con el resto de los empleados con vínculo de trabajador por cuenta ajena. Recuérdese que se trata de una relación laboral de carácter especial donde es fundamentalmente la autonomía de la voluntad, y no la negociación colectiva, la que va a definir las condiciones laborales. Por este motivo existirá una mayor flexibilidad o libertad para introducir entre las cláusulas del contrato (especial de trabajo del personal de alta dirección) la posibilidad de sancionar la inobservancia de las estipulaciones de *compliance*. El propio art. 13 del Real Decreto 1382/1985, de 1 de agosto, por el que se regula este tipo de relación laboral especial expresamente establece que «el alto directivo podrá ser sancionado en virtud de incumplimiento de las obligaciones derivadas de esta relación especial, en los términos que se pacten en el contrato».

---

535 Redacción Aranzadi (2018). «Compliance: guía práctica de planificación preventiva y plan de control de riesgos», *Ob. Cit.*, pág. 495.

Por último, la aplicación del sistema disciplinario no se limita únicamente a los miembros que formen parte de la organización, sino que también se extiende a aquellos otros que se relacionen con la misma sin formar parte de ella. En el caso de los *proveedores y clientes* habrán de buscarse soluciones en derecho civil para poder ponerlo en práctica. De esta manera, a través de cláusulas (de rescisión) en los contratos o de la prohibición de contratar con los primeros, y absteniéndose de llevar a cabo operaciones con los segundos, se podrían imponer sanciones impropiamente dichas cuando se haya cometido o prevea que pueda cometerse un incumplimiento de *compliance* por parte de estos sujetos. Imagínese, por ejemplo, un caso de blanqueo de capitales.

Reconduciendo todo lo dicho al plano fiscal, es posible sentar o extraer algunas conclusiones interesantes, particularmente cuando se produzca una infracción tributaria o un delito de este tipo. Se ha de partir de una premisa básica o fundamental en este sentido: el obligado tributario —es decir, la persona jurídica o entidad del art. 35.4 LGT a efectos de este estudio— será el responsable principal del ilícito que eventualmente se haya cometido, sin perjuicio de las derivaciones de responsabilidad que puedan proceder. Así pues, nuevamente en este punto se hace preciso distinguir en función de las categorías de sujetos que puedan encontrarse implicados.

En el caso de los empleados «rasos» vinculados por una relación laboral ordinaria por cuenta ajena, dada su baja posición jerárquica en la cadena operativa y el limitado alcance decisorio del que disponen, cuesta imaginar que pueda atribuírseles algún grado de autoría o participación en la comisión de tales hechos infractores. La actuación de estos trabajadores en sí misma considerada, aun cuando efectivamente suponga un incumplimiento de (*tax*) *compliance* que pueda haber conducido a dicho resultado y deba ser castigado como tal conforme a los señalado a lo largo de este epígrafe, muy difícilmente va a encajar en el tipo penal de defraudación tributaria, como infracción administrativa o, si al caso, en alguna ley sectorial específica que sancione ilícitos de esta índole. El ejemplo más claro e ilustrativo viene constituido por los miembros del departamento fiscal de cualquier empresa.

Situación distinta es la que afecta a los administradores y miembros del consejo de administración. La atribución de funciones con respecto a ellos se sitúa en un plano notablemente superior. Esta clase de sujetos tienen influencia directa en la toma de decisiones sobre la determinación de la estrategia fiscal, el diseño y supervisión de los sistemas de control y gestión de riesgos fiscales o la misma aprobación de operaciones e inversiones que revistan especial riesgo o trascendencia fiscal. Por ello, aunque la organización fuera la responsable del delito fiscal que se hubiere cometido, tampoco podría descartarse que tales individuos tuvieran algún tipo de responsabilidad a título de cooperador, colaborador necesario o inductor. Y lo mismo cabe extrapolar al ámbito administrativo teniendo en cuenta lo regulado en los arts. 41 a 43 LGT sobre responsables solidarios y subsidiarios.

Mayor problemática suscita la figura de los directivos, ya que se encuentran a medio camino entre una y otra categoría. En el supuesto de que sean administradores-directivos, se habrá de aplicar lo dicho anteriormente. Ahora bien, en el resto de casos, cuando simplemente sean trabajadores por cuenta ajena vinculados por una relación laboral especial, el asunto se complica realmente. El poder de decisión y el margen de actuación que tienen estos sujetos, sin llegar al nivel de los Administradores, es notablemente superior al de cualquier empleado ordinario, de ahí que surjan dudas acerca de cual puede ser su grado de responsabilidad de cometerse un ilícito tributario.

Finalmente, se ha de tratar también la situación de los asesores fiscales, los cuales se incardinarían en la categoría de «proveedores» anteriormente señalada. Más allá de que estos sujetos puedan ser objeto de las sanciones impropiamente dichas que se han comentado, la línea jurisprudencial que están siguiendo los tribunales españoles centra cada vez más el foco de atención en la eventual responsabilidad que pudieran tener cuando sus clientes —los contribuyentes— sean responsables de algún tipo de ilícito fiscal[536].

A modo de conclusión, se ha de insistir en que algunas (incluso muchas) de estas formulaciones generales planteadas quizás no lleguen nunca a ser aplicables al concreto ámbito tributario; no obstante, será preciso tenerlas igualmente en cuenta, sobre todo, porque lo más normal es que un sistema de *compliance* fiscal se encuentre integrado o forme parte de un programa de mayor rango o alcance y, consiguientemente, lo mismo cabrá predicar respecto a la aplicabilidad del aparato disciplinario referido a los incumplimientos de este tipo que se produzcan.

---

536 Tribunal Supremo (Sala de lo Penal). Sentencia núm. 374/2017, de 24 de mayo. (Rec. 1729/2016). (*Tol 6110618*).

3. RESPONSABILIDAD POR ILÍCITOS TRIBUTARIOS

3.1. RESPONSABILIDAD PENAL POR DELITO FISCAL

3.1.1. Configuración de la responsabilidad penal de las personas jurídicas en España

A. Breve caracterización del modelo

El reconocimiento de la responsabilidad penal de las personas jurídicas (RPPJ) en el ordenamiento español, como se ha dicho, se produjo en el año 2010 a través de la Ley Orgánica 5/2010, de 22 de junio, que modificó el Código Penal estableciendo que este tipo de entidades podrán ser penalmente responsables cuando alguno de sus administradores o representantes o alguno de sus subordinados cometan delitos por su cuenta y en su beneficio. Posteriormente, la Ley Orgánica 1/2015, de 30 de marzo, desarrolló con mayor minuciosidad los términos de esta responsabilidad, detallando las condiciones necesarias para optar a la exención o atenuación y los requisitos que deben reunir los «modelos de organización y gestión». La jurisprudencia del Tribunal Supremo (TS) y la actuación de la Fiscalía General del Estado, mediante sus Circulares 1/2011, de 1 de junio, y 1/2016, de 22 de enero, también han contribuido enormemente a sentar el debate e ir desgranando poco a poco los límites y la virtualidad del modelo de responsabilidad penal establecido en el Estado español.

A pesar de que no pretenda realizarse un complejo análisis dogmático sobre el modelo de atribución de responsabilidad, resulta imprescindible reseñar algunos aspectos básicos que van a tener verdadera eficacia material en el contexto fiscal. Así las cosas, primeramente, se va a tratar de sintetizar de forma muy sucinta la interpretación adoptada por el TS respecto al modelo de responsabilidad penal que emana del art. 31 bis CP y sus aspectos más significativos. En segundo lugar, se destacarán las matizaciones doctrinales más relevantes a propósito de esta postura. Y, en último término, se analizarán con exhaustividad todas las circunstancias y elementos que forman parte del tipo del injusto y rodean la actuación delictiva de las personas jurídicas.

El Tribunal Supremo se ha decantado por considerar que el CP se adhiere a un modelo de autorresponsabilidad o responsabilidad por hecho propio, estableciéndose unas categorías de conducta, antijuridicidad y culpabilidad específicas para las personas jurídicas. En este sentido, la actuación de las personas físicas se limita a constituir una mera premisa, una muestra de lo que se conoce como «defecto de organización», autogenerado y atribuible por completo a la persona jurídica[537]. Se trata de un hecho propio imputable individualmente al ente corporativo, de manera que la conducta de las personas naturales se toma como el desencadenante de la responsabilidad de aquel, pero no es el fundamento de su exigencia. La tipicidad se concibe, pues, en atención a ese defecto organizativo (autogenerado) por superarse los umbrales de riesgo que debían ser permitidos.

La cuestión de la elección del modelo no ha estado exenta de una intensa polémica y debate doctrinal, más si cabe cuando los postulados expresados en el CP no eran ni mucho menos claros y las primeras sentencias dictadas dejaban un margen de ambigüedad notable. Con todo, la STS núm. 668/2017, de 11 de octubre, despejó toda duda afirmando expresamente lo que sigue: «La Sala es consciente de que *la opción jurisprudencial por un sistema de autorresponsabilidad* no es ajena a las críticas dogmáticas de quienes entienden que la idea de empresa como una organización autopoiética que se administra y organiza a sí misma» [la cursiva es propia]. En esta resolución el TS relaciona algunas sentencias emitidas con anterioridad que, a la luz del criterio manifestado, contribuyen a respaldar con mayor claridad la tesis de que se está ante un modelo de autorresponsabilidad[538].

En esta tesitura, y de forma muy esquemática atendiendo a que serán objeto de trato detallado al final del epígrafe, son cuatro los presupuestos exigidos por el TS para declarar a una persona jurídica como autora de un delito, a tenor de lo preceptuado en el art. 31 bis CP y de la interpretación que se realiza del mismo en atención a la concepción del modelo de atribución de responsabilidad que se tiene. A saber[539]: (1) Comisión de un delito expresa-

---

537 AGUILERA GORDILLO, R. (ed. lit.): *Manual de Compliance Penal en España*, págs. 59 y ss.

538 STS núm. 154/2016, de 29 de febrero (F.º D.º Octavo) (*Tol 5651211*); STS núm. 221/2016, de 16 de marzo (FD 5º) (*Tol 5665961*); y STS núm. 516/2016, de 13 de junio (FD 1º, *in fine*) (*Tol 5748603*).

539 Existen algunas sentencias del TS que compilan todos estos requisitos o presupuestos de una forma notablemente sumaria y concisa: SSTS 516/2016 o 583/2017. También se encuentran resoluciones relevantes en este sentido en la jurisprudencia

mente previsto entre los incluidos en el catálogo *numerus clausus* que puede imputarse a las personas jurídicas; (2) Comportamiento delictivo atribuible, bien a un representante legal o autorizado actuando en nombre o por cuenta de la organización; bien a un subordinado actuando en el ejercicio de actividades sociales y por cuenta de la misma, habiéndose incumplido gravemente los deberes de supervisión, vigilancia y control por parte de los primeros sujetos; (3) Obtención de un beneficio directo o indirecto entendido como una mera expectativa de provecho; y (4) Ausencia *ex ante* de una cultura de cumplimiento que, entre otros aspectos, se materializa en la tenencia de un programa de cumplimiento normativo adecuado tendente a prevenir y/o reducir eficazmente el riesgo de comisión de delitos.

Este último requisito reviste una especial trascendencia, ya que ha concentrado gran parte de las discrepancias doctrinales, relacionándose además directamente con la cuestión de la culpabilidad. El TS y un sector importante de la doctrina consideran que la ausencia de una cultura de *compliance* ha de formar parte del núcleo de tipicidad del injusto. De esta forma, si bien no se reseña explícitamente como tal en el texto del art. 31 bis CP, se viene asumiendo como un elemento que necesariamente deberá integrar el tipo para poder determinar la concurrencia de responsabilidad penal en los entes corporativos. Expresado *sensu contrario*, si el fundamento de lo injusto típico radica en un defecto organizativo, la existencia de un plan integral de cumplimiento normativo diligentemente implementado acreditaría precisamente lo opuesto, con lo que se negaría el tipo objetivo dejando de ser una conducta penalmente reprobable. El Alto Tribunal entiende que este razonamiento es consecuente con la aceptación de un modelo de autorresponsabilidad y así lo ha vertido en numerosas resoluciones[540].

En cuanto al concepto de cultura de cumplimiento o cultura de respeto al Derecho, de lo dicho por el Tribunal Supremo se infiere que es algo distinto y más amplio que los programas de *compliance*, por cuanto en la citada STS núm. 154/2016 —al referirse a su indispensable papel en la constatación de

---

menor: Auto AN 51/2022, 7 de febrero; SAP Guadalajara 357/2022; o AAP Tarragona 117/2023, 15 febrero.

540 Entre otras, STS núm. 154/2016, de 29 de febrero; STS núm. 221/2016, de 16 de marzo; o STS núm. 516/2016, de 13 de junio. Y, por supuesto, también en la jurisprudencia menor: Vid. Auto AN 51/2022, 7 febrero.

delitos corporativos— se señala que habrá de manifestarse en «alguna clase de formas concretas de vigilancia y control del comportamiento de sus directivos y subordinados jerárquicos», explicitándose prácticamente a renglón seguido que «ello más allá de la eventual existencia de modelos de organización y gestión»[541]. Sea como fuere, en coherencia con esta concepción de la cultura de *compliance* como un elemento negativo del núcleo básico de responsabilidad, el TS sostiene que la carga probatoria debe recaer sobre la acusación. De este modo, será la parte acusadora —generalmente el Ministerio Fiscal— quien habrá de acreditar la inexistencia o, si acaso, ineficacia (por no haber sido debidamente implementados) de los *compliance programs*, como materialización más palpable de una correcta organización y gestión del riesgo empresarial, para sustentar la tipicidad del injusto. Este criterio tan formalista, sin embargo, se ha visto relajado o matizado en cierta medida[542]. En este sentido, se atribuye a GÓMEZ JARA la formulación de una propuesta integradora, asumida por el TS en la STS núm. 221/2016, según la cual la carga principal de la prueba pesará sobre la acusación, mientras que

541 Tribunal Supremo (Sala de lo Penal). Sentencia núm. 154/2016, de 29 de febrero. (Rec. 10011/2015). En un sentido similar, Vid. Auto AP Sevilla 576/2022, 25 abril.

542 La reciente STS 298/2024, de 8 de abril, parece dar una vuelta más de tuerca al planteamiento sostenido por el Tribunal Supremo en este punto: «En cuanto a la inexistencia de un plan eficaz de cumplimiento [...] Se trata de un elemento negativo, lo que, al margen de cuál sea su naturaleza, acarrea ciertas elementales consecuencias procesales. Entre otras, que la carga de la alegación de ese factor excluyente de la responsabilidad recae, en principio, en la defensa. Si ésta se abstiene de proponer prueba alguna al respecto, y no realiza ni siquiera un amago de aportar un plan de cumplimiento y/o demostrar que la empresa se ajustaba en su funcionamiento a cada uno de los requisitos que perfila el Código Penal, será legítimo entender acreditado que no existía tal plan de cumplimiento. [...] Resulta igualmente impecable, de forma paralela, un razonamiento a tenor del cual si se acusa a una empresa por hechos cometidos por un directivo; y su dirección letrada, muy cualificada, como en este caso confirma el altísimo nivel de sus escritos, adopta una postura abstencionista, estratégicamente abstencionista, y se limita sin más a decir que no se ha probado la inexistencia de un programa de cumplimiento adecuado, se deduzca que no se contaba con ese protocolo. Si fuese de otra forma se hubiese aportado o se hubiese hablado de él». Tribunal Supremo (Sala de lo Penal). Sentencia núm. 298/2024, de 8 de abril (Rec. 6489/2021). (*Tol 9980988*).

a la defensa corresponderá asimismo tratar de demostrar que cumplió diligentemente sus deberes de vigilancia y control para la evitación del delito[543].

Para completar el análisis de la responsabilidad de las personas jurídicas, cabe acudir de nuevo a GÓMEZ JARA en lo concerniente al tema de la culpabilidad. A partir de la noción de «equivalencia funcional» entre el individuo y la empresa, este autor sostiene que el origen de la culpabilidad de esta última radica precisamente en esa cultura corporativa de incumplimiento de la legalidad[544]. Si bien dicho razonamiento parece haber tenido cierta acogida jurisprudencial favorable por parte del Tribunal Supremo o, al menos, es el rumbo que aparentemente se entrevé que puede seguirse, lo cierto es que por el momento opera más bien como criterio de imputación de delitos que como cuestión de culpabilidad[545].

Todos estos postulados en los que se traduce la configuración dada por el TS al modelo de atribución de responsabilidad penal vienen a confluir o, mejor dicho, confrontar con ciertos planteamientos doctrinales de gran calado que en modo alguno pueden calificarse de minoritarios. A tales efectos, resulta necesario comenzar indicando que la ya sobradamente citada STS núm. 154/2016, de 29 de febrero, presenta un importante voto particular suscrito por siete de los quince magistrados que por aquel entonces conformaban la Sala Segunda de dicho órgano judicial. Los firmantes del indicado voto particular, siempre dentro de la coincidencia en la consideración de que

---

543 «La acusación tiene la carga de la prueba respecto de una parte del hecho propio de la persona jurídica —salvaguardando la lógica del modelo de autorresponsabilidad—, pero, al mismo tiempo, la defensa tiene la carga de la prueba respecto de otra parte del citado hecho». GÓMEZ-JARA DÍEZ, C: «El pleno jurisdiccional del Tribunal Supremo sobre responsabilidad penal de las personas jurídicas: fundamentos, voces discrepantes y propuesta reconciliadora», *Diario La Ley*, núm. 8724, 2016, págs. 10 y 11.

544 Vid. GÓMEZ-JARA DÍEZ, C.: «El injusto típico de la persona jurídica (tipicidad)». En BAJO FERNÁNDEZ, M. (coord.); FEIJOO SÁNCHEZ, B.J. (coord.); y GÓMEZ-JARA DÍEZ, C. (coord.): *Tratado de responsabilidad penal de las personas jurídicas: adaptado a la Ley 1/2015, de 30 de marzo, por la que se modifica el Código Penal*, Navarra: Thomson Reuters-Aranzadi, 2016, pág. 103.

545 GÓMEZ TOMILLO, M.: «La culpabilidad de las personas jurídicas por la comisión de infracciones administrativas: especial referencia a los programas de cumplimiento», *Revista de Administración Pública*, núm. 203, págs. 64 y ss.

se trata de un modelo de autorresponsabilidad, son claros a la hora de sostener, entre otras cuestiones dimanantes, que la «ausencia de una cultura de control» no puede ser tenida como «el núcleo de la tipicidad o como un elemento autónomo del tipo objetivo definido en el art. 31 bis 1º CP». Ello por cuanto supondría que, en cada asunto enjuiciado, la acusación se viera obligada a probar «un presupuesto de tipicidad tan evanescente y negativo como es demostrar que el delito ha sido facilitado por la ausencia de una cultura de respeto al Derecho en el seno de la persona jurídica afectada». *Sensu contrario*, estos magistrados entienden que se trata de una eximente y, como tal, conforme a las reglas probatorias aplicables con carácter general para la estimación de este tipo de pretensiones obstativas de la responsabilidad, debe corresponder a la defensa (la empresa) el tener que demostrar su existencia[546].

Finalmente, en el ámbito puramente doctrinal, destaca GÓMEZ TOMILLO, quien sintetiza a la perfección la postura opuesta en casi todos los puntos en discordia. Este autor parte, con ciertas matizaciones, de la construcción formulada por *Tiedemann*, según la cual el injusto típico radicaría en la idea de acción peligrosa o lesiva *ex ante* para los bienes jurídicos protegidos, independientemente de que sea o no a consecuencia de un defecto de organización; mientras que la culpabilidad vendría determinada *a posteriori* por este último hecho[547]. Se entiende, por tanto, que el clima de incumplimiento originado por la persona jurídica al no haber adoptado las medidas pertinentes de prevención y control de riesgos —organización defectuosa— sustentaría el juicio de culpabilidad. Correlativamente, un programa de *compliance* debidamente implementado, concebido como la evidencia del mantenimiento y fomento de una estricta cultura de cumplimiento, podría excluir esta culpabilidad de la persona jurídica, debiendo recaer sobre la defensa la carga de la prueba acerca de su eficacia[548]. Esta línea de

546 En un sentido similar, aunque situando la exclusión de responsabilidad en las proximidades de una excusa absolutoria vinculada a la punibilidad, la Fiscalía General del Estado en su Circular 1/2016, de 22 de enero, también opta por atribuir la carga probatoria a la persona jurídica respecto del cumplimiento de los requisitos y condiciones legales que deben observar los modelos de organización y gestión.

547 GÓMEZ TOMILLO, M.: *Introducción a la Responsabilidad Penal de las Personas Jurídicas*, 2ª edición, Navarra: Thomson Reuters-Aranzadi, 2015, págs. 69 y ss.

548 AGUILERA GORDILLO, R. (ed. lit.): *Manual de Compliance Penal en España*, *Ob. Cit.*, págs. 50 y ss.

pensamiento ha sido respaldada por un amplio elenco de autores, recurriéndose incluso a distintas fundamentaciones y perspectivas jurídicas[549]. En opinión del mencionado autor, esta concepción se ajustaría a lo que representa materialmente el juicio de culpabilidad y permitiría incluir en su valoración una serie de factores o elementos individuales de la infracción obviados en el juicio de antijuridicidad[550]. Todo ello, en suma, contribuiría a adecuar la respuesta punitiva a la realidad infractora.

Sea como fuere, el debate sobre la conveniencia de aceptar uno u otro enfoque del modelo de autorresponsabilidad penal quizás sea más dogmático que material, puesto que como acertadamente sostuvo el Tribunal Supremo en la STS núm. 154/2016, de 29 de febrero, «en la práctica, será la propia persona jurídica la que apoye su defensa en la acreditación de la real existencia de modelos de prevención adecuados, reveladores de la referida ‹cultura de cumplimiento› que la norma penal persigue»[551]. A ello se debe sumar el hecho de que, aun cuando han transcurrido casi ocho años desde la primera resolución dictada en la materia, todas estas cuestiones distan mucho de estar resueltas por completo y, en modo alguno, se puede hablar de soluciones del todo definitivas.

---

549 Vid. MORALES HERNÁNDEZ, M. A.; «Los criterios jurisprudenciales para exigir responsabilidad penal a las personas jurídicas en el delito corporativo», *Revista de Derecho Penal y Criminología*, núm. 19, 2018, pág. 367; LEÓN ALAPONT, J.: *Compliance Penal: especial referencia a los partidos políticos*, Valencia: Tirant lo Blanch, 2020, págs. 311-312; y GONZÁLEZ CUSSAC, J. L.: «La eficacia eximente de los programas de prevención de delitos», *Estudios Penales y Criminológicos*, vol. XXXIX, 2019, pág. 654.

550 En síntesis y sin ánimo de exhaustividad: la propia presencia o ausencia de un programa efectivo de cumplimiento normativo; las características o rasgos personales de la persona física actuante u omitente (eventuales causas de disculpa, inimputabilidad o error de prohibición); la concurrencia de dolo o imprudencia en el mismo sujeto; el nivel jerárquico del autor individual; la existencia o no de instrucciones expresas por parte de la dirección de la empresa; o la aplicación o no de medidas adecuadas de vigilancia, supervisión y control sobre el personal carente de poder de dirección. GÓMEZ TOMILLO, M.: «Consecuencias materiales y procesales de la jurisprudencia del TJUE en materia de responsabilidad penal y administrativo-sancionadora de las personas jurídicas», *Revista de Responsabilidad Penal de Personas Jurídicas y Compliance*, vol. 3, 2023.

551 Tribunal Supremo (Sala de lo Penal). Sentencia núm. 154/2016, de 29 de febrero. (Rec. 10011/2015). (*Tol 5651211*).

B. Presupuestos de la RPPJ

Para concluir con el análisis del modelo de RPPJ establecido en España, se hace preciso examinar con cierta exhaustividad los distintos elementos que conforman el tipo del injusto. Como premisa fundamental se debe tomar el hecho de que las personas jurídicas, obviamente, no pueden actuar por sí mismas, son entes simulados de carácter instrumental, por lo que necesariamente se han de servir de personas físicas para llevar a cabo sus fines o cometidos. En esta tesitura, resulta indispensable la exigencia de un hecho de conexión (o *Anknüpfungstat*) a través del que se produzca la atribución de responsabilidad a la organización, es decir, la concurrencia de una serie de circunstancias que van a constatar la vinculación de la conducta de un individuo con esa responsabilidad penal corporativa. En términos generales, matizaciones aparte, estas vendrán determinadas o se materializarán cuando una persona física o una pluralidad de ellas actúen o dejen de hacerlo de forma delictiva valiéndose de las especiales posibilidades estructurales y medios efectivamente utilizados del ente social[552]. En el caso español, es patente que los apartados a) y b) del art. 31 bis 1 CP vinculan dicha responsabilidad a la realización de un hecho delictivo por parte de unos determinados sujetos y bajo unas condiciones concretas en cada caso. Conforme a lo preceptuado en el art. 31 bis CP y al criterio mantenido por el TS, se exigen cuatro presupuestos para determinar la concurrencia de responsabilidad penal en las personas jurídicas. En puridad:

(1°) *Comisión de un delito que prevea responsabilidad penal corporativa*: se ha establecido un elenco tasado o *numerus clausus* de delitos que pueden imputarse a las personas jurídicas, de manera que no responderán penalmente por cualquier ilícito de este tipo, sino solamente por aquellos en los que esta posibilidad esté expresamente contemplada. La mayor parte de ellos aparecen regulados en el CP, sin embargo, hay otros, los menos, que se recogen en leyes accesorias o específicas[553]. En este sentido, se ha de partir de una premisa

---

552 GÓMEZ TOMILLO, M.: *Introducción a la Responsabilidad Penal de las Personas Jurídicas*, *Ob. Cit.*, págs. 78 y ss.

553 En cuanto a la composición de este listado, simplemente apuntar que algunos de los delitos reseñados, al menos desde una perspectiva teórica, van a tener un difícil encaje en la realidad potencialmente infractora de una organización. Asimismo, son

básica, cual es que la responsabilidad penal del ente corporativo es autónoma con respecto a la de la persona física, pudiendo extraerse tres consideraciones esenciales de este razonamiento: (a) Se está ante una responsabilidad de tipo dual o acumulativo[554]; (b) No tiene por qué haber una forzosa o necesaria coincidencia entre los delitos por los que sean condenados la organización y el individuo, aunque lo normal es que así ocurra; y (c) El concepto de delito manejado no puede responder a una formulación clásica o estricta entendida como acción u omisión típica, antijurídica y culpable, pues se arbitran una serie de cautelas que resultan altamente incompatibles, sobre todo, con respecto a esta última característica[555].

---

varias las voces en la doctrina y la jurisprudencia que han apuntado a que la confección de esta lista no responde a ningún criterio concreto.

554 Existe una excepción a esta regla y es que los principios *non bis in ídem* y de consunción, sin perjuicio de la misma racionalidad de las cosas, parecen rechazar la doble condena cuando el individuo penado es titular exclusivo o altamente mayoritario de la organización, produciéndose una identificación casi exacta entre ambos dos.

555 El apartado 2 del art. 31 ter CP parece dispensar la necesidad de concurrencia de reproche culpabilístico en la persona o personas físicas que hayan llevado a cabo los hechos delictivos, dado que permite seguir sosteniendo la responsabilidad penal del ente jurídico —«no excluirá ni modificará» son los términos utilizados— aun cuando se dé alguna circunstancia que afecte a su culpabilidad (por ejemplo, causa de inimputabilidad, error de prohibición o causa de disculpa). Y lo mismo, añade el citado precepto, cuando fallezcan o se sustraigan a la acción de la justicia. En cuanto a los otros dos atributos, también se aprecian algunas contradicciones ciertamente insalvables. El apartado 1 del mismo art. 31 ter CP no requiere la concreta identificación del sujeto actuante (tampoco que se haya dirigido el procedimiento contra él) para exigir igualmente responsabilidad penal corporativa, sino solamente la constatación de la comisión del delito por quienes ostenten alguno de los cargos y funciones que se detallarán al analizar el siguiente presupuesto. Sin la individualización de la persona natural será imposible saber a ciencia cierta si en el caso concreto se actuó amparado por alguna causa de justificación (legítima defensa, estado de necesidad o ejercicio legítimo de un derecho, cargo u oficio, por ejemplo); o de forma dolosa, imprudente o fortuita, debiendo tener presente a este respecto que la práctica totalidad de los delitos incluidos en el catálogo numerus clausus prevén únicamente su comisión en la modalidad dolosa. GÓMEZ TOMILLO postula que quizás la única forma de salvar estas contradicciones sea concebir la expresión delito utilizada en los arts. 31 bis y 52.4 CP como un hecho objetivamente típico. Sin embargo, prosigue este autor, ni siquiera así podría superarse este escollo en el caso de

(2º) *Comportamiento delictivo atribuible, bien a un representante legal o autorizado actuando en nombre o por cuenta de la organización; bien a un subordinado actuando en el ejercicio de actividades sociales y por cuenta de la misma, habiéndose incumplido gravemente los deberes de supervisión, vigilancia y control por parte de los primeros sujetos*: el CP establece un sistema doble de atribución de responsabilidad en las letras a) y b) del apartado 1 del art. 31 bis, que se corresponde, a su vez, con las fórmulas de exención y atenuación correlativamente previstas en los epígrafes 2 y 4 del mismo precepto.

En cuanto al primero de estos títulos de imputación —delito de directivos—, a nivel subjetivo, se incluyen tres clases de sujetos: (a) Representantes legales: comprendería a aquellos individuos que formalmente tienen asignados poderes generales para representar y vincular jurídicamente a la entidad en todo aquello que concierne a su objeto social, ya sea por delegación u originalmente. Particularmente, los miembros del consejo de administración, la comisión ejecutiva o los consejeros delegados; (b) Autorizados para tomar decisiones: al margen de que muchas de las figuras citadas en la categoría anterior también van a ser subsumibles en esta, bajo esta denominación van a encontrar acomodo determinados sujetos que igualmente van a desempeñar un papel relevante en el organigrama de la empresa, gozando de una amplia autonomía y discrecionalidad en la toma de decisiones, como pueden ser los apoderados o representantes voluntarios, los directivos, los jefes de unidades operativas, los directores de departamentos y, cómo no, los administradores de hecho; y (c) Personas que ejerzan facultades de organización y control: nuevamente muchos de los sujetos indicados en las categorías precedentes también podrán incluirse en esta, pretendiéndose con ello capturar a aquellos mandos que, sin ejercer la representación legal o estar autorizados a tomar decisiones, ostentan poderes de gobierno y fiscalización interna en la organización, como el *compliance officer*.

Asimismo, a nivel funcional, la letra a) exige que dichas personas actúen en nombre o por cuenta del ente social cuando cometan el hecho delictivo.

---

algunos delitos especiales, como el delito fiscal, «donde el administrador de hecho o de derecho que impulsa una declaración tributaria fraudulenta, no lleva a cabo tal hecho típico, salvo que se interprete el art. 31 como una causa de ampliación de la tipicidad objetiva». GÓMEZ TOMILLO, M.: *Introducción a la Responsabilidad Penal de las Personas Jurídicas, Ob. Cit.*, págs. 85 y ss.

Se trata de dos términos ligados por la conjunción «o», lo que en principio determina su concurrencia alternativa y no simultánea. Sin perjuicio del arduo debate doctrinal que existe a efectos de clarificar su concreto significado, la interpretación que parece tener mayor cabida sugiere que «en nombre» implicaría una habilitación formal para actuar en representación del ente jurídico; mientras que «por cuenta» abarcaría aquellas actuaciones materiales que persiguen los intereses de la entidad y un tercero observador puede entenderlas razonablemente como autorizadas[556].

Respecto al título de imputación previsto en la letra b) —delito de empleados—, a nivel subjetivo, se reseña únicamente una categoría de sujetos, estos son, las personas sometidas a la autoridad de las anteriores. Bajo esta denominación tan genérica se pretenden englobar a todos los individuos que mantengan una relación de sujeción o dependencia con la persona jurídica, independientemente de su naturaleza y tipología. Ello excede con mucho la simple figura de los empleados asalariados vinculados a través de una relación laboral por cuenta ajena, debiendo incluirse también los trabajadores autónomos o por cuenta propia, el personal jurídicamente independiente o subcontratados (ej. asesor fiscal), los trabajadores de empresas filiales o del grupo empresarial e, incluso, los operarios en situación irregular. Lo verdaderamente relevante es que quiénes cometan el delito se encuentren ligados a la estructura organizativa y operativa de la entidad, esto es, bajo su dirección o supervisión efectiva. Lo anterior puede suponer que una empresa llegue a incurrir en responsabilidad penal por las actuaciones de terceros, de ahí que deba exigirse con quien se contrate la tenencia de un sistema de prevención penal efectivo.

Además, se exige que el ilícito penal se haya cometido en el ejercicio de actividades sociales y por cuenta de la persona jurídica. En primer término, cabe afirmar que se consagran dos condiciones de tipo acumulativo, por lo que necesariamente habrán de darse ambas para poder desencadenar la responsabilidad penal del ente. En cuanto a su contenido material, atendiendo

---

556 Vid. AGUILERA GORDILLO, R. (ed. lit.): *Manual de Compliance Penal en España, Ob. Cit.*, págs. 193 y ss.; GÓMEZ TOMILLO, M.: *Introducción a la Responsabilidad Penal de las Personas Jurídicas, Ob. Cit.*, págs. 112 y ss.; y DÍEZ RIPOLLÉS, J. L.: «La responsabilidad penal de las personas jurídicas. Regulación española», *Revista para el análisis del Derecho Indret*, núm. 1, 2012, págs. 21-22.

a una interpretación conjunta, es razonable entender que se trata de una fórmula para adaptar la exigencia prevista en la letra a) a los márgenes y posibilidades de actuación más limitados de esta clase de individuos. De este modo, el comportamiento delictivo de estos sujetos ha de producirse en relación con el conjunto de tareas y funciones ordinarias que tengan asignadas.

Finalmente, se arbitra una cautela específica que no tiene correspondencia en el primer título de imputación, pues además de las anteriores consideraciones, para penar a la persona jurídica, se exige también que el individuo haya podido llevar a cabo su actuación delictiva por haberse incumplido gravemente los deberes de supervisión, vigilancia y control que tendrían asignados los sujetos de la letra a). Se trataría, en cierta medida, de un supuesto de comisión por omisión, considerando que la persona jurídica ha de responder al no haber dispuesto el debido control que se le exige[557]. A la hora de determinar qué se entiende por deberes de supervisión, vigilancia y control, lo primero que ha de precisarse es que se trata de expresiones con un significado muy similar en este contexto, sin apenas apreciarse matices semánticos diferenciales. Una vez dicho esto, en cuanto a la concreción de su significado, aparecen dos líneas de pensamiento[558]. Por un lado, hay quienes consideran que deberá acudirse a la normativa extrapenal específica, según el ámbito o materia que resulte aplicable (administrativo, civil o mercantil), para conocer los deberes concretos que han de concurrir en un supuesto en cuestión; mientras que, por otro lado, están los que sostienen que la regulación que ahora se contiene en el ordenamiento jurídico-penal sobre los sistemas de cumplimiento normativo, particularmente lo dispuesto en el apartado 5 del art. 31 bis, ha pasado a erigirse como referencia inequívoca para precisar el contenido de estos deberes de fiscalización y analizar su grado de (in)cumplimiento. Sea como fuere, en todo caso parece que deberá existir una relación de causalidad manifiesta entre el incumplimiento del deber de supervisión por parte del mando directivo y la actuación infractora del subordinado.

---

557 DE ROS RAVENTÓS, Í.: *Delito Fiscal y Tax Compliance, Ob. Cit.*, págs. 57 y ss.

558 GALÁN MUÑOZ, A.: *Fundamentos y límites de la responsabilidad penal de las personas jurídicas tras la reforma de la LO 1/2015*, Valencia, España: Tirant lo Blanch, 2017, pág. 163.

Además de lo anterior, es preciso tener en cuenta que no se sanciona penalmente cualquier clase de incumplimiento, sino tan solo aquellos que se cataloguen como graves[559]. Ello cobra sentido, más allá del carácter de última ratio de la vía penal, por cuanto así se compensa el hecho de que la simple actuación de un trabajador o, incluso, de un tercero puedan implicar consecuencias penales para la persona jurídica. Para determinar la gravedad de un incumplimiento, tal y como lo pone de manifiesto el propio precepto, habrá de atenderse a las específicas circunstancias de cada caso. En cuanto a los responsables que tendrán asignados estos deberes de supervisión, el precepto hace una referencia general a todos los sujetos reseñados en la letra a). No obstante, en la práctica, se puede entender que quienes normalmente llevarán a cabo este cometido serán fundamentalmente el *compliance officer* (deber específico de supervisión), los miembros del consejo de administración (determinación de la política de control y gestión de riesgos y deberes generales de supervisión) e, incluso, otros órganos como la comisión de auditoría.

(3º) *Beneficio directo o indirecto*: la conducta delictiva de la persona física actuante se ha de llevar a cabo en «beneficio directo o indirecto» del ente jurídico. Desde el punto de vista material, se maneja un concepto amplio de beneficio que engloba cualquier clase de ganancia, utilidad o ventaja —e, incluso, la mera expectativa de lograrlas, como se verá— que se obtenga de forma directa (ingresos, contratos, etc.) o indirecta (ahorro de costes, ventaja competitiva, disminución de pérdidas, etc.). De otro lado, siendo quizás el punto más relevante a la hora de definir el alcance potencial del término, parece haberse asentado una interpretación conforme a parámetros objetivamente idóneos para generar beneficio, despojándose de cualquier tipo de pretensión o trasfondo subjetivos. De este modo, como señalaba la Circular 1/2011, de 1 de junio, de la Fiscalía General del Estado se está ante «una objetiva tendencia de la acción a conseguir el provecho», debiendo

559 Resulta curioso y no menos incoherente, como pone de manifiesto DEL MORAL GARCÍA, que inarmónicamente el art. 66 bis CP establece una limitación (duración máxima de dos años) a las penas que pueden imponerse a las personas jurídicas derivadas de este segundo título de imputación, cuando el incumplimiento de estos deberes no sea grave, dando a entender que también podrá incurrirse en responsabilidad penal en estos supuestos. DEL MORAL GARCÍA, A.: «Compliance en la doctrina de la Sala Segunda del Tribunal Supremo: presente y perspectivas». En MADRID BOQUÍN, C.M. (coord.) et. al.: *Tratado sobre compliance Penal: responsabilidad penal de las personas jurídicas y modelos de organización y gestión*, *Ob. Cit.*, págs. 670 y ss.

valorarse como «provechosa desde una perspectiva objetiva e hipotéticamente razonable». Se mantiene una naturaleza objetiva de la conducta como acción idónea y tendente a conseguir un beneficio. Esta solución interpretativa entraña que este elemento del tipo podrá concurrir con independencia de la producción o constatación efectiva del beneficio en sí[560] y de la verdadera intencionalidad de la persona física (siendo irrelevante su voluntad de favorecer o no a la persona jurídica siempre y cuando el beneficio pueda alcanzar a esta)[561]. Así pues, en cada caso concreto se ha de valorar la existencia de una relación de idoneidad entre el delito cometido por la persona natural y el beneficio obtenido (o que pudiera haberse obtenido) por el ente jurídico.

(4º) *Ausencia de una cultura de compliance*: sobre esta cuestión ya se ha ahondado bastante al exponer el debate acerca de si este elemento debería formar parte del núcleo de tipicidad del injusto o, por el contrario, posicionarse en torno al juicio de culpabilidad. No obstante, se quiere llamar la atención sobre una noción que la jurisprudencia vincula íntimamente con este concepto. Se trata de la denominada hipótesis de la «autopuesta en peligro», esto es, aquella situación en la que la víctima con su comportamiento no es ajena a la producción del resultado lesivo. El Tribunal Supremo, extrapolando este razonamiento al caso de los delitos corporativos, incide en la importancia de los programas de *compliance* (como manifestación más palpable de una cultura de cumplimiento) para reducir o evitar precisamente que ello pueda producirse en el contexto de la empresa[562].

3.1.2. Delito fiscal (art. 305.1 CP) y cauces específicos para articular la modulación de RPPJ

Sin perjuicio de que un programa de *tax compliance* también pueda servir o tenga como cometido prevenir o evitar otros tipos delictivos que dogmática o legalmente se integran en ciertas ocasiones bajo la denominación

---

560 Tribunal Supremo (Sala de lo Penal). Sentencia núm. 89/2023, de 10 de febrero. (Rec. 5765/2020). (*Tol 9416297*).

561 Tribunal Supremo (Sala de lo Penal). Sentencia núm. 154/2016, de 29 de febrero. (Rec. 10011/2015). (*Tol 5651211*).

562 Tribunal Supremo (Sala de lo Penal). Sentencia núm. 192/2019, de 9 de abril. (Rec. 10632/2018). (*Tol 7189787*).

genérica de delitos contra la Hacienda Pública, se va a exponer únicamente lo relativo a lo que tradicionalmente se conoce como delito fiscal o delito de defraudación tributaria (art. 305.1 CP), por mor de su mayor recurrencia y vinculación directa con la materia aquí tratada en su más pura esencia. Huelga decir que este tipo penal es uno de los que expresamente se prevén como susceptibles de ser cometidos por las personas jurídicas y con habitualidad recurrente cumple los demás presupuestos para determinar la concurrencia de responsabilidad penal.

A. Características basilares

El delito fiscal se configura como un tipo penal en blanco cuyo contenido necesariamente se ha de colmar por remisión a la normativa tributaria. Desde sus orígenes, allá por finales de la década de 1970, la conducta típica de este ilícito penal ha venido pivotando en torno a la noción de defraudación. La jurisprudencia se ha ocupado reiteradamente de dotar de significado este concepto, definiéndolo como la «conducta de ocultación o distorsión maliciosa de la realidad tributaria, del hecho imponible o de sus características, mediante la alteración u omisión de datos relevantes y significativos con el fin de eludir el pago del correspondiente impuesto o de pagar menos de lo realmente debido»[563]. De este modo, el mero impago como tal no es suficiente, sino que además se requiere un componente intencional de mendacidad, una actitud dolosa de ocultación, ardid o engaño para cumplir las exigencias típicas.

Por lo que se refiere al bien jurídico protegido, la cuestión no ha estado exenta de intensas discrepancias doctrinales y jurisprudenciales. Existen diversas corrientes de pensamiento que propugnan consideraciones de muy distintas índoles, teniendo relevancia no solo teórica sino también práctica por lo que se refiere a determinados elementos esenciales del delito como la antijuricidad. Fundamentalmente se pueden tratar de reconducir o reducir a dos: (1) Las tesis patrimonialistas que defienden una concepción mayo-

---

563 REMÓN PEÑALVER, E.J.; SANZ GAITE, M.A.; y SABADELL CARNICERO, C.: «Delito fiscal». En GUERVÓS MAÍLLO, M. A. et al.: *Practicum Compliance Tributario 2020*, *Ob. Cit.*, págs. 745 y ss.

ritariamente económica y, aunque no de forma exclusiva o excluyente, circunscriben el marco de protección en torno al Erario Público; y (2) Las tesis inmateriales que promueven un planteamiento más puramente basado en la solidaridad y lealtad al Estado, situando el presupuesto de la tutela jurídica en el deber de contribuir al sostenimiento de los gastos públicos de acuerdo con los principios de capacidad económica y aportación equitativa dentro de un sistema tributario justo. Ambas posturas son en cierta medida complementarias, siendo este pensamiento del delito pluriofensivo el que parece integrar la jurisprudencia del Tribunal Supremo[564].

Se trata de un delito de resultado que, pudiendo llevarse a cabo por acción u omisión, exige la producción de un menoscabo económico concreto para la Hacienda Pública tasado en la cantidad mínima de 120.000 euros. La conducta fraudulenta realizada siempre ha de estar conectada causalmente con el perjuicio producido. En su configuración típica se distinguen taxativamente tres modalidades de actuación delictiva, que en puridad no son más que las formas regulares en que el fraude fiscal suele materializarse: (1) Elusión del pago de tributos, cantidades retenidas —o que hubieran debido retenerse— o ingresos a cuenta [consumado una vez finalice el plazo para la declaración voluntaria o el periodo voluntario de pago]; (2) Obtención indebida de devoluciones [consumado tras el pago de estas]; y (3) Disfrute de beneficios fiscales indebidos [dependiendo del tipo de ventaja de que se trate, consumado cuando se entienda obtenida o se experimente el disfrute de la misma][565].

Asimismo, tras la reforma del Código Penal operada en el año 2012, se dispone como requisito típico adicional en la descripción del injusto la exigencia de no haberse regularizado la situación tributaria conflictiva. Con

---

564 ADAME MARTÍNEZ, F.D.: *Autoría y otras formas de participación en el delito fiscal. La responsabilidad penal de administradores y asesores fiscales*, Granada, España: Comares, 2009, pág. 55.
APARICIO PÉREZ, A.: *El Delito Fiscal a través de la Jurisprudencia*, Cizur Menor, Navarra: Aranzadi, 1997, pág. 55.

565 La simulación negocial se considera una actuación penalmente típica por el componente inherente de engaño u ocultación maliciosa cuyo fin es rehuir el pago de tributos. Es más, se trata de uno de los supuestos más claros en los que puede apreciarse el elemento subjetivo del tipo (STS 571/2003, de 28 de noviembre, RJ 2004/91).

anterioridad, esta circunstancia se preveía como excusa absolutoria, con naturaleza de exención, sin excluir la antijuricidad ni la culpabilidad. Ahora en cambio, se configura como un elemento negativo del tipo, equivalente al pago voluntario dentro del plazo legalmente estipulado[566], de forma que supone un retorno pleno a la legalidad al cesar el incumplimiento provisional en que se estaba incurriendo[567]. A tales efectos, el apartado 4 del art. 305 CP establece que esta regularización debe implicar un completo reconocimiento y pago de la deuda tributaria (cuota, intereses y recargos), teniendo aplicabilidad incluso cuando hubiera prescrito el derecho de la Administración a su determinación en vía administrativa. Todo ello supeditado a un determinado margen temporal que se explicita en el precepto citado.

En cuanto a la naturaleza del ilícito atendiendo a la condición del sujeto activo del mismo, la existencia de una relación jurídico-tributaria y de las normas que la disciplinan vuelve a ser determinante en este punto. El delito fiscal se conceptualiza como la infracción u omisión del deber de contribuir, de manera que solamente podrá incumplirlo quien venga obligado legalmente a soportarlo, sin perjuicio de que tenga (o no) dominio de los hechos y de que haya ejecutado (o no) material e intelectualmente los mismos[568]. En este sentido, la posición del TS es firme y consolidada a la hora de considerar que se está ante un delito especial —de primera o única mano— que solo puede cometer a título de autor «el que sea directamente obligado tributario o el acreedor del impuesto o el que malgaste el beneficio fiscal obtenido, pero nunca un tercero»[569]. Más concretamente, afinando el elenco de sujetos que

---

566 Esta nueva coyuntura deberá tenerse en cuenta tanto a efectos de determinar el momento de consumación como en lo relativo al cómputo de la prescripción del delito.

567 MORALES PRATS lo define como «un acto que se sitúa ex post al estadio consumativo del delito, y ejerce la función de anular o levantar la pena, una causa de eliminación de la punibilidad que es también un elemento conformador del delito». Si bien esta es la posición mayoritaria, también existen posturas doctrinales discrepantes que califican esta nueva situación como una causa de atipicidad sobrevenida o una causa de eliminación del desvalor de acción y de resultado. Vid. MORALES PRATS, F.: «El delito fiscal: incardinación técnico-jurídica y consideraciones generales», *Estudios jurídicos*, núm. 2006, 2006.

568 AYALA DE LA TORRE, J.M.: *Claves prácticas. Compliance*, *Ob. Cit.*, pág. 126.

569 Tribunal Supremo (Sala de lo Penal). Sentencia de 25 de septiembre de 1990 (RJ 1990/7238). Otras: Vid. STS 15 de octubre de 1990 (RJ 1990/8055), STS

se reseñan en el art. 181 LGT, su autoría únicamente podrá atribuirse al contribuyente, al sustituto del contribuyente y, aunque primeramente no se aceptó, al retenedor. Tales consideraciones, en principio, van a impedir que pueda exigirse responsabilidad penal al *extraneus* en concepto de autor, sin que ello obste para que sí se admita abiertamente su participación delictiva bajo otros títulos (inductor, cooperador necesario o cómplice)[570].

Para concluir, resulta oportuno explicitar que la delimitación y distinción entre el delito fiscal y las infracciones tributarias se sustancia en base a dos presupuestos acumulativos. En primer lugar, *la cuantía*, en tanto que el CP fija la suma de 120.000 euros como importe mínimo para determinar la concurrencia de un delito fiscal. El hecho de que se haga referencia directa a una suma monetaria permite colegir con facilidad el cumplimiento del requisito del beneficio directo o indirecto exigido en el modelo de RPPJ configurado en España. A la hora de configurar el tipo agravado se hace referencia también a un importe monetario de 600.000 euros. En concreto, se alude al concepto de cuota defraudada. Habida cuenta del carácter de ley penal en blanco que se confiere a este ilícito, ha de atenderse a la normativa fiscal para precisar qué debe interpretarse por tal. No parece haber discusión en entender que aquella se corresponde en exclusiva con la noción de cuota tributaria regulada en el art. 56 LGT. Dada la falta de correlación exacta entre los términos,

---

de 24 de febrero de 1993 (RJ 1993/1530), STS 10 de noviembre de 1993 (RJ 1993/18387), STS 14 de enero de 1994 (RJ 1994/114), STS 20 de mayo de 1996 (RJ 1996/3838), STS 28 de octubre de 1997 (RJ 1997/7843), STS 19 de marzo de 2001 (RJ 2001/3560), STS 30 de abril de 2003 (RJ 2003/3085), STS 2 de marzo de 2005 (RJ 2005/5132), STS 8 de abril de 2008 (RJ 2008/2701).

570 A colación de todo ello, resulta necesario realizar una precisión muy importante. Entre los obligados tributarios reseñados en el art. 35 LGT se incluyen determinadas entidades sin personalidad jurídica; sin embargo, en el orden penal va a resultar bastante dificultoso imputar responsabilidad a esta clase de entes, pues el art. 31 bis CP únicamente faculta con respecto a las personas jurídicas (y, por descontado, físicas). La solución más plausible, como ocurría antes de la reforma del año 2010, pasa por acudir a la vía de las consecuencias accesorias a la pena del art. 129 CP, sin perjuicio de que también puedan tener cabida otro tipo de arreglos. Vid. CARRERAS MANERO, O.: «El sujeto activo del delito contra la Hacienda Pública: análisis de la autoría y otras formas de participación en el mismo (The tax offense perpetrator: study of its responsability)», *Civitas. Revista española de derecho financiero*, núm. 167, 2015, págs. 181-204.

cabría plantearse si la referencia pudiera ser al concepto de deuda tributaria (art. 58 LGT); no obstante, parece claro que si el legislador lo hubiera querido así, se habría pronunciado de este modo como ocurre en el epígrafe 7 del art. 305 CP al aludir a la responsabilidad civil.

En segundo término, *la presencia de dolo*. El delito fiscal, como es regla general, va a estar integrado por un elemento intelectual o cognoscitivo (saber) y por un elemento volitivo (querer). La jurisprudencia y la doctrina admiten tanto el dolo directo (de primer y segundo grado) como el dolo eventual[571]. En otras palabras, el elemento subjetivo del tipo del injusto va a concurrir cuando el sujeto lleve a cabo una acción u omisión que tenga como objeto eludir el pago de tributos u obtener devoluciones o beneficios fiscales indebi-

---

571 La admisión del dolo eventual en el delito fiscal plantea no pocos problemas o reticencias. En primer lugar, pueden darse situaciones donde la línea divisoria con la culpa consciente sea especialmente tenue. A este respecto, inclinándose por la teoría de la representación, LINARES considera que se ha de prestar atención al aspecto intelectual o cognitivo, de manera que «el sujeto obrará culposamente y, por ende, sin relevancia típica en el delito fiscal, cuando deja de evitar la conducta que puede configurar un hecho típico si se dan una serie de circunstancias que aquél desconoce, pero con las que debería haber tenido cuidado o un mayor cuidado. El comportamiento culposo, así, ha de suponer la decisión de realizar el hecho típico sin que el autor tenga a su alcance todos los datos necesarios para la norma, decisión desvalorada por implicar una falta de cuidado. Por el contrario, habrá dolo eventual y, consiguientemente, delito fiscal, cuando el agente posea los datos suficientes para calcular la posibilidad de realización del hecho descrito por el legislador en el art. 305 CP, conocimiento que conlleva el deber de evitar la realización del tipo» LINARES, M.B. (2017). *El delito de defraudación tributaria. Análisis dogmático de los arts. 305 y 305 Bis del CP* (Tesis doctoral). Universidad de Sevilla, pág. 246. Asimismo, ciertos autores plantean que la distinción entre el dolo directo y el dolo eventual puede no resultar tan evidente como se apunta sobre el papel, ya que no es tan fácil imaginar supuestos concretos donde se desplieguen todos los actos necesarios para defraudar con un propósito ajeno a este. En este sentido, CALVO VERGEZ sostiene que «la defraudación tributaria, ya sea comisiva u omisiva, suele exigir el desarrollo de una determinada planificación, así como la determinación y el cumplimiento de un conjunto de requisitos formales que vienen a excluir dicha ‹probabilidad›, convirtiendo ésta en una ‹certeza›, sin perjuicio de la existencia de otros motivos que puedan justificar la conducta del sujeto pasivo tributario». CALVO VERGEZ, J.: «La trascendencia del dolo en la configuración del delito fiscal», *Zergak: gaceta tributaria del País Vasco*, núm. 57, 2019, pág. 162.

dos y, en igual medida, cuando se persiga otro propósito distinto asumiendo la probabilidad de que tal conducta puede producir una defraudación tributaria. De esta forma, como señala CALVO VERGEZ, «dicha finalidad podrá ser plenamente querida o simplemente aceptada como consecuencia probable del desarrollo de la acción u omisión»[572]. Resulta suficiente, por tanto, que se prevea y se acepte la posibilidad de causar un resultado lesivo para la Hacienda Pública, el conocimiento del riesgo o peligro, aunque se actúe motivado por otros fines, como por ejemplo ocurriría con el fraude de acreedores[573]. Reconduciendo lo dicho al campo de las personas jurídicas, y teniendo en cuenta el modelo de autorresponsabilidad establecido en el ordenamiento penal español, se deberá atender o tomar como punto de partida el comportamiento doloso de la persona física actuante para dilucidar el juicio de culpabilidad respecto de la organización responsable del delito[574]. En el caso del ilícito de defraudación tributaria, como se dirá más adelante, resulta difícil imaginar que las actuaciones típicas puedan ser llevadas a cabo por los eslabones inferiores de la empresa a título de dolo[575]. Con todo, también se

---

572 Ibíd., pág. 157.

573 FERNÁNDEZ CUEVAS, A.: «El delito fiscal en la Ley 50/77». En A.A.V.V., *Medidas urgentes de reforma fiscal*, Madrid, España: Ministerio de Hacienda. Centro de Publicaciones, vol. I, 1977, pág. 308.

574 GÓMEZ TOMILLO, M.: *Introducción a la Responsabilidad Penal de las Personas Jurídicas*, *Ob. Cit.*, págs. 160 y ss.

575 La STS 217/2024, de 7 de marzo, declara lo siguiente a estos efectos: «A la persona jurídica no se le imputa un delito especial integrado por un comportamiento de tipo omisivo, sino el mismo delito que se imputa a la persona física, en el cual, generalmente, participará a través de una omisión de las cautelas obligadas por su posición de garante legalmente establecida, tendentes a evitar la comisión de determinados delitos. No se trata, pues, de una imputación independiente de la realizada contra la persona física, sino que tiene a ésta como base necesaria de las consecuencias penales que resultarían para la persona jurídica. A ésta le concierne, pues, no solo lo relativo a si su organización contiene medidas o planes de cumplimiento normativo, integrantes o no de un plan completo, establecidas con la finalidad de prevenir delitos o de reducir de forma significativa el riesgo de su comisión. También le afecta todo lo relativo a la prueba de los hechos ejecutados por las personas físicas, con todas las circunstancias que pudieran influir en la evitabilidad del delito concreto imputado, así como a la calificación jurídica de la conducta». Tribunal Supremo (Sala de lo Penal). Sentencia 217/2024, de 7 de marzo. Rec. 1523/2024. (*Tol 9911953*).

ha de apuntar la problemática que puede suscitar en este punto el hecho de que el art. 31 ter CP permita que pueda existir responsabilidad penal de la persona jurídica aun cuando no se haya identificado a la concreta persona física actuante u omitente.

B. Modulación de la responsabilidad penal asociada al delito fiscal a través de los cauces previstos en el art. 31 bis CP

La jurisprudencia española, sobre todo desde una perspectiva formal, reconoce abiertamente el valor y la operatividad de los programas de cumplimiento normativo en la esfera de la responsabilidad penal de las personas jurídicas. En el ámbito fiscal la situación no es distinta y se pueden encontrar varios pronunciamientos del Tribunal Supremo donde se elogia su funcionalidad[576].

Ahora bien, resulta imperativo señalar que en España existe un escaso y no menos preocupante desarrollo jurisprudencial en este campo. Los tribunales se limitan casi en exclusiva a apuntar la existencia o, en su defecto, ausencia de tales planes de prevención de delitos sin apenas entrar a valorar el fondo de la cuestión. El examen pormenorizado de los requisitos que deben integrar un programa de *compliance*, tanto a nivel cuantitativo como cualitativo dependiendo de la concreta materia que se trate, es lo que se antoja como verdaderamente relevante a la hora de ponderar la concurrencia de una exención o atenuación de responsabilidad penal. La práctica totalidad de las resoluciones dictadas por el TS hasta el momento, con alguna tímida excepción en las jurisprudencias menores que tampoco resulta suficiente, no realizan un análisis adecuado de estos aspectos o, si al caso, lo hacen de una forma excesivamente vaga. Este panorama es altamente criticable si se tiene en cuenta que ya han transcurrido casi 14 años desde que se regulara la RPPJ y la figura de los modelos de organización y gestión, y otros casi 9 años desde que se explicitaran todos sus componentes en la forma en que están hoy reco-

---

576 Tribunal Supremo (Sala de lo Penal). Sentencia núm. 316/2018, de 28 de junio (Rec. 2036/2017). (*Tol 6660661*); Tribunal Supremo (Sala de lo Penal). Sentencia núm. 470/2021, de 2 de junio (Rec. 3241/2019). (*Tol 8464072*); o Tribunal Supremo (Sala de lo Penal). Sentencia núm. 217/2024, de 7 de marzo (Rec. 1523/2022). (*Tol 9911953*).

nocidos; más si cabe, por cuanto a día de hoy no se aprecian visos de que ello vaya a cambiar al menos a corto plazo[577].

Así pues, antes de entrar de lleno a examinar los cauces estipulados para que proceda la modulación de responsabilidad penal por delitos fiscales, se hace necesario contextualizar un poco su regulación general. En los apartados 2 y 4 del art. 31 bis CP se contemplan una serie de condiciones o presupuestos respecto de cada uno de los títulos de imputación establecidos, teniendo un peso significativo la implementación de los «modelos de organización y gestión» cuya configuración se ubica en torno a unos requisitos reseñados en el apartado 5 del mismo precepto. En realidad, podría decirse que condiciones como tal solo se disponen en lo que afecta al delito de directivos, puesto que con respecto a los subordinados no se predica nada distinto de la adopción y ejecución eficaz de tales programas, tal y como se verá con posterioridad. En cualquier caso, el nivel de observancia de todas estas estipulaciones va a determinar la graduación de responsabilidad que pueda esperarse. Sobre el papel, se pueden inferir tres escenarios:

- Si se cumplen todos los presupuestos, la persona jurídica quedará exenta de responsabilidad (apartados 2 y 4 art. 31 bis CP *ab initio*). Del *dictum* literal del artículo se deduce la necesidad de concurrencia o cumplimiento total de todas las previsiones estipuladas, no estableciéndose de manera alternativa sino acumulativa.
- Si los presupuestos solo pueden ser objeto de acreditación parcial, serán valorados a efectos de atenuación de la pena[578] (apartados 2 y 4

577 Es de mérito también admitir que la Audiencia Nacional, no en referencia exclusiva a la materia fiscal ni mucho menos, está comenzando a reconocer cada vez más la virtualidad de estos programas de cumplimiento normativo. Uno de los ejemplos más claros se puede apreciar en los casos sobreseimiento de actuaciones dictados en fase de instrucción. Así, los Autos de fecha 23 de marzo de 2021 (respecto a Indra) y de fecha 29 de julio del mismo año (respecto a Caixabank y Repsol) declararon que no había lugar a responsabilidad penal de estas empresas por contar, al tiempo de producirse los presuntos hechos delictivos, con modelos de cumplimiento idóneos y eficaces.

578 RIBES RIBES precisa que, si bien el precepto en cuestión expresamente se refiere a «acreditación parcial», realmente ha de tenerse en cuenta si la corporación ha adoptado la totalidad o solo algunas de las condiciones exigidas para evitar el delito.

art. 31 bis CP *in fine*). Tiene sentido que, aun cuando no se hayan observado los requisitos estipulados en su totalidad, puedan apreciarse como eximente incompleta.

- Si no se cumple ningún presupuesto, no cabrá mitigación de responsabilidad en grado alguno. Cuando la persona jurídica carezca de toda medida o plan de prevención de delitos y no haya llevado a cabo ninguna actuación en este sentido, no cabrá modular su responsabilidad penal de ninguna forma.

Con independencia de todo lo anterior, en el art. 31 *quater* CP se estipulan también una serie de circunstancias atenuantes de la responsabilidad penal de las personas jurídicas. Se disponen como un catálogo cerrado, por lo que a nivel técnico no será posible aplicar las atenuantes genéricas del art. 21 CP[579]. Más allá de la confesión de los hechos (letra a), la colaboración en la investigación (letra b)[580] y que vuelva a concederse relevancia a la imple-

---

Por tanto, no se trataría de una cuestión de acreditación o prueba, sino de cumplimiento total o parcial de los requisitos exigidos. A efectos de valorar en qué grado deben observarse estas circunstancias atenuantes de responsabilidad, esta autora alude al concepto de imprudencia grave para determinar su aplicación. RIBES RIBES, A.: «La exención de responsabilidad penal de las personas jurídicas a través de los compliance programs: una propuesta para el derecho tributario», *Forum fiscal: la revista tributaria de Álava, Bizkaia y Gipuzkoa*, núm. 273, 2021, pág. 26.

579 Han sido muchos los autores que han criticado este aspecto, especialmente con respecto a la atenuante de dilaciones indebidas, considerando que los tribunales podrían llegar a aplicar una interpretación por analogía in bonam partem. Vid. Tribunal Supremo (Sala de lo Penal). Sentencia núm. 894/2022, de 11 de noviembre. Rec. 118/2021. (*Tol 9296824*).

580 En la Circular 1/2016, de 22 de enero, de la Fiscalía General del Estado se dice que «detectada la conducta delictiva por la persona jurídica y puesta en conocimiento de la autoridad, deberán solicitar la exención de pena de la persona jurídica» y, más, «la colaboración activa con la investigación o la aportación al procedimiento de una investigación interna, sin perjuicio de su consideración como atenuantes, revelan indiciariamente el nivel de compromiso ético de la sociedad y pueden permitir llegar a la exención de la pena». No obstante lo anterior, es claro que el Código Penal recoge esta circunstancia únicamente como atenuante, de modo que el texto de la citada Circular excede con mucho la previsión legal establecida. Como señala ORTIZ PRADILLO, «los apartados dos a cuatro del art. Art. 31 bis CP no son una regulación procesal que establezca los criterios con base en los que un

mentación —en este caso post delito— de programas de *compliance* (letra d), en el ámbito tributario puede tener una gran trascendencia la reparación o disminución del daño causado antes del juicio oral (letra c)[581]. En particular, de producirse una regularización fiscal fuera de los límites marcados en el art. 305.4 CP, esta podría encontrar acomodo bajo el tenor de este precepto y conllevar una reducción de la pena vinculada al delito fiscal que se hubiera cometido.

La mayor parte de las cuestiones que se van a desgranar a continuación ya han sido expuestas de forma integrada en las páginas precedentes de este trabajo. Sin perjuicio de ello, se van a sintetizar ahora muy resumidamente algunos aspectos específicos por referencia exclusiva a la materia y delito fiscal.

B.1. Presupuestos establecidos para el delito de directivos (art. 31 bis 2 CP)

Se regulan 4 condiciones, todas ellas relacionadas con la implantación de los «modelos de organización y gestión», para optar a la modulación de responsabilidad penal:

*«**1ª** el órgano de administración ha adoptado y ejecutado con eficacia, antes de la comisión del delito, modelos de organización y gestión que incluyen las medidas de vigilancia y control idóneas para prevenir delitos de la misma naturaleza o para reducir de forma significativa el riesgo de su comisión»*. La implantación y puesta en práctica de los programas de *tax compliance* se ha instalado como exigencia para los órganos de administración de las empresas en el marco del buen gobierno fiscal corporativo[582]. Particularmente con

---

fiscal puede decidir perseguir o no penalmente a una empresa», constituyendo una incoherencia normativa manifiesta que no puede ser admitida por los tribunales. ORTIZ PRADILLO, J.C.: «La recepción de la cultura del ‹compliance› y del whistleblowing en España», *Ob. Cit.*, pág. 431-432.

581 Vid. Audiencia Provincial de Guadalajara (Sec. 1). Sentencia núm. 8/2022, de 31 de marzo. Rec. 26/2020. (*Tol 9122702*).

582 Hay sentencias que ponen de relevancia la trascendencia de los modelos de *compliance* en relación con las normas y códigos mercantiles de buen gobierno corporativo. Vid. Tribunal Supremo (Sala de lo Penal). Sentencia núm. 316/2018, de 28 de junio. Rec. 2036/2017. (*Tol 6660661*); y Tribunal Supremo (Sala de lo Penal). Sentencia núm. 292/2021, de 8 de abril. Rec. 1286/2019. (*Tol 8398938*)

respecto a las sociedades cotizadas, cabe recordar que el apartado 1 del art. 529 ter TRLSC —letras b) o i)— reconoce ciertas facultades indelegables a este órgano en este sentido [consúltese *Epígrafe 1* del *CAPÍTULO II*]. Asimismo, en el CBPT se disponen igualmente algunos epígrafes —apartados 1.3 y.4— en clara conexión con esta idea de buen gobierno fiscal corporativo, así como ciertos preceptos establecidos por el Anexo de 2015 —letras a), c) o d)— para verificar el efectivo cumplimiento del mismo [consúltese *epígrafe 2.2.2 A)* del *CAPÍTULO II*].

En el presupuesto regulado por la norma penal se contienen algunos conceptos jurídicos indeterminados. En este sentido, se alude a la adopción y ejecución «con eficacia» de modelos, la inclusión de medidas «idóneas» o la reducción «significativa» de riesgos. En la interpretación del sentido o alcance de estos términos se habrá de primar un juicio *ex ante* acerca de la adecuación en abstracto del modelo para evitar o minorar los riesgos asociados al delito fiscal. En cualquier caso, parece que no podrá aspirarse a una eficacia o idoneidad absoluta, principalmente porque el análisis de estas condiciones se producirá precisamente cuando se haya cometido un ilícito. Por tanto, en unos términos más relativos, se habrá de apuntar al examen de la reducción significativa del riesgo de comisión del delito, cuestión que todavía se plantea aún más compleja al no poder concebirse un método de verificación estandarizado. Aunque todavía no se le ha dado mucha relevancia, la prueba pericial se antoja crucial en este contexto, habiendo de recaer sobre la jurisprudencia la carga de ir consolidando poco a poco los criterios que cualitativa y cuantitativamente se consideren aptos.

«2.ª la supervisión del funcionamiento y del cumplimiento del modelo de prevención implantado ha sido confiada a un órgano de la persona jurídica con poderes autónomos de iniciativa y de control o que tenga encomendada legalmente la función de supervisar la eficacia de los controles internos de la persona jurídica». Se está haciendo referencia claramente a la necesidad de contar con un órgano de *compliance* que se encargue de supervisar el funcionamiento y la eficacia del modelo de prevención establecido en la empresa. Cabe reiterar que, dependiendo de las características y contexto de la empresa, habrá ocasiones en las que las funciones del concreto encargado de *compliance* tributario podrán quedar asumidas o absorbidas por un responsable de mayor rango o alcance y, por tanto, su existencia responderá a una concepción puramente artificial o utópica que no se materializará en la designación de un cargo específico a tales efectos.

En las personas jurídicas de pequeñas dimensiones, las funciones de supervisión del programa de *(tax) compliance* podrán quedar asumidas directamente por el órgano de administración. Para el resto de casos, y sobre todo tratándose de empresas con un número ya considerable de trabajadores, es altamente recomendable la creación de una unidad específica que realice tal cometido. Lo normal es que las grandes multinacionales cuenten con una superestructura de *compliance* en forma de órgano colegiado que habitualmente recibe el nombre de comité de *compliance*. Esta comisión de cumplimiento estará formada —en términos ideales— por los directores de departamento de las áreas más relevantes (fiscal, financiero, contable, recursos humanos y personal, auditoría interna, alta dirección, etc). En estos casos, en la medida en que las circunstancias organizativas de la empresa lo permitan, podrá existir un responsable de *compliance* tributario *ad hoc* y específico que posibilite la especialización y el tratamiento cualificado de esta materia. Las funciones y cometidos que tendrá asignados este órgano en el concreto ámbito fiscal pueden consultarse en detalle en el *Epígrafe 2.2.4* del presente *CAPÍTULO*. A este respecto, habrá de tenerse igualmente en cuenta la posibilidad de externalizar o no determinadas tareas, siendo ello altamente recomendable en algunos casos.

*«**3.ª** los autores individuales han cometido el delito eludiendo fraudulentamente los modelos de organización y de prevención»*. Este presupuesto se contempla exclusivamente con respecto al delito cometido por los directivos o representantes. De hecho, a efectos materiales, podría decirse que constituye la única diferencia sustancial entre ambos regímenes de exención y atenuación previstos. En términos prácticos, supone que en los supuestos de la letra b) del art. 31 bis 1 CP la persona jurídica tan solo debe acreditar que su programa de cumplimiento normativo era adecuado y se ejecutó eficazmente, sin que se requiera probar que el empleado obró fraudulentamente en su intervención delictiva, cosa que sí ocurre en estos casos. Por actuación fraudulenta —más allá de cualquier tipo de referencia específica que pudiera tener que ver con el concepto de fraude tributario— parece que habrá de entenderse aquella acción ilícita llevada a cabo por el sujeto infractor que posibilita la elusión de los controles establecidos y, en suma, la comisión del delito fiscal.

*«**4.ª** no se ha producido una omisión o un ejercicio insuficiente de sus funciones de supervisión, vigilancia y control por parte del órgano al que se refiere la condición 2.ª»*. Esta condición no hace sino profundizar y explicitar el come-

tido del responsable de *compliance*, lo que pone de manifiesto la importancia que se quiere conceder a este órgano y a las tareas que desempeña. Entre sus funciones se encuentra la supervisión, vigilancia y control del modelo de organización y gestión[583], destacándose en este punto que ello ha de ejecutarse con una suma diligencia debida.

B.2. Presupuestos establecidos para el delito de empleados (art. 31 bis 4 CP)

Tal y como se anunció previamente, en este segundo régimen de exención y atenuación no se dispone como tal una relación pormenorizada y disgregada de condiciones que hayan de cumplirse para poder optar al mismo. Más bien, con algunas variaciones de facto poco relevantes, se reproduce la condición 1ª del art. 3 bis 2 CP antes indicada, esto es, la adopción y ejecución eficaz de un programa de cumplimiento normativo adecuado que reúna los requisitos establecidos en el apartado 5 del mismo precepto, que van a describirse más adelante. Las condiciones 2ª y 4ª, por cuanto suponen la vis general y exigencia de las notas de eficacia y adecuación, se pueden entender también incluidas pese a que se guarde silencio sobre ellas. Así, con la salvedad apuntada para la condición 3ª, las diferencias son nimias en la práctica[584].

Con todo, es preciso mencionar una cuestión a la que ya se ha aludido anteriormente en este trabajo. En el caso de los trabajadores ordinarios vinculados por una relación laboral por cuenta ajena (los llamados eslabones inferiores), habida cuenta de su baja posición jerárquica en la cadena operativa

583 No deben confundirse estas actuaciones de supervisión, vigilancia y control atribuidas al órgano de *compliance* que deben ser acreditadas por la empresa con (el incumplimiento de) los deberes de supervisión, vigilancia y control de los directivos que se reseñan en el segundo título de imputación establecido como criterio de transferencia de responsabilidad y deben ser alegados por la acusación.

584 Algunos autores apuntan que hubiera sido deseable imponer la pena en su mitad inferior para este caso de los delitos cometidos por empleados descontrolados. Vid. MORALES PRATS, F. y CARBONELL MATEU, J.C.: «Responsabilidad penal de las personas jurídicas (arts. del Libro I: 31 bis, supresión del 31.2 y nuevos, 66 bis, 116.3, 66.3, 130». En ÁLVAREZ GARCÍA, F.J. (dir.) y GONZÁLEZ CUSSAC, F.J. (dir.): *Comentarios a la Reforma Penal de 2010*, Valencia, España: Tirant lo Blanch, 2010, págs. 73 y ss.

y el limitado alcance decisorio del que disponen, a priori resulta complicado imaginar que pueda llegar a atribuírseles algún grado de autoría —o, incluso, participación— en la comisión de un delito fiscal. La actuación de estos empleados en sí misma considerada, aun cuando efectivamente suponga un incumplimiento del programa de *tax compliance* que pueda haber conducido a dicho resultado y deba ser castigado como tal conforme a lo señalado en el *Epígrafe 2.5* del presente *CAPÍTULO*, muy difícilmente va a encajar en el tipo penal de defraudación tributaria o como infracción administrativa. Se debe tener igualmente presente a estos efectos que este título de imputación engloba a muchas más clases de sujetos que sí se encuentran en una posición más realista para operar como criterio de transferencia de responsabilidad penal a la persona jurídica, por ejemplo, los asesores fiscales.

B.3. Requisitos previstos para los «modelos de organización y gestión» (art. 31 bis 5 CP)

Todas las exigencias que se van a describir a continuación ya han sido analizadas con exhaustividad a lo largo del *Epígrafe 2* del presente *CAPÍTULO*; no obstante, con independencia de que las remisiones marquen la pauta general, se van a realizar algunos apuntes breves con un carácter eminentemente práctico. Como se dijo en su momento, el contenido de estos requisitos va a venir fundamentalmente integrado por las normas de autorregulación privada publicadas en la materia, ya que por el momento la regulación legal —salvo contadas excepciones como en lo referente al *whistleblowing*— se mantiene un tanto obtusa en lo atinente a ello. El mismo defecto adolece la jurisprudencia, que dista mucho de aventurarse en el examen detallado de los componentes que deben integrar un programa de (*tax*) *compliance*, pudiendo rescatarse algún tímido intento —insuficiente, en cualquier caso— en las jurisprudencias menores[585].

---

585 Vid. Audiencia Nacional (Sala de lo Penal). Auto núm. 51/2022, de 7 de febrero. Rec. 427/2021; Audiencia Provincial de Tarragona (Sec. 2ª). Auto núm. 117/2023, de 15 de febrero. Rec. 506/2022; y Tribunal Superior de Justicia de Castilla y La Mancha (Sala de lo Civil y Penal). Sentencia núm. 17/2023, de 15 de abril. Rec. 64/2022.

«*1.º Identificarán las actividades en cuyo ámbito puedan ser cometidos los delitos que deben ser prevenidos*». En la práctica este presupuesto se ha traducido en la necesidad de confeccionar un mapa de riesgos fiscales. Se trata de una herramienta de identificación, análisis y valoración de los riesgos tributarios existentes en una organización. Una matriz teórica en la que se harán figurar las distintas clases de incumplimientos fiscales a los que se vea expuesta una empresa, otorgándose a cada uno de ellos una valoración conforme al nivel de riesgo que se haya estimado en función de diversos criterios. Si bien la virtualidad de los modelos de *tax compliance,* como tal, únicamente se reconoce referida al delito contra la Hacienda Pública, sería deseable que las organizaciones extendieran el marco de riesgos previsto en estos instrumentos también con respecto a las infracciones tributarias e, incluso, los compromisos y buenas prácticas de índole fiscal que se decidieran asumir voluntariamente (cumplimiento cooperativo).

«*2.º Establecerán los protocolos o procedimientos que concreten el proceso de formación de la voluntad de la persona jurídica, de adopción de decisiones y de ejecución de las mismas con relación a aquéllos*». Una de las consignas más importantes dentro de una organización pasa por la definición de atribuciones y asignación de responsabilidades. Se han de establecer mecanismos que aseguren, por un lado, que la toma de decisiones en el ámbito fiscal se lleva a cabo por las personas competentes y a través de los procedimientos adecuados; y, por otro, que tales extremos se pueden acreditar documentalmente. En este sentido, se habrá de disponer un orden escalado en el proceso de decisión atendiendo a la cuantía, naturaleza, entidad o cualquier otra circunstancia relevante para la operación en sí. De forma correlativa, se distinguirán los responsables con capacidad para decidir o resolver teniendo en cuenta su posición y grado de responsabilidad asignado. Habrá operaciones ordinarias que puedan ser directamente adoptadas por el departamento fiscal, mientras que para otras de mayor calado se exigirá la aprobación del órgano de administración, tal y como exige la normativa mercantil. Con esto lo que se pretende es evitar que se adopten determinaciones que puedan contravenir lo establecido en el mapa de riesgos (y controles) y, en último término, conducir a la comisión de una infracción. Además, en caso de producirse estas, se va a posibilitar la trazabilidad e individualización de responsabilidades. Resulta habitual que en el campo del *compliance* esto se vincule también con la necesidad de garantizar altos estándares éticos en la contratación y promoción de directivos y miembros de los órganos de administración. Todos estos aspectos han de venir reflejados en la política de *compliance* tributario.

«**3.º** *Dispondrán de modelos de gestión de los recursos financieros adecuados para impedir la comisión de los delitos que deben ser prevenidos*». Si bien la literalidad del precepto puede resultar ciertamente vaga y difusa, la disponibilidad de recursos suficientes viene siendo una constante en la literatura sobre *compliance*. En particular, suele asociarse con la necesidad de dotar al responsable de cumplimiento de los medios que precise para poder llevar a cabo todas sus funciones de forma apropiada. Sin perjuicio de esto, en términos globales, se debe procurar una dotación propia en el presupuesto de la entidad al objeto de demostrar que se han destinado partidas con esta finalidad. La referencia a los recursos, aun cuando explícitamente se acote al plano financiero, debe ser interpretada en sentido amplio. No puede o debe limitarse a una cuestión puramente económica, sin perjuicio de que a fin de cuentas todo pueda reducirse o ser reconducible en tales términos.

«**4.º** *Impondrán la obligación de informar de posibles riesgos e incumplimientos al organismo encargado de vigilar el funcionamiento y observancia del modelo de prevención*». Este aspecto ha experimentado un notable desarrollo con la entrada en vigor de la Ley 2/2023, de 20 de febrero, reguladora de la protección de las personas que informen sobre infracciones normativas y de lucha contra la corrupción, que transpuso al ordenamiento jurídico español la denominada Directiva *Whistleblowing*. El establecimiento de Sistemas Internos de Información, en terminología utilizada por la norma legal, resulta ahora imperativo para las personas jurídicas que superen ciertos umbrales cuantitativos y cualitativos. Entre los ilícitos o incumplimientos que deben ser objeto de comunicación específicamente se reseñan: (a) En Derecho de la UE, «los actos que infrinjan las normas del impuesto sobre sociedades» y las «prácticas cuya finalidad sea obtener una ventaja fiscal que desvirtúe el objeto o la finalidad de la legislación aplicable al impuesto sobre sociedades»; y (b) En derecho interno, «aquellas infracciones penales o administrativas graves o muy graves que impliquen quebranto económico para la Hacienda Pública y para la Seguridad Social». Se ha de difundir y dejar claro, como consigna esencial, que el canal de denuncias estará expresamente habilitado para comunicar incumplimientos de carácter tributario.

«**5.º** *Establecerán un sistema disciplinario que sancione adecuadamente el incumplimiento de las medidas que establezca el modelo*». Se trata del paso lógico que sigue a la comunicación de incumplimientos a través del canal de denuncias y a otro aspecto que no es mencionado en el texto del CP como son las investigaciones internas. Un programa de *compliance* tributario no estará completo y, por ende, no podrá considerarse eficaz si no se llevan a cabo acciones disciplinarias contra aquellos miembros de la organización que infrinjan lo dispuesto en él. La articulación del régimen disciplinario se vincula estrechamente con la elaboración de códigos éticos o de conducta. Particularmente en el ámbito fiscal, habrá de tenerse en cuenta que en España, concretamente en el contexto del cumplimiento cooperativo, cada vez más organizaciones, como se señalaba en el *CAPÍTULO II*, vienen suscribiendo los Códigos de Buenas Prácticas Tributarias aprobados en el seno de los diversos Foros puestos en marcha por la AEAT. Esta regulación de *soft law*, en principio, vincula a las corporaciones como tal; pero es posible también que determinadas conductas que deban observarse generen obligaciones para los empleados y, sobre todo, los administradores de las mismas.

*«**6.º** Realizarán una verificación periódica del modelo y de su eventual modificación cuando se pongan de manifiesto infracciones relevantes de sus disposiciones, o cuando se produzcan cambios en la organización, en la estructura de control o en la actividad desarrollada que los hagan necesarios»*. Este aspecto no es susceptible de matizarse en gran medida atendiendo a la materia fiscal. Todo programa de cumplimiento normativo debe establecer mecanismos y un plan de monitorización continuado a través de los que se evalúen el grado de cumplimiento de los objetivos y la eficacia del sistema en general. De no ser así, se convertirá en un instrumento ineficaz para gestionar de modo adecuado los riesgos fiscales de la empresa. La redacción del precepto en este punto vuelve a ser un tanto confusa y limitada, debiendo ser tomada a los solos efectos orientativos o ejemplificativos. Han de establecerse revisiones o verificaciones tanto periódicas, con una frecuencia mínimamente razonable, como extraordinarias, cuando cualquier circunstancia propia de la realidad corporativa así lo aconseje. Uno de los métodos que se proponen para articular este proceso, aunque no se antoje precisamente como una tarea sencilla, es el desarrollo de indicadores de resultado. A nivel funcional, la comisión de auditoría —si existiera— y el responsable de cumplimiento normativo serán los encargados de comprobar sistemáticamente la adecuación y eficacia del modelo, teniendo que informar con posterioridad a los órganos de gobierno de la entidad a través de los denominados informes de *compliance*. En este sentido, resultará imprescindible documentar adecuadamente todas estas

actuaciones, como prueba y garantía del correcto funcionamiento y seguimiento del programa.

C. *Posibles efectos de las resoluciones penales sobre el procedimiento administrativo sancionador desde la perspectiva del (tax) compliance*

En el contexto tributario, el tránsito entre el procedimiento administrativo sancionador y el procedimiento penal en sede judicial siempre ha constituido un reto mayúsculo para el legislador. No solo por tener que conciliar dos normativas formalmente distintas, sino también por lo que implican el aspecto procesal de ambas fases, la intervención de órganos integrados en poderes públicos diferentes e independientes y, sobre todo, el respeto a las garantías y derechos fundamentales de los contribuyentes[586]. Este epígrafe pretende servir como preámbulo de lo que luego se abordará con más detalle al analizar la virtualidad de los programas de *tax compliance* en el plano administrativo, así como invitar a la reflexión sobre algunas implicaciones relevantes que pueden tener las resoluciones penales dictadas en esta materia sobre dicho ámbito.

La regulación actual, tras la reforma de la LGT efectuada por la Ley 34/2015, permite compaginar la continuación del procedimiento de liquidación y ejecución de la deuda tributaria con la denuncia ante la jurisdicción penal. A tales efectos, cuando se aprecien indicios de delito contra la Hacienda Pública[587], el art. 250 LGT distingue de manera separada, por una parte,

586 Un claro ejemplo de esto se puede observar con el derecho a la no autoincriminación. Si ya antes de la reforma de la LGT operada en 2015 se ponía en tela de juicio su posible vulneración en el seno del procedimiento inspector, ahora se acentúa mucho más este cuestionamiento. Recuérdese que en vía administrativa rige un amplísimo deber de colaboración con la inspección, mientras que en los asuntos penales ha de observarse el mencionado principio constitucional. Tanto la AEAT como los tribunales rechazan la aplicabilidad del art. 24.2 CE en el marco tributario. Vid. Tribunal Constitucional. Sentencia núm. 18/2005, de 1 de febrero (RTC 2005/18). (*Tol 570203*); Tribunal Constitucional. Sentencia núm. 68/2006, de 13 de marzo (RTC 2006/68). (*Tol 865034*); Tribunal Constitucional. Sentencia núm.76/1990. (*Tol 80368*).

587 Se ha debatido acerca de cuándo pueden apreciarse los indicios de delito, fundamentalmente, por cuanto la LGT guarda silencio sobre ello y el art. 197.2 bis RGAT permitía que ello pudiera producirse en cualquier momento, con independencia

los elementos de la obligación tributaria vinculados con el posible ilícito penal y, por otra, aquellos que no se hallen vinculados con este. La liquidación respecto de los conceptos indicados en primer lugar se sujetará a los trámites y al régimen de recursos ordinarios; mientras que en el segundo caso se habrán de observar una serie de especificidades concretas.

La denominada liquidación vinculada a delito (LVD) tendrá carácter provisional, debiendo ajustarse en último término a lo que se decida en el proceso penal en relación con la existencia y cuantías de la defraudación enjuiciada. Por mor de la prohibición de duplicidad de sanciones, no se pondrá en marcha o, en caso de haber comenzado ya, se dará por concluido el procedimiento sancionador, sin perjuicio de que a resultas del contenido de la sentencia final pueda o no iniciarse uno nuevo. No se paralizarán las actuaciones dirigidas al cobro, salvo que el juez (de oficio o instancia de parte) acuerde la suspensión de actuaciones o se dé algún supuesto del art. 251 LGT que impida practicar la liquidación. La propuesta de LVD, equivalente a un acta, se notificará dándose traslado del trámite de audiencia durante los siguientes 15 días naturales. Transcurrido este plazo, previa o simultánea autorización del Delegado Especial de la AEAT, se dictará la liquidación administrativa. La misma será notificada al interesado, produciéndose la finalización del procedimiento inspector y la remisión a la vía penal. En este momento, se pasará el tanto de culpa a la jurisdicción competente o se remitirá el expediente al Ministerio Fiscal.

La ulterior resolución que se dicte en el orden penal, dependiendo de cómo sea, tendrá unos efectos u otros en el ámbito administrativo, tal y como reconoce el art. 257 LGT. En particular, puede resultar especialmente relevante el caso de las sentencias absolutorias por motivo diferente a la inexistencia de la obligación tributaria (letra c) apartado 2), cuando traigan causa en la apreciación de un programa de *tax compliance* idóneo. En estos casos,

---

de que se hubiera practicado liquidación o, incluso, impuesto sanción. La STS 1246/2019, de 25 de septiembre, anuló el citado precepto amparándose en la falta de habilitación legal y su incompatibilidad con el principio *non bis in idem*. Esta resolución no ha estado exenta de críticas. Vid. GÓMEZ TOMILLO, M.: «Delito fiscal y deber de denuncia administrativo: análisis de la STS de 25 de septiembre de 2019, rec. núm. 85/2018», *Revista de Contabilidad y Tributación. CEF*, núm. 448, 2020, págs. 113-124.

procederá la retroacción de actuaciones al momento anterior a la aprobación de la propuesta de LVD, debiendo plantearse un nuevo procedimiento inspector conforme a las reglas y cauces ordinarios. Al no conculcarse la prohibición de duplicidad, también cabrá iniciar de forma regular un nuevo procedimiento sancionador. El punto determinante, no obstante, se va a situar en que en la tramitación de ambos procedimientos habrán de tenerse en cuenta los hechos declarados probados por la sentencia penal[588].

588 Sobre la vinculación de la AEAT con los hechos que se consideran probados por la jurisdicción penal, la STS de 7 de julio de 2011 (recordando el criterio manifestado por la STS de 30 de junio de 2008) estima lo siguiente: «Una interpretación adecuada de los citados preceptos nos ha de llevar a colegir que los hechos declarados probados en una sentencia absolutoria vinculan a la Administración no sólo en el ejercicio de su potestad sancionadora, pues a ella se refiere expresamente el precepto trascrito de la Ley General Tributaria al aludir al procedimiento sancionador, sino también en el procedimiento de liquidación, pues conforme al art. 66.2 anteriormente referido <la Inspección continuará el expediente en base a los hechos que los Tribunales hayan considerado probados> dictando para ello <las liquidaciones que procedan, incluyendo la sanción correspondiente, pero la conclusión no puede ser la misma respecto de los hechos declarados no probados que se contengan en una resolución judicial absolutoria, pues respecto de éstos, y prescindiendo ya del aspecto sancionador, no queda vinculada la Administración, toda vez que las normas y criterios sobre la prueba en el proceso penal y en el procedimiento administrativo de comprobación son radicalmente diferentes, pues mientras en el proceso penal el acusado está amparado por el principio de presunción de inocencia, en el procedimiento administrativo de investigación y comprobación se aplica la inversión de la carga de la prueba que resulta inadmisible en el proceso penal, de tal forma que elementos de prueba rechazados en el proceso penal, pueden resultar perfectamente válidos en el procedimiento administrativo de comprobación, máxime teniendo en cuenta que el fundamento del reproche en ambos procedimientos es completamente distinto>». Tribunal Supremo (Sala de lo Contencioso). Sentencia de 7 de julio de 2011. Rec. 5417/2009. (*Tol 2199045*).

Un razonamiento similar, si bien fundamentado en el respeto a la cosa juzgada, apunta la STC 158/1985, de 26 de noviembre: «Ello supone que, si existe una resolución firme dictada en un orden jurisdiccional, otros órganos judiciales que conozcan del mismo asunto deberán también asumir como ciertos los hechos declarados tales por la primera resolución o justificar la distinta apreciación que hacen de los mismos. Conviene insistir en que esta situación no supone la primacía o la competencia específica de una jurisdicción, que solo se produciría cuando así lo determine el ordenamiento jurídico, como ocurrirá, por ejemplo, cuando una decisión

De este modo, si existe una sentencia penal absolutoria que se sustancie en el reconocimiento de un modelo de cumplimiento normativo adecuado y eficaz, la AEAT no podrá obviarla y deberá tenerla en cuenta a la hora de determinar la responsabilidad por infracción tributaria, concretamente, por referencia a la diligencia necesaria puesta en el cumplimiento de las obligaciones fiscales (art. 179.2.d) LGT). La tenencia de un programa de *tax compliance* que aúne todas las exigencias demandadas por el Código Penal habría de constituir un hecho probado, más allá de cualquier argumentación o razonamiento jurídico que corresponda realizar a la Administración tributaria, evidenciando más que una cierta diligencia (debida) a los efectos mencionados. Esta circunstancia ya no solo sería alegada por el obligado tributario, sino que contaría con el respaldo de una sentencia que la avala, al menos, con el alcance de aquellos hechos que se hubieran sometido al juicio penal. Recuérdese que constituye una idea considerablemente asentada que el estándar probatorio en el proceso penal es más alto y de superior rango que el asociado con el procedimiento administrativo sancionador[589].

Para concluir, en otro orden de cosas, cabe mencionar que el tenor literal de la letra c) del art. 257.2 LGT se despacha en los siguientes términos: «*no apreciándose delito* por motivo diferente a la inexistencia de

---

tenga carácter prejudicial respecto a otra. Fuera de esos casos, lo que cuenta es que el Estado, a través de uno de sus órganos jurisdiccionales, ha declarado la existencia o inexistencia de unos hechos, y no cabe, por las razones expresadas anteriormente, que otro órgano jurisdiccional del mismo Estado desconozca dicha declaración (...) No se trata, pues, de que una jurisdicción haya de aceptar siempre de forma mecánica lo declarado por otra jurisdicción, sino que una distinta apreciación de los hechos debe ser motivada de acuerdo por otra parte con la reiteradísima doctrina de este Tribunal Constitucional, según la cual el derecho a la tutela judicial efectiva comprende, entre otros, el de obtener una resolución fundada en Derecho. Cuando resulta que, en principio, la resolución que un órgano judicial va a dictar puede ser contradictoria con la ya dictada por otro órgano, el que pronuncia la segunda debe exponer las razones por las cuales, a pesar de las apariencias, tal contradicción no existe a su juicio». Tribunal Constitucional (Sala Primera). Sentencia 158/1985, de 26 de noviembre. Rec. 676/1984.

589 MORALES PRATS, F.: «Título XIV. De los delitos contra la Hacienda Pública y contra la Seguridad Social». En QUINTERO OLIVARES, G. (dir.) & MORALES PRATS, F. (coord.): *Comentarios al Código penal español, Ob. Cit.*, págs. 583 y ss.

la obligación tributaria» (la cursiva es propia). Tal estipulación debe entenderse cumplida tanto si se defiende la postura que vincula la ausencia de la cultura de cumplimiento con el núcleo de tipicidad del injusto como si se interpreta que ello tiene que ver con la culpabilidad, no situándose en modo alguno en el campo de las excusas absolutorias que harían pervivir la condición del delito. Asimismo, huelga decir que esto no será predicable de todos los procedimientos administrativos sancionadores que se planteen, sino solo de aquellos que vengan precedidos de una sentencia penal absolutoria que no declare la inexistencia de la obligación tributaria. Lo dicho no tendrá un recorrido parecido ni la misma pertinencia en el caso de los demás tipos de resoluciones que puedan dictarse (inadmisión de la denuncia o querella, sentencia condenatoria, sentencia absolutoria por declarar la inexistencia de la obligación tributaria, sentencia estimatoria parcial o sentencia que declare la ausencia de dolo), salvo en ciertos supuestos de sobreseimiento donde podría llegar a advertirse de una forma muy tímida.

3.2. RESPONSABILIDAD ADMINISTRATIVA POR INFRACCIÓN TRIBUTARIA

3.2.1. El principio de responsabilidad en materia tributaria: breve contextualización

Se ha de comenzar indicando que la potestad sancionadora emana y se ejerce con arreglo a los principios y directrices establecidos en los arts. 24 y 25 CE. Las infracciones administrativas en general, y los incumplimientos tributarios en particular, son manifestaciones del *ius puniendi* único del Estado, produciéndose una equiparación o asimilación con los delitos en este punto. Ello va a justificar la recepción de los principios inspiradores del orden penal en el campo del derecho administrativo sancionador, aunque no de cualquier forma o automáticamente, sino atendiendo a los «matices» que distinguen ambos sectores del ordenamiento[590]. El régimen sancionador en materia tributaria se asienta sobre el catalogo de infracciones tipificado, sobre todo, en la LGT y, con menor profusión, en ciertas leyes específicas, regulándose

---

[590] Vid. STC 18/1981, de 8 de junio; STC 76/1990, de 26 de abril; STC 81/2000, de 27 de marzo; o STC 164/2005, de 20 de junio.

tanto incumplimientos de la obligación de pago de la deuda como incumplimientos de obligaciones formales[591].

Para que una conducta sea sancionable no es suficiente con que se produzca un incumplimiento tipificado en la norma (elemento objetivo), sino que además resulta necesaria la presencia de culpabilidad (elemento subjetivo). Existe un paralelismo —a nivel material— entre las definiciones de delito (art. 10 CP) e infracción tributaria (art. 183 LGT), de manera que esta última, siguiendo la línea del derecho penal, se configura como una acción (u omisión) típica, antijurídica y culpable. Cuando la LGT hace referencia a la culpabilidad o, mejor dicho, a la responsabilidad, está aludiendo claramente a la tercera de estas características. El principio de culpabilidad en materia de infracciones tributarias se consagra en la LGT a través del denominado principio de responsabilidad. Aparece enunciado en el art. 178 LGT junto con los demás principios que fundamentan la potestad sancionadora en este ámbito: legalidad, tipicidad, proporcionalidad, no concurrencia e irretroactividad. Su desarrollo se ubica en el art. 179 LGT cuyo epígrafe 1 establece que «las personas físicas o jurídicas y las entidades mencionadas en el apartado 4 del artículo 35 de esta ley podrán ser sancionadas por hechos constitutivos de infracción tributaria cuando resulten responsables de los mismos». La norma tributaria se expresa en unos términos muy similares a los de la Ley 40/2015, de 1 de octubre, de Régimen Jurídico del Sector Público, ya que su art. 28 se refiere también a la responsabilidad y no a la culpabilidad.

La identidad esencial entre el delito (fiscal) y la infracción administrativa (tributaria) va a implicar que para colmar de significado este principio de responsabilidad se haya de tener inestimablemente en cuenta la guía del derecho penal. En primer término, si bien su denominación como tal y lo escueto del precepto citado podrían plantear inicialmente dudas acerca de la aceptación de un régimen de responsabilidad objetiva, estas quedan totalmente disipadas si se atiende al art. 183 LGT que define las infracciones tributarias como «acciones u omisiones dolosas o culposas con cualquier grado de negligencia»; y al art. 179.2 LGT que determina la exclusión de responsabilidad cuando se haya puesto «la diligencia necesaria». El presupuesto de culpabi-

---

591 HERRERO DE EGAÑA Y ESPINOSA DE LOS MONTEROS, J.M.: «El régimen sancionador tributario». En GIMÉNEZ-REYNA, E. (coord.) y RUIZ GALLUD, S. (coord.): *El fraude fiscal en España*, *Ob. Cit.*, págs. 895 y ss.

lidad es una exigencia básica que habrá de concurrir en todo caso, de manera que no cabrá imponer sanciones sin verificar la presencia de dolo o culpa. A pesar de que en la actualidad esta cuestión no admite discusión, los tribunales han tenido que pronunciarse en reiteradas ocasiones a este respecto en tanto que la Administración tributaria tiende a apreciar ánimo defraudatorio de forma general en la conducta de los contribuyentes, como se verá al analizar el tema de la motivación y la presunción de inocencia[592].

Con todo, se habrá de atender igualmente a las diferencias y matices propios en la trasposición entre uno y otro orden. En particular, la eficacia de este principio en lo referido al dolo y la culpa no se plantea de la misma forma en el derecho penal, donde el dolo se postula como el punto de partida existiendo una cierta relación de subsidiaridad, y el derecho administrativo sancionador, donde indistintamente concurren dolo o culpa. Esta cuestión se acentúa sobremanera cuando se trata de personas jurídicas, ya que la práctica totalidad de los tipos que prevén responsabilidad penal corporativa únicamente se contemplan en su comisión dolosa, como el delito de defraudación tributaria.

A propósito de las personas jurídicas, que a efectos del cumplimiento normativo serán los únicos sujetos que despierten interés, resulta imperativo señalar que a la hora de examinar su culpabilidad se habrán de realizar algunas precisiones. En este sentido, se puede constatar que muchos de los elementos presentes en el juicio de culpabilidad de las personas naturales (conciencia de antijuricidad, imputabilidad, causas de disculpa, etc.) están pensados o se aplican en exclusiva a sujetos con características físicas. De esta forma, tomando como referencia la identidad ontológica entre delitos

---

592 El TC ha expresado en sobradas ocasiones que «este principio de culpabilidad rige también en materia de infracciones administrativas, pues en la medida en que la sanción de dicha infracción es una de las manifestaciones del ius puniendi del Estado, resulta inadmisible en nuestro ordenamiento un régimen de responsabilidad objetiva o sin culpa» y, por tanto, únicamente se podrán aplicar sanciones cuando se aprecie «dolo, culpa o negligencia grave y culpa o negligencia leve o simple negligencia». Tribunal Constitucional (Pleno). Sentencia núm. 14/2021, de 28 de enero. Rec. 1478/2020. (*Tol 8318463*). Otras: vid. STC 76/1990, de 26 de abril (RTC 1990/76); STC 248/1991, de 19 de diciembre; STC 129/2003, de 30 de junio; STC 164/2005, de 20 de junio (RTC 2005/164); STS de 10 de julio de 2007 (RJ 2007/7317).

e infracciones administrativas y la aspiración de mantener una cierta homogeneidad en el sistema punitivo, será preciso definir qué elementos van a integrar el juicio de culpabilidad para el caso de que estos últimos incumplimientos sean imputables a personas jurídicas. En muy resumidas cuentas, GÓMEZ TOMILLO propone tomar en consideración los siguientes: (1) La existencia de una adecuada vigilancia, supervisión o control sobre el personal carente de facultades mando; (2) Si el resultado lesivo responde a una actuación aislada o a un cúmulo de operaciones individuales incorrectas; (3) La provisión de instrucciones expresas por parte de la dirección con el fin de que el trabajador se abstuviese de llevar a cabo la conducta proscrita en cuestión; (4) Las circunstancias de las personas físicas que materialmente han llevado a cabo los actos (causas de disculpa, de inimputabilidad o error de prohibición); (5) La concreta manifestación de culpabilidad que concurra en cada caso, siendo más censurable el dolo que la culpa; (6) El nivel jerárquico del autor individual dentro del organigrama corporativo; y (7) La presencia o ausencia de un programa de cumplimiento normativo correctamente implementado y efectivo[593].

Volviendo sobre la cuestión material, en cuanto al grado de culpabilidad mínimamente exigible en las infracciones tributarias, el art. 183 LGT es categórico a la hora de señalar que se precisa la concurrencia o bien de dolo, o bien de culpa, con cualquier grado de negligencia. Parece claro que por dolo se habrá de entender una voluntad deliberada de incumplir sea cual fuere su finalidad, lo que comúnmente se conoce como ánimo defraudatorio. Para colmar el significado de culpa, en sus diferentes grados, se habrá de acudir nuevamente al derecho penal y a las contribuciones realizadas por la doctrina y la jurisprudencia. Esta manifestación de culpabilidad se concibe como la omisión de la diligencia debida que hubiera permitido prever y evitar un determinado resultado lesivo, integrándose tanto por un componente psicológico o intelictivo representado en la conciencia de peligro y la posibilidad de evitarlo, como por un imperativo normativo materializado en el deber de cuidado. Tradicionalmente, en términos absolutos, se han distinguido tres grados de culpa:

---

593 GÓMEZ TOMILLO, M.: «La culpabilidad de las personas jurídicas por la comisión de infracciones administrativas: especial referencia a los programas de cumplimiento», *Ob. Cit.*, págs. 73 y ss.

(1) Culpa lata: consistente en la omisión de la diligencia más elemental y contemplada en el CP como imprudencia grave; (2) Culpa leve: vinculada con la falta de diligencia media o normal exigible a un ciudadano medio y, pese a que tras la reforma del CP de 2015 se ha suscitado cierto debate acerca de su asimilación con la ahora denominada imprudencia menos grave, usualmente se ha venido identificando con la imprudencia leve o simple; y (3) Culpa levísima: se relacionaría con la infracción de la diligencia que sería capaz de prestar una persona excesivamente cuidadosa, careciendo de reflejo alguno en derecho positivo[594].

Teniendo lo anterior en cuenta, en el ámbito tributario, la antigua LGT fijaba en su art. 77.1 el grado mínimo de culpabilidad en la «simple negligencia», equiparable a la imprudencia simple o leve del CP, por tanto, atendiendo a ese módulo medio de omisión o falta de la diligencia debida exigible a un ciudadano normal en el cumplimiento de sus deberes tributarios. La redacción del actual art. 183 LGT se refiere a «cualquier grado de negligencia», por lo que perfectamente cabría pensar que se ha dado entrada a la denominada culpa levísima, elevándose con ello notablemente el nivel de cuidado que habría de observarse en el cumplimiento de las obligaciones fiscales. Ahora bien, esta posibilidad ha de rechazarse de plano, conviniendo en que la nueva LGT no ha modificado en forma alguna la situación preexistente[595]. Resulta perfectamente consecuente con la generalización de la autoliquidación en el actual sistema tributario, y con la consiguiente descarga de una parte fundamental de la gestión de los tributos en la figura del contribuyente, que no se exija a estos una diligencia extrema en el cumplimiento de sus deberes fiscales[596]. Es más, como ha reconocido en alguna ocasión el propio

---

594 ANÍBARRO PÉREZ, S.: *La interpretación razonable de la norma como eximente de la responsabilidad por infracción tributaria*, *Ob. Cit.*, págs. 33-35.

595 La culpa levísima únicamente está presente en determinados sectores del derecho administrativo que presentan características o circunstancias especialmente peculiares (que no se dan en derecho tributario) y les hacen merecedores de una prudencia extrema, como la realización de actividades peligrosas o la posibilidad de lesionar gravemente los intereses generales, siendo ejemplos de ellos los ámbitos de la salud pública o la alimentación.

596 ANÍBARRO PÉREZ, S. y SESMA SÁNCHEZ, B.: *Infracciones y sanciones tributarias*, Valladolid, España: Lex Nova, 2005, pág. 62.

Tribunal Constitucional, se ha de tener presente que las normas tributarias no se caracterizan en absoluto por su sencillez, sino todo lo contrario[597]. Y todo ello sin entrar a valorar, en otro orden de cosas, el escaso reconocimiento y recorrido práctico que se confiere a la diligencia necesaria como criterio *exonerador* de responsabilidad tributaria.

Una jurisprudencia consolidada del Tribunal Supremo estima que corresponde a la Administración tributaria acreditar la concurrencia del elemento subjetivo. De este modo, las sanciones no podrán responder a cualquier clase de incumplimiento, sino que será necesario demostrar una intención de defraudar o, al menos, una omisión del deber de cuidado punible[598]. Ello es consecuencia y se relaciona intrínsecamente con el derecho a la presunción de inocencia, no bastando con probar la realidad de los hechos, sino que también es preciso justificar su atribuibilidad con un título de culpabilidad suficiente. Esta carga probatoria en orden a desvirtuar la mencionada presunción de inocencia ha de recaer necesariamente en quien acusa, el ente público, ya que de otro modo constituiría una suerte de *probatio diabólica* en detrimento del obligado tributario[599]. La ya derogada Ley Derechos y Garantías de los Contribuyentes estipulaba en su art. 33 que «la actuación de los contribuyentes se presume realizada de buena fe» y, en suma, que «corresponde a la Administración tributaria la prueba de que concurren las circunstancias que determinan la culpabilidad del infractor en la comisión de infracciones tributarias». Algunos autores interpretaron esta referencia legal a la buena fe como una peculiaridad del derecho administrativo sancionador que complementaba el concepto de diligencia debida y habría de servir para modular la culpabilidad, sobre todo, a la hora de apreciar negligencia simple[600]. Pese a

---

597 Tribunal Constitucional (Pleno). Sentencia núm. 150/1990, de 4 de octubre. (*Tol 80402*).

598 Tribunal Constitucional (Pleno). Sentencia 76/1990, de 26 de abril. Rec. 695/1985. (*Tol 80368*): «toda resolución sancionadora, administrativa o penal, requiere a la par certeza de los hechos imputados, obtenida mediante pruebas de cargo, y certeza del juicio de culpabilidad sobre esos mismos hechos».

599 Tribunal Supremo (Sala de lo Penal). Sentencia de 10 de julio de 2007. Rec. 306/2002.

600 NIETO GARCÍA, A.: *Derecho administrativo sancionador*, 2ª edición, Madrid, España: Tecnos, 1994.

que su reconocimiento expreso ha desaparecido, resulta indudable que a día de hoy tales previsiones y razonamientos siguen siendo igualmente válidos y pueden tener cabida en la materia tributaria.

En la práctica, sin embargo, ocurre que el actual régimen sancionador tributario determina la presencia del mínimo de culpabilidad exigible casi por definición en cualquier conducta incumplidora y, por ende, reprobándola casi automáticamente como comportamiento sancionable. De ordinario los incumplimientos de una norma tributaria llevan por defecto aparejada una sanción, lo cual suscita importantes desajustes cuando se examina el tema de la motivación. Muchos acuerdos sancionadores, especialmente en el ámbito gestor, son anulados en vía administrativa por no superar el juicio de motivación, porcentaje que se ve incrementando aún más cuando el asunto se somete a la jurisdicción contenciosa[601]. Aun cuando la finalidad preventiva pueda tener una realización más fructífera de esta forma, cabe preguntarse si merece la pena mantener un régimen sancionador tan inquisitivo, además de lo anterior, por cuanto quizás se haga recaer un peso excesivo en aquellos obligados tributarios que no son precisamente defraudadores[602]. El principio de legalidad impone que la resolución sancionadora ha de fijar todos los extremos relevantes (hechos, personas o entidades implicadas, infracción cometida, valoración pruebas practicadas, juicio de culpabilidad, etc.) y, además, tiene que estar debidamente motivada. Como señalan MARTÍN FERNÁNDEZ y RODRÍGUEZ MÁRQUEZ en referencia a la STC 76/1990, de 26 de abril, se ha de excluir «la imposición de sanciones por el mero resultado y sin atender a la conducta diligente del contribuyente», de manera que «no se puede sancionar por el mero resultado y mediante razonamientos apodípticos, siendo imprescindible una motivación especifica en torno a la culpabilidad o negligencia y las pruebas de las que estas se infieren»[603].

---

601 HERRERO DE EGAÑA Y ESPINOSA DE LOS MONTEROS, J.M.: «El régimen sancionador tributario». En GIMÉNEZ-REYNA, E. (coord.) y RUIZ GALLUD, S. (coord.): *El fraude fiscal en España*, *Ob. Cit.*, págs. 901 y ss.

602 Ibíd, pág. 902.

603 Tribunal Constitucional (Pleno). Sentencia 76/1990, de 26 de abril. Rec. 695/1985. (*Tol 80368*)

Otro punto que necesariamente se ha de poner de relieve tiene que ver con que en materia tributaria no se admita la posibilidad de graduar la sanción aplicable atendiendo precisamente al concreto reproche culpabilístico que se de en cada caso. De este modo, cualquier manifestación de culpabilidad será válida para justificar la imposición de una sanción, pero las específicas circunstancias que concurran en cada situación —que no serán idénticas— no se tendrán presentes para dotar de una relevancia distinta una actuación puramente intencional frente a un simple descuido. El único resquicio interpretable en este sentido sería el componente doloso implícito presente en los criterios de calificación de infracciones de ocultación de datos (art. 184.2 LGT) y utilización de medios fraudulentos (art. 184.3 LGT) a la hora de clasificar estas como graves o muy graves, con el mayor desvalor y sanción que implican en consecuencia, que difícilmente podrían apreciarse en su comisión negligente. Esto resulta especialmente llamativo si se tiene en cuenta que en la exposición de motivos de la propia LGT se hace expresa referencia a la intención de «potenciar el aspecto subjetivo de la conducta de los obligados en la propia tipificación de las infracciones, de modo que las sanciones más elevadas queden reservadas a los supuestos de mayor culpabilidad». Además, el art. 29 de la Ley 40/2015, de 1 de octubre, que regula el principio de proporcionalidad, concretamente en su epígrafe 3, estipula que «en la imposición de sanciones por las Administraciones Públicas se deberá observar la debida idoneidad y necesidad de la sanción a imponer y su adecuación a la gravedad del hecho constitutivo de la infracción» y que en la graduación de la sanción se considerará especialmente «el grado de culpabilidad o la existencia de intencionalidad».

Hace algunos años el Tribunal Superior de Justicia de Castilla-La Mancha planteó una cuestión de inconstitucionalidad sobre la base de este principio al advertir que la LGT «no permite graduar la sanción establecida dependiendo de que la comisión de la infracción se haya producido con dolo o, por el contrario, con simple negligencia»[604]. Por Auto 2015/145, de 10 de sep-

MARTÍN FERNÁNDEZ, J. y RODRÍGUEZ MÁRQUEZ, J.: «El ‹compliance› tributario y la exención de responsabilidad administrativa». En SANTANA LORENZO, M. (dir.) et. al.: *El compliance tributario en el proceso penal*, *Ob. Cit.*, págs. 57 y ss.

604 Cuestión de inconstitucionalidad 3449-2014, planteada por la Sala de lo Contencioso-Administrativo del Tribunal Superior de Justicia de Castilla-La Mancha en relación con el artículo 195.2 de la Ley 58/2003, de 17 de diciembre, General Tributaria.

tiembre, el TC inadmitió el asunto aduciendo que el juicio de proporcionalidad de las normas corresponde en exclusiva al legislador con el único límite de que se atisbe un «patente derecho inútil de coacción que convierte la norma en arbitraria»[605]. El principio de proporcionalidad en materia sancionadora exige una relación de equilibrio entre el hecho punible y la sanción aplicada. Ello habría de guiar el margen de discrecionalidad que se le reconoce a la Administración tributaria en este ámbito, por ejemplo, a efectos de graduar las sanciones o a la hora de imponer castigos accesorios a los pecuniarios. En la realidad práctica, no obstante, la automaticidad y rigidez que actualmente caracterizan la aplicación del régimen sancionador expresan un incorrecto entendimiento de este criterio hermenéutico, que en muchas ocasiones lleva a que se cuestione la proporcionalidad de las decisiones adoptadas.

Si bien puede haberse inferido de lo dicho hasta el momento, el hecho de que se analice directamente el tema de la culpabilidad o responsabilidad atiende a que será el enclave donde potencialmente tendrán cabida los programas de *tax compliance*, más concretamente, por lo referido a la cuestión de la diligencia necesaria.

3.3.2. *La posible exclusión de responsabilidad administrativa por incumplimientos tributarios a través del concepto de diligencia necesaria*

El análisis de la virtualidad de los programas de *tax compliance* en la esfera administrativo-tributaria se va a realizar de una forma mucho más escueta y contenida con respecto a lo examinado en el ámbito penal. No solo por la inexistencia de un mínimo reconocimiento expreso que sirva de sustento específico, sino sobre todo por la reticencia que se infiere de la propia AEAT al no observarse apenas pronunciamientos favorables a su articulación, no ya a corto sino tampoco a medio o, incluso, largo plazo. No obstante lo anterior, es posible identificar algún resquicio normativo donde puede haber lugar a

---

605 Tribunal Constitucional (Pleno). Auto núm. 145/2015, de 10 de septiembre. Rec. 3449/2014.
MARTÍN FERNÁNDEZ, J. y RODRÍGUEZ MÁRQUEZ, J.: «El ‹compliance› tributario y la exención de responsabilidad administrativa». En SANTANA LORENZO, M. (dir.) et. al.: *El compliance tributario en el proceso penal, Ob. Cit.*, págs. 57 y ss.

una interpretación plausible y proclive a dotar a estos programas de algún efecto también en el terreno administrativo-tributario, máxime sin hipotetizar en exceso.

Tal y como se ha dicho, en el artículo 179 LGT que consagra el principio de culpabilidad en materia tributaria, concretamente en su apartado segundo, se reconocen una serie circunstancias que excluyen la responsabilidad por infracción tributaria. Para muchos autores la referencia a estos supuestos de exención resulta un tanto superflua y prescindible, puesto que en todos ellos se puede identificar la ausencia de alguno de los elementos necesarios para entender cometida una infracción, de forma que la presunta responsabilidad que en principio dice excluirse no habría llegado siquiera a plantearse[606]. Sea como fuere, al margen de cualquier valoración jurídica sobre el grueso del asunto, la conclusión preliminar que puede extraerse tiene que ver con que, tal y como se plantea la cuestión por el momento, la entrada de los modelos de cumplimiento en el plano tributario se ubicaría eventualmente en torno al presupuesto de la culpabilidad, a diferencia de lo que acontece en el orden penal donde el TS se ha inclinado por situarlos más próximos a la tipicidad y son los planteamientos doctrinales discrepantes los que abogaban por una interpretación similar a la aquí propuesta.

Particularmente, de entre todas las hipótesis de exención previstas en el precepto, se va a tratar de razonar que tales instrumentos pueden tener cabida como una demostración efectiva de diligencia necesaria en el cumplimiento de las obligaciones tributarias (letra d) art. 179.2 LGT). En unos térmi-

---

606 La letra a) se refiere a la falta de capacidad de obrar, de modo que no se entendería cumplido el requisito de la imputabilidad; la letra b) alude a la fuerza mayor, lo que devendría en la imposibilidad de apreciar dolo o culpa; la letra c) hace referencia a haber salvado el voto o no haber asistido a la reunión en la que se adoptó la decisión colectiva que origina el comportamiento infractor, con lo que en coherencia con el principio de personalidad de las sanciones no cabría atribuir la comisión de infracción alguna; y, finalmente como se va a ver, la letra d) habla de la diligencia necesaria en el cumplimiento de las obligaciones tributarias, lo que habría de excluir cualquier grado de negligencia punible. Vid. ANÍBARRO PÉREZ, S. y SESMA SÁNCHEZ, B.: *Infracciones y sanciones tributarias, Ob. Cit.*, págs. 33-37; y DE MIGUEL ARIAS, S.E.: «La relevancia de la interpretación razonable de la norma como causa de exclusión de la responsabilidad por infracciones tributarias ante la presentación de autoliquidaciones erróneas», *Revista técnica tributaria*, núm. 106, 2014, págs. 53-78.

nos muy básicos, la interpretación o conclusión perseguida comportaría que la apreciación de esta diligencia debida manifestada a través de los sistemas de *tax compliance* resultaría incompatible con la posibilidad de sostener que concurre el grado mínimo de culpabilidad que se requiere —imprudencia leve o simple— para poder imponer una sanción[607]. La cuestión fundamental, por tanto, radica en la necesidad de precisar qué se ha de entender por diligencia necesaria o cómo se está interpretando dicho concepto, con vistas a determinar si un programa de tales características puede servir para acreditar tal ausencia de culpabilidad o, si al caso, qué elementos ha de reunir para poder hacerlo. Naturalmente, en la realidad práctica, se habrá de cotejar en cada supuesto la adecuación de las medidas establecidas para con las concretas infracciones cometidas, no pudiendo realizarse un juicio apriorístico en términos absolutos; ahora bien, lo que ahora se propone realizar es una reflexión general acerca de la manera en que tales herramientas pueden incardinarse en el seno del procedimiento sancionador, es decir, testar su potencialidad y validez como posible causa de exclusión de responsabilidad tributaria.

Desde su primigenio reconocimiento en sede jurisprudencial hasta su plasmación normativa con la Ley 25/1995, de 20 de julio, de modificación parcial de la Ley General Tributaria, más o menos en la forma en que ahora se encuentra regulado, las eventuales conductas amparadas por esta eximente se han relacionado con lo que tradicionalmente se conoce como error de derecho o de prohibición, como señala DE MIGUEL ARIAS, «identificándose con el error invencible —esto es, inevitable— en la medida en que los casos de error vencible puede concurrir negligencia y, por tanto, resultar constitutivos de infracción tributaria»[608]. En esencia, existe una cierta correlación con

607 Es importante tener presente que si se piensa en personas físicas, parece más o menos claro que en la generalidad de los supuestos la diligencia necesaria o debida solo cabrá apreciarse cuando la infracción se cometa de forma culposa. Sin embargo, el *tax compliance* juega en la parcela de las personas jurídicas, lo que supone que tampoco pueda descartarse la existencia de supuestos dolosos en los que igualmente pueda admitirse la concurrencia de esta diligencia necesaria, fundamentalmente, por la propia forma en que esta manifestación de culpabilidad se entenderá subsumida en el seno del organigrama corporativo a través de la actuación de los diversos individuos que lo componen.

608 DE MIGUEL ARIAS, S.E.: «La relevancia de la interpretación razonable de la norma como causa de exclusión de la responsabilidad por infracciones tributarias ante la presentación de autoliquidaciones erróneas», *Ob. Cit.,* págs. 63 y ss.

el fundamento presente en su origen, pues se pretendió capturar de alguna forma la evolución y paulatina progresión de signo inverso en los cometidos inherentes a las posiciones de la Administración y los contribuyentes en el proceso de aplicación de los tributos, siendo su expresión más nítida la generalización del proceso de autoliquidación[609]. En esta línea, resulta de todo razonable pretender que, si los administrados han ido adquiriendo mayores responsabilidades y cargas en la interpretación y aplicación de la cada vez más compleja normativa fiscal, ello se traduzca no solo en un refuerzo de los mecanismos de información y asistencia, sino también en una nueva calibración del margen de error permitido en orden a que no cualquier equivocación o discrepancia se califique automáticamente como un comportamiento infractor. No parece de recibo ni sostenible aumentar gradualmente los costes de cumplimiento y, paralelamente, mantener inalterado el grado de diligencia exigido[610]. De no ser así, como pone de relieve ESEVERRI MARTÍNEZ, se corre el riesgo de que «aquello que nace como sentimiento de colaboración entre órgano administrativo y ciudadano para testimoniar el grado de conciencia fiscal de este, se torne en un instrumento represivo»[611]. Subyaciendo la misma idea, CALVO ORTEGA apostilla que «aumentar la dificultad en el cumplimiento de las obligaciones fiscales es disminuir en el mismo grado la culpabilidad»[612].

De esta forma, para vislumbrar la posible irrupción de los modelos de cumplimiento normativo en este contexto, con arreglo a las circunstancias y condicionantes actuales, se habrán de determinar qué normas de cuidado son exigibles y han de observar los obligados tributarios, teniendo en cuenta que para desvirtuar la presunción de inocencia —al menos— se tendrá que pro-

---

609 ANÍBARRO PÉREZ, S.: *La interpretación razonable de la norma como eximente de la responsabilidad por infracción tributaria, Ob. Cit.*, págs. 48 y ss.

610 Cita SANZ GÓMEZ, R.J.: «Derecho sancionador y fomento del cumplimiento voluntario: una propuesta de reforma», *Documentos – Instituto de Estudios Fiscales*, núm. 11, 2019, pág. 314.

611 ESEVERRI MARTÍNEZ: «Prólogo». En FERNÁNDEZ PAVÉS, M.J.: *La autoliquidación tributaria, Madrid,* España: Instituto de Estudios Fiscales – Marcial Pons, 1995, pág. 9.

612 CALVO ORTEGA, R.: *Curso de Derecho Financiero. I. Derecho Tributario (Parte General), Ob. Cit.*, pág. 436.

bar la comisión de un incumplimiento tributario a título de negligencia. La letra d) del art. 179.2 LGT ha objetivado en cierta medida esta cuestión, ya que incorpora un listado abierto de comportamientos que, pese a poder ser constitutivos de infracción, se entenderán diligentemente realizados. Se reseñan expresamente dos supuestos: actuar amparándose en una interpretación razonable de las normas y actuar conforme a los criterios manifestados en las publicaciones y comunicaciones escritas de los arts. 86 y 87 LGT[613]. Aun cuando no se trate ni mucho menos de situaciones idénticas a la aquí analizada, especialmente con respecto al primero de los supuestos indicados, puede resultar ciertamente interesante extractar algunas conclusiones generales a fin de valorar o inferir los argumentos y razonamientos que están presentes en la construcción del concepto de diligencia necesaria referido a ellas.

Así pues, para que se considere que la actuación del contribuyente responde a una *interpretación razonable de las normas* han de concurrir una serie de presupuestos. En primer término, y a pesar de que como requisito explícito haya desaparecido de la redacción literal del precepto, se presume la exigencia de una declaración veraz y completa conforme a datos reales y exactos. Ello se traduce en el imperativo de que el contribuyente no oculte información a la Administración, dando a conocer todos los extremos que se consideren relevantes para la cuantificación del tributo[614]. Las eventuales discrepancias que puedan surgir, por tanto, se deberán circunscribir a los ele-

---

613 En esta tesitura lo que se puede plantear es si las comunicaciones evacuadas a través del mecanismo informal de consultas previsto en el CBPT (epígrafe 2.3) pueden tener cabida al socaire de estos arts. 86 y 87 LGT. Resulta evidente que se ha de exigir un mínimo de rigor y no cualquier opinión imputable a la Administración puede operar como un criterio administrativo válido para exonerar; ahora bien, no es menos cierto que, en un entorno de confianza, el contribuyente no creerá posible la comisión de una infracción cuando siga el criterio plasmado en dichas consultas informales (atipicidad) y, en igual sentido, la información obtenida a través de este medio le podrá colocar en la creencia errónea de la licitud de su conducta (error de prohibición invencible), circunstancias ambas presentes en el fundamento jurídico de esta causa de exclusión de responsabilidad.

614 Entre otras, vid. STS de 2 de noviembre de 2012 (RJ 2012/10343); STS de 17 de septiembre de 2003 (RJ 2003/7604); STSJ de Cataluña de 23 de febrero de 2012 (JT 2012/347); STSJ de Asturias de 30 de octubre de 2012 (JT 2012/1267); o STSJ de Asturias de 27 de noviembre de 2012 (JUR 2013/3181).

mentos de derecho que formen parte de la declaración como consecuencia de las labores de calificación jurídica que el obligado tributario se ve compelido a efectuar; teniendo asimismo presente que lo anterior deberá relativizarse o reconsiderarse cuando tales dudas interpretativas versen sobre el propio deber de declarar o la consignación de algún dato concreto[615].

En segundo lugar, teniendo en cuenta su indeterminación inherente, se habrá de reflexionar acerca del propio concepto de interpretación razonable. Para ello ANÍBARRO PÉREZ propone tener en cuenta una serie de factores a fin de evaluar la racionalidad de la interpretación que se realice en cada caso[616]. Desde un punto de vista objetivo, se requiere llevar a cabo una tarea interpretativa con unos mínimos de coherencia y verosimilitud, así como que la norma en cuestión revista una cierta complejidad que la haga susceptible de enfoques diversos. Tales circunstancias no son ni mucho menos infrecuentes en el Derecho Financiero y Tributario, pues esta rama del ordenamiento se caracteriza precisamente por la oscuridad y ambigüedad de su regulación, lo cual se ve incrementado si cabe por el incesante goteo de modificaciones legislativas y la falta de un consenso pacífico. Desde una perspectiva subjetiva, se deberá prestar atención a las condiciones y aptitudes concretas de los sujetos que acometan estas labores interpretativas, pues lo que se puede estimar como razonable respecto a unos, no será así para otros. En este sentido, se habrá de poner del mismo modo en valor la eventual presencia de profesionales cualificados que presten asesoramiento técnico, en tanto que su intervención se podrá utilizar para argumentar la existencia de un error de derecho invencible que implique la exclusión de responsabilidad o, *sensu contrario*, se podrá

---

615 Precisamente el motivo de la exclusión de esta exigencia de la literalidad del artículo tiene que ver con las críticas doctrinales que apuntaron a la problemática que podía suscitarse en torno a su cumplimiento en aquellos casos en los que los contribuyentes llegarán al convencimiento de que no estaban obligados a hacer constar un determinado dato o si quiera a presentar declaración —amparándose dicha omisión en una interpretación razonable suficientemente fundamentada e igualmente válida— y, por el contrario, la Administración difiriera a este respecto. Vid. ANÍBARRO PÉREZ, S. y SESMA SÁNCHEZ, B.: *Infracciones y sanciones tributarias, Ob. Cit.*, págs. 35 y 36; y ANÍBARRO PÉREZ, S.: *La interpretación razonable de la norma como eximente de la responsabilidad por infracción tributaria, Ob. Cit.*, pág. 66.

616 Ibíd., pág. 68.

negar en otras ocasiones la aplicación de esta causa de exención por considerar que había necesidad de recurrir a sus servicios y no se hizo[617].

Teniendo lo anterior en cuenta, es posible extraer algunas conclusiones coincidentes cuando se analiza la potencial funcionalidad de los programas de *tax compliance* en este plano:

- El hecho de que se exija una actitud de no ocultación pone de relieve la necesidad de que «el administrado se comporte como un ‹buen contribuyente›, es decir, que no exista por su parte intención de engañar a la Administración, sino que por el contrario actúe de manera leal y colabore de ‹buena fe› en el cumplimiento de los deberes que le vienen legalmente impuestos»[618]. Tales circunstancias también se encuentran presentes en la instrumentación de los modelos de *tax compliance* en la medida en que su propósito es procurar un debido cumplimiento de las obligaciones fiscales, disponiéndose de forma voluntaria los medios adecuados para conseguirlo, con el componente objetivo que ello además hace resaltar[619]. Lo anterior se podrá apreciar de una forma más nítida si cabe cuando se incardinen en el marco

---

617 Si algún día se produce el reconocimiento expreso de los *tax compliance programms* en la legislación tributaria, cabe preguntarse o hipotetizar acerca de si su no implementación podría llegar a ser considerada una actitud negligente, recurriendo o teniendo presente el argumento mismo de la complejidad creciente del sistema tributario.

618 ANÍBARRO PÉREZ, S.: *La interpretación razonable de la norma como eximente de la responsabilidad por infracción tributaria*, *Ob. Cit.*, pág. 58. En un sentido similar, HERRERA MOLINA y CHICO DE LA CÁMARA sostienen que «debido a la extraordinaria complejidad que pueden alcanzar las relaciones entre la Administración tributaria y los contribuyentes, (...) la aplicación de la buena fe en la esfera del derecho tributario es precisa para proteger un marco de honestidad y confianza recíproca». HERRERA MOLINA, P.M. y CHICO DE LA CÁMARA, P.: «El principio de buena fe en el Derecho tributario», *Revista latinoamericana de derecho tributario*, núm. 5, 1998, págs. 31-52.

619 En relación con la buena fe, DEL POZO LÓPEZ destaca que «puede y debe ser tenida en cuenta, a la hora de apreciar el error de derecho con el fin de determinar si se excluye o no la culpabilidad. Ahora bien, debe tratarse de una buena fe no simplemente subjetiva, sino objetiva, es decir, apreciada conforme a las normas vigentes». NIETO GARCÍA, A.: *Derecho administrativo sancionador*, *Ob. Cit.*, pág. 339.

de las relaciones cooperativas, cual es intención reconocida, al menos formalmente, por la AEAT.

- A la hora de valorar la racionabilidad de la interpretación realizada que difiere del criterio general administrativo, en puridad, se está tolerando y aceptando un cierto margen de error, siempre que se estime suficientemente fundado. En este parecer, CHOCLÁN MONTALVO señala que «la interpretación razonable de la norma no es otra cosa que un comportamiento del contribuyente que se mantiene en el cumplimiento de sus obligaciones tributarias dentro de los límites de error permitido»[620]. Por tanto, no existe óbice alguno para que este razonamiento pueda extrapolarse a los eventuales fallos que surjan en los controles del modelo de cumplimiento normativo cuando pueda aducirse o defenderse un motivo que a ojos de la lógica se repute como razonablemente admisible. La complejidad del sistema tributario actual necesariamente implica que no pueda exigirse una diligencia extrema en el cumplimiento de las obligaciones fiscales, de manera que los eventuales errores que se produzcan estarán de alguna forma justificados o se podrán considerar entendibles cuando se hayan destinado los medios suficientes —en sentido amplio— para evitarlos y aun así no se haya conseguido.
- No puede resultar una demostración idéntica de diligencia debida la actuación de los contribuyentes que se preocupan por implantar medidas destinadas a conseguir un adecuado cumplimiento tributario respecto de aquellos otros que no lo hacen. Por tal motivo, no parece de recibo que esta circunstancia no sea tenida en cuenta ni valorada cuando eventualmente se cometa un comportamiento infractor[621].

---

620 CHOCLÁN MONTALVO, J.A.: «Un delito fiscal conceptual. La interpretación razonable de la norma en la regularización voluntaria», *Diario La Ley*, núm. 9166, 2018, pág. 6.

621 Tribunal Superior de Justicia de la Región de Murcia (Sala de lo Contencioso). Sentencia de 6 de marzo de 1996. (JT/1996/243): «si bien los contribuyentes han de regirse en sus relaciones con la Hacienda Pública por los principios de buena fe y colaboración en aquellos supuestos en que se exige a los ciudadanos una actividad positiva de colaboración como puede ser la declaración de alta o la autoliquidación, la Administración tributaria, al menos en justa compensación debe actuar con la

> Además, acudir a profesionales para que diseñen y auditen periódicamente estos modelos, más aún cuando se cuente con certificaciones expedidas por organizaciones autorizadas por los poderes públicos, puede utilizarse como argumento para sostener o defender la existencia de un error de derecho invencible[622].

En unos términos más abstractos, al menos sobre el papel, no parece que pueda negarse el potencial de un programa de *tax compliance* como manifestación válida encaminada a demostrar un grado suficiente de diligencia debida en este contexto. Los distintos elementos que lo componen y se han descrito anteriormente son expresión de todo lo que cabría esperar de un comportamiento diligente en el cumplimiento de las obligaciones fiscales. De esta manera, la voluntad inicial que denota su implementación por parte de los contribuyentes se tornará en inequívoca cuando se consiga demostrar la efectividad de su funcionamiento. El hecho de que no se trate de una re-

---

ciudadanía también con criterios de buena fe y colaboración y no de estricta rigurosidad y es por ello que el contribuyente que colabora de buena fe con la Administración tributaria en el relleno de formularios bien complicados, con tributos de gran complejidad técnica no puede resultan tan gravemente perjudicado si no lo hace correctamente». ANÍBARRO PÉREZ, S.: *La interpretación razonable de la norma como eximente de la responsabilidad por infracción tributaria, Ob. Cit.*, pág. 59.

622 En el marco del cumplimiento cooperativo con los intermediarios fiscales, SANZ GÓMEZ postula que podrían explorarse sus potenciales efectos en el ámbito sancionador, teniendo en cuenta que es defendible considerar diligente *ex* artículo 179.2 (letra d) LGT la actuación del contribuyente que se auxilia en un asesor fiscal adherido al CBPPT. El mencionado autor trae a colación los autos del Tribunal Constitucional 361/1991, de 10 de diciembre, y 3/1992, de 13 de enero, sustentadores de que obra «con la diligencia propia de quien es consciente de su deber de contribuir» aquel que pide auxilio a la Administración tributaria para cumplir adecuadamente sus obligaciones tributarias. De esta forma, teniendo en cuenta que «el cumplimiento cooperativo con los intermediarios fiscales implica reforzar lo que la doctrina ha denominado ‹externalización› de la gestión tributaria», podría sostenerse que tiene sentido «ampliar los efectos de la exención de responsabilidad a quien, en lugar de consultar directamente a la Administración, confía sus asuntos a un intermediario fiscal que ha suscrito una serie de instrumentos por los que se compromete a minimizar los riesgos fiscales de sus clientes y operar de manera transparente. Es decir: tal y como se prevé en el CBP de Profesionales Tributarios, un intermediario fiscal que ha obtenido un reconocimiento de la propia Administración».

gulación pública de *compliance* como ocurre en el ámbito penal, sino de una práctica autorregulatoria voluntariamente asumida por los contribuyentes, puede aportarle un valor adicional, en el sentido de que solo las organizaciones realmente comprometidas invertirán los medios necesarios para alcanzar el grado de eficacia requerido. Por todo lo cual, el establecimiento de controles y mecanismos efectivos tendentes a lograr un adecuado cumplimiento tributario, aun cuando no se reconozca entre los ejemplos descritos en la letra d) del art. 179.2 LGT, debería tratarse como un supuesto equiparable y tener consecuencias favorables en el ámbito sancionador a fin de excluir la eventual responsabilidad administrativa en que pudiera incurrirse[623].

A ello se ha de sumar el efecto catalizador que debería suponer formar parte de los programas de cumplimiento cooperativo puestos en marcha por la AEAT hace casi más de una década, particularmente, por referencia a los foros y códigos de buenas prácticas tributarias que se han ido creando en este contexto. Aunque se trate de *soft law*, pueden localizarse algunas referencias interesantes en este sentido. Por ejemplo, en el Epígrafe 2.4 CBPT se menciona la posibilidad de que los obligados tributarios presenten un anexo explicativo, junto con las declaraciones fiscales, donde expliciten los criterios que han seguido a la hora de confeccionarlas y los hechos que fundamentan las mismas; reseñándose expresamente que será valorado favorablemente a fin de determinar la diligencia, el dolo o la culpa en una eventual aplicación de sanciones[624]. Asimismo, en su Anexo de Conclusiones presentado

---

623 Vid. RIBES RIBES, A.: «La exención de responsabilidad penal de las personas jurídicas a través de los compliance programs: una propuesta para el derecho tributario», *Ob. Cit.*, pág. 31; y MARTÍNEZ MUÑOZ, Y.: «Compliance fiscal y responsabilidad por ilícitos tributarios», *Crónica tributaria*, núm. 179, págs. 55-58.

624 Esta previsión recuerda en buena medida a la institución francesa de la «*indication expresse*» o «mención expresa», actualmente regulada en el *article 1727, II* de su *Code général des impôts*. Tal y como señala ANÍBARRO PÉREZ, esta figura «supone la posibilidad de que el sujeto exponga al tiempo de presentar su declaración los motivos de derecho o de hecho que le han llevado a declarar en un determinado sentido, posibilitando de esta forma que la Administración proceda a liquidar adecuadamente el tributo en caso de que estime incorrecta la actuación del administrado, el cual quedará a salvo no ya de posibles sanciones sino incluso del interés de demora». ANÍBARRO PÉREZ, S.: *La interpretación razonable de la norma como eximente de la responsabilidad por infracción tributaria, Ob. Cit.*, pág. 121.

en 2015 se estipula expresamente que una de las conductas que por parte de las empresas se tendrán en cuenta para verificar el efectivo cumplimiento de los compromisos del Código será la utilización de «sistemas eficaces de información y control interno de los riesgos fiscales» como parte integrada de los sistemas generales de control que tenga implantados [apdo. 1.A.1).6 Anexo 2015]. Más allá de estas alusiones que hoy en día cabría calificar de anecdóticas, el camino hacia el cumplimiento cooperativo necesariamente discurre por reconocer y dar valor a los programas de cumplimiento normativo, pues ello se revela o demuestra esencial a la hora de determinar la relevancia real que las autoridades tributarias conceden a este nuevo modelo de relaciones tributarias. En este sentido, en una comparecencia ante el Foro de Grandes Empresas celebrada el 11 de diciembre de 2018, se manifestó el por aquel entonces Director General de la Agencia Tributaria, reconociendo que la Administración estaba dispuesta a «liberar del control de la Inspección de Hacienda a aquellos contribuyentes —en este caso, empresas— que acrediten un historial de buenas prácticas en materia tributaria, sean transparentes con su información fiscal y dispongan un esquema de control interno "Compliance Tributario" suficiente como para inhibir cualquier actividad de riesgo en materia tributaria por parte de sus empleados»[625].

La AEAT no puede, por un lado, fomentar la relación cooperativa y, por otro, negar o desconocer la virtualidad de los programas de *tax compliance,* que no son más que la materialización de los MCF propuestos en este nuevo modelo, ya que ello es por propia definición incompatible y contradictorio. El fomento de una verdadera cultura de cooperación y transparencia implica realizar concesiones recíprocas entre las partes, lo que en este caso habría de implicar conceder significación real al papel de estos instrumentos de prevención en el marco del procedimiento sancionador. No debe olvidarse que en la génesis del *co-operative tax compliance* —encumbrándose en la célebre pirámide de cumplimiento australiana— se sitúa el pensamiento de que no puede dispensarse el mismo trato a todos los obligados tributarios, habiendo de ponderarse las concretas actuaciones de colaboración que se lleven a cabo por cada uno de ellos, a lo que en España parece hacerse caso omiso por el

625 SANTANA LORENZO, M. y GARCÍA NOVOA, C.: «Dossier Compliance Tributario, el escudo fiscal indispensable para la reputación empresarial y las buenas prácticas corporativas», Thomson Reuters, 2019, pág. 4.

momento. En caso de que los acontecimientos no se encaminen en esta dirección, se corre el riesgo de que todas estas iniciativas se estanquen en un planteamiento meramente teórico o utópico —*cosmetic or paper compliance*—, tal y como por el momento está sucediendo.

Sea como fuere, conviene recordar y tener presente como premisa básica en este punto que corresponde a la Administración la carga de probar la culpabilidad del sujeto infractor, es decir, la necesidad de demostrar al menos la omisión del deber de cuidado exigible (simple negligencia)[626]. No existe un régimen de responsabilidad objetiva, por lo que no resulta admisible justificar la culpabilidad por mera referencia al resultado[627], mediante razonamientos "en negativo" o por exclusión[628] o recurriendo a fórmulas estereotipadas y genéricas que no son suficientes para colmar el requisito de la motivación[629], más si cabe teniendo en cuenta que los déficits en este último aspecto no son subsanables en vía de recurso o judicial[630]. A consecuencia del principio de presunción de inocencia, se presupone que el contribuyente actúa de buena fe, y habrá de ser la Administración quien demuestre en base a criterios objetivos que se dan las circunstancias que determinan su culpabilidad. Si ya de por sí no resulta fácil en general desvirtuar esta presunción de inocencia cuando se trata de infracciones cometidas a título de negligencia, mucho más complicado será hacerlo con un sistema de *compliance* tributario implantado. A mayor abundamiento, como ya se indicó en el *Epígrafe 3.2.2 C)* del presente *CAPÍTULO*, puede resultar paradójico llegar a plantearse el caso de que exista una sentencia penal absolutoria

---

626 Resulta igualmente pertinente mencionar que la jurisprudencia considera que existen determinadas conductas que «no son concebibles sin la concurrencia de dolo, culpa o cuando menos negligencia». Tribunal Supremo (Sala de lo Penal). Sentencia núm. 2855/2013, de 23 de febrero.

627 Tribunal Supremo (Sala de lo Penal). Sentencia de 4 de junio de 2012.

628 La falta de previsión expresa no puede constituir un argumento suficiente para entender cumplido el requisito de motivación del elemento subjetivo, ya que el art. 179.2 no agota todas las posibilidades de inexistencia de culpabilidad. Así lo ha reconocido el Tribunal Supremo en varios pronunciamientos: STS de 6 de junio de 2008 (RJ 2008\5827); STS de 22 de diciembre de 2016 (RJ 2017\72); o STS de 2 de noviembre de 2017 (RJ 2017\5008), entre otras.

629 Tribunal Supremo (Sala de lo Penal). Sentencia de 10 de julio de 2007.

630 Resoluciones TEAC de 23 de enero 2014 y de 18 de febrero de 2016.

sustanciada en el reconocimiento de un modelo de cumplimiento normativo adecuado y eficaz, y el asunto haya de volver a vía administrativa al retrotraerse las actuaciones al momento anterior a la aprobación de la propuesta de LVD. En el nuevo procedimiento sancionador que se inicie en tales situaciones, la AEAT no podrá obviar que se cuenta ya con una resolución —judicial— avalando el comportamiento diligente del contribuyente (pues no parece que ello pueda interpretarse en otro sentido); máxime debiendo tener presente el superior estándar probatorio que se presume en el proceso penal.

Hay quienes ven en las certificaciones emitidas conforme a la *Norma UNE 19602* el caballo de batalla perfecto para tratar de superar los problemas previamente apuntados, ya que entre sus objetivos expresamente se establece la prevención de infracciones tributarias[631]. Lo cierto es que por ahora esta aspiración se está demostrando sumamente alejada de la realidad, no tanto por la carencia de un fundamento efectivo, sino sobre todo por los escasos precedentes y la reticencia extrema de la AEAT a reconocer supuestos de diligencia necesaria distintos de los expresamente previstos en la letra d) del art. 179.2 LGT[632]. Más aún si se toma en consideración que ya en

631 Por todos, POYATOS GIL: «Aunque la Administración Tributaria aún no ha definido con claridad un régimen de beneficios o privilegios para aquellas organizaciones o contribuyentes en general que adopten un sistema de gestión de compliance fiscal, se presume que aquellos que adapten sus sistemas de cumplimiento con arreglo a la UNE 19602 gozarán de una presunción de veracidad, algo especialmente relevante en el ámbito tributario, sujeto a constantes modificaciones legislativas y en el que no es difícil incurrir en errores que puedan ser interpretados como voluntad defraudatoria. En consecuencia y a falta de conocer todos los detalles, todas las empresas que adapten sus sistemas y procesos de cumplimiento tributario a la UNE 19602, estarán catalogadas como contribuyentes Tipo 1. De hecho, se podrá elevar a la categoría de prueba que avale la voluntad de la empresa de cumplir con sus obligaciones tributarias. Certificarse podrá ser un elemento de prueba para demostrar ante la Administración tributaria y los tribunales de justicia la voluntad de la organización de cumplir con sus obligaciones fiscales». En Emilio Poyatos Gil (2019). La Norma UNE 19602: un entorno seguro para el adecuado cumplimiento de las obligaciones fiscales. <https://noticias.juridicas.com/actualidad/noticias/13768-la-norma-une-19602:-un-entorno-seguro-para-el-adecuado-cumplimiento-de-las-obligaciones-fiscales/>

632 Los pocos supuestos que se reconocen, por otra parte, casi siempre acaban por reconducirse de una forma u otra al concepto de interpretación razonable. Vid. Tri-

vía penal se han rebajado las expectativas depositadas en ellas y apenas se les concede algún ápice de relevancia. Si bien estas herramientas pueden tener el potencial suficiente para demostrar que efectivamente se ha obrado de una forma diligentemente debida, tal y como se encuentra el estado de la regulación, sería aventurado suponer incluso a futuro que van a servir como algo más que una prueba indiciaria o un elemento de apoyo incidental de cara a valorar una posible exención de responsabilidad administrativa. Por todo ello, se adivina como la opción más razonable y deseable para «desintrincar» el impasse en el que se encuentra este asunto, aún más pensando en la consolidación buscada de los modelos de cumplimiento cooperativo, reconocer explícitamente por parte del legislador el valor y la función de los sistemas de *compliance* fiscal, equiparándose así las normativas administrativa y penal en este punto[633]. Si se piensa en un escenario futuro, resulta complicado imaginar que ello pueda darse a corto o, incluso, medio plazo; aun cuando ya existen ejemplos de este tipo en el derecho comparado.

Así pues, en el ordenamiento jurídico francés se localiza la institución del «derecho al error» (*droit à l'erreur*). Fue aprobada por la *Loi nº. 2918-727 du 10 aout 2018 pour un Eta tau serive d'une societe de confiance (L123-1 y L123-2)* y, en muy resumidas cuentas, otorga al contribuyente la posibilidad de regularizar un error cometido por primera vez, tanto de forma espontánea como a invitación de la Administración tributaria, sin que quepa imponer-

---

bunal Superior de Justicia de Cantabria. Sentencia de 8 de febrero de 2000 (JT 2000/450); o Tribunal Superior de Justicia de Castilla-La Mancha. Sentencia de 19 de enero de 2001 (JT 2001/517).

633 Se pudiera llegar a plantear que en cierta medida sería lógico y razonable pensar que, si con el *compliance* se puede atenuar o eximir la responsabilidad en la esfera penal (calificada de última ratio), dicha consideración debiera ser igualmente trasladable a las infracciones tributarias que sobre el papel constituyen ilícitos de menor entidad. Más si cabe, teniendo en cuenta la aplicabilidad reconocida —con ciertos matices— de los principios penales en el campo del derecho administrativo sancionador. Ahora bien, este razonamiento *grosso modo* que cabría calificar de simplista e, incluso, falaz no puede ser tomado en consideración, por cuanto ello habría de implicar en la misma medida que las causas eximentes recogidas en los arts. 19 y 20 CP, así como las circunstancias atenuantes del art. 21 CP, también resultaran aplicables a las infracciones y sanciones tributarias, cuestión que nadie tiene a plantear y que en modo alguno puede mantenerse.

le sanción. Para poder rectificar se exige haber actuado de buena fe, esto es, no habiéndose ignorado deliberadamente las reglas que resulten aplicables a la situación en particular. Llama la atención sobremanera que la Administración francesa se muestra dispuesta a admitir la buena fe del obligado tributario incluso mediando requerimiento formal. Esta figura se conecta en cierto sentido con la complejidad de las normas y los procedimientos fiscales actuales.

En España, muy recientemente, la STSJ de Galicia 709/2023, de 28 de noviembre, reconoció expresamente que, si bien este derecho al error no forma parte del ordenamiento español, podía ser tenido en cuenta a los efectos de ponderar la culpabilidad de los obligados tributarios[634]. Este pronunciamiento analiza el caso de un contribuyente-persona física que realiza una serie de operaciones complejas sujetas al régimen especial de neutralidad fiscal, y que a la postre son objeto de regularización por parte de la AEAT. El recurrente acepta dicha rectificación, pero impugna el acuerdo sancionador que se derivó en consecuencia. En esta tesitura, el Tribunal plantea sus dudas acerca de la concurrencia del elemento subjetivo de la culpabilidad, particularmente, tomando en consideración la complejidad patente de las operaciones llevadas a cabo (cuestión que también es reconocida por el abogado del Estado). Finalmente, el recurso acaba siendo estimado aludiéndose a la necesidad de aceptar el «derecho al error» del contribuyente como camino para admitir la posibilidad de evitar sanciones por incumplimientos involuntarios[635]. La resolución trae a colación la Propuesta 3/2022, del Consejo para la Defensa del Contribuyente, sobre la incorporación del derecho al error al Ordenamiento tributario español. Haciéndose eco de «la generalización del régimen de autoliquidaciones (como expresión del traspaso de la responsabilidad de aplicación de los tributos de la Administración a los contribuyentes)», dicha Propuesta invoca un «derecho a rectificar errores» o, mejor dicho, un «mecanismo dirigido a facilitar la regularización voluntaria, excluyendo o mitigando las conse-

---

634 Tribunal Superior de Justicia de Galicia (Sala de lo Contencioso-Administrativo). Sentencia 709/2023, de 28 de noviembre. Rec. 15081/2023. (*Tol 9811674*)

635 Llama la atención que, a diferencia de lo que viene siendo la tónica habitual en los casos de exención, el Tribunal niega que este supuesto en cuestión pueda reconducirse a la causa de interpretación razonable.

cuencias del incumplimiento»[636]. Una de las circunstancias que se propone tener en cuenta a la hora de valorar la responsabilidad es el historial fiscal o de cumplimiento del contribuyente. En la misma línea se expresa el Plan Anual de Control Tributario y Aduanero de 2024, donde se alude a este instrumento a efectos de considerar la existencia de culpabilidad[637]. La Sentencia del TSJ de Galicia acaba por decir que «la complejidad de las normas y de los procedimientos [...] opera como factor a tener en cuenta a la hora de valorar la culpabilidad del obligado tributario».

Reconduciendo todo esto a la esfera del cumplimiento normativo, se puede llegar a la conclusión de que si se ha iniciado el camino para aceptar la posibilidad de excluir sanciones por errores involuntarios habida cuenta de la complejidad del sistema tributario actual, difícilmente va a poder negarse que disponer de los medios adecuados para evitarlos constituye una actuación plenamente diligente, siempre que se demuestren efectivos. Más si cabe,

---

636 Durante los últimos años han trascendidos algunas propuestas similares que nunca han llegado a ponerse en marcha. Una de las que sí ha conseguido ver la luz son las «cartas de aviso» que la AEAT remite a los contribuyentes de ciertos sectores que incurren en determinados parámetros de riesgo de incumplimiento. Si el obligado tributario decide regularizar en estos casos se entenderá que lo hace de forma espontánea porque la carta no reúne los requisitos del art. 27.1.1º LGT, debiendo proceder al pago del recargo por extemporaneidad y los intereses de demora, pero evitando la sanción. Vid. SANZ GÓMEZ, R.J.: «Derecho sancionador y fomento del cumplimiento voluntario: una propuesta de reforma», *Ob. Cit.*, págs. 315-317; y ANÍBARRO PÉREZ, S.: «El uso de perfiles de riesgo al servicio del "Tax Compliance"», *Quincena Fiscal*, núm. 8, 2023, págs. 21-45.

637 Esta circunstancia ya fue puesta de manifiesto hace algunos años por la doctrina, concretamente, CALVO ORTEGA apuntaba a la necesidad de que el historial del administrado se tuviera en cuenta «positivamente para decidir la actuación de buena fe del sujeto pasivo, siendo un criterio más en la calificación de la conducta de éste en el círculo a que nos referimos. En otras palabras, lo mismo que la reincidencia es una circunstancia negativa, un historial tributario honesto puede ser un criterio de interpretación para concluir que el contribuyente ha actuado de buena fe». CALVO ORTEGA, R.: «La presunción de buena fe en los sujetos pasivos: (Artículo 33)». En ÁLVAREZ ARROYO, F. (coord.); HERNÁNDEZ LAVADO, A.; CALVO ORTEGA, R. (coord.); CHECA GONZÁLEZ, C. (coord.); y MERINO JARA, I. (coord.): *Derechos y garantías de los contribuyentes (estudio de la nueva Ley)*, Valladolid, España: Lex Nova, 1998, pág. 580.

cuando en la referida Propuesta del Consejo para la Defensa del Contribuyente se hace explícita referencia a la función preventiva de los instrumentos de cumplimiento cooperativo ya aprobados por la AEAT.

En unos términos similares, como criterio de modulación del ejercicio de la potestad sancionadora de la Administración, puede situarse la *reasonable excuse* del derecho británico. En muy resumidas cuentas, tanto la práctica administrativa como los Tribunales de este Estado (además de estar reconocida en su legislación procesal tributaria), sobre la base de criterios empíricos y elementos objetivos atendiendo a las específicas circunstancias de los contribuyentes, se han mostrado abiertos a ponderar su eventual culpabilidad entendiendo que pueden darse —y han de distinguirse— errores involuntarios que no implican una voluntad elusiva o evasiva, no siendo razonable sancionarlos por cuanto el conjunto de las autoliquidaciones presentadas puede ser aceptable. Si bien no se trata de una institución propia del marco de las relaciones cooperativas, podría encontrar un alto grado de acomodo bajo el concepto de *responsiveness*. Así, aunque por el hecho de disponer de un programa de *tax compliance* la interpretación de los obligados tributarios no puede presumirse razonable *per se*, se podría tratar de plantear un concepto de diligencia debida en el que sí tuviesen cabida al socaire de esta figura anglosajona[638].

Mucho más claro e ilustrativo es el ejemplo italiano. Tras un intento de proyecto piloto que no pasó de la fase inicial, con la *Legge 11 marzo 2014, n. 23. Delega al Governo recante disposizioni per un sistema fiscale più equo, trasparente e orientato alla crescita*[639] (art. 6.1 y 2) se delegó en el gobierno el cometido de adoptar un modelo elemental de cumplimiento cooperativo. Ello se llevó

638 En relación con esta figura ROZAS VALDÉS declara que: «No es razonable que en un procedimiento de inspección se proceda de forma idéntica con una empresa que ha demostrado una cierta, o manifiesta, frivolidad en el control de sus riesgos fiscales que con otra que se ha empleado a fondo al respecto realizando cuantiosas inversiones en la prevención y limitación de los riesgos de incumplimiento fiscal. Lo que no quiere decir, se ha de insistir, que de por sí, cualquier plan y, de cualquier manera, excluya la posibilidad de sancionar». ROZAS VALDÉS, J.A.: «Fundamentos y acicates de las políticas de *compliance* tributario», *Ob. Cit.*, pág. 12.

639 Legge 11 marzo 2014, n. 23. Delega al Governo recante disposizioni per un sistema fiscale più equo, trasparente e orientato alla crescita (Gazzetta Ufficiale Serie Generale n. 59, 12-03-2014).

a cabo mediante el *Decreto Legislativo 5 agosto 2015, n. 128. Disposizioni sulla certezza del diritto nei rapporti tra fisco e contribuente, in attuazione degli articoli 5, 6 e 8, comma 2, della legge 11 marzo 2014, n. 23*[640] (arts. 3 a 7) bajo el nombre de régimen de *Adempimento Collaborativo.* En puridad, se aprobó una batería de medidas nada desdeñables tratando de abarcar tres planos: (a) formas de comunicación y cooperación reforzadas; (b) sistemas de detección, medición, gestión y control de los riesgos fiscales; y (c) incentivos materializados en obligaciones menos gravosas, atenuación de posibles sanciones y métodos específicos de consulta previa[641]. En fechas más recientes, la *Legge 9 agosto 2023, n. 111. Delega al Governo per la riforma fiscale*[642] (artículo 17.1.g), número 1.9) delegó nuevamente en el ejecutivo la tarea de profundizar en estos postulados, concretamente, en la necesidad de potenciar los efectos beneficiosos vinculados con la pertenencia al programa. A través del *Decreto Legislativo 30 dicembre 2023, n. 221. Disposizioni in materia di adempimento collaborativo*[643] se dio cumplimiento a este nuevo mandato introduciéndose una serie de modificaciones con un calado considerable.

En lo que ocupa al tema aquí tratado, se ha de destacar en primer término lo concerniente al régimen sancionador. En cuanto a las sanciones de tipo administrativo, con anterioridad a la reforma de 2023, se preveía una reducción a la mitad y sin que en ningún caso pudieran ser superiores al importe mínimo legalmente previsto, cuando los contribuyentes adheridos al régimen de *adempimento collaborativo* hubieran comunicado los riesgos fiscales de forma tempestiva y exhaustiva antes de la presentación de las correspondientes declaraciones fiscales, y la Administración mostrara discrepancias acerca de su

---

640 Decreto Legislativo 5 agosto 2015, n. 128. Disposizioni sulla certezza del diritto nei rapporti tra fisco e contribuente, in attuazione degli articoli 5, 6 e 8, comma 2, della legge 11 marzo 2014, n. 23 (Gazzetta Ufficiale Serie Generale n.190 del 18-08-2015).

641 ANÍBARRO PÉREZ, S.: «La reciente reforma del Adempimento Collaborativo: un paso adelante en el cumplimiento tributario cooperativo en Italia», *Ob. Cit.*, pág. 18.

642 Legge 9 agosto 2023, n. 111. Delega al Governo per la riforma fiscale (Gazzetta Ufficiale Serie Generale n. 189, 14-08-2023).

643 Decreto Legislativo 30 dicembre 2023, n. 221. Disposizioni in materia di adempimento collaborativo (Gazzetta Ufficiale Serie Generale n. 2, 03-01-2024).

posición. La situación actual, por su parte, distingue entre riesgos significativos y riesgos no significativos (se introduce un nuevo apartado 6-bis en el art. 6 del DL 128/2015)[644]. Los primeros están igualmente sujetos a diálogo con *l'Ufficio Adempimento collabotarivo* en las mismas condiciones indicadas, con el objetivo de alcanzar en la medida de lo posible una orientación compartida o una valoración conjunta en cuanto a sus posibles efectos derivados; sin embargo, se establece ahora una exclusión total de sanciones cuando el criterio de la *Agenzia delle Entrate* no coincida con el del contribuyente y siempre que su comportamiento se corresponda con lo previamente comunicado. Para los segundos se prevé simplemente su inclusión, actualización y compartición a través de la divulgación del mapa de riesgos, es decir, sin necesidad de un diálogo preventivo; de manera que en caso de concurrir sanciones se atenuarán a la mitad y sin poder aplicarse por encima del mínimo legal, quedando además suspendido su cobro hasta la liquidación definitiva. Asimismo, se estipula la posibilidad de que se comuniquen riesgos fiscales vinculados a períodos impositivos previos a la adhesión al programa. Si ello se produce de forma espontánea antes de que el contribuyente tenga conocimiento formal del inicio de cualquier actuación de investigación, las sanciones administrativas que puedan derivarse se reducirán a la mitad y, en todo caso, sin poder superar la cuantía mínima legalmente establecida[645]. Estos incentivos se exceptuarán cuando se recurra al uso de documentación falsa u otros medios fraudulentos.

El régimen italiano de *adempimento collaborativo* constituye una verdadera y decidida apuesta por implementar un modelo efectivo de cumpli-

---

644 LIO, M.: «Il potenziamento dell'adempimento collaborativo: qualche suggerimento per interventi in corsa», *rivistadirittotributario.it*, 2023.

645 En cuanto a las sanciones de naturaleza penal (responsabilidad administrativa por delitos), antes del *Decreto Legislativo 221/2023* no se preveía ningún tipo de efecto exonerador, simplemente se mencionaba la posibilidad de comunicar al Ministerio Público la pertenencia del obligado tributario al régimen de *adempimento collaborativo* en caso de denuncia por delitos fiscales. Ahora, en cambio, se estipula una nueva causa de no punibilidad asociada al delito de declaración inexacta (art. 4 del *Decreto Legislativo 74/2000*). Ello, no obstante, se encuentra limitado a los riesgos fiscales significativos (sujetos a comunicación en tiempo y forma), además, vinculados exclusivamente con elementos del activo. GUALTIERI, A.: «Meno sanzioni alle imprese che certificano il rischio fiscale: adempimento collaborativo», *PMI*, 2023.

miento cooperativo, aunando además todo lo referido a la modulación de responsabilidades («penal» y administrativa) que en España se asocia con los programas de cumplimiento normativo[646]. Los resultados son por el momento bastante alentadores. Las autoridades han declarado que para los contribuyentes adheridos el número de avisos pendientes y de recursos presentados ha descendido considerablemente y que las disputas planteadas se han referido sobre todo a cantidades no significativas. Los obligados tributarios, por su parte, consideran que la Administración se muestra más proclive a asumir como razonable una interpretación diversa y que la verificación de las posiciones de riesgo y el suministro de información se llevan a cabo con carácter previo y no *ex post*[647]. El reconocimiento expreso en sede administrativa de la funcionalidad de los marcos de control fiscal y de sus posibles efectos sobre la responsabilidad por incumplimientos tributarios ha de ser tenido en cuenta por España con el fin de alumbrar el camino a seguir, más si cabe cuando ya se ha tomado como ejemplo a Italia en otras ocasiones en este mismo ámbito[648]. Por todo lo cual, esta posibilidad que hoy en día parece tan lejana en el ordenamiento jurídico español debería empezar a presentarse de una forma mucho más nítida y plausible, pues se está demostrando como una opción plenamente válida y efectiva.

Un razonamiento similar cabe apreciar en los Países Bajos en relación con su programa de cumplimiento cooperativo. Formalmente, la aplicación de la

---

646 En la regulación y plasmación de todo este fenómeno subyace la importancia que se concede al principio de confianza legítima en el ordenamiento italiano. Este debería ser otro argumento más extrapolable al caso español para reclamar un recorrido efectivo de todos los instrumentos de cumplimiento cooperativo puestos en marcha por la AEAT y aceptados por los contribuyentes.

647 BARBIANI, E.: «L'adempimento collaborativo a confronto con le 'best practice' in ambito di 'Tax Control Framework'», *Corriere tributario*, vol. 47, fascicolo, 3, 2024, págs. 232-243.

648 Huelga recordar que la introducción de la responsabilidad penal de las personas jurídicas en España, salvando la cuestión de su peculiar consideración como responsabilidad administrativa por delitos, se inspiró en gran medida en la regulación existente en Italia. Vid. Decreto Legislativo 8 giugno 2001, n. 231 - Disciplina della responsabilita' amministrativa delle persone giuridiche, delle societa' e delle associazioni anche prive di personalita' giuridica, a norma dell'articolo 11 della legge 29 settembre 2000, n. 300.

normativa sancionadora neerlandesa (*Besluit Bestuurlijke Boete Belastingdienst* y *Besluit Bestuurlijke Boete Belastingdienst*) no va a diferir con respecto a las empresas contribuyentes que participen o no en *Horizontal Monitoring*. Ahora bien, existe una cuestión que se habrá de tener muy en cuenta y es que se otorga cierto poder discrecional a las autoridades tributarias para valorar los hechos y circunstancias específicos de cada situación concreta. De acuerdo con esto, el hecho de formar parte del programa HM y todo lo que ello trae consigo puede ser tenido en cuenta positivamente a la hora de determinar el importe adecuado de sanción. Comportamientos y factores que se trabajan positivamente bajo el modelo —como una rápida rectificación y ajuste de los MCF tras descubrirse el fallo, un grado mínimo de recurrencia o la voluntad constante de cumplimiento— pueden (y deben) jugar en beneficio de los contribuyentes cooperativos en los casos de sanción si efectivamente se demuestra su adecuada puesta en práctica[649]. *Sensu contrario*, si el error se ha producido debido a la falta de observancia de los compromisos suscritos, la sanción no se verá en ningún caso atenuada e, incluso, dependiendo de la entidad de la infracción, podrá suponer una causa de rescisión

---

649 Especialmente en el marco del Horizontal Monitoring, la NTCA partirá de la premisa de que los errores se cometerán de forma accidental o inintencionada. Aun así, como es obvio, todos ellos y sus efectos deberán rectificarse. En este sentido, una vez descubierto el equívoco, se entablará un diálogo entre el equipo de trabajo de la Administración asignado y la organización (o, en su caso, el TSP) para tratar de abordar, entre otros, los siguientes puntos: infracción cometida, sujeto responsable (empresa o TSP), grado de culpabilidad, carácter puntual o estructural del error, medidas de respuesta adoptadas o circunstancias que puedan modular la cuantía y términos de la sanción. Asimismo, se habrá de distinguir entre dos posibles situaciones: (1ª) Se deduce automáticamente que el error también se ha producido en declaraciones presentadas con anterioridad y, por tanto, se trata de un defecto conocido que requerirá corrección de acuerdo con una estimación razonable de su alcance; y (2ª) No se puede determinar a ciencia cierta si el error está presente o no en periodos anteriores y, por consiguiente, la necesidad de revisar declaraciones previas se hará depender de su potencial impacto y grado de culpabilidad (en casos de dolo o negligencia grave se considera indispensable investigar). En cualquier caso, cuando se detecte un error será especialmente relevante constatar o comprobar si es necesario introducir modificaciones o ajustes en el marco de control fiscal de la organización o, en su caso, en el sistema de garantía de calidad del TSP para subsanar la causa del mismo (ciclo de aprendizaje). Tan importante como descubrir un error y revertir sus consecuencias indeseadas es evitar y prevenir que se vuelva a repetir en el futuro. Recuérdese en este punto también el concepto de *materiality error* anteriormente descrito.

del acuerdo de cumplimiento. El enfoque responsivo —*responsive regulation*— en el que se enmarcan los modelos de cumplimiento cooperativo implica que no pueda o deba procederse a una invocación rígida e inopinada de las disposiciones sancionadoras. Una relación basada en la confianza y la comprensión mutua como la que aquí se espera que fructifique, parafraseando a ROZAS VALDES, es del todo incompatible y requiere atemperar el rigor o carácter automático de las sanciones[650]. Por tanto, a fin de cuentas, si se cuenta con unos protocolos de cumplimiento cooperativo plenamente implantados y eficaces, la política de sanciones aplicada, en términos materiales, podrá resultar más beneficiosa o, mejor dicho, menos gravosa para los contribuyentes de este tipo.

Sin perjuicio de las valiosas aportaciones traídas a colación del derecho comparado, se pueden encontrar también realidades similares intramuros del ordenamiento administrativo. Particularmente, en el ámbito del derecho mercantil, la Comisión Nacional de los Mercados y la Competencia (en adelante, CNMC) publicó en el año 2020 la «Guía de Programas de Cumplimiento en relación con la Defensa de la Competencia», con el fin de fomentar la adopción y el desarrollo de este tipo de mecanismos en dicho ámbito. En esencia, se trata de un conjunto de directrices que explicitan de una forma admirablemente concreta los principios y criterios consolidados que serán tenidos en cuenta por la CNMC para valorar y evaluar la eficacia de estos programas de *compliance*.

Más interesantes aun resultan las consecuencias que se prevén derivadas de su implantación en lo que al ámbito sancionador se refiere. En este sentido, se contempla la posibilidad de modular las sanciones impuestas por el referido órgano administrativo teniendo en cuenta tanto la preexistencia como la introducción o mejora a posteriori de estos mecanismos de prevención. Así pues, si bien la Guía deja claro que su mera implementación no puede ser considerada sin más una circunstancia atenuante, de conformidad con el criterio manejado por la Comisión Europea y otras autoridades nacionales, se reconoce explícitamente la posibilidad de considerar positivamente su presencia —caso por caso— como elemento moderador de la responsabilidad de las empresas, en tanto que reflejarían formalmente su voluntad cumplidora. En la generalidad de los supuestos, como es obvio, será mejor valorado la disposición del programa de cumplimiento *ex ante*

650 ROZAS VALDÉS, J.A.: «Los sistemas de relaciones cooperativas: una perspectiva de derecho comparado desde el sistema tributario español», *Ob. Cit.*, págs. 31, 76 y 93.

que su implementación o reajuste *ex post*. A tales efectos, se distingue también si la infracción es constitutiva o no de cártel, y si la organización colabora o no en la detección e investigación de la misma. El beneficio potencialmente concedido en casi todos los casos tiene la forma de atenuación, solo pudiendo optarse a la exclusión total de la sanción en una única situación (infracción no constitutiva de cártel y colaboración en la detección e investigación).

Así las cosas, bien pudiera pensarse que al ser una herramienta de *soft law* su recorrido tendería a ser limitado, pero lo cierto es que desde muy temprano se sucedieron las resoluciones que han puesto en valor las estipulaciones contenidas en la Guía. Resulta bastante conocida la Resolución CNMC, de 11 de mayo de 2021, expediente núm. S/DC/0627/18 (asunto Consultoras), donde se concede a la empresa INDRA una atenuación del 10% de la multa por razón de su programa de *compliance* y la colaboración prestada en la investigación. En este pronunciamiento se tienen en cuenta tanto los elementos del modelo existentes con carácter previo a la comisión del ilícito como las mejoras y ajustes realizados una vez incoado el procedimiento sancionador[651]. Asimismo, se pone de manifiesto que otras empresas implicadas no contaban con mecanismos de prevención similares ni tampoco introdujeron *a posteriori* medidas que se pudieran calificar de efectivas para promover una cultura de cumplimiento y evitar comportamientos de este tipo en el futuro. Cabe destacar igualmente la Resolución CNMC, de 19 de julio de 2023, expediente núm. S/0008/21 (asunto Licitaciones Material Militar), en la que a pesar de negarse la modulación de la cuantía de la multa por entender que no fue suficiente la introducción de mejoras *a posteriori* en el programa de cumplimiento, se consideró apropiado que sí procediera la no imposición de la prohibición de contratar[652].

---

651 Se destaca que INDRA, antes de cometer la infracción, contaba con un Código de Cumplimiento Ético y Legal y un programa de formación específica orientado a erradicar y prevenir conductas que vulneren la competencia; y, una vez descubierta aquella, adoptó un manual de prevención de riesgos en derecho de la competencia, puso en marcha una investigación interna en la empresa, llevo a cabo despidos disciplinarios de los directivos implicados, realizó modificaciones en su Programa de Compliance para su mejora y adaptación completa a la Guía y publicó una Declaración institucional por parte de su Presidente subrayando el cumplimiento de las normas de competencia como elemento central de la cultura corporativa.

652 MARTÍNEZ, Y. y SÁNCHEZ, R.: «Compliance en el derecho de la competencia», *La Ley compliance penal*, núm. 16, 2024.

Resulta preciso indicar que, más allá de estas dos resoluciones, son prácticamente inexistentes las peticiones de modulación de responsabilidad que la CNMC ha admitido, puesto que se mantiene un criterio bastante restrictivo y exigente a la hora de valorar la efectividad de las medidas de *compliance* implantadas por las empresas. Sea como fuere, no se puede negar la gran relevancia que se está otorgando a estos instrumentos en el ámbito de las normas de defensa de la competencia. Ello ha de ser tomado en consideración por la AEAT sin necesidad de recurrir a ejemplos u ordenamientos extranjeros. Es más, aun con lo dicho anteriormente, esta es la prueba de que no es imprescindible un reconocimiento expresamente vinculante en derecho positivo, tan solo verdadera voluntad de querer progresar en esta senda.

En conclusión, teniendo en cuenta todo lo visto, simplemente cabe apostillar que el cambio de modelo en modo alguno puede limitarse a actuaciones meramente cosméticas. Ya sea mediante modificaciones normativas que expresamente den cabida a estos instrumentos de *compliance* o a través de un cambio en la mentalidad y disposición de la AEAT utilizando los medios actualmente disponibles, se ha de avanzar decididamente en la consolidación del cumplimiento cooperativo como fórmula para superar las dificultades e inconsistencias presentes en la escena fiscal actual. En particular, ello puede ser tomado como una buena oportunidad para enervar el indeseable automatismo que poco a poco se ha instalado en el procedimiento sancionador, especialmente, en casos de errores involuntarios o situaciones de extrema complejidad (aun habiéndose obrado de una forma diligentemente debida). De no ser así, se corre el riesgo de perecer en el intento.

4. VALOR DE LA CERTIFICACIÓN CONFORME A LA NORMA UNE 19602

La sola implementación de un programa de cumplimiento normativo en modo alguno va a presuponer la atenuación o exoneración automática de la responsabilidad de las personas jurídicas. Constituye una premisa elemental que, más allá de probar su existencia, se haya de acreditar su eficacia y utilidad, esto es, su aptitud para minimizar y neutralizar en términos razonables —no pudiendo aspirarse a una erradicación absoluta— los potenciales riesgos de incumplimiento. Se rechazan de plano, por tanto, los modelos meramente cosméticos o carentes de funcionalidad efectiva.

Una constante repetida tanto por los Tribunales como por el Ministerio Fiscal es que el verdadero objeto de estos instrumentos no puede limitarse a la evitación de sanciones, sino que debe transcender este plano y materializarse en el fomento de una cultura corporativa de cumplimiento que realmente disuada de la comisión de ilícitos. Así pues, además de la conformidad con los requisitos y condiciones estipulados legalmente, se habrán de tener en cuenta otros factores a fin de calibrar su idoneidad y determinar si su aplicación efectiva constituye una expresión de una verdadera cultura de cumplimiento[653]. Entre otros, tal y como se infiere de la doctrina de la Fiscalía General del Estado, se propone tomar en consideración los siguientes: la relevancia en la toma de decisiones, el compromiso y apoyo de la alta dirección, garantías de altos estándares éticos en la contratación y promoción del personal, el descubrimiento de incumplimientos por parte de la propia organización y su puesta en conocimiento de las autoridades, el historial infractor o las diversas actuaciones realizadas una vez destapada la infracción[654].

Todas estas circunstancias, como señala VAZQUEZ-PORTOMEÑE SEIJAS, «son extremos de hecho y, en cuanto a tales, susceptibles de prueba por los medios que al efecto prevén las normas procesales»[655]. De esta manera, la existencia del programa, presupuesta su naturaleza escrita, se podrá demostrar a través de prueba documental; los distintos pormenores que se refieran a su implantación y aplicación admitirán prueba testifical o interrogatorio de partes; y, finalmente, los aspectos relevantes para acreditar su eficacia e idoneidad, en la medida en que implican un juicio sobre cuestiones técnicas, se podrán sustanciar mediante prueba pericial[656]. En esta tesitura

---

653 Audiencia Nacional (Sala de lo Penal). Auto 179/2022, de 14 de marzo. Rec. 160/2022. (*Tol 8889620*): «Los programas de cumplimiento no implican por sí mismos una patente de corso; su mera existencia, ni exime, ni atenúa la responsabilidad penal, sino que debe expresar necesariamente un compromiso corporativo que realmente disuada de conductas criminales (certificaciones de calidad de los programas)».

654 Circular 1/2016, de 22 de enero, de la Fiscalía General del Estado. (*Tol 5616306*).

655 VÁZQUEZ-PORTOMEÑE, J.J.: «La actividad pericial sobre <compliance> tributario en el proceso penal». En SANTANA LORENZO, M. (dir.) et. al.: *El compliance tributario en el proceso penal, Ob. Cit.*, pág. 151.

656 Sobre este particular se ha reflexionado acerca de cuál debe ser el estándar probatorio exigible. Son varios los autores que consideran que no sería razonable requerir la prueba más allá de toda duda razonable (*beyond reasonable doubt*), sino manejar

emergen con una gran notoriedad las certificaciones emitidas con arreglo a normas técnicas. Lo normal es que estos instrumentos se aporten al proceso penal como prueba documental, siendo menos frecuente que la entidad certificadora concurra como testigo-perito (art. 370.4 LEC, actuando de forma supletoria en este ámbito)[657]. Para no reincidir en exceso sobre lo ya indica-

---

el criterio más laxo de la prueba preponderante (*balance of probabilities*), con preferencia incluso sobre el criterio intermedio de la prueba clara y convincente (*clear and convincing evidence*). Asimismo, esta actividad probatoria habrá de ser eminentemente casuística, en la medida en que un programa de cumplimiento puede demostrarse eficaz en una determinada situación, pero no así en otras. GÓMEZ TOMILLO, M.: *Introducción a la Responsabilidad Penal de las Personas Jurídicas, Ob. Cit.*, pág. 188: y LASCURAÍN SÁNCHEZ, J.A.: «Compliance, debido control y unos refrescos». En ARROYO ZAPATERO, L.A. (dir.) y NIETO MARTÍN, A. (dir.): *El derecho penal económico en la era compliance*, Valencia, España: Tirant lo Blanch, 2013, págs. 120 y ss.

657 Normalmente para demostrar la idoneidad y eficacia de un programa de cumplimiento normativo se recurre a la prueba pericial. Resulta importante ser muy precisos a la hora de delimitar el contenido de este tipo de actividad probatoria, que ha de venir constituido únicamente por cuestiones técnicas que exijan un conocimiento especializado, no pudiendo serlo asuntos de índole eminentemente jurídica cuales son atribución exclusiva de los órganos judiciales. Los modelos de *compliance* pueden plantear cierta confusión en este sentido, teniendo en cuenta que han de estar integrados por ciertos elementos fijados en las normas, así como por los presupuestos propios de la RPPJ que también se remiten a conceptos legales; no obstante, parece meridianamente claro que la adecuación (al menos) de algunos de estos requisitos va a requerir de un examen pericial en la medida en que su apreciación va a exigir conocimientos técnicos que el juez *per se* no posee. Esta cuestión adquiere un cariz aún más especial si se extrapola a la materia fiscal. En dicho ámbito se ha asentado la consideración o el consenso de que, si bien la interpretación y aplicación de las normas tributarias habría de ser estrictamente de incumbencia judicial, los Tribunales se valgan con total naturalidad del auxilio de «peritos en derecho» normalmente en la figura de Inspectores de Hacienda. Aun cuando no deje de ser una materia esencialmente jurídica, se presume que por su complejidad y especialización representa un conocimiento experto que hace imprescindible el recurso a periciales en este campo. *Grosso modo*, se han de someter a examen los siguientes extremos: presencia de los requisitos o elementos descritos en el art. 31.5 CP, aptitud y eficacia de las medidas implementadas para minorar o erradicar los riesgos fiscales, correcta ejecución del programa, adecuada supervisión del mismo y ausencia de relación causal entre la comisión del delito y los eventuales defectos del modelo. El juicio pericial debe ser puramente casuístico conforme a las particulares

circunstancias de cada organización, habiendo de comprobarse la existencia de una verdadera cultura de cumplimiento y, más allá de pormenores concretos, si se establecieron todas las medidas que se ponderaran como razonablemente posibles para prevenir el delito de defraudación tributaria. A todos estos efectos de cotejo pueden ser de gran utilidad las actividades de normalización, por cuanto de alguna forma suponen o representan un cierto consenso sobre los estándares de diligencia exigibles. Existen también planteamientos y enfoques ciertamente innovadores que, para calibrar la eficacia de estos modelos, proponen recurrir, por ejemplo, a las ciencias del comportamiento o a la economía conductual aplicadas al cumplimiento normativo (*Behavioral Compliance*). De la misma forma, se ha de destacar lo que se conoce como servicios de *forensic* o, dicho de otro modo, investigaciones empresariales de gran exhaustividad llevadas a cabo por personal ajeno a las mismas cuyo propósito, entre otros, es examinar la efectividad y adecuación de las medidas de control de riesgos establecidas. Sea como fuere, por el escaso desarrollo jurisprudencial que presentan los modelos de *compliance* en España, no existen aún criterios sólidos o asentados respecto a la admisibilidad y alcance de la prueba pericial en este contexto. Con todo, se puede encontrar un número considerable de resoluciones judiciales que toman en consideración las periciales de *compliance*. La Audiencia Nacional es quizás el órgano judicial más prolífico en este sentido. Respecto a algunas de las cuestiones comentadas, resulta interesante destacar un Auto del Juzgado Central de Instrucción, de 18 febrero 20, en el que se rechaza un análisis de *forensic* en *compliance* porque realizaba valoraciones jurídicas o la reciente STS 833/2023, de 15 de noviembre, que reza lo que sigue: «Lo que no puede fijar el perito es el derecho, de ahí que se impidan pruebas periciales sobre la fijación del derecho aplicable, salvo las pruebas periciales de compliance en los procesos de responsabilidad penal de las personas jurídicas que no fijan el derecho, sino la pericial sobre la concurrencia en la empresa del programa de cumplimiento normativo, de ahí que no sea pericial jurídica, sino judicial (si la insta el Fiscal), o de parte si lo hace la defensa o la acusación particular». Finalmente, cabe apostillar que no existe óbice alguno para extrapolar todo lo dicho al terreno administrativo-tributario, eso sí, con las especialidades que hayan de observarse en esta materia. Vid. VÁZQUEZ-PORTOMEÑE, J.J.: «La actividad pericial sobre ‹compliance› tributario en el proceso penal». En SANTANA LORENZO, M. (dir.) et. al.: *El compliance tributario en el proceso penal, Ob. Cit.*, págs. 151 y ss.; AGUILERA GORDILLO, R. (ed. lit.): *Manual de Compliance Penal en España, Ob. Cit.*, pág. 393; GIMENO BEVIÁ, J.: «La apuesta por el principio de oportunidad y los programas de compliance en el proceso penal de las personas jurídicas», *Diario La Ley*, núm. 8437, 2014; y MAGRO SERVET, V.: «Viabilidad de la pericial de compliance para validar la suficiencia del programa de cumplimiento normativo por las personas jurídicas», *Diario La Ley*, n.º 9337, 2019.

do en epígrafes anteriores, cabe mencionar sencillamente que se trata de un proceso de análisis y examen llevado a cabo por entidades certificadoras (u organismos evaluadores de la conformidad) tendente a acreditar —en este concreto ámbito— la correcta integración de todos los elementos estructurales de un sistema de gestión de *compliance* y, en suma, la eficacia de su funcionamiento. Las certificaciones se expiden en relación con los requisitos y especificaciones establecidos en una «norma» o documento de carácter técnico cuya aprobación corresponde a organismos reconocidos a nivel nacional o internacional. En España, tanto las actividades de normalización y certificación como la observancia de estos estándares se sitúan en el marco de la iniciativa y autorregulación privadas[658].

Si bien desde un primer momento se dejó clara la limitada virtualidad de estas certificaciones en el proceso penal, se pudo llegar a pensar que iban a tener una mayor relevancia, y lo cierto es que hoy en día apenas se les concede reconocimiento por parte de los Tribunales. Tal y como se declara en la Circular 1/2016, de 22 de enero, de la Fiscalía General del Estado, estos instrumentos se podrán tener en cuenta como un elemento adicional o con valor indiciario a la hora de evaluar la adecuación del modelo de *compliance*, sin que en modo alguno puedan suplantar la valoración del órgano judicial o se les reconozcan efectos automáticos en lo que a la modulación de responsabilidad se refiere[659]. La razón de esta consideración bien puede quedar ilustrada en las no pocas críticas y reticencias mostradas con arreglo a la idea del riesgo o peligro que puede entrañar recurrir a estas regulaciones de producción privada para dirimir una responsabilidad de las personas jurídicas que por definición es de competencia pública. Con todo, no se pueden desconocer tampoco los beneficios que le puede reportar a una empresa so-

---

658 En España, desde que a principios de 2017 se impusiera la obligación de separar jurídica y funcionalmente las actividades de normalización y las de acreditación y certificación, la Asociación Española de Normalización (UNE) es la única entidad competente para elaborar normas españolas (Normas UNE) y participar en el diseño de normas internacionales (Normas ISO); mientras que la Entidad Nacional de Acreditación (ENAC) es el organismo designado por la Administración para acreditar a los organismos evaluadores de la conformidad que van a expedir las certificaciones.

659 Circular 1/2016, de 22 de enero, de la Fiscalía General del Estado. (*Tol 5616306*).

meterse a un proceso de certificación y obtener la misma. De cara a su fuero interno, implica una fórmula de autoexigencia en la prevención y el control de los riesgos de incumplimiento. De puertas para fuera, puede suponer una muestra de confianza para todos los *stakeholders*, mayores facilidades para hacer negocios o un aumento de la seguridad jurídica en el tráfico mercantil (elemento diferenciador en el mercado)[660].

Llegados a este punto huelga decir que en el contexto fiscal español el estándar técnico de referencia es la «Norma UNE 19602 – Sistemas de gestión de *compliance* tributario. Requisitos con orientación para su uso». En el *Epígrafe 1.1.3* del presente *CAPÍTULO* ya se analizó en profundidad su contenido. Por refrescar algunos conocimientos, simplemente cabe señalar que esta disposición pretende servir de orientación para facilitar el diseño, la implantación y la evaluación de un sistema de cumplimiento tributario eficaz[661]. No entra a ana-

---

660 Especialmente para los grupos multinacionales, como señala RIBES RIBES, la certificación «debería traducirse en un sello de calidad con efecto de discriminación positiva [...] que reforzaría un importante activo empresarial, cual es la reputación corporativa. En efecto, la reputación fiscal resulta trascendental a la hora de relacionarse con potenciales inversores, sobre todo en el caso de inversores extranjeros localizados en jurisdicciones con una amplia tradición en la certificación de esta clase de estándares tributarios, que no lo entienden como un valor añadido del negocio, sino como un *must have*». RIBES RIBES, A.: «La relación cooperativa en España: experiencia acumulada y desafíos pendientes», *Crónica tributaria*, núm. 184, 2022, págs. 183 y 184.
En este mismo sentido, CARRASCO GONZÁLEZ expresa, parafraseando a PÉREZ MARTÍNEZ, que «el respeto escrupuloso de la normativa ya no es suficiente, hace falta un elemento de valor, un plus diferenciador que genere prestigio y confianza, empoderando a los operadores económicos frente a sus partes interesadas y la UNE 19602 ofrece los mecanismos para lograr este objetivo». CARRASCO GONZÁLEZ, F.M.: «Seguridad jurídica, buena administración y cumplimiento cooperativo. Hacia un nuevo modelo de relación entre la administración tributaria y los contribuyentes». En CARRASCO GONZÁLEZ, F. M.; BERTRÁN GIRÓN, M. y VILALTA REIXACH, M.: *La colaboración privada y entre administraciones en la aplicación de los tributos, Ob. Cit.*, pág. 125; y PÉREZ MARTÍNEZ, L.: «UNE 19602. Sistemas de gestión de compliance tributario. Entre el cumplimiento normativo y las buenas prácticas», *Actualidad Jurídica Aranzadi*, núm. 947, 2018.

661 En la propia UNE 19602 se explicita que su objetivo es prevenir y evitar, en síntesis, las siguientes contingencias tributarias: (1) Falta de presentación o presentación de

lizar los concretos controles o protocolos que habrán de implementarse para prevenir o atajar un determinado incumplimiento potencial, sino que más bien facilita una serie de directrices o consignas generales, a modo de guía práctica, para ilustrar cómo debe estructurarse el modelo en sí para conseguir ser efectivo. La UNE 19602 pretende desgranar los distintos elementos que han de integrar un programa de cumplimiento normativo en materia fiscal, poniendo expresamente de manifiesto las especificidades que habrán de observarse desde esta perspectiva, en correspondencia con lo estipulado en el apartado 5 del art. 31 bis CP.

De lo anterior puede inferirse sin lugar a equívocos que su virtualidad, en términos estrictamente jurídicos, es ciertamente relativa. No se trata de una disposición tributaria de carácter normativo, ni tampoco se le reconocen efectos de forma expresa en el ordenamiento fiscal español. Nada tiene que ver tampoco con el Ministerio de Hacienda ni con la AEAT, más allá de que técnicos de estas instituciones participaran como observadores durante su proceso de elaboración. Es más, la única disposición legal que por el momento obliga a las empresas (cotizadas) a implementar sistemas de prevención y control de riesgos fiscales se localiza en el ámbito mercantil, concretamente en los artículos 529.4 (letra b) *quaterdecies* y 540.4 (letra e). Para contribuir aún más a relativizar el carácter de esta Norma UNE 19602, se ha de advertir que por ahora no hay constancia de que la ENAC haya concedido acreditación a ningún organismo evaluador de la conformidad para emitir certificaciones con arreglo a este estándar técnico[662]. Cuestión distinta es que existan entida-

autoliquidaciones con errores; (2) Falta de presentación o presentación de autoliquidaciones elaboradas con arreglo a criterios interpretativos que difieran de la opinión mantenida por la AEAT o los Tribunales; (3) Operaciones susceptibles de ser regularizadas conforme a la normativa antiabuso que pueda resultar aplicable; (4) Asunción de deudas tributarias de terceros por imposición legal; (5) Impago de deudas tributarias que puedan dar lugar a la comisión de infracciones tributarias o delitos contra la Hacienda Pública; (6) Incumplimiento de obligaciones tributarias formales; y (7) Cualquier incumplimiento o cumplimiento defectuoso que, en general, pueda derivar en una deuda o sanción tributarias.

662 <https://www.enac.es/entidades-acreditadas/busqueda-por-productos-y-servicios?p_p_id=BuscadorProductoServicioUnificado_WAR_BuscadorProductoServicioUnificadoportlet&p_p_lifecycle=1&p_p_state=normal&p_p_

des certificadoras (como AENOR) que, aún sin estar acreditadas por dicho organismo dotado de potestad pública, y valiéndose de su reputación y el grado de confianza y fe pública que se les reconoce, auditen y emitan certificados conforme a dicha Norma[663].

La funcionalidad de una certificación otorgada conforme a esta Norma UNE 19602, por tanto, se presume en la misma línea y con el mismo rango limitado que el resto de las emitidas con arreglo a otras normas técnicas. Más si cabe cuando la AEAT apenas se ha manifestado acerca de esta cuestión y tan solo ha dejado claro que su obtención no supondrá en modo alguno un escudo que garantice la inmunidad (cosa obvia, por otro lado). Con todo, teniendo en cuenta la trascendencia y repercusión que han adquirido las cuestiones fiscales en el panorama actual, resulta imaginable o razonable pensar que este estándar puede gozar de cierta relevancia. Las voces más optimistas apuntaban que la implantación de un sistema de *compliance* fiscal adecuadamente certificado podría llegar a constituir una presunción *iuris tantum* de veracidad que demostrase voluntad y diligencia debida en la observancia de las obligaciones y deberes tributarios, teniendo un peso significativo como prueba para sustentar la inexistencia de culpabilidad ante un eventual incumplimiento[664]. Si bien la realidad por el momento ha rebajado notablemente estas expectativas, lo cierto es que no se puede negar que el seguimiento de las pautas proporcionadas por la UNE 19602 —todavía más cuando la certificación es garantía de su efectiva aplicación— contribuye inestimablemente a

---

mode=view&p_p_col_id=column-2&p_p_col_count=1&_BuscadorProductoServicioUnificado_WAR_BuscadorProductoServicioUnificadoportlet_javax.portlet.action=seleccionarBusqueda>

663 A 31 de enero de 2023 son ya al menos 13 las entidades que han obtenido la certificación de AENOR.

664 Vid. MARTÍNEZ MUÑOZ, Y.: «Compliance fiscal y responsabilidad por ilícitos tributarios», *Ob. Cit.*, pág. 48; VICENTE-ARCHE COLOMA, P.: «Nuevo paradigma de las relaciones entre los obligados tributarios y la Administración: el cumplimiento cooperativo en materia tributaria». En MORENO GONZÁLEZ, S. (dir.); CARRASCO PARRILLA, P.J. (dir.); y GÓMEZ REQUENA, J.A. (coord.): *Cumplimiento cooperativo y reducción de la conflictividad: hacia un nuevo modelo de relación entre la Administración tributaria y los contribuyentes*, Cizur Menor, Navarra: Aranzadi Thomson Reuters, 2021, pág. 165; CALVO VÉRGEZ, J.: *El delito fiscal en las personas jurídicas*, Cizur Menor, Navarra: Thomson Reuters-Aranzadi, 2019, págs. 225 y ss.

reforzar el control de los asuntos y posiciones fiscales de las empresas y, como tal, ha de verse como una buena práctica que coadyuva a lograr un mejor cumplimiento de la normativa tributaria.

Atendido esto último, la observancia de la UNE 19602 puede tener cabida efectiva como catalizador para transitar hacia un modelo de relaciones tributarias de índole colaborativa. De hecho, la exigua mención al cumplimiento cooperativo realizada en su apartado introductorio habría de ser interpretada en este sentido. No obstante, ello va a exigir igualmente un esfuerzo por parte de la Agencia Tributaria que se traduzca en forma de concesiones recíprocas. Téngase presente que uno de los presupuestos esenciales de este fenómeno cooperativo es el *profiling taxpayers* o segmentación de los contribuyentes en función de su perfil de riesgo. Esta consigna responde a la máxima repetida hasta la saciedad por la OCDE de que las Administraciones tributarias no deberían actuar de la misma forma ante distintos grupos y perfiles de contribuyentes. De esta manera, al menos en las etapas iniciales, quizás sea más plausible o realista pensar que la verificación de un *tax control framework* —o, dicho de otro modo, la certificación de un sistema de gestión de *compliance* fiscal obtenida conforme a este estándar técnico— pueda servir para catalogar a los contribuyentes como cumplidores o de bajo riesgo y, en consecuencia, adoptar un enfoque diferenciado en cuanto a los procedimientos de comprobación soportados por estos, sin obcecarse exclusivamente en el aspecto sancionador[665].

Esto que se propone no es del todo novedoso para la Hacienda española, ya que la mecánica de la categorización de los obligados tributarios como cumplidores tiene ya cierto recorrido en el sector aduanero con el Operador Económico Autorizado (OEA)[666]. Es más, hace algún tiempo las entidades

---

665 MARTÍNEZ MUÑOZ, Y.: «Compliance fiscal y responsabilidad por ilícitos tributarios», *Ob. Cit.*, pág. 49 y ss.; y GARCÍA NOVOA, C.: «La interpretación de las normas tributarias desde la óptica del cumplimiento cooperativo». En MORENO GONZÁLEZ, S. (dir.); CARRASCO PARRILLA, P.J. (dir.); y GÓMEZ REQUENA, J.A. (coord.): *Cumplimiento cooperativo y reducción de la conflictividad: hacia un nuevo modelo de relación entre la Administración tributaria y los contribuyentes*, *Ob. Cit.*, pág. 410.

666 GARCÍA NOVOA, C. y CABALLERO PERDOMO, R.: «El compliance tributario, la relación cooperativa y las nuevas relaciones fiscales. Su implantación en España y en América latina», *Ob. Cit.*, págs. 15 y ss.

del Foro de Grandes Empresas sugirieron cambios en los criterios de selección de contribuyentes precisamente en referencia a esta figura, mostrando una especie de aspiración por mudar hacia un modelo de control sistémico. En particular, esta propuesta apuntaba a los parámetros y procedimientos empleados para valorar la fiabilidad de las declaraciones presentadas, en tanto que dichas referencias podrían servir a la AEAT para obtener garantías acerca de qué empresas adoptan conductas de bajo riesgo[667].

En cuanto al Operador Económico Autorizado, su regulación se ubica en los arts. 38 a 41 del Código Aduanero de la Unión (Reglamento UE nº 952/2013). (*Tol 3961371*)[668]. No interesa tanto profundizar en un estudio detallado sobre esta figura, como sí exponer la filosofía que subyace en su operatividad. Se trata de un estatus concedido en atención al cumplimiento previo de una serie de requisitos. En síntesis: (i) Ausencia de infracciones graves o repetidas en los últimos tres años (historial); (ii) Solvencia financiera; (iii) Nivel adecuado de competencia y cualificaciones profesionales; (iv) Medidas apropiadas de seguridad y protección; y, habiendo de destacarse de forma especial, (v) Tener implementado un «Sistema de gestión de alto nivel de los registros comerciales y, en su caso, de los registros de transporte, que permita la correcta realización de los controles aduaneros»[669]. Una vez que las autoridades han verificado que se observan adecuadamente los criterios exigidos, se expide un certificado que otorga al OEA una serie de ventajas en los trámites de aduanas, concretamente, en forma de: (i) Menores controles físicos y documentales; (ii) Tratamiento preferente en las inspecciones; (iii) Elección del lugar donde estas se lleven a cabo; (iv) Mayores facilidades para acogerse a procedimientos aduaneros simplificados; (v) Reducción del número de datos a incluir en las declaraciones sumarias; (vi) Interlocutor único en Aduanas; y (vii) Despacho centralizado en el lugar de establecimiento del declarante[670]. De esta manera, a cambio

---

667 Acta de la primera reunión del Foro de Grandes Empresas, de 10 de julio de 2009, pág. 3.

668 La normativa de desarrollo se localiza en los arts. 23 a 30 del Reglamento Delegado (UE) 2015/2446 y los arts. 24 a 35 del Reglamento de Ejecución UE 2015/2447

669 El art. 25 del Reglamento de ejecución UE 2015/2447 detalla las condiciones que debe cumplir este Sistema.

670 CASTRO DE LUNA, M.J. (2020). *Hacia un nuevo modelo de relación con la Administración Tributaria: de la reducción de la conflictividad y la mejora de la*

de cumplir unas determinadas exigencias, auditándose esta circunstancia por parte de las autoridades, se presume que estos contribuyentes son de bajo riesgo o fiables y, en consecuencia, reciben un trato más favorable. Con este reconocimiento se busca favorecer el tránsito comunitario de mercancías, simplificando las formalidades y los controles en los procedimientos aduaneros para aquellos operadores que con carácter previo se atengan a una serie de requisitos. Se distinguen dos tipos de acreditaciones, una relativa a simplificaciones de la normativa aduanera (AEOC) y otra referente a la seguridad y protección en los controles aduaneros (AEOS), pudiendo acumularse ambas para así obtener una autorización combinada. En principio, la validez del estatus es indefinida, si bien las autoridades comprobarán periódicamente el mantenimiento de las condiciones exigidas[671]. Se procederá a su revaluación cuando se produzca una modificación profunda en la normativa comunitaria aplicable o existan indicios razonables de que no se cumplen los requisitos establecidos. Igualmente, en caso de incumplimiento se podrá suspender o revocar el certificado.

Al mismo razonamiento respondía el fallido intento del «Sujeto Pasivo Certificado» (CTP, por sus siglas en inglés) —inicialmente concebido en la Propuesta de Directiva del Consejo por la que se modifica la Directiva 2006/112/CE en lo que se refiere a la armonización y la simplificación de determinadas normas del régimen del IVA— que no vio la luz. Se esperaba introducir en este impuesto un régimen definitivo de tributación en destino para las entregas intracomunitarias, en pocas palabras, un sistema de gravamen similar a la forma en que actualmente tributan las operaciones interiores. En esta tesitura, conscientes de la dificultad que podía entrañar un cambio de modelo tras más de 25 años, se previó para una primera fase la posibilidad de aplicar una inversión del sujeto pasivo para aquellos contribuyentes que, cumpliendo una serie de requisitos, se certificasen como cumplidores o

---

justicia tributaria a la relación cooperativa. Tesis doctoral. Universidad Pontifica de Comillas. ICADE, págs. 217 y ss.

671 CARRASCO GONZÁLEZ, F.M.: «Seguridad jurídica, buena administración y cumplimiento cooperativo. Hacia un nuevo modelo de relación entre la administración tributaria y los contribuyentes». En CARRASCO GONZÁLEZ, F. M.; BERTRÁN GIRÓN, M. y VILALTA REIXACH, M.: *La colaboración privada y entre administraciones en la aplicación de los tributos, Ob. Cit.*, págs. 115 y ss.

fiables[672], siendo la situación resultante semejante a la existente con carácter previo a la modificación pretendida (entrega exenta en origen y gravada en destino mediante autorrepercusión). Cabe apreciar, por tanto, un trato más favorable para los obligados tributarios que acrediten esta condición. No solo por el ahorro financiero que supondría evitar —a la vista del régimen definitivo— el desfase temporal entre las fechas de pago de la cuota del IVA al proveedor y de deducción de la misma al tiempo de presentación de la autoliquidación correspondiente, sino también por cuanto se reconocían menos requisitos formales y acceso a regímenes simplificados.

La mecánica de estas dos figuras coincide en gran medida con lo que se aspira a lograr en el marco de las relaciones cooperativas[673]. A fin de cuentas, se trata de un modelo de control sistémico en el que las autoridades auditan con carácter previo los modelos de gestión y control de riesgos implementados por los obligados tributarios y, en función de los resultados que se obtengan, deciden conceder o no una certificación que implique simplificaciones en los procedimientos y cargas formales y una supervisión administrativa menos intensa. La justificación radica en que, al darse ciertas garantías de que el contribuyente es fiable sobre la base de unos criterios reglados en derecho vinculante, existen argumentos razonables para presumir que el riesgo de fraude será limitado. El cumplimiento de las obligaciones fiscales no puede verse compelido únicamente bajo la amenaza de la imposición de sanciones,

---

672 Los requisitos que se preveían —y la figura del CTP en general— estaban inspirados en gran medida en el Operador Económico Autorizado de aduanas, hasta el punto de que había quién sostenía que ostentar tal condición implicaba *per se* el cumplimiento de los requisitos aquí expuestos. En resumen: (i) Buen historial de cumplimiento, esto es, ausencia de infracciones tributarias graves o reiteradas o de delitos relacionados con la actividad económica; (ii) Solvencia financiera; y (iii) Contar con un Sistema de control de sus operaciones comerciales y del flujo de sus bienes, incluyendo los registros de transporte. La concesión del estatus de CTP por parte de una autoridad tributaria nacional será reconocida automáticamente por todas sus análogas de los restantes Estados Miembros.

673 En el Plan Estratégico de la Agencia Tributaria 2020-2023, en el contexto de la potenciación del modelo cooperativo para favorecer el cumplimiento voluntario, se aludía expresamente a esta figura del Sujeto Pasivo Certificado «como fórmula para identificar contribuyentes con estándares de cumplimiento más exigentes» y adaptar la estrategia global de la Administración en consecuencia.

ya que se viene demostrando como un método más efectivo en muchos casos recompensar la actitud diligente de los contribuyentes a través de un trato más favorable, haciéndoles a su vez colaboradores y partícipes en la aplicación del sistema tributario. Resulta patente, por tanto, que la certificación de los sistemas de gestión de riesgos fiscales, incluso por parte de las mismas autoridades tributarias, es una posibilidad realista que ya se está aplicando —y se ha estudiado volver a aplicar— dentro del ordenamiento fiscal español. En el derecho comparado se pueden apreciar también fenómenos en cierto modo comparables.

El modelo holandés constituye quizás —junto con el australiano— el máximo exponente en este punto. Si bien no se basa en la emisión de certificaciones como tal, sí puede identificarse un pseudoproceso o actividad de verificación de los mecanismos de control de riesgos de los contribuyentes llevado a cabo por las autoridades públicas. En resumidas cuentas, podría decirse que cuando la NTCA reputa como fiable la estructura de control del cumplimiento establecida por los obligados tributarios, dará por «aceptable» el contenido de sus autoliquidaciones y se limitará a constatar que las condiciones de efectividad del sistema se mantienen y son ajustadas a las necesidades de la organización.

En el caso de las grandes empresas, se ha de recordar que los MCF habrán de constituirse con arreglo a seis (6) principios o presupuestos básicos[674]. El quinto de ellos viene representado por la «supervisión», como actividad encaminada a la comprobación periódica de la eficacia y adecuación de los controles y procesos establecidos en la organización. Cada entidad es soberana para decidir bajo su criterio la forma de llevar a cabo esta actividad. Existen diversas opciones posibles (auditorias de línea, pruebas de procedimiento, análisis de datos, etc.), aunque la NTCA suele inclinarse por el muestreo estadístico como método más sencillo y eficaz, sin dejar de complementarlo con alguna de las otras técnicas. Los resultados obtenidos serán compartidos con las autoridades, a través del *reporting* (sexta directriz de las antes mencionadas), para informar acerca de la calidad de los MCF. Una vez se constate la fiabilidad y el alcance de los mismos, la NTCA podrá ajustar su nivel de

---

674 *Supervision of Large Business in The Netherlands Guide;* y «*Good Practices: Tax control framework*».

supervisión en consecuencia. De este modo, el nivel y la intensidad de las actuaciones públicas de inspección serán inversamente proporcionales a la calidad demostrada por dichos instrumentos.

La situación con las pequeñas y medianas empresas, como se vio, es un tanto distinta. En estos casos se recurre al auxilio de los *tax service providers* para configurar un MCF plenamente sofisticado, pudiendo darse dos situaciones: estos sujetos pueden estar afiliados a una «organización paraguas» que haya suscrito un acuerdo marco con la Administración o, de otro modo, actuar de forma independiente. En el primer caso, dichas asociaciones contribuirán de forma significativa a la conformación de sus estándares de garantía mediante el establecimiento de requisitos cualitativos y la supervisión efectiva de su cumplimiento. En el segundo supuesto, los profesionales han de suscribir un pacto independiente con la Administración, llevándose a cabo una exploración más exhaustiva de sus sistemas de calidad a fin de comprobar su capacidad para generar declaraciones fiscales aceptables. Sea como fuere, a través de la meta-supervisión de los sistemas de garantía de calidad de los asesores fiscales, la NTCA determinará su estrategia de supervisión ajustada sobre este segmento de obligados tributarios[675].

Paradigmático también es el caso de Italia. Con la reciente reforma introducida por el Decreto Legislativo 221/2023 se ha previsto la obligatoriedad de certificar los marcos de control fiscal de los contribuyentes (cuya implementación ya era exigida) por parte de profesionales cualificados como condición indispensable para el acceso al programa. Aun cuando todos los extremos relativos a esta disposición se encuentran pendientes de la aprobación de normas e instrucciones de desarrollo, se espera que ello tenga efectos positivos no solo para agilizar la entrada al régimen, sino también en cuanto a garantías de eficacia y fiabilidad de cara a atemperar la actuación correctora de las autoridades tributarias.

675 En Florida (EEUU) existe un programa de certificación o auditoria certificada para los asesores fiscales. De este modo, cuando las empresas recurran al servicio de estos operadores autorizados para presentar y auditar sus declaraciones de impuestos no serán sometidos a inspección por parte de las autoridades fiscales, salvo que concurran circunstancias excepcionales. HERRIJGERS, B.: «Cooperative compliance: small and medium sized entities». En RUSSO, R. (ed.): *Tax Assurance,* Deventer, Netherlands: Wolters Kluwer, 2015, págs. 167 y ss.

Finalmente, aunque no circunscrito en exclusiva al ámbito fiscal, se ha de destacar en igual medida el modelo chileno. El art. 4.4 de la Ley n.º 20.393, de diciembre de 2009, recoge la posibilidad de que las personas jurídicas puedan obtener certificaciones de sus «modelos de prevención de delitos» conforme a las que se atestigüe el cumplimiento de los requisitos exigidos a tales efectos. Dichos certificados podrán ser emitidos por parte de empresas de auditoría externa, sociedades clasificadoras de riesgo u otras entidades registradas ante la Superintendencia de Valores y Seguros. Si bien inicialmente había dudas con respecto a sus posibles efectos, dichos modelos de prevención se están teniendo en cuenta (sobre todo) a efectos de atenuar las penas, como una especie de antecedente calificado. Chile ha sido unos de los países pioneros en el reconocimiento y uso de estos instrumentos, hasta el punto de que se considera que las empresas cumplen una función pública *ex* art. 260 de su Código Penal[676].

En conclusión, y poniendo el broche final a este estudio, se puede advertir con carácter general que en el ámbito penal por el momento, si bien los modelos de cumplimiento normativo sí que están teniendo cierta relevancia, las certificaciones emitidas con arreglo a normas técnicas apenas están siendo tenidas en cuenta por los Tribunales. Ello implica que lo sean menos aún en el ámbito administrativo-tributario, donde ni siquiera existe un reconocimiento expreso de la institución del *compliance*. Con todo, en este campo dichos instrumentos o, más bien, las normas técnicas como la UNE 19602 pueden ser tomadas como elementos útiles y de provecho, especialmente a efectos autoorganizativos *ad intra* de las empresas, para avanzar y transitar verdaderamente hacia un modelo de raíz cooperativa. Desde esta perspectiva, la verificación o validación de los MCF de los contribuyentes, incluso planteándose que pudiera ser llevada a cabo por la misma Administración tributaria[677], podría servir como garantía para modular las actuaciones de inspec-

---

676 MATUS ACUÑA, J.P.: «La certificación de los programas de cumplimiento». En ARROYO ZAPATERO, L.A. (dir.) y NIETO MARTÍN, A. (dir.): *El derecho penal económico en la era compliance*, *Ob. Cit.*, págs. 148 y ss.

677 Atendiendo a los ejemplos existentes en el derecho comparado, no cabría considerar esta práctica como un atrevimiento excesivo. Es más, algún autor ya ha planteado esta posibilidad desde una óptica bastante singular e innovadora: «Si el legislador previese como un procedimiento de vinculación administrativa previa, no ya la ela-

ción y comprobación que haya de desplegar dicho ente. Este planteamiento puede ser inicialmente una buena fórmula para tratar de asentar una cultura de cumplimiento cooperativo, que con el paso del tiempo posibilite o aboque en el reconocimiento de efectos beneficiosos en materia sancionadora.

boración, sino la aprobación (en el sentido de ratificarlo como medio para evitar y prevenir la comisión de infracciones tributarias) del sistema de compliance, el disponer del mismo junto con la ratificación por parte de la Administración tributaria podría considerarse que se ha actuado con la diligencia necesaria a efectos de la posible aplicación de la eximente de responsabilidad por infracción tributaria». ORENA DOMÍNGUEZ, A.: «El Compliance y las infracciones tributarias: Norma UNE 19602». En MERINO JARA, I. (coord.): *El control de los riesgos fiscales en la empresa a través del compliance tributario, Ob. Cit.*, págs. 82 y ss.

REFERENCIAS BIBLIOGRÁFICAS

LIBROS

ADAME MARTÍNEZ, F.D.: *Autoría y otras formas de participación en el delito fiscal. La responsabilidad penal de administradores y asesores fiscales*, Granada, España: Comares, 2009.

AGUILERA GORDILLO, R. (ed. lit.): *Manual de Compliance Penal en España*, Navarra: Thomson Reuters-Aranzadi, 2022.

ALONSO LEDESMA, C.: *Diccionario de derecho de sociedades*, Madrid, España: Iustel, 2006.

ÁLVAREZ GARCÍA, F.J. (dir.) y GONZÁLEZ CUSSAC, F.J. (dir.): *Comentarios a la Reforma Penal de 2010*, Valencia, España: Tirant lo Blanch, 2010.

- MORALES PRATS, F. y CARBONELL MATEU, J.C.: «Responsabilidad penal de las personas jurídicas (arts. del Libro I: 31 bis, supresión del 31.2 y nuevos, 66 bis, 116.3, 66.3, 130», págs. 55-86.

ÁLVAREZ ARROYO, F. (coord.); HERNÁNDEZ LAVADO, A.; CALVO ORTEGA, R. (coord.); CHECA GONZÁLEZ, C. (coord.); y MERINO JARA, I. (coord.): *Derechos y garantías de los contribuyentes (estudio de la nueva Ley)*, Valladolid, España: Lex Nova, 1998.

- CALVO ORTEGA, R.: «La presunción de buena fe en los sujetos pasivos: (Artículo 33)», págs. 563-583.

AMATUCCI, F. (ed. lit.) y ALFANO, R. (ed. lit.): *Derecho tributario comparado: Problemas comunes y aspectos procedimentales. Italia, España y Colombia*, Italia: G. Giappichelli Editore-Universidad del Rosario, 2017.

- VÁZQUEZ DEL REY VILLANUEVA, A.: «La cooperación entre contribuyentes y Administraciones tributarias – La perspectiva española».

ANÍBARRO PÉREZ, S.: *La interpretación razonable de la norma como eximente de la responsabilidad por infracción tributaria*, Valladolid, España: Lex Nova, 1999.

ANÍBARRO PÉREZ, S. y SESMA SÁNCHEZ, B.: *Infracciones y sanciones tributarias*, Valladolid, España: Lex Nova, 2005.

APARICIO PÉREZ, A.: *El Delito Fiscal a través de la Jurisprudencia*, Cizur Menor, Navarra: Aranzadi, 1997.

ARROYO ZAPATERO, L.A. (dir.) y NIETO MARTÍN, A. (dir.): *El derecho penal económico en la era compliance*, Valencia, España: Tirant lo Blanch, 2013.

- LASCURAÍN SÁNCHEZ, J.A.: «Compliance, debido control y unos refrescos», págs. 111-136.
- MATUS ACUÑA, J.P.: «La certificación de los programas de cumplimiento», págs. 145-154.

AYALA DE LA TORRE, J.M.: *Claves prácticas. Compliance*, Madrid, España: Francis Lefebvre, 2016.

BAJO FERNÁNDEZ, M. (coord.); FEIJOO SÁNCHEZ, B.J. (coord.); y GÓMEZ-JARA DÍEZ, C. (coord.): *Tratado de responsabilidad penal de las personas jurídicas: adaptado a la Ley 1/2015, de 30 de marzo, por la que se modifica el Código Penal*, Navarra: Thomson Reuters-Aranzadi, 2016.

- BAJO FERNÁNDEZ, M.: «Vigencia de la RPPJ en el derecho sancionador español», págs. 19-47.
- GÓMEZ-JARA DÍEZ, C.: «El injusto típico de la persona jurídica (tipicidad)», págs. 121-142.

BAKKER, A.; KLOOSTERHOF, S.; y MACHPHERSON, A. (eds.): *Tax Risk Management. From Risk to Opportunity*, Amsterdam: IBFD, 2010.

BECK, U.: *Risk Society. Towards a New Modernity*, London, UK: Sage Publications, 1992.

BERLE, A. y MEANS, G.: *The Modern Corportion and Private Property*, New Jersey, USA: Transaction Publishers, 1932.

BRAITHWAITE, J. y AYRES, I.: *Responsive Regulation: Transcending the Deregulation Debate*, Madison Avenue, Nueva York: Oxford Socio-Legal Studies, 1992.

BRAITHWAITE, V (ed.).: *Taxing Democracy: Understanding Tax Avoidance and Evasion*, England, UK: Ashgate Publishing, 2002.

CALDERÓN CARRERO, J. M. y QUINTAS SEARA, A.: *Cumplimiento tributario cooperativo y Buena gobernanza fiscal en la era BEPS*, Madrid, España: Civitas, 2015.

CALVO ORTEGA, R.: *Curso de Derecho Financiero. I. Derecho Tributario (Parte General)*, 7ª edición, Madrid, España: Thomson-Civitas, 2003.

CALVO VÉRGEZ, J.: *El delito fiscal en las personas jurídicas*, Cizur Menor, Navarra: Thomson Reuters-Aranzadi, 2019.

CAMPOS JIMÉNEZ, A. (2014). *Participación ciudadana y administración local.* Tesis doctoral. Universidad de Castilla-La Mancha.

CARRASCO GONZÁLEZ, F. M.; BERTRÁN GIRÓN, M. y VILALTA REIXACH, M.: *La colaboración privada y entre administraciones en la aplicación de los tributos*, Cizur Menor, Navarra: Aranzadi Thomson Reuters, 2019.

- CARRASCO GONZÁLEZ, F.M.: «Seguridad jurídica, buena administración y cumplimiento cooperativo. Hacia un nuevo modelo de relación entre la administración tributaria y los contribuyentes», págs. 85-128.

CASTRO DE LUNA, M.J. (2020). *Hacia un nuevo modelo de relación con la Administración Tributaria: de la reducción de la conflictividad y la mejora de la justicia tributaria a la relación cooperativa.* Tesis doctoral. Universidad Pontifica de Comillas. ICADE.

IBFD: *Country Tax Guides IBFD,* Amsterdam, Netherlands: IBFD Tax Technical Editor, 2022.

- KROESEN, D.; SILVERENTAND, E.; y COOPMANS, C.: «*Netherlands-Tax Risk Management*».

BÁEZ MORENO, A. (coord.) y JIMÉNEZ-VALLADOLID DE L'HOTELLERIE-FALLOIS, D.J. (coord.): *Tratado sobre la Ley General Tributaria. Homenaje a Álvaro Rodríguez Bereijo*, directores Juan Arrieta Martínez de Pisón, Miguel Ángel Collado Yurrita y Juan Zornoza Pérez. Cizur Menor, Navarra: Thomson Reuters-Aranzadi, 2010.

- ALARCÓN GARCÍA, G., «El soft law y nuestro sistema de fuentes».

BOSCH CHOLBI, J.L. (coord.) et. al.: *Comentarios a la Ley General Tributaria al hilo de su reforma*, Madrid, España: Wolters Kluwer, 2016.

- ROZAS VALDÉS, J.A.: «*El cumplimiento cooperativo*», págs. 511-530.

BRAITHWAITE, V. y LEVI, M.: *Trust and Governance*, Nueva York, Estados Unidos: Russell Sage Foundation, 1998.

CARMONA FERNÁNDEZ, N. (coord.) et al.: *Manual de fiscalidad internacional*, director Ignacio Corral Guadaño. Madrid, España: Instituto de Estudios Fiscales, 2016.

- CÓRDOBA OCAÑA, E.: «Las relaciones cooperativas en el marco internacional».

DE ROS RAVENTÓS, Í.: *Delito Fiscal y Tax Compliance*, Cizur Menor, Navarra: Thomson Reuters-Aranzadi, 2019.

DELGADO GARCÍA, A.M. y OLIVER CUELLO, R.: *El deber de información y asistencia a los obligados tributarios*, Valencia, España: Tirant lo Blanch, 2004.

ERLE, B.; DOHERTY, R.; HICKEY, L.; y FLEXMAN, B.: *Tax in the Boardroom. A Discussion Paper*, London, UK: KPMG international, 2004.

FERNÁNDEZ CAINZOS, J.J.: *El Estado y los contribuyentes: la resistencia fiscal*, Madrid, España: Instituto de Estudios Fiscales, 1986.

FERNÁNDEZ PAVÉS, M.J.: *La autoliquidación tributaria, Madrid*, España: Instituto de Estudios Fiscales – Marcial Pons, 1995.

- ESEVERRI MARTÍNEZ: «Prólogo», pág. 9.

GALÁN MUÑOZ, A.: *Fundamentos y límites de la responsabilidad penal de las personas jurídicas tras la reforma de la LO 1/2015*, Valencia, España: Tirant lo Blanch, 2017.

GARCÍA NOVOA, C. y HOYOS JIMÉNEZ, C. (coord.): *El tributo y su aplicación: perspectivas para el siglo XXI*, Buenos Aires, Argentina: Marcial Pons, 2008.

GARCÍA PRATS, F.A.: *Intercambio de información, blanqueo de capitales y lucha contra el fraude fiscal*, España: Ministerio de Hacienda – Instituto de Estudios Fiscales, 2014.

GILBERT, D. G.; FISKE, S. T.; y LINDZEY, G.: *The Handbook of Social Psychology*, Nueva York, Estados Unidos: Oxford University Press, 1998.

GIMÉNEZ-REYNA, E. (coord.) y RUIZ GALLUD, S. (coord.): *El fraude fiscal en España*, Cizur Menor, Navarra: Thomson Reuters-Aranzadi, 2018.

- HERRERO DE EGAÑA Y ESPINOSA DE LOS MONTEROS, J.M.: «El régimen sancionador tributario», págs. 375-393.

GÓMEZ TOMILLO, M.: *Introducción a la Responsabilidad Penal de las Personas Jurídicas*, 2ª edición, Navarra: Thomson Reuters-Aranzadi, 2015.

GUERVÓS MAÍLLO, M. A. et al.: *Practicum Compliance Tributario 2020*, directores Margarita Santana Lorenzo y César García Novoa. Cizur Menor, Navarra: Thomson Reuters-Aranzadi, 2019.

- CALDERÓN CARRERO, J.M.: «Buen gobierno corporativo y marco de control de riesgos fiscales en un contexto post-BEPS», págs. 113-138.
- MIÑANO FERNÁNDEZ, G. y MANERO RUIZ, A.: «Buenas prácticas tributarias en las empresas», págs. 139-155.
- GONZÁLEZ MARTÍNEZ, E. y MANRIQUE LÓPEZ, E.: «Programa internacional de cumplimiento cooperativo (ICAP): desarrollo y evolución», págs. 661-690.
- DELMAS GONZÁLEZ, F.J.: «Los informes de transparencia: análisis y virtualidad», págs. 691-715.
- FRAISERO ARANGUREN, I.: «Cumplimiento cooperativo con la Administración tributaria», págs. 717-738.
- REMÓN PEÑALVER, E.J.; SANZ GAITE, M.A.; y SABADELL CARNICERO, C.: «Delito fiscal», págs. 739-762.

- LLATAS SERRANO, J.: «Órgano de ‹Compliance› tributario», págs. 763-780.
- ROZAS VALDÉS, J.A.; SERRAT ROMANÍ, M.; y SONETTI, E.: «Política de ‹Compliance› tributario», págs. 781-794.
- HERNÁNDEZ GARAY, J.; GUIJARRO RODRÍGUEZ, P.; MORALES IGLESIAS, M.R.; y CABADAS GARCÍA, F.: «Sistema de gestión de ‹Compliance› tributario», págs. 795-817.
- GARCÍA NÚÑEZ, D.: «Canal de denuncias», págs. 819-832.

HORTAL IBARRA, C. (coord.), VALIENTE IVAÑEZ, V. (coord.) et. al.: *Responsabilidad de la empresa y compliance*, directores Santiago Mir Puig, Mirentxu Corcoy Bidasolo y Víctor Gómez Martín. Madrid: Edisofer, 2024.

- ARTAZA VARELA, O.: «Programas de cumplimiento. Breve descripción de las reglas técnicas de gestión del riesgo empresarial y su utilidad jurídico-penal», págs. 231-272.
- DOPICO GÓMEZ-ALLER, J.: «Posición de garante del ‹compliance officer› por infracción del deber de control», págs. 337-361.
- BLUMENBERG, A-D. y GARCÍA MORENO, B.: «Retos prácticos de la implementación de programas de cumplimiento normativo», págs. 273-300.
- GOÑI SEIN, J.L.: «Programas de cumplimiento empresarial ("compliance programs"): aspectos laborales», págs. 367-420.

KUHLEN, L. (ed.); MONTIEL, J.P. (ed. Lit.); y ORTIZ DE URBINA GIMENO, I.: *Compliance y teoría del derecho penal*, Madrid, España: Marcial Pons, 2013.

- SILVA SÁNCHEZ, J.M.: «Deberes de vigilancia y compliance empresarial», págs. 76-106.

LEÓN ALAPONT, J. (dir.): *El Derecho Penal frente a las crisis sanitarias*, Valencia: Tirant lo Blanch, 2022.

- LEÓN ALAPONT, J.: «Canales de denuncia, Compliance y Whistleblowing en tiempos de pandemia», págs. 274-329.

LEÓN ALAPONT, J.: *Compliance Penal: especial referencia a los partidos políticos*, Valencia: Tirant lo Blanch, 2020.

LINARES, M.B. (2017). *El delito de defraudación tributaria. Análisis dogmático de los arts. 305 y 305 Bis del CP* (Tesis doctoral). Universidad de Sevilla.

LIND, E.A. y TYLER, T.R.: *The social psychology of procedural justice*, Nueva York, Estados Unidos: Plenum, 1988.

MADRID BOQUÍN, C.M. (coord.) et. al.: *Tratado sobre compliance Penal: responsabilidad penal de las personas jurídicas y modelos de organización y gestión*, director Juan Luis Gómez Colomer. Valencia, España: Tirant lo Blanch, 2019.

- FERRÉ OLIVÉ, J.C: «El compliance penal tributario», págs. 211-242.
- GONZÁLEZ CUSSAC, J.L.: «Condiciones y requisitos para la eficacia eximente o atenuante de los programas de prevención de delitos», págs. 317-346.
- LIÑÁN LAFUENTE, A.: «El oficial de cumplimiento: su responsabilidad penal», págs. 347-378.
- DEL MORAL GARCÍA, A.: «Compliance en la doctrina de la Sala Segunda del Tribunal Supremo: presente y perspectivas», págs. 675-704.

MARÍN BENÍTEZ, G.: *¿Es lícita la planificación fiscal? Sobre los defectos de neutralidad y consistencia del ordenamiento tributario*, Valladolid, España: Lex Nova, 2013.

MARTÍN FERNÁNDEZ, J.: *Cumplimiento cooperativo en materia tributaria. Claves para la implantación de un Manual de Buenas Prácticas (Compliance)*, Madrid, España: Francis Lefebvre, 2018.

MARTÍNEZ MUÑOZ, Y.: *La declaración obligatoria de mecanismos de planificación fiscal agresiva en el marco de la protección de los derechos fundamentales*, Valencia, España: Tirant lo blanch, 2019.

MENÉNDEZ FERNÁNDEZ, J.: *La relación cooperativa como modelo de administración tributaria: su aplicación en la administración tributaria española*, Madrid, España: REAF asesores fiscales, 2018.

MERINO JARA, I. (coord.): *El control de los riesgos fiscales en la empresa a través del compliance tributario*, Madrid. España: Editorial CISS, 2021.

- LACUNZA URANGA, J. y ZARRAONANDIA ZULOAGA, I.: «La cultura compliance en general en la empresa. La llegada del Tax Compliance», págs. 21-44.
- ORENA DOMÍNGUEZ, A.: «El Compliance y las infracciones tributarias: Norma UNE 19602», págs. 73-96.

MERINO JARA, I. (coord.): *Infracciones tributarias y delitos fiscales. Perspectiva administrativa y penal*, Barcelona, España: J.M. Bosch, 2022.

- SUSAETA SOLOZABAL, G.: «Derecho penal económico y Corporate Compliance», págs. 152-170.

MONTIEL, J.P. (ed. lit.); KUHLEN, L. (ed. lit.); y ORTIZ DE URBINA GIMENO, I. (ed. lit.): *Compliance y teoría del derecho penal*, Madrid, España: Marcial Pons, Ediciones Jurídicas y Sociales, 2013.

- SILVA SÁNCHEZ, J.M.: «Deberes de vigilancia y compliance empresarial», págs. 79-106.

MORENO GONZÁLEZ, S. (dir.); CARRASCO PARRILLA, P.J. (dir.); y GÓMEZ REQUENA, J.A. (coord.): *Cumplimiento cooperativo y reducción de la conflictividad: hacia un nuevo modelo de relación entre la Administración tributaria y los contribuyentes*, Cizur Menor, Navarra: Aranzadi Thomson Reuters, 2021.

- VICENTE-ARCHE COLOMA, P.: «Nuevo paradigma de las relaciones entre los obligados tributarios y la Administración: el cumplimiento cooperativo en materia tributaria», págs. 153-176.
- GARCÍA NOVOA, C.: «La interpretación de las normas tributarias desde la óptica del cumplimiento cooperativo», págs. 391-414.

NIETO GARCÍA, A.: *Derecho administrativo sancionador*, 2ª edición, Madrid, España: Tecnos, 1994.

NIETO MARTÍN, A. (dir.): *Manual de cumplimiento penal en la empresa*, Valencia, España: Tirant lo Blanch, 2015.

PEDROSA LÓPEZ, J.C. (dir.): *El cumplimiento tributario nacional e internacional*. Valencia, España: Tirant lo Blanch, 2023.

- *RUSS, R.: «Etaca and the relevance of governance»*, págs. 209-216.

PÉREZ ROYO, F.: *Derecho Financiero y Tributario. Parte General*, Cizur Menor, Navarra: Civitas, 2011.

POWER, M.: *The Risk Management of Everything. Rethinking the politics of uncertainty*, London, UK: Demos, 2004.

QUINTERO OLIVARES, G. (dir.) & MORALES PRATS, F. (coord.): *Comentarios al Código penal español*, Cizur Menor, Navarra: Thomson Reuters Aranzadi, 2016.

- MORALES PRATS, F.: «Título XIV. De los delitos contra la Hacienda Pública y contra la Seguridad Social», págs. 539-681.

RAGUÉS i VALLÉS, R.: *Whistleblowing: una aproximación desde el derecho penal*, Barcelona, España: Marcial Pons, 2013.

RODRÍGUEZ GARCÍA, N. (coord.) y RODRÍGUEZ LÓPEZ, F.C. (coord.): *Compliance» y responsabilidad de las personas jurídicas*, Valencia, España: Tirant lo Blanch, 2021.

- SAURA ALBERDI, B.: «El órgano de cumplimiento (compliance officer)», págs. 415-439.

RODRÍGUEZ MÁRQUEZ, J.: *Revelación de esquemas de planificación fiscal agresiva: directiva de intermediarios fiscales*, Madrid, España: Francis Lefebvre, 2018.

ROSE, R. y PAGE, E. C.: *Lawmaking through the Back Door*, Londres, Reino Unido: European Policy Forum, 2001.

RUSSO, R. (ed.): *Tax Assurance,* Deventer, Netherlands: Wolters Kluwer, 2015.

- HERRIJGERS, B.: «Cooperative compliance: small and medium sized entities», págs. 163-181.

RUSSO, R. y HEIN, R.: *Tax Assurance*, Deventer, Netherlands: Wolters Kluwer, 2022.

- HEIN, R.: «The tax control framework», págs. 75-103
- HORNSTRA, J.: *«Cooperative compliance: small and medium sized businesses»*, págs. 197-213.

SANDS, P. y KLEIN, P.: *Bowett's Law of International Institutions*, Londres, Reino Unido: Sweet and Maxwell, 2009.

SANTANA LORENZO, M. (dir.) et. al.: *El compliance tributario en el proceso penal*, Cizur Menor, Navarra: Aranzadi Thomson Reuters, 2020.

- MARTÍN FERNÁNDEZ, J. y RODRÍGUEZ MÁRQUEZ, J.: «El ‹compliance› tributario y la exención de responsabilidad administrativa», págs. 53-63.
- LUZÓN CÁNOVAS, A.: «El ‹compliance› tributario y la exención de responsabilidad penal corporativa», págs. 23-51.
- MARTÍN FERNÁNDEZ, J. y SANTANA LORENZO, M.: «Los delitos contra la Hacienda Pública: el llamado delito fiscal», págs. 87-101.
- VÁZQUEZ-PORTOMEÑE, J.J.: «La actividad pericial sobre ‹compliance› tributario en el proceso penal», págs. 151-167.

SANZ GÓMEZ, R.J. (2014). *La «relación cooperativa» entre la administración tributaria y las grandes empresas: análisis de la experiencia española*. Tesis doctoral. Universidad de Sevilla.

SERRAT ROMANÍ, M. (2017). *Los derechos y garantías de los contribuyentes en la era digital. Transparencia e intercambio de información tributaria*. Tesis doctoral. Universitat de Barcelona.

VAN DAELEN, M. y VAN DER ELST, C.: *Risk management and corporate governance: Interconnections in law, accounting and tax*, Cheltenham, UK: Edward Elger Publishing, 2010.

VEGA GARCÍA, A. (2014). *El soft law en la fiscalidad internacional*. Tesis doctoral. Universidad Pompeu Fabra, Barcelona.

ZANOBINI, G.: *Corso di diritto amministrativo*, Milán: Giuffrè, 1954.

ZORZONA PÉREZ, J.: *El sistema de infracciones y sanciones tributarias: (los principios constitucionales del derecho sancionador)*, Madrid, España: Civitas, 1992.

ARTÍCULOS DOCTRINALES

ANÍBARRO PÉREZ, S.: «El uso de perfiles de riesgo al servicio del "Tax Compliance"», *Quincena Fiscal*, núm. 8, 2023, págs. 21-45.

ANÍBARRO PÉREZ, S.: «La reciente reforma del Adempimento Collaborativo: un paso adelante en el cumplimiento tributario cooperativo en Italia», *Crónica Tributaria*, núm. 193, 2024, págs. 11-33.

BARBIANI, F.: «L'adempimento collaborativo a confronto con le 'best practice' in ambito di 'Tax Control Framework'», *Corriere tributario*, vol. 47, fascicolo, 3, 2024, págs. 232-243.

BRAITHWAITE, J. y MAKKAI, T.: «Trust and compliance», *Policing and Society*, núm. 4, 1994, págs. 1-12.

BRAITHWAITE, V. y IVEC, M.: «Applications of Responsive Regulatory Theory in Australia and Overseas: Update», *Regulatory Institutions Network: Australian National University*, 2015.

BRONZEWSKA, K. y VAN DER ENDEN, E.: «Tax Control Framework-A Conceptual Approach: The Six Nuances of Good Tax Governance», *Bulletin for International Taxation*, Vol. 68, núm. 11, 2014.

BRONZEWSKA, K. y VAN DER ENDEN, E.: «The Concept of Cooperative Compliance», *Bulletin for International Taxation*, October 2014, págs. 567-572.

BURGEMEESTRE, B.; HULSTIJN, J.; y TAN, Y. H.: «The Role of Trust in Government Control of Businesses», *Actas del 23rd Bled eConference eTrust: Implications for the Individual, Enterprises and Society* (20-23 de junio de 2010, Bled, Eslovenia), 2010, págs. 301-313.

BUXÓ OLIVÉ, J. y CAMPS ROCABERT, C.: «Aspectos controvertidos de los canales de denuncias corporativos», *Revista Aranzadi Doctrinal*, núm. 1, 2023.

CALDERÓN CARRERO, J.M.: «El International (Tax) Compliance Assurance Programme (ICAP) desarrollado por la OCDE: ¿Hacia nuevos modelos multilaterales y cooperativos de control fiscal de grandes contribuyentes?, *Estudios financieros. Revista de contabilidad y tributación: Comentarios, casos prácticos. CEF*, núm. 423, 2018, págs. 5-32.

CALDERÓN CARRERO, J.M.: «El nuevo marco europeo de transparencia sobre esquemas transfronterizos sujetos a declaración por intermediarios fiscales y contribuyentes: las "EU tax disclosure rules" y sus implicaciones». *Quincena fiscal*, núm. 10, 2018, págs. 37-62.

CALDERÓN CARRERO, J.M. y QUINTAS SEARA, A.: «El Programa Europeo de Cumplimiento Cooperativo para Grandes Empresas Multinacionales (ETACA)», *Revista de Contabilidad y Tributación. CDE*, núm. 476, 2022, págs. 39-64.

CALDERÓN CARRERO, J.M.: «Los marcos de control de riesgos fiscales en un contexto post-BEPS», *Estudios financieros. Revista de contabilidad y tributación: Comentarios, casos prácticos. CEF*, núm. 436, 2019, págs. 5-52.

CALDERÓN CARRERO, J.M. y QUINTAS SEARA, A.: «Introducción al modelo de cumplimiento tributario cooperativo: estudio de los trabajos de la OCDE y principales experiencias internacionales», *Revista española de Derecho Financiero. Civitas*, núm. 167, 2015, págs. 75-134.

CALDERÓN CARRERO, J.M. y QUINTAS SEARA, A.: «Una aproximación al concepto de "Planificación Fiscal Agresiva" utilizado en los trabajos de la OCDE (segunda parte)». *Revista Análisis Tributario*, núm. 338, 2016, págs. 11-20.

CALVO VÉRGEZ, J.: «La aprobación de la Directiva 2018/822 del Consejo, de 25 de mayo de 2018 (<Directiva de intermediarios fiscales>) y su conexión con la Acción 12 del plan BEPS», *Unión Europea Aranzadi*, núm. 1, 2020.

CALVO VERGEZ, J.: «La trascendencia del dolo en la configuración del delito fiscal», *Zergak: gaceta tributaria del País Vasco*, núm. 57, 2019, págs. 151-170.

CARBAJO VASCO, D.: «El cumplimiento cooperativo, ¿Un nuevo modelo de Administración tributaria? El caso australiano», *Crónica tributaria*, núm. 5, 2014, págs. 23-27.

CHESSMAN, S. et al.: «Governments and Information Gathering: Impact on MNE Planning», *Tax Management International Journal*, vol. 39, núm. 12, 2010.

CHINKIN, C. M.: «The Challenge of Soft Law: Development and Change in International Law», *International and Comparative Law Quarterly*, vol. 38, núm. 4, 1989, págs. 850-866

CHOCLÁN MONTALVO, J.A.: «Un delito fiscal conceptual. La interpretación razonable de la norma en la regularización voluntaria», *Diario La Ley*, núm. 9166, 2018.

CORRAL GUADAÑO, I.: «La gestión del IRPF, ¿es hora de una revisión basada en la relación cooperativa?, *Revista de Contabilidad y Tributación CEF*, núms. 449-450, 2020, págs. 1-32.

CRUZ AMORÓS, M.: «Intercambio de información y derecho de los contribuyentes», *Impuestos: Revista de doctrina, legislación y jurisprudencia*, núm. 10, 2014, págs. 55-68.

DAHM, G.: «Die völkerrechtliche Verbindlichkeit von Empfehlungen internationaler Organisationen», *Die öffentliche Verwaltung*, vol. 12, núm. 10, 1959, págs. 362-363.

DE MIGUEL ARIAS, S.E.: «La relevancia de la interpretación razonable de la norma como causa de exclusión de la responsabilidad por infracciones tributarias ante la presentación de autoliquidaciones erróneas», *Revista técnica tributaria*, núm. 106, 2014, págs. 53-78.

DEL TORO HUERTA, M. I.: «El fenómeno del soft law y las nuevas perspectivas del Derecho internacional», *Anuario Mexicano de Derecho Internacional*, núm. 6, 2006, págs. 513-549.

DÍEZ RIPOLLÉS, J. L.: «La responsabilidad penal de las personas jurídicas. Regulación española», *Revista para el análisis del Derecho Indret*, núm. 1, 2012.

ENDEN, E.: «Horizontale Mythes. Van horizontaal naar fiscal systeemtoezicht». *Weekblad voor Fiscaal recht*, vol. 138, núm. 6826, 2009, págs. 1107-1112.

HERRERA MOLINA, P.M. y CHICO DE LA CÁMARA, P.: «El principio de buena fe en el Derecho tributario», *Revista latinoamericana de derecho tributario*, núm. 5, 1998, págs. 31-52.

ESSERS, P.H.J.: «De implicaties van horizontal toeziicht voord de wetgever», *Wekblad voor Fiscaal recht*, vol. 38, núm. 6794, págs. 12-16.

FREEDMAN, J.; LOOMER, G. y VELLA, J.: «Corporate tax risk and tax avoidance: new approaches», *British Tax Review*, núm. 1, 2009, págs. 74-116.

GARCÍA-HERRERA BLANCO, C.: «Buen gobierno fiscal y cumplimiento cooperativo con las grandes compañías», *Quincena fiscal*, núm. 1-2, 2017, págs. 117-148.

GARCÍA NOVOA, C.: «Hacia un modelo de aplicación de los tributos (Reflexiones sobre el cumplimiento cooperativo)», *Civitas. Revista española de derecho financiero*, núm. 183, 2019, págs. 89-126.

GARCÍA NOVOA, C. y CABALLERO PERDOMO, R.: «El compliance tributario, la relación cooperativa y las nuevas relaciones fiscales. Su implantación en España y en América latina», *Revista de Fiscalidad Internacional y Negocios Transnacionales*, núm. 12, 2019, págs. 13-40.

GARCÍA PRATS, F. A.: «La transposición en España de la Directiva sobre Intermediarios Tributarios (DAC6)», *Papers AEDAF*, núm. 14, 2019.

GASCÓN CATALÁN, J.: «Estrategias fiscales y marcos de control interno y de gestión de riesgos fiscales en las sociedades cotizadas. Impacto de la Ley 31/2014», *Crónica tributaria*, núm. 15, 2015, págs. 87-110.

GASCÓN CATALÁN, J.: «Los Consejos de Administración como máximos responsables de la estrategia fiscal de las sociedades cotizadas», *Documentos-Instituto de Estudios Fiscales*, núm. 19, 2014, 29 págs.

GIMENO BEVIÁ, J.: «La apuesta por el principio de oportunidad y los programas de compliance en el proceso penal de las personas jurídicas», *Diario La Ley*, núm. 8437, 2014.

GÓMEZ-JARA DÍEZ, C: «El pleno jurisdiccional del Tribunal Supremo sobre responsabilidad penal de las personas jurídicas: fundamentos, voces discrepantes y propuesta reconciliadora», *Diario La Ley*, núm. 8724, 2016.

GÓMEZ REQUENA, J.A.: «La colaboración social en la aplicación de los tributos». *Documentos-Instituto de Estudios Fiscales*, núm. 3, 2024, págs. 77-102.

GÓMEZ TOMILLO, M.: «Consecuencias materiales y procesales de la jurisprudencia del TJUE en materia de responsabilidad penal y administrativo-sancionadora de las personas jurídicas», *Revista de Responsabilidad Penal de Personas Jurídicas y Compliance*, vol. 3, 2023.

GÓMEZ TOMILLO, M.: «Delito fiscal y deber de denuncia administrativo: análisis de la STS de 25 de septiembre de 2019, rec. núm. 85/2018», *Revista de Contabilidad y Tributación. CEF*, núm. 448, 2020, págs. 113-124.

GÓMEZ TOMILLO, M.: «La culpabilidad de las personas jurídicas por la comisión de infracciones administrativas: especial referencia a los programas de cumplimiento», *Revista de Administración Pública*, núm. 203, págs. 57-88.

GONZÁLEZ CUSSAC, J. L.: «La eficacia eximente de los programas de prevención de delitos», *Estudios Penales y Criminológicos*, vol. XXXIX, 2019.

GONZÁLEZ DE FRUTOS, U.: «La gobernanza fiscal y la presidencia de la UE 2010. Memoria de las actuaciones de la Agencia Tributaria relacionadas con la presidencia», *Boletín Económico de ICE*, núm. 2996, 2010, pág. 21.

GONZÁLEZ DE FRUTOS, U.: «La relación cooperativa: un nuevo horizonte en el diálogo entre las grandes empresas y la Agencia Tributaria», *Crónica tributaria*, núm. 134, 2010, págs. 65-96.

GOÑI SEIN, J.L.: «Nuevo Código Penal, plan de prevención de delitos y sus implicaciones laborales», *Trabajo y derecho: nueva revista de actualidad y relaciones laborales*, núm. 5, 2015, págs. 17-38.

GUALTIERI, A.: «Meno sanzioni alle imprese che certificano il rischio fiscale: adempimento collaborativo», *PMI*, 2023.

GUTIÉRREZ BOTELLA, M.; MARTÍN GIROLA, J.; MEDINA ARENCIBIA, A.; y ROMERO STEENSMA, S.: «El diseño de un programa de Tax Compliance (adaptado a cada empresa)», *Forum fiscal*, núm. 261, 2020.

HALLIVIS PELAYO, M.: «Initiative on the Enhanced Relationship», *Puntos Finos*, núm. 203, 2012.

HUISKERS-STOOP, E. & GRIBNAU, H.: «Cooperative Compliance and the Dutch Horizontal Monitoring Model», *Journal of Tax Administration*, Vol. 5, núm. 1, 2019, págs. 66-110.

HYMAN, K.: «Paying a fair share of tax and aggressive tax planning – A tale of two myths», *eJournal of Tax Research*, vol. 12, núm. 2, 2014, págs. 410-432.

IGLESIAS GÓMEZ, J.V.: «El Código de Buenas Prácticas Tributarias», *Estrategia Financiera*, núm. 277, 2010, págs. 70-75.

JUAN LOZANO, A.M. y FUSTER ASENCIO, C.: «Buena administración tributaria y seguridad jurídica: cumplimiento tributario y aplicación del sistema como factores de competitividad y legitimidad», *Instituto de Estudios Fiscales*, núm. 5, 2016.

LAGUNA DE PAZ, J.C.: «El papel de la regulación en la llamada economía colaborativa», *Revista de estudios europeos*, núm. 70, 2017, págs. 159-178.

LIO, M.: «Il potenziamento dell'adempimento collaborativo: qualche suggerimento per interventi in corsa», *rivistadirittotributario.it*, 2023.

LUCAS DURÁN, M.: «Tax compliance en el Impuesto sobre Sociedades y en el IVA (1)», Forum fiscal: la revista tributaria de Álava, Bizkaia y Gipuzkoa, núm. 268, 2020, pág. 16.

MACPHERSON, A.; TRAGHEIM, C.: y RISUCCIOA, H.: «Risk Angles: Five qustions on the impacto f tax risk», *Deloitte publications*, 2014.

MAGRO SERVET, V.: «Viabilidad de la pericial de compliance para validar la suficiencia del programa de cumplimiento normativo por las personas jurídicas», *Diario La Ley*, n.º 9337, 2019.

MARTÍN FERNÁNDEZ, J.: «El modelo de relación cooperativa y las buenas prácticas tributarias», *Revista de contabilidad y dirección*, núm. 25, 2017, págs. 81-94.

MARTÍNEZ MUÑOZ, Y.: «Compliance fiscal y responsabilidad por ilícitos tributarios», *Crónica tributaria*, núm. 179, págs. 35-62.

MARTÍNEZ, Y. y SÁNCHEZ, R.: «Compliance en el derecho de la competencia», *La Ley compliance penal*, núm. 16, 2024.

MELIÁN GIL, J.L.: «El paradigma de la buena administración», *AFDUC*, núm. 17, 2013, págs. 233-258.

MENÉNDEZ FERNÁNDEZ, J.: «El Compliance Tributario: un escalón más hacia la transparencia fiscal», *Carta tributaria. Revista de opinión*, núm. 48, 2019, págs. 1-25.

MERINO JARA, I: «Las propuestas previas de tributación», *Nueva Fiscalidad*, núm. 3, págs. 9-15.

MIRRLEES, J.; ADAM, S.; BESLEY, T.; BLUNDELL, R.; BOND, S.; CHOTE, R.; GAMMIE, M.; JOHNSON, P.; MYLES, G; y POTERBA, J. (eds.): «*Dimensions of Tax Design: The Mirrlees Review*», Institute for Fiscal Studies and Oxford University Press, 2010.

MORALES HERNÁNDEZ, M. A.; «Los criterios jurisprudenciales para exigir responsabilidad penal a las personas jurídicas en el delito corporativo», *Revista de Derecho Penal y Criminología*, núm. 19, 2018.

MORALES PRATS, F.: «El delito fiscal: incardinación técnico-jurídica y consideraciones generales», *Estudios jurídicos*, núm. 2006, 2006.

MURPHY, K.: «Trust me, I'm the taxman: The role of trust in nurturing compliance», *Centre for Tax System Integrity, The Australian National University*, Canberra, 2002.

NIETO MARTÍN, A.: «Investigaciones internas, whistleblowing y cooperación: la lucha por la información en el proceso penal (1)», *Diario La Ley*, núm. 8120, 2013.

NOCETE CORREA, F.J.: «¿Es posible una planificación fiscal lícita y socialmente responsable en la UE? Acerca del concepto europeo de planificación fiscal agresiva». *Quincena fiscal*, núm. 5, 2016, págs. 113-149.

ORTIZ PRADILLO, J.C.: «La recepción de la cultura del ‹compliance› y del whistleblowing en España», *Revista internacional COSINTER de direito*, volúmen 6, número 11, 2020, págs. 421-450.

PABLOS MATEOS, F.: «De las relaciones cooperativas al cumplimiento cooperativo: las propuestas previas de tributación en el País Vasco», Documentos de Trabajo del Instituto de Estudios Fiscales, núm. 11, 2019, págs. 223-235.

PAREJA GARCÍA, B.: «El tax compliance y el cumplimiento tributario: nuevos retos empresariales», *Revista de Derecho, Empresa y Sociedad (REDS)*, núm. 12, 2018, págs. 152-165.

PÉREZ MARTÍNEZ, L.: «UNE 19602. Sistemas de gestión de compliance tributario. Entre el cumplimiento normativo y las buenas prácticas», *Actualidad Jurídica Aranzadi*, núm. 947, 2018.

PÍA NASTRI, M.; ROZAS VALDÉS, J.A.; y SONETTI, E.: «La dimensión fiscal en la gobernanza corporativa: entre Italia y España», *Crónica Tributaria*, núm. 166, 2018, págs. 189-212.

POZO TORRES, J.F.: «Compliance y posición de garante: imputación de hechos delictivos al compliance officer», *Foro. Revista de ciencias jurídicas y sociales*, núm. 1, 2020, págs. 127-154.

PUEBLA AGRAMUNT, N.: «Algunas consideraciones en torno a la profesión de asesor fiscal». *Revista de contabilidad y tributación*, núm. 251, 2004, págs. 3-46.

RABAN, C.: «Quality risk management», *Higher Education Funding Council for England Publicationes*, 2005.

RIBES RIBES, A.: «La exención de responsabilidad penal de las personas jurídicas a través de los compliance programs: una propuesta para el derecho tributario», *Forum fiscal: la revista tributaria de Álava, Bizkaia y Gipuzkoa*, núm. 273, 2021.

RIBES RIBES, A.: «La relación cooperativa en España: experiencia acumulada y desafíos pendientes», *Crónica tributaria*, núm. 184, 2022, págs. 143-196.

RIBES RIBES, A. (2022): «Retos del International Compliance Assurance Programme (ICAP) permanente de la OCDE como modelo de cumplimiento cooperativo multilateral», Crónica tributaria, núm. 182.

ROZAS VALDÉS, J.A.: «Fundamentos y acicates de las políticas de *compliance* tributario», *Forum fiscal*, núm. 266, 2020.

ROZAS VALDÉS, J.A.: «Hacia una metodología cooperativa en la realización del derecho financiero», *TranJus Working Papers Publications*, núm. 2, 2019.

ROZAS VALDÉS, J.A.: «Los sistemas de relaciones cooperativas: una perspectiva de derecho comparado desde el sistema tributario español», *Documentos-Instituto de Estudios Fiscales*, núm. 6, 2016, págs. 1-102.

RUIBAL PEREIRA, L.: «Experiencia internacional sobre medidas de reorganización de las Administraciones tributarias en la lucha contra el fraude fiscal», *Crónica tributaria*, núm. 134, 2010, págs. 143-178.

RUSSO, R.; ENGELMOER, J.; y MARTINI, M.: «Cooperative Compliance in the European Union: an introduction to the European Trust and Cooperation Approach», *Bulletin for International Taxation*, núm. 76, 2022, págs. 89-90.

SANTANA LORENZO, M. y GARCÍA NOVOA, C.: «Dossier Compliance Tributario, el escudo fiscal indispensable para la reputación empresarial y las buenas prácticas corporativas», *Thomson Reuters*, 2019, 18 págs.

SANZ GÓMEZ, R.J.: «Cumplimiento cooperativo: un diálogo», *Revista Argumentum*, vol. 16, 2015, págs. 417-442.

SANZ GÓMEZ, R.J.: «Cumplimiento cooperativo e intermediarios fiscales: Análisis del Código de Buenas Prácticas de Asociaciones y Colegios Profesionales Tributarios y el Código de Buenas Prácticas de Profesionales Tributarios», *Forum fiscal: la revista tributaria de Álava, Bizkaia y Gipuzkoa*, núm. 262, 2020.

SANZ GÓMEZ, R.J.: «Cumplimiento cooperativo tributario y grandes empresas en España», *Crónica Tributaria*, núm. 161, 2016, págs. 209-238.

SANZ GÓMEZ, R.J.: «Derecho sancionador y fomento del cumplimiento voluntario: una propuesta de reforma», *Documentos – Instituto de Estudios Fiscales*, núm. 11, 2019.

SANZ GOMEZ, R. J.: «Elusión fiscal (regulación en la Unión Europea)». *Eunomía: Revista en Cultura de la Legalidad*, núm. 13, 2017, págs. 251-259.

SANZ GÓMEZ, R.: «Entre el palo y la zanahoria: la comunicación obligatoria de esquemas de planificación fiscal agresiva y su interacción con las iniciativas de cumplimiento cooperativo», *Crónica tributaria*, núm. Extra 1, 2016, págs. 39-54.

SANZ GÓMEZ, R.J.: «Hacia la relación cooperativa en España: el nuevo Código de Buenas Prácticas Tributarias a la luz de los estudios de la OCDE», *Revista técnica tributaria*, núm. 93, 2011, págs. 59-80.

SANZ GÓMEZ, R.J.: «La ‹relación cooperativa› entre la Administración y los grandes contribuyentes como estrategia de prevención del fraude fiscal», *Crónica tributaria*, núm. Extra 3, 2013, págs. 33-44.

SARMIENTO RAMÍREZ-ESCUDERO, D.: «La autoridad del Derecho y la naturaleza del soft law», *Cuadernos de derecho público*, núm. 28, 2006, págs. 221-266.

SERRANO DE NICOLÁS, Y.: «Calves para implantar un sistema de gestión de compliance tributario», *AENOR – La revista de la evaluación de la conformidad*, núm. 358, 2020.

SHAFFER, G. C. y POLLACK, M. A.: «Hard vs. Soft Law: Alternatives, Complements and Antagonists in International Governance», *University of Minnesota Law School-Legal Studies Research Paper Series*, núm. 09-23, 2010, págs. 706-799.

SOLER ROCH, M. T.: «¿Tax Administration versus Taxpayer – A New Deal?», *World Tax Journal*, Vol. 4, núm. 3, 2012, págs. 282-296.

TORRENT I SANTAMARÍA, J.M. y PÉREZ GIL DE GÓMEZ, L.: «Análisis de la Directiva Europea de whistleblowing y principales retos de la nueva regulación. El caso de España», *Derecho PUCP: Revista de la Facultad de Derecho*, número 85, 2020, págs. 79-114.

VAN DER ENDEN, E. & DE GROOT, J.: «Two Missing Links: A Move towards an Auditing Standard Specifically for the Tax Control Framework», *Bulletin for International Taxation*, September 2015, págs. 503-509.

VAN DER HEL; VAN DIJK; y SIGLE: «Managing compliance risks of large taxpayers: A review of the underlying assumptions of cooperative compliance», *eJournal of Tax Research*, vol. 13, núm. 3, 2015.

WILLIAMS, D.: «Developing the Concept of Tax Governance», *KPMG publications*, 2007.

RECOPILATORIO DE ORGANISMOS PÚBLICOS

AGENCIA TRIBUTARIA (2009). Acta de la reunión del pleno del Foro de Grandes Empresas celebrada el 10 de julio de 2009. <https://sede.agenciatributaria.gob.es/static_files/Sede/Tema/Empresas/ForoGrandesEmpresas/Sesiones/1/acta_reunion_100709_es_es.pdf>

AGENCIA TRIBUTARIA (2010). Documento de conclusiones elaborado por el grupo de trabajo sobre precios de transferencia. <https://sede.agenciatributaria.gob.es/static_files/Sede/Tema/Empresas/ForoGrandesEmpresas/GTs/Precios-Transferencia/GT_PT_ConcluFin.pdf>

AGENCIA TRIBUTARIA (2010). Normas de funcionamiento del Foro de Grandes Empresas. <https://sede.agenciatributaria.gob.es/Sede/colaborar-agencia-tributaria/relacion-cooperativa/foro-grandes-empresas/normas-funcionamiento-adenda.html>

AGENCIA TRIBUTARIA (2010). Código de Buenas Prácticas Tributarias. <https://sede.agenciatributaria.gob.es/Sede/colaborar-agencia-tributaria/relacion-cooperativa/foro-grandes-empresas/codigo-buenas-practicas-tributarias.html>

AGENCIA TRIBUTARIA (2013). Conclusiones del Grupo de Trabajo sobre el nuevo modelo de relación cooperativa entre la Agencia Tributaria y las Empresas adheridas al Código de Buenas Prácticas Tributarias. <https://sede.agenciatributaria.gob.es/static_files/Sede/Tema/Empresas/ForoGrandesEmpresas/GTs/RC/ConcluGT_RC_Pleno_29_10_2013.pdf>

AGENCIA TRIBUTARIA (2015). Conclusiones relativas al desarrollo y seguimiento de la aplicación del ‹Código de Buenas Prácticas Tributarias› en el marco del modelo de relación cooperativa entre la Agencia Tributaria y las Empresas. <https://sede.agenciatributaria.gob.es/Sede/colaborar-agencia-tributaria/relacion-cooperativa/foro-grandes-empresas/codigo-buenas-practicas-tributarias/conclusiones-pleno-2_11_2015-cbpt.html>

ÁREA DE SOCIOLOGÍA TRIBUTARIA: «Opiniones y actitudes fiscales de los españoles en 2018». *Instituto de Estudios Fiscales*, Documentos de Trabajo 16, 2019.

AUSTRALIAN TAXATION OFFICE (2000). *Cooperative Compliance-Working with large business in the new tax system*, ATO, Canberra.

AUSTRALIAN TAXATION OFFICE (2015). *Building Confidence*, ATO, Canberra.

CCBE (2007). *CCBE Response to OECD Working Papers on the Role of Tax intermediaries*, CCBE Publishing. *<https://www.ccbe.eu/fileadmin/speciality_distribution/public/documents/DEONTOLOGY/DEON_Postion_Papers/EN_DEON_20070914_CCBE_Response_to_OECD_on_the_role_of_tax_intermediaries.pdf>*

Comisión de las Comunidades Europeas (2001). *LIBRO VERDE-Fomentar un marco europeo para la responsabilidad social de las empresas*. Diario Oficial de las Comunidades Europeas <https://www.europarl.europa.eu/meetdocs/committees/deve/20020122/com(2001)366_es.pdf>

Comisión Europea (2010). *Compliance Risk Management-Guide for tax administrations*. Publications of the European Union. *<https://www.yumpu.com/en/document/read/27652181/compliance-risk-management-guide-for-tax-administrations>*

Comisión Europea (2011). *GREEN PAPER-The EU corporate governance framework*. Diario Oficial de la Unión Europea *<https://eur-lex.europa.eu/LexUriServ/LexUriServ.do?uri=COM:2011:0164:FIN:EN:PDF>*

Comisión Europea (2010). *Comunicación de la Comisión al Consejo, al Parlamento Europeo y al Comité Económico y Social Europeo – Fomento de la Buena Gobernanza en el Ámbito Fiscal*. Diario Oficial de la Unión Europea *<https://eur-lex.europa.eu/legal-content/ES/TXT/PDF/?uri=CELEX:52009DC0201&from=ES>*

Comisión Europea (2020). *Plan de acción para una fiscalidad equitativa y sencilla que apoye la estrategia de recuperación*. Diario Oficial de la Unión Europea <https://eur-lex.europa.eu/legal-content/ES/TXT/HTML/?uri=CELEX:52020DC0312>

Comisión Europea (2021). *Guidelines European Trust and Cooperation Approach (ETACA).* <https://taxation-customs.ec.europa.eu/document/download/1e2d7158-f083-4e68-9ece-b96ce02668c9_en?filename=Guidelines%20of%20MNEs%20programme%20EU%20Cooperative%20Compliance%20Programme.pdf>

Comisión Nacional del Mercado de Valores (2014). Circular 1/2014, de 26 de febrero, de la Comisión Nacional del Mercado de Valores, sobre los requisitos de organización interna y de las funciones de control de las entidades que prestan servicios de inversión. <https://www.boe.es/buscar/doc.php?id=BOE-A-2014-3559>

COMMITTEE HORIZONTAL MONITORING TAX AND CUSTOMS ADMINISTRATION (STEVENS COMMITTEE) (2012). *Tax supervision-Made to measure: Flexible when possible, strict where necessary*, CHMTCA Publishing. *<https://download.belastingdienst.nl/belastingdienst/docs/tax_supervision_made_to_measure_tz0151z1fdeng.pdf>*

Consejo de la Unión Europea (2018). *DIRECTIVA (UE) 2018/822 DEL CONSEJO, de 25 de mayo de 2018, que modifica la Directiva 2011/16/UE por lo que se refiere al intercambio automático y obligatorio de información en el ámbito de la fiscalidad en relación con los mecanismos transfronterizos sujetos a comunicación de información.* Diario Oficial de la Unión Europea. *<https://eur-lex.europa.eu/legal-content/ES/TXT/PDF/?uri=CELEX:32018L0822&from=GA>*

DELEGACIÓN ESPECIAL DE LA AEAT EN ANDALUCÍA, CEUTA Y MELILLA: «*La relación cooperativa: Encuentro profesionales tributarios – AEAT*», 2014.

FISCALÍA GENERAL DEL ESTADO (2016). *Circular 1/2011, de 1 de junio, relativa a la responsabilidad penal de las personas jurídicas conforme a la reforma del Código Penal efectuada por Ley Orgánica número 5/2010.* <https://www.boe.es/buscar/doc.php?id=FIS-C-2011-00001>

FISCALÍA GENERAL DEL ESTADO (2016). *Circular 1/2016, de 22 de enero, sobre la responsabilidad penal de las personas jurídicas conforme a la reforma del Código Penal efectuada por Ley Orgánica 1/2015.* <https://www.boe.es/buscar/abrir_fiscalia.php?id=FIS-C-2016-00001.pdf>

HMRC (2008). *Department Report Spring*, *<https://assets.publishing.service.gov.uk/government/uploads/system/uploads/attachment_data/file/324671/dcsf_departmental_report_2008.pdf>*

HMRC (2009). *When you can rely on information or advice provided by HM Revenue & Customs*. <http://www.hmrc.gov.uk/pdfs/info-hmrc.htm>

HMRC (2011). *Resolving tax disputes – Comentary on the litigation and settlement strategy*, *<https://assets.publishing.service.gov.uk/government/uploads/system/uploads/attachment_data/file/979527/HMRC_Resolving_tax_disputes.pdf>*

IFA (2012). *IFA Initiative on the Enhanced Relationship: Key Issues Report*, Version 2.3, *<http://www.ifajb.com/media/ER%20Key%20Issue%20Report%20final.pdf>*

NTCA (2008). Tax Control Framework: Co-ordination group on the treatment of very large businesses. <https://download.belastingdienst.nl/itd/beleid/overige/tax_control_ framework.pdf>

NTCA (2013). *Supervision Large Business in the Netherlands*. Belastingdienst.

NTCA (2022). *Leidraad Horizontaal Toezicht Fiscaal Dienstverleners*, Versie oktober 2022, <https://download.belastingdienst.nl/belastingdienst/docs/leidraad_horizo_toezicht_fiscaal_dienstverl_dv4071z7pl.pdf>

NTCA (2023). *Supervision of Large Business in The Netherlands: guide*, Version September 2023, <https://download.belastingdienst.nl/belastingdienst/docs/supervision_large_business_ in_netherlands_dv4231z4fdeng.pdf>

OCDE-FAT (2005). *Second Meeting of the Forum on Tax Administration* (Conference Note), Dublín, 2005.

OCDE-FAT (2010). Information Note: Tax Compliance and Tax Accounting Systems. Nota Informativa FAT.

OCDE-FAT (2011). *Tax Administration in OECD and Selected NonOECD Countries: Comparative Information Series (2010)*. OECD Publishing. *<https://www.oecd.org/tax/administration/CIS-2010.pdf>*

OCDE (1997). *Risk Management – Practice Note*. OECD Publishing. *<http://www.oecd.org/ctp/administration/1908440.pdf>*

OCDE (2000). *Líneas Directrices de la OCDE para Empresas Multinacionales*. Publicaciones OCDE. *<https://www.oecd.org/investment/mne/16975360.pdf>*

OCDE (2004). *Compliance Risk Management: Managing and Improving Tax Compliance (Guidance Note)*. OECD Publishing. *<https://www.oecd.org/tax/administration/33818656.pdf>*

OCDE (2006). *Tercera Reunión del Foro OCDE sobre Administración Tributaria: Declaración Final de Seúl*. Publicaciones OCDE. *<https://www.oecd.org/korea/37417459.pdf>*

OCDE (2007). OCDE *Tax Intermediaries Study. Working Paper 6 – The Enhanced Relationship*. OECD Publishing. <https://www.oecd.org/tax/administration/39003880.pdf>

OCDE (2008). *Cuarta Reunión del Foro OCDE de Administración Tributaria: Comunicado del Cabo*. Publicaciones OCDE. *<https://www.oecd.org/ctp/administration/39887435.pdf>*

OCDE (2008). *OECD Tax Intermediaries Study-Working Paper 4: Placing Risk Management and the Enhanced Relationship in context*. OECD Publishing <https://www.oecd.org/tax/administration/39070731.pdf>

OCDE (2008). *OECD Tax Intermediaries Study-Working Paper 5: Risk Management*. OECD Publishing *<https://www.oecd.org/tax/administration/39003865.pdf>*

OCDE (2008). *OECD Tax Intermediaries Study-Working Paper 6:* The Enhanced Relationship. OECD Publishing *<https://www.oecd.org/tax/administration/39003880.pdf>*

OCDE (2008). *Study into the Role of Tax Intermediaries*. OECD Publishing. *<http://www.oecd.org/tax/administration/39882938.pdf>*

OCDE (2009). *General Administrative Principles: Corporte governance and tax risk management*. Information Note. *<https://www.oecd.org/tax/administration/43239887.pdf>*

OCDE (2009). *Compliance management of large business task group. Guidance Note. Experiences and Practices of Eight OECD Countries*. OECD Publishing *<https://www.oecd.org/netherlands/43241144.pdf>*

OCDE (2009). *Foro sobre la Administración Tributaria: Subgrupo de Servicios a los Contribuyentes. Encuesta sobre tendencias y evolución del uso de servicios electrónicos para la prestación de servicios al contribuyente*. Publicaciones OCDE. *<https://www.oecd.org/ctp/administration/45404730.pdf>*

OCDE (2010). *FTA Information Note Tax Compliance and Tax Accounting Systems*. OECD Publishing. *<http://www.oecd.org/tax/administration/45045662.pdf>*

OCDE (2011). *Better policies for better lives – The OECD at 50 and beyond*. OECD Publishing, *<https://www.oecd.org/about/47747755.pdf>*

OCDE (2011). *Tackling Aggressive Tax Planning through Improved Transparency and Disclosure. OECD Publishing, <http://www.oecd.org/tax/exchange-of-tax-information/48322860.pdf>*

OCDE (2013). *Líneas Directrices de la OCDE para Empresas Multinacionales: Revisión 2011*. Publicaciones OCDE. *<https://www.oecd.org/daf/inv/mne/MNEguidelinesESPANOL.pdf>*

OCDE (2013). *La relación cooperativa: Un marco de referencia: De la relación cooperativa al cumplimiento cooperativo*. Publicaciones OCDE. <*http://dx.doi.org/10.1787/9789264207547-es*>

OCDE (2013). *Plan de acción contra la erosión de la base imponible y el traslado de beneficios*. Publicaciones OCDE. <*https://read.oecd-ilibrary.org/taxation/plan-de-accion-contra-la-erosion-de-la-base-imponible-y-el-traslado-de-beneficios_9789264207813-es#page4*>

OCDE (2016). *Co-operative Tax Compliance. Building Better Tax Control Frameworks*. OECD Publishing. <*https://www.oecd.org/publications/co-operative-tax-compliance-9789264253384-en.htm*>

OCDE (2016). *Principios de Gobierno Corporativo de la OCDE y del G20*. Editions OCDE. <*https://www.oecd.org/spain/37191543.pdf*>

OCDE (2017). Tax Administration 2017-*Comparative Information on OECD and Other Advanced and Emerging Economies*. OECD Publishing. <*https://read.oecd-ilibrary.org/taxation/tax-administration-2017_tax_admin-2017-en*>

OCDE (2018). *International Compliance Assurance Programme: Pilot Handbook. Working Document*. OECD Publishing. <*http://www.oecd.org/tax/forum-on-tax-administration/publications-and-products/international-compliance-assurance-programme-pilot-handbook.pdf*>

OECD (2019). *International Compliance Assurance Programme: Pilot Handbook 2.0*. OECD Publishing. <*www.oecd.org/www.oecd.org/tax/forum-on-tax-administration/publications-and-products/internationalcompliance-assurance-programme-pilot-handbook-2.0.htm*>

OECD (2021). International Compliance Assurance Programme Handbook for Tax Administrations and MNE groups. OECD Publishing. <https://www.oecd.org/content/dam/oecd/en/publications/reports/2021/02/international-complianceassurance-programme_adf0be32/a44d51e2-en.pdf>

Parlamento Europeo (2010). *Resolución del Parlamento Europeo, de 10 de febrero de 2010, sobre el fomento de la buena gobernanza en el ámbito fiscal (2009/2174(INI))*. Diario Oficial de la Unión Europea. <*https://eur-lex.europa.eu/legal-content/ES/TXT/PDF/?uri=CELEX:52010IP0020&from=ES*>